民事诉讼法
实务评注手册

Handbook of
Practical Commentaries on
Civil Procedure Law

林剑锋 曹建军 编著

法律出版社
LAW PRESS·CHINA
北京

图书在版编目(CIP)数据

民事诉讼法实务评注手册 / 林剑锋,曹建军编著. -- 北京 : 法律出版社, 2023
ISBN 978-7-5197-8226-9

Ⅰ. ①民… Ⅱ. ①林… ②曹… Ⅲ. ①民事诉讼法-中国-手册 Ⅳ. ①D925.1-62

中国国家版本馆 CIP 数据核字(2023)第 153951 号

民事诉讼法实务评注手册
MINSHI SUSONGFA SHIWU PINGZHU SHOUCE

林剑锋 曹建军 编著

策划编辑 陈昱希
责任编辑 陈昱希
装帧设计 李 瞻

出版发行 法律出版社
编辑统筹 法规出版分社
责任校对 张红蕊
责任印制 耿润瑜
经 销 新华书店

开本 A5
印张 32.125 字数 1026 千
版本 2023 年 12 月第 1 版
印次 2023 年 12 月第 1 次印刷
印刷 永清县金鑫印刷有限公司

地址:北京市丰台区莲花池西里 7 号(100073)
网址:www.lawpress.com.cn
投稿邮箱:info@lawpress.com.cn
举报盗版邮箱:jbwq@lawpress.com.cn

销售电话:010-83938349
客服电话:010-83938350
咨询电话:010-63939796

书号:ISBN 978-7-5197-8226-9 定价:98.00 元
凡购买本社图书,如有印装错误,我社负责退换。电话:010-83938349

编者简介

林剑锋　浙江象山人，中央财经大学法学院党委书记、教授、博士生导师、博士后合作导师，法学院学位委员会副主任委员、学术委员会委员，《财经法学》编委会主任，中央财经大学龙马学者特聘教授。中国法学会民事诉讼法学研究会常务理事，入选中国法学会研究部青年人才库。出版专著、译著等10部，在《中外法学》《现代法学》《法律科学》等刊物发表论文、译文数十篇，主持国家级、省部级课题6项，科研成果获高水平学术奖项2项。

曹建军　安徽合肥人，中央财经大学法学院副教授，清华大学法学博士。兼任诉讼法学教研室副主任、中国行为法学会司法行为分会理事。在《法学家》《清华法学》《法律科学》《法学评论》等核心刊物上发表学术论文数十篇，主持省部级课题3项。

编写说明

本书旨在服务读者群体，尤其是法律实务工作者更方便、更快捷地查阅、理解民事诉讼法条文及其相关司法解释，以2023年9月1日通过的最新《民事诉讼法》法条原文为模板，编写形成以司法实务为导向、以法典评注为风格的工具书。

在结构安排上，本书以《民事诉讼法》中的法条原文为单位，为每一法条逐一设置了如下具体章节（由于每一法条内容的复杂程度有所不同，故某些法条的某些环节会有所省略，但基本包括以下内容）：

一、法律条文。“实务评注手册”坚持以《民事诉讼法》原文为纲领，在现有的立法编章体例基础上进行逐条阐释。根据习近平总书记关于“增强法律法规的系统性”的重要论述，本书对条文的精义概括、法理阐释、司法解读、规范集成等工作，既能与发展中的民事诉讼法律规范体系保持一致，同时也能匹配相关教材的使用和法律依据的检索习惯。

二、条文阐释。法律条文的理解和阐释均以文义解释为主要方法，力求呈现和保证法律解释过程和结果的客观性。阐释内容参考了张卫平教授等学者的权威论著与最高人民法院编著的释义书籍，结合编者对民事诉讼制度、理论和精神的理解，主要涉及概念及其特征、适用条件和效果、相似概念的辨析、立法变迁的梳理、多元文义的匡正等。

三、司法适用。本环节主要是在参考最高人民法院法律适用态度的基础上对法条在司法实践中可能遇到的问题及值得注意的细节所进行的提炼。例如：“实践中适用该条需要着重关注以下两点：第一，当事人同意是在线诉讼开启的前提，即法院不得在未征得当事人同意的前提下依职权开启线上诉讼。第二，在线诉讼具有多种形式，既包括在线同步诉讼，也包括在线异步诉讼，其均适用等效性原则。”

四、司法文件。本环节筛选和汇总了法条所涉关系密切的法律文本、司法解释、指导性文件等，并统一标注了发文字号和正式施行时间。例如：最高人民法院《关于人民法院民事调解工作若干问题的规定》（法释〔2020〕20号，自2021年1月1日起施行）。司法文件及其关联条文的选取遵循规范重要性和使用必要性的基本要求，避免对单一司法解释的全文罗列、重复援引，注重将关联度更紧密的条文集合到统一的规范体系。

五、典型案例。本环节主要是针对法条原文所选取的针对性案例。其中，案例的挑选以最高人民法院指导性案例、公报案例、其他典型案例以及部分地方法院典型案例为主。每个案例均标明了简要主旨、案例来源以及法院基本观点，使读者可以迅速把握案例所涉关键信息。例如：简要主旨：“1. 与本案存在利益冲突的人也可以出庭作证”；案例来源：“裁判来源：《河南省华力置业有限公司、陈小周合同纠纷再审审查与审判监督民事裁定书》——（2020）最高法民申1051号文书节选”；以及法院基本观点：“凡是知道案件情况的单位和个人，都有义务出庭作证。河南华力公司虽称李某生与其之间存在利益冲突，但其并不能当然否定李某生证言。”

关于本书编写人员，本书主要由林剑锋教授、曹建军副教授主编，中央财经大学法学院诉讼法学研究生张喜彪、许笑铭、成思源三位同学参与了本书的编写、校对等工作。

最后，衷心感谢本书编辑陈昱希女士的辛劳工作，本书的出版也凝结了陈昱希女士的辛勤汗水与心血精力。在此郑重感谢读者朋友们的支持与鼓励，期望本书的出版能够真正助力法律职业共同体在民事司法实践中的高效工作。

目　　录

第一编　总　　则

第一章　任务、适用范围和基本原则

1. 立法依据

1.1　法律条文

第一条　中华人民共和国民事诉讼法以宪法为根据，结合我国民事审判工作的经验和实际情况制定。

1.2　条文阐释

本条是关于《民事诉讼法》立法依据的规定。其中，“以宪法为根据”是《民事诉讼法》立法的法律依据，彰显出《民事诉讼法》根据宪法这一根本大法而制定的基本法地位。宪法的原则是通过民事诉讼程序、刑事诉讼程序和行政诉讼程序予以体现的。宪法作为根本大法也是民事诉讼程序的基本保障，是《民事诉讼法》最重要的法源。理论上，宪法应对裁判权的独立行使、基本的审判制度（如公开审判、程序救济）、当事人的审判请求权、正当程序请求权（包括应受法庭公开裁判的请求权、听审请求权、平等程序请求权）等作出规定，从裁判机构和程序两个大的层面为裁判的正当化提供基本的保障。所有具体的法律及其实施都不得与宪法的要求相违背。而“结合我国民事审判工作的经验和实际情况”则属于《民事诉讼法》立法的事实根据，彰显出我国《民事诉讼法》立法坚持从实际出发的先进性与科学性。

自 1982 年 3 月 8 日，第五届全国人民代表大会常务委员会第二十二次会议通过了《中华人民共和国民事诉讼法（试行）》以来，我国的《民事诉讼法》发展大致经历了以下几个历程（见图 1）：

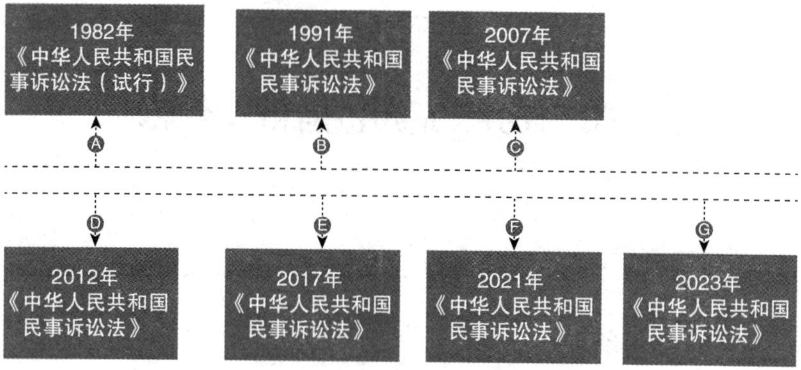

图 1　《民事诉讼法》发展历程

1.3　司法适用

应当注意，该条具有一定的宣示性特点，实践中很少涉及该条的直接适用。以此条内容为检索条件在中国裁判文书网进行检索不难发现，直接适用该条并作出判决的仅有一份判决书，即海城市人民法院（2019）辽 0381 民初 6179 号民事判决书。

2. 立法目的、任务

2.1　法律条文

第二条　中华人民共和国民事诉讼法的任务，是保护当事人行使诉讼权利，保证人民法院查明事实，分清是非，正确适用法律，及时审理民事案件，确认民事权利义务关系，制裁民事违法行为，保护当事人的合法权益，教育公民自觉遵守法律，维护社会秩序、经济秩序，保障社会主义建设事业顺利进行。

2.2　条文阐释

本条规定了《民事诉讼法》的立法目的及任务。

《民事诉讼法》中，关于《民事诉讼法》的任务已经规定得很明确，人们只需要努力地实现这些任务就可以了。在较长的一段时间内，有学者将民事诉讼法的目的与民事诉讼的目的这两个概念混用，因为制度和法这两个概念本身就有交叉，因此，将民事诉讼法的目的与民事诉讼的目的或民事诉讼制度的目的混用并无大碍。

现在看来，这种认识有其局限性，探讨民事诉讼制度目的的意义在于：(1) 任何制度的设计和建立都是人们有目的的理性行为的结果，厘清制度设计和建立的目的，有助于更好地运行该制度。(2) 制度总是由若干规范构成的，这些规范本身以及这些规范的搭建和组合应当与该制度的目的适应，否则必然导致不亲和甚至是矛盾，从而影响整个制度的运行，以致无法达到制度设立的目的。(3) 制度的目的与制度的完善有密切的关系，制度的结构与制度的部分构件的组合一旦与制度的目的不一致时，就应该对其结构或部分构件加以调整或调谐，以保持与目的的一致性。(4) 人们设计制度时对制度目的的思考是人们的主观认识，主观意识中的目的并不能替代制度本身应有的目的，对制度目的的研究有助于目的设定的科学性，防止人们主观的偏识和臆想。

在国外，民事诉讼制度的目的一直是备受关注的问题，因此也存在诸多学说争议。比如“权利保护说”“私法秩序维持说”“纠纷解决说”“程序保障说”“多元说”“法解决说”“权利保障说”等。虽然这些争议基本无关实践，但还是在深层理念上指引着一国民事诉讼法的延续和发展。

因此，对于民事诉讼法的目的和民事诉讼制度的目的这两个问题还是应当分而视之，而不应混为一谈。

2.3　司法适用

该条是在宏观层面对民事诉讼法的任务作出了规定，具有一定宣示性色彩。在实践中很少涉及直接适用的问题。

2.4 典型案例

2.4.1 人民法院审理案件，应当根据民事诉讼法的任务，就当事人主体资格、案件性质、民事权利义务等作出准确认定

裁判来源：象山捷达网络技术服务部与北京市国信公证处垄断纠纷案——最高人民法院民事裁定书，(2019) 最高法知民终632号

法院认为：中华人民共和国民事诉讼法的任务，是保护当事人行使诉讼权利，保证人民法院查明事实，分清是非，正确适用法律，及时审理民事案件，确认民事权利义务关系，制裁民事违法行为，保护当事人的合法权益，教育公民自觉遵守法律，维护社会秩序、经济秩序，保障社会主义建设事业顺利进行。人民法院审理案件，应当就当事人主体资格、案件性质、民事权利义务等作出准确认定。原审裁定就案件性质等基本事实认定不清。

3. 适用范围

3.1 法律条文

第三条 人民法院受理公民之间、法人之间、其他组织之间以及他们相互之间因财产关系和人身关系提起的民事诉讼，适用本法的规定。

3.2 条文阐释

理解《民事诉讼法》的适用范围，需要注意以下三点：(1)《民事诉讼法》的适用主体是公民之间、法人之间、其他组织之间以及他们相互之间。这些主体均为平等主体，即他们相互之间的法律地位是平等的。如果有任一方的法律地位不平等，如一方当事人为行政机关（行使公权力的情况下），那么就不属于平等主体的范畴，自然也就不属于民事诉讼的范畴，也就不适用《民事诉讼法》。(2) 提起民事诉讼的范围包括因财产关系和人身关系而产生的纠纷，其中财产关系是指基于物质财富关系而形成的相

互关系，如基于债权、物权、知识产权而形成的相互关系；而人身关系是指人们基于人格和身份而形成的相互关系，如婚姻关系、收养关系等。除因以上两种关系而产生的纠纷外，一律不属于《民事诉讼法》调整的范畴。如情侣之间的情感冲突不属于此列。(3) 适用《民事诉讼法》的纠纷解决方式是诉讼，除了诉讼以外，还有仲裁、人民调解等民事纠纷的解决方式，这些方式有专门的法律来规范调整，不适用《民事诉讼法》。

当然，《民事诉讼法》中还规定了公益诉讼，并将其纳入民事纠纷的范畴，但应当注意公益纠纷与民事纠纷之间存在根本的差别，即民事纠纷属于“私益”纠纷而非“公益”纠纷。因此，即使公益纠纷（部分）适用民事程序解决，我们也应当注意到其与一般民事纠纷的差异性。

3.3　相关规范性文件

最高人民法院研究室《关于人民法院对农村集体经济所得收益分配纠纷是否受理问题的答复》（法研〔2001〕51 号，自 2001 年 7 月 9 日起施行）

农村集体经济组织与其成员之间因收益分配产生的纠纷，属平等民事主体之间的纠纷。当事人就该纠纷起诉到人民法院，只要符合《中华人民共和国民事诉讼法》第一百零八条的规定，人民法院应当受理。

最高人民法院《关于审理涉及农村土地承包纠纷案件适用法律问题的解释》（法释〔2020〕17 号，自 2021 年 1 月 1 日起施行）

农村集体经济组织成员因未实际取得土地承包经营权提起民事诉讼的，人民法院应当告知其向有关行政主管部门申请解决。

农村集体经济组织成员就用于分配的土地补偿费数额提起民事诉讼的，人民法院不予受理。

最高人民法院《关于对基层供销社产权整体转让纠纷能否受理的请示的答复》（〔2007〕民立他字第 15 号，自 2007 年 12 月 7 日起施行）

你院甘高法〔2007〕18 号《关于对基层供销社产权整体转让纠纷能否受理的请示》收悉。我院经研究认为，基层供销社是集体经济组织，财产属社员集体所有，上级供销联社违反国家政策的有关规定，未征得社员同意而将基层供销社整体转让给私人的行为，侵害了社员的财产权，属于民事侵权行为，人民法院受理这类案件符合国家有关保护农民合法财产利益的政策精神。故同意你院请示的第二种意见，即邢作明等1998户社员诉甘州区供销合作联社转让行为无效一案，符合《中华人民共和国民事诉讼法》第一百零八条规定的起诉条件，人民法院可予受理。

最高人民法院研究室《关于王某与某公司劳动争议纠纷申请再审一案适用法律问题的答复》（法研〔2001〕31号，自2011年3月9日起施行）

你院〔2010〕甘民申字第416号《关于对王某与某公司劳动争议纠纷申请再审一案的请示》收悉。经研究，答复如下：

原则同意你院审委会的第一种意见，即根据《中华人民共和国劳动法》、《社会保险费征缴暂行条例》的有关规定，征缴社会保险费属于社会保险费征缴部门的法定职责，不属于人民法院受理民事案件的范围。另，建议你院可结合本案向有关社会保险费征缴部门发出司法建议，建议其针对当前用人单位与劳动者之间因社会保险引发争议所涉及的保险费征缴问题，加强调查研究，妥善处理类似问题，依法保护有关当事人的合法权益。

最高人民法院《关于审理中央级财政资金转为部分中央企业国家资本金有关纠纷案件的通知》（法〔2012〕295号，自2012年12月11日起施行）

一、有关中央企业就《通知》所涉中央级财政资金转为国家资本金引发的确认公司或企业出资人权益、返还资金等纠纷提起民事诉讼的，人民法院应予受理。《通知》发布前人民法院已经受理的相关案件，人民法院可以继续审理。

3.4 司法观点

3.4.1 执行拍卖合同不具有可诉性

观点来源：最高人民法院研究室《关于执行拍卖合同是否具有民事可诉性问题的研究意见》，载江必新主编、最高人民法院研究室编著：《司法研究与指导》2013年第1辑（总第3辑），人民法院出版社2013年版，第158页。

有关部门就执行拍卖合同是否具有民事可诉性问题征求最高人民法院研究室意见。最高人民法院研究室经研究认为：从我国目前司法实践来看，普遍认为执行拍卖为法院的司法处分行为，是人民法院对被执行人财产采取的一种执行措施和处分执行行为。基于执行拍卖具有公法性质，执行拍卖合同不具有可诉性。针对执行拍卖中的纠纷，当事人或者利害关系人应当通过执行监督方式解决。

3.5 典型案例

3.5.1 人民法院委托鉴定机构作出的司法鉴定意见，不具有可诉性

裁判来源：自贡市自流井区国有资产经营投资有限责任公司诉四川廉正工程咨询有限公司服务合同纠纷案——载《最高人民法院公报》2013年第2期

裁判要旨：人民法院委托鉴定机构作出的司法鉴定结论，仅是诉讼证据之一，其不具有可诉性。当事人对鉴定结论存在异议，直接向人民法院提起诉讼请求确认鉴定结论无效的，不属于人民法院民事诉讼受案范围，应当依法裁定驳回起诉。

3.5.2 涉及国家政策调整的民事法律关系不属于人民法院受理民事案件的范围

裁判来源：中国农业银行股份有限公司襄阳米公支行与枣阳市农业生产资料公司申请再审案——最高人民法院民事裁定书，（2012）最高法民申字第1518号

法院认为：关于纠纷解决途径。根据国务院和相关部门关于供销合作社财务挂账处理的有关规定，属于政策性亏损挂账的，是要由政府逐步消化处理的，中央政策性亏损挂账，由中央财政消化处理；地方政策性亏损挂账由地方政府消化处理。政策性亏损财务挂账处理，是根据我国经济社会发展的实际情况，是国家针对特定时期、特定部门、特定行业由于政策原因产生的债权债务关系采取的一种特殊处置手段，不应简单视为普通的债权债务关系而由人民法院适用民事诉讼程序来解决，而是应该按照国家政策规定的解决途径来处理。因此，申请人应当按照国家相关政策规定，向政府有关部门申请清理解决其与有关债务企业之间的借款纠纷，故原裁定认为本案不属于人民法院受理民事案件的范围，适用法律并无不当。

4. 空间效力

4.1 法律条文

第四条 凡在中华人民共和国领域内进行民事诉讼，必须遵守本法。

4.2 条文阐释

民事诉讼法的空间效力，是指我国民事诉讼法在什么地方有效。根据本条的规定，凡在中华人民共和国领域内进行的民事诉讼，都适用本法。中华人民共和国领域包括领土、领海和领空。无论该民事纠纷是否发生在我国领域内，无论诉讼主体是不是中国公民、法人和其他组织还是外国人、无国籍人、外国企业和组织，只要是在我国领域内进行民事诉讼活动，都必须遵守本法。

值得注意的是，在实行“一国两制”的地区，根据特别法的规定而不适用我国的民事诉讼法。例如，根据《香港特别行政区基本法》的规定，全国性法律除列于基本法附件三者外，不在香港特别行政区实施。而《民事诉讼法》并未列入附件三，因此，在香港特别行政区内进行的民事诉讼活动，应当适用当地有关民事诉讼的法律。同样，根据《澳门特别行政区基本法》的规定，《民事诉讼法》也不在澳门特别行政区适用。

4.3 司法适用

该条在非涉外案件的司法实践中基本不存在适用或理解争议。一般仅在案件具有涉外因素时，才会考虑是否适用我国《民事诉讼法》，进而涉及该条的适用。简言之，只要是在我国进行民事诉讼，无论是否有涉外因素，均应适用我国《民事诉讼法》。不过，在理解适用该条时，应当尤其注意在我国港澳台地区是否适用该条。

4.4　典型案例

4.4.1　涉外案外人执行异议之诉民事纠纷亦适用我国民事诉讼法

裁判来源：陈恩娟、甘肃省第五建设集团有限责任公司等案外人执行异议之诉案——最高人民法院民事裁定书，(2022) 最高法民再79号

法院认为：因陈恩娟取得美利坚合众国国籍，故本案为涉外案外人执行异议之诉民事纠纷。针对陈恩娟请求撤销（2020）甘民终186号民事裁定、(2019) 甘05民初29号民事裁定的再审请求，本案系对原一、二审驳回陈恩娟起诉是否符合程序规定的审查。《民事诉讼法》第4条规定："凡在中华人民共和国领域内进行民事诉讼，必须遵守本法。"故本案应当适用《中华人民共和国民事诉讼法》的相关规定。

4.4.2　根据民事诉讼法的空间效力，在我国的涉外侵害商标权侵权诉讼适用我国民事诉讼法

裁判来源：华杰国际私人有限公司、耒阳市龙头威服饰店侵害商标权纠纷案——广州市白云区人民法院民事判决书，(2022) 粤0111民初11268号

法院认为：原告为设立于新加坡共和国的法人，其以被告销售侵害其商标权的产品构成侵权为由提起诉讼，请求判令被告停止侵权并赔偿损失，故本案应为侵害商标权纠纷案件。根据《民事诉讼法》第4条的规定，凡在中华人民共和国领域内进行民事诉讼，必须遵守本法。第29条的规定，因侵权行为提起的诉讼，由侵权行为地或者被告住所地人民法院管辖。本案的被告销售侵权商品的地点位于法院辖区范围内，故法院对本案依法享有管辖权。

4.4.3　诉讼第三人为在境外注册的公司的，也视为案件有涉外因素，但在我国大陆进行诉讼的，仍适用我国民事诉讼法

裁判来源：包钢集团冶金轧辊制造有限公司、包头华英金属喷涂有限公司等公司解散纠纷案——包头市中级人民法院民事裁定书，(2020) 内02民初342号

法院认为：第三人英国MSPE金属喷涂国际有限公司是在英国注册登记的公司、第三人香港昌惠有限公司是在香港特别行政区注册登记的公司，

本案系涉外案件。根据《民事诉讼法》第 4 条的规定，凡在中华人民共和国领域内进行民事诉讼，必须遵守该法。

5. 同等原则和对等原则

5.1 法律条文

第五条 外国人、无国籍人、外国企业和组织在人民法院起诉、应诉，同中华人民共和国公民、法人和其他组织有同等的诉讼权利义务。

外国法院对中华人民共和国公民、法人和其他组织的民事诉讼权利加以限制的，中华人民共和国人民法院对该国公民、企业和组织的民事诉讼权利，实行对等原则。

5.2 条文阐释

该条规定了我国民事诉讼法的两大基本原则：同等原则和对等原则（或统称当事人平等原则）。同等原则对应上述第 1 款，即无论当事人为本国人还是外国人，在中国均享有平等的诉讼地位；对等原则则对应上述第 2 款，只有在当事人的所在国没有对我国当事人的诉讼权利加以限制的情况下，我国才给予平等的对待。

值得注意的是，诉讼当事人平等主要是指当事人诉讼地位的平等。诉讼地位的平等并不是说当事人双方权利义务的相等或相同。而是指无论当事人一方社会地位如何，都应当平等地享有民事诉讼法所给予的诉讼权利，承担民事诉讼法所规定的诉讼义务。在民事诉讼法中关于原告与被告权利义务的具体规定因起诉与被诉的差异而有所不同，但这种差异并不会给双方在诉讼中造成实质上的不平等。此外，当事人在诉讼中的诉讼攻击和诉讼防御是平等的。一方面，双方都有提出有利于自己的诉讼主张的权利。例如，双方都有陈述案件事实的权利。另一方面，一方实施诉讼攻击时，另一方则有进行防御的权利。例如，一方当事人提出主张时，另一方有权利反驳对方提出的主张；一方提出证据证明时，另一方有提出反证的权利。

不能只给予一方提出主张、陈述的机会，而不给予另一方反驳、陈述的机会。诉讼当事人平等原则从程序正义的角度看，它规定了当事人在诉讼程序中平等对话的权利，给当事人提供了平等对话的机会。

5.3　司法适用

实践中在具体适用该条时，应当着重注意两点：其一，诉讼当事人的平等原则是指诉讼当事人的诉讼地位平等，而不是双方当事人的权利义务相等。其二，同等原则贯彻的前提是对等原则。如果当事人所在国没有像我国一样对异国当事人贯彻同等原则或者对我国当事人的诉讼权利施以额外限制，那么该国当事人在我国也就无“同等”可言。简言之，同等原则是建立在“相互”的基础上的，同等是国与国之间的“相互同等”，而非一国同等而另一国不同等的“单一同等”。

5.4　典型案例

5.4.1　当事人是否具有中国国籍与当事人是否可依起诉要件起诉之间并无必然联系，根据同等原则与对等原则，一般情况下，起诉要件并未对原告或被告身份加以限制

裁判来源：从某1等与从某3等继承纠纷案——北京市第三中级人民法院民事判决书，(2020）京03民终455号

法院认为：根据查明的事实，本案系继承纠纷，丛某3、丛某2系被继承人顾某的子女，依法属于本案适格当事人。丛某3起诉时已入美国籍，但其立案时提交身份证，一审法院对此依法进行了审查作出了相应的处理，丛某3的中国户籍已经注销，一审法院亦在本案中确认丛某3系美国籍。丁某据此上诉主张丛某3主体不适格，应予驳回丛某3、丛某2的起诉，缺乏事实和法律依据，本院不予支持。丁某据此主张丛某2、丛某3及其诉讼代理人诉讼行为无效，缺乏依据，本院不予采纳。

5.4.2　未在我国登记注册的公司，同样具有诉讼主体资格

裁判来源：李贝丽采、刘涛服务合同纠纷案——山东省滨州市中级人民法院民事判决书，(2020）鲁16民终2064号

法院认为：《民事诉讼法》第5条第1款规定，外国人、无国籍人、外

国企业和组织在人民法院起诉、应诉，同中华人民共和国公民、法人和其他组织有同等的诉讼权利义务。融豪公司虽未在我国注册登记，但系加拿大企业，具有民事诉讼主体资格。一审法院适用《最高人民法院关于适用〈中华人民共和国民事诉讼法〉的解释》第62条的规定不当，本院予以纠正。

6. 独立审判原则

6.1 法律条文

第六条 民事案件的审判权由人民法院行使。

人民法院依照法律规定对民事案件独立进行审判，不受行政机关、社会团体和个人的干涉。

6.2 条文阐释

虽然本条的主要内容被概括为“独立审判原则”，但本条第1款其实还蕴含着另一层意思，即人民法院行使民事案件的审判权。换言之，可以行使民事案件审判权的机关有且仅有法院，其他任何机关都无权行使审判权。至于本条第2款，则正是其字面含义，即人民法院在行使审判权的时候，不受任何行政机关、社会团体和个人的干涉。人民法院只服从于法律，对法律负责，忠实于法律，忠实于事实真相，忠实于人民的利益。

6.3 司法适用

该条在实际适用过程中，基本也不存在文义理解争议，而是多用于对一些扰乱法院独立行使审判权活动的宣示或警告。比如，在实践中常有一些当事人以行政机关所做的决定来限制法院裁判；又如，一些当事人在审理过程中干扰正常庭审秩序和审判；再如，个别行政机关在作为民事诉讼当事人时，用自身所谓的行政权力向法院“施压”等。上述行为实则都是对独立审判原则的违背。

6.4 相关规范性文件

最高人民法院《关于重新印发〈中华人民共和国法官职业道德基本准则〉的通知》（法发〔2010〕53号，自2010年12月6日起施行）

第八条 坚持和维护人民法院依法独立行使审判权的原则，客观公正审理案件，在审判活动中独立思考、自主判断，敢于坚持原则，不受任何行政机关、社会团体和个人的干涉，不受权势、人情等因素的影响。

第十四条 尊重其他法官对审判职权的依法行使，除履行工作职责或者通过正当程序外，不过问、不干预、不评论其他法官正在审理的案件。

第二十六条 法官退休后应当遵守国家相关规定，不利用自己的原有身份和便利条件过问、干预执法办案，避免因个人不当言行对法官职业形象造成不良影响。

6.5 典型案例

6.5.1 以签订协议书的合法形式掩盖企图干涉人民法院行使审判权的非法目的

裁判来源：贾玉彬、欧特莱能源装备有限公司普通破产债权确认纠纷案——浙江省温州市中级人民法院民事判决书，（2019）浙03民终4841号

法院认为：本案二审期间的主要争议焦点是被上诉人欧特莱公司是否对上诉人贾玉彬负有共益债务688,576.8元的问题。本院认为，根据《民事诉讼法》第6条规定，民事案件的审判权由人民法院行使，人民法院依照法律规定对民事案件独立进行审判，不受行政机关、社会团体和个人的干涉。而根据上诉人贾玉彬的陈述，其主张经其居间协调处理，欧特莱公司与浩源公司买卖合同纠纷案件进入再审程序并在再审程序后获得浩源公司返还款项2,295,256.13元，从而按照涉案协议书的约定应向其支付居间费。上诉人贾玉彬的主张认为其居间协调所达成的结果是改变了诉讼结果，这显然违反了《民事诉讼法》第6条规定。可见上诉人与被上诉人签订的涉案协议书是以合法形式掩盖双方企图干涉人民法院行使审判权的非法目的。根据《合同法》（已失效）第52条第3项的规定，涉案协议书应认定为无效。故上诉人以涉案协议书的约定内容为依据主张被上诉人负有共益

债务688,576.8元缺乏事实与法律依据，本院不予支持。

6.5.2 人民法院依法独立行使审判权，不受地方行政机关干预

裁判来源：海南椰湾集团有限公司与海口市国有资产经营有限公司金融借款合同纠纷案——海南省高级人民法院民事裁定书，（2018）琼民辖终6号

案情简介：椰湾公司不服原审裁定上诉称，本案所涉债务并非普通债务，而是海口市人民政府特别批准的由国资公司实际执行的委托贷款而形成的特种债务，这笔债务的实际权利人是海口市人民政府，国资公司只是基于海口市人民政府的委托把该笔债务另行委托金融机构借贷给椰湾公司使用。如本案在海口市辖区法院审理，有可能会受到海口市人民政府的行政干预，损害椰湾公司的合法权益。故申请将本案移送至海口市法院以外的法院审理。

法院认为：人民法院依照法律规定对民事案件独立进行审判，不受行政机关、社会团体和个人的干涉。本案是借款合同纠纷，上诉人椰湾公司的住所地在原审法院的管辖范围之内，根据《民事诉讼法》第23条“因合同纠纷提起的诉讼，由被告住所地或者合同履行地人民法院管辖”的规定，海口市中级人民法院对本案具有管辖权。原审裁定认定事实清楚，适用法律正确，本院予以维持。

6.5.3 人民法院依法独立行使审判权的原则不仅限于庭审程序，也及于执行程序

裁判来源：珠海市三灶管理区、安徽省六安市聚氨酯材料厂联营合同纠纷案——（2017）皖1503执异43号

法院认为：三灶区所在地人民政府及其职能部门依法登记并核发证书，确定峰奇公司为［珠国用（1997）字第04031300044号、珠国用（1997）字第04031300046号］共计10,015平方米的土地使用权的使用权人，享有100%的份额。聚氨酯厂依据该法定文书的确认，信赖峰奇公司支付了全部土地出让金取得该土地使用权而接受合资抵押担保。在峰奇公司自愿作价抵付土地使用权并经本院依法作出的民事调解书确认之后，三灶区向珠海市不动产登记中心金湾分中心发出的《关于协助追收珠海高新区峰奇电子有限公司10,015平方米土地地价的函》，要求珠海市不动产登记中心金湾

分中心在办理上述两宗土地过户时，协助追缴地价等之后，凭三灶区的书面证明，方可办理土地过户手续，此文件要求明显与土地使用权证书和不动产登记簿登记宣示的内容相违背，损害抵押权人依法享有的权利。《民事诉讼法》第6条规定："人民法院依照法律规定对民事案件独立进行审判，不受行政机关、社会团体和个人的干涉。"该原则作为民事诉讼的基本原则，适用于民事诉讼法规定的执行程序。

6.5.4 当事人通过签订合法合同的形式排除人民法院独立行使审判权的行为无效

裁判来源：岳阳市汇辰房地产开发有限公司与龙文辉委托合同纠纷案——（2016）湘0111民初3858号

法院认为：《民事诉讼法》第6条规定："民事案件的审判权由人民法院行使。人民法院依照法律规定对民事案件独立进行审判，不受行政机关、社会团体和个人的干涉。"原、被告在签订的《委托协议书》中约定："被告将原告与岳阳中林置业投资有限公司建设用地使用权转让合同纠纷一案的客观事实反映给湖南高院高层，从而使该案重新被讨论并得到公正审理，不被维持原判"，其签订合同的目的是干涉人民法院的独立审判权，违反了法律强制性规定，应属无效。

7. 以事实为根据，以法律为准绳原则

7.1 法律条文

第七条 人民法院审理民事案件，必须以事实为根据，以法律为准绳。

7.2 条文阐释

以事实为根据，以法律为准绳是司法公正的重要体现，只有坚持实事求是，以充分确凿的事实作为判案的根据，用法律这个尺度来衡量，以法律作为定案的准绳，才能做到不枉不纵，公正无私，保证公正的审判。

以事实为根据，就是要求人民法院在审理民事案件时，切忌主观片面，始终依照法定程序认定案件的事实。以事实为根据，一是要审查当事人提供的证据；二是对于当事人及其诉讼代理人因客观原因不能自行收集证据，人民法院应当主动调查收集；三是对于作为认定事实根据的证据，人民法院应当向当事人双方出示，经过当事人双方质证、辩论，由人民法院审查属实，才能作为定案的根据。而以法律为准绳就是要求人民法院在认定事实的基础上，以法律为客观尺度来分清是非，确认当事人的民事权利义务，既不能以言代法、以权代法，也不能主观臆断，任意曲解法律为我所用。总之，以事实为根据，以法律为准绳是相互联系的。以事实为根据是公正审理民事案件的基础，以法律为准绳是正确解决民事纠纷的依据，二者缺一不可，只有把两者有机结合起来，才能准确查明案情，正确作出裁决，公正地解决民事纠纷，保护当事人的合法权益。

7.3 司法适用

该条既是民事、刑事、行政司法裁判的共通性基本原则，同时也通常作为法官判案的内在行为准则。法院在认定事实时应当注重保障善良民事主体的合法权益，促进法律事实与客观事实保持一致，在适用法律时应当严格遵循具体法律规则的明确文义，适用和解释法律的过程不能滥用自由裁量权。有的法院在司法裁判时也会援引该条，强调司法机关事实认定的标准与法律适用的职责。例如，最高人民法院（2018）最高法民申 4828 号民事裁定书援引该条，辅助论证当事人的再审申请理由没有事实依据和法律依据。

7.4 相关规范性文件

《法官行为规范》（法发〔2010〕54 号，自 2010 年 12 月 6 月起施行）

第二条 公正司法。坚持以事实为根据、以法律为准绳，平等对待各方当事人，确保实体公正、程序公正和形象公正，努力实现办案法律效果和社会效果的有机统一，不得滥用职权、枉法裁判。

8. 诉讼权利平等原则

8.1　法律条文

第八条　民事诉讼当事人有平等的诉讼权利。人民法院审理民事案件，应当保障和便利当事人行使诉讼权利，对当事人在适用法律上一律平等。

8.2　条文阐释

所谓诉讼权利平等，主要包括以下三个方面的内容：

（1）当事人平等地享有诉讼权利。当事人在民事诉讼中所进行的“攻击”与“防御”具有平等性。任何一方都不得享有比对方更加优越或更多的诉讼权利，也就是说当事人的攻击防御机会是平等的，如此才能形成平等“对抗”。

（2）当事人在诉讼中的诉讼地位是平等的，不因当事人的社会地位、经济状况、文化程度、民族性别等因素的不同而有所差别。当事人行使诉讼权利享有平等的机会。

（3）保障和便利当事人平等地行使诉讼权利。本条无论是作为立法指导原则还是法院行为准则，都彰示着当事人行使诉讼权利的平等性。

8.3　司法适用

在实际适用该条过程中，还应当重点关注以下几个问题：

（1）该条适用的主体范围包括了在我国各级法院进行民事诉讼的全部当事人。既包括自然人、法人和其他组织，也包括在我国法院进行民事诉讼的外国当事人、无国籍人士等。当然，对于外国当事人或无国籍人士，还应注意与“同等原则”结合适用。

（2）该条一般仅针对适用诉讼程序审理的诉讼案件，至于适用非讼程序审理的非讼案件则不在此列。

（3）该原则的适用及于审理各类民事争议案件的各级人民法院和各专

门法院。

8.4 典型案例

8.4.1 如何确定管辖法院，应从方便当事人诉讼、方便人民法院审理出发，综合考虑相关案件的案情、裁判文书的执行等因素，作出合法合理的处理

裁判来源：联奇开发股份有限公司与上海宝冶集团有限公司等侵害发明专利权纠纷案——最高人民法院民事裁定书，(2019) 最高法知民辖终 2 号、《最高人民法院公报》2020 年第 2 期

裁判要旨：基于同一事实的确认不侵犯专利权诉讼与专利侵权诉讼均属独立的诉讼。司法实践中，如何确定上述两类案件的管辖，应遵循司法活动的基本规律和特点，坚持“两便”原则，并非均需移送管辖合并审理。至于上述两类案件由不同法院分别审理是否会出现冲突，因其上诉统一由最高人民法院知识产权法庭审理，这一可能出现的问题能够通过上诉机制解决。

8.4.2 民事诉讼程序亦不应对不同身份的人群适用不同的规则

裁判来源：吴廷元、江苏爱涛文化产业有限公司与江苏爱涛文化产业有限公司、江苏爱涛利园酒店管理有限公司等房屋租赁合同纠纷案——最高人民法院执行裁定书，(2015) 执申字第 97 号

法院认为：关于申诉人吴廷元是香港特别行政区居民，对其采取限制出境措施严重影响正常生活的问题。《民事诉讼法》第 8 条规定：“民事诉讼当事人有平等的诉讼权利。人民法院审理民事案件，应当保障和便利当事人行使诉讼权利，对当事人在适用法律上一律平等。”吴廷元虽为香港特别行政区居民，但法律面前人人平等，民事诉讼程序亦不应对不同身份的人群适用不同的规则，此乃法治之基本精神。采取限制出境措施的目的是促使债务人及相关人员尽快履行法律文书确定的债务，并不因此而影响其正常生活。其该申诉理由，亦不能成立。

8.4.3 人民法院应当依照法律规定向当事人送达诉讼文书

裁判来源：新疆嘉润资源控股有限公司、玛纳斯县丰途贸易有限公司等侵权责任纠纷案——新疆维吾尔自治区高级人民法院民事裁定书，

（2022）新民终150号

法院认为：《民事诉讼法》第8条规定，民事诉讼当事人有平等的诉讼权利。人民法院审理民事案件，应当保障和便利当事人行使诉讼权利，对当事人在适用法律上一律平等。人民法院依法向当事人送达起诉状、开庭传票和裁判文书等行为是当事人知晓诉讼活动、参与诉讼活动、维护民事权利的前提。《民事诉讼法》第七章第二节规定了多种送达方式，人民法院应当依照法律规定向当事人送达诉讼文书。本案中，一审法院向新疆南山丝路商务服务有限公司、玛纳斯县通远商务服务有限公司、龙口益昌经贸有限公司、烟台新瑞经贸有限公司的营业执照住所地和网络查询注册地邮寄送达起诉状、开庭传票、裁判文书，邮件均因原址无此单位被退回，上述四方当事人并未到庭应诉，一审法院予以缺席裁判。此外，玛纳斯县海润建设发展有限公司在诉讼中委托律师作为诉讼代理人后又撤回委托，在此之后一审法院仍向该律师办公地址邮寄送达开庭传票和裁判文书。综上所述，一审法院未依照法律规定送达诉讼文书，严重违反法定程序，对当事人的诉讼权利未予保障。

8.4.4　该原则及于执行法院和执行程序

裁判来源：于盛强等合同执行复议案——北京市高级人民法院执行裁定书，（2019）京执复85号

法院认为：民事诉讼当事人有平等的诉讼权利。人民法院处理民事案件，应当保障和便利当事人行使诉讼权利，对当事人在适用法律上一律平等。本案中，执行法院在未经通知、未举行听证的情况下，直接认定于盛强为被执行人利达公司的实际控制人，对其采取限制消费措施，构成程序上的违法。北京市第二中级人民法院异议裁定撤销对于盛强的限制消费措施，该结果正确，应予以维持。中储公司的相关诉请，可在执行实施程序中另行主张。

9. 法院调解原则

9.1 法律条文

第九条 人民法院审理民事案件，应当根据自愿和合法的原则进行调解；调解不成的，应当及时判决。

9.2 条文阐释

法院调解，是指在人民法院审判人员的主持下，双方当事人通过自愿协商，达成协议，解决民事争议的活动和结案方式。自愿原则，是指人民法院必须在双方当事人自愿的基础上进行调解。

当事人自愿，包括程序上的自愿和实体上的自愿。程序上的自愿，是指以调解的方式来解决争议必须征求当事人的同意，当事人拒绝调解或不同意以调解的方式结案的，人民法院不能强迫当事人接受调解。实体上的自愿，是指达成调解协议必须双方自愿，调解协议必须是双方当事人互谅互让，自愿达成的。合法原则，包括两个方面，程序上合法与实体上合法。程序上合法，是指人民法院主持的调解活动必须合法，必须符合民事诉讼法关于调解的程序规定。实体上合法，是指调解协议的内容合法，即双方达成的调解协议不得违反法律的规定，不得损害国家、集体和他人的合法权益。

实践中，对于如何理解合法原则存在歧义。有观点认为，合法性还包括不得违反政策并且只要不符合法律的规定就应认定为违反合法原则。笔者认为，合法仅仅是调解协议没有违反法律的禁止性规定，也不包括违反政策。这种理解是从民事调解的性质来认识的。在民事领域中，只要没有违反法律的禁止性规定，当事人对自己的权利都享有处分权。民事诉讼法明确规定调解不得违反法律，且政策是一个相当广泛和抽象的概念。①

9.3 司法适用

司法实践中，应当注意法院调解与人民调解、仲裁之间的关系。法院调解是在诉讼过程中进行的，因此也被称为“诉讼调解”或“诉讼上的调解”，是当事人行使处分权与人民法院行使审判权的产物。法院调解也不同于当事人和解，当事人和解纯属当事人双方的自愿行为，并没有审判人员的主持。法院调解不仅是一种重要的审判行为，也是一种重要的结案方式。而且，也并非所有案件都适用调解，适用特别程序、督促程序、公示催告程序解决的案件以及涉及确认婚姻关系和身份关系的案件一般都不能适用法院调解。

9.4 相关规范性文件

最高人民法院《关于适用〈中华人民共和国民事诉讼法〉的解释》（法释〔2022〕11号，自2022年4月10日起施行）

第一百四十二条　人民法院受理案件后，经审查，认为法律关系明确、事实清楚，在征得当事人双方同意后，可以径行调解。

第一百四十五条　人民法院审理民事案件，应当根据自愿、合法的原则进行调解。当事人一方或者双方坚持不愿调解的，应当及时裁判。

人民法院审理离婚案件，应当进行调解，但不应久调不决。

最高人民法院研究室《关于拒不执行人民法院调解书的行为是否构成拒不执行判决、裁定罪的答复》（法研〔2000〕117号，自2000年12月14日起施行）

你院《关于刑法第三百一十三条规定的拒不执行判决、裁定罪是否包括人民法院制作生效的调解书的请示》收悉。经研究，答复如下：刑法第三百一十三条规定的“判决、裁定”，不包括人民法院的调解书。对于行为人拒不执行人民法院调解书的行为，不能依照刑法第三百一十三条的规

① 参见张卫平：《民事诉讼法》（第5版），法律出版社2019年版，第351－352页。

定定罪处罚。

最高人民法院《关于日本回国孤儿与在我国境内的配偶离婚，经我国法院调解双方达成协议可否制发调解书的批复》（自1984年4月9日起施行）

你院1984年3月16日电话请示的日本回国孤儿与在我国的配偶离婚，经我国法院调解，双方达成协议，可否制发调解书问题，经研究认为：在我国领域内进行的民事诉讼，不论当事人之国籍如何，均适用我国民事诉讼程序规范。涉外民事诉讼除适用民诉法涉外编的规定外，按该法第一百八十五条规定，涉外编没有规定的，适用该法其他有关规定。该法第九十七条规定，人民法院受理的民事案件，能够调解的，都应当进行调解，促使当事人互相谅解，达成协议。第一百零一条规定调解达成协议，应当制作调解书。这些规定对涉外民事诉讼同样适用。故国外一方来我国法院进行民事诉讼，经调解，双方达成协议，是可以制发调解书的。

9.5 典型案例

9.5.1 法院调解所作民事调解书不具有既判力

裁判来源：成都精建建筑劳务输出有限责任公司、陈可建设工程分包合同纠纷案——最高人民法院民事判决书，(2018) 最高法民再289号

法院认为：关于陈可是否承担连带支付责任的问题。法院调解是指在人民法院的主持下，双方当事人就发生争议的民事权利义务关系自愿进行协商达成协议，解决纠纷的诉讼活动。就通常诉讼程序而言，人民法院发生效力的裁判特指民事判决、裁定和决定，不包括民事调解。从本案查明事实来看，陈可并不是案涉合同的相对人。一审法院作出的已经发生法律效力的（2013）成民初字第732号民事调解书虽然确认鸿盛公司向陈茂源、陈可支付“迪舒总部新世纪中心”工程款，但是由于该确认不是人民法院基于民事审判权，依据案件事实和法律规定而对双方当事人之间的实体争议所作的具有既判力的结论性判定，不属于人民法院裁判范围，故其确认不能作为认定陈可与陈茂源就案涉工程形成合伙关系的依据。因此，陈茂源、陈可主张陈可不承担连带支付责任的上诉理由成立，一审法院认定错误，二审法院依法予以纠正。

10. 合议、回避、公开审判、两审终审制度

10.1 法律条文

第十条 人民法院审理民事案件，依照法律规定实行合议、回避、公开审判和两审终审制度。

10.2 条文阐释

本条总括性地规定了民事审判的若干基本制度，大致可从以下两个方面加以理解：第一，民事审判的基本制度主要规定了民事审判的基本方式和结构，比如公开审判和合议制度都是关于审判主体的基本要求。而两审终审则是关于民事诉讼审判基本结构的规定。第二，相较于民事诉讼的基本原则，这些基本制度则显得更加具体化且更具可操作性，是民事审判基本价值要求的制度化。

合议制度是指由三名以上为奇数的审判人员组成审判庭，以人民法院的名义具体行使民事审判权，对民事案件进行审理并作出裁判的制度。

回避制度是指在民事诉讼中，审判人员以及其他可能影响案件公正审理的有关人员，在遇有法律规定的回避情形时，不得参与案件的审理，已经参与的要退出该案件诉讼程序的制度。

公开审判制度是指人民法院在审理民事案件时，应当将其审判活动向社会公开的制度。公开审判制度是我国民事诉讼的一项重要审判制度，相较于不公开审判，公开审判也是审判的一项原则。从这个意义上讲在民事中开审判是原则不公开审判是例外。作为例外，不公开审判必须要有明确的法律规定，无论是在一审、二审还是再审程序中都不能随意裁量决定。

公开审判制度的具体内容包括以下几个方面：（1）人民法院应当在案件开庭审理前公告当事人的姓名、案由和开庭审理的时间、地点；（2）在开庭审理期间，除了法律有规定的以外，公民可以旁听案件的审理；（3）允许新闻记者对案件进行采访报道；（4）人民法院对案件的判决应当公开宣告；（5）判决和裁定应当公开。

10.3 司法适用

最高人民法院是我国的最高司法裁判机关，因此，由最高人民法院受理的第一审民事案件实际上只能是一审终审。当事人对最高人民法院作出的判决不服的不能提起上诉。从学理上讲，最高人民法院作为一审法院是欠妥当的，因为在最高人民法院作为一审的诉讼中，实际上剥夺了当事人的上诉权，剥夺了当事人对法院裁决程序救济的机会。最高人民法院作为一审法院反映了我国法院体制行政化的特点。因此，多数学者认为，最高人民法院不宜审理一审案件，应当仅作为上诉法院和终审法院发挥相应的作用。或在最高人民法院中设置初审法庭和上诉法庭。案件经初审法庭审理后，当事人不服的，仍可上诉。应当注意的是，并非所有案件的审理都适用两审终审的原则。根据《民事诉讼法》的规定，小额案件的审理实行一审终审。这主要考虑争议数额小的案件，更注重提高纠纷解决的效率缩短诉讼周期。另外，根据《民事诉讼法》的规定适用特别程序审理的案件实行一审终审。无论哪一级人民法院作出的关于此类案件的判决，当事人均不得提起上诉。

10.4 相关规范性文件

最高人民法院《关于严格执行公开审判制度的若干规定》（法发〔1999〕3号，自1999年3月8日起施行）

二、人民法院对于第一审案件，除下列案件外，应当依法一律公开审理：

（一）涉及国家秘密的案件；

（二）涉及个人隐私的案件；

（三）十四岁以上不满十六岁未成年人犯罪的案件；经人民法院决定不公开审理的十六岁以上不满十八岁未成年人犯罪的案件；

（四）经当事人申请，人民法院决定不公开审理的涉及商业秘密的案件；

（五）经当事人申请，人民法院决定不公开审理的离婚案件；

（六）法律另有规定的其他不公开审理的案件。

对于不公开审理的案件，应当当庭宣布不公开审理的理由。

三、下列第二审案件应当公开审理：

（一）当事人对不服公开审理的第一审案件的判决、裁定提起上诉的，但因违反法定程序发回重审的和事实清楚依法径行判决、裁定的除外。

（二）人民检察院对公开审理的案件的判决、裁定提起抗诉的，但需发回重审的除外。

四、依法公开审理案件应当在开庭三日以前公告。公告应当包括案由、当事人姓名或者名称、开庭时间和地点。

五、依法公开审理案件，案件事实未经法庭公开调查不能认定。

证明案件事实的证据未在法庭公开举证、质证，不能进行认证，但无需举证的事实除外。缺席审理的案件，法庭可以结合其他事实和证据进行认证。

法庭能够当庭认证的，应当当庭认证。

六、人民法院审理的所有案件应当一律公开宣告判决。

宣告判决，应当对案件事实和证据进行认定，并在此基础上正确适用法律。

七、凡应当依法公开审理的案件没有公开审理的，应当按下列规定处理：

（一）当事人提起上诉或者人民检察院对刑事案件的判决、裁定提起抗诉的，第二审人民法院应当裁定撤销原判决，发回重审；

（二）当事人申请再审的，人民法院可以决定再审；人民检察院按照审判监督程序提起抗诉的，人民法院应当决定再审。

上述发回重审或者决定再审的案件应当依法公开审理。

最高人民法院《关于人民法院通过互联网公开审判流程信息的规定》（法释〔2018〕7号，自2018年9月1日起施行）

第一条 人民法院审判刑事、民事、行政、国家赔偿案件的流程信息，应当通过互联网向参加诉讼的当事人及其法定代理人、诉讼代理人、辩护人公开。

人民法院审判具有重大社会影响案件的流程信息，可以通过互联网或者其他方式向公众公开。

第三条 中国审判流程信息公开网是人民法院公开审判流程信息的统一平台。各级人民法院在本院门户网站以及司法公开平台设置中国审判流程信息公开网的链接。

有条件的人民法院可以通过手机、诉讼服务平台、电话语音系统、电子邮箱等辅助媒介，向当事人及其法定代理人、诉讼代理人、辩护人主动推送案件的审判流程信息，或者提供查询服务。

第七条 下列程序性信息应当通过互联网向当事人及其法定代理人、诉讼代理人、辩护人公开：

（一）收案、立案信息，结案信息；

（二）检察机关、刑罚执行机关信息，当事人信息；

（三）审判组织信息；

（四）审判程序、审理期限、送达、上诉、抗诉、移送等信息；

（五）庭审、质证、证据交换、庭前会议、询问、宣判等诉讼活动的时间和地点；

（六）裁判文书在中国裁判文书网的公布情况；

（七）法律、司法解释规定应当公开，或者人民法院认为可以公开的其他程序性信息。

第九条 下列诉讼文书应当于送达后通过互联网向当事人及其法定代理人、诉讼代理人、辩护人公开：

（一）起诉状、上诉状、再审申请书、申诉书、国家赔偿申请书、答辩状等诉讼文书；

（二）受理案件通知书、应诉通知书、参加诉讼通知书、出庭通知书、合议庭组成人员通知书、传票等诉讼文书；

（三）判决书、裁定书、决定书、调解书，以及其他有中止、终结诉讼程序作用，或者对当事人实体权利有影响、对当事人程序权利有重大影响的裁判文书；

（四）法律、司法解释规定应当公开，或者人民法院认为可以公开的其他诉讼文书。

最高人民法院《关于人民法院合议庭工作的若干规定》（法释〔2002〕25号，自2002年8月17日起施行）

第一条 人民法院实行合议制审判第一审案件，由法官或者由法官和人民陪审员组成合议庭进行；人民法院实行合议制审判第二审案件和其他应当组成合议庭审判的案件，由法官组成合议庭进行。

人民陪审员在人民法院执行职务期间，除不能担任审判长外，同法官有同等的权利义务。

第五条 合议庭承担下列职责：

（一）根据当事人的申请或者案件的具体情况，可以作出财产保全、证据保全、先予执行等裁定；

（二）确定案件委托评估、委托鉴定等事项；

（三）依法开庭审理第一审、第二审和再审案件；

（四）评议案件；

（五）提请院长决定将案件提交审判委员会讨论决定；

（六）按照权限对案件及其有关程序性事项作出裁判或者提出裁判意见；

（七）制作裁判文书；

（八）执行审判委员会决定；

（九）办理有关审判的其他事项。

11. 使用本民族语言文字原则

11.1 法律条文

第十一条 各民族公民都有用本民族语言、文字进行民事诉讼的权利。

在少数民族聚居或者多民族共同居住的地区，人民法院应当用当地民族通用的语言、文字进行审理和发布法律文书。

人民法院应当对不通晓当地民族通用的语言、文字的诉讼参与人提供翻译。

11.2 条文阐释

本条是关于使用本民族语言文字进行民事诉讼原则的规定。我国是统一多民族的社会主义国家。根据宪法，我国各民族一律平等，各民族公民都有用本民族语言文字进行诉讼的权利。根据本条的规定，人民法院在审理民事案件时，应当尊重当事人和其他诉讼参与人使用本民族语言文字进行民事诉讼的权利，并提供必要的条件，保障他们行使这项权利，避免因语言、文字的障碍，影响对民事案件的审理。为了保障各民族公民使用本民族语言、文字进行民事诉讼的权利，在少数民族聚居或者多民族共同居住的地区审理民事案件时，人民法院应当做到以下三点：(1) 使用当地民族通用的语言、文字审理案件。例如，在庭审过程中要使用当地民族通用的语言；出示的文字证据如果不是用当地民族通用语言的，要翻译成当地民族通用语言。(2) 使用当地民族通用语言发布法律文书。这里的法律文书包括：开庭通知、传票、裁定、判决书、调解书、有关决定等。(3) 对不懂当地民族通用语言、文字的诉讼参与人，应当为他们提供翻译。这些都是民事诉讼当事人享有平等的诉讼权利的体现，也保证了民事案件审理的顺利进行。

11.3 典型案例

11.3.1 因特殊原因不能为少数民族当事人提供翻译的，上级法院可指定管辖

裁判来源： 哈密市荣胜肉牛养殖专业合作社、艾买提·艾力买卖合同纠纷案——新疆生产建设兵团第（农）十三师中级人民法院民事裁定书，(2022) 兵12民辖6号

法院认为： 各民族公民都有用本民族语言文字进行诉讼的权利，哈密垦区人民法院因特殊原因不能行使该案管辖权，故本院指定由辖区内的巴里坤垦区人民法院审理该案。依照《民事诉讼法》第38条第1款规定，裁定如下：本案由新疆生产建设兵团巴里坤垦区人民法院审理。

11.3.2 当事人以语言不通为借口拒不到庭，法院可不再为其提供专业翻译人员

裁判来源： 延边恒润发展热力有限公司与金英海供用热力合同纠纷案——延边铁路运输法院民事判决书，(2021) 吉7105民初87号

法院认为： 原告恒润热力公司与被告金英海虽未签订书面的供热合同，但原告恒润热力公司在2017年10月20日至2020年4月20日为被告金英

海提供了供热服务，双方形成了事实上的供用热力合同关系，双方应当严格履行相应的义务。原告恒润热力公司已经向被告金英海履行了供热义务，被告金英海亦应当履行交纳取暖费的义务，对原告恒润热力公司要求被告金英海支付2017年10月20日至2020年4月20日三年的取暖费16,437.60元的诉讼请求，本院予以支持。关于原告恒润热力公司要求被告金英海按同期银行贷款基准利率1.5倍支付银行损失利息的诉讼请求，无法律依据，因被告金英海存在迟延支付取暖费的事实，应支付利息。关于被告金英海要求使用本民族语言文字进行诉讼的问题，当事人需要使用本民族语言文字进行诉讼的，法院可以为其提供翻译。但被告金英海拒不到庭，提供翻译也无必要。故其未到庭参加诉讼，是对其诉讼权利的放弃，本院依法缺席判决。

12. 辩论原则

12.1　法律条文

第十二条　人民法院审理民事案件时，当事人有权进行辩论。

12.2　条文阐释

本条规定了我国法语境下的辩论原则。不过我国的这种辩论原则与传统大陆法系国家的“约束性辩论原则”还是存在差别的。具体地，可从以下几个方面理解我国法语境下的辩论原则：（1）辩论权是当事人的一项重要诉讼权利，当事人享有针对诉讼请求陈述事实和理由的权利，而对方当事人也享有反驳和答辩的权利。（2）辩论权的行使范围及于案件的实体方面和程序方面。（3）辩论的形式包括口头和书面两种形式。（4）辩论原则贯穿于诉讼全过程。（5）人民法院应当充分保障当事人充分行使辩论权。

12.3 典型案例

12.3.1 诉讼文书的送达也应贯彻辩论原则

裁判来源： 武汉鑫琴红韵房地产开发有限公司、武汉市硚口区古田街农利村城中村改造工作委员会等民间借贷纠纷案——最高人民法院民事裁定书，（2021）最高法民申7166号

法院认为： 约束性辩论原则的基本含义：第一，直接决定法律效果发生或消灭的必要事实必须在当事人的辩论中出现，没有在当事人的辩论中出现的事实不能作为法院裁判的依据；第二，当事人一方提出的事实，对方当事人无争议的，法院应将其作为裁判的依据（基于这一点，也就自然产生了自认制度）；第三，法院对案件证据的调查只限于当事人双方在辩论中所提出来的证据。① 本案中，一审法院系采用公告方式向红韵公司送达诉讼文书，而二审法院在开庭传票、判决书等诉讼文书无法邮寄送达红韵公司的情况下，既未采取直接送达等其他方式，也未进行公告送达，剥夺了红韵公司辩论的权利，程序违法。同时，对于红韵公司就案涉借款是否要承担还款责任也需再审时进一步查明。

12.3.2 辩论原则的贯彻应以口头辩论为主

裁判来源： 湖南长沙丁字建筑（集团）有限公司建设工程施工合同纠纷案——最高人民法院民事裁定书，（2018）最高法民申4695号

法院认为： 根据《民事诉讼法》第12条的规定，人民法院审理民事案件时，当事人有权进行辩论。从本案二审2018年4月18日的开庭笔录记载看，二审审判长在法庭辩论阶段征询当事人是否同意采取书面辩论的方式而不是当庭口头辩论的方式进行辩论，双方当事人均同意采取书面辩论的方式进行法庭辩论，二审审判长告知双方当事人于庭后三个工作日内提交书面辩论意见，逾期不提交的视为放弃辩论的权利。然而，本案二审判决于2018年4月20日作出时，二审法院给予当事人提交书面辩论意见的时间尚未届满。鉴于本案二审庭审未采用当庭辩论的方式进行辩论，而二审法院在当事人提交书面辩论意见的时间届满之前，尚未收到丁字公司

---

① 参见张卫平：《民事诉讼法》（第6版），法律出版社2023年版，第56页。

提交的书面辩论意见，丁字公司也未明确放弃提交辩论意见的情况下，即作出二审判决，明显剥夺了当事人辩论的权利。

12.3.3　执行案件亦应贯彻辩论原则

裁判来源：邯郸市永年区国土资源局、邯郸市永年区利达实业有限公司土地承包经营权转让合同纠纷案——最高人民法院执行裁定书，(2018)最高法执监40号

裁判要旨：《民事诉讼法》第12条规定，人民法院审理民事案件时，当事人有权进行辩论。当事人的辩论权利是其在民事诉讼中的基本权利，该项权利贯穿于诉讼、执行全程。执行异议、复议案件是执行案件中的裁判审查类案件，其程序运行和权利保护应当参照普通民事诉讼案件一般规定。在民事执行中，对异议、复议的答辩权利是当事人辩论权利的具体体现之一，任何一方当事人均有权依法提出异议、复议，与之相对应，另一方依法拥有答辩的权利。如果法院未向对方当事人送达申请书副本，导致对方当事人无从知悉程序的开始和进行情况，无从针对异议、复议理由行使辩论权利，那么则是对当事人辩论权利的严重侵犯。

13. 诚信原则和处分原则

13.1　法律条文

第十三条　民事诉讼应当遵循诚信原则。

当事人有权在法律规定的范围内处分自己的民事权利和诉讼权利。

13.2　条文阐释

本条看似简短，实则规定了民事诉讼的两大基本原则，即诚信原则和处分原则。

第一，诚信原则又称诚实信用原则，这一民事诉讼法中的基本原则其实直接源于民法中诚实信用原则的确立和适用。主要有以下几点要求：(1) 当事人真实陈述的义务。(2) 促进诉讼的义务，即当事人不得实施迟

延或拖延诉讼的行为，亦不得恣意干扰诉讼。(3) 禁止以欺骗方法形成不正当的诉讼状态。比如，管辖权的滥用。(4) 禁反言。具体构成要件为：当事人在诉讼中实施了与之前（诉讼中或诉讼外）诉讼行为相矛盾的行为；在对方信赖的前提下，作出了违反承诺的行为；给信赖其先行行为的对方造成了不利。(5) 不得滥用诉讼上权能。比如，不得反复要求审理法官回避等。(6) 诉讼上权能的丧失。即因行为人长期不行使诉讼上的特定权能，即会失权。此外，诚实信用原则除了适用于法院和当事人之外，也有人主张适用于其他诉讼参与人。例如，代理人不得滥用代理权、超越代理权；鉴定人不得作出与事实不符的鉴定；证人不得作伪证；等等。对此，学界存有争议，否定的观点认为，这些行为的违法性是通过相应的义务加以规定的，与诚实信用原则的适用并没有关系，或者说无须适用诚实信用原则。例如，滥用代理权违反的是代理合同，对于行为人的处置依据代理合同的相关法律法规即可。

第二，处分原则又称处分权原则，是指当事人是否起诉或终结诉讼，何时起诉，内容如何，范围（法院对当事人没有提出的请求事项不能裁判），对何人起诉等，原则上由当事人自由决定，国家不能干预。法院在民事诉讼中应当处于被动消极的地位。处分原则确定了当事人在民事诉讼中的基本作用，这样的定位是符合民事诉讼的性质和特性的。① 关于处分原则的含义其实存在两种学说，即“广义说”和“狭义说”。广义上的处分原则包括了当事人进行原则和辩论原则。由于辩论原则在我国民事诉讼法中另有规定，故该条中的处分原则专指狭义上的处分原则。

另外，对于处分原则的具体内容也要重点把握。处分原则要求当事人在民事诉讼中有自由支配自己权利的权利。不仅包括自己的实体权利，还包括自己的诉讼权利。由于实体权利在民法中已有专门规定，故此处仅列出当事人相关的诉讼权利。关于当事人对自己诉讼权利的处分，可具体表现为以下几个方面：(1) 诉讼因当事人行使起诉权开始，因当事人行使撤诉权（包括撤回起诉和撤回上诉）而结束。(2) 诉讼请求的范围由当事人自行确定，当事人未提出的事项法院不能对其作出裁判，审判对象完全由

① 参见张卫平：《民事诉讼法》（第5版），法律出版社2019年版，第48页。

当事人决定。(3) 当事人可以在诉讼中变更、撤回和追加诉讼请求。(4) 原告可以自行放弃已提出的诉讼请求，被告也可以承认原告的诉讼请求。(5) 当事人双方可在诉讼中就争议事项达成和解或调解协议。

13.3　司法适用

实践中，应当注意厘清诚实信用原则与处分原则的关系。民事诉讼法将诚实信用原则与处分原则规定在同一条文中，而且将处分原则规定在第2款。由此，可以认为立法者的意图在于，将诚实信用原则作为限制当事人处分的基本规范。因此，诚实信用原则就是对当事人行使处分权的正当性要求。不过，民事诉讼法这样的安排有可能降低了处分原则作为主导性原则的地位。因为诚实信用原则毕竟是一种含有道德要求的条款，作为民事诉讼原则仅仅是一种补充性原则。民事诉讼法更重要的任务是对当事人处分权的充分保障，限制只是辅助性的。比较合理的设置应当是将诚实信用原则单列一条加以规定，可以将所有主体纳入约束的范围。作为一种普遍的道德性要求，也可以将诚实信用原则置于其他基本原则之后，突出其补充性。①

13.4　典型案例

13.4.1　谁选择起诉以及当事人选择起诉谁都是处分权的范畴

裁判来源：上海大新华实业有限公司、海航资产管理集团有限公司等财产保险合同纠纷案——最高人民法院民事判决书，(2022) 最高法民终101号

法院认为：《民事诉讼法》第13条第2款规定："当事人有权在法律规定的范围内处分自己的民事权利和诉讼权利。"本案中，根据37号调解书的约定，案涉3.1亿元执行款为大新华公司、海航资管公司等受让方应支付给九龙山度假城公司、度假地产公司、李勤夫、香港财富公司、九龙山会展公司、九龙山文化公司等出让方的股权转让款。九龙山度假城公司

---

① 参见张卫平：《民事诉讼法》(第5版)，法律出版社2019年版，第54页。

为案涉3.1亿元执行款的权利人之一。在一审审理过程中，案涉3.1亿元执行款的其他权利人度假地产公司、李勤夫、香港财富公司、九龙山会展公司、九龙山文化公司等向一审法院出具《情况说明》，明确表示案涉3.1亿元执行款的利益归属于九龙山度假城公司，统一授权九龙山度假城公司全权处理本案。无论度假地产公司、李勤夫等五方作出上述《情况说明》系出于对自身利益的考量，抑或出于诉讼策略，均属当事人对自己实体权利和诉讼权利的处分，并不违反法律、行政法规的禁止性规定。

13.4.2　当事人对民事实体权利的处分，包括原告在起诉时可以决定请求人民法院保护其民事权利的范围并选择保护的方法

裁判来源： 湖北普罗格科技股份有限公司、北京格瑞纳健峰生物技术有限公司计算机软件开发合同纠纷案——最高人民法院民事判决书，(2021)最高法知民终941号

法院认为：《民事诉讼法》第13条第2款规定："当事人有权在法律规定的范围内处分自己的民事权利和诉讼权利。"根据该款规定，当事人在民事诉讼中，在不违背法律规定的情况下，享有对自己的民事实体权利和民事诉讼权利进行自由处分的权利。即在不损害社会公共利益和他人利益的情况下，国家一般不干预民事主体对民事权利的处分。当事人对民事实体权利的处分，包括原告在起诉时可以决定请求人民法院保护其民事权利的范围并选择保护的方法，人民法院在审理民商事纠纷案件时，一般也只能对已诉至法院的民事权利义务关系作出判断，在不损害社会公共利益和他人利益的情况下，审理和判决应以当事人请求、主张的实体权利范围为限。

13.4.3　当事人减少诉讼请求亦属处分权之范畴

裁判来源： 西安陕鼓汽轮机有限公司、高少华等公司关联交易损害责任纠纷案——最高人民法院民事判决书，(2021)最高法民再181号

法院认为： 陕鼓汽轮机公司向一审法院起诉请求为由高少华、程勤向陕鼓汽轮机公司连带赔偿33,310,000元。陕鼓汽轮机公司在上诉时明确请求高少华、程勤向陕鼓汽轮机公司赔偿损失7,578,854.41元。在本案再审审理过程中，又明确高少华、程勤应赔偿损失7,064,480.35元。根据《民事诉讼法》第13条第2款关于"当事人有权在法律规定的范围内处分自己

的民事权利和诉讼权利”的规定，陕鼓汽轮机公司减少其诉讼请求，是处分自身诉讼权利的行为，故应以陕鼓汽轮机公司最后请求的7,064,480.35元为准进行审理。

14. 检察监督原则

14.1 法律条文

第十四条 人民检察院有权对民事诉讼实行法律监督。

14.2 条文阐释

本条规定了检察监督原则，即人民检察院有权对人民法院的民事审判活动和执行活动进行法律监督。一方面，检察院可以对审判人员和执行人员在审判活动和执行活动中是否有贪赃枉法、徇私舞弊等行为进行监督，并提出检察建议；另一方面，检察院还可以对法院作出的已经生效的判决、裁定以及调解书等进行监督。

14.3 司法适用

本条仅规定了人民检察院对人民法院进行检察监督的一般原则，至于具体提出抗诉、检察建议等情形则规定在其他更为具体的法律条文中。然而，在实践中，仍然应当着重注意以下两点：其一，人民检察院对人民法院进行检察监督不仅限于法院的裁判行为，还包括法院人员的其他违法行为；其二，人民检察院提出再审检察建议或抗诉，可以查阅人民法院的卷宗，并有权向当事人、案外人调查核实。

15. 支持起诉原则

15.1 法律条文

第十五条 机关、社会团体、企业事业单位对损害国家、集体或者个人民事权益的行为，可以支持受损害的单位或者个人向人民法院起诉。

15.2 条文阐释

本条规定了我国民事诉讼法的基本原则之一，即支持起诉原则。民事诉讼法规定支持起诉原则的目的就在于发挥机关、团体、企事业单位同民事违法行为作斗争的积极性，从而达到切实维护国家、集体或者个人民事权益的效果。

15.3 司法适用

在实际适用该条时，应当着重关注以下几点要求：第一，支持起诉人只限于机关、社会团体和企业事业单位。第二，须受害人未起诉为前提。第三，支持起诉人是支持起诉而非代替原告身份起诉。第四，支持起诉人并不实际参加诉讼程序。此外，对支持起诉的有关单位而言，支持起诉既是权利，也是义务。

15.4 相关规范性文件

最高人民法院《关于侵权行为导致流浪乞讨人员死亡，无赔偿权利人或者赔偿权利人不明的，民政部门能否提起民事诉讼的复函》（〔2010〕民一他字第23号，自2010年12月9日起施行）

你院〔2010〕皖刑他字第0034号、〔2010〕皖民一他字第0006号《关于被告人张男男交通肇事刑事附带民事案及王小东道路交通事故人身损害民事赔偿案有关问题的请示报告》收悉。经研究，答复如下：

流浪乞讨人员因侵权行为导致死亡，无赔偿权利人或者赔偿权利人不明，在法律未明确授权的情况下，民政部门向人民法院提起民事诉讼的，人民法院不予受理。已经受理的，驳回起诉。

15.5　典型案例

15.5.1　检察机关应当依法履行支持起诉职能，保障当事人平等行使诉权

裁判来源： 李某滨与李某峰财产损害赔偿纠纷支持起诉案——检例第122号

要旨： 因监护人侵害智力残疾的被监护人财产权，智力残疾人诉请赔偿损失存在障碍而请求支持起诉的，检察机关可以围绕法定起诉条件协助其收集证据，为其起诉维权提供帮助。在支持起诉程序中，检察机关应当依法履行支持起诉职能，保障当事人平等行使诉权。

15.5.2　老年人缺乏起诉维权能力的，检察机关可以支持老年人起诉

裁判来源： 胡某祥、万某妹与胡某平赡养纠纷支持起诉案——检例第123号

要旨： 老年人依法起诉要求成年子女履行赡养义务，但是缺乏起诉维权能力的，检察机关可以依老年人提出的申请，支持其起诉维权。支持起诉的检察机关可以运用多元化解纠纷机制，修复受损家庭关系。案件办结后，可以开展案件回访，巩固办案效果。

15.5.3　检察机关依法履职，切实维护劳动者的合法权益

裁判来源： 孙某宽等78人与某农业公司追索劳动报酬纠纷支持起诉案——检例第124号

要旨： 劳动报酬是进城务工人员维持生计的基本保障，用人单位未按照国家规定和劳动合同约定及时足额支付劳动报酬的，检察机关应当因案制宜，通过督促人力资源社会保障等单位履职尽责、支持起诉、移送拒不支付劳动报酬罪线索等方式保障进城务工人员获得劳动报酬。

16. 在线诉讼等效性原则

16.1 法律条文

第十六条 经当事人同意，民事诉讼活动可以通过信息网络平台在线进行。

民事诉讼活动通过信息网络平台在线进行的，与线下诉讼活动具有同等法律效力。

16.2 条文阐释

本条主要规定了在线诉讼的“等效性”原则，即在线进行的民事诉讼活动与线下进行的民事诉讼活动具有同等法律效力。此外，本条第 1 款还确立了在线诉讼开启的必备条件，即当事人同意。2021 年《民事诉讼法》未修改之前，在线诉讼的合法性与合理性仅是在司法解释层面得到了确证，而 2021 年《民事诉讼法》的修改无疑是在法律层面确立了在线诉讼的法律效力。

16.3 司法适用

实践中适用该条需要着重关注以下两点：

第一，当事人同意是在线诉讼开启的前提，即法院不得在未征得当事人同意的前提下依职权开启线上诉讼。

第二，在线诉讼具有多种形式，既包括在线同步诉讼，亦包括在线异步诉讼，其均适用等效性原则。

16.4 相关规范性文件

《人民法院在线诉讼规则》（法释〔2021〕12 号，自 2021 年 8 月 1 日起施行）

第一条 人民法院、当事人及其他诉讼参与人等可以依托电子诉讼平台（以下简称“诉讼平台”），通过互联网或者专用网络在线完成立案、调解、证据交换、询问、庭审、送达等全部或者部分诉讼环节。

在线诉讼活动与线下诉讼活动具有同等法律效力。

第四条 人民法院开展在线诉讼，应当征得当事人同意，并告知适用在线诉讼的具体环节、主要形式、权利义务、法律后果和操作方法等。

人民法院应当根据当事人对在线诉讼的相应意思表示，作出以下处理：

（一）当事人主动选择适用在线诉讼的，人民法院可以不再另行征得其同意，相应诉讼环节可以直接在线进行；

（二）各方当事人均同意适用在线诉讼的，相应诉讼环节可以在线进行；

（三）部分当事人同意适用在线诉讼，部分当事人不同意的，相应诉讼环节可以采取同意方当事人线上、不同意方当事人线下的方式进行；

（四）当事人仅主动选择或者同意对部分诉讼环节适用在线诉讼的，人民法院不得推定其对其他诉讼环节均同意适用在线诉讼。

对人民检察院参与的案件适用在线诉讼的，应当征得人民检察院同意。

最高人民法院《关于新冠肺炎疫情防控期间加强和规范在线诉讼工作的通知》（法〔2020〕49号，自2020年2月14日起施行）

二、各级人民法院推进在线诉讼，既要充分考虑案件类型、难易程度、轻重缓急等因素，又要切实维护当事人合法诉讼权益，尊重当事人对案件办理模式的选择权，全面告知在线诉讼的权利义务和法律后果。当事人同意案件在线办理的，应当在信息系统确认、留痕，确保相关诉讼活动的法律效力。当事人不同意案件在线办理，依法申请延期审理的，人民法院应当准许，不得强制适用在线诉讼。案件符合诉讼法律关于中止审理有关规定的，人民法院可以中止诉讼。

17. 民族自治地方的变通或者补充规定

17.1 法律条文

第十七条 民族自治地方的人民代表大会根据宪法和本法的原则，结合当地民族的具体情况，可以制定变通或者补充的规定。自治区的规定，报全国人民代表大会常务委员会批准。自治州、自治县的规定，报省或者自治区的人民代表大会常务委员会批准，并报全国人民代表大会常务委员会备案。

17.2 条文阐释

本条规定了民族自治地方的变通或者补充规定。此类规定并非仅存于民事诉讼法之中，在其他法律规范中也多有体现。旨在赋予民族自治地方的人民代表大会以制定变通或者补充规定的权利，在民事诉讼法范畴内，则专指对民事诉讼的变通或者补充规定。不过，实际发生的变通或补充规定较少，例如，西藏自治区实施《中华人民共和国民事诉讼法（试行）》的若干变通办法（1983 年 9 月 17 日通过）。①

---

① 参见徐爽：《变通立法的“变”与“通”：基于 74 件民族自治地方变通立法文件的实证分析》，载《政法论坛》2021 年第 4 期。

第二章 管 辖

第一节 级别管辖

18. 基层法院管辖

18.1 法律条文

第十八条 基层人民法院管辖第一审民事案件，但本法另有规定的除外。

18.2 条文阐释

本条规定了基层人民法院的管辖范围，除了中级人民法院、高级人民法院以及最高人民法院管辖的第一审民事案件以外的所有第一审民事案件，原则上都由基层人民法院管辖。也就是说，第一审民事案件原则上都由基层人民法院管辖，只有例外规定时才由更高层级的法院管辖。

18.3 司法适用

实践中，基层人民法院管辖通常与中级人民法院管辖相混淆。虽然我国第一审民事案件以基层人民法院管辖为原则，其他更高层级法院管辖为例外，但基层人民法院究竟管辖哪些第一审民事案件仍欠缺必要且明确的标准。随着我国司法审判实践的不断推动，诉讼标的额的大小似乎已经成为界分级别管辖的唯一实质标准。

18.4 相关规范性文件

《中华人民共和国人民法院组织法》（中华人民共和国主席令第11号，自2019年1月1日起施行）

第二十五条 基层人民法院审理第一审案件，法律另有规定的除外。

基层人民法院对人民调解委员会的调解工作进行业务指导。

第二十六条 基层人民法院根据地区、人口和案件情况，可以设立若干人民法庭。

人民法庭是基层人民法院的组成部分。人民法庭的判决和裁定即基层人民法院的判决和裁定。

最高人民法院《关于调整高级人民法院和中级人民法院管辖第一审民商事案件标准的通知》（法发〔2015〕7号，自2015年5月1日起施行）

四、婚姻、继承、家庭、物业服务、人身损害赔偿、名誉权、交通事故、劳动争议等案件，以及群体性纠纷案件，一般由基层人民法院管辖。

19. 中级法院管辖

19.1 法律条文

第十九条 中级人民法院管辖下列第一审民事案件：

（一）重大涉外案件；

（二）在本辖区有重大影响的案件；

（三）最高人民法院确定由中级人民法院管辖的案件。

19.2 条文阐释

本条规定了中级人民法院管辖第一审民事案件的三种情形。需要注意的是，第一审民事案件的级别管辖仍应以基层人民法院管辖为原则，其他层级法院管辖为例外。而本条中规定的三种情形究竟包含哪些具体类型的案件以及中级人民法院究竟管辖哪些具体的第一审民事案件，可参见下文相关司法解释。

19.3　司法适用

通过文义解读不难看出，第 19 条实际上规定了中级人民法院管辖第一审民事案件的三种不同情形或标准，但司法实践确有不同。尽管民事诉讼法并没有将案件争议标的额的大小作为划分级别管辖的根据，但实际上标的数额的大小已经成为确定级别管辖的标准。当然，由于各地经济发展水平不一，实践中标的数额的大小也是不尽相同。

19.4　相关规范性文件

最高人民法院《关于适用〈中华人民共和国民事诉讼法〉的解释》（法释〔2022〕11 号，自 2022 年 4 月 10 日起施行）

第一条　民事诉讼法第十九条第一项规定的重大涉外案件，包括争议标的额大的案件、案情复杂的案件，或者一方当事人人数众多等具有重大影响的案件。

第二条　专利纠纷案件由知识产权法院、最高人民法院确定的中级人民法院和基层人民法院管辖。

海事、海商案件由海事法院管辖。

最高人民法院《关于审理著作权民事纠纷案件适用法律若干问题的解释》（法释〔2020〕19 号，自 2021 年 1 月 1 日起施行）

第二条　著作权民事纠纷案件，由中级以上人民法院管辖。

各高级人民法院根据本辖区的实际情况，可以报请最高人民法院批准，由若干基层人民法院管辖第一审著作权民事纠纷案件。

最高人民法院《关于调整中级人民法院管辖第一审民事案件标准的通知》（法发〔2021〕27 号，自 2021 年 10 月 1 日起施行）

一、当事人住所地均在或者均不在受理法院所处省级行政辖区的，中级人民法院管辖诉讼标的额 5 亿元以上的第一审民事案件。

二、当事人一方住所地不在受理法院所处省级行政辖区的，中级人民法院管辖诉讼标的额 1 亿元以上的第一审民事案件。

最高人民法院《关于审理技术合同纠纷案件适用法律若干问题的解释》(法释〔2020〕19号，自2021年1月1日起施行)

第四十三条 技术合同纠纷案件一般由中级以上人民法院管辖。

各高级人民法院根据本辖区的实际情况并报经最高人民法院批准，可以指定若干基层人民法院管辖第一审技术合同纠纷案件。

其他司法解释对技术合同纠纷案件管辖另有规定的，从其规定。

合同中既有技术合同内容，又有其他合同内容，当事人就技术合同内容和其他合同内容均发生争议的，由具有技术合同纠纷案件管辖权的人民法院受理。

最高人民法院《关于审理环境民事公益诉讼案件适用法律若干问题的解释》(法释〔2020〕20号，自2021年1月1日起施行)

第六条 第一审环境民事公益诉讼案件由污染环境、破坏生态行为发生地、损害结果地或者被告住所地的中级以上人民法院管辖。

中级人民法院认为确有必要的，可以在报请高级人民法院批准后，裁定将本院管辖的第一审环境民事公益诉讼案件交由基层人民法院审理。

同一原告或者不同原告对同一污染环境、破坏生态行为分别向两个以上有管辖权的人民法院提起环境民事公益诉讼的，由最先立案的人民法院管辖，必要时由共同上级人民法院指定管辖。

第七条 经最高人民法院批准，高级人民法院可以根据本辖区环境和生态保护的实际情况，在辖区内确定部分中级人民法院受理第一审环境民事公益诉讼案件。

中级人民法院管辖环境民事公益诉讼案件的区域由高级人民法院确定。

最高人民法院《关于调整高级人民法院和中级人民法院管辖第一审民事案件标准的通知》(法发〔2019〕14号，自2019年5月1日起施行)

一、中级人民法院管辖第一审民事案件的诉讼标的额上限原则上为50亿元(人民币)，诉讼标的额下限继续按照《最高人民法院关于调整地方各级人民法院管辖第一审知识产权民事案件标准的通知》(法发〔2010〕5号)、《最高人民法院关于调整高级人民法院和中级人民法院管辖第一审民商事案件标准的通知》(法发〔2015〕7号)、《最高人民法院关于明确第一审涉外民商事案件级别管辖标准以及归口办理有关问题的通知》(法

〔2017〕359号)、《最高人民法院关于调整部分高级人民法院和中级人民法院管辖第一审民商事案件标准的通知》(法发〔2018〕13号)等文件执行。

最高人民法院《关于审理证券市场虚假陈述侵权民事赔偿案件的若干规定》(法释〔2022〕2号,自2022年1月22日起施行)

第三条 证券虚假陈述侵权民事赔偿案件,由发行人住所地的省、自治区、直辖市人民政府所在的市、计划单列市和经济特区中级人民法院或者专门人民法院管辖。《最高人民法院关于证券纠纷代表人诉讼若干问题的规定》等对管辖另有规定的,从其规定。

省、自治区、直辖市高级人民法院可以根据本辖区的实际情况,确定管辖第一审证券虚假陈述侵权民事赔偿案件的其他中级人民法院,报最高人民法院备案。

19.5 典型案例

19.5.1 中院管辖不能仅单纯考虑标的额,还应考量当事人是否在中院辖区的问题

裁判来源:中铁十局集团有限公司与准格尔旗鼎峰商贸有限责任公司铁路修建合同纠纷案——(2013)民提字第231号

裁判要旨:在确定铁路运输法院专门管辖案件的级别管辖时,一方当事人住所地在铁路运输法院辖区,一方当事人住所地既不在铁路运输法院辖区,又不在铁路运输法院所在省份行政辖区,属于“当事人一方住所地不在省高级人民法院辖区”案件,即铁路运输法院辖区也是所属省高级人民法院辖区。

20. 高级法院管辖

20.1 法律条文

第二十条 高级人民法院管辖在本辖区有重大影响的第一审民事案件。

20.2 条文阐释

本条规定了高级人民法院管辖第一审民事案件的唯一标准，即“在本辖区有重大影响”。高级人民法院的主要任务是对本辖区内的中级人民法院和基层人民法院的审判工作进行监督和指导，故直接由高级人民法院管辖第一审民事案件的数量相对较少。

20.3 司法适用

实践中，高级人民法院管辖第一审民事案件的“重大影响”标准很大程度上已经演化为“诉讼标的金额大”这一标准。根据最高人民法院（2021）最高法知民辖终12号的裁判要旨，这一条款并不构成级别管辖权异议的法律依据，案件影响重大并非当事人主张级别管辖错误的事由。如果下级法院受理了因具有重大影响而应由上级人民法院审理的案件，原则上应当由原审法院报请其上级法院审理或者由其上级法院主动提级审理。

表1 全国各地普通民商事案件级别管辖标准

法院级别	当事人住所地	一审标的额（元）
地方中院	均在或者均不在受理法院所处省级行政辖区	5亿（含）~50亿（不含）
地方中院	一方住所地不在受理法院所处省级行政辖区	1亿（含）~50亿（不含）
战区军事法院、总直属军事法院	不限	1亿（含）~50亿（不含）
地方高院	不限	50亿（含）以上
解放军军事法院	不限	50亿（含）以上

表 2　全国各地涉外民商事案件级别管辖标准

<table>
<tr><th>地区</th><th>法院级别</th><th>一审标的额（元）</th></tr>
<tr><td rowspan="3">北京、天津、上海、江苏、浙江、福建、山东、广东、重庆</td><td rowspan="3">中院</td><td>4000 万元以上（包含本数）</td></tr>
<tr><td>案情复杂或者一方当事人人数众多的涉外民商事案件。</td></tr>
<tr><td>其他在本辖区有重大影响的涉外民商事案件。</td></tr>
<tr><td rowspan="3">河北、山西、内蒙古、辽宁、吉林、黑龙江、安徽、江西、河南、湖北、湖南、广西、海南、四川、贵州、云南、西藏、陕西、甘肃、青海、宁夏、新疆，解放军各战区、总直属军事法院，新疆维吾尔自治区高级人民法院生产建设兵团分院</td><td rowspan="3">中院</td><td>2000 万元以上（包含本数）</td></tr>
<tr><td>案情复杂或者一方当事人人数众多的涉外民商事案件。</td></tr>
<tr><td>其他在本辖区有重大影响的涉外民商事案件。</td></tr>
<tr><td rowspan="2">全国各地</td><td rowspan="2">高院</td><td>50 亿元（含）以上</td></tr>
<tr><td>其他在本辖区有重大影响的第一审涉外民商事案件。</td></tr>
</table>

21. 最高人民法院管辖

21.1　法律条文

第二十一条　最高人民法院管辖下列第一审民事案件：

（一）在全国有重大影响的案件；

（二）认为应当由本院审理的案件。

21.2 条文阐释

本条将最高人民法院管辖的第一审民事案件分为两类：一是在全国范围内有重大影响的案件；二是最高人民法院认为应当由其审理的案件。

21.3 相关规范性文件

最高人民法院《关于巡回法庭审理案件若干问题的规定》（法释〔2016〕30号，自2016年12月28日起施行）

第一条 最高人民法院设立巡回法庭，受理巡回区内相关案件。第一巡回法庭设在广东省深圳市，巡回区为广东、广西、海南、湖南四省区。第二巡回法庭设在辽宁省沈阳市，巡回区为辽宁、吉林、黑龙江三省。第三巡回法庭设在江苏省南京市，巡回区为江苏、上海、浙江、福建、江西五省市。第四巡回法庭设在河南省郑州市，巡回区为河南、山西、湖北、安徽四省。第五巡回法庭设在重庆市，巡回区为重庆、四川、贵州、云南、西藏五省区。第六巡回法庭设在陕西省西安市，巡回区为陕西、甘肃、青海、宁夏、新疆五省区。最高人民法院本部直接受理北京、天津、河北、山东、内蒙古五省区市有关案件。

最高人民法院根据有关规定和审判工作需要，可以增设巡回法庭，并调整巡回法庭的巡回区和案件受理范围。

第二条 巡回法庭是最高人民法院派出的常设审判机构。巡回法庭作出的判决、裁定和决定，是最高人民法院的判决、裁定和决定。

第三条 巡回法庭审理或者办理巡回区内应当由最高人民法院受理的以下案件：

……

（二）在全国有重大影响的第一审民商事案件；

……

（十一）最高人民法院认为应当由巡回法庭审理或者办理的其他案件。

……

最高人民法院《关于设立国际商事法庭若干问题的规定》（法释〔2018〕11号，自2018年7月1日起施行）

第一条　最高人民法院设立国际商事法庭。国际商事法庭是最高人民法院的常设审判机构。

第二条　国际商事法庭受理下列案件：

（一）当事人依照民事诉讼法第三十四条的规定协议选择最高人民法院管辖且标的额为人民币3亿元以上的第一审国际商事案件；

（二）高级人民法院对其所管辖的第一审国际商事案件，认为需要由最高人民法院审理并获准许的；

（三）在全国有重大影响的第一审国际商事案件；

（四）依照本规定第十四条申请仲裁保全、申请撤销或者执行国际商事仲裁裁决的；

（五）最高人民法院认为应当由国际商事法庭审理的其他国际商事案件。

21.4　典型案例

21.4.1　具有典型意义的由最高人民法院一审的国际商事案件

裁判来源：光宝移动私人有限公司、星星触控科技（深圳）有限公司等股权转让纠纷案——最高人民法院民事裁定书，最高法民辖44号

法院认为：本案系具有典型意义的第一审国际商事案件，宜由最高人民法院国际商事法庭审理。

第二节　地 域 管 辖

22. 被告所在地法院管辖

22.1　法律条文

第二十二条　对公民提起的民事诉讼，由被告住所地人民法院管辖；被告住所地与经常居住地不一致的，由经常居住地人民法院管辖。

对法人或者其他组织提起的民事诉讼，由被告住所地人民法院管辖。

同一诉讼的几个被告住所地、经常居住地在两个以上人民法院辖区的，各该人民法院都有管辖权。

22.2 条文阐释

本条规定了地域管辖的一般规则，即一般地域管辖。一般地域管辖以“原告就被告”的原则确定管辖法院。

如此规定，一方面可以防止原告的滥诉行为；另一方面也可以方便法院判决的执行。

22.3 司法适用

在适用该条的过程中，应当着重注意以下几个问题：第一，公民的住所地是指公民的户籍所在地。第二，公民的经常居住地是指公民离开住所地至起诉时已连续居住一年以上的地方（因病住院就医的地方除外）。第三，当事人因户籍变动尚未落户的，若有经常居住地，则由经常居住地人民法院管辖；若无经常居住地，则由原户籍所在地人民法院管辖。第四，法人的住所地是指法人的主要办事机构所在地。第五，法人或者其他组织的主要办事机构所在地不能确定的，法人或者其他组织的注册地或者登记地为住所地。

22.4 相关规范性文件

最高人民法院《关于适用〈中华人民共和国民事诉讼法〉的解释》（法释〔2022〕11号，自2022年4月10日起施行）

第三条 公民的住所地是指公民的户籍所在地，法人或者其他组织的住所地是指法人或者其他组织的主要办事机构所在地。

法人或者其他组织的主要办事机构所在地不能确定的，法人或者其他组织的注册地或者登记地为住所地。

第四条　公民的经常居住地是指公民离开住所地至起诉时已连续居住一年以上的地方，但公民住院就医的地方除外。

第五条　对没有办事机构的个人合伙、合伙型联营体提起的诉讼，由被告注册登记地人民法院管辖。没有注册登记，几个被告又不在同一辖区的，被告住所地的人民法院都有管辖权。

第六条　被告被注销户籍的，依照民事诉讼法第二十三条规定确定管辖；原告、被告均被注销户籍的，由被告居住地人民法院管辖。

第七条　当事人的户籍迁出后尚未落户，有经常居住地的，由该地人民法院管辖；没有经常居住地的，由其原户籍所在地人民法院管辖。

第八条　双方当事人都被监禁或者被采取强制性教育措施的，由被告原住所地人民法院管辖。被告被监禁或者被采取强制性教育措施一年以上的，由被告被监禁地或者被采取强制性教育措施地人民法院管辖。

第二十三条　债权人申请支付令，适用民事诉讼法第二十二条规定，由债务人住所地基层人民法院管辖。

最高人民法院《关于山东思源水业工程有限公司与夹江县阳洋纸业有限公司买卖合同纠纷管辖争议案指定管辖的通知》(〔2005〕民立他字第25号)

山东省高级人民法院、四川省高级人民法院：

山东省高级人民法院〔2005〕鲁立函字第10—2号请示报告和四川省高级人民法院川高立〔2005〕12号情况汇报收悉。

关于山东思源水业工程有限公司与夹江县阳洋纸业有限公司买卖合同纠纷案件的管辖争议问题，经研究，通知如下：

一、夹江县阳洋纸业有限公司（下称阳洋公司）与山东思源水业工程有限公司（下称思源公司）在2003年12月17日签订的悬挂链式爆气器安装指导（供货）合同中明确约定："双方因执行本合同发生争议，首先应协商解决，协商不成的向原告所在地人民法院提起诉讼。"这一选择管辖的约定符合《中华人民共和国民事诉讼法》第二十五规定，应认定有效。阳洋公司与思源公司于2004年11月19日分别向各自所在地人民法院起诉，依据上述规定，阳洋公司所在地四川省夹江县人民法院于思源公司所在地山东省济南市天桥区人民法院对本案均由管辖权。

二、夹江县人民法院与济南市天桥区人民法院虽然立案时间相同，但夹江县人民法院在两地人民法院就本案管辖权问题协商未果的情况下，抢先对本案作出一审民事判决，违反了最高人民法院法发〔1994〕29号《关于在经济审判工作中严格执行〈中华人民共和国民事诉讼法〉的若干规定》第四条规定。依据《中华人民共和国民事诉讼法》第三十七条第二款的规定，本院指定本案由山东省济南市天桥区人民法院管辖。四川省高级人民法院应当以违反法定程序为由依法撤销乐山市中级人民法院、夹江县人民法院作出的民事裁定、民事判决，将案件的有关材料移送山东省济南市天桥区人民法院合并审理。

22.5 典型案例

22.5.1 即使案件存在涉外因素，只要是在中国境内进行民事诉讼，仍应当适用被告住所地人民法院管辖的一般原则

裁判来源：浙江健龙卫浴有限公司、高仪股份公司与浙江健龙卫浴有限公司、高仪股份公司侵害外观设计专利权纠纷案——最高人民法院民事判决书，(2015) 民提字第23号

法院认为：本案一方当事人高仪公司系德意志联邦共和国法人，本案为涉外民事诉讼。根据《民事诉讼法》第21条第2款“对法人或者其他组织提起的民事诉讼，由被告住所地人民法院管辖”、第259条“在中华人民共和国领域内进行涉外民事诉讼，适用本编规定。本编没有规定的，适用本法其他有关规定”的规定，以及《民法通则》第146条“侵权行为的损害赔偿，适用侵权行为地法律”的规定，健龙公司在其公司住所地制造并销售被诉侵权产品，其住所地在一审法院管辖范围内，庭审中双方当事人也一致同意由一审法院适用中国法律审理双方的侵权纠纷，故一审法院享有本案的管辖权，并适用中华人民共和国法律审理本案。

23. 原告所在地法院管辖

23.1 法律条文

第二十三条 下列民事诉讼，由原告住所地人民法院管辖；原告住所地与经常居住地不一致的，由原告经常居住地人民法院管辖：

（一）对不在中华人民共和国领域内居住的人提起的有关身份关系的诉讼；

（二）对下落不明或者宣告失踪的人提起的有关身份关系的诉讼；

（三）对被采取强制性教育措施的人提起的诉讼；

（四）对被监禁的人提起的诉讼。

23.2 条文阐释

本条是对第22条规定的“原告就被告”一般地域管辖原则的例外突破。在某些特殊情况下，如果一味遵循“原告就被告”的原则确定管辖法院，极有可能不方便当事人诉讼且不方便判决执行。因此，《民事诉讼法》特别规定了“原告就被告”原则的例外——“被告就原告”的情形。

23.3 相关规范性文件

最高人民法院《关于适用〈中华人民共和国民事诉讼法〉的解释》（法释〔2022〕11号，自2022年4月10日起施行）

第十二条 夫妻一方离开住所地超过一年，另一方起诉离婚的案件，可以由原告住所地人民法院管辖。

夫妻双方离开住所地超过一年，一方起诉离婚的案件，由被告经常居住地人民法院管辖；没有经常居住地的，由原告起诉时被告居住地人民法院管辖。

第十三条 在国内结婚并定居国外的华侨，如定居国法院以离婚诉讼须由婚姻缔结地法院管辖为由不予受理，当事人向人民法院提出离婚诉讼的，由婚姻缔结地或者一方在国内的最后居住地人民法院管辖。

第十四条 在国外结婚并定居国外的华侨，如定居国法院以离婚诉讼须由国籍所属国法院管辖为由不予受理，当事人向人民法院提出离婚诉讼的，由一方原住所地或者在国内的最后居住地人民法院管辖。

第十五条 中国公民一方居住在国外，一方居住在国内，不论哪一方向人民法院提起离婚诉讼，国内一方住所地人民法院都有权管辖。国外一方在居住国法院起诉，国内一方向人民法院起诉的，受诉人民法院有权管辖。

第十六条 中国公民双方在国外但未定居，一方向人民法院起诉离婚的，应由原告或者被告原住所地人民法院管辖。

第十七条 已经离婚的中国公民，双方均定居国外，仅就国内财产分割提起诉讼的，由主要财产所在地人民法院管辖。

24. 合同纠纷的地域管辖

24.1 法律条文

第二十四条 因合同纠纷提起的诉讼，由被告住所地或者合同履行地人民法院管辖。

24.2 条文阐释

特殊地域管辖是指将当事人所在地、诉讼标的、诉讼标的物和法律事实等因素结合起来，以这些因素与法院之间的隶属关系为标准所确定的管辖。特殊管辖中确定管辖法院的因素有多个，因此适用特殊地域管辖的各类纠纷都属于共同管辖。本条规定的是特殊地域管辖中的一般合同纠纷管辖。其他特殊合同纠纷的管辖则由后续条款规定。

24.3 司法适用

该条的适用重点就在于对“合同履行地”的把握。所谓合同履行地，是指履行合同所确定义务的地点。合同履行地可由当事人协议约定（或达成补充协议约定)，无约定的则应当按照合同有关条款或遵循交易习惯。如果仍然无法确定的，则应当根据民事诉讼法司法解释的规定确定合同履行地。

24.4 相关规范性文件

最高人民法院《关于适用〈中华人民共和国民事诉讼法〉的解释》(法释〔2022〕11号，自2022年4月10日起施行)

第十八条 合同约定履行地点的，以约定的履行地点为合同履行地。

合同对履行地点没有约定或者约定不明确，争议标的为给付货币的，接收货币一方所在地为合同履行地；交付不动产的，不动产所在地为合同履行地；其他标的，履行义务一方所在地为合同履行地。即时结清的合同，交易行为地为合同履行地。

合同没有实际履行，当事人双方住所地都不在合同约定的履行地的，由被告住所地人民法院管辖。

第十九条 财产租赁合同、融资租赁合同以租赁物使用地为合同履行地。合同对履行地有约定的，从其约定。

第二十条 以信息网络方式订立的买卖合同，通过信息网络交付标的的，以买受人住所地为合同履行地；通过其他方式交付标的的，收货地为合同履行地。合同对履行地有约定的，从其约定。

最高人民法院《关于武汉市地源工程材料有限公司诉周德咏、安徽省天地工程机械有限责任公司买卖合同纠纷一案指定管辖的通知》(〔2007〕民立他字第89号，自2008年1月28日起施行)

安徽省高级人民法院、湖北省武汉市武昌区人民法院：

安徽省高级人民法院〔2007〕皖民二他字第0025号请示报告收悉。经研究，通知如下：

一、本案合同为买卖合同纠纷，合同约定发生纠纷向甲方或丙方所在地法院提起诉讼。《最高人民法院关于适用〈中华人民共和国民事诉讼法〉若干问题的意见》第24条规定：选择两个以上人民法院管辖的，协议管辖无效。本案合同选择两个以上人民法院管辖，该协议管辖无效。

二、《最高人民法院关于适用〈中华人民共和国民事诉讼法〉若干问题的意见》第19条规定：购销合同的双方当事人在合同中对交货地点有约定的，以约定的交货地点为合同履行地。本案合同约定的交货地点在武汉市，湖北省武汉市是合同履行地。《中华人民共和国民事诉讼法》第二十四条规定“因合同纠纷提起的诉讼，由被告住所地或者合同履行地人民法院管辖”。因合同履行地武汉市的范围较广，无法确定管辖法院。故按照第一被告住所地即武汉市武昌区确定管辖法院。

三、根据《中华人民共和国民事诉讼法》第三十六条的规定，本院指定本案由湖北省武汉市武昌区人民法院管辖。安徽省高级人民法院应通知有关法院依法撤销有关本案的裁定，将案件移送湖北省武汉市武昌区人民法院审理。

最高人民法院《关于审理证券回购纠纷案件座谈会纪要》（1997年）

一、关于证券回购纠纷案件的受理与管辖问题

证券回购纠纷属于合同纠纷，应按照《民事诉讼法》第二十四条的规定，由被告住所地或合同履行地人民法院管辖。证券交易行为在证券交易场所内进行的，融资本金交割行为的地点应为合同规定义务履行的地点，即合同履行地。因此，证券回购纠纷案件的地域管辖问题，应根据1996年7月4日最高人民法院《关于如何确定证券回购合同履行地问题的批复》（法复〔1996〕9号）的规定，凡是通过证券交易场所进行的证券回购交易（即场内交易）而产生的纠纷，证券交易场所所在地或者被告方所在地的人民法院有管辖权；对未通过证券交易场所进行证券回购交易（即场外交易）而产生的纠纷，返售方所在地或者被告方所在地的人民法院有管辖权。

24.5 典型案例

24.5.1 合同未约定履行地的，以合同实际履行地确定管辖权

裁判来源：广晟投资发展有限公司与中国恒基伟业集团有限公司、北京北大青鸟有限责任公司、香港青鸟科技发展有限公司确认仲裁条款效力及管辖权纠纷案——最高人民法院民事裁定书，(2006)民四终字第28号

法院认为：《民事诉讼法》第24条规定：“因合同纠纷提起的诉讼，由被告住所地或者合同履行地人民法院管辖。”因本案所涉协议没有约定

合同履行地，故应以合同的实际履行地来确定管辖权。

恒基公司和广晟公司作为《可转换债发行协议》中本债的发行人和买受人，均确认广晟公司已委托其关联公司支付款项给恒基公司在北京的关联公司的事实，并认可该行为的目的是履行《可转换债发行协议》。尽管北大青鸟公司提出该付款行为受限于我国外汇管理规定，所付款项不能用于履行协议，且其未接到合同已履行的通知，协议没有实际履行。但合同是否得以履行是事实问题，而履行合同是否适当、合法，属于合同履行的后果及责任问题，是法律对于法律事实、行为的价值判断。其关于合同未履行的主张不能得到支持。

24.5.2 贷款方所在地为合同履行地

裁判来源：中国长城资产管理公司南昌办事处与景德镇陶瓷股份有限公司借款合同纠纷案——最高人民法院民事裁定书，（2006）民二终字第170号

法院认为：本案系原审原告长城公司南昌办事处与原审被告陶瓷公司之间成立的资金拆借合同关系，属于借款合同纠纷。根据《民事诉讼法》第24条关于“因合同纠纷提起的诉讼，由被告住所地或者合同履行地人民法院管辖”的规定，以及最高人民法院《关于如何确定借款合同履行地问题的批复》关于贷款方所在地为合同履行地的规定，本案贷款方及借款方住所地均在江西省境内，故江西省高级人民法院受理该案符合法律规定。

25. 保险合同纠纷的地域管辖

25.1 法律条文

第二十五条 因保险合同纠纷提起的诉讼，由被告住所地或者保险标的物所在地人民法院管辖。

25.2 条文阐释

本条规定了比特殊地域管辖中的一般合同纠纷地域管辖更为具体的一类管辖——保险合同纠纷的地域管辖。因保险合同纠纷提起的诉讼，由被告住所地或者保险标的物所在地人民法院管辖。

25.3 司法适用

在具体适用该条时，应当注意不同类型保险合同纠纷的地域管辖有所不同。因保险合同纠纷提起的诉讼，由被告住所地或者保险标的物所在地人民法院管辖。因财产保险合同纠纷提起的诉讼，如果保险标的物是运输工具或者运输中的货物，可以由运输工具登记注册地、运输目的地、保险事故发生地的人民法院管辖。因人身保险合同纠纷提起的诉讼可以由被保险人住所地人民法院管辖。

25.4 相关规范性文件

最高人民法院《关于适用〈中华人民共和国民事诉讼法〉的解释》（法释〔2022〕11号，自2022年4月10日起施行）

第二十一条 因财产保险合同纠纷提起的诉讼，如果保险标的物是运输工具或者运输中的货物，可以由运输工具登记注册地、运输目的地、保险事故发生地人民法院管辖。

因人身保险合同纠纷提起的诉讼，可以由被保险人住所地人民法院管辖。

25.5 典型案例

25.5.1 雇主责任险纠纷适用财产合同纠纷地域管辖相关规定

裁判来源：杭州优阳物流有限公司、中国人民财产保险股份有限公司成都市分公司责任保险合同纠纷案——浙江省杭州市萧山区人民法院民事判决书，（2023）浙0109民初2207号

法院认为：原告杭州优阳物流有限公司诉被告中国人民财产保险股份

有限公司成都市分公司责任保险合同纠纷一案，本院受理后，经审查发现，本案所涉保险种类为雇主责任险，属于责任保险，责任保险是指以被保险人依法所负的赔偿责任为保险标的的保险，系财产保险合同纠纷。因保险合同纠纷提起的诉讼，由被告住所地或者保险标的物所在地人民法院管辖。案涉纠纷所涉保险标的为雇主对雇员的赔偿责任，赔偿责任不属于物的范畴，不能称作为标的物，作为投保人的雇主也不是保险标的物，又没有明确的法律规定责任保险的标的物为何，故雇主责任险不存在具体的保险标的物。综上，本案应由被告住所地人民法院，即成都市武侯区人民法院管辖。

26. 票据纠纷的地域管辖

26.1 法律条文

第二十六条 因票据纠纷提起的诉讼，由票据支付地或者被告住所地人民法院管辖。

26.2 条文阐释

本条规定了特殊地域管辖中的票据纠纷的地域管辖。因票据纠纷提起的诉讼，由票据支付地或者被告住所地人民法院管辖。

26.3 相关规范性文件

最高人民法院《关于适用〈中华人民共和国民事诉讼法〉的解释》（法释〔2022〕11号，自2022年4月10日起施行）

第三百六十条 实现票据、仓单、提单等有权利凭证的权利质权案件，可以由权利凭证持有人住所地人民法院管辖；无权利凭证的权利质权，由出质登记地人民法院管辖。

第四百五十五条 人民法院依照民事诉讼法第二百二十八条规定终结公示催告程序后，公示催告申请人或者申报人向人民法院提起诉讼，因票据权利纠纷提起的，由票据支付地或者被告住所地人民法院管辖；因非票据权利纠纷提起的，由被告住所地人民法院管辖。

26.4 典型案例

26.4.1 票据追索权纠纷中，持票人可向汇票债务人中的数人进行追索。持票人因享有向数个汇票债务人行使票据追索权的权利，故实质享有选择何汇票债务人住所地法院管辖的权利

裁判来源：中冶天工集团有限公司与新疆诺恩供应链有限公司等票据追索权纠纷案——北市金融法院民事裁定书，（2022）京74民辖终266号

法院认为：根据《票据法》第68条规定："汇票的出票人、背书人、承兑人和保证人对持票人承担连带责任。持票人可以不按照汇票债务人的先后顺序，对其中任何一人、数人或者全体行使追索权。持票人对汇票债务人中的一人或者数人已经进行追索的，对其他汇票债务人仍可以行使追索权。被追索人清偿债务后，与持票人享有同一权利。"《民事诉讼法》第26条规定，因票据纠纷提起的诉讼，由票据支付地或者被告住所地人民法院管辖。诺恩公司有权选择向云启航公司、中冶公司等行使票据追索权。云启航公司的住所地在北京市昌平区，因此北京市昌平区人民法院具有对本案的管辖权。

27. 公司纠纷的地域管辖

27.1 法律条文

第二十七条 因公司设立、确认股东资格、分配利润、解散等纠纷提起的诉讼，由公司住所地人民法院管辖。

27.2 条文阐释

公司纠纷是指与公司的设立、确认股东资格、分配利润以及解散等相关的纠纷。除此之外，股东名册记载、请求变更公司登记、股东知情权、

公司决议、公司合并、公司分立、公司增资、公司减资等亦属于公司纠纷的范畴。

27.3 司法适用

需要注意的是，公司纠纷并不完全等同于与公司相关的纠纷。公司纠纷更多只涉及公司、公司内部机构以及公司人员之间的纠纷。而且，此处的公司人员一般仅限于发起人，股东，董、监、高以及公司的法定代表人等，并不包括公司内部的一般员工。公司纠纷主要指向公司内部重要人员之间及其与公司之间的纠纷。因此，普通员工与公司的劳动、劳务纠纷并不属于公司纠纷的行列。此外，公司纠纷的地域管辖是一种特殊管辖，而非专属管辖，因此当事人的协议管辖可以排除该特殊地域管辖。

27.4 相关规范性文件

最高人民法院《关于适用〈中华人民共和国民事诉讼法〉的解释》（法释〔2022〕11号，自2022年4月10日起施行）

第二十二条 因股东名册记载、请求变更公司登记、股东知情权、公司决议、公司合并、公司分立、公司减资、公司增资等纠纷提起的诉讼，依照民事诉讼法第二十七条规定确定管辖。

27.5 典型案例

27.5.1 公司纠纷的地域管辖为特殊地域管辖，不能排除协议管辖

裁判来源：上海振华重工（集团）股份有限公司、上海振华重工启东海洋工程股份有限公司与南通华浮港务有限公司管辖异议案——最高人民法院民事裁定书，(2016) 最高法民辖终154号

裁判要旨：《民事诉讼法》第26条和《最高人民法院关于适用〈中华人民共和国民事诉讼法〉的解释》第22条是关于特殊地域管辖的规定，不同于《民事诉讼法》第33条规定的专属管辖。特殊地域管辖不能排除协议管辖。

28. 运输合同纠纷的地域管辖

28.1 法律条文

第二十八条 因铁路、公路、水上、航空运输和联合运输合同纠纷提起的诉讼，由运输始发地、目的地或者被告住所地人民法院管辖。

28.2 条文阐释

运输合同包括客运合同和货运合同。运输始发地是指旅客或货物最开始的出发地。运输目的地则是指旅客或货物的最终的到达地。运输合同纠纷则是指承运人与托运人因履行运输合同而产生的权利义务争议。如因托运物的损坏、丢失而产生的纠纷。

28.3 司法适用

水上运输或水陆联合运输合同纠纷发生在我国海事法院管辖区内的，由海事法院管辖。铁路运输合同纠纷则由铁路运输法院管辖。其他运输合同纠纷，由运输始发地、目的地或被告住所地人民法院管辖。如果采用单一运输工具，按运输工具不同来确定管辖法院。采用水运的由海事法院管辖。在联合运输中，对于同时存在水上运输和铁路运输的情况，如果法律未明确规定，则可以由当事人自主选择法院管辖。

28.4 相关规范性文件

《中华人民共和国海事诉讼特别程序法》（中华人民共和国主席令第28号，自2000年7月1日起施行）

第六条 海事诉讼的地域管辖，依照《中华人民共和国民事诉讼法》的有关规定。

下列海事诉讼的地域管辖，依照以下规定：

（二）因海上运输合同纠纷提起的诉讼，除依照《中华人民共和国民事诉讼法》第二十八条的规定以外，还可以由转运港所在地海事法院管辖；

最高人民法院《关于适用〈中华人民共和国海事诉讼特别程序法〉若干问题的解释》(法释〔2003〕3号，自2003年2月1日起施行)

第一条　在海上或者通海水域发生的与船舶或者运输、生产、作业相关的海事侵权纠纷、海商合同纠纷，以及法律或者相关司法解释规定的其他海事纠纷案件由海事法院及其上级人民法院专门管辖。

第二条　涉外海事侵权纠纷案件和海上运输合同纠纷案件的管辖，适用民事诉讼法第二十四章的规定；民事诉讼法第二十四章没有规定的，适用海事诉讼特别程序法第六条第二款（一）、（二）项的规定和民事诉讼法的其他有关规定。

第五条　海事诉讼特别程序法第六条第二款（二）项规定的起运港、转运港和到达港指合同约定的或者实际履行的起运港、转运港和到达港。合同约定的起运港、转运港和到达港与实际履行的起运港、转运港和到达港不一致的，以实际履行的地点确定案件管辖。

28.5　典型案例

28.5.1　约定与争议无实际联系地的法院管辖不能排除运输合同纠纷的地域管辖这一特殊地域管辖

裁判来源：A. P. 穆勒－马士基有限公司与大连连蓬远洋渔业有限公司海上货物运输合同管辖权异议纠纷上诉案——福建省高级人民法院民事裁定书，(2010) 闽民终字第467号

法院认为：《民事诉讼法》第242条明确规定：涉外合同或者涉外财产权益纠纷的当事人，可以用书面协议选择与争议有实际联系的地点的法院管辖。所谓“与争议有实际联系的地点”，是指原、被告所在地、标的物所在地、运输始发地、目的地、合同履行地、合同签订地等，但本案提单中载明的英国伦敦与上述地点均无任何联系，并不是与本案争议有实际联系的地点，因而案涉提单背面“与本提单有关的所有索赔和纠纷，应由英国伦敦高等法院管辖”的条款违反了我国《民事诉讼法》相关规定，是无效的，对被上诉人不具有约束力。厦门是案涉货物的运输目的地，因此厦门海事法院依法对本案具有管辖权，上诉人的管辖权异议不能成立。

29. 侵权纠纷的地域管辖

29.1 法律条文

第二十九条 因侵权行为提起的诉讼，由侵权行为地或者被告住所地人民法院管辖。

29.2 条文阐释

公民的民事权益受法律的严格保护。根据侵权法的规定，对于侵犯生命权、健康权、姓名权、名誉权、荣誉权、肖像权、隐私权、婚姻自主权、监护权、所有权、用益物权、担保物权、著作权、专利权、商标权、发现权、股权、继承权等人身、财产权益的行为，被侵权人有权要求侵权人承担侵权责任。侵权行为地包括侵权行为实施地和侵权结果发生地。

29.3 司法适用

在侵权行为诉讼中确定管辖法院时，如果侵权行为实施地、侵权结果发生地和被告住所地不在同一法院辖区内，则几个法院都享有管辖权。此外，就因产品、服务质量不合格而引发的侵权纠纷，因侵犯专利权而引发的侵权纠纷，因侵犯注册商标权而引发的侵权纠纷，因侵犯著作权而引发的侵权纠纷，因侵害信息网络传播权而引发的侵权纠纷以及涉计算机网络域名的侵权纠纷等案件的管辖还有更加具体的规定。

29.4 相关规范性文件

最高人民法院《关于适用〈中华人民共和国民事诉讼法〉的解释》（法释〔2022〕11号，自2022年4月10日起施行）

第二十四条 民事诉讼法第二十九条规定的侵权行为地，包括侵权行为实施地、侵权结果发生地。

第二十五条 信息网络侵权行为实施地包括实施被诉侵权行为的计算机等信息设备所在地，侵权结果发生地包括被侵权人住所地。

第二十六条　因产品、服务质量不合格造成他人财产、人身损害提起的诉讼，产品制造地、产品销售地、服务提供地、侵权行为地和被告住所地人民法院都有管辖权。

最高人民法院《关于审理专利纠纷案件适用法律问题的若干规定》（法释〔2020〕19号，自2021年1月1日起施行）

第二条　因侵犯专利权行为提起的诉讼，由侵权行为地或者被告住所地人民法院管辖。

侵权行为地包括：被诉侵犯发明、实用新型专利权的产品的制造、使用、许诺销售、销售、进口等行为的实施地；专利方法使用行为的实施地，依照该专利方法直接获得的产品的使用、许诺销售、销售、进口等行为的实施地；外观设计专利产品的制造、许诺销售、销售、进口等行为的实施地；假冒他人专利的行为实施地。上述侵权行为的侵权结果发生地。

第三条　原告仅对侵权产品制造者提起诉讼，未起诉销售者，侵权产品制造地与销售地不一致的，制造地人民法院有管辖权；以制造者与销售者为共同被告起诉的，销售地人民法院有管辖权。

销售者是制造者分支机构，原告在销售地起诉侵权产品制造者制造、销售行为的，销售地人民法院有管辖权。

最高人民法院《关于审理商标民事纠纷案件适用法律若干问题的解释》（法释〔2020〕19号，自2021年1月1日起施行）

第六条　因侵犯注册商标专用权行为提起的民事诉讼，由商标法第十三条、第五十七条所规定侵权行为的实施地、侵权商品的储藏地或者查封扣押地、被告住所地人民法院管辖。

前款规定的侵权商品的储藏地，是指大量或者经常性储存、隐匿侵权商品所在地；查封扣押地，是指海关等行政机关依法查封、扣押侵权商品所在地。

第七条　对涉及不同侵权行为实施地的多个被告提起的共同诉讼，原告可以选择其中一个被告的侵权行为实施地人民法院管辖；仅对其中某一被告提起的诉讼，该被告侵权行为实施地的人民法院有管辖权。

最高人民法院《关于审理著作权民事纠纷案件适用法律若干问题的解释》（法释〔2020〕19号，自2021年1月1日起施行）

第四条　因侵害著作权行为提起的民事诉讼，由著作权法第四十七条、

第四十八条所规定侵权行为的实施地、侵权复制品储藏地或者查封扣押地、被告住所地人民法院管辖。

前款规定的侵权复制品储藏地，是指大量或者经常性储存、隐匿侵权复制品所在地；查封扣押地，是指海关、版权等行政机关依法查封、扣押侵权复制品所在地。

第五条 对涉及不同侵权行为实施地的多个被告提起的共同诉讼，原告可以选择向其中一个被告的侵权行为实施地人民法院提起诉讼；仅对其中某一被告提起的诉讼，该被告侵权行为实施地的人民法院有管辖权。

最高人民法院《关于审理侵害信息网络传播权民事纠纷案件适用法律若干问题的规定》（法释〔2020〕19号，自2021年1月1日起施行）

第十五条 侵害信息网络传播权民事纠纷案件由侵权行为地或者被告住所地人民法院管辖。侵权行为地包括实施被诉侵权行为的网络服务器、计算机终端等设备所在地。侵权行为地和被告住所地均难以确定或者在境外的，原告发现侵权内容的计算机终端等设备所在地可以视为侵权行为地。

最高人民法院《关于互联网法院审理案件若干问题的规定》（法释〔2018〕16号，自2018年9月7日起施行）

第三条 当事人可以在本规定第二条确定的合同及其他财产权益纠纷范围内，依法协议约定与争议有实际联系地点的互联网法院管辖。

电子商务经营者、网络服务提供商等采取格式条款形式与用户订立管辖协议的，应当符合法律及司法解释关于格式条款的规定。

最高人民法院《关于审理涉及计算机网络域名民事纠纷案件适用法律若干问题的解释》（法释〔2020〕19号，自2021年1月1日起施行）

第二条 涉及域名的侵权纠纷案件，由侵权行为地或者被告住所地的中级人民法院管辖。对难以确定侵权行为地和被告住所地的，原告发现该域名的计算机终端等设备所在地可以视为侵权行为地。

涉外域名纠纷案件包括当事人一方或者双方是外国人、无国籍人、外国企业或组织、国际组织，或者域名注册地在外国的域名纠纷案件。在中华人民共和国领域内发生的涉外域名纠纷案件，依照民事诉讼法第四编的规定确定管辖。

29.5 典型案例

29.5.1 信息网络侵权案件的管辖与商标侵权案件的管辖可以并行不悖，而非排除适用

裁判来源：长治市跃动体育发展有限公司等与贝体（北京）体育产业发展有限责任公司侵害商标权纠纷案——北京知识产权法院民事裁定书，(2023) 京73民辖终22号

法院认为：本案为侵害商标权纠纷，属侵权之诉，故本案应当由侵权行为地或被告住所地人民法院管辖。《最高人民法院关于适用〈中华人民共和国民事诉讼法〉的解释》（以下简称《民诉法解释》）第25条规定的信息网络侵权行为，是指侵权人利用互联网发布直接侵害他人合法权益的信息的行为，即侵权行为的侵权行为、侵权结果均发生于信息网络。本案中，被上诉人贝体公司主张的侵权行为为赵欣在其微信朋友圈中未经许可使用贝体公司享有专有使用权的注册商标宣传跃动公司在山西省长治市东大街阳光假日城B1－13开设的卓跃儿童运动馆。本院认为该行为系通过信息网络实施，行为结果亦直接发生在信息网络中，属于信息网络侵权行为，故本案属于《民诉法解释》第25条规制的范畴。被上诉人贝体公司作为主张被侵权的一方，其住所地可视为侵权结果发生地，因其住所地位于北京市朝阳区，故一审法院对本案有管辖权。关于上诉人提出的本案应适用《最高人民法院关于审理商标民事纠纷案件适用法律若干问题的解释》第6条之规定的主张，本院认为，《民诉法解释》第25条关于“信息网络侵权案件”的规定与《最高人民法院关于审理商标民事纠纷案件适用法律若干问题的解释》第6条的规定并不存在冲突，只要本案符合上述规定的地域管辖要求，相应的法院对本案即都具有管辖权。因此，上诉人的上诉理由缺乏法律依据，本院不予支持。

29.5.2 只有在“侵权行为地和被告住所地均难以确定或者在境外”的例外情形下，才可以将“原告发现侵权内容的计算机终端等设备所在地”视为侵权行为地

裁判来源：北京创阅科技有限公司与太原铸神文化传播有限公司等侵害作品信息网络传播权纠纷案——北京知识产权法院民事裁定书，(2022)

京73民辖终251号

法院认为：本案为侵害作品信息网络传播权纠纷，《最高人民法院关于审理侵害信息网络传播权民事纠纷案件适用法律若干问题的规定》（以下简称《信息网络传播权规定》）第15条的规定："侵害信息网络传播权民事纠纷案件由侵权行为地或者被告住所地人民法院管辖。侵权行为地包括实施被诉侵权行为的网络服务器、计算机终端等设备所在地。侵权行为地和被告住所地均难以确定或者在境外的，原告发现侵权内容的计算机终端等设备所在地可以视为侵权行为地。"该规定是规范侵害信息网络传播权纠纷这一类民事案件管辖的特别规定。在确定侵害信息网络传播权民事纠纷案件的管辖时，应当以《信息网络传播权规定》第15条为依据。

《信息网络传播权规定》第15条明确规定，只有在"侵权行为地和被告住所地均难以确定或者在境外"的例外情形下，才可以将"原告发现侵权内容的计算机终端等设备所在地"视为侵权行为地。基于信息网络传播权的性质和特点，侵害信息网络传播权的行为一旦发生，随之导致"公众可以在其个人选定的时间和地点获得作品"，其侵权结果涉及的地域范围具有随机性、广泛性，不是一个固定的地点，不宜作为确定管辖的依据。

30. 交通事故损害赔偿纠纷的地域管辖

30.1 法律条文

第三十条 因铁路、公路、水上和航空事故请求损害赔偿提起的诉讼，由事故发生地或者车辆、船舶最先到达地、航空器最先降落地或者被告住所地人民法院管辖。

30.2 条文阐释

事故发生地是指事故发生以及造成损害结果的地点。车辆、船舶最先到达地是指车辆、船舶在事故发生以后第一次停靠的车站、码头和港口。航空器最先降落地是指航空器在事故发生以后第一次降落或者坠落的地点。

30.3 司法适用

在实际适用本条时，应当尤其注意本条与第28、31条的区分。本条是关于因铁路、公路、水上和航空事故而请求损害赔偿的地域管辖规定，实质上是关于侵权损害赔偿纠纷的地域管辖规定。第28条则是关于因铁路、公路、水上、航空运输和联合运输合同纠纷的地域管辖规定，本质上是关于合同纠纷的地域管辖规定。另外，关于海损事故损害赔偿纠纷、海难救助费用纠纷以及共同海损承担纠纷的地域管辖规定，则分别由第31、32、33条所规定。

30.4 典型案例

30.4.1 交通事故发生地法院享有管辖权

裁判来源：杨玉保、袁成虎等机动车交通事故责任纠纷案——（2023）皖13民辖终3号

法院认为：根据《民事诉讼法》第29条的规定，因侵权行为提起的诉讼，由侵权行为地或者被告住所地人民法院管辖；第30条的规定，因铁路、公路、水上和航空事故请求损害赔偿提起的诉讼，由事故发生地或者车辆、船舶最先到达地、航空器最先降落地或者被告住所地人民法院管辖。本案中，袁成虎以杨玉保、五河县神舟运输有限公司为原审被告提起机动车交通事故责任纠纷之诉，案涉交通事故的发生地位于泗县，原审被告杨玉保、五河县神舟运输有限公司的住所地均为五河县，故泗县人民法院、五河县人民法院对本案均具有管辖权。现袁成虎已先行向泗县人民法院提起诉讼且该院已经受理，根据《最高人民法院关于适用〈中华人民共和国民事诉讼法〉的解释》第36条“两个以上人民法院都有管辖权的诉讼，先立案的人民法院不得将案件移送给另一个有管辖权的人民法院”之规定，本案应由泗县人民法院管辖。故原审法院裁定驳回杨玉保的管辖权异议并无不当，应予维持。

31. 海事损害事故赔偿纠纷的地域管辖

31.1 法律条文

第三十一条 因船舶碰撞或者其他海事损害事故请求损害赔偿提起的诉讼，由碰撞发生地、碰撞船舶最先到达地、加害船舶被扣留地或者被告住所地人民法院管辖。

31.2 条文阐释

本条是关于海事损害事故赔偿纠纷地域管辖的规定。其中，其他海损事故是指船舶在航行过程中，发生除碰撞以外的触礁、触岸、搁浅、浪损、失火、爆炸、沉没、失踪等事故。依照本条规定，因船舶碰撞或者其他海损事故造成财产、人身损害的，当事人可向以上四地法院提起民事诉讼。其中，碰撞发生地即船舶碰撞的侵权行为发生的具体地点；碰撞船舶最先到达地是指船舶碰撞事故发生后，受害船舶最先到达的港口所在地；加害船舶被扣留地是指加害船舶实施侵权行为后继续航行，后被有关机关扣留的具体地点；被告住所地一般指加害船舶的船籍港所在地，即该船舶进行登记，获得航行权的具体港口所在地。

31.3 司法适用

在实际适用该条时，应当注意区分该条与第30条。关于海事损害事故赔偿纠纷的地域管辖，应当适用《民事诉讼法》及《海事诉讼特别程序法》的专门规定。在我国，因船舶碰撞或者其他海事损害事故请求损害赔偿提起的诉讼，通常由海事法院管辖。

31.4 相关规范性文件

《中华人民共和国海事诉讼特别程序法》（中华人民共和国主席令第28号，自2000年7月1日起施行）

第六条 海事诉讼的地域管辖，依照《中华人民共和国民事诉讼法》

的有关规定。

下列海事诉讼的地域管辖，依照以下规定：

（一）因海事侵权行为提起的诉讼，除依照《中华人民共和国民事诉讼法》第二十九条至第三十一条的规定以外，还可以由船籍港所在地海事法院管辖；

最高人民法院《关于适用〈中华人民共和国海事诉讼特别程序法〉若干问题的解释》（法释〔2003〕3号，自2003年2月1日起施行）

第二条 涉外海事侵权纠纷案件和海上运输合同纠纷案件的管辖，适用民事诉讼法第二十四章的规定；民事诉讼法第二十四章没有规定的，适用海事诉讼特别程序法第六条第二款（一）、（二）项的规定和民事诉讼法的其他有关规定。

第四条 海事诉讼特别程序法第六条第二款（一）项规定的船籍港指被告船舶的船籍港。被告船舶的船籍港不在中华人民共和国领域内，原告船舶的船籍港在中华人民共和国领域内的，由原告船舶的船籍港所在地的海事法院管辖。

31.5 典型案例

31.5.1 海上人身损害责任纠纷在海事法院受理案件范围内的，由海事法院管辖

裁判来源： 张兰云、张星合等海上、通海水域人身损害责任纠纷案——山东省威海市经济开发区人民法院民事裁定书，（2022）鲁1092民初1571号

法院认为： 根据原告的诉称及提供的证据材料，本案系海上人身损害责任纠纷，根据《最高人民法院关于海事法院受理案件范围的若干规定》的规定，应由海事法院专门管辖。根据《民事诉讼法》第29、31条，《海事诉讼特别程序法》第6条的规定，因海上人身损害责任纠纷提起的诉讼，由侵权行为地、被告住所地等法院管辖，本案侵权行为地及二被告住所地均在青岛海事法院辖区，故本案应由青岛海事法院管辖。

32. 海难救助费用纠纷的地域管辖

32.1 法律条文

第三十二条 因海难救助费用提起的诉讼，由救助地或者被救助船舶最先到达地人民法院管辖。

32.2 条文阐释

海难救助是指对因在海上航行而遇难的船、物或人予以救助的行为。此处的施救者既有可能是专业的救援团队，也有可能是路过的船只或其他人。海难救助费用则是指施救者因施救而付出的费用或劳动。一旦救助活动完成，施救者即有权要求被救助一方给予相应报酬。

救助地是指实施救助行为地或者救助结果发生地，被救助船舶最先到达地是指被救助船舶经营救脱离险情后的最初到达地。

32.3 相关规范性文件

最高人民法院《关于适用〈中华人民共和国海事诉讼特别程序法〉若干问题的解释》（法释〔2003〕3号，自2003年2月1日起施行）

第九条 因海难救助费用提起的诉讼，除依照民事诉讼法第三十二条的规定确定管辖外，还可以由被救助的船舶以外的其他获救财产所在地的海事法院管辖。

最高人民法院《关于海事法院受理案件范围的规定》（法释〔2016〕4号，自2016年3月1日起施行）

……海事法院受理案件的范围规定如下：……72. 海难救助纠纷案件……

32.4　典型案例

32.4.1　即使是被委派参与海难救助，在救助有效的前提下，亦有权要求海难救助费用

裁判来源：福建鑫海水域工程有限公司、宁德市平丰源船务有限公司等海难救助合同纠纷案——厦门海事法院民事判决书，(2022) 闽72民初331号

法院认为：依照《海商法》第179条的规定，海难救助实行"无效果，无报酬"的原则，即救助方对遇险的船舶和其他财产的救助须取得效果才有权获得救助报酬。在本案中，根据"无效果，无报酬"的原则，原告向作为船舶所有人的被告请求救助报酬，缺乏依据……救助报酬不得超过船舶和其他财产的获救价值。为了体现对救助作业的鼓励，综合考虑以上因素，并结合本案中原告主要处于待命状态，酌情确定原告救助报酬为3万元。

32.4.2　海难救助费用纠纷属于海事法院专属管辖，不适用原告就被告的一般地域管辖

裁判来源：帝远股份有限公司与嵊泗县人民政府防汛防旱防台指挥部办公室海事海商纠纷上诉案——浙江省高级人民法院民事裁定书，(2017) 浙民辖终75号

法院认为：本案属于《最高人民法院关于海事法院受理案件范围的规定》第72条规定的海难救助纠纷案件，应由海事法院专门管辖。根据《民事诉讼法》第31条的规定："因海难救助费用提起的诉讼，由救助地或者被救助船舶最先到达地人民法院管辖。"本案船舶救助地在舟山嵊泗，属一审法院辖区范围，故一审法院对本案具有管辖权。

33. 共同海损纠纷的地域管辖

33.1　法律条文

> **第三十三条**　因共同海损提起的诉讼，由船舶最先到达地、共同海损理算地或者航程终止地的人民法院管辖。

33.2 条文阐释

共同海损是指在海上运输中，当船舶及其货物遭遇海难等意外事故时，为了避免共同危险而故意且合理地作出的某些物质牺牲或支付的相关费用。比如，为了扑灭船舶上的大火而故意引海水入舱导致船舶折损的相关费用。

原则上，因共同海损而产生的费用应当由各方按照一定比例分担。当全部或部分受益人对费用承担比例产生争议而起诉至法院时，即产生了共同海损诉讼。

33.3 司法适用

实践中，应当着重把握共同海损理算地这一概念。共同海损理算地，是处理共同海损损失，理算共同海损费用的工作机构所在地。我国共同海损理算机构是中国国际贸易促进委员会，地点在北京。

此外，根据《最高人民法院关于海事法院受理案件范围的规定》，因共同海损提起的诉讼，由海事法院专门管辖。

33.4 相关规范性文件

最高人民法院《关于海事法院受理案件范围的规定》（法释〔2016〕4号，自2016年3月1日起施行）

……海事法院受理案件的范围规定如下：

一、海事侵权纠纷案件

……

74. 共同海损纠纷案件；

……

33.5 典型案例

33.5.1 共同海损纠纷可由共同海损理算地法院管辖，且共同海损理算适用理算地法律

裁判来源：中国人民财产保险股份有限公司广东省分公司与浙江省公

路物资有限公司、乐爱金财产保险有限公司共同海损纠纷案——宁波海事法院民事判决书，(2014) 甬海法事初字第28号

法院认为：本案系共同海损纠纷。被告乐爱金公司系韩国法人，本案具有涉外因素。根据《民事诉讼法》第32条之规定，因共同海损提起的诉讼，由船舶最先到达地、共同海损理算地或者航程终止地法院管辖，"安泰江"轮本航程终止地为宁波，发生火灾后最先到达宁波港，宁波属本院辖区，故本院对本案具有管辖权。本次共同海损在北京理算，根据《海商法》第274条之规定，共同海损理算适用理算地法律，故本案适用中国法。

34. 专属管辖

34.1 法律条文

第三十四条 下列案件，由本条规定的人民法院专属管辖：

（一）因不动产纠纷提起的诉讼，由不动产所在地人民法院管辖；

（二）因港口作业中发生纠纷提起的诉讼，由港口所在地人民法院管辖；

（三）因继承遗产纠纷提起的诉讼，由被继承人死亡时住所地或者主要遗产所在地人民法院管辖。

34.2 条文阐释

专属管辖，是指由法律明文规定的某些特定类型的案件只能由特定的法院管辖，其他法院均无管辖权，当事人亦不得通过协议变更的管辖。

不动产纠纷，是指因不动产的权利确认、分割、相邻关系等引起的物权纠纷。

不过，农村土地承包经营合同纠纷、房屋租赁合同纠纷、建设工程施工合同纠纷以及政策性房屋买卖合同纠纷虽不属于此类，但仍按照不动产纠纷确定管辖。

因港口作业中发生的纠纷主要包括因货物的装卸、仓储，港口的驳运、理货、货物保管，污染港口，损坏港口设施而发生的纠纷。

继承遗产纠纷是指继承人或者受遗赠人之间因为遗产继承而发生的纠纷。主要遗产所在地应当根据遗产的具体情况判断，并且通常以其中价值较高的遗产的所在地作为主要遗产所在地。若遗产是多项动产，则通常以价值高的动产的所在地为主要遗产所在地。

34.3 司法适用

实践中，应当注意区分专属管辖与专门管辖。专门管辖与专属管辖在理论上可能存在一定的重叠和冲突，因此如果产生管辖权冲突的话，根据最高人民法院裁判观点以及从“特殊法优于普通法”的原则来看，应由专门法院管辖。不过，也有人将一般意义上的专属管辖中，法律明确规定由专门法院管辖某类案件的情形称为“专门管辖”。[①]

除本条规定的三种专属管辖情形外，根据《海事诉讼特别程序法》第7条的规定，属于海事法院专属管辖的案件也有以下三类：（1）因沿海港口作业纠纷提起的诉讼，由港口所在地海事法院管辖；（2）因船舶排放、泄漏、倾倒油类或者其他有害物质，海上生产、作业或者拆船、修船作业造成海域污染损害提起的诉讼，由污染发生地、损害结果地或者采取预防污染措施地海事法院管辖；（3）因在中华人民共和国领域和有管辖权的海域履行的海洋勘探开发合同纠纷提起的诉讼，由合同履行地海事法院管辖。

34.4 相关规范性文件

最高人民法院《关于适用〈中华人民共和国民事诉讼法〉的解释》（法释〔2022〕11号，自2022年4月10日起施行）

第二十八条 民事诉讼法第三十四条第一项规定的不动产纠纷是指因不动产的权利确认、分割、相邻关系等引起的物权纠纷。

农村土地承包经营合同纠纷、房屋租赁合同纠纷、建设工程施工合同

---

① 参见张卫平：《民事诉讼法》（第6版），法律出版社2023年版，第117页。

纠纷、政策性房屋买卖合同纠纷，按照不动产纠纷确定管辖。

不动产已登记的，以不动产登记簿记载的所在地为不动产所在地；不动产未登记的，以不动产实际所在地为不动产所在地。

34.5 典型案例

34.5.1 违反专属管辖规定不属于法定再审事由

裁判来源：鄂尔多斯市交通运输局、鄂尔多斯沿黄高等级公路建设开发有限公司建设工程施工合同纠纷案——最高人民法院民事裁定书，(2019) 最高法民申 5628 号

裁判要旨：一、二审法院在不具有管辖权的情况下，应当依法移交有管辖权的法院进行审理，原审法院未移交，存在程序错误。但是，《民事诉讼法》第 200 条规定应当再审的程序错误情形，包括剥夺当事人辩论权、遗漏或者超出诉讼请求、违法缺席审判、审判组织不合法、审判人员应当回避而未回避等剥夺当事人基本诉讼权利、有违审判基本原则、可能导致审判结果不公的程序错误。不动产纠纷专属管辖设置的目的是有利于案件的审理与执行的便利，具体到建设工程施工合同纠纷，因其往往涉及建筑物工程造价评估、质量鉴定、留置权优先受偿、执行拍卖等问题，所以法律及司法解释将该合同纠纷的管辖参照不动产纠纷管辖适用不动产所在法院专属管辖。上述专属管辖规定并不涉及当事人基本诉讼权利、审判基本原则、公正审理等价值考量，违反该规定造成的程序错误与《民事诉讼法》第 200 条规定的应当再审程序错误有区别，不构成应当再审的事由。

34.5.2 房屋买卖合同属债权类纠纷，不适用不动产专属管辖规定

裁判来源：北京西曼国际服饰有限公司与辛集市万福服饰有限责任公司、高某房屋买卖合同纠纷案——最高人民法院民事判决书，(2018) 最高法民申 1175 号

裁判要旨：《最高人民法院关于适用〈中华人民共和国民事诉讼法〉的解释》第 28 条规定的适用专属管辖的不动产纠纷仅限于“因不动产的权利确认、分割、相邻关系等引起的物权纠纷”。案涉合同系因房屋买卖引起不动产权属变动，属于因合同关系产生的债权类纠纷，不适用《民事诉讼法》第 33 条第 1 项规定的专属管辖。

34.5.3 确定案件是否属于专属管辖时，应依据其实质争议标准确定管辖法院

裁判来源：程全东与被告天津市龙川净化工程有限公司及第三人东莞市思拓空气净化设备安装有限公司建设工程施工合同纠纷案——最高人民法院民事裁定书，(2022) 最高法民辖82号

裁判要旨：《最高人民法院关于适用〈中华人民共和国民事诉讼法〉的解释》第28条第8款规定，农村土地承包经营合同纠纷、房屋租赁合同纠纷、建设工程施工合同纠纷、政策性房屋买卖合同纠纷，按照不动产纠纷确定管辖。本案中，原告起诉被告履行债务的依据，是其受让的他人基于建设工程施工形成的对被告的债权。从被告的答辩来看，当事人对案涉工程质量、工程款数额有争议。案件受理后的审理，既涉及质量鉴定、造价评估等工程问题，也涉及被告与发包方签订的《建设工程施工劳务分包合同》签订、履行情况，而不是单纯的给付一定数额的工程欠款，故本案应当按照不动产纠纷确定管辖。

35. 协议管辖

35.1 法律条文

第三十五条 合同或者其他财产权益纠纷的当事人可以书面协议选择被告住所地、合同履行地、合同签订地、原告住所地、标的物所在地等与争议有实际联系的地点的人民法院管辖，但不得违反本法对级别管辖和专属管辖的规定。

35.2 条文阐释

本条规定了协议管辖。协议管辖又称合意管辖或约定管辖，是指双方当事人在纠纷发生前后，以书面协议的方式约定管辖法院。协议管辖是尊重当事人处分权的体现。其中，财产权益纠纷是指在民事纠纷中涉及财产权利的争议。主要包括：所有权、使用权、债权、债务以及损害赔偿等争

议。财产权益纠纷包括合同纠纷，但不限于合同纠纷。

35.3 司法适用

在适用该条过程中，应当将该条要素化，着重把握以下几个要件：（1）协议管辖的案件仅限于财产权益纠纷诉讼。涉及人身权益纠纷的诉讼不在此列。（2）不得违反级别管辖和专属管辖的规定。此条件旨在限制当事人意思自治的范围，防止当事人恶意规避管辖。（3）协议管辖只针对第一审民事案件的管辖法院而无关第二审法院。（4）只能在法律规定的法院范围内选择。（5）约定的法院必须是明确的，如果不明确，则该约定管辖无效。

35.4 相关规范性文件

最高人民法院《关于适用〈中华人民共和国民事诉讼法〉的解释》（法释〔2022〕11号，自2022年4月10日起施行）

第二十九条 民事诉讼法第三十五条规定的书面协议，包括书面合同中的协议管辖条款或者诉讼前以书面形式达成的选择管辖的协议。

第三十条 根据管辖协议，起诉时能够确定管辖法院的，从其约定；不能确定的，依照民事诉讼法的相关规定确定管辖。

管辖协议约定两个以上与争议有实际联系的地点的人民法院管辖，原告可以向其中一个人民法院起诉。

第三十一条 经营者使用格式条款与消费者订立管辖协议，未采取合理方式提请消费者注意，消费者主张管辖协议无效的，人民法院应予支持。

第三十二条 管辖协议约定由一方当事人住所地人民法院管辖，协议签订后当事人住所地变更的，由签订管辖协议时的住所地人民法院管辖，但当事人另有约定的除外。

第三十三条 合同转让的，合同的管辖协议对合同受让人有效，但转让时受让人不知道有管辖协议，或者转让协议另有约定且原合同相对人同意的除外。

第三十四条 当事人因同居或者在解除婚姻、收养关系后发生财产争议，约定管辖的，可以适用民事诉讼法第三十五条规定确定管辖。

最高人民法院《关于印发〈民事诉讼程序繁简分流改革试点问答口径（二）〉的通知》（法〔2020〕272号，自2020年10月23日起施行）

八、当事人申请司法确认能否约定选择管辖法院？

答：协议管辖是一种诉讼管辖规则，不适用于特别程序案件。因此，司法确认案件不能协议约定管辖，当事人应当严格按照《实施办法》第四条的规定，向有管辖权的人民法院提出申请。

35.5 典型案例

35.5.1 劳动者可选择劳动合同履行地法院起诉，不受约定管辖限制

裁判来源：陈某与某科技公司其他劳动争议、人事争议案——2016年北京市朝阳法院发布2011－2015年度十大劳动争议典型案例之十

法院认为：劳动争议案件应由用人单位所在地或者劳动合同履行地的基层人民法院管辖，陈某的劳动合同履行地位于北京市朝阳区，则朝阳法院对该案依法具有管辖权。双方劳动合同中约定管辖的格式条款排除了劳动者选择管辖法院的诉讼权利，给劳动者造成不便利，该条款应属无效，故裁定驳回某科技公司对本案管辖权提出的异议。

35.5.2 协议管辖约定不明的，视为无效约定

裁判来源：乐山市沙湾区顺兴物流有限责任公司约定管辖无效案——四川省乐山市市中区人民法院民事裁定书，（2016）川1102民初3587号

法院认为：起诉人与向巴多吉在签订的《汽车挂靠经营合同》中约定"本合同在履行中发生争议，由双方协商处理，协商不成，可以向车籍所在地人民法院提起诉讼。"起诉人提起的诉讼属于挂靠经营合同纠纷，应由被告住所地或者合同履行地人民法院管辖，但也可以由当事人书面协议选择被告住所地、合同履行地、合同签订地、原告住所地、标的物所在地等与争议有实际联系的地点的人民法院管辖。但从起诉人提供的材料表明，乐山市公安局交警支队车辆管理所只是《汽车挂靠经营合同》所涉车辆的登记机关，与起诉人所起诉的纠纷并无实际联系，且双方在合同中约定的"乐山市"内有多个基层法院，因此，其对管辖法院的约定不符合法律规定，应是无效的约定。另外，本案纠纷的被告住所地、合同履行地、合同签订地、原告住所地、标的物所在地均不在我院管辖范围内，故起诉人的

起诉不属于我院管辖。

35.5.3　消费性网站用户协议中的协议管辖条款往往剥夺或严重损害消费者的管辖利益，因此，约定管辖不明的，应当视为无效

裁判来源：北京京东世纪贸易有限公司诉王旭春格式合同纠纷案——北京市海淀区人民法院民事判决书，（2008）海民初字第30043号

裁判要旨：消费性网站用户协议中的协议管辖条款往往剥夺或严重损害消费者的管辖利益，若一味以此确定管辖，会造成对消费者的严重不公。法院应适用诉讼契约理论，对网站格式合同中的协议管辖条款效力进行审查，依职权或依消费者一方的申请移送被告所在地或合同履行地等法院管辖。

法院认为：该用户协议是一种格式合同。对于任何一方均可向本站所在地的人民法院提起诉讼条款的理解，双方各有不同，被告王旭春主张此条款中的可意为可以而非应当，该约定管辖并未排除法定管辖的适用，约定并不明确、唯一。根据合同法对格式条款的解释原则，法院应采用对提供者不利的解释，该协议管辖条款无效。

36. 选择管辖

36.1　法律条文

第三十六条　两个以上人民法院都有管辖权的诉讼，原告可以向其中一个人民法院起诉；原告向两个以上有管辖权的人民法院起诉的，由最先立案的人民法院管辖。

36.2　条文阐释

选择管辖或称共同管辖，二者其实是同一问题的两个方面。其中，选择管辖是从当事人角度出发，当两个以上法院对同一案件均享有管辖权时，当事人可以自由选择向其中一个法院起诉。共同管辖则是从法院角度出发，指两个以上法院对同一案件均享有管辖权。虽然共同管辖是选择管辖的前提，只有一个案件存在共同管辖时，当事人才有选择管辖之可能。但本条

的规范意旨实乃赋予当事人对管辖的选择权。当事人有权依据该条选择对自己有利的法院进行管辖，这亦属于诉讼策略的一种。一旦当事人依法选定管辖法院，被选定法院不得再变更本案件管辖。

36.3 司法适用

实践中，在适用共同管辖和选择管辖时，应当注意以下几点：(1) 原告先后向两个及两个以上对本案有管辖权的法院起诉的，由最先立案的人民法院管辖。(2) 如果两个及两个以上法院都对本案有管辖权，则先立案的法院不得将案件移送至另一个有管辖权的法院。法院在立案前发现其他对本案享有管辖权的法院已先行立案的，该法院不得重复立案。(3) 两个及两个以上法院对本案均享有管辖权且已分别立案的，后立案的法院得知先立案法院的立案情况后，应当在 7 日内裁定将案件移送先立案的法院。(4) 当事人基于同一法律关系或法律事实发生纠纷，以不同诉讼请求分别向有管辖权的不同法院起诉的，后立案的法院在得知有关法院先立案的情况后，应当在 7 日内裁定将案件移送先立案的法院合并审理。

36.4 相关规范性文件

最高人民法院《关于适用〈中华人民共和国民事诉讼法〉的解释》(法释〔2022〕11 号，自 2022 年 4 月 10 日起施行)

第三十六条 两个以上人民法院都有管辖权的诉讼，先立案的人民法院不得将案件移送给另一个有管辖权的人民法院。人民法院在立案前发现其他有管辖权的人民法院已先立案的，不得重复立案；立案后发现其他有管辖权的人民法院已先立案的，裁定将案件移送给先立案的人民法院。

《全国法院民商事审判工作会议纪要》(法〔2019〕254 号，自 2019 年 11 月 8 日起施行)

79. 〔共同管辖的案件移送〕原告以发行人、上市公司以外的虚假陈述行为人为被告提起诉讼，被告申请追加发行人或者上市公司为共同被告的，人民法院应予准许。人民法院在追加后发现其他有管辖权的人民法院已先行受理因同一虚假陈述引发的民事赔偿案件的，应当按照民事诉讼法司法解释第 36 条的规定，将案件移送给先立案的人民法院。

最高人民法院《关于审理因垄断行为引发的民事纠纷案件应用法律若干问题的规定》（法释〔2020〕19号，自2021年1月1日起施行）

第六条　两个或者两个以上原告因同一垄断行为向有管辖权的同一法院分别提起诉讼的，人民法院可以合并审理。

两个或者两个以上原告因同一垄断行为向有管辖权的不同法院分别提起诉讼的，后立案的法院在得知有关法院先立案的情况后，应当在七日内裁定将案件移送先立案的法院；受移送的法院可以合并审理。被告应当在答辩阶段主动向受诉人民法院提供其因同一行为在其他法院涉诉的相关信息。

最高人民法院《关于审理海事赔偿责任限制相关纠纷案件的若干规定》（法释〔2020〕18号，自2021年1月1日起施行）

第二条　同一海事事故中，不同的责任人在起诉前依据海事诉讼特别程序法第一百零二条的规定向不同的海事法院申请设立海事赔偿责任限制基金的，后立案的海事法院应当依照民事诉讼法的规定，将案件移送先立案的海事法院管辖。

最高人民法院《关于审理劳动争议案件适用法律问题的解释（一）》（法释〔2020〕26号，自2021年1月1日起施行）

第四条　劳动者与用人单位均不服劳动争议仲裁机构的同一裁决，向同一人民法院起诉的，人民法院应当并案审理，双方当事人互为原告和被告，对双方的诉讼请求，人民法院应当一并作出裁决。在诉讼过程中，一方当事人撤诉的，人民法院应当根据另一方当事人的诉讼请求继续审理。双方当事人就同一仲裁裁决分别向有管辖权的人民法院起诉的，后受理的人民法院应当将案件移送给先受理的人民法院。

36.5　典型案例

36.5.1　涉外合同的当事人协议选择适用法律与协议选择管辖法院是两个截然不同的法律行为，应当根据相关法律规定分别判断其效力。对于涉外合同或者涉外财产权益纠纷案件当事人协议选择管辖法院的问题，仍应当坚持书面形式和实际联系原则

裁判来源：山东聚丰网络有限公司与韩国MGAME公司、天津风云网络技术有限公司网络游戏代理及许可合同纠纷管辖权异议案——载《最高

人民法院公报》2010年第3期，最高人民法院民事裁定书，（2009）民三终字第4号

裁判要旨：《民法通则》第145条规定："涉外合同的当事人可以选择处理合同争议所适用的法律，法律另有规定的除外。涉外合同的当事人没有选择的，适用与合同有最密切联系的国家的法律。"《民事诉讼法》第242条规定："涉外合同或者涉外财产权益纠纷的当事人，可以用书面协议选择与争议有实际联系的地点的法院管辖。选择中华人民共和国人民法院管辖的，不得违反本法关于级别管辖和专属管辖的规定。"《最高人民法院关于审理涉外民事或商事合同纠纷案件法律适用若干问题的规定》第1条规定："涉外民事或商事合同应适用的法律，是指有关国家或地区的实体法，不包括冲突法和程序法。"据此，涉外合同的当事人协议选择适用法律与协议选择管辖法院是两个截然不同的法律行为，应当根据相关法律规定分别判断其效力。对于协议选择管辖法院条款的效力，应当依据法院地法进行判断，与准据法所属国的法律规定无关。前述《民事诉讼法》第242条的规定属于授权性规范，而非指示性规范，即按照我国现行法律规定，对于涉外合同或者涉外财产权益纠纷案件当事人协议选择管辖法院的问题，仍应当坚持书面形式和实际联系原则。

36.5.2　原告在选择管辖范围内享有自由选择管辖的权利，被告据此提起管辖权异议的，人民法院不予支持

裁判来源：上海海尔医疗科技有限公司、浙江风回科技有限公司等侵害实用新型专利权纠纷案——最高人民法院民事裁定书，（2023）最高法知民辖终17号

法院认为：根据《民事诉讼法》第22条第3款和第36条之规定，同一诉讼的几个被告住所地、经常居住地在两个以上人民法院辖区的，各该人民法院都有管辖权；两个以上人民法院都有管辖权的诉讼，原告可以向其中一个人民法院起诉。本案中，风回公司选择向原审被告之一天猫公司住所地人民法院起诉，系其依法行使诉讼处分权的体现。其他原审被告住所地等管辖连结点的存在，并不影响原审法院对本案行使管辖权。海尔医疗公司主张将本案移送青岛中院审理的上诉理由缺乏依据，本院不予支持。

第三节 移送管辖和指定管辖

37. 移送管辖

37.1 法律条文

第三十七条 人民法院发现受理的案件不属于本院管辖的，应当移送有管辖权的人民法院，受移送的人民法院应当受理。受移送的人民法院认为受移送的案件依照规定不属于本院管辖的，应当报请上级人民法院指定管辖，不得再自行移送。

37.2 条文阐释

移送管辖是指人民法院在受理案件后，发现自己对案件并没有管辖权，从而通过裁定的方式将该案件移送给有管辖权的人民法院。移送管辖本质上是法院对受理案件错误后的一种补救。移送管辖一般发生在同级人民法院之间，主要用于纠正地域管辖错误。不过，有时也会发生在上下级法院之间。

37.3 司法适用

实践中，应当严格区分移送管辖和管辖权转移。移送管辖移送的是案件而非案件的管辖权。移送管辖必须同时具备以下几个条件：（1）受移送案件已由移送法院受理。如果移送法院尚未受理本案，则只需裁定驳回起诉或告知当事人另行向有管辖权的法院起诉即可，而无关移送管辖。（2）移送法院对本案没有管辖权。如果移送法院对本案享有管辖权，那么除其他有管辖权法院已经首先受理了本案外，不得移送该案件。（3）受移送法院必须对本案享有管辖权。（4）移送管辖只能移送一次，即使受移送法院认为自己对本案没有管辖权也不得再次移送，而只能报请上级法院指定管辖。（5）有管辖权的法院受理本案后，不得以行政区域变更为由，将案件移送给变更后有管辖权的人民法院。(6)若两个法院均享有本案管辖权，先立案的法院不得将本案移送给另一个法院。

37.4 相关规范性文件

最高人民法院《关于适用〈中华人民共和国民事诉讼法〉的解释》(法释〔2022〕11号，自2022年4月10日起施行)

第三十五条 当事人在答辩期间届满后未应诉答辩，人民法院在一审开庭前，发现案件不属于本院管辖的，应当裁定移送有管辖权的人民法院。

第三十六条 两个以上人民法院都有管辖权的诉讼，先立案的人民法院不得将案件移送给另一个有管辖权的人民法院。人民法院在立案前发现其他有管辖权的人民法院已先立案的，不得重复立案；立案后发现其他有管辖权的人民法院已先立案的，裁定将案件移送给先立案的人民法院。

第三十七条 案件受理后，受诉人民法院的管辖权不受当事人住所地、经常居住地变更的影响。

第三十八条 有管辖权的人民法院受理案件后，不得以行政区域变更为由，将案件移送给变更后有管辖权的人民法院。判决后的上诉案件和依审判监督程序提审的案件，由原审人民法院的上级人民法院进行审判；上级人民法院指令再审、发回重审的案件，由原审人民法院再审或者重审。

最高人民法院《关于军事法院管辖民事案件若干问题的规定》(法释〔2020〕20号，自2021年1月1日起施行)

第五条 军事法院发现受理的民事案件属于地方人民法院管辖的，应当移送有管辖权的地方人民法院，受移送的地方人民法院应当受理。地方人民法院认为受移送的案件不属于本院管辖的，应当报请上级地方人民法院处理，不得再自行移送。

地方人民法院发现受理的民事案件属于军事法院管辖的，参照前款规定办理。

最高人民法院《关于审理民事级别管辖异议案件若干问题的规定》(法释〔2020〕20号，自2021年1月1日起施行)

第六条 当事人未依法提出管辖权异议，但受诉人民法院发现其没有级别管辖权的，应当将案件移送有管辖权的人民法院审理。

最高人民法院《关于审理技术合同纠纷案件适用法律若干问题的解释》（法释〔2020〕19号，自2021年1月1日起施行）

第四十五条　第三人向受理技术合同纠纷案件的人民法院就合同标的技术提出权属或者侵权请求时，受诉人民法院对此也有管辖权的，可以将权属或者侵权纠纷与合同纠纷合并审理；受诉人民法院对此没有管辖权的，应当告知其向有管辖权的人民法院另行起诉或者将已经受理的权属或者侵权纠纷案件移送有管辖权的人民法院。权属或者侵权纠纷另案受理后，合同纠纷应当中止诉讼。

专利实施许可合同诉讼中，被许可人或者第三人向国家知识产权局请求宣告专利权无效的，人民法院可以不中止诉讼。在案件审理过程中专利权被宣告无效的，按照专利法第四十七条第二款和第三款的规定处理。

最高人民法院《关于审理因垄断行为引发的民事纠纷案件应用法律若干问题的规定》（法释〔2020〕19号，自2021年1月1日起施行）

第五条　民事纠纷案件立案时的案由并非垄断纠纷，被告以原告实施了垄断行为为由提出抗辩或者反诉且有证据支持，或者案件需要依据反垄断法作出裁判，但受诉人民法院没有垄断民事纠纷案件管辖权的，应当将案件移送有管辖权的人民法院。

最高人民法院《关于证券纠纷代表人诉讼若干问题的规定》（法释〔2020〕5号，自2020年7月31日起施行）

第三十二条　人民法院已经根据民事诉讼法第五十四条第一款、证券法第九十五条第二款的规定发布权利登记公告的，投资者保护机构在公告期间受五十名以上权利人的特别授权，可以作为代表人参加诉讼。先受理的人民法院不具有特别代表人诉讼管辖权的，应当将案件及时移送有管辖权的人民法院。

不同意加入特别代表人诉讼的权利人可以提交退出声明，原诉讼继续进行。

最高人民法院《关于诉前财产保全几个问题的批复》（法释〔1998〕29号，自1998年12月5日起施行）

二、采取财产保全措施的人民法院受理申请人的起诉后，发现所受理的案件不属于本院管辖的，应当将案件和财产保全申请费一并移送有管辖权的人民法院。

案件移送后，诉前财产保全裁定继续有效。

因执行诉讼前财产保全裁定而实际支出的费用，应由受诉人民法院在申请费中返还给作出诉前财产保全的人民法院。

37.5 典型案例

37.5.1 有管辖权且已先行受理案件的法院，不得再将案件移送至另一有管辖权的法院

裁判来源：献县金明建筑器材租赁站、赵立君租赁合同纠纷案——最高人民法院管辖裁定书，（2022）最高法民辖 89 号

法院认为：本案管辖争议焦点问题是河北省献县人民法院对本案是否有管辖权。《民事诉讼法》第 24 条规定，“因合同纠纷提起的诉讼，由被告住所地或者合同履行地人民法院管辖”。《最高人民法院关于适用〈中华人民共和国民事诉讼法〉的解释》第 18 条第 1 款规定，“合同约定履行地点的，以约定的履行地点为合同履行地”。本案系财产租赁合同纠纷，双方当事人在《建筑器材租赁合同》中明确约定“合同履行地在献县”，可以将约定的履行地点河北省献县认定为合同履行地。河北省献县人民法院作为合同履行地人民法院，对本案有管辖权，在先行受理的情况下，将本案移送黑龙江省巴彦县人民法院处理不当，本院予以纠正。

38. 指定管辖

38.1 法律条文

第三十八条 有管辖权的人民法院由于特殊原因，不能行使管辖权的，由上级人民法院指定管辖。

人民法院之间因管辖权发生争议，由争议双方协商解决；协商解决不了的，报请它们的共同上级人民法院指定管辖。

38.2 条文阐释

指定管辖，是指上级法院以裁定的方式，指定其辖区内的下级法院对某一民事案件行使管辖权。本条规定的“特殊原因”一般有两种：一是该法院的全体法官均需要回避致使该法院客观上不能行使管辖权；二是该法院所在地发生了严重的自然灾害，如地震、水灾、火灾等，致使该法院因为事实上的原因无法行使管辖权。“共同上级人民法院”是指“级别”和“地域”均“共同”的上级人民法院。比如，衡水市中级人民法院和保定市唐县人民法院的共同上级人民法院是河北省高级人民法院。衡水市中级人民法院和吉林省松原市宁江区人民法院的共同上级人民法院就不是河北省高级人民法院或吉林省高级人民法院，而是最高人民法院。

38.3 司法适用

实践中，应当着重把握指定管辖适用的三种情况：第一，受移送的法院认为自己对受移送的案件没有管辖权。第二，有管辖权的法院由于特殊原因不能行使管辖权。第三，人民法院之间因管辖权发生争议，无法协商解决。

法院之间的管辖权争议既有可能包括普通法院之间的争议，也有可能包括专门法院之间的以及普通法院与专门法院之间的管辖权争议。既有可能包括两个或两个以上法院均认为自己对某一案件享有管辖权的争议，也有可能包括两个或两个以上法院均认为自己对某一案件不享有管辖权，从而不想受理该案件的争议。

若两个以上法院对管辖权有争议，则在争议未解决前，任何一方法院都不得对案件作出裁决，而是应当中止审理。若法院抢先作出判决、裁定，上级法院应当以违反程序为由，撤销该判决、裁定，并将案件移送或者指定其他法院审理，或者由自己提审。

38.4 相关规范性文件

最高人民法院《关于适用〈中华人民共和国民事诉讼法〉的解释》（法释〔2022〕11号，自2022年4月10日起施行）

第四十条 依照民事诉讼法第三十八条第二款规定，发生管辖权争议的两个人民法院因协商不成报请它们的共同上级人民法院指定管辖时，双方为同属一个地、市辖区的基层人民法院的，由该地、市的中级人民法院及时指定管辖；同属一个省、自治区、直辖市的两个人民法院的，由该省、自治区、直辖市的高级人民法院及时指定管辖；双方为跨省、自治区、直辖市的人民法院，高级人民法院协商不成的，由最高人民法院及时指定管辖。

依照前款规定报请上级人民法院指定管辖时，应当逐级进行。

第四十一条 人民法院依照民事诉讼法第三十八条第二款规定指定管辖的，应当作出裁定。

对报请上级人民法院指定管辖的案件，下级人民法院应当中止审理。指定管辖裁定作出前，下级人民法院对案件作出判决、裁定的，上级人民法院应当在裁定指定管辖的同时，一并撤销下级人民法院的判决、裁定。

最高人民法院《关于适用〈中华人民共和国企业破产法〉若干问题的规定（二）》（法释〔2020〕18号，自2021年1月1日起施行）

第四十七条 人民法院受理破产申请后，当事人提起的有关债务人的民事诉讼案件，应当依据企业破产法第二十一条的规定，由受理破产申请的人民法院管辖。

受理破产申请的人民法院管辖的有关债务人的第一审民事案件，可以依据民事诉讼法第三十八条的规定，由上级人民法院提审，或者报请上级人民法院批准后交下级人民法院审理。

受理破产申请的人民法院，如对有关债务人的海事纠纷、专利纠纷、证券市场因虚假陈述引发的民事赔偿纠纷等案件不能行使管辖权的，可以依据民事诉讼法第三十七条的规定，由上级人民法院指定管辖。

最高人民法院《关于审理环境民事公益诉讼案件适用法律若干问题的解释》（法释〔2020〕20号，自2021年1月1日起施行）

第六条 第一审环境民事公益诉讼案件由污染环境、破坏生态行为发生地、损害结果地或者被告住所地的中级以上人民法院管辖。

中级人民法院认为确有必要的，可以在报请高级人民法院批准后，裁定将本院管辖的第一审环境民事公益诉讼案件交由基层人民法院审理。

同一原告或者不同原告对同一污染环境、破坏生态行为分别向两个以上有管辖权的人民法院提起环境民事公益诉讼的，由最先立案的人民法院管辖，必要时由共同上级人民法院指定管辖。

最高人民法院《关于军事法院管辖民事案件若干问题的规定》（法释〔2020〕20号，自2021年1月1日起施行）

第六条　军事法院与地方人民法院之间因管辖权发生争议，由争议双方协商解决；协商不成的，报请各自的上级法院协商解决；仍然协商不成的，报请最高人民法院指定管辖。

最高人民法院《关于铁路运输法院案件管辖范围的若干规定》（法释〔2012〕10号，自2012年8月1日起施行）

第五条第一款　省、自治区、直辖市高级人民法院可以指定辖区内的铁路运输基层法院受理本规定第三条以外的其他第一审民事案件，并指定该铁路运输基层法院驻在地的中级人民法院或铁路运输中级法院受理对此提起上诉的案件。此类案件发生管辖权争议的，由该高级人民法院指定管辖。

38.5　典型案例

38.5.1　法院对案件享有管辖权且已立案的，不得再另行移送，已移送的上级法院应以指定管辖予以纠正

裁判来源：赵志平、中国人寿财产保险股份有限公司浙江省分公司责任保险合同纠纷案——最高人民法院管辖裁定书，(2022）最高法民辖125号

法院认为：本案中，河北省青龙满族自治县人民法院作为案涉责任保险标的物所在地的人民法院，对本案具有管辖权，在先行立案的情况下，将本案移送原杭州市下城区人民法院处理不当，本院予以纠正。

38.5.2　对本案享有管辖权的受移送法院认为自己对本案无管辖权的，也不得再次移送，而应报请上级法院指定管辖

裁判来源：刘学武、徐杰劳务合同纠纷案——最高人民法院管辖裁定书，(2022）最高法民辖110号

法院认为：《民事诉讼法》第24条规定，“因合同纠纷提起的诉讼，由被告住所地或者合同履行地人民法院管辖”。本案被告徐杰的住所地在杭州市西湖区，刘学武作为接收货币一方所在地在江苏省兴化市，杭州市西湖区人民法院和江苏省兴化市人民法院对本案均有管辖权。江苏省兴化市人民法院作为受移送的人民法院，认定本案系建设工程施工合同引发的

纠纷，应当按照不动产纠纷确定管辖，适用法律错误。江苏省兴化市人民法院基于上述错误认定，迳行裁定将本案移送杭州市下城区人民法院审理，而不是报请上级人民法院指定管辖，违反了《民事诉讼法》第 37 条的规定，本院予以指正。

39. 管辖权转移

39.1 法律条文

第三十九条 上级人民法院有权审理下级人民法院管辖的第一审民事案件；确有必要将本院管辖的第一审民事案件交下级人民法院审理的，应当报请其上级人民法院批准。

下级人民法院对它所管辖的第一审民事案件，认为需要由上级人民法院审理的，可以报请上级人民法院审理。

39.2 条文阐释

管辖权转移，是指经上级法院决定或同意，将某个具体案件的管辖权转移给下级法院，或者由下级法院报请上级法院同意，将某个具体案件的管辖权转移给上级法院。管辖权转移的实质就是某个具体案件的管辖权根据法律的规定在上下级法院之间相互转移，具体包括向上转移和向下转移两种情形。

39.3 司法适用

实践中，要注意区分管辖权转移和移送管辖。移送管辖本质上是一种纠错制度，而管辖权转移则不涉及管辖错误，仅是对级别管辖的调整。管辖权转移转移的是案件的管辖权，而移送管辖转移的是案件。管辖权转移既可以是上级法院的单方决定，又可以是下级法院报请和上级法院同意的双方合意行为。移送管辖只表现为移送法院的单方行为，无须受移送法院同意。

管辖权转移包括两种情形：第一，管辖权的向上转移。指下级人民法院将案件的管辖权上移给上级人民法院。又可分为两种情况：(1)上级人民法院认为下级人民法院管辖的第一审民事案件由自己审理更好或者由下级人民法院审理会有很大困难，因而决定将案件调上来由自己审理。(2)下级人民法院认为自己有管辖权的案件需要由上级人民法院审理，因而报请上级人民法院审理。对于前一种情况，上级法院一经作出决定，案件的管辖权就发生转移。对于后一种情况，必须经上级法院同意以后，案件的管辖权才会发生转移。第二，管辖权的向下转移。指上级人民法院将自己管辖的第一审民事案件交给下级人民法院审理。通常来讲，管辖权的向下转移应当发生在上级人民法院受理案件后。

规定管辖权的向上转移具有很大的合理性，它可以很好地克服某些地方保护主义对案件的影响。而且对于某些新型案件，上级法院在审理案件方面的能力通常比下级法院的能力强，将管辖权向上转移，会更有利于这些案件的公正审判。但管辖权的向下转移在实践中却常常成为部分案件规避级别管辖的方式，因为将管辖权向下转移在事实上将原来的第一审法院变为了第二审法院，从而为少数人操纵案件审理大开方便之门。因此，对管辖权的向下转移应保持谨慎的态度。

39.4　相关规范性文件

最高人民法院《关于适用〈中华人民共和国民事诉讼法〉的解释》(法释〔2022〕11 号，自 2022 年 4 月 10 日起施行)

第四十二条　下列第一审民事案件，人民法院依照民事诉讼法第三十九条第一款规定，可以在开庭前交下级人民法院审理：

（一）破产程序中有关债务人的诉讼案件；

（二）当事人人数众多且不方便诉讼的案件；

（三）最高人民法院确定的其他类型案件。

人民法院交下级人民法院审理前，应当报请其上级人民法院批准。上级人民法院批准后，人民法院应当裁定将案件交下级人民法院审理。

最高人民法院《关于第一审知识产权民事、行政案件管辖的若干规定》(法释〔2022〕13 号，自 2022 年 5 月 1 日起施行)

第四条　对新类型、疑难复杂或者具有法律适用指导意义等知识产权民事、行政案件，上级人民法院可以依照诉讼法有关规定，根据下级人民法院报请或者自行决定提级审理。

确有必要将本院管辖的第一审知识产权民事案件交下级人民法院审理的，应当依照民事诉讼法第三十九条第一款的规定，逐案报请其上级人民法院批准。

最高人民法院《关于适用〈中华人民共和国企业破产法〉若干问题的规定（二）》（法释〔2020〕18号，自2021年1月1日起施行）

第四十七条 人民法院受理破产申请后，当事人提起的有关债务人的民事诉讼案件，应当依据企业破产法第二十一条的规定，由受理破产申请的人民法院管辖。

受理破产申请的人民法院管辖的有关债务人的第一审民事案件，可以依据民事诉讼法第三十八条的规定，由上级人民法院提审，或者报请上级人民法院批准后交下级人民法院审理。

受理破产申请的人民法院，如对有关债务人的海事纠纷、专利纠纷、证券市场因虚假陈述引发的民事赔偿纠纷等案件不能行使管辖权的，可以依据民事诉讼法第三十七条的规定，由上级人民法院指定管辖。

最高人民法院《关于审理企业破产案件若干问题的规定》（法释〔2002〕23号，自2002年9月1日起施行）

第三条 上级人民法院审理下级人民法院管辖的企业破产案件，或者将本院管辖的企业破产案件移交下级人民法院审理，以及下级人民法院需要将自己管辖的企业破产案件交由上级人民法院审理的，依照民事诉讼法第三十九条的规定办理；省、自治区、直辖市范围内因特殊情况需对个别企业破产案件的地域管辖作调整的，须经共同上级人民法院批准。

最高人民法院《关于加强和规范案件提级管辖和再审提审工作的指导意见》①（法发〔2023〕13号）

第四条 下级人民法院对已经受理的第一审刑事、民事、行政案件，

---

① 最高人民法院《关于四级法院审级职能定位改革试点结束后相关工作要求的通知》要求，自2023年9月28日起，不再执行最高人民法院《关于完善四级法院审级职能定位改革试点的实施办法》。最高人民法院、各高级人民法院恢复施行现行《民事诉讼法》第206条的规定。各高级人民法院在2023年9月28日前已经受理的不服本院民事生效裁判的申请再审审查案件，依法继续办理。

认为属于下列情形之一，不宜由本院审理的，应当报请上一级人民法院审理：

（一）涉及重大国家利益、社会公共利益的；

（二）在辖区内属于新类型，且案情疑难复杂的；

（三）具有诉源治理效应，有助于形成示范性裁判，推动同类纠纷统一、高效、妥善化解的；

（四）具有法律适用指导意义的；

（五）上一级人民法院或者其辖区内人民法院之间近三年裁判生效的同类案件存在重大法律适用分歧的；

（六）由上一级人民法院一审更有利于公正审理的。

上级人民法院对辖区内人民法院已经受理的第一审刑事、民事、行政案件，认为属于上述情形之一，有必要由本院审理的，可以决定提级管辖。

第五条　“在辖区内属于新类型，且案情疑难复杂的”案件，主要指案件所涉领域、法律关系、规制范围等在辖区内具有首案效应或者相对少见，在法律适用上存在难点和争议。

“具有诉源治理效应，有助于形成示范性裁判，推动同类纠纷统一、高效、妥善化解的”案件，是指案件具有示范引领价值，通过确立典型案件的裁判规则，能够对处理类似纠纷形成规范指引，引导当事人作出理性选择，促进批量纠纷系统化解，实现纠纷源头治理。

“具有法律适用指导意义的”案件，是指法律、法规、司法解释、司法指导性文件等没有明确规定，需要通过典型案件裁判进一步明确法律适用；司法解释、司法指导性文件、指导性案例发布时所依据的客观情况发生重大变化，继续适用有关规则审理明显有违公平正义。

“由上一级人民法院一审更有利于公正审理的”案件，是指案件因所涉领域、主体、利益等因素，可能受地方因素影响或者外部干预，下级人民法院不宜行使管辖权。

第六条　下级人民法院报请上一级人民法院提级管辖的案件，应当经本院院长或者分管院领导批准，以书面形式请示。请示应当包含案件基本情况、报请提级管辖的事实和理由等内容，并附必要的案件材料。

第七条　民事、行政第一审案件报请提级管辖的，应当在当事人答辩期届满后，至迟于案件法定审理期限届满三十日前向上一级人民法院报请。

刑事第一审案件报请提级管辖的，应当至迟于案件法定审理期限届满十五日前向上一级人民法院报请。

第八条 上一级人民法院收到案件报请提级管辖的请示和材料后，由立案庭编立“辖”字号，转相关审判庭组成合议庭审查。上一级人民法院应当在编立案号之日起三十日内完成审查，但法律和司法解释对审查时限另有规定的除外。

合议庭经审查并报本院院长或者分管院领导批准后，根据本意见所附诉讼文书样式，作出同意或者不同意提级管辖的法律文书。相关法律文书一经作出即生效。

第九条 上级人民法院根据本意见第二十一条规定的渠道，发现下级人民法院受理的第一审案件可能需要提级管辖的，可以及时与相关人民法院沟通，并书面通知提供必要的案件材料。

上级人民法院认为案件应当提级管辖的，经本院院长或者分管院领导批准后，根据本意见所附诉讼文书样式，作出提级管辖的法律文书。

39.5 典型案例

39.5.1 辖区内新类型且案情疑难复杂的案件，可由上级法院提级管辖

裁判来源：云南白药集团健康产品有限公司、呼图壁县亿顺商行其他案由民事管辖案——新疆维吾尔自治区昌吉回族自治州中级人民法院民事裁定书，(2023) 新23民辖28号

法院认为：本案属于辖区内新类型案件，且案情疑难复杂，由昌吉回族自治州中级人民法院一审更有利于统一裁判尺度，保障案件质量。本院认为，本案符合提级管辖情形。依照《民事诉讼法》第39条第2款，裁定如下：本案由本院审理。

39.5.2 对于社会影响较大、群众关注度较高等重大案件，下级法院可报请上级法院管辖，上级法院可以决定是否管辖

裁判来源：农夫山泉股份有限公司、衢州市明利包装有限公司等侵害商标权纠纷案——浙江省衢州市中级人民法院民事裁定书，(2023) 浙08

民辖4号

法院认为：基层人民法院受理的涉及面广、社会影响大、群众关注度高的案件，可以报请中级人民法院提级管辖。本案系浙江省衢州市衢江区人民法院受理的原告农夫山泉股份有限公司在衢州地区首次起诉维权案件，社会影响较大，群众关注度较高，浙江省衢州市衢江区人民法院的报请理由成立，本案由本院审理。依照《民事诉讼法》第39条第2款、《最高人民法院关于完善四级法院审级职能定位改革试点的实施办法》第4条第1款之规定，裁定如下：本案由本院审理。

第三章　审判组织

40. 一审审判组织

40.1　法律条文

第四十条　人民法院审理第一审民事案件，由审判员、人民陪审员共同组成合议庭或者由审判员组成合议庭。合议庭的成员人数，必须是单数。

适用简易程序审理的民事案件，由审判员一人独任审理。基层人民法院审理的基本事实清楚、权利义务关系明确的第一审民事案件，可以由审判员一人适用普通程序独任审理。

人民陪审员在参加审判活动时，除法律另有规定外，与审判员有同等的权利义务。

40.2　条文阐释

根据本法第6条的规定，民事案件的审判权由人民法院行使。人民法院行使审判权是通过一定组织形式实现的。本条规定了民事案件第一审的两种审判组织形式：合议制和独任制。

本条第2款规定的独任制则是指由审判员一人对具体案件进行审理和裁判的制度。“基本事实清楚”主要是指案件的核心和关键事实总体清楚，但部分次要事实或者关联事实需要进一步查实，相关事实的查明需要经过当事人补充举证质证、评估、鉴定、审计、调查取证等程序和环节，有必要进行更充分的陈述辩论、适用更完备的审理程序。“权利义务关系明确”即法律适用明确，是指案件法律关系清晰明了，有明确的法律规范与之对应，在解释和适用上不存在空白与争议。人民陪审员作为合议庭的组成人员在整个审判过程中与审判员享有同等的权利和义务（法律另有规定的除外）。人民陪审员在人民法院执行陪审任务期间，有权查阅全部案件材料，有权参加案件的调查，也有权参加开庭审判和对案件的评议，同时也有义务依法办案。

40.3　司法适用

实践中，究竟哪些案件必须由陪审员参加合议庭审理，哪些案件必须全部由审判员组成合议庭审理，本法并未作限制规定，这一般由法院根据案件的实际情况而定。比如，对于一些技术性、业务性比较强的案件，请有关陪审员参加，对于准确认定案件事实、正确适用法律、说服和教育当事人具有重要意义。不过，需要注意的是，即使有人民陪审员加入合议庭，合议庭也必须保持三人以上的单数。

独任制一般在两种情况下适用：一是基层人民法院适用简易程序和普通程序时由独任法院审理简单类型的一审民事案件；二是在人民法院依据特别程序审理的非诉案件中，除选民案件和重大复杂案件以外的其他案件，也可以适用独任制。人民法院在审理案件的过程中，发现案件重大复杂，适用独任制可能影响审判质量的，可以由简易程序改为普通程序，即由独任制改为合议制。

40.4　相关规范性文件

最高人民法院《关于部分基层人民法院开展小额速裁试点工作的指导意见》（法〔2011〕129 号，自 2011 年 3 月 17 日起施行）

2. 小额速裁的起诉和审理

……

人民法院适用小额速裁审理民事案件，由审判员一人独任审理，并根据案件需要为当事人指定答辩期、举证期，但期限不得超过 7 日。

……

最高人民法院《关于适用〈中华人民共和国民事诉讼法〉的解释》（法释〔2022〕11 号，自 2022 年 4 月 10 日起施行）

第四百五十二条　适用公示催告程序审理案件，可由审判员一人独任审理；判决宣告票据无效的，应当组成合议庭审理。

最高人民法院《关于人民法院合议庭工作的若干规定》（法释〔2002〕25号，自2002年8月17日起施行）

第一条第一款 人民法院实行合议制审判第一审案件，由法官或者由法官和人民陪审员组成合议庭进行；人民法院实行合议制审判第二审案件和其他应当组成合议庭审判的案件，由法官组成合议庭进行。

41. 二审、重审及再审审判组织

41.1 法律条文

第四十一条 人民法院审理第二审民事案件，由审判员组成合议庭。合议庭的成员人数，必须是单数。

中级人民法院对第一审适用简易程序审结或者不服裁定提起上诉的第二审民事案件，事实清楚、权利义务关系明确的，经双方当事人同意，可以由审判员一人独任审理。

发回重审的案件，原审人民法院应当按照第一审程序另行组成合议庭。

审理再审案件，原来是第一审的，按照第一审程序另行组成合议庭；原来是第二审的或者是上级人民法院提审的，按照第二审程序另行组成合议庭。

41.2 条文阐释

本条规定了人民法院二审、重审及再审的审判组织。

根据本条第1款的规定，第二审人民法院合议庭的组成人员，只能是审判员，不能有陪审员参加。这是与第一审人民法院合议庭组成的最大不同点。第二审人民法院不仅肩负着查明原审法院认定事实是否清楚、适用法律是否正确的任务，更肩负着保障当事人权益以及对下级人民法院审判监督的任务。

本条第 2 款是本法在修改过程中新增的一款。按照 2017 年《民事诉讼法》的规定，在二审中一般是不能适用独任制的。然而，随着我国司法审判制度改革进程的不断推进，案件的繁简分流、轻重分离与快慢分道也是有效节约司法资源、提高案件审判效率的理念所趋。从适用范围上看，二审独任制适用在主体范围上限于中级人民法院和专门人民法院，最高人民法院、高级人民法院受理的二审案件不得适用独任制。在案件范围上，限于“第一审适用简易程序审结”和“不服裁定提起上诉”的第二审民事案件，实践中对此范围不得任意扩大，对一审适用普通程序审结的上诉案件、报请解决管辖权争议案件等，均不得适用独任制。从适用条件上看，二审独任制适用需满足案件“事实清楚、权利义务关系明确”和“双方当事人同意”两个条件。司法实践中，对于符合适用条件的二审案件并非一律适用独任制，应当结合当事人的上诉请求，二审提出的事实、证据和理由，一审裁判情况等，综合研判案件的复杂程度、影响大小、纠错可能，确定是否适用独任制。二审独任制适用前，人民法院应当通过书面或者口头方式征求双方当事人意见，征求意见应当在确定开庭前的合理时间内完成。当事人的同意应为明示的同意，可以通过口头或者书面方式作出；口头表示同意的，人民法院应当记录留痕。当事人未明确表示同意的，人民法院不得推定或者变相强制其同意，确保当事人对二审独任制适用的选择权。

本条第 3 款规定了重审的审判组织。与第一审合议庭一样，重审案件合议庭既可以由审判员组成，也可以由审判员和陪审员组成。对于发回重审案件合议庭的组成，应当依照第一审程序另行组成合议庭，不得再由原来的合议庭进行审理，也不能适用简易程序独任审判，以避免先入为主，使错误得不到纠正。

本条第 4 款规定了再审审判组织。再审的案件可能是第一审人民法院审结的案件，也可能是第二审人民法院审结的案件。对于再审案件的审判组织，原来是第一审的，应当按照第一审程序另行组成合议庭，原来是第二审的，应当按照第二审程序另行组成合议庭。如果上级人民法院发现下级人民法院已经发生法律效力的判决、裁定、调解书错误的，也可以直接提审。上级人民法院提审的案件不能再按第一审程序另行组成合议庭，而应当按照第二审程序另行组成合议庭，即由审判员组成合议庭。应当特别注意的是，审理再审案件，原来第一审是独任审判的，应当按照第一审程序组成合议庭，不能再由审判员一人独任审判，原独任审判员不得参加新合议庭。

41.3 司法适用

在实际适用该条的过程中，应当注意以下两点：

第一，关于人民陪审员。人民法院审理第一审民事案件可以有人民陪审员参加。但第二审人民法院合议庭的组成人员，只能是审判员，不能有陪审员参加。重审案件的合议庭与第一审合议庭一样，既可以由审判员组成，也可以由审判员和陪审员组成。再审案件中，原来是第二审或者提审的，应当按照第二审程序另行组成合议庭，此时不能有人民陪审员参加。但如果原来是第一审的，应当按照第一审程序另行组成合议庭，此时可以有人民陪审员参加。

第二，关于第二审民事案件适用独任制的条件：（1）法院层级：中级人民法院（含专门法院）；（2）第一审适用简易程序审结或者不服裁定提起上诉的第二审民事案件；（3）事实清楚、权利义务关系明确；（4）经双方当事人同意。

41.4 相关规范性文件

最高人民法院《民事诉讼程序繁简分流改革试点问答口径（一）》（法〔2020〕105号，自2020年4月15日起施行）

七、人民法院审查司法确认案件能否适用合议制？

答：可以。《民事诉讼法》第一百七十八条规定了特别程序案件的审判组织，明确选民资格案件或者重大、疑难的案件，由审判员组成合议庭审查，其他案件由审判员一人独任审查。实践中，对于司法确认案件，总体上以适用独任制为原则，以合议制为例外。同时，试点法院应当加强对民间借贷等案件司法确认审查甄别工作，切实防范恶意串通调解、虚假诉讼等行为。对于待确认调解协议的标的额特别巨大，并存在虚假调解可能的，由合议庭审查更显慎重。按照级别管辖标准，一些司法确认案件虽然应当由中级人民法院、专门人民法院受理，但标的额不大，法律关系较为简单，也可以由审判员一人独任审查。

二十二、《实施办法》第十六条关于独任制普通程序案件“事实不易查明，但法律适用明确”的适用标准，应当如何理解？

答：根据《实施办法》第十六条第二款，独任制普通程序案件的适用标准为“事实不易查明，但法律适用明确”，在案件类型和案由上不作具体限制。对“事实不易查明，但法律适用明确”标准的把握，应当整体考虑，不宜孤立理解。所谓“法律适用明确”，是指事实查明之后，无论结果是正或反，都能形成清晰、明了的法律关系，有明确的法律规范与之对应，在解释和适用上基本不存在空白与争议。所谓“事实不易查明”，主要是指查明事实需要经过评估、鉴定、审计、调查取证等耗时较长的程序，但一旦查明，法官一人即可认定事实与法律关系，并作出裁判。

二十七、如何把握第二审案件适用独任制的条件？

答：第二审案件适用独任制，应当从以下两个方面把握：第一，关于适用案件范围。适用独任制审理的第二审案件仅限于“第一审适用简易程序审理结案的上诉案件”和“民事裁定类上诉案件”，实践中不得扩大。对一审独任法官适用普通程序审结的上诉案件、采取合议制审结的上诉案件、报请解决管辖权争议的案件等，均不得适用独任制。第二，关于适用标准。对于上述两类案件，并非一律适用独任制，还应当满足“事实清楚、法律适用明确”的标准，对事实待查明、法律适用难度大的案件不宜适用独任制。在独任审理过程中发现上述情形的，一般应当转换为合议制审理。独任法官认为原判事实错误或法律适用错误拟作出改判，以及因认定基本事实不清拟发回重审的，一般应当提交专业法官会议讨论。

最高人民法院《民事诉讼程序繁简分流改革试点问答口径（二）》（法〔2020〕272 号，自 2020 年 10 月 23 日起施行）

十九、当事人能否对一审普通程序适用独任制提出异议？如果可以，如何操作？

答：可以提出异议。《实施办法》第十六条规定，“基层人民法院审理的案件事实不易查明，但法律适用明确的案件，可以由法官一人适用普通程序独任审理”。独任制普通程序案件有确定的适用范围和条件，实践中是否依法合理适用，涉及当事人的重大程序利益，应当允许当事人提出异议。

第一，关于异议的请求。当事人的异议请求，仅限于案件是否应当适用独任制审理，而不包括是否应当适用普通程序。根据《民事诉讼法》及其司法解释的规定，对人民法院已经确定适用普通程序审理的案件，当事人不得就审理程序再提出异议。

第二，关于异议的事由。当事人提出异议的事由包括以下两个方面：一是案件符合《实施办法》第十七条规定的应当适用合议制的情形；二是案件不符合独任制普通程序案件“事实不易查明，但法律适用明确”的适用条件。

第三，关于异议的程序。人民法院应当在《一审普通程序独任审理通知书》中，或者在作出转为独任制普通程序审理的裁定时，告知当事人提出异议的权利。当事人应当在独任法官适用普通程序开庭审理前提出异议。异议由独任法官负责审查。经审查，异议成立的，由合议庭作出组成合议庭审理的裁定；异议不成立的，口头告知当事人，并记入笔录。

二十、当事人能否对二审独任制适用提出异议，如果可以，如何操作？

答：可以提出异议。根据《实施办法》第十九条的规定，二审独任制适用范围限于“事实清楚、法律适用明确”的“第一审适用简易程序审理结案”和“不服民事裁定”的案件。二审独任制是否依法合理适用，涉及审判组织形式是否合法，应当允许当事人提出异议。

第一，关于异议的事由。当事人提出异议的事由主要包括以下三个方面：一是案件符合《实施办法》第十九条的规定，应当适用合议制审理；二是案件不符合二审独任制“事实清楚、法律适用明确”的适用条件；三是案件不符合二审独任制适用范围，不属于“第一审适用简易程序审理结案”和“不服民事裁定”案件。

第二，关于异议的程序。人民法院应当在《二审案件独任审理通知书》中，告知当事人提出异议的权利。当事人应当在开庭审理前提出异议。异议由独任法官负责审查。经审查，异议成立的，由合议庭作出组成合议庭审理的裁定；异议不成立的，口头告知当事人，并记入笔录。

42. 独任制的除外情形

42.1　法律条文

第四十二条　人民法院审理下列民事案件，不得由审判员一人独任审理：

（一）涉及国家利益、社会公共利益的案件；

（二）涉及群体性纠纷，可能影响社会稳定的案件；

（三）人民群众广泛关注或者其他社会影响较大的案件；

（四）属于新类型或者疑难复杂的案件；

（五）法律规定应当组成合议庭审理的案件；

（六）其他不宜由审判员一人独任审理的案件。

42.2　条文阐释

所谓独任制的除外情形，是指根据本法及相关司法解释的规定，人民法院在审理某些一审及二审民事案件时，只能依法组成合议庭进行审理，而不得由审判员一人独任审理的情形。其中，“法律规定应当组成合议庭审理的案件”是指根据本法及相关司法解释的规定，必须由人民法院依法组成合议庭审理的案件，如多数二审案件、基本事实及权利义务关系不够清楚的案件等。

42.3　司法适用

在实际适用该条中，应当注意以下几点：（1）一审诉讼案件中，简易程序案件只能用独任制，部分普通程序案件也可以用独任制；（2）独任制的适用范围不再限于一审程序，部分二审案件也可以用独任制；（3）二审案件适用独任制须同时满足三方面条件：法定类型的案件+事实清楚、权利义务关系明确+双方当事人同意；（4）未经当事人同意，二审法院不得适用独任制（保障当事人对审判组织形式的选择权）。而且，当事人还能对一审普通程序及二审程序适用独任制提出异议。经审查，异议成立的，由合议庭作出组成合议庭审理的裁定；异议不成立的，口头告知当事人，并记入笔录。

42.4 相关规范性文件

最高人民法院《民事诉讼程序繁简分流改革试点实施办法》（法〔2020〕11号，自2020年1月15日起施行）

第十六条 基层人民法院适用小额诉讼程序、简易程序审理的案件，由法官一人独任审理。

基层人民法院审理的事实不易查明，但法律适用明确的案件，可以由法官一人适用普通程序独任审理。

第十七条 基层人民法院审理的案件，具备下列情形之一的，应当依法组成合议庭，适用普通程序审理：

（一）涉及国家利益、公共利益的；

（二）涉及群体性纠纷，可能影响社会稳定的；

（三）产生较大社会影响，人民群众广泛关注的；

（四）新类型或者疑难复杂的；

（五）与本院或者上级人民法院已经生效的类案判决可能发生冲突的；

（六）发回重审的；

（七）适用审判监督程序的；

（八）第三人起诉请求改变或者撤销生效判决、裁定、调解书的；

（九）其他不宜采用独任制的案件。

第十八条 第二审人民法院审理上诉案件应当组成合议庭审理。但事实清楚、法律适用明确的下列案件，可以由法官一人独任审理：

（一）第一审适用简易程序审理结案的；

（二）不服民事裁定的。

第十九条 由法官一人独任审理的第一审或者第二审案件，审理过程中出现本办法第十七条第（一）至（五）项或者第（九）项所列情形之一的，人民法院应当裁定组成合议庭审理，并将合议庭组成人员及相关事项书面通知双方当事人。由独任审理转为合议庭审理的案件，审理期限自人民法院立案之日起计算，已经作出的诉讼行为继续有效。双方当事人已确认的事实，可以不再举证、质证。

第二十条 由法官一人独任审理的上诉案件，应当开庭审理。

没有提出新的事实、证据的案件，具备下列情形之一的，独任法官经过阅卷、调查或者询问当事人，认为不需要开庭的，可以不开庭审理：

（一）不服民事裁定的；

（二）上诉请求明显不能成立的；

（三）原判决认定事实清楚，但适用法律明显错误的；

（四）原判决严重违反法定程序，需要发回重审的。

最高人民法院《民事诉讼程序繁简分流改革试点问答口径（二）》（法〔2020〕272号，自2020年10月23日起施行）

十九、当事人能否对一审普通程序适用独任制提出异议？如果可以，如何操作？

答：可以提出异议。《实施办法》第十六条规定，“基层人民法院审理的案件事实不易查明，但法律适用明确的案件，可以由法官一人适用普通程序独任审理”。独任制普通程序案件有确定的适用范围和条件，实践中是否依法合理适用，涉及当事人的重大程序利益，应当允许当事人提出异议。

第一，关于异议的请求。当事人的异议请求，仅限于案件是否应当适用独任制审理，而不包括是否应当适用普通程序。根据《民事诉讼法》及其司法解释的规定，对人民法院已经确定适用普通程序审理的案件，当事人不得就审理程序再提出异议。

第二，关于异议的事由。当事人提出异议的事由包括以下两个方面：一是案件符合《实施办法》第十七条规定的应当适用合议制的情形；二是案件不符合独任制普通程序案件“事实不易查明，但法律适用明确”的适用条件。

第三，关于异议的程序。人民法院应当在《一审普通程序独任审理通知书》中，或者在作出转为独任制普通程序审理的裁定时，告知当事人提出异议的权利。当事人应当在独任法官适用普通程序开庭审理前提出异议。异议由独任法官负责审查。经审查，异议成立的，由合议庭作出组成合议庭审理的裁定；异议不成立的，口头告知当事人，并记入笔录。

二十、当事人能否对二审独任制适用提出异议，如果可以，如何操作？

答：可以提出异议。根据《实施办法》第十九条的规定，二审独任制适用范围限于“事实清楚、法律适用明确”的“第一审适用简易程序审理结案”和“不服民事裁定”的案件。二审独任制是否依法合理适用，涉及审判组织形式是否合法，应当允许当事人提出异议。

第一，关于异议的事由。当事人提出异议的事由主要包括以下三个方面：一是案件符合《实施办法》第十九条的规定，应当适用合议制审理；二是案件不符合二审独任制“事实清楚、法律适用明确”的适用条件；三是案件不符合二审独任制适用范围，不属于“第一审适用简易程序审理结案”和“不服民事裁定”案件。

第二，关于异议的程序。人民法院应当在《二审案件独任审理通知书》中，告知当事人提出异议的权利。当事人应当在开庭审理前提出异议。异议由独任法官负责审查。经审查，异议成立的，由合议庭作出组成合议庭审理的裁定；异议不成立的，口头告知当事人，并记入笔录。

42.5 典型案例

42.5.1 没有开庭审理并不等于适用独任制审理

裁判来源： 王福军、徐泽等民间借贷纠纷案——新疆维吾尔自治区高级人民法院民事裁定书，(2022) 新民申1866号

法院认为： 关于二审程序是否违法。王福军申请再审认为，二审审理过程中仅有承办法官一人主持审理，名为合议庭审理、实为独任审理，二审程序违法。经审查，本案二审法院系依法组成合议庭对本案进行审理，并经过合议庭评议后作出二审民事判决。依据《民事诉讼法》第176条第1款规定：“第二审人民法院对上诉案件应当开庭审理。经过阅卷、调查和询问当事人，对没有提出新的事实、证据或者理由，人民法院认为不需要开庭审理的，可以不开庭审理”。本案二审审理过程中，双方未提出新的事实，且王福军在答辩中明确，一审判决查明事实清楚，故二审法院未开庭审理，由承办法官进行调查询问并无不当，故王福军认为二审法院存在独任审判，程序违法的理由不能成立，本院不予支持。

42.5.2　涉案人数多的案件并不等同于“涉及群体性纠纷，可能影响社会稳定”的案件

裁判来源：吴小英、湖南贤恩物业管理有限公司物业服务合同纠纷案——湖南省岳阳市中级人民法院民事判决书，(2022) 湘06民终3933号

法院认为：关于焦点一，吴小英认为本案属特大群体案件，被诉业主多达700多户，应由一审法院的审判委员会来审理本案的问题。依据《人民法院组织法》第29条第1款规定：“人民法院审理案件，由合议庭或者法官一人独任审理。”审判委员会的职责中不包括直接审理案件的职能。另外，从本案当事人数量、同情况案件数量以及相关案情来看，本案不属于“涉及群体性纠纷，可能影响社会稳定的案件”，不属于《民事诉讼法》第42条中不得适用独任制审理案件的情形，故一审审判组织合法。

42.5.3　涉众多商品房预售合同纠纷案件属于涉及群体性纠纷案件，应当组成合议庭审理

裁判来源：洪湖新绿房地产开发有限公司、肖虹等商品房预售合同纠纷案——湖北省荆州市中级人民法院民事裁定书，(2022) 鄂10民终2500号

法院认为：《民事诉讼法》第42条规定，涉及群体性纠纷，可能影响社会稳定的案件，不得由审判员一人独任审理。一审法院已受理多起案涉房屋所在楼盘的商品房预售合同纠纷案件，涉及群体性纠纷案件应当组成合议庭审理，一审由审判员一人独任审理，违反了法定程序。

42.5.4　有一方当事人缺席庭审的案件，不宜适用独任制审理

裁判来源：王永泽等与中国人民财产保险股份有限公司衡水市分公司等机动车交通事故责任纠纷案——北京市第三中级人民法院民事裁定书，(2022) 京03民终11618号

法院认为：因河北盛泰科技重工有限公司经本院传唤未能到庭，且无法与其联系，故本案不宜由法官一人独任审理……本案转由合议庭审理。

43. 独任制转合议制

43.1 法律条文

第四十三条 人民法院在审理过程中，发现案件不宜由审判员一人独任审理的，应当裁定转由合议庭审理。

当事人认为案件由审判员一人独任审理违反法律规定的，可以向人民法院提出异议。人民法院对当事人提出的异议应当审查，异议成立的，裁定转由合议庭审理；异议不成立的，裁定驳回。

43.2 条文阐释

本条规定了独任制向合议制的转换。独任制转换，是指在审判中由于出现了某种情况，审判组织由独任制转为合议制。转换的情形有两种：一是人民法院在审理过程中发现案件不宜适用独任制，依职权裁定转为合议制；二是当事人认为案件适用独任制违反法律的规定而向人民法院提出异议，经法院审查异议成立后，由法院裁定转为合议制。

43.3 司法适用

独任制转换为合议制不受审理程序限制。独任制适用于使用小额诉讼程序、简易程序、普通程序、第二审程序审理的案件，只要符合法律及司法解释规定的应当适用合议制的情形，均应当转换为合议制审理。实际适用该条时，应当重点把握以下几个问题：

一是在转换情形上，案件审理过程中，发现存在案情疑难复杂、社会影响大、法律适用难度大，以及其他应当适用合议制审理的情形的，人民法院应当及时将案件由独任制转为合议制审理。

二是在转换启动上，除了人民法院依职权转换外，立法赋予了当事人对独任制适用的异议权。司法实践中，当事人提出异议的事由主要为“由审判员一人独任审理违反法律规定”，主要是指违背独任制的适用标准、适用范围以及法律规定不得适用独任制的情形。为保障诉讼有序推进，当事人异议一般应当在开庭审理前以书面形式提出，但转换事由在开庭审理后才发现的，也可以在法庭辩论终结前提出，当庭口头提出异议的，应当说明具体理由和依据并记入笔录。

三是在转换形式上，独任制向合议制的转换应当通过裁定方式作出。对于当事人提出的异议，独任法官提出初步审查意见后，由合议庭进行评议。经合议庭评议，决定转由合议庭审理的，裁定以合议庭名义作出；决定驳回异议的，裁定以独任审判员名义作出。此类裁定也属于不可上诉的裁定。

四是在转换效力上，为保障司法亲历性和发挥合议制制度功能，案件组成合议庭审理后应当再次开庭，但对于审判组织转换前已经依法完成的诉讼行为，依然认定为继续有效，对于双方当事人已确认的事实，可以不再举证、质证。

43.4　相关规范性文件

最高人民法院《民事诉讼程序繁简分流改革试点问答口径（一）》（法〔2020〕105号，自2020年4月15日起施行）

二十三、简易程序转换为普通程序后，能否采取独任制审理？

答：案件由简易程序转换为普通程序审理后，符合“事实不易查明，但法律适用明确”的标准，并且不属于《实施办法》第十七条规定的应当组成合议庭审理情形的，可以采取独任制审理。由简易程序转换为普通程序审理的，须按《民事诉讼法》第一百六十三条的规定作出裁定，并通知当事人。试点法院应当将简易程序转换为独任制普通程序审理的案件情况纳入院庭长审判监督事项。

二十四、符合哪些情形，独任制应当转换为合议制审理？

答：独任制转换为合议制不受审理程序限制，独任制适用小额诉讼程序、简易程序、普通程序、第二审程序审理的案件，符合《实施办法》第十七条第一至五项或者第九项所列情形之一的，均应当转换为合议制审理。实践中，应当综合考虑《中华人民共和国人民陪审员法》第十五条、第十六条规定的需要人民陪审员参审的案件类型，以及《最高人民法院关于完善人民法院司法责任制的若干意见》第二十四条、《最高人民法院关于完善人民法院审判权力和责任清单的指导意见》第八条规定的应当纳入院庭长个案监督范围的“四类案件”类型。属于“四类案件”的，原则上都应当适用合议制审理。

二十五、独任制转换为合议制的裁定是否必须采用书面形式？之后能否再转回独任制？

答：独任制转换为合议制应当以裁定方式作出，可以采用书面或者口头形式，作出裁定后应当将合议庭组成人员及相关事项以书面形式通知双方当事人。对于之前适用小额诉讼程序或简易程序审理的，裁定中应当一并明确审理程序的转换。独任制转换为合议制后，即使审理过程中原有的审判组织转换情形消失，也应当继续由合议庭审理。

二十六、独任制转换为合议制的裁定应当由谁作出？

答：案件审理过程中出现需要转换审判组织的情形，转换可以由独任法官自行提出，也可以由院庭长依个案监督职权提出。经审查需要转换的，由合议庭作出转换裁定。试点法院可以结合案件情况和工作流程，自行确定审判组织转换的报批程序。

最高人民法院《民事诉讼程序繁简分流改革试点问答口径（二）》（法〔2020〕272 号，自 2020 年 10 月 23 日起施行）

十九、当事人能否对一审普通程序适用独任制提出异议？如果可以，如何操作？

答：可以提出异议。《实施办法》第十六条规定，“基层人民法院审理的案件事实不易查明，但法律适用明确的案件，可以由法官一人适用普通程序独任审理”。独任制普通程序案件有确定的适用范围和条件，实践中是否依法合理适用，涉及当事人的重大程序利益，应当允许当事人提出异议。

第一，关于异议的请求。当事人的异议请求，仅限于案件是否应当适用独任制审理，而不包括是否应当适用普通程序。根据《民事诉讼法》及其司法解释的规定，对人民法院已经确定适用普通程序审理的案件，当事人不得就审理程序再提出异议。

第二，关于异议的事由。当事人提出异议的事由包括以下两个方面：一是案件符合《实施办法》第十七条规定的应当适用合议制的情形；二是案件不符合独任制普通程序案件“事实不易查明，但法律适用明确”的适用条件。

第三，关于异议的程序。人民法院应当在《一审普通程序独任审理通知书》中，或者在作出转为独任制普通程序审理的裁定时，告知当事人提出异议的权利。当事人应当在独任法官适用普通程序开庭审理前提出异议。异议由独任法官负责审查。经审查，异议成立的，由合议庭作出组成合议庭审理的裁定；异议不成立的，口头告知当事人，并记入笔录。

二十、当事人能否对二审独任制适用提出异议，如果可以，如何操作？

答：可以提出异议。根据《实施办法》第十九条的规定，二审独任制适用范围限于“事实清楚、法律适用明确”的“第一审适用简易程序审理结案”和“不服民事裁定”的案件。二审独任制是否依法合理适用，涉及审判组织形式是否合法，应当允许当事人提出异议。

第一，关于异议的事由。当事人提出异议的事由主要包括以下三个方面：一是案件符合《实施办法》第十九条的规定，应当适用合议制审理；二是案件不符合二审独任制“事实清楚、法律适用明确”的适用条件；三是案件不符合二审独任制适用范围，不属于“第一审适用简易程序审理结案”和“不服民事裁定”案件。

第二，关于异议的程序。人民法院应当在《二审案件独任审理通知书》中，告知当事人提出异议的权利。当事人应当在开庭审理前提出异议。异议由独任法官负责审查。经审查，异议成立的，由合议庭作出组成合议庭审理的裁定；异议不成立的，口头告知当事人，并记入笔录。

二十一、已经开庭审理的二审独任制案件，依法转为合议庭审理后，是否需要再次开庭？

答：已经开庭审理的二审独任制案件，依法转为合议庭审理后，并不要求一律再次开庭。案件是否需要再次开庭，应当由合议庭根据《民事诉讼法》第一百六十九条的规定，结合案件具体情况确定。

案件存在下列情形的，应当再次开庭：（一）开庭后，当事人又提出新的事实、证据和理由，申请再次开庭审理的；（二）案件审理过程中产生较大社会影响，人民群众广泛关注的；（三）案件属于新类型或者疑难复杂，合议庭认为有必要通过再次开庭查明相关案件事实的。

43.5 典型案例

43.5.1 涉台民商事案件不宜适用小额诉讼程序审理，应适用合议制审理

裁判来源：毛睿旭与上海依佰健身管理有限公司服务合同纠纷案——上海市嘉定区人民法院民事裁定书，（2023）沪0114民初1125号

法院认为：本案原告为台湾地区居民，案件为涉台民商事案件，故本案不宜适用小额诉讼程序，应适用普通程序组成合议庭审理。

43.5.2 基层人民法院审理的事实不易查明，但法律适用明确的案件，可以由法官一人适用普通程序独任审理

裁判来源：董志良、青岛中软微银企业咨询有限公司等房屋租赁合同纠纷案——山东省青岛市中级人民法院民事判决书，（2022）鲁02民终16982号

法院认为：本案为房屋租赁合同纠纷，各方对合同无效均无异议，本院对此予以确认。二审将围绕上诉人的上诉理由进行审查。上诉人主张一审程序违法，对此本院认为，依据《最高人民法院民事诉讼程序繁简分流改革试点实施办法》的规定，基层人民法院审理的事实不易查明，但法律适用明确的案件，可以由法官一人适用普通程序独任审理。本案系出租人在合同无效情况下要求返还腾让房屋、承租人支付占用使用费的诉讼，符合上述办法规定的情形，因此一审法院适用普通程序进行独任审理不违反返利规定，上诉人主张程序违法的理由本院不予采信。

43.5.3 事实不易查明，但权利义务关系明确的案件，可以适用普通程序独任审理

裁判来源：上海市崇明区堡镇小漾村村民委员会与上海玺旺果蔬专业合作社土地承包经营权纠纷案——上海市崇明县人民法院民事裁定书，（2022）沪0151民初5654号

法院认为：本案事实不易查明，但权利义务关系明确，可以适用普通程序独任审理。

44. 合议庭审判长的产生

44.1　法律条文

第四十四条　合议庭的审判长由院长或者庭长指定审判员一人担任；院长或者庭长参加审判的，由院长或者庭长担任。

44.2　条文阐释

本条是关于合议庭的审判长应由谁担任的规定。合议庭是一个集体，但在审理案件时需要其中一人担任审判长来指挥案件审判的整体过程。审判长的主要职责就是负责案件的审判活动，如宣布开庭，查明当事人是否到庭，宣布法庭组成人员，告知当事人在审判过程中的各种诉讼权利，主持法庭调查、法庭辩论等各项活动。审判长不是固定的职务。根据本条的规定，合议庭的审判长由院长或者庭长指定审判员一人担任；院长或者庭长参加审判的，由院长或者庭长担任。但需要说明的是，在审判员与陪审员组成的合议庭中，不能指定陪审员担任审判长。助理审判员可以临时代理审判员职务并成为合议庭成员，由院长或者庭长指定也可以担任合议庭审判长，但如果该合议庭中另有审判员时，仍应指定审判员担任审判长。

44.3　相关规范性文件

最高人民法院《关于人民法院合议庭工作的若干规定》（法释〔2002〕25号，自2002年8月17日起施行）

第二条　合议庭的审判长由符合审判长任职条件的法官担任。

院长或者庭长参加合议庭审判案件的时候，自己担任审判长。

第六条　审判长履行下列职责：

（一）指导和安排审判辅助人员做好庭前调解、庭前准备及其他审判业务辅助性工作；

（二）确定案件审理方案、庭审提纲、协调合议庭成员的庭审分工以及做好其他必要的庭审准备工作；

（三）主持庭审活动；

（四）主持合议庭对案件进行评议；

（五）依照有关规定，提请院长决定将案件提交审判委员会讨论决定；

（六）制作裁判文书，审核合议庭其他成员制作的裁判文书；

（七）依照规定权限签发法律文书；

（八）根据院长或者庭长的建议主持合议庭对案件复议；

（九）对合议庭遵守案件审理期限制度的情况负责；

（十）办理有关审判的其他事项。

最高人民法院《关于第二审法院的助审员可否担任合议庭的审判长问题的复函》（自1957年8月22日起施行）

你厅本年7月30日（57）联办研字第50号函悉。关于代行审判员职务的助理审判员可否担任合议庭的审判长问题，我们意见，人民法院审判第二审案件按照本法院的具体情况确有必要时，由院长或者庭长指定某一临时代行审判员职务的助理审判员担任合议庭的审判长，也不是不可以的，但如该合议庭的成员中另有审判员时，则仍应指定审判员担任审判长。

最高人民法院《最高人民法院司法责任制实施意见（试行）》（法发〔2017〕20号，自2017年8月1日起施行）

5. 合议庭审判长一般由资历较深的法官担任，也可以由承办法官担任。

院长及其他院领导、庭长、副庭长参加审判案件，由其担任审判长。

45. 合议庭评议规则

45.1 法律条文

第四十五条 合议庭评议案件，实行少数服从多数的原则。评议应当制作笔录，由合议庭成员签名。评议中的不同意见，必须如实记入笔录。

45.2　条文阐释

合议庭由若干审判员或者审判员和陪审员组成，是民主集中制原则在审判活动中的具体运用。为体现民主审判，保证案件处理的正确性、公正性，本法规定合议庭评议案件实行少数服从多数的原则，每一个合议庭成员都可以充分发表自己的意见，对于少数意见，必须如实记入笔录，然后由合议庭成员签名。对案件的判决、裁定要按照合议庭的多数意见制定。合议庭评议案件是不公开的，合议庭成员应独立自主地评议案件，除书记员参加记录外，其他人员不得参加评议或旁听。评议笔录对外保密，不得向当事人或者其他诉讼参与人泄露。

45.3　相关规范性文件

《中华人民共和国人民法院组织法》（中华人民共和国主席令第11号，自2019年1月1日起施行）

第三十条　合议庭由法官组成，或者由法官和人民陪审员组成，成员为三人以上单数。

合议庭由一名法官担任审判长。院长或者庭长参加审理案件时，由自己担任审判长。

审判长主持庭审、组织评议案件，评议案件时与合议庭其他成员权利平等。

第三十一条　合议庭评议案件应当按照多数人的意见作出决定，少数人的意见应当记入笔录。评议案件笔录由合议庭全体组成人员签名。

《中华人民共和国人民陪审员法》（中华人民共和国主席令第4号，自2018年4月27日起施行）

第二十三条　合议庭评议案件，实行少数服从多数的原则。人民陪审员同合议庭其他组成人员意见分歧的，应当将其意见写入笔录。

合议庭组成人员意见有重大分歧的，人民陪审员或者法官可以要求合议庭将案件提请院长决定是否提交审判委员会讨论决定。

最高人民法院《关于人民法院合议庭工作的若干规定》（法释〔2002〕25号，自2002年8月17日起施行）

第三条 合议庭组成人员确定后，除因回避或者其他特殊情况，不能继续参加案件审理的之外，不得在案件审理过程中更换。更换合议庭成员，应当报请院长或者庭长决定。合议庭成员的更换情况应当及时通知诉讼当事人。

第四条 合议庭的审判活动由审判长主持，全体成员平等参与案件的审理、评议、裁判，共同对案件认定事实和适用法律负责。

第九条 合议庭评议案件应当在庭审结束后五个工作日内进行。

第十条 合议庭评议案件时，先由承办法官对认定案件事实、证据是否确实、充分以及适用法律等发表意见，审判长最后发表意见；审判长作为承办法官的，由审判长最后发表意见。对案件的裁判结果进行评议时，由审判长最后发表意见。审判长应当根据评议情况总结合议庭评议的结论性意见。

合议庭成员进行评议的时候，应当认真负责，充分陈述意见，独立行使表决权，不得拒绝陈述意见或者仅作同意与否的简单表态。同意他人意见的，也应当提出事实根据和法律依据，进行分析论证。

合议庭成员对评议结果的表决，以口头表决的形式进行。

最高人民法院《关于规范合议庭运行机制的意见》（法发〔2022〕31号，自2022年11月1日起施行）

七、合议庭评议时，如果意见存在分歧，应当按照多数意见作出决定，但是少数意见应当记入笔录。

46. 审判人员工作纪律

46.1 法律条文

第四十六条 审判人员应当依法秉公办案。

审判人员不得接受当事人及其诉讼代理人请客送礼。

审判人员有贪污受贿，徇私舞弊，枉法裁判行为的，应当追究法律责任；构成犯罪的，依法追究刑事责任。

46.2 条文阐释

本条主要规定了审判人员的工作纪律。一方面，要求审判人员要恪守职业道德，坚决拒绝当事人及其诉讼代理的请客送礼。另一方面，审判人员也不得有主动贪污、受贿、徇私舞弊以及枉法裁判的行为，否则将面临刑事制裁。

46.3 相关规范性文件

《中华人民共和国法官法》（中华人民共和国主席令第27号，自2019年10月1日起施行）

第四十六条 法官有下列行为之一的，应当给予处分；构成犯罪的，依法追究刑事责任：

（一）贪污受贿、徇私舞弊、枉法裁判的；

（二）隐瞒、伪造、变造、故意损毁证据、案件材料的；

（三）泄露国家秘密、审判工作秘密、商业秘密或者个人隐私的；

（四）故意违反法律法规办理案件的；

（五）因重大过失导致裁判结果错误并造成严重后果的；

（六）拖延办案，贻误工作的；

（七）利用职权为自己或者他人谋取私利的；

（八）接受当事人及其代理人利益输送，或者违反有关规定会见当事人及其代理人的；

（九）违反有关规定从事或者参与营利性活动，在企业或者其他营利性组织中兼任职务的；

（十）有其他违纪违法行为的。

法官的处分按照有关规定办理。

最高人民法院《关于审判权运行机制改革的试点方案》（法〔2013〕227号，自2013年10月15日起施行）

10.（办案责任制）在保障独任法官、合议庭依法独立行使审判权的前提下，按照“权责利统一”的原则，明确独任法官、合议庭及其成员的办案责任。

（1）法官违反职业道德基本准则的，视情节后果予以诫勉谈话、批评通报；情节严重构成违纪违法的，依照相关纪律和法律规定予以严肃处理。

（2）法官因违法审判应当承担纪律责任的，按照最高人民法院的有关规定予以追究。

（3）法官有贪污受贿，徇私舞弊，枉法裁判行为，构成犯罪的，依法追究刑事责任。

（4）试点法院建立法官考评档案。依照法官法规定，法官考评委员会负责指导法官的考核、评议工作，并将考评结果纳入法官考评档案，作为确定法官任职、确定年度考核等级、评先评优、晋级、晋职的重要依据。

（5）建立合议庭成员之间的互评机制。建立符合司法规律的案件评查机制。案件评查结果应当在一定范围内公开。

（6）建立上级法院对下级法院法官的评价机制。审理上诉案件或再审案件的法院除对案件的事实和法律问题进行审理、作出裁判外，根据需要可以对原审独任法官或合议庭在行为规范、职业道德等方面的情况作出评价。

（7）建立法院以外的第三方评价机制。吸收当事人、代理律师和公众代表对法官的工作作风、职业道德进行评价。

（8）试点法院要认真执行中央政法委确定的改革方案，积极争取当地党委、政府对试点工作的支持，着力解决试点工作相应的经费保障与物质激励，适当提高法官的职级与等级，建立与法官的权力和责任相适应的法官保障机制。

（9）法官在案件审理的各个阶段依法履行职责的行为，不受追究。

最高人民法院《关于人民法院合议庭工作的若干规定》（法释〔2002〕25号，自2002年8月17日起施行）

第八条 在案件开庭审理过程中，合议庭成员必须认真履行法定职责，遵守《中华人民共和国法官职业道德基本准则》中有关司法礼仪的要求。

最高人民法院《关于人民法庭若干问题的规定》（法发〔1999〕20号，自1999年7月15日起施行）

第二十八条 人民法庭的法官应当依法秉公办案，遵守审判纪律。不得接受当事人及其代理人的请客送礼，不得贪污受贿、徇私舞弊、枉法裁判。

最高人民法院《审判监督庭廉政自律若干规定》（自 2001 年 3 月 27 日起施行）

第一条 审监庭全体成员要廉洁奉公，秉公执法，依法办案。禁止利用手中的权力谋取不正当利益，不准参与影响或可能影响案件公正审理的活动。

（一）严禁给当事人和其他涉案人员及其亲友通风报信、出谋献策，泄露承办人、合议庭、审判长会议、审判委员会意见及法院内部函件的具体内容；

（二）严禁私自会见案件当事人及其亲友、代理人、辩护人；

（三）严禁私自打电话或用其他方式干预下级法院的审判活动；

通知下级法院暂缓执行的，必须报主管院长批准；中止执行的，必须制作裁定书；

（四）严禁私下要求立案庭立再审案件，形成变相的“自立自审”；

（五）严禁在办理再审案件过程中，与原审判人员私下沟通，进行“暗箱操作”；

（六）严禁向当事人及其亲友、委托的人索取财、物；

（七）严禁接受当事人及其亲友或委托的人的吃请、送礼；

（八）严禁接受案件当事人及其亲友或委托的人在购房和装修住房方面提供的优惠和便利；

（九）严禁接受下级法院可能影响案件公正审理的宴请和礼品；

（十）严禁私自向下级法院、单位或非近亲属索要、借用机动交通工具、通讯工具、办公设备；

（十一）严禁让下级法院、涉案单位或个人报销应当由本人支付的费用，接受其提供的免费旅游、度假、探亲等利益。

第四章　回　　避

47. 回避的对象

47.1　法律条文

第四十七条　审判人员有下列情形之一的，应当自行回避，当事人有权用口头或者书面方式申请他们回避：

（一）是本案当事人或者当事人、诉讼代理人近亲属的；

（二）与本案有利害关系的；

（三）与本案当事人、诉讼代理人有其他关系，可能影响对案件公正审理的。

审判人员接受当事人、诉讼代理人请客送礼，或者违反规定会见当事人、诉讼代理人的，当事人有权要求他们回避。

审判人员有前款规定的行为的，应当依法追究法律责任。

前三款规定，适用于法官助理、书记员、司法技术人员、翻译人员、鉴定人、勘验人。

47.2　条文阐释

本条规定了民事诉讼中的回避制度。所谓民事诉讼中的回避，是指审判人员及其他可能影响案件公正审理的相关人员，在遇到法律规定的回避情形时，不得参与案件的审理的制度。① 本条所规定的回避情形可分为两种：

其一，关系回避的情形。这一般是指审判人员或者其他可能影响案件

① 参见张卫平：《民事诉讼法》（第5版），法律出版社2019年版，第61页。

公正审理的相关人员与本案当事人、诉讼代理人等存在某些亲近关系或是其他关系。比如，本案的审判人员是本案当事人的近亲属。

其二，行为回避的情形。这是指审判人员或者其他可能影响案件公正审理的相关人员虽然在本案之前并未与本案当事人、诉讼代理人等存在某些亲近关系或是其他关系，但由于其在诉讼中的某些行为可能会影响案件公正审理，故应当回避的情形。比如，本案的审判人员接受了本案当事人给予的财物。

而本条所规定的回避方式也可以分为两种：

其一，积极回避，即应当回避的主体主动申请或法院决定使其退出审理或诉讼程序的情形。

其二，消极回避，即当事人及诉讼代理人根据《民事诉讼法》的规定，申请审判人员或其他有关人员退出本案审理或诉讼。此外，法官助理、书记员、司法技术人员、翻译人员、鉴定人以及勘验人也适用本条关于回避的相关规定。其中，书记员是指人民法院的工作人员，担任审判案件时的记录、文书和卷宗整理、证据保管等工作。翻译人员是指人民法院委托或者指定从事案件翻译工作的人员。鉴定人是指经人民法院指定，运用自己的专业知识进行鉴定活动，并向人民法院提出全面鉴定意见的人员。勘验人是指人民法院的工作人员或者指定的其他人员，他们对一定的事件进行勘验、检验。勘验人就勘验结果要制作勘验笔录。

47.3 司法适用

在实际适用该条过程中，应当重点关注以下几点：

第一，本条所指审判人员包括参与本案审理的人民法院院长、副院长、审判委员会委员、庭长、副庭长、审判员、助理审判员和人民陪审员。除了法官助理、书记员、翻译人员、鉴定人以及勘验人外，执行员也包含在内。

第二，本条第1款第3项所指的“有其他关系”属于弹性条款。实践中，与审判人员等有亲密的同学、朋友、恋爱或者直接的上下级关系等均属于此处所指的“有其他关系”。

第三，无利害关系回避的情形。根据民事诉讼法司法解释的相关规定，在某些情况下即使审判人员没有触及上述回避情形，但为了保障案件的审理公正，曾经参与过本案审理程序的审判人员也应当回避。申言之，在一个审判程序中参与过本案审判工作的审判人员，不得再参与该案其他程序的审判。比如，某审判人员参与了该案的一审程序，那么他就不得再次参与该案的二审程序和再审程序。这是因为该案的一审审判人员有可能在该案二审时或再审时已经成为了二审法院或再审法院的审判人员。[①] 不过应当注意，如果是发回重审的案件在一审法院裁判后又进入二审程序，那么原二审程序中的合议庭组成人员并不受此限。

第四，应当注意把握本条第1款中“利害关系”与“其他关系”的区别。所谓有利害关系，是指本案的处理结果会涉及本案的审判人员或其他有关人员在法律上的利益。例如，甲起诉乙还钱，而甲在这之前也欠审理本案的法官丙一笔钱，此时法官丙就很有可能不顾事实和法律，作出对甲有利的判决，从而达到个人的目的。“其他关系”则不仅限于“有无法律上的利害关系”。比如，当事人丁本就与审理本案的法官戊有隔阂，那么戊就很有可能基于个人恩怨而罔顾事实和法律判决丁败诉，即使戊并不会因此获得任何好处。一言以蔽之，“利害关系”往往仍在“法律上的利益”范围内，而“其他关系”则很有可能是无关法律上关系的私人恩怨。

47.4 相关规范性文件

最高人民法院《关于适用〈中华人民共和国民事诉讼法〉的解释》(法释〔2022〕11号，自2022年4月10日起施行)

第四十三条 审判人员有下列情形之一的，应当自行回避，当事人有权申请其回避：

（一）是本案当事人或者当事人近亲属的；

（二）本人或者其近亲属与本案有利害关系的；

（三）担任过本案的证人、鉴定人、辩护人、诉讼代理人、翻译人员的；

（四）是本案诉讼代理人近亲属的；

（五）本人或者其近亲属持有本案非上市公司当事人的股份或者股

---

① 参见张卫平：《民事诉讼法》（第5版），法律出版社2019年版，第62页。

权的；

（六）与本案当事人或者诉讼代理人有其他利害关系，可能影响公正审理的。

第四十四条　审判人员有下列情形之一的，当事人有权申请其回避：

（一）接受本案当事人及其受托人宴请，或者参加由其支付费用的活动的；

（二）索取、接受本案当事人及其受托人财物或者其他利益的；

（三）违反规定会见本案当事人、诉讼代理人的；

（四）为本案当事人推荐、介绍诉讼代理人，或者为律师、其他人员介绍代理本案的；

（五）向本案当事人及其受托人借用款物的；

（六）有其他不正当行为，可能影响公正审理的。

第四十五条　在一个审判程序中参与过本案审判工作的审判人员，不得再参与该案其他程序的审判。

发回重审的案件，在一审法院作出裁判后又进入第二审程序的，原第二审程序中审判人员不受前款规定的限制。

第四十八条　民事诉讼法第四十七条所称的审判人员，包括参与本案审理的人民法院院长、副院长、审判委员会委员、庭长、副庭长、审判员和人民陪审员。

第四十九条　书记员和执行员适用审判人员回避的有关规定。

最高人民法院《关于审判人员在诉讼活动中执行回避制度若干问题的规定》（法释〔2011〕12号，自2011年6月13日起施行）

第一条　审判人员具有下列情形之一的，应当自行回避，当事人及其法定代理人有权以口头或者书面形式申请其回避：

（一）是本案的当事人或者与当事人有近亲属关系的；

（二）本人或者其近亲属与本案有利害关系的；

（三）担任过本案的证人、翻译人员、鉴定人、勘验人、诉讼代理人、辩护人的；

（四）与本案的诉讼代理人、辩护人有夫妻、父母、子女或者兄弟姐妹关系的；

（五）与本案当事人之间存在其他利害关系，可能影响案件公正审理的。

本规定所称近亲属，包括与审判人员有夫妻、直系血亲、三代以内旁系血亲及近姻亲关系的亲属。

第二条 当事人及其法定代理人发现审判人员违反规定，具有下列情形之一的，有权申请其回避：

（一）私下会见本案一方当事人及其诉讼代理人、辩护人的；

（二）为本案当事人推荐、介绍诉讼代理人、辩护人，或者为律师、其他人员介绍办理该案件的；

（三）索取、接受本案当事人及其受托人的财物、其他利益，或者要求当事人及其受托人报销费用的；

（四）接受本案当事人及其受托人的宴请，或者参加由其支付费用的各项活动的；

（五）向本案当事人及其受托人借款，借用交通工具、通讯工具或者其他物品，或者索取、接受当事人及其受托人在购买商品、装修住房以及其他方面给予的好处的；

（六）有其他不正当行为，可能影响案件公正审理的。

第三条 凡在一个审判程序中参与过本案审判工作的审判人员，不得再参与该案其他程序的审判。但是，经过第二审程序发回重审的案件，在一审法院作出裁判后又进入第二审程序的，原第二审程序中合议庭组成人员不受本条规定的限制。

第八条 审判人员及法院其他工作人员从人民法院离任后二年内，不得以律师身份担任诉讼代理人或者辩护人。

审判人员及法院其他工作人员从人民法院离任后，不得担任原任职法院所审理案件的诉讼代理人或者辩护人，但是作为当事人的监护人或者近亲属代理诉讼或者进行辩护的除外。

本条所规定的离任，包括退休、调离、解聘、辞职、辞退、开除等离开法院工作岗位的情形。

本条所规定的原任职法院，包括审判人员及法院其他工作人员曾任职的所有法院。

第九条　审判人员及法院其他工作人员的配偶、子女或者父母不得担任其所任职法院审理案件的诉讼代理人或者辩护人。

第十条　人民法院发现诉讼代理人或者辩护人违反本规定第八条、第九条的规定的，应当责令其停止相关诉讼代理或者辩护行为。

第十一条　当事人及其法定代理人、诉讼代理人、辩护人认为审判人员有违反本规定行为的，可以向法院纪检、监察部门或者其他有关部门举报。受理举报的人民法院应当及时处理，并将相关意见反馈给举报人。

第十三条　本规定所称审判人员，包括各级人民法院院长、副院长、审判委员会委员、庭长、副庭长、审判员和助理审判员。

本规定所称法院其他工作人员，是指审判人员以外的在编工作人员。

第十四条　人民陪审员、书记员和执行员适用审判人员回避的有关规定，但不属于本规定第十三条所规定人员的，不适用本规定第八条、第九条的规定。

最高人民法院《关于适用简易程序审理民事案件的若干规定》（法释〔2020〕20号，自2021年1月1日起施行）

第十九条　开庭前已经书面或者口头告知当事人诉讼权利义务，或者当事人各方均委托律师代理诉讼的，审判人员除告知当事人申请回避的权利外，可以不再告知当事人其他的诉讼权利义务。

第二十条　对没有委托律师代理诉讼的当事人，审判人员应当对回避、自认、举证责任等相关内容向其作必要的解释或者说明，并在庭审过程中适当提示当事人正确行使诉讼权利、履行诉讼义务，指导当事人进行正常的诉讼活动。

最高人民法院、司法部《〈中华人民共和国人民陪审员法〉实施中若干问题的答复》（法发〔2020〕29号，自2020年8月11日起施行）

18. 人民陪审员是否适用法官法中法官任职回避的规定？

答：人民陪审员适用民事、刑事、行政诉讼法中诉讼回避的规定，不适用法官法中法官任职回避的规定。

最高人民法院《关于技术调查官参与知识产权案件诉讼活动的若干规定》（法释〔2019〕2号，自2019年5月1日起施行）

第四条　技术调查官的回避，参照适用刑事诉讼法、民事诉讼法、行政诉讼法等有关其他人员回避的规定。

最高人民法院《关于健全完善人民法院审判委员会工作机制的意见》（法发〔2019〕20号，自2019年8月2日起施行）

14. 提交审判委员会讨论决定的案件，审判委员会委员有应当回避情形的，应当自行回避并报院长决定；院长的回避，由审判委员会决定。

审判委员会委员的回避情形，适用有关法律关于审判人员回避情形的规定。

最高人民法院《关于适用〈中华人民共和国人民陪审员法〉若干问题的解释》（法释〔2019〕5号，自2019年5月1日起施行）

第六条 人民陪审员不得参与审理由其以人民调解员身份先行调解的案件。

第七条 当事人依法有权申请人民陪审员回避。人民陪审员的回避，适用审判人员回避的法律规定。

人民陪审员回避事由经审查成立的，人民法院应当及时确定递补人选。

最高人民法院《关于人民法院特邀调解的规定》（法释〔2016〕14号，自2016年7月1日起施行）

第十五条 特邀调解员有下列情形之一的，当事人有权申请回避：

（一）是一方当事人或者其代理人近亲属的；

（二）与纠纷有利害关系的；

（三）与纠纷当事人、代理人有其他关系，可能影响公正调解的。

特邀调解员有上述情形的，应当自行回避；但是双方当事人同意由该调解员调解的除外。

特邀调解员的回避由特邀调解组织或者人民法院决定。

《人民检察院公益诉讼办案规则》（高检发释字〔2021〕2号，自2021年7月1日起施行）

第十九条 检察人员具有下列情形之一的，应当自行回避，当事人、诉讼代理人有权申请其回避：

（一）是行政公益诉讼行政机关法定代表人或者主要负责人、诉讼代理人近亲属，或者有其他关系，可能影响案件公正办理的；

（二）是民事公益诉讼当事人、诉讼代理人近亲属，或者有其他关系，可能影响案件公正办理的。

应当回避的检察人员，本人没有自行回避，当事人及其诉讼代理人也没有申请其回避的，检察长或者检察委员会应当决定其回避。

前两款规定，适用于翻译人员、鉴定人、勘验人等。

第二十条 检察人员自行回避的，应当书面或者口头提出，并说明理由。口头提出的，应当记录在卷。

第二十一条 当事人及其诉讼代理人申请回避的，应当书面或者口头提出，并说明理由。口头提出的，应当记录在卷。

被申请回避的人员在人民检察院作出是否回避的决定前，不停止参与本案工作。

第二十二条 检察长的回避，由检察委员会讨论决定；检察人员和其他人员的回避，由检察长决定。检察委员会讨论检察长回避问题时，由副检察长主持。

第二十三条 人民检察院对当事人提出的回避申请，应当在收到申请后三日内作出决定，并通知申请人。申请人对决定不服的，可以在接到决定时向原决定机关申请复议一次。人民检察院应当在三日内作出复议决定，并通知复议申请人。复议期间，被申请回避的人员不停止参与本案工作。

47.5 典型案例

47.5.1 回避制度的适用主体为审判人员，委托代理人不属于应当回避的主体

裁判来源： 再审申请人兰祝与被申请人大连铭仕建设有限公司民间借贷纠纷案——最高人民法院民事裁定书，(2013) 民申字第681号

法院认为： 关于二审程序是否违法的问题。根据《民事诉讼法》第44条的规定，回避制度的适用主体为审判人员，委托代理人不属于应当回避的主体。因此，兰祝对铭仕公司更换后的诉讼代理人进行身份确认与否，不影响兰祝诉讼权利的行使。兰祝该项主张不能成立。

47.5.2 处理过关联案件并非法定回避事由

裁判来源： 黄宝增、福建省节能监察（监测）中心合同纠纷案——最高人民法院民事裁定书，(2018) 最高法民申1356号

法院认为：根据《民事诉讼法》第44条之规定："审判人员有下列情形之一的，应当自行回避，当事人有权用口头或者书面方式申请他们回避：（一）是本案当事人或者当事人、诉讼代理人近亲属的；（二）与本案有利害关系的；（三）与本案当事人、诉讼代理人有其他关系，可能影响对案件公正审理的。审判人员接受当事人、诉讼代理人请客送礼，或者违反规定会见当事人、诉讼代理人的，当事人有权要求他们回避。审判人员有前款规定的行为的，应当依法追究法律责任。前三款规定，适用于书记员、翻译人员、鉴定人、勘验人。"根据上述法律规定，二审法官曾处理过关联案件并非影响案件公正审理的因素，亦不属于法律规定应当回避的情形，黄宝增以此主张二审法院违反回避制度，并无法律依据。

47.5.3 二审法院指令一审法院审理不属于法定回避的情形

裁判来源：祁某、何某民间借贷纠纷案——西藏自治区拉萨市中级人民法院民事判决书，（2022）藏01民终701号

法院认为：《最高人民法院关于适用〈中华人民共和国民事诉讼法〉的解释》第45条规定，在一个审判程序中参与过本案审判工作的审判人员，不得再参与该案其他程序的审判。发回重审的案件，在一审法院作出裁判后又进入第二审程序的，原第二审程序中审判人员不受前款规定的限制。据此，本院认为，"一个审判程序"应当是一级法院对案件争议的问题已经履行法定审理程序，并对争议问题特别是实体问题行使判断权。在此情况下，为防止原审合议庭组成人员对案件继续审理已先入为主，形成固定认识，更好保护当事人合法权益，需更换审判人员审理。本案并非发回重审的案件，而是经二审法院撤销一审法院作出的驳回起诉裁定，指令一审法院审理的案件，即认为本案符合起诉要件，一审法院程序性驳回起诉不当，应当进行实体审理。故，本案原审判人员对案件争议的实体问题并未行使过实质判断权，一审法院继续对该案件进行实体审理，应视为上述司法解释第45条所指"一个审判程序"的延续，而非该案的"其他程序"。对二审法院指令一审法院审理的案件，原作出驳回起诉裁定的审判人员可以继续审理，本案并不存在法定回避的情形。祁某上诉认为审判员普布吉宗既参与了本案第一次作出驳回起诉裁定的（2020）藏0102民初1460号案件审理，又参与了本案一审审理，程序违法。根据上述理由，

有关审判人员无须因此回避，祁某的该上诉理由不能成立，本院不予采纳。

47.5.4　法院领导（如院长、副院长）与该法院负责审理的某案件的当事人存在近亲属关系的，只要该领导不是本案合议庭的组成人员，便不属于法定回避情形

裁判来源：姜凯、滕州市嘉誉置业有限公司借款合同纠纷案——山东省枣庄市中级人民法院民事裁定书，(2022) 鲁04民辖终12号

法院认为：首先，本案系借款合同纠纷，依法应由被告住所地或者合同履行地人民法院管辖。本案嘉誉公司诉求姜凯偿还借款本金及利息，争议标的为给付货币，根据《最高人民法院关于适用〈中华人民共和国民事诉讼法〉的解释》第18条第2款的规定，争议标的为给付货币的，接收货币一方所在地为合同履行地，嘉誉公司作为接收货币的一方，其住所地为合同履行地，在山东省滕州市，故原审法院对该案有管辖权。《最高人民法院关于适用〈中华人民共和国民事诉讼法〉的解释》第36条规定，两个以上人民法院都有管辖权的诉讼，先立案的人民法院不得将案件移送给另一个有管辖权的人民法院，现本案滕州市人民法院已立案受理，依法不能将该案移送至江苏省南通市海门区人民法院。其次，《最高人民法院关于审判人员在诉讼活动中执行回避制度若干问题的规定》是关于审判人员的诉讼回避的规定，上诉人的上诉主张不符合上述规定及法律规定，其上诉理由不能成立，本院不予支持。

47.5.5　回避情形适用于审判人员而非整个人民法院

裁判来源：伊犁仁和房地产开发（集团）有限责任公司、伊犁仁和房地产开发（集团）有限责任公司博乐分公司等郐凌民间借贷纠纷案——新疆维吾尔自治区高级人民法院民事判决书，(2021) 新民终235号

法院认为：关于一审法院是否程序违法的问题。仁和公司及其分公司上诉主张本案发回重审后，其要求一审法院回避，但一审法院未予回避，一审法院对本案的审理程序违法。《民事诉讼法》第44条至第47条关于回避的适用对象为审判人员，仁和公司及其分公司申请一审法院回避没有法律依据……

48. 回避的申请

48.1 法律条文

第四十八条 当事人提出回避申请，应当说明理由，在案件开始审理时提出；回避事由在案件开始审理后知道的，也可以在法庭辩论终结前提出。

被申请回避的人员在人民法院作出是否回避的决定前，应当暂停参与本案的工作，但案件需要采取紧急措施的除外。

48.2 条文阐释

本条规定了当事人回避申请的提出时间并规定当事人提出回避申请应当说明理由。当事人回避申请的提出时间分为两段：其一，在案件开始审理时（原则）；其二，在法庭辩论终结前（例外）。

这是因为在某些情况下，当事人的确是在审理开始后才发现回避事由或者回避事由是在审理开始后才产生的，此时为了保障当事人正当的程序权利，可以例外允许当事人在法庭辩论终结前提出回避申请。一旦当事人申请回避，在法院作出回避与否的决定前，被申请回避的人员都应当暂停参与本案的工作。这是在最大程度上保障案件审理公正的必然要求。当然，在案件需要采取紧急措施的情况下，则不必然要求被申请回避人员暂停本案工作。比如，根据《民事诉讼法》作出诉讼保全并交付执行的案件，为避免造成难以挽回的损失，即使当事人申请相关审判人员回避，相关审判人员也不停止本案的工作，仍可以采取相应的紧急措施。除此之外，其他活动必须暂时停止。

48.3 司法适用

在实际适用该条的过程中，应当重点注意以下几点：

第一，当事人提出回避申请，应当说明理由。也就是说，如果当事人只申请相关人员回避而不提供相应的理由及证明材料的话，那么该申请将被驳回。

比如，当事人仅以本案法官与对方当事人存在利害关系为由，申请本案法官回避，但并未进一步说明“存在何种利害关系及相应证据”，其申请将被驳回。

第二，当事人提出回避申请，原则上仍应当在案件开始审理时提出，而不是在法庭辩论终结前提出。如果当事人主张回避事由是在案件开始审理后知道的，也负有向法庭说明或是提交相应材料的责任。这本质上是出于提高诉讼效率和防止当事人滥用诉讼权利的考量。

第三，“案件需要采取紧急措施”一般仅指作出诉讼保全并交付执行，以避免造成难以挽回的损失的案件。

48.4　相关规范性文件

《人民法院办理执行案件规范》（最高人民法院执行局编，自 2017 年起施行）

15.【执行回避的程序】

当事人对执行人员有申请回避的权利。当事人提出回避申请的，应当说明理由，并在案件进入执行程序后，执行程序终结前提出。被申请回避的人员在人民法院作出是否回避的决定前，应当暂停参与本案的工作，但案件需要采取紧急措施的除外。

审判人员、执行员、书记员的回避由院长决定。其他人员的回避由审判长、执行局长决定。审判人员、执行员、书记员有应当自行回避的情形，没有自行回避，当事人也没有申请其回避的，由院长或者审判委员会决定其回避。

人民法院对当事人提出的回避申请，应当在申请提出的三日内，以口头或书面形式作出决定。申请人对决定不服的，可以在接到决定时申请复议一次。复议期间，被申请回避的人员，不停止参与本案的工作。人民法院对复议申请，应当在三日内作出复议决定，并通知复议申请人。

48.5　典型案例

48.5.1　在法定申请回避期间内未申请回避而在其他期间内提出回避申请的，人民法院不予支持

裁判来源：江西东风药业股份有限公司、江西省乐平市第一建筑工程

公司建设工程施工合同纠纷案——最高人民法院民事裁定书，（2017）最高法民申429号

法院认为：关于回避问题，根据《民事诉讼法》第45条的规定，当事人提出回避申请，应当在案件开始审理时提出，回避事由在案件开始审理后知道的，也可以在法庭辩论终结前提出。本案中，经与原审法院核实，东风公司是在原审庭审结束后才提出回避申请，不符合法律规定。

裁判来源：天津鑫富源国际贸易有限公司、一德期货有限公司期货强行平仓纠纷案——最高人民法院民事裁定书，（2018）最高法民申4999号

法院认为：原审程序不违反法律规定。2016年6月28日一审开庭笔录显示，鑫富源公司在庭审过程中未提出回避申请。鑫富源公司申请再审材料中所附《回避申请书》的落款时间为2017年4月21日，该时间在法庭辩论终结之后，不符合《民事诉讼法》第45条第1款“当事人提出回避申请，应当说明理由，在案件开始审理时提出；回避事由在案件开始审理后知道的，也可以在法庭辩论终结前提出”的规定。

48.5.2　当事人在申请回避的同时未说明理由或者未实质说明理由（如未提供较为充分的证据）的，人民法院不予支持

裁判来源：张信泽、周清等与鑫顺公司股权转让纠纷案——最高人民法院民事裁定书，（2016）最高法民申828号

法院认为：根据《民事诉讼法》第45条第1款之规定：“当事人提出回避申请，应当说明理由，在案件开始审理时提出；回避事由在案件开始审理后知道的，也可以在法庭辩论终结前提出。”张信泽仅提供了一份日期为2015年4月24日，申请人为鑫顺公司，没有加盖公章的回避申请书，未提供其他相关证据，不能独立证明审判人员与张晓一确实存在利害关系，可能影响公正审判。也不能证明其在二审案件审理中确实曾向法庭提出过对审判长的回避被驳回。因此，对张信泽提出的依法应当回避的审判人员没有回避的主张，本院不予支持。

49. 回避的决定

49.1 法律条文

第四十九条 院长担任审判长或者独任审判员时的回避，由审判委员会决定；审判人员的回避，由院长决定；其他人员的回避，由审判长或者独任审判员决定。

49.2 条文阐释

本条是关于回避决定程序的规定。

申请回避是当事人的一项重要诉讼权利，人民法院对当事人提出的回避申请应当慎重对待，法律也应当从程序上加以保障，特别要防止审判人员自己作出是否回避的决定。本条为了确保当事人申请回避的权利，根据不同的回避对象对回避决定权人作了不同规定。即院长担任审判长或独任审判员时的回避，由审判委员会决定；审判人员的回避，由院长决定；其他人员的回避，由审判长或者独任审判员决定。这里的“其他人员”主要指本法第 47 条第 4 款规定的书记员、翻译人员、鉴定人、勘验人。

49.3 司法适用

应当注意，本条是关于诉讼回避决定的程序，而非法官任职回避决定的程序。当事人依法有权申请人民陪审员回避。人民陪审员的回避，适用审判人员回避的法律规定。简言之，人民陪审员在诉讼回避中，同样适用非独任制审判员回避情形的相关规定。

此外，院长担任审判长或者独任审判员时的回避，由审判委员会决定。但是，审判委员会委员的回避情形，则适用有关法律关于审判人员回避情形的规定。

其他人员的回避，由审判长或者独任审判员决定。由于独任制是由一名审判员独自对案件进行审判，所以在独任制下，其他人员的回避实际上由该名审判员单独决定。

49.4 相关规范性文件

最高人民法院《关于适用〈中华人民共和国民事诉讼法〉的解释》（法释〔2022〕11号，自2022年4月10日起施行）

第四十六条 审判人员有应当回避的情形，没有自行回避，当事人也没有申请其回避的，由院长或者审判委员会决定其回避。

第四十八条 民事诉讼法第四十七条所称的审判人员，包括参与本案审理的人民法院院长、副院长、审判委员会委员、庭长、副庭长、审判员和人民陪审员。

第四十九条 书记员和执行员适用审判人员回避的有关规定。

最高人民法院《关于技术调查官参与知识产权案件诉讼活动的若干规定》（法释〔2019〕2号，自2019年5月1日起施行）

第四条 技术调查官的回避，参照适用刑事诉讼法、民事诉讼法、行政诉讼法等有关其他人员回避的规定。

最高人民法院《关于健全完善人民法院审判委员会工作机制的意见》（法发〔2019〕20号，自2019年8月2日起施行）

14. 提交审判委员会讨论决定的案件，审判委员会委员有应当回避情形的，应当自行回避并报院长决定；院长的回避，由审判委员会决定。

审判委员会委员的回避情形，适用有关法律关于审判人员回避情形的规定。

最高人民法院《关于适用〈中华人民共和国人民陪审员法〉若干问题的解释》（法释〔2019〕5号，自2019年5月1日起施行）

第六条 人民陪审员不得参与审理由其以人民调解员身份先行调解的案件。

第七条 当事人依法有权申请人民陪审员回避。人民陪审员的回避，适用审判人员回避的法律规定。

人民陪审员回避事由经审查成立的，人民法院应当及时确定递补人选。

《人民检察院公益诉讼办案规则》（高检发释字〔2021〕2号，自2021年7月1日起施行）

第二十二条 检察长的回避，由检察委员会讨论决定；检察人员和其他人员的回避，由检察长决定。检察委员会讨论检察长回避问题时，由副检察长主持。

49.5 典型案例

49.5.1 审判人员的回避由院长决定，审判长无权决定

裁判来源：云南中云投资有限公司与刘兴实用新型专利转让合同纠纷案——最高人民法院民事裁定书，(2014) 民申字第766号

法院认为：根据《民事诉讼法》第46条的规定，审判人员的回避由院长决定。本案二审庭审期间，在刘兴对审判人员提出回避申请的情况下，二审合议庭应当按照法律规定程序，报院长决定是否回避。二审合议庭由审判长当庭作出不予回避决定的做法违反了前述规定。

49.5.2 副院长也可以决定审判人员的回避

裁判来源：甘肃民丰物流有限公司与林贤通民间借贷纠纷案——最高人民法院民事判决书，(2016) 最高法民终25号

法院认为：本案中，林贤通于2015年3月2日分别提出了对一审承办法官以及全部审判人员的回避申请。对此，一审法院分管副院长分别于3月18日和3月30日作出了驳回林贤通回避申请的决定，本案一审第一次庭审于2015年3月30日进行，并不存在违反《民事诉讼法》第45条第2款及第46条规定的情形。但是，需要指出的是，一审法院2015年5月29日的送达笔录中，记载了告知林贤通其回避申请被驳回的情况。故在驳回当事人回避申请的决定作出以及告知当事人的时间上，与《民事诉讼法》第47条规定的时间不符，存在瑕疵。但由于林贤通并未对此提出复议申请，林贤通申请回避的理由也确实均不能成立，因此，上述瑕疵并未在实质上构成对林贤通诉讼权利的侵害。综上，一审法院对于林贤通回避申请的处理，并不构成严重违反法定程序而应发回重审的情形。

50. 回避的复议

50.1 法律条文

第五十条 人民法院对当事人提出的回避申请，应当在申请提出的三日内，以口头或者书面形式作出决定。申请人对决定不服的，可以在接到决定时申请复议一次。复议期间，被申请回避的人员，不停止参与本案的工作。人民法院对复议申请，应当在三日内作出复议决定，并通知复议申请人。

50.2 条文阐释

本条是关于回避申请决定程序的规定。回避包括积极回避和消极回避，本条是关于消极回避（当事人申请回避）申请决定程序的规定。当事人的回避申请，既可以口头方式提出也可以书面方式提出。同样地，人民法院对当事人的回避申请，无论是否准许，都应当在申请提出的 3 日内依法作出口头形式或者书面形式的决定。此外，为了保障当事人充分行使自己的申请回避的权利，本条还规定，申请人如果对人民法院作出的决定不服，可以在接到决定时申请复议一次，但被申请回避的人员在复议期间可以继续参与本案工作。

50.3 司法适用

实践中，申请人对决定不服的，仅有一次申请复议的机会。之所以对当事人申请复议的次数作出限制，是为了防止当事人反复申请，妨碍案件审理的正常进行。此外，当事人对决定不服，只能向原审人民法院申请复议，不能向上级人民法院上诉，以避免因上诉而拖延时间。人民法院对复议申请，应当在当事人的复议申请提出后的 3 日内作出复议决定，并将最终决定通知复议申请人。由于法律及相关司法解释并未对此处“最终决定”的形式作出规定，因此法院既可以口头方式通知复议申请人，也可以书面形式通知复议申请人。此外，与本法第 48 条第 2 款的规定不同，复议期间的被申请回避人员无须停止参与本案的工作。

50.4 相关规范性文件

最高人民法院《关于适用〈中华人民共和国民事诉讼法〉的解释》(法释〔2022〕11号，自2022年4月10日起施行)

第四十六条 审判人员有应当回避的情形，没有自行回避，当事人也没有申请其回避的，由院长或者审判委员会决定其回避。

第四十七条 人民法院应当依法告知当事人对合议庭组成人员、独任审判员和书记员等人员有申请回避的权利。

50.5 典型案例

50.5.1 法院可口头通知回避复议申请决定

裁判来源：四川中正科技有限公司、四川中升科技种业有限公司植物新品种权权属纠纷案——最高人民法院民事裁定书，(2017)最高法民申736号

法院认为：关于中正公司主张的二审法院驳回其回避申请、调查取证申请和延期申请等问题。《民事诉讼法》第47条规定："人民法院对当事人提出的回避申请，应当在申请提出的三日内，以口头或者书面形式作出决定。申请人对决定不服的，可以在接到决定时申请复议一次。复议期间，被申请回避的人员，不停止参与本案的工作。人民法院对复议申请，应当在三日内作出复议决定，并通知复议申请人。"本案中，中正公司提出回避申请后，二审法院作出(2016)桂民终167号《驳回回避申请决定书》，并在当庭宣读后送达中正公司，中正公司不服申请复议，二审法院口头通知复议决定，符合上述规定。

50.5.2 人民法院对当事人提出的回避申请所作出的决定超出法定期间的，属于当事人可以申请复议的情形

裁判来源：甘肃民丰物流有限公司与林贤通民间借贷纠纷案——最高人民法院民事判决书，(2016)最高法民终25号

法院认为：本案中，林贤通于2015年3月2日分别提出了对一审承办法官以及全部审判人员的回避申请。对此，一审法院分管副院长分别于3

月 18 日和 3 月 30 日作出了驳回林贤通回避申请的决定，本案一审第一次庭审于 2015 年 3 月 30 日进行，并不存在违反《民事诉讼法》第 45 条第 2 款及第 46 条规定的情形。但是，需要指出的是，一审法院 2015 年 5 月 29 日的送达笔录中，记载了告知林贤通其回避申请被驳回的情况。故在驳回当事人回避申请的决定作出以及告知当事人的时间上，与《民事诉讼法》第 47 条规定的时间不符，存在瑕疵。但由于林贤通并未对此提出复议申请，林贤通申请回避的理由也确实均不能成立，因此，上述瑕疵并未在实质上构成对林贤通诉讼权利的侵害。综上，一审法院对于林贤通回避申请的处理，并不构成严重违反法定程序而应发回重审的情形。

50.5.3 回避决定的作出虽有瑕疵，但不存在让被申请回避的法官继续参与审理的情形，以存在回避申请上诉，不予支持

裁判来源：南宁港昌房地产有限公司南湖名都大酒店、李海林产品责任纠纷案——广西壮族自治区高级人民法院民事判决书，（2020）桂民终 1661 号

法院认为：根据《民事诉讼法》第 47 条“人民法院对当事人提出的回避申请，应当在申请提出的三日内，以口头或者书面形式作出决定”之规定，一审法院应当在李海林提出回避申请的 3 日内作出决定，一审法院直到第二次开庭时才口头作出决定虽存在瑕疵，但并不存在回避决定作出前，仍让被申请回避的法官继续参与本案审理的情形，故一审程序并未存在违法情形，南湖名都大酒店的该项上诉理由不能成立，本院不予支持。

第五章　诉讼参加人

第一节　当　事　人

51. 当事人的主体范围

51.1　法律条文

第五十一条　公民、法人和其他组织可以作为民事诉讼的当事人。

法人由其法定代表人进行诉讼。其他组织由其主要负责人进行诉讼。

51.2　条文阐释

民事诉讼中的当事人，是指因民事权利义务发生争议，以自己的名义进行诉讼，要求法院裁判调解的人以及相对人。民事诉讼中的当事人有广义及狭义之分。其中，狭义当事人仅指原告和被告而无关共同诉讼人、第三人。广义当事人则将原告、被告、共同诉讼人以及第三人均囊括在内。此外，民事诉讼中的当事人还包括形式上的当事人与实质上的当事人。其中，形式上的当事人是纯诉讼法上的概念，是指引发民事程序开始并要求法院就诉讼标的进行审理和裁判的主体，与实体法律关系或者实体权利义务归属并无联系。实质上的当事人则与实体法律关系息息相关，通常指向作为本案诉讼标的的民事法律关系主体。

此外，当事人的称谓因诉讼程序和阶段的不同也有所不同。比如，第一审普通程序和简易程序中的起诉和被诉主体分别被称为原告和被告。第二审程序中，原一审中的当事人被称为上诉人和被上诉人（由于一审中的原被告双方均享有上诉权，故二审中的上诉人和被上诉人均有可能是一审中的原告或被告)。审判监督程序中，如果适用一审程序再审，则原审原告和被告仍被称为原告和被告；如果适用二审程序再审，原审的上诉人和被上诉人仍被称为上诉人和被上诉人。特别程序与一审、二审及再审程序又有所不同。比如，特别程序中的当事人一般指申请人，而在选民资格案件中则被称为起诉人。督促程序和破产程序中，还存在申请人和被申请人的称谓。在公示催告程序中，存在申请人和利害关系人。在执行程序中，则存在申请执行人和被执行人。①

51.3 司法适用

实践中，在适用该条确定本案当事人时，应当重点关注以下几点：

第一，根据本条及司法解释的相关规定，法人由其法定代表人进行诉讼。法定代表人是指已依法登记的法定代表人。但在某些情况下，虽然有登记的法定代表人，但并不由该登记的法定代表人参加诉讼。如清算组代表公司参加诉讼的情形。

第二，在诉讼中，法人享有变更法定代表人的权利。但是，新任法定代表人已经完成变更登记的，应当出具相关部门的登记文件及新任法定代表人的身份证明。若尚未完成变更登记，则应当出具法人变更法定代表人的证明文件及新任法定代表人的身份证明。

第三，本条所指其他组织是指合法成立、有一定的组织机构和财产但又不具备法人资格的组织。如法人的分支机构，其虽依法成立并领取了营业执照，但由于其不是独立的民事主体，故往往以设立该分支机构企业法人的名义从事生产经营活动。在这种情况下，一旦发生民事纠纷，民事主体还是应当直接起诉与其直接发生纠纷的分支机构而不是起诉设立该分支机构的企业法人或者将二者共同起诉。

---

① 参见张卫平：《民事诉讼法》(第5版)，法律出版社2019年版，第126页。

51.4　相关规范性文件

最高人民法院《关于适用〈中华人民共和国民事诉讼法〉的解释》(法释〔2022〕11号，自2022年4月10日起施行)

第五十条　法人的法定代表人以依法登记的为准，但法律另有规定的除外。依法不需要办理登记的法人，以其正职负责人为法定代表人；没有正职负责人的，以其主持工作的副职负责人为法定代表人。

法定代表人已经变更，但未完成登记，变更后的法定代表人要求代表法人参加诉讼的，人民法院可以准许。

其他组织，以其主要负责人为代表人。

第五十一条　在诉讼中，法人的法定代表人变更的，由新的法定代表人继续进行诉讼，并应向人民法院提交新的法定代表人身份证明书。原法定代表人进行的诉讼行为有效。

前款规定，适用于其他组织参加的诉讼。

第五十二条　民事诉讼法第五十一条规定的其他组织是指合法成立、有一定的组织机构和财产，但又不具备法人资格的组织，包括：

（一）依法登记领取营业执照的个人独资企业；

（二）依法登记领取营业执照的合伙企业；

（三）依法登记领取我国营业执照的中外合作经营企业、外资企业；

（四）依法成立的社会团体的分支机构、代表机构；

（五）依法设立并领取营业执照的法人的分支机构；

（六）依法设立并领取营业执照的商业银行、政策性银行和非银行金融机构的分支机构；

（七）经依法登记领取营业执照的乡镇企业、街道企业；

（八）其他符合本条规定条件的组织。

第五十三条　法人非依法设立的分支机构，或者虽依法设立，但没有领取营业执照的分支机构，以设立该分支机构的法人为当事人。

第五十四条　以挂靠形式从事民事活动，当事人请求由挂靠人和被挂靠人依法承担民事责任的，该挂靠人和被挂靠人为共同诉讼人。

最高人民法院《关于适用〈中华人民共和国公司法〉若干问题的规定（二）》（法释〔2020〕18号，自2021年1月1日起施行）

第十条 公司依法清算结束并办理注销登记前，有关公司的民事诉讼，应当以公司的名义进行。

公司成立清算组的，由清算组负责人代表公司参加诉讼；尚未成立清算组的，由原法定代表人代表公司参加诉讼。

最高人民法院《关于审理企业破产案件若干问题的规定》（法释〔2002〕23号，自2002年9月1日起施行）

第五十条 清算组的主要职责是：

（八）代表破产企业参加诉讼和仲裁活动；

最高人民法院《关于审理劳动争议案件适用法律问题的解释（一）》（法释〔2020〕26号，自2021年1月1日起施行）

第二十九条 劳动者与未办理营业执照、营业执照被吊销或者营业期限届满仍继续经营的用人单位发生争议的，应当将用人单位或者其出资人列为当事人。

第三十条 未办理营业执照、营业执照被吊销或者营业期限届满仍继续经营的用人单位，以挂靠等方式借用他人营业执照经营的，应当将用人单位和营业执照出借方列为当事人。

最高人民法院《关于审理道路交通事故损害赔偿案件适用法律若干问题的解释》（法释〔2020〕17号，自2021年1月1日起施行）

第三条 套牌机动车发生交通事故造成损害，属于该机动车一方责任，当事人请求由套牌机动车的所有人或者管理人承担赔偿责任的，人民法院应予支持；被套牌机动车所有人或者管理人同意套牌的，应当与套牌机动车的所有人或者管理人承担连带责任。

51.5 典型案例

51.5.1 依法设立并领取营业执照的农村信用社的分支机构可以作为诉讼当事人

裁判来源：宣威市东山法着煤矿、邱学攀金融借款合同纠纷案——最高人民法院民事裁定书，（2021）最高法民申5597号

法院认为：关于东山信用社诉讼主体是否适格问题。本案中，东山信用社系宣威市农村信用合作联社依法设立并领取营业执照的分支机构。案涉《借款合同》《保证合同》均由东山信用社分别与主债务人大湾煤矿及担保人法着煤矿签订，《借款合同》项下款项亦由东山信用社向大湾煤矿支付。故东山信用社提起本案诉讼，有合同依据和法律依据，并无不当。关于应否将大湾矿业公司追加为本案被告的问题。案涉《借款合同》项下的借款人系大湾煤矿而非大湾矿业公司，大湾矿业公司并非本案必要共同诉讼当事人，东山信用社依据《借款合同》起诉大湾煤矿并请求该煤矿承担《借款合同》项下责任，符合法律规定。

51.5.2 依法设立但未领取营业执照的分支机构不能成为诉讼当事人

裁判来源：齐文芳、通渭县农村信用合作联社等金融借款合同纠纷案——最高人民法院民事裁定书，(2021) 最高法民申4556号

法院认为：关于通渭农信社诉讼主体是否适格问题。原审法院已查明，通渭农信社营业部系通渭农信社设立的未领取营业执照的分支机构。齐文芳根据《民事诉讼法》第48条第1款关于“公民、法人和其他组织可以作为民事诉讼的当事人”的规定，主张通渭农信社营业部作为其他组织可以作为本案当事人提起本案诉讼，但并未举证证明通渭农信社营业部已经领取营业执照，故原审法院认定通渭农信社系本案适格的诉讼主体符合《最高人民法院关于适用〈中华人民共和国民事诉讼法〉的解释》第53条的规定。

51.5.3 与子公司不同，分公司虽然不是独立的法人，但其作为依法设立并领取营业执照的法人的分支机构，依然有成为诉讼当事人的资格

裁判来源：海力控股集团有限公司、王怀均等企业借贷纠纷案——最高人民法院民事裁定书，(2021) 最高法民申2798号

法院认为：本案中，海力公司成都分公司作为海力公司领取营业执照的分支机构，具有当事人主体资格，有权以自己的名义独立行使包括提起上诉、申请再审等诉讼权利。海力公司与海力公司成都分公司是各自独立的诉讼主体，不是必须共同进行诉讼的当事人，对案涉诉讼标的没有共同的权利义务，海力公司的诉讼行为对海力公司成都分公司不发生效力。本案一审判决送达后，仅海力公司提起上诉，海力公司成都分公司未提起上诉，海力公司上诉行为的效力不及于海力公司成都分公司。

51.5.4 更名后的法人仍对更名前法人的生产经营活动负责，产生民事纠纷的仍是诉讼当事人；法定代表人变更的，变更后的法定代表人可代为诉讼

裁判来源：深圳市名夏集团有限公司、深圳市国融房地产开发有限公司建设工程施工合同纠纷案——最高人民法院民事判决书，（2019）最高法民再55号

法院认为：作为本案当事人的国融公司，系原港丰公司更名而来，与原港丰公司系同一企业法人，该公司有权根据自己的意思从事民事法律行为和相关诉讼活动。胡雯婷担任国融公司法定代表人，已经办理工商变更登记，该变更登记既未被撤销也没有生效裁判文书否定其效力。名夏公司关于胡雯婷无权代表国融公司参与诉讼的主张，没有法律依据。

51.5.5 对于登记的法定代表人与公司之间因法定代表人产生的争议，应以公司意志和有效的股东会任免决议为准

裁判来源：广东华灵集团有限公司、李威年民间借贷纠纷案——最高人民法院民事裁定书，（2019）最高法民申4396号

法院认为：法律规定对法定代表人变更事项进行登记，其意义在于向社会公示公司意志代表权的基本状态。对于登记的法定代表人与公司之间因法定代表人产生争议，应以公司意志和有效的股东会任免决议为准。根据本案查明的事实，华灵集团已于2018年2月6日作出股东会决议，免去张晓靖法定代表人职务。张晓靖并非华灵集团公司法定代表人，其未经华灵集团授权，以华灵集团的名义申请再审，依照《最高人民法院关于适用〈中华人民共和国民事诉讼法〉的解释》第402条第4项的规定，本案应当裁定终结再审审查。

52. 当事人的诉讼权利与义务

52.1 法律条文

第五十二条 当事人有权委托代理人，提出回避申请，收集、提供证据，进行辩论，请求调解，提起上诉，申请执行。

当事人可以查阅本案有关材料，并可以复制本案有关材料和法律文书。查阅、复制本案有关材料的范围和办法由最高人民法院规定。

当事人必须依法行使诉讼权利，遵守诉讼秩序，履行发生法律效力的判决书、裁定书和调解书。

52.2　条文阐释

本条规定了当事人的诉讼权利与义务。与当事人的诉讼权利相关，当事人权是指当事人在诉讼程序中所享有的诉讼权利的总和。具体而言，当事人享有以下诉讼权利：（1）起诉、反驳和提起反诉的权利；（2）委托诉讼代理人的权利；（3）申请回避的权利；（4）收集和提供证据的权利；（5）陈述、质证和辩论的权利；（6）选择调解的权利；（7）自行和解的权利；（8）申请财产保全和先予执行的权利；（9）申请顺延诉讼期间的权利；（10）上诉的权利；（11）申请再审的权利；（12）申请执行的权利；（13）查阅、复制与本案相关的材料的权利。与诉讼权利相对，当事人还负有诉讼义务，如书证提出义务。此外，当事人还应遵守诉讼秩序，履行发生法律效力的判决书、裁定书和调解书。

52.3　司法适用

在实际适用该条的过程中应当注意，当事人的诉讼权利与义务均是法律框架下的权利和义务，即使是诉讼权利，也要依法行使。比如，起诉要符合法定条件、上诉要在法定期间内提出等。遵守诉讼秩序则要求当事人不得哄闹法庭、不得未经允许中途退庭等。一旦当事人不自觉履行上述义务，则很有可能被采取强制措施。根据本法第 113 条第 2 款、第 3 款之规定，人民法院对违反法庭规则的人，可以予以训诫，责令退出法庭或者予以罚款、拘留。人民法院对哄闹、冲击法庭，侮辱、诽谤、威胁、殴打审判人员，严重扰乱法庭秩序的人，依法追究刑事责任；情节较轻的，予以罚款、拘留。

52.4 相关规范性文件

最高人民法院、国家档案局《人民法院诉讼档案管理办法》（法〔2013〕283号，自2014年1月1日起施行）

第十六条 案件当事人持身份证或者其他有效身份证明（当事人是法人的，应持法定代表人身份证明、工商登记证明复印件），可以查阅诉讼档案正卷有关内容。

律师持执业证、律师事务所介绍信、当事人授权委托书、当事人身份证明复印件，可以查阅诉讼档案正卷有关内容。

其他诉讼代理人持身份证或者其他有效身份证明、当事人授权委托书、当事人身份证明复印件，可以查阅诉讼档案正卷有关内容。

第十七条 当事人或者诉讼代理人可以申请复制所查阅的档案材料。经批准复制的材料，由档案工作人员核对无误后，加盖人民法院档案证明专用章，与档案原件具有同等的效力。

第十八条 借阅、调阅人民法院诉讼档案的有关部门和人员，应当在六个月内归还，确因工作需要继续使用的，应当办理续借手续，续借时间不得超过三个月。对逾期不还的，各级人民法院档案机构应当及时催还并通报。

第十九条 诉讼档案归还时，档案工作人员应当认真检查卷内材料，如发现卷内材料有短缺、涂改、污损等情况，应当及时报告并追查。

最高人民法院《关于诉讼代理人查阅民事案件材料的规定》（法释〔2020〕20号，自2021年1月1日起施行）

第一条 代理民事诉讼的律师和其他诉讼代理人有权查阅所代理案件的有关材料。但是，诉讼代理人查阅案件材料不得影响案件的审理。

诉讼代理人为了申请再审的需要，可以查阅已经审理终结的所代理案件有关材料。

第二条 人民法院应当为诉讼代理人阅卷提供便利条件，安排阅卷场所。必要时，该案件的书记员或者法院其他工作人员应当在场。

第三条 诉讼代理人在诉讼过程中需要查阅案件有关材料的，应当提前与该案件的书记员或者审判人员联系；查阅已经审理终结的案件有关材料的，应当与人民法院有关部门工作人员联系。

第四条 诉讼代理人查阅案件有关材料应当出示律师证或者身份证等有效证件。查阅案件有关材料应当填写查阅案件有关材料阅卷单。

第五条 诉讼代理人在诉讼中查阅案件材料限于案件审判卷和执行卷的正卷，包括起诉书、答辩书、庭审笔录及各种证据材料等。

案件审理终结后，可以查阅案件审判卷的正卷。

第六条 诉讼代理人查阅案件有关材料后，应当及时将查阅的全部案件材料交回书记员或者其他负责保管案卷的工作人员。

书记员或者法院其他工作人员对诉讼代理人交回的案件材料应当当面清查，认为无误后在阅卷单上签注。阅卷单应当附卷。

诉讼代理人不得将查阅的案件材料携出法院指定的阅卷场所。

第七条 诉讼代理人查阅案件材料可以摘抄或者复印。涉及国家秘密的案件材料，依照国家有关规定办理。

复印案件材料应当经案卷保管人员的同意。复印已经审理终结的案件有关材料，诉讼代理人可以要求案卷管理部门在复印材料上盖章确认。

复印案件材料可以收取必要的费用。

第八条 查阅案件材料中涉及国家秘密、商业秘密和个人隐私的，诉讼代理人应当保密。

第九条 诉讼代理人查阅案件材料时不得涂改、损毁、抽取案件材料。

人民法院对修改、损毁、抽取案卷材料的诉讼代理人，可以参照民事诉讼法第一百一十一条第一款第（一）项的规定处理。

第十条 民事案件的当事人查阅案件有关材料的，参照本规定执行。

52.5 典型案例

52.5.1 因行政机关申请人民法院强制执行而形成的相应的信息资料，属于人民法院诉讼档案材料，案件当事人、利害关系人等应当依法向办理有关具体案件的人民法院申请查阅，而不宜以申请公开政府信息的方式向行政机关提出

裁判来源：尹爱萍、上海市静安区人民政府信息公开案——最高人民法院行政裁定书，(2017) 最高法行申 4820 号

法院认为：公民、法人或者其他组织可以向行政机关申请获取行政机关在履行职责过程中制作或者获取的以一定形式记录、保存的信息，公民、法人或者其他组织申请查阅人民法院诉讼档案信息的，则应当根据有关诉讼法律规定和人民法院档案管理规定进行。……因行政机关申请人民法院强制执行而形成的相应的信息资料，属于人民法院诉讼档案材料，案件当事人、利害关系人等应当依法向办理有关具体案件的人民法院申请查阅，而不宜以申请公开政府信息的方式向行政机关提出。

53. 自行和解

53.1 法律条文

第五十三条 双方当事人可以自行和解。

53.2 条文阐释

和解，是指当事人双方自行协商，就实体权利的处分达成协议，从而解决争议的活动。和解包括诉讼外的和解与诉讼中的和解。其中，诉讼外的和解是当事人双方在诉讼外进行的民事行为，不产生任何诉讼上的意义和效力。诉讼中的和解则是双方当事人在诉讼过程中自行协商、达成协议的行为。

53.3 司法适用

在实际适用该条的过程中，需要注意和解与调解的区分与联系。和解与调解虽然都是双方当事人对自身程序权利及实体权利的自由处分，但二者并不等同。

首先，诉讼调解有法院的介入，是在法院支持之下完成的。和解是在没有法院主导的情形下当事人双方就程序问题和实体问题的处理达成的协议。

其次，达成调解是法院结案方式之一。调解书具有与判决书相同的法律效力。和解协议不具有直接结案的效力（如当事人双方尽管可以达成撤诉的和解协议，包括一审撤诉和撤回上诉等，但还是需要当事人具体实施撤诉行为，才能发生撤销的法律效果）。和解协议书也不具有与判决书相同的法律效力。和解协议仅具有实体法上的效力，其在诉讼法上的效力尚未得到充分认可。实践中，由于我国民事诉讼多强调调解，法院亦有主动调解的职责，因此和解在我国民事诉讼中适用的情形不多。

53.4 相关规范性文件

最高人民法院《关于适用〈中华人民共和国民事诉讼法〉的解释》(法释〔2022〕11 号，自 2022 年 4 月 10 日起施行)

第一百二十九条 对申请再审案件，人民法院应当自受理之日起三个月内审查完毕，但公告期间、当事人和解期间等不计入审查期限。有特殊情况需要延长的，由本院院长批准。

第一百四十四条 人民法院审理民事案件，发现当事人之间恶意串通，企图通过和解、调解方式侵害他人合法权益的，应当依照民事诉讼法第一百一十五条的规定处理。

第一百四十八条 当事人自行和解或者调解达成协议后，请求人民法院按照和解协议或者调解协议的内容制作判决书的，人民法院不予准许。

无民事行为能力人的离婚案件，由其法定代理人进行诉讼。法定代理人与对方达成协议要求发给判决书的，可根据协议内容制作判决书。

第二百八十七条 对公益诉讼案件，当事人可以和解，人民法院可以调解。

当事人达成和解或者调解协议后，人民法院应当将和解或者调解协议进行公告。公告期间不得少于三十日。

公告期满后，人民法院经审查，和解或者调解协议不违反社会公共利益的，应当出具调解书；和解或者调解协议违反社会公共利益的，不予出具调解书，继续对案件进行审理并依法作出裁判。

第三百三十七条 当事人在第二审程序中达成和解协议的，人民法院可以根据当事人的请求，对双方达成的和解协议进行审查并制作调解书送达当事人；因和解而申请撤诉，经审查符合撤诉条件的，人民法院应予准许。

最高人民法院《关于适用〈中华人民共和国保险法〉若干问题的解释(四)》(法释〔2020〕18号,自2021年1月1日起施行)

第十九条 责任保险的被保险人与第三者就被保险人的赔偿责任达成和解协议且经保险人认可,被保险人主张保险人在保险合同范围内依据和解协议承担保险责任的,人民法院应予支持。

被保险人与第三者就被保险人的赔偿责任达成和解协议,未经保险人认可,保险人主张对保险责任范围以及赔偿数额重新予以核定的,人民法院应予支持。

最高人民法院《关于适用〈中华人民共和国民法典〉有关担保制度的解释》(法释〔2020〕28号,自2021年1月1日起施行)

第二十三条 人民法院受理债务人破产案件,债权人在破产程序中申报债权后又向人民法院提起诉讼,请求担保人承担担保责任的,人民法院依法予以支持。

担保人清偿债权人的全部债权后,可以代替债权人在破产程序中受偿;在债权人的债权未获全部清偿前,担保人不得代替债权人在破产程序中受偿,但是有权就债权人通过破产分配和实现担保债权等方式获得清偿总额中超出债权的部分,在其承担担保责任的范围内请求债权人返还。

债权人在债务人破产程序中未获全部清偿,请求担保人继续承担担保责任的,人民法院应予支持;担保人承担担保责任后,向和解协议或者重整计划执行完毕后的债务人追偿的,人民法院不予支持。

最高人民法院《关于人民法院民事调解工作若干问题的规定》(法释〔2020〕20号,自2021年1月1日起施行)

第二条 当事人在诉讼过程中自行达成和解协议的,人民法院可以根据当事人的申请依法确认和解协议制作调解书。双方当事人申请庭外和解的期间,不计入审限。

当事人在和解过程中申请人民法院对和解活动进行协调的,人民法院可以委派审判辅助人员或者邀请、委托有关单位和个人从事协调活动。

最高人民法院《关于审理环境民事公益诉讼案件适用法律若干问题的解释》(法释〔2020〕20号,自2021年1月1日起施行)

第二十五条 环境民事公益诉讼当事人达成调解协议或者自行达成和

解协议后，人民法院应当将协议内容公告，公告期间不少于三十日。

公告期满后，人民法院审查认为调解协议或者和解协议的内容不损害社会公共利益的，应当出具调解书。当事人以达成和解协议为由申请撤诉的，不予准许。

调解书应当写明诉讼请求、案件的基本事实和协议内容，并应当公开。

53.5 典型案例

53.5.1 执行外和解也可以申请人民法院强制执行

裁判来源：安徽省滁州市建筑安装工程有限公司与湖北追日电气股份有限公司建设工程施工合同纠纷案——最高人民法院执行裁定书，(2018) 最高法执复88号

法院认为：案涉《和解协议书》系当事人在执行程序开始前自行达成的和解协议，属于执行外和解。与执行和解协议相比，执行外和解协议不能自动对人民法院的强制执行产生影响，当事人仍然有权向人民法院申请强制执行。追日电气公司以当事人自行达成的《和解协议书》已履行完毕为由提出执行异议的，人民法院可以参照《最高人民法院关于执行和解若干问题的规定》第19条的规定对和解协议的效力及履行情况进行审查，进而确定是否终结执行。

53.5.2 诉讼中和解并非结案方式，双方当事人和解后还需申请撤诉才能终结诉讼程序

裁判来源：永康市联悦工贸有限公司、浙江兴昊塑业有限公司侵害实用新型专利权纠纷案——最高人民法院民事裁定书，(2020) 最高法知民终993号

法院认为：本院审理过程中，慈溪市博生塑料制品有限公司于2021年2月1日以各方当事人达成和解为由，向本院申请撤回本案的起诉，永康市联悦工贸有限公司、浙江兴昊塑业有限公司、浙江天猫网络有限公司、谢辉同意其撤回起诉。

53.5.3 和解协议的内容不限于当事人的诉讼请求事项，当事人认为调解违背真实意愿可举证申请再审

裁判来源：杨培康与无锡活力保健品有限公司侵害发明专利权纠纷

案——最高人民法院民事裁定书，(2008) 民申字第 1185 号

法院认为： 诉讼和解协议是案件当事人通过相互让步以终止其争议或防止争议再发生而形成的合意，和解协议的内容不限于当事人的诉讼请求事项。本案中，杨培康具有较高的文化程度，其代理律师亦与杨培康一起参加了庭审及和解、调解活动，杨培康本人在和解协议上签字，并接收了活力公司按照协议约定支付的款项。因此，本案并不存在杨培康所称的“调解违背其真实意愿”及违反调解自愿原则的情形。另外，该和解协议的内容亦不违反法律。二审法院根据双方当事人签订的和解协议依法制作调解书，并无不当。杨培康的再审申请不符合《民事诉讼法》第 182 条规定情形。

54. 诉讼请求的放弃、变更、承认、反驳及反诉

54.1 法律条文

第五十四条 原告可以放弃或者变更诉讼请求。被告可以承认或者反驳诉讼请求，有权提起反诉。

54.2 条文阐释

诉讼请求，是指原告通过人民法院向被告提出的实体权利主张。放弃诉讼请求则是指原告起诉后放弃对被告的实体权利主张，这实际上是原告对于自身实体权利的处分。

放弃诉讼请求既包括放弃自己对于被告的全部实体权利请求，也包括放弃自己对于被告的部分实体权利请求。比如，原告本诉请被告偿还欠款 1 万元，但后来仅要求被告偿还 5000 元，甚至放弃全部诉讼请求，不要求被告偿还。相应地，若原告放弃部分诉讼请求，人民法院则无须针对原告放弃的部分进行审理和裁判；若原告放弃全部诉讼请求，则法院可以直接中止本案的审理。

变更诉讼请求，是指原告在向人民法院起诉后，依法增加或者减少已

经提出的实体权利主张。

承认诉讼请求，是指被告对于原告提出的实体权利主张表示认可。承认诉讼请求可能是承认对方提出的全部权利主张，也可能是承认对方提出的部分权利主张。被告承认诉讼请求，亦属于被告对自身实体权利的处分。

反驳则是指当事人对于对方的诉讼请求主张、事实主张及法律主张的否定。比如，被告认为原告的诉讼请求已过诉讼时效即是一种反驳。

反诉，是指在正在进行的诉讼中，本诉的被告以本诉的原告为被告提起的诉讼。提起反诉需要满足以下条件：（1）本诉正在进行中，辩论终结前；（2）反诉不属于其他法院专属管辖；（3）反诉能够与本诉适用同一程序；（4）反诉请求与本诉请求或本诉请求在防御方法上有牵连；（5）反诉须由本诉被告向本诉原告提起。

54.3 司法适用

在适用该条的过程中，应当重点注意以下几点：

（1）诉讼请求是否变更的识别标准是诉讼标的。一般而言，诉讼标的发生了变更，诉讼请求也就发生了变更。在我国，实体请求权的变更往往意味着诉讼标的的变更。比如，原告起诉被告并要求被告履行合同义务，但在诉讼中被告并未主张该合同无效，而法院在审理过程中发现了合同无效。如此一来，法院作出确认合同无效的判决就可能与原来的原告请求履行合同的诉讼请求不一致。实践中，法院便应当告知原告变更诉讼请求。此外，变更诉讼请求不同于提出新的诉讼请求，它仅是在同一诉讼中以新诉讼请求来代替原诉讼请求。

（2）承认诉讼请求又称认诺，它不同于自认。承认诉讼请求本质上是被告对于自身实体权利的处分，其对象是权利主张。自认是原被告双方当事人均可向对方作出的关于事实主张的承认，它并不涉及认可实体权利主张的承认。自认是一种与诉讼证明与密切关系的制度。

（3）反驳不同于反诉。反诉本质上是一种诉。其设置的目的在于通过反诉与本诉的合并审理，减少当事人的诉累，降低诉讼成本，便于判决的执行。反驳并不是一种诉，它并不包含独立的诉讼请求，法院也不可能对反驳作出实体上的裁判。

54.4 相关规范性文件

最高人民法院《关于适用〈中华人民共和国民事诉讼法〉的解释》（法释〔2022〕11号，自2022年4月10日起施行）

第三十九条 人民法院对管辖异议审查后确定有管辖权的，不因当事人提起反诉、增加或者变更诉讼请求等改变管辖，但违反级别管辖、专属管辖规定的除外。

人民法院发回重审或者按第一审程序再审的案件，当事人提出管辖异议的，人民法院不予审查。

第八十二条 在一审诉讼中，无独立请求权的第三人无权提出管辖异议，无权放弃、变更诉讼请求或者申请撤诉，被判决承担民事责任的，有权提起上诉。

第八十九条 当事人向人民法院提交的授权委托书，应当在开庭审理前送交人民法院。授权委托书仅写“全权代理”而无具体授权的，诉讼代理人无权代为承认、放弃、变更诉讼请求，进行和解，提出反诉或者提起上诉。

适用简易程序审理的案件，双方当事人同时到庭并径行开庭审理的，可以当场口头委托诉讼代理人，由人民法院记入笔录。

第九十条 当事人对自己提出的诉讼请求所依据的事实或者反驳对方诉讼请求所依据的事实，应当提供证据加以证明，但法律另有规定的除外。

在作出判决前，当事人未能提供证据或者证据不足以证明其事实主张的，由负有举证证明责任的当事人承担不利的后果。

最高人民法院《关于审理民间借贷案件适用法律若干问题的规定》（法释〔2020〕17号，自2021年1月1日起施行）

第二十三条 当事人以订立买卖合同作为民间借贷合同的担保，借款到期后借款人不能还款，出借人请求履行买卖合同的，人民法院应当按照民间借贷法律关系审理。当事人根据法庭审理情况变更诉讼请求的，人民法院应当准许。

按照民间借贷法律关系审理作出的判决生效后，借款人不履行生效判决确定的金钱债务，出借人可以申请拍卖买卖合同标的物，以偿还债务。

就拍卖所得的价款与应偿还借款本息之间的差额，借款人或者出借人有权主张返还或者补偿。

最高人民法院《关于审理人身损害赔偿案件适用法律若干问题的解释》（法释〔2022〕14号，自2022年5月1日起施行）

第二条　赔偿权利人起诉部分共同侵权人的，人民法院应当追加其他共同侵权人作为共同被告。赔偿权利人在诉讼中放弃对部分共同侵权人的诉讼请求的，其他共同侵权人对被放弃诉讼请求的被告应当承担的赔偿份额不承担连带责任。责任范围难以确定的，推定各共同侵权人承担同等责任。

人民法院应当将放弃诉讼请求的法律后果告知赔偿权利人，并将放弃诉讼请求的情况在法律文书中叙明。

最高人民法院《关于证券纠纷代表人诉讼若干问题的规定》（法释〔2020〕5号，自2020年7月31日起施行）

第二十二条　代表人变更或者放弃诉讼请求、承认对方当事人诉讼请求、决定撤诉的，应当向人民法院提交书面申请，并通知全体原告。人民法院收到申请后，应当根据原告所提异议情况，依法裁定是否准许。

对于代表人依据前款规定提交的书面申请，原告自收到通知之日起十日内未提出异议的，人民法院可以裁定准许。

54.5　典型案例

54.5.1　当事人依法享有变更、追加诉讼请求的权利

裁判来源：大连德民工贸有限公司、大连新嘉宁房地产开发有限公司合同纠纷案——最高人民法院民事裁定书，（2017）最高法民申554号

法院认为：高小涵对本案债务及利息承担连带清偿责任。一审开庭时，各方当事人对赵学明追加上述五个被告并增加诉讼请求均表示没有异议。因《协议书》的履行引发纠纷，赵学明提起本案诉讼，申请追加被告并变更、增加诉讼请求，系依法行使诉讼权利，人民法院根据《民事诉讼法》第51条、第140条的规定，进行审理并无不当。

54.5.2　反诉请求与本诉请求或本诉请求在防御方法上有牵连关系是反诉提起的要件之一

裁判来源：大庆铼成购物有限公司与大庆恒新房地产开发有限公司商品

房预售合同纠纷案——最高人民法院民事裁定书，(2016) 最高法民终426号

法院认为：恒新公司本案反诉符合法律规定的反诉条件。最高人民法院《关于适用〈中华人民共和国民事诉讼法〉的解释》第233条规定："反诉的当事人应当限于本诉的当事人的范围。反诉与本诉的诉讼请求基于相同法律关系、诉讼请求之间具有因果关系，或者反诉与本诉的诉讼请求基于相同事实的，人民法院应当合并审理。"本案中，首先，铼成公司的本诉与恒新公司的反诉，均源于双方签订的《购买协议》及《补充协议》，均基于铼成公司依此预购恒新公司奥林国际公寓住宅区购物中心这一相同事实，均基于双方之间的商品房预售合同这一相同法律关系。其次，铼成公司的本诉与恒新公司的反诉具有因果关系。铼成公司的本诉请求是要求恒新公司赔偿因逾期交付房屋造成的可获租金利益损失，恒新公司的反诉请求是解除与铼成公司签订的《购买合同》及《补充协议》。铼成公司主张合同有效，恒新公司要求解除合同，双方诉讼请求相互对立，互不兼容，一方本诉或反诉请求得以成立，另一方诉讼请求则无支持之基础。由于是基于相同法律关系且诉讼请求之间具有因果关系，恒新公司本案反诉符合法律规定的反诉条件。

54.5.3 反诉与本诉一般应当合并审理

裁判来源：柯国庆与茂名市伟恒地产有限公司、茂名市博汇投资有限公司、茂名市志同贸易有限公司与黄世就民间借贷纠纷案——最高人民法院民事判决书，(2015) 民提字第211号

法院认为：《民事诉讼法》第140条规定："原告增加诉讼请求，被告提出反诉，第三人提出与本案有关的诉讼请求，可以合并审理。"本案一、二审阶段，尚无司法解释明确反诉与本诉合并审理的条件。但后来通过的《最高人民法院关于适用〈中华人民共和国民事诉讼法〉的解释》第233条第2款规定："反诉与本诉的诉讼请求基于相同法律关系、诉讼请求之间具有因果关系，或者反诉与本诉的诉讼请求基于相同事实的，人民法院应当合并审理。"该规定也反映此前一直以来我国民诉法理论普遍的共识及司法实践中遵循的规则。因此，原审将柯国庆依据《合同书》请求黄世就履行合同书项下的股权转让义务的反诉，与黄世就请求履行《欠条》项下欠款偿还义务的本诉，予以合并审理，符合法律规定。

54.5.4 原告可以在举证期限届满后变更诉讼请求

裁判来源：吉林日升木业有限公司、抚松县春龙房地产开发有限公司与抚松县春龙房地产开发有限公司建设用地使用权纠纷案——最高人民法院民事裁定书，（2015）民申字第1579号

法院认为：《民事诉讼法》第51条规定："原告可以放弃或者变更诉讼请求。被告可以承认或者反驳诉讼请求，有权提起反诉。"尽管《最高人民法院关于民事诉讼证据的若干规定》第34条第3款规定，当事人增加、变更诉讼请求或者提起反诉的，应当在举证期限届满前提出。但该规定第35条同时又规定："诉讼过程中，当事人主张的法律关系的性质或者民事行为的效力与人民法院根据案件事实作出的认定不一致的，不受本规定第三十四条的限制，人民法院应当告知当事人可以变更诉讼请求，当事人变更诉讼请求的，人民法院应当重新指定举证期限。"从前述司法解释精神来看，在案件基础法律关系或者据以支持请求的主要事实发生变化，人民法院对当事人变更诉讼请求应持从宽态度。本案中，春龙公司原请求为要求日升公司履行办理土地使用权过户登记的行为义务，后因其自行办理了过户登记，原提出诉讼请求的基础事实发生了变化，再请求日升公司履行前述行为已缺乏诉之利益，基于减少双方当事人诉累、节约司法资源的考虑，一审法院同意春龙公司将诉讼请求从行为之债变更为金钱之债，并无不当。

55. 共同诉讼

55.1 法律条文

第五十五条 当事人一方或者双方为二人以上，其诉讼标的是共同的，或者诉讼标的是同一种类、人民法院认为可以合并审理并经当事人同意的，为共同诉讼。

共同诉讼的一方当事人对诉讼标的有共同权利义务的，其中一人的诉讼行为经其他共同诉讼人承认，对其他共同诉讼人发生效力；对诉讼标的没有共同权利义务的，其中一人的诉讼行为对其他共同诉讼人不发生效力。

55.2 条文阐释

本条规定了共同诉讼。在通常情况下，民事诉讼的原告一方或被告一方都只有一人，也有些纠纷，一方或双方均为二人以上，形成诉讼时，原告或被告或双方均是多数，这就形成了一种特殊的诉讼形态——共同诉讼。共同诉讼是诉的主观合并（主体合并）。其意义在于简化诉讼程序，节省诉讼的时间和费用，实现诉讼的经济和迅捷，并避免人民法院在同一事件的处理上作出相互矛盾的判决。其中，原告为二人以上的，称为共同原告；被告为二人以上的，称为共同被告。二人以上的一方或双方当事人称为共同诉讼人。在民事诉讼理论上，原告为二人以上的共同诉讼，又被称为积极共同诉讼；被告为二人以上的共同诉讼，则被称为消极共同诉讼。

根据本条的规定，以共同诉讼人之间对诉讼标的的关系的不同，将共同诉讼分为两类：一类为诉讼标的是共同的共同诉讼；另一类为诉讼标的是同种类的共同诉讼。我国民事诉讼法学通常将前者称为"必要共同诉讼"，将后者称为"普通共同诉讼"。此外，在学理上，必要共同诉讼还可进一步分为"固有的必要共同诉讼"和"类似必要共同诉讼"。其中，类似必要共同诉讼是指就作为诉讼标的的法律关系，当事人有选择一同起诉或应诉，还是分别起诉或应诉的权利，但一旦选择共同诉讼，则必须对共同诉讼人的诉讼标的合一确定。如果选择单独诉讼，那么在法律上当事人有单独实施诉讼的权能。但法院对其中一人的起诉或应诉所作出的判决，其效力及于可以作为共同诉讼的其他人，虽然这些人并未提起诉讼或参加诉讼。固有的必要共同诉讼则是指当事人一方或者双方为二人以上，其诉讼标的是同一的共同诉讼。必要共同诉讼要求共同诉讼人必须一同起诉或应诉，未一同起诉或应诉的，应予以追加，人民法院还必须合并审理，且作出合一判决。

55.3 司法适用

在实践中应注意区分普通共同诉讼和必要共同诉讼。相较于必要共同诉讼，普通共同诉讼具有以下特征：（1）普通共同诉讼的诉讼标的是同一种类，各个共同诉讼人与对方当事人争议的法律关系的性质或请求权的性质是相同的。(2) 普通共同诉讼中各共同诉讼人与对方当事人之间一定存在两个以上的诉讼请求。(3) 普通共同诉讼是一种可分之诉，当事人既可以单独起诉，又可以共同起诉。(4) 法院对普通共同诉讼的各个请求不是合一确定，而是分别确定。

在实践中普通共同诉讼与必要共同诉讼有时容易混淆。比较常见的是将一人同时致数人损害而涉讼的案件视为必要共同诉讼（固有的必要共同诉讼）。有人认为，被损害的数人之间有共同的权利，这一共同的权利是加害人的同一侵权行为所致。例如，甲驾车不慎同时致伤乙、丙二人。其实这种观点是不正确的。因为，乙、丙虽然同时被一辆车撞伤，但他们在实体法上却各自独立地取得损害赔偿请求权。他们之间的权利并不是连带的和共同的，他们可以单独起诉，也可以同时起诉。对此，法院既可以分别审理，也可以合并审理，但只能分别确定。尽管上述例子中的赔偿请求权是因同一事实上或法律上的原因所产生的，但这种同一事实上或法律上的原因并不能形成共同的权利义务。

55.4　相关规范性文件

最高人民法院《关于适用〈中华人民共和国民事诉讼法〉的解释》(法释〔2022〕11 号，自 2022 年 4 月 10 日起施行)

第五十四条　以挂靠形式从事民事活动，当事人请求由挂靠人和被挂靠人依法承担民事责任的，该挂靠人和被挂靠人为共同诉讼人。

第五十八条　在劳务派遣期间，被派遣的工作人员因执行工作任务造成他人损害的，以接受劳务派遣的用工单位为当事人。当事人主张劳务派遣单位承担责任的，该劳务派遣单位为共同被告。

第五十九条　在诉讼中，个体工商户以营业执照上登记的经营者为当事人。有字号的，以营业执照上登记的字号为当事人，但应同时注明该字号经营者的基本信息。

营业执照上登记的经营者与实际经营者不一致的，以登记的经营者和实际经营者为共同诉讼人。

第六十条　在诉讼中，未依法登记领取营业执照的个人合伙的全体合伙人为共同诉讼人。个人合伙有依法核准登记的字号的，应在法律文书中注明登记的字号。全体合伙人可以推选代表人；被推选的代表人，应由全体合伙人出具推选书。

第六十三条 企业法人合并的，因合并前的民事活动发生的纠纷，以合并后的企业为当事人；企业法人分立的，因分立前的民事活动发生的纠纷，以分立后的企业为共同诉讼人。

第六十五条 借用业务介绍信、合同专用章、盖章的空白合同书或者银行账户的，出借单位和借用人为共同诉讼人。

第六十六条 因保证合同纠纷提起的诉讼，债权人向保证人和被保证人一并主张权利的，人民法院应当将保证人和被保证人列为共同被告。保证合同约定为一般保证，债权人仅起诉保证人的，人民法院应当通知被保证人作为共同被告参加诉讼；债权人仅起诉被保证人的，可以只列被保证人为被告。

第六十七条 无民事行为能力人、限制民事行为能力人造成他人损害的，无民事行为能力人、限制民事行为能力人和其监护人为共同被告。

第七十条 在继承遗产的诉讼中，部分继承人起诉的，人民法院应通知其他继承人作为共同原告参加诉讼；被通知的继承人不愿意参加诉讼又未明确表示放弃实体权利的，人民法院仍应将其列为共同原告。

第七十一条 原告起诉被代理人和代理人，要求承担连带责任的，被代理人和代理人为共同被告。

原告起诉代理人和相对人，要求承担连带责任的，代理人和相对人为共同被告。

第七十二条 共有财产权受到他人侵害，部分共有权人起诉的，其他共有权人为共同诉讼人。

第七十三条 必须共同进行诉讼的当事人没有参加诉讼的，人民法院应当依照民事诉讼法第一百三十五条的规定，通知其参加；当事人也可以向人民法院申请追加。人民法院对当事人提出的申请，应当进行审查，申请理由不成立的，裁定驳回；申请理由成立的，书面通知被追加的当事人参加诉讼。

第七十四条 人民法院追加共同诉讼的当事人时，应当通知其他当事人。应当追加的原告，已明确表示放弃实体权利的，可不予追加；既不愿意参加诉讼，又不放弃实体权利的，仍应追加为共同原告，其不参加诉讼，不影响人民法院对案件的审理和依法作出判决。

第七十五条　民事诉讼法第五十六条、第五十七条和第二百零六条规定的人数众多，一般指十人以上。

第七十六条　依照民事诉讼法第五十六条规定，当事人一方人数众多在起诉时确定的，可以由全体当事人推选共同的代表人，也可以由部分当事人推选自己的代表人；推选不出代表人的当事人，在必要的共同诉讼中可以自己参加诉讼，在普通的共同诉讼中可以另行起诉。

第三百一十七条　必要共同诉讼人的一人或者部分人提起上诉的，按下列情形分别处理：

（一）上诉仅对与对方当事人之间权利义务分担有意见，不涉及其他共同诉讼人利益的，对方当事人为被上诉人，未上诉的同一方当事人依原审诉讼地位列明；

（二）上诉仅对共同诉讼人之间权利义务分担有意见，不涉及对方当事人利益的，未上诉的同一方当事人为被上诉人，对方当事人依原审诉讼地位列明；

（三）上诉对双方当事人之间以及共同诉讼人之间权利义务承担有意见的，未提起上诉的其他当事人均为被上诉人。

最高人民法院《关于审理劳动争议案件适用法律问题的解释（一）》（法释〔2020〕26号，自2021年1月1日起施行）

第二十七条第三款　原用人单位以新的用人单位和劳动者共同侵权为由提起诉讼的，新的用人单位和劳动者列为共同被告。

最高人民法院《关于民事诉讼证据的若干规定》（法释〔2019〕19号，自2020年5月1日起施行）

第六条　普通共同诉讼中，共同诉讼人中一人或者数人作出的自认，对作出自认的当事人发生效力。

必要共同诉讼中，共同诉讼人中一人或者数人作出自认而其他共同诉讼人予以否认的，不发生自认的效力。其他共同诉讼人既不承认也不否认，经审判人员说明并询问后仍然不明确表示意见的，视为全体共同诉讼人的自认。

最高人民法院《关于人民法院受理共同诉讼案件问题的通知》（法〔2005〕270号，自2006年1月1日起施行）

一、当事人一方或双方人数众多的共同诉讼，依法由基层人民法院受理。受理法院认为不宜作为共同诉讼受理的，可分别受理。

在高级人民法院辖区内有重大影响的上述案件，由中级人民法院受理。如情况特殊，确需高级人民法院作为一审民事案件受理的，应当在受理前报最高人民法院批准。

法律、司法解释对知识产权，海事、海商，涉外等民事纠纷案件的级别管辖另有规定的，从其规定。

二、各级人民法院应当加强对共同诉讼案件涉及问题的调查研究，上级人民法院应当加强对下级人民法院审理此类案件的指导工作。

《全国法院民商事审判工作会议纪要》（法〔2019〕254号，自2019年11月8日起施行）

121.【必要共同诉讼漏列的当事人申请再审】民事诉讼法司法解释对必要共同诉讼漏列的当事人申请再审规定了两种不同的程序，二者在管辖法院及申请再审期限的起算点上存在明显差别，人民法院在审理相关案件时应予注意：

（1）该当事人在执行程序中以案外人身份提出异议，异议被驳回的，根据民事诉讼法司法解释第423条的规定，其可以在驳回异议裁定送达之日起6个月内向原审人民法院申请再审；

（2）该当事人未在执行程序中以案外人身份提出异议的，根据民事诉讼法司法解释第422条的规定，其可以根据《民事诉讼法》第200条第8项的规定，自知道或者应当知道生效裁判之日起6个月内向上一级人民法院申请再审。当事人一方人数众多或者当事人双方为公民的案件，也可以向原审人民法院申请再审。

最高人民法院《关于审理海洋自然资源与生态环境损害赔偿纠纷案件若干问题的规定》（法释〔2017〕23号，自2018年1月15日起施行）

第五条 在人民法院依照本规定第四条的规定发布公告之日起三十日内，或者书面告知之日起七日内，对同一损害有权提起诉讼的其他机关申请参加诉讼，经审查符合法定条件的，人民法院应当将其列为共同原告；

逾期申请的，人民法院不予准许。裁判生效后另行起诉的，人民法院参照《最高人民法院关于审理环境民事公益诉讼案件适用法律若干问题的解释》第二十八条的规定处理。

对于不同损害，可以由各依法行使海洋环境监督管理权的机关分别提起诉讼；索赔人共同起诉或者在规定期限内申请参加诉讼的，人民法院依照民事诉讼法第五十二条第一款的规定决定是否按共同诉讼进行审理。

最高人民法院《关于商标侵权纠纷中注册商标排他使用许可合同的被许可人是否有权单独提起诉讼问题的函》（〔2002〕民三他字第3号，自2002年9月10日起施行）

注册商标排他使用许可合同的被许可人与商标注册人可以提起共同诉讼，在商标注册人不起诉的情况下，可以自行向人民法院提起诉讼。商标注册人不起诉包括商标注册人明示放弃起诉的情形，也包括注册商标排他使用许可合同的被许可人有证据证明其已告知商标注册人或者商标注册人已知道有侵犯商标专用权行为发生而仍不起诉的情形。

55.5　典型案例

55.5.1　债权债务关系以及债权转让关系是两个相互独立且相互排斥的法律关系，依法不属于能够合并诉讼的情形

裁判来源：济南农村商业银行股份有限公司、大庆农村商业银行股份有限公司等合同纠纷案——最高人民法院民事裁定书，（2022）最高法民终179号

法院认为：依据《民事诉讼法》第55条第1款有关“当事人一方或者双方为二人以上，其诉讼标的是共同的，或者诉讼标的是同一种类、人民法院认为可以合并审理并经当事人同意的，为共同诉讼”之规定，合并诉讼以诉讼标的相同或同一种类为前提。但大庆农商行对吉茂公司、济南农商行提起的诉讼，分别基于原债权债务关系以及债权转让关系。这是两个相互独立且相互排斥的法律关系，依法不属于能够合并诉讼的情形。一审法院合并受理后，本应对这两个诉讼进行一并审理，但其仅对大庆农商行对济南农商行的诉讼进行了审理，并未对吉茂公司及相关担保人应否承担责任作出认定，也遗漏了诉讼请求。大庆农商行主张，其提起的是备位

诉讼。且不说我国民事诉讼法尚未明确承认备位诉讼制度，即便当事人可以提起备位诉讼，其也仅是相同当事人在同一诉讼中提出的两个以上具有先后满足顺序的诉讼请求的预备合并。本案中，大庆农商行系针对不同当事人提出两个诉讼，不符合备位诉讼的法理。综上，一审法院先是受理了两个本不应合并受理的诉讼，受理后又遗漏了诉讼请求，严重违反法定程序，依法应当发回重审。重审时，应当向大庆农商行释明，告知其只能择一提起诉讼；经释明后如其仍然坚持一并起诉的，则应驳回其起诉。

55.5.2 在侵权纠纷领域，多个被诉行为人共同实施侵权行为时可以基于诉讼标的的同一性构成必要共同诉讼，但是必要共同诉讼的范围并不限于基于共同侵权形成的共同诉讼

裁判来源：神盾股份有限公司与深圳市汇顶科技股份有限公司等侵害实用新型专利权纠纷案——最高人民法院民事裁定书，（2021）最高法知民辖终408号

法院认为：神盾公司主张不应将常青店列为本案共同被告，其与常青店不存在共同的侵权行为，应当分案审理。对此，法院认为，第一，神盾公司主张不应将常青店列为本案共同被告的理由是，针对常青店的诉讼标的为手机和平板电脑，而针对神盾公司的诉讼标的为指纹识别模组。根据《最高人民法院关于审理侵犯专利权纠纷案件应用法律若干问题的解释》第12条第1款的规定，将侵犯发明或者实用新型专利权的产品作为零部件，制造另一产品的，人民法院应当认定属于《专利法》第11条规定的使用行为；销售该另一产品的，人民法院应当认定属于《专利法》第11条规定的销售行为。现有初步证据证明，常青店销售的手机和平板电脑，包含有神盾公司制造的指纹识别模组作为零部件，则常青店销售该手机和平板电脑的行为，即为销售神盾公司制造的被诉侵权产品的行为，二者与被诉侵权事实均存在形式上的关联性。常青店作为被诉侵权产品的销售者与作为制造者的神盾公司一起列为共同被告，主体资格适格并无不当。至于其是否实际实施了被诉侵权行为，应否承担侵权责任，属于案件实体阶段审理的问题，管辖权异议审理阶段暂不予理涉。第二，在侵权纠纷领域，多个被诉行为人共同实施侵权行为时可以基于诉讼标的的同一性构成必要共同诉讼，但是必要共同诉讼的范围并不限于基于共同侵权形成的共同诉

讼，在多个被诉行为人分别实施侵权行为造成同一损害时，仍可以基于诉讼标的的同一性以及防止判决冲突、保护当事人利益等政策原因构成必要共同诉讼。对于后一类必要共同诉讼，一旦原告选择在同一案件中对多个被告共同起诉，法院仍可以合并审理而无须征得被告的同意。在专利侵权案件中，如果专利权人将被诉侵权产品的制造商和销售商作为共同被告，即构成后一类必要共同诉讼。因此，本案中神盾公司和常青店作为共同被告构成必要共同诉讼。神盾公司以其与常青店不构成共同侵权为由主张分案审理的上诉理由不能成立，法院不予支持。

55.5.3 应该严格区分共同诉讼与合并审理的情形

裁判来源： 甘肃华远实业有限公司、庆阳市特亨营运有限责任公司金融借款合同纠纷案——《最高人民法院公报》2021年第1期，最高人民法院民事裁定书，（2019）最高法民终77号

法院认为： 依据《民事诉讼法》《最高人民法院关于适用〈中华人民共和国民事诉讼法〉的解释》相关规定，可以合并审理的诉主要包含三种情况：一是系基于同一事实提起的诉；二是系诉讼标的同一或者同类的共同诉讼；三是系本诉和反诉。本案中，判断华远公司等六人的起诉是否符合合并审理的条件，应从华远公司等六人的起诉是否系基于同一事实以及是否构成共同诉讼两方面进行评判。分述如下：

首先，本案华远公司等六人的起诉并非基于同一事实发生。根据华远公司等六人的起诉状，本案系基于三个有关联的法律关系产生的一系列纠纷。一是基于陇东公司向兰州银行借款并由华远公司提供房产抵押产生的纠纷，基于这一法律关系，华远公司请求撤销抵押合同及抵押登记、要求刘兴卫承担保证责任，即第五项和第九项诉讼请求。二是基于特亨营运公司为代陇东公司还款而与兰州银行签订的借款合同以及相关担保、反担保合同产生的纠纷，基于这一法律关系，特亨营运公司请求撤销还款行为和借款合同，特亨房地产公司、秦坤渝、丁奕文、边润梅请求撤销保证合同，秦坤渝请求撤销相关质押合同及质押登记，秦坤渝请求撤销其出具的承诺书，即第一项、第二项、第三项、第四项诉讼请求。三是基于兰州银行、春园公司、刘兴卫不履行承诺行为，华远公司请求兰州银行、春园公司、刘兴卫对华远公司相关利息损失、收益损失、项目停工损失承担赔偿责任，

即第六项、第七项、第八项诉讼请求。

《最高人民法院关于适用〈中华人民共和国民事诉讼法〉的解释》第221条规定："基于同一事实发生的纠纷，当事人分别向同一人民法院起诉的，人民法院可以合并审理。"根据该规定，可以合并审理的诉讼应"基于同一事实"发生，所依据的事实或者法律关系应具有一致性或者重叠性。本案中，华远公司等六人起诉所依据的是春园公司、陇东公司、特亨营运公司相继与兰州银行建立的三个借款法律关系，以及基于该三个借款法律关系所衍生的抵押担保法律关系、保证担保法律关系及反担保法律关系。在上述法律关系中，陇东公司向兰州银行借款，华远公司以"华远假日旅游酒店"作为抵押，为陇东公司提供担保，该抵押担保法律关系与借款关系之间存在牵连，可以合并诉讼；特亨营运公司向兰州银行借款，秦坤渝、边润梅、丁奕文、特亨房地产公司、豪威公司、瑞鑫源公司、宏达公司、李宁、刘万年、魏正刚为特亨营运公司提供保证担保，该保证法律关系与借款关系之间存在牵连，可以合并诉讼；米春晖代表春园公司以果库、楼房向华远公司所做的书面承诺以及秦坤渝以其在特亨房地产公司100%的股权质押给豪威公司、瑞鑫源公司、宏达公司，属反担保法律关系，应由权利人在处理担保法律关系之后，另行解决。由此可见，案涉三个借款法律关系之间不存在牵连，且华远公司等六人的诉讼请求各不相同，诉讼请求所依据的法律关系亦不相同，因此本案诉讼并非基于同一事实发生，不符合上述司法解释规定的合并审理的要件。

其次，华远公司等六人的起诉不构成共同诉讼。依据《民事诉讼法》第52条的规定，共同诉讼包含必要共同诉讼和普通共同诉讼。必要共同诉讼是指诉讼标的共同的诉讼，是不可分之诉，共同诉讼人必须一并参加诉讼，否则为当事人不适格。本案三个借款法律关系互相独立，构成独立的诉讼标的，且各个诉讼标的之间不存在牵连，完全可以单独起诉，不属必要共同诉讼。普通共同诉讼是诉讼标的是同一种类，人民法院认为可以合并审理并经当事人同意合并审理的诉讼。本案所涉三个借款法律关系虽属同类，但各个借款法律关系涉及的主体不同、担保法律关系不同，且华远公司等六人基于不同法律关系所提出的诉讼请求各不相同，所指向的主体也有所不同，故本案亦不属普通共同诉讼，不符合合并审理的条件。

56. 当事人人数确定的代表人诉讼

56.1　法律条文

第五十六条　当事人一方人数众多的共同诉讼，可以由当事人推选代表人进行诉讼。代表人的诉讼行为对其所代表的当事人发生效力，但代表人变更、放弃诉讼请求或者承认对方当事人的诉讼请求，进行和解，必须经被代表的当事人同意。

56.2　条文阐释

本条规定了当事人人数确定的代表人诉讼。所谓人数众多且确定的共同诉讼，是指诉讼标的同一或属同一种类，当事人一方人数众多但起诉时人数可以确定的共同诉讼。人数确定的代表人诉讼，是指由起诉时人数已经确定的共同诉讼人推选出诉讼代表人，代表全体共同诉讼人参加诉讼的代表人诉讼。代表人在诉讼过程中的诉讼行为相当于被代表当事人的诉讼行为，对被代表的当事人发生效力。但是，代表人在诉讼过程中的诉讼行为仅限于管辖权异议、提供证据、申请证据保全以及申请顺延诉讼期间等与程序权利有关的行为。一旦涉及变更、放弃诉讼请求或者承认对方当事人的诉讼请求等关于被代表当事人实体权利的诉讼行为，必须征得被代表当事人的同意。

56.3　司法适用

实践中，人数确定的代表人诉讼应当符合以下四个要件：（1）当事人一方人数众多（一般指 10 人以上）；（2）起诉时当事人人数已经确定；（3）多数当事人之间具有同一或同一种类的诉讼标的；（4）当事人推选出代表人。

人数确定的代表人诉讼既可以是必要共同诉讼，也可以是普通共同诉讼。其既可以由全体当事人推选共同的代表人，也可以由部分当事人推选自己的代表人。未推选出代表人的当事人，在必要共同诉讼中可以自行参加诉讼；在普通共同诉讼中可以另行起诉。

56.4 相关规范性文件

最高人民法院《关于适用〈中华人民共和国民事诉讼法〉的解释》（法释〔2022〕11号，自2022年4月10日起施行）

第七十五条 民事诉讼法第五十六条、第五十七条和第二百零六条规定的人数众多，一般指十人以上。

第七十六条 依照民事诉讼法第五十六条规定，当事人一方人数众多在起诉时确定的，可以由全体当事人推选共同的代表人，也可以由部分当事人推选自己的代表人；推选不出代表人的当事人，在必要的共同诉讼中可以自己参加诉讼，在普通的共同诉讼中可以另行起诉。

第七十八条 民事诉讼法第五十六条和第五十七条规定的代表人为二至五人，每位代表人可以委托一至二人作为诉讼代理人。

最高人民法院《关于证券纠纷代表人诉讼若干问题的规定》（法释〔2020〕5号，自2020年7月31日起施行）

第五条 符合以下条件的，人民法院应当适用普通代表人诉讼程序进行审理：

（一）原告一方人数十人以上，起诉符合民事诉讼法第一百一十九条规定和共同诉讼条件；

（二）起诉书中确定二至五名拟任代表人且符合本规定第十二条规定的代表人条件；

（三）原告提交有关行政处罚决定、刑事裁判文书、被告自认材料、证券交易所和国务院批准的其他全国性证券交易场所等给予的纪律处分或者采取的自律管理措施等证明证券侵权事实的初步证据。

不符合前款规定的，人民法院应当适用非代表人诉讼程序进行审理。

第十二条 代表人应当符合以下条件：

（一）自愿担任代表人；

（二）拥有相当比例的利益诉求份额；

（三）本人或者其委托诉讼代理人具备一定的诉讼能力和专业经验；

（四）能忠实、勤勉地履行维护全体原告利益的职责。

依照法律、行政法规或者国务院证券监督管理机构的规定设立的投资者保护机构作为原告参与诉讼，或者接受投资者的委托指派工作人员或委派诉讼代理人参与案件审理活动的，人民法院可以指定该机构为代表人，或者在被代理的当事人中指定代表人。

申请担任代表人的原告存在与被告有关联关系等可能影响其履行职责情形的，人民法院对其申请不予准许。

第十三条　在起诉时当事人人数确定的代表人诉讼，应当在起诉前确定获得特别授权的代表人，并在起诉书中就代表人的推选情况作出专项说明。

在起诉时当事人人数尚未确定的代表人诉讼，应当在起诉书中就拟任代表人人选及条件作出说明。在登记期间向人民法院登记的权利人对拟任代表人人选均没有提出异议，并且登记的权利人无人申请担任代表人的，人民法院可以认定由该二至五名人选作为代表人。

第十四条　在登记期间向人民法院登记的权利人对拟任代表人的人选提出异议，或者申请担任代表人的，人民法院应当自原告范围审核完毕后十日内在自愿担任代表人的原告中组织推选。

代表人的推选实行一人一票，每位代表人的得票数应当不少于参与投票人数的50%。代表人人数为二至五名，按得票数排名确定，通过投票产生二名以上代表人的，为推选成功。首次推选不出的，人民法院应当即时组织原告在得票数前五名的候选人中进行二次推选。

第二十二条　代表人变更或者放弃诉讼请求、承认对方当事人诉讼请求、决定撤诉的，应当向人民法院提交书面申请，并通知全体原告。人民法院收到申请后，应当根据原告所提异议情况，依法裁定是否准许。

对于代表人依据前款规定提交的书面申请，原告自收到通知之日起十日内未提出异议的，人民法院可以裁定准许。

56.5　典型案例

56.5.1　代表人诉讼以共同诉讼制度为基础，故诉讼代表人所进行的诉讼首先应符合共同诉讼的基本条件

裁判来源：陈光等人与吴建功合同纠纷案——最高人民法院民事裁定

书，(2017) 最高法民终653号

法院认为：根据上诉人起诉状所称事实，陈光等337人分别与山西新大陆房地产开发有限公司因分别签订《房屋买卖合同》而形成买卖合同关系；部分上诉人与太原市新东方商贸广场有限公司签订《商铺委托经营合同》，另有部分上诉人与山西太原同至人购物中心有限公司签订《商铺委托经营合同》，各自之间形成委托合同关系；山西同至人物贸集团因对《商铺委托经营合同》履行主体作出《担保承诺书》而与337名上诉人形成担保合同关系。可见以上337名上诉人分别与被上诉人形成独立的买卖合同关系、委托合同关系以及担保合同关系，虽然标的物所处位置、合同性质、合同当事人之间存在一定关联，但本案337名上诉人可以基于独立的法律关系和事实进行诉讼，原审裁定认为337人每个人的合同价金、合同履行情况、收益损失等并不相同，本案不属于必要的共同诉讼并无不当。如认为本案中337人诉讼标的属于同一种类，根据《民事诉讼法》第52条规定，能否进行共同诉讼亦须人民法院审查判断，且应当经当事人同意后，方可作为共同诉讼审理。因此，一审经审查认定本案不需要进行共同诉讼，上诉人应按照各自起诉标的金额及群体性诉讼的相关规定，向基层法院进行起诉符合法律规定。至于上诉人所提一审混淆代表人诉讼制度与必要共同诉讼制度的上诉理由，由于代表人诉讼制度是基于共同诉讼制度并吸收诉讼代理制度机能的一项诉讼制度，代表人诉讼以共同诉讼制度为基础，故诉讼代表人所进行的诉讼首先应符合共同诉讼的基本条件，即如果所代表的当事人不能作为共同诉讼人，也就不存在诉讼中推选代表人代为实施诉讼行为的前提。

57. 当事人人数不确定的代表人诉讼

57.1 法律条文

第五十七条 诉讼标的是同一种类、当事人一方人数众多在起诉时人数尚未确定的，人民法院可以发出公告，说明案件情况和诉讼请求，通知权利人在一定期间向人民法院登记。

向人民法院登记的权利人可以推选代表人进行诉讼；推选不出代表人的，人民法院可以与参加登记的权利人商定代表人。

代表人的诉讼行为对其所代表的当事人发生效力，但代表人变更、放弃诉讼请求或者承认对方当事人的诉讼请求，进行和解，必须经被代表的当事人同意。

人民法院作出的判决、裁定，对参加登记的全体权利人发生效力。未参加登记的权利人在诉讼时效期间提起诉讼的，适用该判决、裁定。

57.2　条文阐释

所谓人数不确定的代表人诉讼，是指在起诉时如果共同诉讼人的人数不能确定，则由向法院登记的权利人推选出代表人，代表全体共同诉讼人参加诉讼的代表人诉讼。

当事人一方人数众多且在起诉时人数仍未确定是人数不确定的代表人诉讼与人数确定的代表人诉讼的本质区别。

人数不确定的代表人诉讼中多数当事人之间的诉讼标的系同一种类，这也就意味着人数不确定的代表人诉讼只能适用于普通共同诉讼中，而必要共同诉讼则无法适用人数不确定的代表人诉讼。

人数不确定的代表人诉讼推选代表人的，只能由向人民法院登记过权利的当事人推选。若推选不出，可由人民法院提出人选并与当事人协商，协商不成的，也可由人民法院直接在起诉的当事人中指定代表人。

57.3　司法适用

在实际适用该条的过程中，应当注意“人民法院可以发出公告，说明案件情况和诉讼请求，通知权利人在一定期间向人民法院登记”。此处公告的内容及公告张贴的具体要求可参考公告送达、宣告失踪或死亡的公告内容及张贴方式。此处的权利人是指主观上认为自己享有权利的人，而非客观上实际享有权利的人。

人民法院除了应当注意审查申报权利登记的权利人是否能够证明其与对方当事人的法律关系及其所受损害之外，还应当注意审查其诉讼标的与已经起诉的诉讼标的是否为同一种类。

人数不确定的代表人诉讼的裁判效力表现在两个方面：一是对于已经登记的全体权利人有直接的拘束力；二是对未参加登记的权利人有预决效力。未参加登记的权利人在诉讼时效期间提起诉讼，人民法院认为其诉讼请求成立的，裁定适用人民法院已经作出的判决、裁定而无须另行裁判。

57.4 相关规范性文件

最高人民法院《关于适用〈中华人民共和国民事诉讼法〉的解释》（法释〔2022〕11号，自2022年4月10日起施行）

第七十七条 根据民事诉讼法第五十七条规定，当事人一方人数众多在起诉时不确定的，由当事人推选代表人。当事人推选不出的，可以由人民法院提出人选与当事人协商；协商不成的，也可以由人民法院在起诉的当事人中指定代表人。

第七十八条 民事诉讼法第五十六条和第五十七条规定的代表人为二至五人，每位代表人可以委托一至二人作为诉讼代理人。

第七十九条 依照民事诉讼法第五十七条规定受理的案件，人民法院可以发出公告，通知权利人向人民法院登记。公告期间根据案件的具体情况确定，但不得少于三十日。

第八十条 根据民事诉讼法第五十七条规定向人民法院登记的权利人，应当证明其与对方当事人的法律关系和所受到的损害。证明不了的，不予登记，权利人可以另行起诉。人民法院的裁判在登记的范围内执行。未参加登记的权利人提起诉讼，人民法院认定其请求成立的，裁定适用人民法院已作出的判决、裁定。

57.5 典型案例

57.5.1 代表人诉讼中的“一般指十人以上”，未禁止一方当事人十人以下推选诉讼代表人

裁判来源：新疆天路路桥工程建设有限公司、胡某等劳务合同纠纷案——西藏自治区高级人民法院民事裁定书，（2022）藏民申54号

法院认为：民事诉讼法设立诉讼代表人制度旨在方便双方当事人诉讼和

便于法院审理，上述法律和司法解释对当事人推选诉讼代表人的时间没有明确，并未规定当事人在起诉之后才能推选诉讼代表人，对人数众多的数额也只是指导性的确定为“一般指十人以上”，亦未禁止一方当事人10人以下推选诉讼代表人。本案六被申请人在一、二审中推举胡某为诉讼代表人代表其起诉和诉讼，一、二审法院在充分考虑法院所在地位置偏远的实际，亦为节省农民工诉讼成本，同意被申请人胡某代表六被申请人进行诉讼，具有诉讼代表资格，一、二审法院向六被申请人送达了案件受理通知书等诉讼材料，六被申请人在一、二审中始终对胡某代表其诉讼未提异议，并不违反民事诉讼法及其司法解释的规定。本案代表诉讼也未损害再审申请人新疆路桥公司及中国路桥西安公司诉讼权益。故再审申请人新疆路桥公司的此项再审申请理由不能成立。

57.5.2　“人民法院可以发出公告，说明案件情况和诉讼请求，通知权利人在一定期间向人民法院登记”这一规定并非强制规定，即使未登记也不影响权利人权利

裁判来源：李晓平、胡金波等排除妨害纠纷案——北京市高级人民法院民事裁定书，(2017) 京民申4310号

法院认为：根据《民事诉讼法》的规定，当事人一方人数众多在起诉时人数尚未确定的，法院可以发出公告并对权利人登记，该程序不具有强制性，不影响未登记权利人的诉讼和实体权利。刘淑琴等人提出一审程序违法，缺乏依据。

58. 公益诉讼

58.1　法律条文

第五十八条　对污染环境、侵害众多消费者合法权益等损害社会公共利益的行为，法律规定的机关和有关组织可以向人民法院提起诉讼。

人民检察院在履行职责中发现破坏生态环境和资源保护、食品药品安全领域侵害众多消费者合法权益等损害社会公共利益的行为，在没有前款规定的机关和组织或者前款规定的机关和组织不提起诉讼的情况

下，可以向人民法院提起诉讼。前款规定的机关或者组织提起诉讼的，人民检察院可以支持起诉。

58.2 条文阐释

公益诉讼，是指非以维护自身民事权益为目的，由特定的机关、社会团体或个人提起旨在维护社会公共利益的追究其民事责任的诉讼。不过，根据本条规定，我国实际上排除了个人提起公益诉讼之可能。公益诉讼所欲保护的利益是社会公共利益，而社会公共利益的主体是不特定的。也就是说，社会公共利益既不是某些特定个人或者组织的利益，也不是特定国家的利益。此外，本条所规定的公益诉讼仅限定于民事框架下的诉讼，即民事公益诉讼而非行政公益诉讼。当发现行政机关有侵害社会公共利益的行为而提起的公益诉讼属于行政公益诉讼而非民事公益诉讼。因此，要将本条中的“污染环境、侵害众多消费者合法权益等损害社会公共利益的行为”进行限缩解释。以侵害众多消费者合法权益的诉讼为例，尽管同一事件侵害了许多消费者的权益，这些消费者也完全可以提起代表人诉讼（私益诉讼）而非公益诉讼。故在此情形下，只有侵害了不特定消费者的利益或权益时，才属于公共利益被侵犯，进而才可以提起民事公益诉讼。

民事检察公益诉讼，是指检察机关根据其法律监督职能依法就损害社会公共利益的事项提起诉讼以维护社会公共利益的一种诉讼活动。民事检察公益诉讼的原告是特定的，即只能是各级检察机关，在诉讼中被称为“公益诉讼起诉人”。民事检察公益诉讼的提起具有非优先性，即检察机关只有在有权提起公益诉讼的其他机关和组织不提起诉讼的情况下，才可向人民法院起诉。这不同于在有关机关和组织已经提起公益诉讼的情况下，检察机关的支持起诉行为。

58.3 司法适用

实践中，应当分类把握不同诉讼中可以提起公益诉讼的原告。比如，根据《环境保护法》的相关规定，对污染环境、破坏生态，损害社会公共利益的行为，符合下列条件的社会组织可以向人民法院提起环境民事公益诉讼：（1）依法在设区的市级以上人民政府民政部门登记；（2）专门从事环境保护公益活动连续5年以上且无违法记录。此处的“设区的市级以上人民政府民政部门”是指设区的市，自治州、盟、地区，不设区的地级市，直辖市的区以上人民政府民政部门。社会组织章程确定的宗旨和主要业务范围是维护社会公共利益，且从事环境保护公益活动的，可以认定为《环境保护法》第58条规定的“专门从事环境保护公益活动”。“无违法记录”是指社会组织在提起诉讼前5年内未因从事业务活动违反法律、法规的规定受过行政、刑事处罚的情形。此外，提起环境民事公益诉讼的社会组织禁止通过环境民事公益诉讼谋取经济利益。《消费者权益保护法》将消费民事公益诉讼的原告限定为中国消费者协会以及在省、自治区、直辖市设立的消费者协会。

除上述外，还应当重点注意公益诉讼案件的以下问题：第一，公益诉讼中禁止提起反诉。第二，公益诉讼并不影响私益诉讼的提起，私益诉讼的受理也不影响民事公益诉讼的提起。私益诉讼中的原告以公益诉讼已经提起为由申请中止审理的，人民法院可以准许。公益诉讼的原告申请中止诉讼，人民法院亦可以待私益诉讼审理完毕再恢复审理。应当注意的是，私益诉讼并不能并入公益诉讼一并处理。① 第三，公益诉讼的当事人达成和解协议或者调解协议后，申请撤诉的，人民法院不予准许。非达成和解协议和调解协议的，公益诉讼案件的原告在法庭辩论终结后申请撤诉的，人民法院不予准许。

58.4　相关规范性文件

最高人民法院《关于适用〈中华人民共和国民事诉讼法〉的解释》（法释〔2022〕11号，自2022年4月10日起施行）

第二百八十二条　环境保护法、消费者权益保护法等法律规定的机关和有关组织对污染环境、侵害众多消费者合法权益等损害社会公共利益的

① 参见杜万华、胡云腾主编：《最高人民法院民事诉讼法司法解释逐条适用解析》，法律出版社2015年版，第767页。

行为，根据民事诉讼法第五十八条规定提起公益诉讼，符合下列条件的，人民法院应当受理：

（一）有明确的被告；

（二）有具体的诉讼请求；

（三）有社会公共利益受到损害的初步证据；

（四）属于人民法院受理民事诉讼的范围和受诉人民法院管辖。

第二百八十三条 公益诉讼案件由侵权行为地或者被告住所地中级人民法院管辖，但法律、司法解释另有规定的除外。

因污染海洋环境提起的公益诉讼，由污染发生地、损害结果地或者采取预防污染措施地海事法院管辖。

对同一侵权行为分别向两个以上人民法院提起公益诉讼的，由最先立案的人民法院管辖，必要时由它们的共同上级人民法院指定管辖。

第二百八十四条 人民法院受理公益诉讼案件后，应当在十日内书面告知相关行政主管部门。

第二百八十五条 人民法院受理公益诉讼案件后，依法可以提起诉讼的其他机关和有关组织，可以在开庭前向人民法院申请参加诉讼。人民法院准许参加诉讼的，列为共同原告。

第二百八十六条 人民法院受理公益诉讼案件，不影响同一侵权行为的受害人根据民事诉讼法第一百二十二条规定提起诉讼。

第二百八十七条 对公益诉讼案件，当事人可以和解，人民法院可以调解。

当事人达成和解或者调解协议后，人民法院应当将和解或者调解协议进行公告。公告期间不得少于三十日。

公告期满后，人民法院经审查，和解或者调解协议不违反社会公共利益的，应当出具调解书；和解或者调解协议违反社会公共利益的，不予出具调解书，继续对案件进行审理并依法作出裁判。

第二百八十八条 公益诉讼案件的原告在法庭辩论终结后申请撤诉的，人民法院不予准许。

第二百八十九条 公益诉讼案件的裁判发生法律效力后，其他依法具有原告资格的机关和有关组织就同一侵权行为另行提起公益诉讼的，人民法院裁定不予受理，但法律、司法解释另有规定的除外。

最高人民法院、最高人民检察院《关于办理海洋自然资源与生态环境公益诉讼案件若干问题的规定》（法释〔2022〕15号，自2022年5月15日起施行）

第一条 本规定适用于损害行为发生地、损害结果地或者采取预防措施地在海洋环境保护法第二条第一款规定的海域内，因破坏海洋生态、海洋水产资源、海洋保护区而提起的民事公益诉讼、刑事附带民事公益诉讼和行政公益诉讼。

第二条 依据海洋环境保护法第八十九条第二款规定，对破坏海洋生态、海洋水产资源、海洋保护区，给国家造成重大损失的，应当由依照海洋环境保护法规定行使海洋环境监督管理权的部门，在有管辖权的海事法院对侵权人提起海洋自然资源与生态环境损害赔偿诉讼。

有关部门根据职能分工提起海洋自然资源与生态环境损害赔偿诉讼的，人民检察院可以支持起诉。

第三条 人民检察院在履行职责中发现破坏海洋生态、海洋水产资源、海洋保护区的行为，可以告知行使海洋环境监督管理权的部门依据本规定第二条提起诉讼。在有关部门仍不提起诉讼的情况下，人民检察院就海洋自然资源与生态环境损害，向有管辖权的海事法院提起民事公益诉讼的，海事法院应予受理。

第四条 破坏海洋生态、海洋水产资源、海洋保护区，涉嫌犯罪的，在行使海洋环境监督管理权的部门没有另行提起海洋自然资源与生态环境损害赔偿诉讼的情况下，人民检察院可以在提起刑事公诉时一并提起附带民事公益诉讼，也可以单独提起民事公益诉讼。

第五条 人民检察院在履行职责中发现对破坏海洋生态、海洋水产资源、海洋保护区的行为负有监督管理职责的部门违法行使职权或者不作为，致使国家利益或者社会公共利益受到侵害的，应当向有关部门提出检察建议，督促其依法履行职责。

有关部门不依法履行职责的，人民检察院依法向被诉行政机关所在地的海事法院提起行政公益诉讼。

最高人民法院、最高人民检察院《关于检察公益诉讼案件适用法律若干问题的解释》（法释〔2020〕20号，自2021年1月1日起施行）

第五条 市（分、州）人民检察院提起的第一审民事公益诉讼案件，由侵权行为地或者被告住所地中级人民法院管辖。

基层人民检察院提起的第一审行政公益诉讼案件，由被诉行政机关所在地基层人民法院管辖。

第六条 人民检察院办理公益诉讼案件，可以向有关行政机关以及其他组织、公民调查收集证据材料；有关行政机关以及其他组织、公民应当配合；需要采取证据保全措施的，依照民事诉讼法、行政诉讼法相关规定办理。

第七条 人民法院审理人民检察院提起的第一审公益诉讼案件，适用人民陪审制。

第八条 人民法院开庭审理人民检察院提起的公益诉讼案件，应当在开庭三日前向人民检察院送达出庭通知书。

人民检察院应当派员出庭，并应当自收到人民法院出庭通知书之日起三日内向人民法院提交派员出庭通知书。派员出庭通知书应当写明出庭人员的姓名、法律职务以及出庭履行的具体职责。

最高人民法院《关于审理环境民事公益诉讼案件适用法律若干问题的解释》（法释〔2020〕20号，自2021年1月1日起施行）

第一条 法律规定的机关和有关组织依据民事诉讼法第五十五条、环境保护法第五十八条等法律的规定，对已经损害社会公共利益或者具有损害社会公共利益重大风险的污染环境、破坏生态的行为提起诉讼，符合民事诉讼法第一百一十九条第二项、第三项、第四项规定的，人民法院应予受理。

第二条 依照法律、法规的规定，在设区的市级以上人民政府民政部门登记的社会团体、基金会以及社会服务机构等，可以认定为环境保护法第五十八条规定的社会组织。

第三条 设区的市，自治州、盟、地区，不设区的地级市，直辖市的区以上人民政府民政部门，可以认定为环境保护法第五十八条规定的“设区的市级以上人民政府民政部门”。

第四条　社会组织章程确定的宗旨和主要业务范围是维护社会公共利益，且从事环境保护公益活动的，可以认定为环境保护法第五十八条规定的“专门从事环境保护公益活动”。

社会组织提起的诉讼所涉及的社会公共利益，应与其宗旨和业务范围具有关联性。

第五条　社会组织在提起诉讼前五年内未因从事业务活动违反法律、法规的规定受过行政、刑事处罚的，可以认定为环境保护法第五十八条规定的“无违法记录”。

第六条　第一审环境民事公益诉讼案件由污染环境、破坏生态行为发生地、损害结果地或者被告住所地的中级以上人民法院管辖。

中级人民法院认为确有必要的，可以在报请高级人民法院批准后，裁定将本院管辖的第一审环境民事公益诉讼案件交由基层人民法院审理。

同一原告或者不同原告对同一污染环境、破坏生态行为分别向两个以上有管辖权的人民法院提起环境民事公益诉讼的，由最先立案的人民法院管辖，必要时由共同上级人民法院指定管辖。

第七条　经最高人民法院批准，高级人民法院可以根据本辖区环境和生态保护的实际情况，在辖区内确定部分中级人民法院受理第一审环境民事公益诉讼案件。

中级人民法院管辖环境民事公益诉讼案件的区域由高级人民法院确定。

第八条　提起环境民事公益诉讼应当提交下列材料：

（一）符合民事诉讼法第一百二十一条规定的起诉状，并按照被告人数提出副本；

（二）被告的行为已经损害社会公共利益或者具有损害社会公共利益重大风险的初步证明材料；

（三）社会组织提起诉讼的，应当提交社会组织登记证书、章程、起诉前连续五年的年度工作报告书或者年检报告书，以及由其法定代表人或者负责人签字并加盖公章的无违法记录的声明。

第九条　人民法院认为原告提出的诉讼请求不足以保护社会公共利益的，可以向其释明变更或者增加停止侵害、修复生态环境等诉讼请求。

第十条　人民法院受理环境民事公益诉讼后，应当在立案之日起五日内将起诉状副本发送被告，并公告案件受理情况。

有权提起诉讼的其他机关和社会组织在公告之日起三十日内申请参加诉讼，经审查符合法定条件的，人民法院应当将其列为共同原告；逾期申请的，不予准许。

公民、法人和其他组织以人身、财产受到损害为由申请参加诉讼的，告知其另行起诉。

最高人民法院《关于审理消费民事公益诉讼案件适用法律若干问题的解释》(法释〔2020〕20号，自2021年1月1日起施行)

第一条 中国消费者协会以及在省、自治区、直辖市设立的消费者协会，对经营者侵害众多不特定消费者合法权益或者具有危及消费者人身、财产安全危险等损害社会公共利益的行为提起消费民事公益诉讼的，适用本解释。

法律规定或者全国人大及其常委会授权的机关和社会组织提起的消费民事公益诉讼，适用本解释。

第三条 消费民事公益诉讼案件管辖适用《最高人民法院关于适用〈中华人民共和国民事诉讼法〉的解释》第二百八十五条的有关规定。

经最高人民法院批准，高级人民法院可以根据本辖区实际情况，在辖区内确定部分中级人民法院受理第一审消费民事公益诉讼案件。

第四条 提起消费民事公益诉讼应当提交下列材料：

（一）符合民事诉讼法第一百二十一条规定的起诉状，并按照被告人数提交副本；

（二）被告的行为侵害众多不特定消费者合法权益或者具有危及消费者人身、财产安全危险等损害社会公共利益的初步证据；

（三）消费者组织就涉诉事项已按照消费者权益保护法第三十七条第四项或者第五项的规定履行公益性职责的证明材料。

第五条 人民法院认为原告提出的诉讼请求不足以保护社会公共利益的，可以向其释明变更或者增加停止侵害等诉讼请求。

第六条 人民法院受理消费民事公益诉讼案件后，应当公告案件受理情况，并在立案之日起十日内书面告知相关行政主管部门。

第七条 人民法院受理消费民事公益诉讼案件后，依法可以提起诉讼的其他机关或者社会组织，可以在一审开庭前向人民法院申请参加诉讼。

人民法院准许参加诉讼的，列为共同原告；逾期申请的，不予准许。

第九条 人民法院受理消费民事公益诉讼案件后，因同一侵权行为受到损害的消费者申请参加诉讼的，人民法院应当告知其根据民事诉讼法第一百一十九条规定主张权利。

最高人民法院《关于审理生态环境损害赔偿案件的若干规定（试行）》（法释〔2020〕17号，自2021年1月1日起施行）

第十六条 在生态环境损害赔偿诉讼案件审理过程中，同一损害生态环境行为又被提起民事公益诉讼，符合起诉条件的，应当由受理生态环境损害赔偿诉讼案件的人民法院受理并由同一审判组织审理。

第十七条 人民法院受理因同一损害生态环境行为提起的生态环境损害赔偿诉讼案件和民事公益诉讼案件，应先中止民事公益诉讼案件的审理，待生态环境损害赔偿诉讼案件审理完毕后，就民事公益诉讼案件未被涵盖的诉讼请求依法作出裁判。

第十八条 生态环境损害赔偿诉讼案件的裁判生效后，有权提起民事公益诉讼的国家规定的机关或者法律规定的组织就同一损害生态环境行为有证据证明存在前案审理时未发现的损害，并提起民事公益诉讼的，人民法院应予受理。

民事公益诉讼案件的裁判生效后，有权提起生态环境损害赔偿诉讼的主体就同一损害生态环境行为有证据证明存在前案审理时未发现的损害，并提起生态环境损害赔偿诉讼的，人民法院应予受理。

最高人民法院《关于审理食品安全民事纠纷案件适用法律若干问题的解释（一）》（法释〔2020〕14号，自2021年1月1日起施行）

第十三条 生产经营不符合食品安全标准的食品，侵害众多消费者合法权益，损害社会公共利益，民事诉讼法、消费者权益保护法等法律规定的机关和有关组织依法提起公益诉讼的，人民法院应予受理。

最高人民法院《关于审理食品药品纠纷案件适用法律若干问题的规定》（法释〔2021〕17号，自2021年12月1日起施行）

第十七条 消费者与化妆品、保健食品等产品的生产者、销售者、广告经营者、广告发布者、推荐者、检验机构等主体之间的纠纷，参照适用本规定。

法律规定的机关和有关组织依法提起公益诉讼的，参照适用本规定。

58.5 典型案例

58.5.1 刑事责任与民事责任是两种相互独立的责任形式，行为人未在走私废物犯罪案件中被判处刑事责任，不代表其必然无须在民事公益诉讼中承担民事责任

裁判来源：郎溪华远固体废物处置有限公司与上海市人民检察院第三分院、宁波高新区米泰贸易有限公司等环境污染责任纠纷案——最高人民法院指导案例205号，上海市高级人民法院民事判决书，（2019）沪民终450号

裁判要旨：（1）侵权人走私固体废物，造成生态环境损害或者具有污染环境、破坏生态重大风险，国家规定的机关或者法律规定的组织请求其依法承担生态环境侵权责任的，人民法院应予支持。在因同一行为引发的刑事案件中未被判处刑事责任的侵权人主张不承担生态环境侵权责任的，人民法院不予支持。

（2）对非法入境后因客观原因无法退运的固体废物采取无害化处置是防止生态环境损害发生和扩大的必要措施，所支出的合理费用应由侵权人承担。侵权人以固体废物已被行政执法机关查扣没收，处置费用应纳入行政执法成本作为抗辩理由的，人民法院不予支持。

58.5.2 法律语境中自然环境属于生态环境的范畴，不特定的多数人享有的利益正是社会公共利益的内涵

裁判来源：江西省上饶市人民检察院诉张永明、张鹭、毛伟明生态破坏民事公益诉讼案——最高人民法院指导案例208号，江西省高级人民法院民事判决书，（2020）赣民终317号

法院认为：首先，虽然“自然环境”、“生态环境”一词在不同领域有不同含义，但在法律语境中自然环境属于生态环境的范畴，如《宪法》第26条明确：“国家保护和改善生活环境和生态环境，防治污染和其他公害。”该法条将环境分为生活环境和生态环境（其中，生活环境指向与人类活动有关的环境，生态环境指向与自然活动有关的环境）；《环境保护

法》第2条："本法所称环境，是指影响人类生存和发展的各种天然的和经过人工改造的自然因素的总体，包括大气、水、海洋、土地、矿藏、森林、草原、湿地、野生生物、自然遗迹、人文遗迹、自然保护区、风景名胜区、城市和乡村等。"该法条将大气、水、海洋、土地和自然遗迹、人文遗迹、自然保护区、风景名胜区等环境分为自然环境和人工环境（其中，自然环境指与人类生存和发展有密切关系的自然条件和自然资源，人工环境指经过人类活动改造过的环境）。综合以上分析，可以认定张永明等三人采取打岩钉方式攀爬行为对巨蟒峰的损害构成对自然环境，亦即对生态环境的破坏。其次，巨蟒峰作为独一无二的自然遗迹，是不可再生的珍稀自然资源型资产，其所具有的重大科学价值、美学价值和经济价值不仅是当代人的共同财富，也是后代人应当有机会享有的环境资源。本案中，张永明等三人采取打岩钉方式攀爬对巨蟒峰的损害，侵害的是不特定社会公众的环境权益，不特定的多数人享有的利益正是社会公共利益的内涵。人们享有的环境权益不仅包含清新的空气、洁净的水源等人们生存发展所必不可少的环境基本要素，也包含基于环境而产生的可以满足人们更高层次需求的生态环境资源，例如优美的风景，具有重大科研价值的濒危动物或具有生态保护意义的稀缺植物或稀缺自然资源等。对这些资源的损害，直接损害了人们可以感受到的生态环境的自然性、多样性，甚至产生人们短时间内无法感受到的生态风险。

59. 第三人

59.1 法律条文

第五十九条 对当事人双方的诉讼标的，第三人认为有独立请求权的，有权提起诉讼。

对当事人双方的诉讼标的，第三人虽然没有独立请求权，但案件处理结果同他有法律上的利害关系的，可以申请参加诉讼，或者由人民法院通知他参加诉讼。人民法院判决承担民事责任的第三人，有当事人的诉讼权利义务。

前两款规定的第三人，因不能归责于本人的事由未参加诉讼，但有证据证明发生法律效力的判决、裁定、调解书的部分或者全部内容错误，损害其民事权益的，可以自知道或者应当知道其民事权益受到损害之日起六个月内，向作出该判决、裁定、调解书的人民法院提起诉讼。人民法院经审理，诉讼请求成立的，应当改变或者撤销原判决、裁定、调解书；诉讼请求不成立的，驳回诉讼请求。

59.2 条文阐释

本条规定了有独立请求权的第三人、无独立请求权的第三人以及第三人撤销之诉制度。有独立请求权的第三人，是指对原告和被告争议的诉讼标的有独立请求权而参加诉讼的人。相应地，无独立请求权的第三人，则是指虽然对原告和被告争议的诉讼标的没有独立的请求权，但因案件处理结果同其有法律上的利害关系而申请或被通知参加诉讼的人。

有独立请求权的第三人在第三人参加之诉中的诉讼地位就是原告，是诉讼的当事人。因此，其参加本诉的方式是起诉。但无独立请求权的第三人的诉讼地位则存在不同情形。其一，辅助本诉一方当事人的无独立请求权的第三人，实践中也称其为“辅助型第三人”；其二，独立承担民事责任的无独立请求权的第三人，又称其为“被告型”第三人。由于辅助型第三人始终是站在本诉当事人一方，否则不是辅助人，因此通常主动参加诉讼，即申请参加诉讼。被告型第三人则是独立地面对本诉的原告和被告，通常情况下是法院基于被告的要求而将其纳入本诉，即所谓被通知参加诉讼。当然，在个别情况下，也存在被告型第三人主动参加诉讼而对本诉被告的指控进行抗辩的情形。

第三人撤销之诉，是指案外第三人申请撤销他人之间已经生效的、错误的判决、裁定和调解书，以维护自己民事权益的制度。

59.3 司法适用

在诉讼中，有独立请求权的第三人既对抗本诉原告，又对抗本诉被告，其提出诉讼请求的理由往往是本诉原、被告双方侵害了自己的权利，因此对他们提起独立的请求。有独立请求权的第三人参加诉讼的条件有以下三点：（1）对本诉中争议的诉讼标的主张独立的请求权；（2）所参加的诉讼正在进行中；（3）以起诉的方式参加。

辅助型无独立请求权的第三人参加诉讼的条件：（1）与案件处理结果有法律上的利害关系；（2）所参加的诉讼正在进行中；（3）参加的诉讼是他人之间的诉讼。

与辅助型无独立请求权的第三人不同，被告型无独立请求权的第三人往往要承担民事责任，因此该第三人与他人之间的法律关系实际上已经成为诉讼标的，其也成为本案当事人。

此外，不同类型的第三人参加二审程序后的处理方式也有所不同。如果有独立请求权的第三人在第一审程序中未参加诉讼，第二审人民法院可以在当事人自愿的基础上进行调解，若调解不成，则发回重审。对于无独立请求权的第三人，其在第一审程序中未参加诉讼，而在第二审程序参加诉讼的，如果需要其承担责任，则第二审人民法院也可以根据当事人自愿的原则予以调解，调解不成的，发回重审。

对于第三人撤销之诉，实践中也需要重点关注以下几点问题：（1）第三人撤销之诉虽然被规定在第一审普通程序之后，但第三人撤销之诉并不同于普通民事诉讼，亦不适用普通诉讼中的起诉条件。因此，应当注意把握第三人撤销之诉提起的消极要件。适用非讼程序审理的案件、涉身份关系的案件以及公益诉讼案件等均不能提起第三人撤销之诉。而且，只有在穷尽其他救济手段时（无法采用其他法律救济途径），才能提起第三人撤销之诉。（2）第三人撤销之诉案件被受理后，原告提供相应担保请求中止执行原裁判或调解书的，法院可以准许，或者当事人并未主动申请中止执行，而法院认为确有必要的，也可以依职权裁定中止执行。此处的中止执行既可以是部分中止，也可以是全部中止。（3）第三人撤销之诉只能适用普通程序审理，不能适用简易程序审理。（4）第三人因不能归责于本人的事由而未参加诉讼的情形一般如下：第一，不知道诉讼而未参加；第二，申请参加未获准许；第三，虽知道诉讼，但因客观原因确无法参加；第四，其他因不能归责于本人的事由而未参加诉讼。（5）改变原判决、裁定、调解书，并非指完全否定原裁判及调解书的内容，而是仅仅纠正错误的部分。

而且，错误的部分仅限于判决、裁定的主文内容以及调解书中涉及当事人民事权利义务结果的部分，而不包括事实认定、理由等内容。

59.4 相关规范性文件

最高人民法院《关于适用〈中华人民共和国民事诉讼法〉的解释》（法释〔2022〕11号，自2022年4月10日起施行）

第八十一条 根据民事诉讼法第五十九条的规定，有独立请求权的第三人有权向人民法院提出诉讼请求和事实、理由，成为当事人；无独立请求权的第三人，可以申请或者由人民法院通知参加诉讼。

第一审程序中未参加诉讼的第三人，申请参加第二审程序的，人民法院可以准许。

第八十二条 在一审诉讼中，无独立请求权的第三人无权提出管辖异议，无权放弃、变更诉讼请求或者申请撤诉，被判决承担民事责任的，有权提起上诉。

第二百九十条 第三人对已经发生法律效力的判决、裁定、调解书提起撤销之诉的，应当自知道或者应当知道其民事权益受到损害之日起六个月内，向作出生效判决、裁定、调解书的人民法院提出，并应当提供存在下列情形的证据材料：

（一）因不能归责于本人的事由未参加诉讼；

（二）发生法律效力的判决、裁定、调解书的全部或者部分内容错误；

（三）发生法律效力的判决、裁定、调解书内容错误损害其民事权益。

第二百九十一条 人民法院应当在收到起诉状和证据材料之日起五日内送交对方当事人，对方当事人可以自收到起诉状之日起十日内提出书面意见。

人民法院应当对第三人提交的起诉状、证据材料以及对方当事人的书面意见进行审查。必要时，可以询问双方当事人。

经审查，符合起诉条件的，人民法院应当在收到起诉状之日起三十日内立案。不符合起诉条件的，应当在收到起诉状之日起三十日内裁定不予受理。

第二百九十二条 人民法院对第三人撤销之诉案件，应当组成合议庭开庭审理。

第二百九十三条　民事诉讼法第五十九条第三款规定的因不能归责于本人的事由未参加诉讼，是指没有被列为生效判决、裁定、调解书当事人，且无过错或者无明显过错的情形。包括：

（一）不知道诉讼而未参加的；

（二）申请参加未获准许的；

（三）知道诉讼，但因客观原因无法参加的；

（四）因其他不能归责于本人的事由未参加诉讼的。

第二百九十四条　民事诉讼法第五十九条第三款规定的判决、裁定、调解书的部分或者全部内容，是指判决、裁定的主文，调解书中处理当事人民事权利义务的结果。

第二百九十五条　对下列情形提起第三人撤销之诉的，人民法院不予受理：

（一）适用特别程序、督促程序、公示催告程序、破产程序等非讼程序处理的案件；

（二）婚姻无效、撤销或者解除婚姻关系等判决、裁定、调解书中涉及身份关系的内容；

（三）民事诉讼法第五十七条规定的未参加登记的权利人对代表人诉讼案件的生效裁判；

（四）民事诉讼法第五十八条规定的损害社会公共利益行为的受害人对公益诉讼案件的生效裁判。

第二百九十六条　第三人提起撤销之诉，人民法院应当将该第三人列为原告，生效判决、裁定、调解书的当事人列为被告，但生效判决、裁定、调解书中没有承担责任的无独立请求权的第三人列为第三人。

第二百九十七条　受理第三人撤销之诉案件后，原告提供相应担保，请求中止执行的，人民法院可以准许。

第二百九十八条　对第三人撤销或者部分撤销发生法律效力的判决、裁定、调解书内容的请求，人民法院经审理，按下列情形分别处理：

（一）请求成立且确认其民事权利的主张全部或部分成立的，改变原判决、裁定、调解书内容的错误部分；

（二）请求成立，但确认其全部或部分民事权利的主张不成立，或者未提出确认其民事权利请求的，撤销原判决、裁定、调解书内容的错误部分；

（三）请求不成立的，驳回诉讼请求。

对前款规定裁判不服的，当事人可以上诉。

原判决、裁定、调解书的内容未改变或者未撤销的部分继续有效。

第二百九十九条 第三人撤销之诉案件审理期间，人民法院对生效判决、裁定、调解书裁定再审的，受理第三人撤销之诉的人民法院应当裁定将第三人的诉讼请求并入再审程序。但有证据证明原审当事人之间恶意串通损害第三人合法权益的，人民法院应当先行审理第三人撤销之诉案件，裁定中止再审诉讼。

第三百条 第三人诉讼请求并入再审程序审理的，按照下列情形分别处理：

（一）按照第一审程序审理的，人民法院应当对第三人的诉讼请求一并审理，所作的判决可以上诉；

（二）按照第二审程序审理的，人民法院可以调解，调解达不成协议的，应当裁定撤销原判决、裁定、调解书，发回一审法院重审，重审时应当列明第三人。

第三百零一条 第三人提起撤销之诉后，未中止生效判决、裁定、调解书执行的，执行法院对第三人依照民事诉讼法第二百三十四条规定提出的执行异议，应予审查。第三人不服驳回执行异议裁定，申请对原判决、裁定、调解书再审的，人民法院不予受理。

案外人对人民法院驳回其执行异议裁定不服，认为原判决、裁定、调解书内容错误损害其合法权益的，应当根据民事诉讼法第二百三十四条规定申请再审，提起第三人撤销之诉的，人民法院不予受理。

最高人民法院《关于适用〈中华人民共和国民法典〉婚姻家庭编的解释（一）》（法释〔2020〕22号，自2021年1月1日起施行）

第十六条 人民法院审理重婚导致的无效婚姻案件时，涉及财产处理的，应当准许合法婚姻当事人作为有独立请求权的第三人参加诉讼。

最高人民法院《关于适用〈中华人民共和国公司法〉若干问题的规定（二）》（法释〔2020〕18号，自2021年1月1日起施行）

第四条　股东提起解散公司诉讼应当以公司为被告。

原告以其他股东为被告一并提起诉讼的，人民法院应当告知原告将其他股东变更为第三人；原告坚持不予变更的，人民法院应当驳回原告对其他股东的起诉。

原告提起解散公司诉讼应当告知其他股东，或者由人民法院通知其参加诉讼。其他股东或者有关利害关系人申请以共同原告或者第三人身份参加诉讼的，人民法院应予准许。

最高人民法院《关于适用〈中华人民共和国公司法〉若干问题的规定（四）》（法释〔2020〕18号，自2021年1月1日起施行）

第三条　原告请求确认股东会或者股东大会、董事会决议不成立、无效或者撤销决议的案件，应当列公司为被告。对决议涉及的其他利害关系人，可以依法列为第三人。

一审法庭辩论终结前，其他有原告资格的人以相同的诉讼请求申请参加前款规定诉讼的，可以列为共同原告。

第二十四条第一款　符合公司法第一百五十一条第一款规定条件的股东，依据公司法第一百五十一条第二款、第三款规定，直接对董事、监事、高级管理人员或者他人提起诉讼的，应当列公司为第三人参加诉讼。

最高人民法院《关于审理民间借贷案件适用法律若干问题的规定》（法释〔2020〕17号，自2021年1月1日起施行）

第二十二条第一款　法人的法定代表人或者非法人组织的负责人以单位名义与出借人签订民间借贷合同，有证据证明所借款项系法定代表人或者负责人个人使用，出借人请求将法定代表人或者负责人列为共同被告或者第三人的，人民法院应予准许。

最高人民法院《关于审理利用信息网络侵害人身权益民事纠纷案件适用法律若干问题的规定》（法释〔2020〕17号，自2021年1月1日起施行）

第二条　原告依据民法典第一千一百九十五条、第一千一百九十七条的规定起诉网络用户或者网络服务提供者的，人民法院应予受理。

原告仅起诉网络用户，网络用户请求追加涉嫌侵权的网络服务提供者为共同被告或者第三人的，人民法院应予准许。

原告仅起诉网络服务提供者，网络服务提供者请求追加可以确定的网络用户为共同被告或者第三人的，人民法院应予准许。

最高人民法院《关于审理劳动争议案件适用法律问题的解释（一）》（法释〔2020〕26号，自2021年1月1日起施行）

第二十七条 用人单位招用尚未解除劳动合同的劳动者，原用人单位与劳动者发生的劳动争议，可以列新的用人单位为第三人。

原用人单位以新的用人单位侵权为由提起诉讼的，可以列劳动者为第三人。

原用人单位以新的用人单位和劳动者共同侵权为由提起诉讼的，新的用人单位和劳动者列为共同被告。

最高人民法院《关于审理医疗损害责任纠纷案件适用法律若干问题的解释》（法释〔2020〕17号，自2021年1月1日起施行）

第二条 患者因同一伤病在多个医疗机构接受诊疗受到损害，起诉部分或者全部就诊的医疗机构的，应予受理。

患者起诉部分就诊的医疗机构后，当事人依法申请追加其他就诊的医疗机构为共同被告或者第三人的，应予准许。必要时，人民法院可以依法追加相关当事人参加诉讼。

第三条 患者因缺陷医疗产品受到损害，起诉部分或者全部医疗产品的生产者、销售者、药品上市许可持有人和医疗机构的，应予受理。

患者仅起诉医疗产品的生产者、销售者、药品上市许可持有人、医疗机构中部分主体，当事人依法申请追加其他主体为共同被告或者第三人的，应予准许。必要时，人民法院可以依法追加相关当事人参加诉讼。

患者因输入不合格的血液受到损害提起侵权诉讼的，参照适用前两款规定。

最高人民法院《关于审理旅游纠纷案件适用法律若干问题的规定》（法释〔2020〕17号，自2021年1月1日起施行）

第四条 因旅游辅助服务者的原因导致旅游经营者违约，旅游者仅起诉旅游经营者的，人民法院可以将旅游辅助服务者追加为第三人。

第五条　旅游经营者已投保责任险，旅游者因保险责任事故仅起诉旅游经营者的，人民法院可以应当事人的请求将保险公司列为第三人。

第七条　旅游经营者、旅游辅助服务者未尽到安全保障义务，造成旅游者人身损害、财产损失，旅游者请求旅游经营者、旅游辅助服务者承担责任的，人民法院应予支持。

因第三人的行为造成旅游者人身损害、财产损失，由第三人承担责任；旅游经营者、旅游辅助服务者未尽安全保障义务，旅游者请求其承担相应补充责任的，人民法院应予支持。

最高人民法院《关于审理融资租赁合同纠纷案件适用法律问题的解释》（法释〔2020〕17号，自2021年1月1日起施行）

第十三条　出卖人与买受人因买卖合同发生纠纷，或者出租人与承租人因融资租赁合同发生纠纷，当事人仅对其中一个合同关系提起诉讼，人民法院经审查后认为另一合同关系的当事人与案件处理结果有法律上的利害关系的，可以通知其作为第三人参加诉讼。

承租人与租赁物的实际使用人不一致，融资租赁合同当事人未对租赁物的实际使用人提起诉讼，人民法院经审查后认为租赁物的实际使用人与案件处理结果有法律上的利害关系的，可以通知其作为第三人参加诉讼。

承租人基于买卖合同和融资租赁合同直接向出卖人主张受领租赁物、索赔等买卖合同权利的，人民法院应通知出租人作为第三人参加诉讼。

最高人民法院《关于审理存单纠纷案件的若干规定》（法释〔2020〕18号，自2021年1月1日起施行）

第六条　对以存单为表现形式的借贷纠纷案件的认定和处理……

（三）当事人的确定

出资人起诉金融机构的，人民法院应通知用资人作为第三人参加诉讼；出资人起诉用资人的，人民法院应通知金融机构作为第三人参加诉讼；公款私存的，人民法院在查明款项的真实所有人基础上，应通知款项的真实所有人为权利人参加诉讼，与存单记载的个人为共同诉讼人。该个人申请退出诉讼的，人民法院可予准许。

59.5 典型案例

59.5.1 只有有独立请求权的第三人和无独立请求权的第三人才能提起第三人撤销之诉

裁判来源：唐旭华第三人撤销之诉案——最高人民法院民事裁定书，(2022) 最高法民终199号

法院认为：有权提起第三人撤销之诉的主体限于《民事诉讼法》第59条规定的第三人。《全国法院民商事审判工作会议纪要》第120条进一步明确了第三人撤销之诉中的第三人仅局限于《民事诉讼法》第59条规定的有独立请求权及无独立请求权的第三人，而且一般不包括债权人。唐旭华是荣胜房产公司的普通债权人，不是该案的第三人。故一审法院认定唐旭华不具备第三人的诉讼主体身份，裁定对唐旭华提起的第三人撤销之诉不予受理，并无不当。唐旭华如认为该调解书违法，损害其利益，应依法通过审判监督程序寻求救济。

59.5.2 提起执行异议后不能再提起第三人撤销之诉

裁判来源：孙素杰、黄承义等第三人撤销之诉案——最高人民法院民事裁定书，(2022) 最高法民终300号

法院认为：关于提起执行异议后能否再提起第三人撤销之诉问题。根据《民事诉讼法》第234条、《最高人民法院关于适用〈中华人民共和国民事诉讼法〉的解释》(2022年修正) 第301条第2款的规定，救济程序启动后案外人不享有程序选择权。案外人先启动执行异议程序的，对执行异议裁定不服，认为原裁判内容错误损害其合法权益的，只能向作出原裁判的人民法院申请再审，不能再提起第三人撤销之诉。

59.5.3 在建工程的抵押权人与该房屋建设工程承包人和发包人之间确认建设工程价款优先受偿权的诉讼案件，具有法律上的利害关系，属于法律所规定的第三人

裁判来源：中国建设银行股份有限公司龙岩新罗支行、福建省惠一建设工程有限公司等第三人撤销之诉案——最高人民法院民事裁定书，(2022) 最高法民终161号

法院认为：关于建行新罗支行是否具备提起本案第三人撤销之诉主体

资格的问题。在建工程设立抵押后，抵押权人对该在建工程享有优先受偿权并优先于普通金钱债权。如果房屋建设工程承包人与发包人之间发生确认建设工程价款优先受偿权的诉讼，因建设工程价款优先受偿权优先于抵押权受偿，该案件一旦确认了承包人的建设工程价款优先受偿权，必然会影响抵押权的受偿顺序，而且在抵押物价值不足以同时覆盖二者的情况下，还会直接损害抵押权人的权益。因此，在建工程的抵押权人对于该房屋建设工程承包人和发包人之间确认建设工程价款优先受偿权的诉讼案件，具有法律上的利害关系，属于《民事诉讼法》第 59 条所规定的第三人。

第二节　诉讼代理人

60. 法定诉讼代理人

60.1　法律条文

第六十条　无诉讼行为能力人由他的监护人作为法定代理人代为诉讼。法定代理人之间互相推诿代理责任的，由人民法院指定其中一人代为诉讼。

60.2　条文阐释

本条规定了法定诉讼代理人以及法院指定法定诉讼代理人的制度。法定诉讼代理人，是指根据法律规定，代理无诉讼行为能力的当事人进行民事活动的人。法定诉讼代理人最本质的特征在于其代理权的取得是基于法律的直接规定而非当事人的委托。法定诉讼代理人的被代理人只限于无民事行为能力人或限制民事行为能力人。法定诉讼代理人的范围一般与无民事行为能力人或限制民事行为能力人的监护人一致。

60.3 司法适用

法定诉讼代理人不同于委托诉讼代理人，法定诉讼代理人的代理是一种全权代理。法定诉讼代理人可以按照自己的意志代理被代理人实施一切诉讼行为，包括起诉、应诉、放弃或变更诉讼请求以及反诉等。不过，法定诉讼代理人不得实施任何有损被代理人利益的行为。

虽然法定诉讼代理人具有类似于当事人的诉讼地位，并享有类似于当事人的诉讼权利，但其与当事人仍存在差别：（1）法定诉讼代理人以当事人而非自身的名义起诉或应诉；（2）法院最终裁判所针对的是当事人而非法定诉讼代理人；（3）诉讼中，法定诉讼代理人死亡的，法院可以另行指定监护人继续作为本案的法定诉讼代理人诉讼，无须终结诉讼。

法定诉讼代理权消灭的原因在于监护权的消灭。实践中，可能存在以下几种情况：（1）无诉讼行为能力的被代理人具有或恢复了诉讼行为能力；（2）法定诉讼代理人本人丧失了诉讼行为能力；（3）基于收养或婚姻关系而产生的监护权，因收养或婚姻关系被解除而消灭，从而导致法定诉讼代理权消灭；（4）法定诉讼代理人或被代理人死亡；（5）诉讼终结；（6）其他导致法定诉讼代理权消灭的情况。

在诉讼过程中，如果法定诉讼代理人的监护权消灭，其应当及时将法定诉讼代理权消灭的事实告知法院，并退出诉讼。

60.4 相关规范性文件

最高人民法院《关于适用〈中华人民共和国民事诉讼法〉的解释》（法释〔2022〕11号，自2022年4月10日起施行）

第八十三条 在诉讼中，无民事行为能力人、限制民事行为能力人的监护人是他的法定代理人。事先没有确定监护人的，可以由有监护资格的人协商确定；协商不成的，由人民法院在他们之中指定诉讼中的法定代理人。当事人没有民法典第二十七条、第二十八条规定的监护人的，可以指定民法典第三十二条规定的有关组织担任诉讼中的法定代理人。

60.5　典型案例

60.5.1　法院不能仅以不能确定监护人从而不能确定法定诉讼代理人为由，认为诉讼程序无法进行而驳回当事人起诉

裁判来源：朝阳市第二医院与姜淑芹医疗服务合同纠纷案——辽宁省朝阳市中级人民法院民事裁定书，(2023) 辽13民终396号

法院认为：被上诉人姜淑芹自2012年7月昏迷至今，现处于植物人生存状况，双方对该事实均无异议，姜淑芹属于不能辨认自己行为的成年人，即姜淑芹当前不具备民事行为能力，对该事实的判断并非必须经过特别程序作出认定。不能辨认自己行为的成年人为无民事行为能力人，由其法定代理人实施民事法律行为……当事人没有《民法典》第27条、第28条规定的监护人的，可以指定《民法典》第32条规定的有关组织担任诉讼中的法定代理人。故一审法院以"现不能确定姜淑芹的监护人，诉讼程序无法进行。原告的起诉不符合条件"为由裁定驳回上诉人的起诉，属适用法律错误，应予纠正。

61. 委托诉讼代理人

61.1　法律条文

第六十一条　当事人、法定代理人可以委托一至二人作为诉讼代理人。

下列人员可以被委托为诉讼代理人：

（一）律师、基层法律服务工作者；

（二）当事人的近亲属或者工作人员；

（三）当事人所在社区、单位以及有关社会团体推荐的公民。

61.2　条文阐释

委托诉讼代理人，是指根据当事人、法定代表人或法定代理人的委托，代为进行诉讼活动的人。委托诉讼代理人要依赖被代理人的授权进行诉讼

代理活动，故又被称为授权代理人或意定代理人。①

61.3 司法适用

实践中，应当着重把握委托诉讼代理人的特点：第一，诉讼代理权来源于当事人、法定代表人或者法定代理人的委托；第二，代理的范围和事项由被代理人决定；第三，委托诉讼代理人必须具有诉讼行为能力。

实践中，适用该条时，还应当重点把握以下几点：（1）无民事行为能力人、限制民事行为能力人以及其他依法不能作为诉讼代理人的，当事人不得委托其作为诉讼代理人。而“其他依法不能作为诉讼代理人的”的情形，通常指“可能损害被代理人利益的”、代理人在诉讼中同时代理双方当事人的以及法律规定不得作为代理人的其他情形。法院在审查时应根据案件的具体情况作出判断。②（2）关于近亲属的范围，我国现行法律、司法解释从不同的立法目的出发，存在不同的规定。本条对当事人近亲属范围作出的扩张性规定，便于当事人的近亲属作为诉讼代理人参加诉讼，尤其是在未成年人案件中，对孤儿未成年人，有利于其近亲属有更多的机会参加诉讼，依法维护其合法权益。③（3）与当事人有合法劳动人事关系的职工可以当事人工作人员的名义作为诉讼代理人。关于“合法劳动人事关系”的证明材料，诉讼代理人应当提交委托人单位介绍信、本人身份证、上岗证或工作证等身份证明，也可以提交劳动合同、工资表、社会保险资料等证明材料，以证实自己与委托单位的关系。④

---

① 参见张卫平：《民事诉讼法》（第6版），法律出版社2023年版，第188－189页。

② 参见杜万华、胡云腾主编：《最高人民法院民事诉讼法司法解释逐条适用解析》，法律出版社2015年版，第130页。

③ 参见最高人民法院修改后民事诉讼法贯彻实施工作领导小组编著：《最高人民法院民事诉讼法司法解释理解与适用》（上），人民法院出版社2015年版，第297页。

④ 参见杜万华、胡云腾主编：《最高人民法院民事诉讼法司法解释逐条适用解析》，法律出版社2015年版，第132页。

61.4　相关规范性文件

最高人民法院《关于适用〈中华人民共和国民事诉讼法〉的解释》（法释〔2022〕11号，自2022年4月10日起施行）

第八十四条　无民事行为能力人、限制民事行为能力人以及其他依法不能作为诉讼代理人的，当事人不得委托其作为诉讼代理人。

第八十五条　根据民事诉讼法第六十一条第二款第二项规定，与当事人有夫妻、直系血亲、三代以内旁系血亲、近姻亲关系以及其他有抚养、赡养关系的亲属，可以当事人近亲属的名义作为诉讼代理人。

第八十六条　根据民事诉讼法第六十一条第二款第二项规定，与当事人有合法劳动人事关系的职工，可以当事人工作人员的名义作为诉讼代理人。

第八十七条　根据民事诉讼法第六十一条第二款第三项规定，有关社会团体推荐公民担任诉讼代理人的，应当符合下列条件：

（一）社会团体属于依法登记设立或者依法免予登记设立的非营利性法人组织；

（二）被代理人属于该社会团体的成员，或者当事人一方住所地位于该社会团体的活动地域；

（三）代理事务属于该社会团体章程载明的业务范围；

（四）被推荐的公民是该社会团体的负责人或者与该社会团体有合法劳动人事关系的工作人员。

专利代理人经中华全国专利代理人协会推荐，可以在专利纠纷案件中担任诉讼代理人。

61.5　典型案例

61.5.1　"表哥"属于与当事人有夫妻、直系血亲、三代以内旁系血亲、近姻亲关系以及其他有抚养、赡养关系的亲属，可以当事人近亲属的名义作为诉讼代理人

裁判来源：中国银行股份有限公司沈阳大东支行与李铁龙金融借款合同纠纷案——辽宁省沈阳市中级人民法院民事裁定书，（2022）辽01民终

17566 号

法院认为：关于上诉人主张的程序问题。《最高人民法院关于适用〈中华人民共和国民事诉讼法〉的解释》第 85 条规定："根据民事诉讼法第六十一条第二款第二项规定，与当事人有夫妻、直系血亲、三代以内旁系血亲、近姻亲关系以及其他有抚养、赡养关系的亲属，可以当事人近亲属的名义作为诉讼代理人。根据一审庭审笔录记载，孟令祎为被上诉人表哥，上诉人对其委托诉讼代理人身份无异议。

61.5.2　当事人向法院提供了《劳动合同》《聘用通知书》等符合"合法劳动人事关系"的证明材料的，法院应当认定属于"与当事人有合法劳动人事关系的职工，可以当事人工作人员的名义作为诉讼代理人"的情形

裁判来源：罗乾仕、龙岩佰翔冠豸秘谷酒店有限公司劳动争议纠纷案——福建省龙岩市中级人民法院民事判决书，(2022) 闽 08 民终 1328 号

法院认为：被上诉人已提供了其与何云龙签订的《劳动合同》及《聘用通知书》，何云龙作为被上诉人的委托诉讼代理人出庭参加诉讼，符合《最高人民法院关于适用〈中华人民共和国民事诉讼法〉的解释》第 68 条"根据民事诉讼法第六十一条第二款第二项规定，与当事人有合法劳动人事关系的职工，可以当事人工作人员的名义作为诉讼代理人"的规定，一审审理程序并未违法。

62. 委托诉讼代理权的取得和权限

62.1　法律条文

第六十二条　委托他人代为诉讼，必须向人民法院提交由委托人签名或者盖章的授权委托书。

授权委托书必须记明委托事项和权限。诉讼代理人代为承认、放弃、变更诉讼请求，进行和解，提起反诉或者上诉，必须有委托人的特别授权。

侨居在国外的中华人民共和国公民从国外寄交或者托交的授权委托书，必须经中华人民共和国驻该国的使领馆证明；没有使领馆的，由与中华人民共和国有外交关系的第三国驻该国的使领馆证明，再转由中华人民共和国驻该第三国使领馆证明，或者由当地的爱国华侨团体证明。

62.2　条文阐释

本条规定了委托诉讼代理权的取得和权限。

首先，关于委托诉讼代理权的取得。由于委托诉讼代理人的诉讼代理权，来自被代理人的委托授权。因此，委托诉讼代理人要取得代理权，代为进行诉讼，必须向人民法院提交由委托人签名或者盖章的授权委托书。由于授权委托书是委托诉讼代理人取得诉讼代理权的唯一书面凭证，因此应保证授权委托书的真实性。此外，本条还对侨居在国外的中国公民从国外寄交或者托付提交的授权委托书作出了特别规定。

其次，关于委托诉讼代理权的权限。委托诉讼代理人的代理权限来自当事人、法定代表人或法定代理人的委托，因此，委托诉讼代理人只能在被代理人授权的范围内实施诉讼行为。由于当事人在诉讼过程中的权利可以被分为两类：一类是实体权利或与实体权利密切相关的诉讼权利，如代为承认、放弃、变更诉讼请求；另一类是纯粹的诉讼权利或与实体权利关系不密切的诉讼权利，如申请回避。故本条对于委托诉讼代理权的权限也进行了分类规定，即一般授权和特别授权。其中，特别授权是指被代理人对涉及自己实体权利的处分事项，专门且明确地授予诉讼代理人特定权限，如本条中规定的代为承认、放弃、变更诉讼请求等权限。

62.3　司法适用

实践中，在适用该条时，应当重点关注以下几点：

（1）当事人如果在授权委托书中未写明代理人在执行程序中有代理权及具体的代理事项，代理人的代理权仅限于第一审或第二审程序，在执行程序中没有代理权。

（2）授权委托书仅笼统地写上“代理诉讼”“全权代理”“特别代理”

而无具体授权的，诉讼代理人无权代为承认、放弃、变更诉讼请求，进行和解，提出反诉或者提起上诉，但仍有对纯粹的诉讼权利或者与实体权利关系不密切的诉讼权利的代理权。

(3) 在未经被代理人同意的情况下，代理人不能再行委托诉讼代理人(也称转委托)。

(4) 被代理人委托诉讼代理人代为诉讼后，被代理人仍有直接实施诉讼行为的权利。而且当被代理人的诉讼行为与委托诉讼代理人的诉讼行为不一致时，应以被代理人的诉讼行为为准。不过，关于法律问题的陈述，一般应以委托诉讼代理人的陈述为准。

62.4 相关规范性文件

最高人民法院《关于适用〈中华人民共和国民事诉讼法〉的解释》(法释〔2022〕11号，自2022年4月10日起施行)

第八十八条 诉讼代理人除根据民事诉讼法第六十二条规定提交授权委托书外，还应当按照下列规定向人民法院提交相关材料：

(一) 律师应当提交律师执业证、律师事务所证明材料；

(二) 基层法律服务工作者应当提交法律服务工作者执业证、基层法律服务所出具的介绍信以及当事人一方位于本辖区内的证明材料；

(三) 当事人的近亲属应当提交身份证件和与委托人有近亲属关系的证明材料；

(四) 当事人的工作人员应当提交身份证件和与当事人有合法劳动人事关系的证明材料；

(五) 当事人所在社区、单位推荐的公民应当提交身份证件、推荐材料和当事人属于该社区、单位的证明材料；

(六) 有关社会团体推荐的公民应当提交身份证件和符合本解释第八十七条规定条件的证明材料。

第八十九条 当事人向人民法院提交的授权委托书，应当在开庭审理前送交人民法院。授权委托书仅写“全权代理”而无具体授权的，诉讼代理人无权代为承认、放弃、变更诉讼请求，进行和解，提出反诉或者提起上诉。

适用简易程序审理的案件，双方当事人同时到庭并径行开庭审理的，可以当场口头委托诉讼代理人，由人民法院记入笔录。

最高人民法院《关于知识产权民事诉讼证据的若干规定》（法释〔2020〕12号，自2020年11月18日起施行）

第十条　在一审程序中已经根据民事诉讼法第五十九条、第二百六十四条的规定办理授权委托书公证、认证或者其他证明手续的，在后续诉讼程序中，人民法院可以不再要求办理该授权委托书的上述证明手续。

62.5　典型案例

62.5.1　委托诉讼代理不同于普通的委托代理

裁判来源：顾某红、陈某亭等合同纠纷案——湖南省湘潭市雨湖区人民法院民事裁定书，（2022）湘0302民初3376号

法院认为：本案中，三原告的起诉状中仅有原告顾某红一人签名，原告郭某、陈某亭各向本院提交了一份委托书，委托书中载明“因本人工作较忙，无法脱身。不能亲自办理中交（湘潭）河西滨江项目管理有限公司的相关手续。特委托顾某红为我的合法代理人，全权代表我本人办理中交（湘潭）河西滨江项目管理有限公司相关事项，对受委托人在办理上述有关事项过程中，所签署的相关文件，我本人均予以认可，并自愿承担相应的法律责任”，该委托书授权事项不明，并非就诉讼案件进行授权，且提起诉讼该项与实体权利密切相关的事项需有委托人明确的授权，否则代理人无权代理。此外，根据《民事诉讼法》第61条的规定，公民代理需由当事人所在社区、单位或者社会团体进行推荐，而本案中原告郭某、陈某亭委托原告顾某红为其代理人，但并无原告陈某亭所在社区、单位或是社会团体的推荐函，其授权委托不符合法律规定，原告顾某红无权代为提起本案诉讼。

63. 诉讼代理权的变更和解除

63.1　法律条文

第六十三条　诉讼代理人的权限如果变更或者解除，当事人应当书面告知人民法院，并由人民法院通知对方当事人。

63.2 条文阐释

本条规定了诉讼代理权的变更和解除。在诉讼存续期间内被代理人可以变更代理权限，包括更换委托诉讼代理人、扩大和缩小授权范围。由于诉讼代理权的变更关系诉讼行为的效力和对方当事人的利益，因此，被代理人变更诉讼代理权限的，应及时书面告知法院，并由法院通知对方当事人或法定代理人。

63.3 司法适用

诉讼法有自己独立的规制原理，诉讼代理权的消灭与民法代理权的消灭有所不同。在诉讼法中，诉讼代理权会因为代理人特定资格的丧失而消灭。例如，诉讼代理人为律师的，其律师资格丧失时，诉讼代理权也将消灭。一般而言，实践中委托诉讼代理权可因下列原因消灭：（1）诉讼终结；（2）诉讼代理人辞去委托或被代理人解除委托；（3）诉讼代理人死亡或作为被代理人的法人解散。诉讼代理权解除时，当事人应当书面告知人民法院，并由人民法院通知对方当事人或法定代理人。

63.4 典型案例

63.4.1 如果诉讼代理人的权限变更或者解除，当事人应当书面告知人民法院，并提交变更后的法定代表人身份证明书和委托诉讼代理人授权委托书

裁判来源：西安研苑置业有限公司、西安建工大唐建设项目管理有限公司委托代建合同纠纷案——最高人民法院民事裁定书，（2017）最高法民申3977号

法院认为：《民事诉讼法》第60条规定，“诉讼代理人的权限如果变更或者解除，当事人应当书面告知人民法院，并由人民法院通知对方当事人”。研苑公司的法定代表人虽然于2016年7月27日由陈荔城变更为姚建军，但研苑公司一直未向一审法院提交变更后的法定代表人身份证明书和委托诉讼代理人授权委托书，且根据《民事诉讼法》第58条第1款的规定，当事人、法定代理人可以委托一至二人作为诉讼代理人，故一审法院对于研苑公司董事、股东所委托的两位律师作为诉讼代理人的身份未予确

认，没有错误。

63.4.2 即便诉讼代理权出现了消灭事由，但只要没有通知对方当事人，原则上也不应产生消灭的效果

裁判来源：杨某安、桐城市银桥融资担保有限公司追偿权纠纷案——最高人民法院民事裁定书，（2016）最高法民申2054号

法院认为：诉讼代理权即便发生了消灭事由，但只要没有通知对方当事人，原则上也不应产生消灭的效果。本案在一、二审中均是金盛公司的法定代表人刘某作为杨栽安的委托代理人参加诉讼的，杨某安作为金盛公司的股东，在明知其涉诉的情况下，并未向法院主张其与刘玲之间不存在委托关系；且二审调解书也是经杨某安的特别授权委托代理人刘某签字认可的。依据上述规定，该调解书的效力应当予以认可。杨某安主张授权委托书系伪造，实质上是主张其与刘某之间不存在委托代理关系，这与本案不属同一法律关系，可依据《民法通则》第66条第1款“没有代理权、超越代理权或者代理权终止后的行为，只有经过被代理人的追认，被代理人才承担民事责任。未经追认的行为，由行为人承担民事责任。本人知道他人以本人名义实施民事行为而不作否认表示的，视为同意”的规定另案解决。

64. 诉讼代理人调查收集证据和查阅有关资料的权利

64.1 法律条文

第六十四条 代理诉讼的律师和其他诉讼代理人有权调查收集证据，可以查阅本案有关材料。查阅本案有关材料的范围和办法由最高人民法院规定。

64.2 条文阐释

本条规定了诉讼代理人调查收集证据和查阅有关资料的权利。实践中，应当注意把握以下两点：（1）本条规定了诉讼代理人的两项权利。一是查

阅与本案相关的资料；二是调查收集证据。(2) 本条规定的是诉讼代理人的权利，而不仅仅是代理律师的权利。除了诉讼代理人为律师的情形之外，还包括诉讼代理人为其他主体的情形。

64.3 相关规范性文件

最高人民法院《关于适用〈中华人民共和国民事诉讼法〉的解释》(法释〔2022〕11号，自2022年4月10日起施行)

第九十四条 民事诉讼法第六十七条第二款规定的当事人及其诉讼代理人因客观原因不能自行收集的证据包括：

(一) 证据由国家有关部门保存，当事人及其诉讼代理人无权查阅调取的；

(二) 涉及国家秘密、商业秘密或者个人隐私的；

(三) 当事人及其诉讼代理人因客观原因不能自行收集的其他证据。

当事人及其诉讼代理人因客观原因不能自行收集的证据，可以在举证期限届满前书面申请人民法院调查收集。

第九十五条 当事人申请调查收集的证据，与待证事实无关联、对证明待证事实无意义或者其他无调查收集必要的，人民法院不予准许。

最高人民法院《关于诉讼代理人查阅民事案件材料的规定》(法释〔2020〕20号，自2021年1月1日起施行)

为保障代理民事诉讼的律师和其他诉讼代理人依法行使查阅所代理案件有关材料的权利，保证诉讼活动的顺利进行，根据《中华人民共和国民事诉讼法》第六十一条的规定，现对诉讼代理人查阅代理案件有关材料的范围和办法作如下规定：

第一条 代理民事诉讼的律师和其他诉讼代理人有权查阅所代理案件的有关材料。但是，诉讼代理人查阅案件材料不得影响案件的审理。

诉讼代理人为了申请再审的需要，可以查阅已经审理终结的所代理案件有关材料。

第二条 人民法院应当为诉讼代理人阅卷提供便利条件，安排阅卷场所。必要时，该案件的书记员或者法院其他工作人员应当在场。

第三条 诉讼代理人在诉讼过程中需要查阅案件有关材料的，应当提前与该案件的书记员或者审判人员联系；查阅已经审理终结的案件有关材料的，应当与人民法院有关部门工作人员联系。

第四条　诉讼代理人查阅案件有关材料应当出示律师证或者身份证等有效证件。查阅案件有关材料应当填写查阅案件有关材料阅卷单。

第五条　诉讼代理人在诉讼中查阅案件材料限于案件审判卷和执行卷的正卷，包括起诉书、答辩书、庭审笔录及各种证据材料等。

案件审理终结后，可以查阅案件审判卷的正卷。

第六条　诉讼代理人查阅案件有关材料后，应当及时将查阅的全部案件材料交回书记员或者其他负责保管案卷的工作人员。

书记员或者法院其他工作人员对诉讼代理人交回的案件材料应当当面清查，认为无误后在阅卷单上签注。阅卷单应当附卷。

诉讼代理人不得将查阅的案件材料携出法院指定的阅卷场所。

第七条　诉讼代理人查阅案件材料可以摘抄或者复印。涉及国家秘密的案件材料，依照国家有关规定办理。

复印案件材料应当经案卷保管人员的同意。复印已经审理终结的案件有关材料，诉讼代理人可以要求案卷管理部门在复印材料上盖章确认。

复印案件材料可以收取必要的费用。

第八条　查阅案件材料中涉及国家秘密、商业秘密和个人隐私的，诉讼代理人应当保密。

第九条　诉讼代理人查阅案件材料时不得涂改、损毁、抽取案件材料。

人民法院对修改、损毁、抽取案卷材料的诉讼代理人，可以参照民事诉讼法第一百一十一条第一款第（一）项的规定处理。

第十条　民事案件的当事人查阅案件有关材料的，参照本规定执行。

第十一条　本规定自公布之日起施行。

64.4　典型案例

64.4.1　在执行程序中，诉讼代理人亦享有调查收集证据和查阅有关资料的权利

裁判来源：田效普、潍坊信智企业管理咨询有限公司其他案由执行审查案——山东省高级人民法院执行裁定书，（2020）鲁执复252号

法院认为：《民事诉讼法》第49条规定：“当事人可以查阅本案有关材料，并可以复制本案有关材料和法律文书。”第61条规定：“代理诉讼的律师和其他诉讼代理人有权调查收集证据，可以查阅本案有关材料。”据此，当事人及代理律师有权依法查阅案件有关材料，人民法院应予以配合。

64.4.2 作为诉讼代理人的律师调查收集证据并不等同于作为证人出庭作证

裁判来源：重庆莱格减震器有限公司与黄某雄侵害外观设计专利权纠纷上诉案——重庆市高级人民法院民事判决书，(2011)渝高法民终字第155号

法院认为：关于莱格公司认为黄某雄的委托代理人杨某在一审庭审中以诉讼代理人和证人的双重身份出现在法庭上，一审法院程序不合法的问题。本院认为，《民事诉讼法》第61条规定：代理诉讼的律师和其他诉讼代理人有权调查收集证据，可以查阅本案有关材料。本案中，黄某雄的委托代理人杨某只是行使自己的律师权利，调查收集了证据，并不是本案的证人。因此，一审法院不存在程序违法的问题，莱格公司关于一审法院程序不合法的辩称不成立，本院不予支持。

64.4.3 诉讼代理人查阅有关资料的权利应当在开庭后行使（有卷可阅）

裁判来源：宜昌中威清洗机有限公司、刘某钟与宜昌英汉超声电气有限公司侵害商业秘密纠纷案——湖北省高级人民法院民事判决书，(2009)鄂民三终字第36号

法院认为：上诉人中威公司、刘某钟提出一审法院以本案涉及商业秘密为由拒绝其庭前阅卷，违反民事诉讼法相关规定的问题。根据《民事诉讼法》第61条“代理诉讼的律师和其他诉讼代理人有权调查收集证据，可以查阅本案有关材料。查阅本案有关材料的范围和办法由最高人民法院规定”及《最高人民法院关于诉讼代理人查阅民事案件材料的规定》第5条“诉讼代理人在诉讼中查阅案件材料限于案件审判卷和执行卷的正卷，包括起诉书、答辩书、庭审笔录及各种证据材料等”的规定，经查，两上诉人提出阅卷时，一审法院还未开庭，当事人及其代理人只能依法进行证据交换，无卷可阅。并且本案涉及商业秘密，一审法院可根据具体情况限制任何一方在庭前单独查阅涉及商业秘密的相关材料，并提出相应的保密要求。

65. 离婚诉讼代理的特别规定

65.1　法律条文

第六十五条　离婚案件有诉讼代理人的，本人除不能表达意思的以外，仍应出庭；确因特殊情况无法出庭的，必须向人民法院提交书面意见。

65.2　条文阐释

一般情况下，民事案件的当事人委托诉讼代理人代为出庭诉讼的，本人可以不出庭，但离婚案件除外。因为离婚案件的核心问题是确认双方是否已经具备解除婚姻关系的条件，因此双方当事人都必须出庭，以便法院正确判断，也便于法院进行调解。因此，离婚案件有诉讼代理人的，本人除不能表达意思的以外，仍应出庭；确因特殊情况无法出庭的，必须向人民法院提交书面意见。

65.3　司法适用

在理解适用该条时，应当注意到离婚案件的特殊性。离婚案件不同于其他民事案件，其不仅涉及身份关系，更是直接关系到一个家庭的存废。因此，究竟是选择解除还是维持这种身份关系，无论是当事人还是法院均应当十分慎重，必须由当事人本人亲自表达意见，而不宜由诉讼代理人转达。此外，法院是否判决离婚的主要参考因素是夫妻双方的感情是否确已破裂。这明显是一个极具主观化色彩的问题，诉讼代理人往往把握不准，也很难就具体情节进行陈述、辩论和说明。此外，法院审理离婚案件应当进行调解，如果当事人不出庭，调解则无法进行。不过，实践中也确有一些离婚案件当事人无法出庭的特殊情况。比如，当事人是精神病人的，因其已不能正确表达自己的意志，故要求其出庭也没有意义；又如，离婚案件当事人正患有传染病，又或是身处国外短时间内难以出席庭审的。不过，无论如何，确因特殊情况无法出庭的，均必须向人民法院提交书面意见。

65.4 典型案例

65.4.1 离婚案件中尚未证明本人不能表达意思的，本人未出庭且未向人民法院提交书面意见的，法院不能仅以法定代理人出席庭审而直接作出判决

裁判来源：高某国与王某英离婚纠纷案——甘肃省高级人民法院民事裁定书，(2017) 甘民申1333号

法院认为：根据《民事诉讼法》第62条“离婚案件有诉讼代理人的，本人除不能表达意思的以外，仍应出庭；确因特殊情况无法出庭的，必须向人民法院提交书面意见”的规定，王某英作为本案离婚诉讼的当事人，应当出庭，但王某英一、二审均未出庭参加诉讼，亦未对双方争议的离婚事项出具书面意见。在无证据证明王某英的民事行为能力是否受限并根据法律规定的程序进行确认的情形下，一、二审认定王某珍（系王某英的父亲）为王某英的法定代理人，王某珍以法定代理人的身份参加本案诉讼欠妥。再审审理中，应在查明王某英民事行为能力是否受限的基础上，确定本案是否存在判决离婚的法定事由，妥善解决双方当事人的争议。

65.4.2 本人必须出庭的情况仅限于离婚案件而无关子女抚养问题

裁判来源：李某强与于某离婚纠纷再审案——重庆市高级人民法院民事裁定书，(2015) 渝高法民申字第01678号

法院认为：关于二审时于某未出庭是否程序违法的问题。《民事诉讼法》第62条规定离婚案件有诉讼代理人的，本人除不能表达意思的以外，仍应出庭。《民事诉讼法》之所以作出上述规定，是因为婚姻案件涉及身份关系的变更，人民法院在判决解除双方婚姻关系前，需要查清夫妻感情是否确已破裂的事实，双方当事人对是否愿意离婚亦必须明确表达自己的真实意思。一审时双方当事人本人均出庭，均认可夫妻感情破裂，表示愿意离婚。李某强提起上诉时明确表示对一审判决双方离婚无异议，于某未提起上诉，亦应视为对一审判决双方离婚的认可。于某本人在二审时虽未出庭，但通过其委托代理人就子女抚养等问题进行了答辩。故李某强关于二审程序违法的申请理由不能成立。

第六章　证　　据

66. 证据的种类

66.1　法律条文

第六十六条　证据包括：

（一）当事人的陈述；

（二）书证；

（三）物证；

（四）视听资料；

（五）电子数据；

（六）证人证言；

（七）鉴定意见；

（八）勘验笔录。

证据必须查证属实，才能作为认定事实的根据。

66.2　条文阐释①

本条规定了民事诉讼中法定证据的种类。所谓民事诉讼中的证据，是指在民事诉讼中能够证明案件真实情况的各种资料。因为运用于民事诉讼领域因此也称其为“民事证据”。民事证据是民事诉讼中法院认定案件事实作出裁判的根据。

当事人的陈述，是指当事人在诉讼中就本案的事实向法院所作的陈述。

书证，是指以文字、符号、图形等形式所记载的内容或表达的思想来

---

① 参见张卫平：《民事证据法》，法律出版社2017年版，第22－27页。

证明案件事实的证据。

物证，是指以物的外形、形状、质地、规格等证明案件争议事实的证据。

视听资料，是指利用录音、录像等技术手段反映的声音、图像以及电子计算机存储的数据证明案件事实的证据。

电子数据，是指基于电子技术生成，以数字化形式存在于磁盘、磁带等载体，其内容可与载体分离，并可多次复制到其他载体的，能够证明案件事实的数据。

证人证言，证人是指了解案件情况并向法院或当事人提供证词的人，而证言是指证人就其了解的案件事实向法院所作的陈述或证词。

鉴定意见，是指因诉讼内的鉴定或诉讼外的鉴定而形成的意见。诉讼内的鉴定是指在诉讼过程中，经当事人申请，由法院直接指定或委托专门的鉴定机构或具有专门知识的人对诉讼中争议的专门性问题所进行的鉴定；反之，诉讼外的鉴定，则是未经法院委托和指定所进行的鉴定。

勘验笔录，是指勘验人员对案件有关的现场进行调查、勘验所作的记录。

66.3 司法适用

在适用本条的过程中，应当重点把握以下几点：

（1）当事人陈述具有较强的主观色彩且极易夹带虚假成分。因此，本条所指的可以作为证据的当事人陈述是指那些能够证明案件事实的陈述。当事人陈述只存在于诉讼过程中，故在证据交换中不存在当事人陈述这类证据。当事人陈述的证明力相对较弱，通常需要借助其他证据发挥证明作用。

（2）书证以其文字、符号、图形等为内容证明案件的事实，而不是以其外形、质量等来证明案件的事实。书证往往能够直接证明案件的主要事实。书证的真实性较强，不易伪造。文书属于书证的一部分。

（3）视听资料必须是合法取得的，才具有证据效力。视听资料由于易于通过技术手段加以篡改，因此，法院审判中不能将存有疑点的视听资料作为认定案件的依据。存有疑点的视听资料，如有伪造、剪辑、拼接的迹象，模糊难以辨认的音像资料等。经过技术处理能够消除疑点的视听资料仍然可以作为认定案件事实的证据。

（4）实践中，应当注意区分视听资料与电子数据。电子数据是一种以数字化方式存在的证据信息载体，从这一点来说，是难以划清其与视听资料的界限。因为录音录像也都是以数字化方式生成的。一般情况下，可以表现形式加以区别，视听资料可以限制在可视可听动态化的形式上加以把握。例如，录音资料、录像资料。

（5）证人证言与其他证据相比颇具主观色彩。实践中，不能正确表达意志的人、本案诉讼代理人、审判人员等都不得作为本案的证人发表证言。与当事人有亲属关系或者密切关系的人虽然可以出庭作证，但其证人证言的可信度往往较低。

（6）具有专门知识的人在法庭上就专业问题提出的意见，视为当事人的陈述。

66.4 典型案例

66.4.1 当事人针对证据所作出的说明属于当事人的陈述

裁判来源：沃航（武汉）科技股份有限公司、武汉威利达喷码技术有限公司计算机软件开发合同纠纷案——最高人民法院民事判决书，（2019）最高法知民终603号

法院认为：《民事诉讼法》第63条规定："证据包括：（一）当事人的陈述；（二）书证；（三）物证；（四）视听资料；（五）电子数据；（六）证人证言；（七）鉴定意见；（八）勘验笔录。证据必须查证属实，才能作为认定事实的根据。"沃航公司主张原审法院认定其未全部完成整体功能开发依据的是威利达公司庭后补充提交的喷码设备产品说明，该证据未经质证，不能作为认定本案事实的依据，程序违法。本院认为，威利达公司于原审提交的喷码设备产品说明，是其依据原审法院要求，于庭后提交的针对涉案项目所作的说明，属于当事人的陈述。对于该证据，必须按照法定程序，进行全面的、客观的审查，只有查证属实，才能作为认定事实的根据。经过本院二审查明，威利达公司提交的喷码设备产品说明未经沃航公司质证，且与事实不符，不能作为认定事实的根据，原审法院程

序违法，本院予以纠正。

66.4.2 证据查证属实只是证据作为最终定案根据的必要条件，而非充要条件；当事人所出示的证据必须与其证明目的相符、与本案有关联才可能成为最终定案的根据

裁判来源：江苏苏恒海洋工程装备有限公司、香港上海汇丰银行有限公司信用证欺诈纠纷案——最高人民法院民事判决书，（2018）最高法民申3008号

法院认为：关于二审法院是否存在程序严重违法情形的问题。证据必须查证属实，才能作为认定事实的根据。二审法院对于任标、郑群群作为证人证言的证明目的不予认可，并非否认其证言的真实性，而是综合本案证据进行了认定，且在任标、郑群群表述其并没有与汇丰银行工作人员讨论过利用信用证进行虚假贸易融资的情况下，认为其陈述不足以证明汇丰银行明知信用证欺诈，并未违反法律规定。因此，二审法院未要求任标、郑群群出庭接受质询而作出本案判决，并不存在程序严重违法情形。

67. 举证责任与查证

67.1 法律条文

第六十七条 当事人对自己提出的主张，有责任提供证据。

当事人及其诉讼代理人因客观原因不能自行收集的证据，或者人民法院认为审理案件需要的证据，人民法院应当调查收集。

人民法院应当按照法定程序，全面地、客观地审查核实证据。

67.2 条文阐释

举证责任，又称证明责任或举证证明责任，是指当作为裁判基础的法律要件事实在诉讼中处于真伪不明的状态时，一方当事人因此而承担的诉讼上的不利后果。举证责任是一种不利的后果，这种后果只在作为裁判基础的主要事实真伪不明时才发生作用，因此真伪不明是证明责任发生的前

提。如果作为裁判基础的事实是确定的，就不会发生承担证明责任的后果。真伪不明的事实指向作为裁判依据的主要事实，不涉及间接事实和辅助事实。因此，法院仅需针对主要事实的存在与否作出认定。

67.3 司法适用

在适用该条过程中，应当重点注意以下几点：

（1）凡当事人提出的有利于己方的事实主张，均有举证证明的责任。对己不利的事实则属于自认的范畴，无关举证责任的问题。

（2）举证责任的分配具有法定性，举证责任由法律分配而非由法官分配。法官在举证责任分配问题上是适用法律，而非创造举证责任分配规则。①

（3）当事人对自己提出的诉讼请求所依据的事实或者反驳对方诉讼请求所依据的事实，应当提供证据加以证明，除非法律、行政法规或者司法解释另有规定。

（4）作出判决前，当案件待证事实处于真伪不明状态时，由负有举证证明责任的当事人承担不利的后果。此处的“作出判决前”是指同一审理程序的判决作出前，而且仅限于“判决”，并不包括“裁定”和“调解书”。

（5）只有相关司法解释规定的免证事实才具有免除举证责任的效果，应当注意不同的免证事实反证要求的区别。②

67.4 相关规范性文件

最高人民法院《关于适用〈中华人民共和国民事诉讼法〉的解释》（法释〔2022〕11号，自2022年4月10日起施行）

第九十条 当事人对自己提出的诉讼请求所依据的事实或者反驳对方

① 参见最高人民法院修改后民事诉讼法贯彻实施工作领导小组编著：《最高人民法院民事诉讼法司法解释理解与适用》（上），人民法院出版社2015年版，第317页。

② 参见最高人民法院修改后民事诉讼法贯彻实施工作领导小组编著：《最高人民法院民事诉讼法司法解释理解与适用》（上），人民法院出版社2015年版，第321页。

诉讼请求所依据的事实，应当提供证据加以证明，但法律另有规定的除外。

在作出判决前，当事人未能提供证据或者证据不足以证明其事实主张的，由负有举证证明责任的当事人承担不利的后果。

第九十一条 人民法院应当依照下列原则确定举证证明责任的承担，但法律另有规定的除外：

（一）主张法律关系存在的当事人，应当对产生该法律关系的基本事实承担举证证明责任；

（二）主张法律关系变更、消灭或者权利受到妨害的当事人，应当对该法律关系变更、消灭或者权利受到妨害的基本事实承担举证证明责任。

第九十二条 一方当事人在法庭审理中，或者在起诉状、答辩状、代理词等书面材料中，对于己不利的事实明确表示承认的，另一方当事人无需举证证明。

对于涉及身份关系、国家利益、社会公共利益等应当由人民法院依职权调查的事实，不适用前款自认的规定。

自认的事实与查明的事实不符的，人民法院不予确认。

第九十三条 下列事实，当事人无须举证证明：

（一）自然规律以及定理、定律；

（二）众所周知的事实；

（三）根据法律规定推定的事实；

（四）根据已知的事实和日常生活经验法则推定出的另一事实；

（五）已为人民法院发生法律效力的裁判所确认的事实；

（六）已为仲裁机构生效裁决所确认的事实；

（七）已为有效公证文书所证明的事实。

前款第二项至第四项规定的事实，当事人有相反证据足以反驳的除外；第五项至第七项规定的事实，当事人有相反证据足以推翻的除外。

第九十四条 民事诉讼法第六十七条第二款规定的当事人及其诉讼代理人因客观原因不能自行收集的证据包括：

（一）证据由国家有关部门保存，当事人及其诉讼代理人无权查阅调取的；

（二）涉及国家秘密、商业秘密或者个人隐私的；

（三）当事人及其诉讼代理人因客观原因不能自行收集的其他证据。

当事人及其诉讼代理人因客观原因不能自行收集的证据，可以在举证期限届满前书面申请人民法院调查收集。

第九十五条 当事人申请调查收集的证据，与待证事实无关联、对证明待证事实无意义或者其他无调查收集必要的，人民法院不予准许。

第九十六条 民事诉讼法第六十七条第二款规定的人民法院认为审理案件需要的证据包括：

（一）涉及可能损害国家利益、社会公共利益的；

（二）涉及身份关系的；

（三）涉及民事诉讼法第五十八条规定诉讼的；

（四）当事人有恶意串通损害他人合法权益可能的；

（五）涉及依职权追加当事人、中止诉讼、终结诉讼、回避等程序性事项的。

除前款规定外，人民法院调查收集证据，应当依照当事人的申请进行。

第九十七条 人民法院调查收集证据，应当由两人以上共同进行。调查材料要由调查人、被调查人、记录人签名、捺印或者盖章。

最高人民法院《关于民事诉讼证据的若干规定》（法释〔2019〕19号，自2020年5月1日起施行）

第三条 在诉讼过程中，一方当事人陈述的于己不利的事实，或者对于己不利的事实明确表示承认的，另一方当事人无需举证证明。

在证据交换、询问、调查过程中，或者在起诉状、答辩状、代理词等书面材料中，当事人明确承认于己不利的事实的，适用前款规定。

第四条 一方当事人对于另一方当事人主张的于己不利的事实既不承认也不否认，经审判人员说明并询问后，其仍然不明确表示肯定或者否定的，视为对该事实的承认。

第五条 当事人委托诉讼代理人参加诉讼的，除授权委托书明确排除的事项外，诉讼代理人的自认视为当事人的自认。

当事人在场对诉讼代理人的自认明确否认的，不视为自认。

第六条 普通共同诉讼中，共同诉讼人中一人或者数人作出的自认，对作出自认的当事人发生效力。

必要共同诉讼中，共同诉讼人中一人或者数人作出自认而其他共同诉讼人予以否认的，不发生自认的效力。其他共同诉讼人既不承认也不否认，经审判人员说明并询问后仍然不明确表示意见的，视为全体共同诉讼人的自认。

第七条　一方当事人对于另一方当事人主张的于己不利的事实有所限制或者附加条件予以承认的，由人民法院综合案件情况决定是否构成自认。

第八条　《最高人民法院关于适用〈中华人民共和国民事诉讼法〉的解释》第九十六条第一款规定的事实，不适用有关自认的规定。

自认的事实与已经查明的事实不符的，人民法院不予确认。

第九条　有下列情形之一，当事人在法庭辩论终结前撤销自认的，人民法院应当准许：

（一）经对方当事人同意的；

（二）自认是在受胁迫或者重大误解情况下作出的。

人民法院准许当事人撤销自认的，应当作出口头或者书面裁定。

第十条　下列事实，当事人无须举证证明：

（一）自然规律以及定理、定律；

（二）众所周知的事实；

（三）根据法律规定推定的事实；

（四）根据已知的事实和日常生活经验法则推定出的另一事实；

（五）已为仲裁机构的生效裁决所确认的事实；

（六）已为人民法院发生法律效力的裁判所确认的基本事实；

（七）已为有效公证文书所证明的事实。

前款第二项至第五项事实，当事人有相反证据足以反驳的除外；第六项、第七项事实，当事人有相反证据足以推翻的除外。

第二十条　当事人及其诉讼代理人申请人民法院调查收集证据，应当在举证期限届满前提交书面申请。

申请书应当载明被调查人的姓名或者单位名称、住所地等基本情况、所要调查收集的证据名称或者内容、需要由人民法院调查收集证据的原因及其要证明的事实以及明确的线索。

第二十一条　人民法院调查收集的书证，可以是原件，也可以是经核对无误的副本或者复制件。是副本或者复制件的，应当在调查笔录中说明来源和取证情况。

第二十二条　人民法院调查收集的物证应当是原物。被调查人提供原物确有困难的，可以提供复制品或者影像资料。提供复制品或者影像资料的，应当在调查笔录中说明取证情况。

第二十三条　人民法院调查收集视听资料、电子数据，应当要求被调查人提供原始载体。

提供原始载体确有困难的，可以提供复制件。提供复制件的，人民法院应当在调查笔录中说明其来源和制作经过。

人民法院对视听资料、电子数据采取证据保全措施的，适用前款规定。

第二十四条　人民法院调查收集可能需要鉴定的证据，应当遵守相关技术规范，确保证据不被污染。

最高人民法院《关于知识产权民事诉讼证据的若干规定》（法释〔2020〕12号，自2020年11月18日起施行）

第二条　当事人对自己提出的主张，应当提供证据加以证明。根据案件审理情况，人民法院可以适用民事诉讼法第六十五条第二款的规定，根据当事人的主张及待证事实、当事人的证据持有情况、举证能力等，要求当事人提供有关证据。

第三条　专利方法制造的产品不属于新产品的，侵害专利权纠纷的原告应当举证证明下列事实：

（一）被告制造的产品与使用专利方法制造的产品属于相同产品；

（二）被告制造的产品经由专利方法制造的可能性较大；

（三）原告为证明被告使用了专利方法尽到合理努力。

原告完成前款举证后，人民法院可以要求被告举证证明其产品制造方法不同于专利方法。

第四条　被告依法主张合法来源抗辩的，应当举证证明合法取得被诉侵权产品、复制品的事实，包括合法的购货渠道、合理的价格和直接的供货方等。

被告提供的被诉侵权产品、复制品来源证据与其合理注意义务程度相当的，可以认定其完成前款所称举证，并推定其不知道被诉侵权产品、复制品侵害知识产权。被告的经营规模、专业程度、市场交易习惯等，可以作为确定其合理注意义务的证据。

第五条 提起确认不侵害知识产权之诉的原告应当举证证明下列事实：

（一）被告向原告发出侵权警告或者对原告进行侵权投诉；

（二）原告向被告发出诉权行使催告及催告时间、送达时间；

（三）被告未在合理期限内提起诉讼。

第六条 对于未在法定期限内提起行政诉讼的行政行为所认定的基本事实，或者行政行为认定的基本事实已为生效裁判所确认的部分，当事人在知识产权民事诉讼中无须再证明，但有相反证据足以推翻的除外。

第七条 权利人为发现或者证明知识产权侵权行为，自行或者委托他人以普通购买者的名义向被诉侵权人购买侵权物品所取得的实物、票据等可以作为起诉被诉侵权人侵权的证据。

被诉侵权人基于他人行为而实施侵害知识产权行为所形成的证据，可以作为权利人起诉其侵权的证据，但被诉侵权人仅基于权利人的取证行为而实施侵害知识产权行为的除外。

最高人民法院《关于审理使用人脸识别技术处理个人信息相关民事案件适用法律若干问题的规定》（法释〔2021〕15号，自2021年8月1日起施行）

第六条 当事人请求信息处理者承担民事责任的，人民法院应当依据民事诉讼法第六十四条及《最高人民法院关于适用〈中华人民共和国民事诉讼法〉的解释》第九十条、第九十一条，《最高人民法院关于民事诉讼证据的若干规定》的相关规定确定双方当事人的举证责任。

信息处理者主张其行为符合民法典第一千零三十五条第一款规定情形的，应当就此所依据的事实承担举证责任。

信息处理者主张其不承担民事责任的，应当就其行为符合本规定第五条规定的情形承担举证责任。

最高人民法院《关于审理涉及驰名商标保护的民事纠纷案件应用法律若干问题的解释》（法释〔2020〕19号，自2021年1月1日起施行）

第六条 原告以被诉商标的使用侵犯其注册商标专用权为由提起民事诉讼，被告以原告的注册商标复制、摹仿或者翻译其在先未注册驰名商标为由提出抗辩或者提起反诉的，应当对其在先未注册商标驰名的事实负举证责任。

第七条 被诉侵犯商标权或者不正当竞争行为发生前，曾被人民法院或者行政管理部门认定驰名的商标，被告对该商标驰名的事实不持异议的，人民法院应当予以认定。被告提出异议的，原告仍应当对该商标驰名的事实负举证责任。

除本解释另有规定外，人民法院对于商标驰名的事实，不适用民事诉讼证据的自认规则。

67.5 典型案例

67.5.1 当事人对所提出的诉讼请求所依据的事实或反驳诉讼请求所依据的事实应当承担举证责任

裁判来源：江苏省泰州市人民检察院诉王小朋等59人生态破坏民事公益诉讼案——最高人民法院指导性案例第175号

法院认为：《最高人民法院关于适用〈中华人民共和国民事诉讼法〉的解释》第90条规定，当事人对自己提出的诉讼请求所依据的事实或者反驳对方诉讼请求所依据的事实，应当提供证据加以证明，但法律另有规定的除外。在作出判决前，当事人未能提供证据或者证据不足以证明其事实主张的，由负有举证证明责任的当事人承担不利的后果。该条文从证明行为和证明结果两个方面规定了当事人对所提出的诉讼请求所依据的事实或反驳诉讼请求所依据的事实应当承担的举证责任。

67.5.2 一方当事人自认的事实，另一方当事人无须举证证明，但自认的事实与查明的事实不符的，人民法院不予确认

裁判来源：陈某仙、陈某进股权转让纠纷案——最高人民法院民事裁定书，（2021）最高法民申5026号

法院认为：经查，何某等在5297号案审理中的出庭陈述包含了其从龙广项目每股得到的是34万多元、陈某仙领取了240多万元就走了等内容，该内容不足以支持陈某仙关于李某顺的出资占3股、240多万元系应得工程款的主张。李某顺参加了龙广项目前期恰谈工作、实际施工管理、工程结算工作以及负责后勤保障工作，也不足以证明李某顺实际出资了龙广项目。经查，二审法院于2020年12月29日的开庭笔录，二审法院向陈某仙

明确其如果主张合伙经营龙广项目，应当证明存在合伙关系、李某顺有出资、进行过结算，陈某仙回答称本案处理的是股权转让款问题，并未表示有证据提交。陈某仙在申请再审程序中又向本院提交相关证据证明李某顺及其侄女陈某娇曾经向陈某进转款55万元，该证据不足以推翻二审判决关于李某顺未在龙广项目出资的认定。

67.5.3 生效刑事判决、行政判决所确认的事实可以直接作为本案事实加以确认，无须再在本案中举证证明，除非当事人提出相反证据足以推翻原判决

裁判来源： 重庆市人民政府、重庆两江志愿服务发展中心诉重庆藏金阁物业管理有限公司、重庆首旭环保科技有限公司生态环境损害赔偿、环境民事公益诉讼案——最高人民法院指导性案例第130号

法院认为：（2016）渝0112行初324号行政判决和（2016）渝0112刑初1615号刑事判决均为生效判决，其所确认的事实具有既判力，无须再在本案中举证证明，除非被告提出相反证据足以推翻原判决，而本案中被告并未举示证据，故对于相关事实直接予以采信。而且，由于（2016）渝0112行初324号行政判决确认了重庆市环境监察总队作出的渝环监罚（2016）269号行政处罚决定、重庆市环境保护局作出的渝环法（2016）29号行政复议决定的合法性，故上述行政决定也具有既定力。

68. 举证期限及逾期后果

68.1 法律条文

第六十八条 当事人对自己提出的主张应当及时提供证据。

人民法院根据当事人的主张和案件审理情况，确定当事人应当提供的证据及其期限。当事人在该期限内提供证据确有困难的，可以向人民法院申请延长期限，人民法院根据当事人的申请适当延长。当事人逾期提供证据的，人民法院应当责令其说明理由；拒不说明理由或者理由不成立的，人民法院根据不同情形可以不予采纳该证据，或者采纳该证据但予以训诫、罚款。

68.2 条文阐释

所谓举证期限，是指在诉讼中，法律规定或法院指定的当事人能够有效举证的期限。此处的“举证”是指向法院提出证据，而非对提出的证据加以证明。

举证逾期后果，则是指当事人因未能在法律规定或法院指定的期限内举证所应承担的法律上的不利后果。具体而言，举证逾期的法律后果是使当事人在举证期限逾期后提出的证据失去证据效力，即法院在裁判时不能以该证据作为依据。或者，人民法院仍可采纳该证据，但要对当事人予以训诫、罚款。举证期限制度设立的主要依据是民事诉讼诚实信用原则。一旦当事人无正当理由逾期举证，即视为当事人以不正当目的实施影响诉讼公正或效率的诉讼行为，也即未诚实信用地实施民事诉讼行为。

68.3 司法适用

在实际适用该条过程中，应当重点关注以下问题：

（1）并非逾期提出的证据均丧失证据效力。一方面，人民法院可以根据不同情形决定是否采纳该证据；另一方面，对于诉讼中出现的新证据，当事人在辩论终结前都可以提出。

（2）举证期限制度的设立并非要求当事人把所有裁判需要的证据全部提出来，这也是客观上当事人无法做到的。随着诉讼阶段的发展以及对方当事人的诉讼行为，当事人可以在后续诉讼阶段提出证据。

（3）举证期限是一项一般制度，而非仅专门针对庭前准备阶段的。

（4）当事人可以申请延长举证期限，法院应当围绕当事人在期限内提供证据是否确有困难即是否存在客观上的障碍进行审查。无论理由是否成立，人民法院是否准许，均有通知申请人的义务。若准许延期，还应通知其他当事人。①

---

① 参见最高人民法院修改后民事诉讼法贯彻实施工作领导小组编著：《最高人民法院民事诉讼法司法解释理解与适用》（上），人民法院出版社2015年版，第339－340页。

68.4 相关规范性文件

最高人民法院《关于适用〈中华人民共和国民事诉讼法〉的解释》(法释〔2022〕11号，自2022年4月10日起施行)

第九十九条 人民法院应当在审理前的准备阶段确定当事人的举证期限。举证期限可以由当事人协商，并经人民法院准许。

人民法院确定举证期限，第一审普通程序案件不得少于十五日，当事人提供新的证据的第二审案件不得少于十日。

举证期限届满后，当事人对已经提供的证据，申请提供反驳证据或者对证据来源、形式等方面的瑕疵进行补正的，人民法院可以酌情再次确定举证期限，该期限不受前款规定的限制。

第一百条 当事人申请延长举证期限的，应当在举证期限届满前向人民法院提出书面申请。

申请理由成立的，人民法院应当准许，适当延长举证期限，并通知其他当事人。延长的举证期限适用于其他当事人。

申请理由不成立的，人民法院不予准许，并通知申请人。

第一百零一条 当事人逾期提供证据的，人民法院应当责令其说明理由，必要时可以要求其提供相应的证据。

当事人因客观原因逾期提供证据，或者对方当事人对逾期提供证据未提出异议的，视为未逾期。

第一百零二条 当事人因故意或者重大过失逾期提供的证据，人民法院不予采纳。但该证据与案件基本事实有关的，人民法院应当采纳，并依照民事诉讼法第六十八条、第一百一十八条第一款的规定予以训诫、罚款。

当事人非因故意或者重大过失逾期提供的证据，人民法院应当采纳，并对当事人予以训诫。

当事人一方要求另一方赔偿因逾期提供证据致使其增加的交通、住宿、就餐、误工、证人出庭作证等必要费用的，人民法院可予支持。

最高人民法院《关于民事诉讼证据的若干规定》(法释〔2019〕19号，自2020年5月1日起施行)

第四十九条 被告应当在答辩期届满前提出书面答辩，阐明其对原告诉讼请求及所依据的事实和理由的意见。

第五十条　人民法院应当在审理前的准备阶段向当事人送达举证通知书。

举证通知书应当载明举证责任的分配原则和要求、可以向人民法院申请调查收集证据的情形、人民法院根据案件情况指定的举证期限以及逾期提供证据的法律后果等内容。

第五十一条　举证期限可以由当事人协商，并经人民法院准许。

人民法院指定举证期限的，适用第一审普通程序审理的案件不得少于十五日，当事人提供新的证据的第二审案件不得少于十日。适用简易程序审理的案件不得超过十五日，小额诉讼案件的举证期限一般不得超过七日。

举证期限届满后，当事人提供反驳证据或者对已经提供的证据的来源、形式等方面的瑕疵进行补正的，人民法院可以酌情再次确定举证期限，该期限不受前款规定的期间限制。

第五十二条　当事人在举证期限内提供证据存在客观障碍，属于民事诉讼法第六十五条第二款规定的“当事人在该期限内提供证据确有困难”的情形。

前款情形，人民法院应当根据当事人的举证能力、不能在举证期限内提供证据的原因等因素综合判断。必要时，可以听取对方当事人的意见。

第五十三条　诉讼过程中，当事人主张的法律关系性质或者民事行为效力与人民法院根据案件事实作出的认定不一致的，人民法院应当将法律关系性质或者民事行为效力作为焦点问题进行审理。但法律关系性质对裁判理由及结果没有影响，或者有关问题已经当事人充分辩论的除外。

存在前款情形，当事人根据法庭审理情况变更诉讼请求的，人民法院应当准许并可以根据案件的具体情况重新指定举证期限。

第五十四条　当事人申请延长举证期限的，应当在举证期限届满前向人民法院提出书面申请。

申请理由成立的，人民法院应当准许，适当延长举证期限，并通知其他当事人。延长的举证期限适用于其他当事人。

申请理由不成立的，人民法院不予准许，并通知申请人。

第五十五条　存在下列情形的，举证期限按照如下方式确定：

（一）当事人依照民事诉讼法第一百二十七条规定提出管辖权异议的，举证期限中止，自驳回管辖权异议的裁定生效之日起恢复计算；

（二）追加当事人、有独立请求权的第三人参加诉讼或者无独立请求权的第三人经人民法院通知参加诉讼的，人民法院应当依照本规定第五十一条的规定为新参加诉讼的当事人确定举证期限，该举证期限适用于其他当事人；

（三）发回重审的案件，第一审人民法院可以结合案件具体情况和发回重审的原因，酌情确定举证期限；

（四）当事人增加、变更诉讼请求或者提出反诉的，人民法院应当根据案件具体情况重新确定举证期限；

（五）公告送达的，举证期限自公告期届满之次日起计算。

68.5 典型案例

68.5.1 民事诉讼中当事人对自己提出的主张应当在举证期限内及时提供证据，逾期提供的，法院应当考虑是否有正当理由从而作出判断

裁判来源：上海进申建筑工程有限公司、上海顶进建筑工程有限公司等侵害发明专利权纠纷案——最高人民法院民事判决书，（2021）最高法知民终1558号

法院认为：关于顶进公司原审提交的证据10、11，进申公司认为该两份证据均已超过举证期限，不应被采纳。根据《民事诉讼法》（2017年修正）第65条的规定，在民事诉讼中，当事人对自己提出的主张应当在举证期限内及时提供证据，逾期提供的，应当考虑是否有正当理由。本案中，顶进公司原审提交的证据10、11属于公证书，考虑到公证程序需要一定时间周期，且原审法院亦保障了进申公司质证的权利，进申公司原审中也充分发表了质证意见，故对于进申公司认为因该两份证据均已超过举证期限而不应被采信的主张，本院不予采纳。

68.5.2 当事人本应在原审举证期间提出证据，故意未提出而在再审程序中提出的，法院不予审查

裁判来源：浙江海吉船用电器有限公司、海星海事电气集团有限公司侵害外观设计专利权纠纷案——最高人民法院民事裁定书，（2021）最高

法民申2592号

法院认为：《民事诉讼法》第65条第1款规定："当事人对自己提出的主张应当及时提供证据。"第13条第1款规定："民事诉讼应当遵循诚实信用原则。"本案中，所述现有设计抗辩的证据为现有证据，海吉公司在原审举证期间均有机会提出抗辩，其却在再审申请中提出，如对该证据进行审理，构成对另一方当事人的诉讼突袭，架空原审诉讼程序，造成审级损失，不仅对另一方当事人显失公平，也使得法律有关举证期限的规定目的落空。因此，对于海吉公司现有设计抗辩的新证据，本院不予审查。

68.5.3 举证期限的设定并非意味着当事人在该期限外不能另行主张新的证据

裁判来源：兴业银行股份有限公司北京首体支行、北京五环大酒店有限公司金融借款合同纠纷案——最高人民法院民事裁定书，（2020）最高法民终617号

法院认为：根据《民事诉讼法》第65条的规定，尽管兴业银行首体支行在提起本案诉讼时，其是依据《借款合同》第13条第1款第9项、第10项诉求解除案涉借款合同，但其本意是基于存在加速到期事由为由诉求五环大酒店承担加速到期责任，故在一审审理过程中，在出现圣维公司的公告所涉新的加速到期事由的情形，其可以据此补充证据并变更诉讼理由和请求。

69. 人民法院签收证据

69.1 法律条文

第六十九条 人民法院收到当事人提交的证据材料，应当出具收据，写明证据名称、页数、份数、原件或者复印件以及收到时间等，并由经办人员签名或者盖章。

69.2 条文阐释

本条规定了人民法院收到当事人提交的证据材料后的处理方式，即不仅要详细记录涉案证据的各项具体信息，还要出具由经办人签字或盖章的收据。如此规定，一方面可以使法院的工作更为规范，另一方面也可以使当事人与法院之间的证据往来有迹可循，真正做到“法院办案有痕迹，当事人维权有依据”。

69.3 相关规范性文件

最高人民法院《关于民事诉讼证据的若干规定》（法释〔2019〕19号，自2020年5月1日起施行）

第十九条 当事人应当对其提交的证据材料逐一分类编号，对证据材料的来源、证明对象和内容作简要说明，签名盖章，注明提交日期，并依照对方当事人人数提出副本。

人民法院收到当事人提交的证据材料，应当出具收据，注明证据的名称、份数和页数以及收到的时间，由经办人员签名或者盖章。

69.4 典型案例

69.4.1 人民法院收到当事人提交的证据材料后所出具的收据是证明当事人曾向法院申请调查收集证据的重要证据

裁判来源：徐州中铁物资有限公司、徐州牛头山铸业有限公司买卖合同纠纷案——最高人民法院民事裁定书，（2019）最高法民申6795号

法院认为：《民事诉讼法》第66条规定：人民法院收到当事人提交的证据材料，应当出具收据，写明证据名称、页数、份数、原件或者复印件以及收到时间等，并由经办人员签名或者盖章。然而，中铁公司并未在再审申请时提交二审法院向其出具的收据，也就不能证明其已向二审法院提交调取证据的申请书。因此，其该项主张不能得到支持。

70. 人民法院调查取证

70.1 法律条文

第七十条 人民法院有权向有关单位和个人调查取证，有关单位和个人不得拒绝。

人民法院对有关单位和个人提出的证明文书，应当辨别真伪，审查确定其效力。

70.2 条文阐释

本条规定了人民法院的调查取证及对相关证明文书效力的确定。在民事诉讼中，许多情况下，人民法院需要向有关单位和个人调取证据。如果说调查取证是人民法院行使审判权的重要环节，那么配合法院的调查取证则是有关单位和个人应尽的义务。因此，人民法院调取证据时，任何单位和个人都有义务协助。有关单位和个人一旦保存或持有与本案相关的证据，则必须将证据提交人民法院，不得以任何借口拒绝提交。如果有关单位或个人拒绝或者妨害调查取证的，一律视为对民事诉讼的妨害，甚至会被采取强制措施。

70.3 司法适用

本条规定了人民法院对有关单位和个人提出的证明文书，应当辨别真伪，审查确定其效力。实践中，人民法院对于证明文书效力的审查应当注意以下几方面：

首先，法院应当对证明文书进行形式审查。法院应当对证明文书的真伪作出确认。如果该证明文书本身是伪造的，那么就不会具备证据能力。

其次，法院还应当从实质角度审查该证明文书是否与待证事实相关联。证明文书客观真实并不代表其具有证明力，只有形式和实质上均符合要求的证明文书，人民法院才能确认其证明力。虽然国家机关、社会团体、企事业单位提出的证明文件一般来说具有一定的证明力，但有时因工作失误、对案情了解不全面或者为了某些利益，国家机关、社会团体、企事业单位出具的证明文书也会出现与事实不符的内容。因此，人民法院审查证明文书时，不论证明文书是何种单位和个人出具的，都要审查进而决定是否作为认定案件事实的依据。

70.4 相关规范性文件

最高人民法院《关于适用〈中华人民共和国民事诉讼法〉的解释》（法释〔2022〕11号，自2022年4月10日起施行）

第九十六条 民事诉讼法第六十七条第二款规定的人民法院认为审理案件需要的证据包括：

（一）涉及可能损害国家利益、社会公共利益的；

（二）涉及身份关系的；

（三）涉及民事诉讼法第五十八条规定诉讼的；

（四）当事人有恶意串通损害他人合法权益可能的；

（五）涉及依职权追加当事人、中止诉讼、终结诉讼、回避等程序性事项的。

除前款规定外，人民法院调查收集证据，应当依照当事人的申请进行。

第九十七条 人民法院调查收集证据，应当由两人以上共同进行。调查材料要由调查人、被调查人、记录人签名、捺印或者盖章。

最高人民法院《关于民事诉讼证据的若干规定》（法释〔2019〕19号，自2020年5月1日起施行）

第二十条 当事人及其诉讼代理人申请人民法院调查收集证据，应当在举证期限届满前提交书面申请。

申请书应当载明被调查人的姓名或者单位名称、住所地等基本情况、所要调查收集的证据名称或者内容、需要由人民法院调查收集证据的原因及其要证明的事实以及明确的线索。

第二十一条 人民法院调查收集的书证，可以是原件，也可以是经核对无误的副本或者复制件。是副本或者复制件的，应当在调查笔录中说明来源和取证情况。

第二十二条 人民法院调查收集的物证应当是原物。被调查人提供原物确有困难的，可以提供复制品或者影像资料。提供复制品或者影像资料的，应当在调查笔录中说明取证情况。

第二十三条　人民法院调查收集视听资料、电子数据，应当要求被调查人提供原始载体。

提供原始载体确有困难的，可以提供复制件。提供复制件的，人民法院应当在调查笔录中说明其来源和制作经过。

人民法院对视听资料、电子数据采取证据保全措施的，适用前款规定。

第二十四条　人民法院调查收集可能需要鉴定的证据，应当遵守相关技术规范，确保证据不被污染。

70.5　典型案例

70.5.1　人民法院向有关单位和个人调查取证是人民法院依法履行审判权的重要途径，不属于程序违法的情形

裁判来源：苟某、吴某1等继承纠纷案——最高人民法院民事裁定书，(2021) 最高法民申3967号

法院认为：根据《民事诉讼法》第67条第1款的规定："人民法院有权向有关单位和个人调查取证，有关单位和个人不得拒绝。"因此，二审法院至甘肃省白银市北湾县进行调查，询问该村村民关于陈某照顾吴某文养父相关情况的行为并不存在程序违法的情形。

71. 证据的公开与质证

71.1　法律条文

第七十一条　证据应当在法庭上出示，并由当事人互相质证。对涉及国家秘密、商业秘密和个人隐私的证据应当保密，需要在法庭出示的，不得在公开开庭时出示。

71.2 条文阐释

所谓质证，是指当事人、诉讼代理人及第三人在法庭的主持下，对当事人及第三人提出的证据就其真实性、合法性、关联性以及证明力有无、大小予以说明和质辩的活动或过程。质证不仅是审理公开的要求，也是法院正确认定证据和保证程序正当的重要环节。质证是当事人、诉讼代理人及第三人之间的活动。法院是证据认定的主体而非质证的主体。

涉及国家秘密、商业秘密和个人隐私或者法律规定的其他应当保密的证据，不得在开庭时公开质证。因为如果公开质证就有可能泄露国家秘密、商业秘密以及侵害个人隐私。由此可见，是否公开质证与案件是否公开审理密切相关。从案件是否公开审理的角度来看，涉及国家秘密、个人隐私的案件不应当公开审理，而涉及商业秘密的案件是可以不公开审理也可以公开审理，可以理解为根据具体情况而定。但是，由于相关司法解释规定涉商业秘密的案件不得公开质证，因此即使涉及商业秘密的案件法院公开审理的，也不能公开质证。也就是说，公开审理的案件有可能存在不公开质证的情形。不公开审理的案件，如果涉及国家秘密、商业秘密、个人隐私案件一定不公开质证，但不公开质证并不等于不质证；不公开质证可以理解为质证涉及国家秘密、商业秘密和个人隐私的证据时，不得有不得接触该国家秘密、了解该商业秘密和知晓隐私权的人在场。如果质证的对方当事人属于不得接触该国家秘密的人时，实际上质证就无法进行。这种情况下，应当在当事人证明其属于国家秘密时，由法院直接对该证据的效力加以认定。涉及商业秘密和个人隐私的应当视具体情况而定。①

71.3 司法适用

在实际适用该条过程中，应当重点注意以下几点：

（1）证据应当在法庭上出示，并由当事人互相质证。未经当事人质证的证据，不得作为认定案件事实的根据。人民法院采信未予质证的证据的，属于程序违法。

---

① 参见张卫平：《民事诉讼法》（第6版），法律出版社2023年版，第288页。

（2）当事人在审理前的准备阶段认可的证据，经审判人员在庭审中说明后，视为质证过的证据。此处“视为质证过的证据”并不完全等同于确认无误的证据，当事人仍可以相反证据推翻。

（3）当事人主张涉案证据涉及国家秘密、商业秘密和个人隐私的，需要举证加以说明，法院也应对此予以调查核实。

（4）不得公开质证不等于无须质证，也不等于无须在法庭出示，只是不得在公开开庭时出示和质证。

（5）涉案证据经法定程序质证完毕后，能够反映案件真实情况、与待证事实相关联、来源和形式符合法律规定的证据，应当作为认定案件事实的根据。然而，此处“应当作为认定案件事实的根据”并不意味着只要当事人提出的证据满足真实性、关联性、合法性的要求，人民法院就应当据此支持当事人相应的事实主张。证据的“三性”是人民法院审查判断证据证明力的基础，不具备这些属性的证据因不具有证据能力应当被排除。人民法院需要对具备这些属性的证据的证明力作出评价最终确定当事人的事实主张是否能够成立。①

（6）质证一般采取一证一质，逐个进行的方法，也可以在对方同意的情况下，对一组有关联的证据一并予以质证。当案件有两个以上独立的诉讼请求的，当事人可以分别围绕其诉讼请求逐个予以质证。法庭应当将当事人的质证情况记入笔录，并由当事人核对后签名或者盖章。已经质证的证据一般不得重复质证。

71.4　相关规范性文件

最高人民法院《关于适用〈中华人民共和国民事诉讼法〉的解释》（法释〔2022〕11号，自2022年4月10日起施行）

第一百零三条　证据应当在法庭上出示，由当事人互相质证。未经当事人质证的证据，不得作为认定案件事实的根据。

当事人在审理前的准备阶段认可的证据，经审判人员在庭审中说明后，

① 参见最高人民法院修改后民事诉讼法贯彻实施工作领导小组编著：《最高人民法院民事诉讼法司法解释理解与适用》（上），人民法院出版社2015年版，第350页。

视为质证过的证据。

涉及国家秘密、商业秘密、个人隐私或者法律规定应当保密的证据，不得公开质证。

第一百零四条 人民法院应当组织当事人围绕证据的真实性、合法性以及与待证事实的关联性进行质证，并针对证据有无证明力和证明力大小进行说明和辩论。

能够反映案件真实情况、与待证事实相关联、来源和形式符合法律规定的证据，应当作为认定案件事实的根据。

最高人民法院《关于民事诉讼证据的若干规定》（法释〔2019〕19号，自2020年5月1日起施行）

第六十条 当事人在审理前的准备阶段或者人民法院调查、询问过程中发表过质证意见的证据，视为质证过的证据。

当事人要求以书面方式发表质证意见，人民法院在听取对方当事人意见后认为有必要的，可以准许。人民法院应当及时将书面质证意见送交对方当事人。

第六十一条 对书证、物证、视听资料进行质证时，当事人应当出示证据的原件或者原物。但有下列情形之一的除外：

（一）出示原件或者原物确有困难并经人民法院准许出示复制件或者复制品的；

（二）原件或者原物已不存在，但有证据证明复制件、复制品与原件或者原物一致的。

第六十二条 质证一般按下列顺序进行：

（一）原告出示证据，被告、第三人与原告进行质证；

（二）被告出示证据，原告、第三人与被告进行质证；

（三）第三人出示证据，原告、被告与第三人进行质证。

人民法院根据当事人申请调查收集的证据，审判人员对调查收集证据的情况进行说明后，由提出申请的当事人与对方当事人、第三人进行质证。

人民法院依职权调查收集的证据，由审判人员对调查收集证据的情况进行说明后，听取当事人的意见。

第六十三条 当事人应当就案件事实作真实、完整的陈述。

当事人的陈述与此前陈述不一致的，人民法院应当责令其说明理由，并结合当事人的诉讼能力、证据和案件具体情况进行审查认定。

当事人故意作虚假陈述妨碍人民法院审理的，人民法院应当根据情节，依照民事诉讼法第一百一十一条的规定进行处罚。

第六十四条　人民法院认为有必要的，可以要求当事人本人到场，就案件的有关事实接受询问。

人民法院要求当事人到场接受询问的，应当通知当事人询问的时间、地点、拒不到场的后果等内容。

第六十五条　人民法院应当在询问前责令当事人签署保证书并宣读保证书的内容。

保证书应当载明保证据实陈述，绝无隐瞒、歪曲、增减，如有虚假陈述应当接受处罚等内容。当事人应当在保证书上签名、捺印。

当事人有正当理由不能宣读保证书的，由书记员宣读并进行说明。

第六十六条　当事人无正当理由拒不到场、拒不签署或宣读保证书或者拒不接受询问的，人民法院应当综合案件情况，判断待证事实的真伪。待证事实无其他证据证明的，人民法院应当作出不利于该当事人的认定。

第六十七条　不能正确表达意思的人，不能作为证人。

待证事实与其年龄、智力状况或者精神健康状况相适应的无民事行为能力人和限制民事行为能力人，可以作为证人。

第六十八条　人民法院应当要求证人出庭作证，接受审判人员和当事人的询问。证人在审理前的准备阶段或者人民法院调查、询问等双方当事人在场时陈述证言的，视为出庭作证。

双方当事人同意证人以其他方式作证并经人民法院准许的，证人可以不出庭作证。

无正当理由未出庭的证人以书面等方式提供的证言，不得作为认定案件事实的根据。

第六十九条　当事人申请证人出庭作证的，应当在举证期限届满前向人民法院提交申请书。

申请书应当载明证人的姓名、职业、住所、联系方式，作证的主要内容，作证内容与待证事实的关联性，以及证人出庭作证的必要性。

符合《最高人民法院关于适用〈中华人民共和国民事诉讼法〉的解释》第九十六条第一款规定情形的，人民法院应当依职权通知证人出庭作证。

第七十条 人民法院准许证人出庭作证申请的，应当向证人送达通知书并告知双方当事人。通知书中应当载明证人作证的时间、地点，作证的事项、要求以及作伪证的法律后果等内容。

当事人申请证人出庭作证的事项与待证事实无关，或者没有通知证人出庭作证必要的，人民法院不予准许当事人的申请。

第七十一条 人民法院应当要求证人在作证之前签署保证书，并在法庭上宣读保证书的内容。但无民事行为能力人和限制民事行为能力人作为证人的除外。

证人确有正当理由不能宣读保证书的，由书记员代为宣读并进行说明。

证人拒绝签署或者宣读保证书的，不得作证，并自行承担相关费用。

证人保证书的内容适用当事人保证书的规定。

第七十二条 证人应当客观陈述其亲身感知的事实，作证时不得使用猜测、推断或者评论性语言。

证人作证前不得旁听法庭审理，作证时不得以宣读事先准备的书面材料的方式陈述证言。

证人言辞表达有障碍的，可以通过其他表达方式作证。

第七十三条 证人应当就其作证的事项进行连续陈述。

当事人及其法定代理人、诉讼代理人或者旁听人员干扰证人陈述的，人民法院应当及时制止，必要时可以依照民事诉讼法第一百一十条的规定进行处罚。

第七十四条 审判人员可以对证人进行询问。当事人及其诉讼代理人经审判人员许可后可以询问证人。

询问证人时其他证人不得在场。

人民法院认为有必要的，可以要求证人之间进行对质。

第七十五条 证人出庭作证后，可以向人民法院申请支付证人出庭作证费用。证人有困难需要预先支取出庭作证费用的，人民法院可以根据证人的申请在出庭作证前支付。

第七十六条 证人确有困难不能出庭作证，申请以书面证言、视听传输技术或者视听资料等方式作证的，应当向人民法院提交申请书。申请书中应当载明不能出庭的具体原因。

符合民事诉讼法第七十三条规定情形的，人民法院应当准许。

第七十七条 证人经人民法院准许，以书面证言方式作证的，应当签署保证书；以视听传输技术或者视听资料方式作证的，应当签署保证书并宣读保证书的内容。

第七十八条 当事人及其诉讼代理人对证人的询问与待证事实无关，或者存在威胁、侮辱证人或不适当引导等情形的，审判人员应当及时制止。必要时可以依照民事诉讼法第一百一十条、第一百一十一条的规定进行处罚。

证人故意作虚假陈述，诉讼参与人或者其他人以暴力、威胁、贿买等方法妨碍证人作证，或者在证人作证后以侮辱、诽谤、诬陷、恐吓、殴打等方式对证人打击报复的，人民法院应当根据情节，依照民事诉讼法第一百一十一条的规定，对行为人进行处罚。

第七十九条 鉴定人依照民事诉讼法第七十八条的规定出庭作证的，人民法院应当在开庭审理三日前将出庭的时间、地点及要求通知鉴定人。

委托机构鉴定的，应当由从事鉴定的人员代表机构出庭。

第八十条 鉴定人应当就鉴定事项如实答复当事人的异议和审判人员的询问。当庭答复确有困难的，经人民法院准许，可以在庭审结束后书面答复。

人民法院应当及时将书面答复送交当事人，并听取当事人的意见。必要时，可以再次组织质证。

最高人民法院《关于知识产权民事诉讼证据的若干规定》（法释〔2020〕12号，自2020年11月18日起施行）

第二十七条 证人应当出庭作证，接受审判人员及当事人的询问。

双方当事人同意并经人民法院准许，证人不出庭的，人民法院应当组织当事人对该证人证言进行质证。

最高人民法院《关于审理侵害植物新品种权纠纷案件具体应用法律问题的若干规定》（法释〔2020〕19号，自2021年1月1日起施行）

第四条 对于侵害植物新品种权纠纷案件涉及的专门性问题可以采取

田间观察检测、基因指纹图谱检测等方法鉴定。

对采取前款规定方法作出的鉴定意见，人民法院应当依法质证，认定其证明力。

最高人民法院《关于审理环境民事公益诉讼案件适用法律若干问题的解释》（法释〔2020〕20号，自2021年1月1日起施行）

第十五条 当事人申请通知有专门知识的人出庭，就鉴定人作出的鉴定意见或者就因果关系、生态环境修复方式、生态环境修复费用以及生态环境受到损害至修复完成期间服务功能丧失导致的损失等专门性问题提出意见的，人民法院可以准许。

前款规定的专家意见经质证，可以作为认定事实的根据。

最高人民法院《关于审理建设工程施工合同纠纷案件适用法律问题的解释（一）》（法释〔2020〕25号，自2021年1月1日起施行）

第三十三条 人民法院准许当事人的鉴定申请后，应当根据当事人申请及查明案件事实的需要，确定委托鉴定的事项、范围、鉴定期限等，并组织当事人对争议的鉴定材料进行质证。

第三十四条 人民法院应当组织当事人对鉴定意见进行质证。鉴定人将当事人有争议且未经质证的材料作为鉴定依据的，人民法院应当组织当事人就该部分材料进行质证。经质证认为不能作为鉴定依据的，根据该材料作出的鉴定意见不得作为认定案件事实的依据。

最高人民法院《关于审理侵犯商业秘密民事案件适用法律若干问题的规定》（法释〔2020〕7号，自2020年9月12日起施行）

第二十一条 对于涉及当事人或者案外人的商业秘密的证据、材料，当事人或者案外人书面申请人民法院采取保密措施的，人民法院应当在保全、证据交换、质证、委托鉴定、询问、庭审等诉讼活动中采取必要的保密措施。

违反前款所称的保密措施的要求，擅自披露商业秘密或者在诉讼活动之外使用或者允许他人使用在诉讼中接触、获取的商业秘密的，应当依法承担民事责任。构成民事诉讼法第一百一十一条规定情形的，人民法院可以依法采取强制措施。构成犯罪的，依法追究刑事责任。

最高人民法院《关于证券纠纷代表人诉讼若干问题的规定》（法释〔2020〕5号，自2020年7月31日起施行）

第二十四条 人民法院可以依当事人的申请，委托双方认可或者随机抽取的专业机构对投资损失数额、证券侵权行为以外其他风险因素导致的损失扣除比例等进行核定。当事人虽未申请但案件审理确有需要的，人民法院可以通过随机抽取的方式委托专业机构对有关事项进行核定。

对专业机构的核定意见，人民法院应当组织双方当事人质证。

最高人民法院《关于设立国际商事法庭若干问题的规定》（法释〔2018〕11号，自2018年7月1日起施行）

第九条 当事人向国际商事法庭提交的证据材料系在中华人民共和国领域外形成的，不论是否已办理公证、认证或者其他证明手续，均应当在法庭上质证。

当事人提交的证据材料系英文且经对方当事人同意的，可以不提交中文翻译件。

第十条 国际商事法庭调查收集证据以及组织质证，可以采用视听传输技术及其他信息网络方式。

71.5 典型案例

71.5.1 需经过鉴定才能予以认定的证据材料必须是事先经过当事人质证的证据材料，否则即使经过鉴定也不得作为认定案件事实的根据

裁判来源：中国水利水电第五工程局有限公司、大唐甘肃祁连水电有限公司建设工程施工合同纠纷案——最高人民法院民事裁定书，（2020）最高法民终852号

法院认为：本案中，依据鉴定需要，大唐公司从案涉工程的监理单位借调并提供了完整的监理日志等材料用于鉴定，但鉴定前均未经一审法院组织双方当事人质证。本院认为，鉴定机构依据未经双方当事人质证的证据材料所作出的鉴定报告，人民法院不能直接作为认定本案事实的依据。一审法院直接根据鉴定报告认定相关事实，属认定事实不清。此外，一审法院在认定相关事实过程中，亦以未经质证的上述监理日志作为依据之一，亦属认定事实不清。

一审法院采信未经双方当事人质证的证据，未能保障当事人正当诉讼权利，并以未经质证的证据作为委托鉴定和认定事实的依据，违反《民事诉讼法》关于证据应当经过庭审质证才能够作为定案依据的规定，且鉴定依据不合理、鉴定程序不规范，导致一审判决认定事实不清；适用法律上存在未依法认定违约责任等问题。

71.5.2 法院依职权调取的证据，也应当在法庭上出示，并由当事人互相质证

裁判来源：杨某发、贵州众世铭辉商砼有限公司票据追索权纠纷案——最高人民法院民事判决书，（2019）最高法民再19号

法院认为：关于新证据质证问题。《民事诉讼法》第64条规定："人民法院应当按照法定程序，全面地、客观地审查核实证据。"第68条规定："证据应当在法庭上出示，并由当事人互相质证。"根据上述规定，《中国建设银行对公综合服务章程》虽然是法院依职权调取的证据，也应当在法庭上出示，并由当事人互相质证。二审法院对该证据未予质证，审理程序确有错误。但是杨某发对二审法院查明的该章程的内容并无异议，二审的该程序瑕疵对本案审理结论并无实际影响。

72. 公证证据

72.1 法律条文

第七十二条 经过法定程序公证证明的法律事实和文书，人民法院应当作为认定事实的根据，但有相反证据足以推翻公证证明的除外。

72.2 条文阐释

公证，是指公证机关依据自然人、法人或者其他组织的申请，依照公证法律、法规规定的法定程序对民事法律行为、有法律意义的事实和文书的真实性、合法性予以证明的活动和过程。而经过法定程序公证证明的法律事实和文书，通常指经过公证程序公证证明的有法律意义的事实和文书。

法律事实和文书可统称为公证证据。

一切在法律上有效的文书均可公证证明，书面形式的法律行为也是法律文书。凡引起法律关系产生、变更和消灭的事实均可公证证明。法律事实分行为和事件两类。行为以人的意志为转移，事件是不以人的意志为转移的。公证证明法律事实主要是证明法律事件，指的是事实的发生与人们意志无关但可引起一定法律后果的事件，如死亡。此外，公证事项还包括证明非争议性事实。因某些事实并不一定发生法律后果，但为避免日后可能发生争议，亦得公证证明。如证明某人的住所地或居所地、证明亲属关系等。

“人民法院应当作为认定事实的根据，但有相反证据足以推翻公证证明的除外”，意味着在一般情况下，经公证证明的法律事实和文书对提出公证证明的当事人具有免证的法律效果，亦即免除了当事人“对自己提出的主张，有责任提供证据”之义务。

72.3　司法适用

在实际适用该条时，应当重点注意以下几点：

（1）对于经公证证明的法律事实和文书，当事人应当承担较高的反证证明义务，即有相反证据足以“推翻”而非“反驳”。不同于众所周知的事实、根据法律规定推定的事实以及根据已知的事实和日常生活经验法则推定出的另一事实等一般性事实，经过公证证明的法律事实和已为人民法院发生法律效力的裁判所确认的事实一样，在性质上均属于有权机关依法确认的事实，具有较强的公信力，故推翻此类事实的证明标准较高。

（2）在一方当事人提出公证文书证明其所主张的事实后，对方当事人没有相反证据足以推翻该公证证明的，人民法院就无须对该公证的文书进行审查，径行将此作为认定案件事实的根据。不过，对此类证据的采信，仍要符合证据本身的客观性、合法性以及关联性。

（3）对于公证证明的事项“人民法院应当作为认定案件事实的根据”表明公证证明具有约束法院认定案件事实的效力，由此也产生了法院在认定事实方面的作为义务。如果当事人在诉讼中提出了与案件主要事实或要件事实有关联的经公证的法律行为、法律事实和文书，法院就有将其作为事实认定的义务。在没有否定该公证证明的例外情形时，法院不予认定的，法院的审理就违反了民事诉讼法和公证法，构成事实认定上的错误是当事人上诉和再审的理由。

72.4 相关规范性文件

最高人民法院《关于适用〈中华人民共和国民事诉讼法〉的解释》（法释〔2022〕11号，自2022年4月10日起施行）

第九十三条 下列事实，当事人无须举证证明：

（一）自然规律以及定理、定律；

（二）众所周知的事实；

（三）根据法律规定推定的事实；

（四）根据已知的事实和日常生活经验法则推定出的另一事实；

（五）已为人民法院发生法律效力的裁判所确认的事实；

（六）已为仲裁机构生效裁决所确认的事实；

（七）已为有效公证文书所证明的事实。

前款第二项至第四项规定的事实，当事人有相反证据足以反驳的除外；第五项至第七项规定的事实，当事人有相反证据足以推翻的除外。

最高人民法院《关于审理涉及公证活动相关民事案件的若干规定》（法释〔2020〕20号，自2021年1月1日起施行）

第四条 当事人、公证事项的利害关系人提供证据证明公证机构及其公证员在公证活动中具有下列情形之一的，人民法院应当认定公证机构有过错：

（一）为不真实、不合法的事项出具公证书的；

（二）毁损、篡改公证书或者公证档案的；

（三）泄露在执业活动中知悉的商业秘密或者个人隐私的；

（四）违反公证程序、办证规则以及国务院司法行政部门制定的行业规范出具公证书的；

（五）公证机构在公证过程中未尽到充分的审查、核实义务，致使公证书错误或者不真实的；

（六）对存在错误的公证书，经当事人、公证事项的利害关系人申请仍不予纠正或者补正的；

（七）其他违反法律、法规、国务院司法行政部门强制性规定的情形。

第五条　当事人提供虚假证明材料申请公证致使公证书错误造成他人损失的，当事人应当承担赔偿责任。公证机构依法尽到审查、核实义务的，不承担赔偿责任；未依法尽到审查、核实义务的，应当承担与其过错相应的补充赔偿责任；明知公证证明的材料虚假或者与当事人恶意串通的，承担连带赔偿责任。

第六条　当事人、公证事项的利害关系人明知公证机构所出具的公证书不真实、不合法而仍然使用造成自己损失，请求公证机构承担赔偿责任的，人民法院不予支持。

最高人民法院《关于知识产权民事诉讼证据的若干规定》（法释〔2020〕12号，自2020年11月18日起施行）

第八条　中华人民共和国领域外形成的下列证据，当事人仅以该证据未办理公证、认证等证明手续为由提出异议的，人民法院不予支持：

（一）已为发生法律效力的人民法院裁判所确认的；

（二）已为仲裁机构生效裁决所确认的；

（三）能够从官方或者公开渠道获得的公开出版物、专利文献等；

（四）有其他证据能够证明真实性的。

第十条　在一审程序中已经根据民事诉讼法第五十九条、第二百六十四条的规定办理授权委托书公证、认证或者其他证明手续的，在后续诉讼程序中，人民法院可以不再要求办理该授权委托书的上述证明手续。

第三十条　当事人对公证文书提出异议，并提供相反证据足以推翻的，人民法院对该公证文书不予采纳。

当事人对公证文书提出异议的理由成立的，人民法院可以要求公证机构出具说明或者补正，并结合其他相关证据对该公证文书进行审核认定。

最高人民法院《关于民事诉讼证据的若干规定》（法释〔2019〕19号，自2020年5月1日起施行）

第十条　下列事实，当事人无须举证证明：

（一）自然规律以及定理、定律；

（二）众所周知的事实；

（三）根据法律规定推定的事实；

（四）根据已知的事实和日常生活经验法则推定出的另一事实；

（五）已为仲裁机构的生效裁决所确认的事实；

（六）已为人民法院发生法律效力的裁判所确认的基本事实；

（七）已为有效公证文书所证明的事实。

前款第二项至第五项事实，当事人有相反证据足以反驳的除外；第六项、第七项事实，当事人有相反证据足以推翻的除外。

第十六条 当事人提供的公文书证系在中华人民共和国领域外形成的，该证据应当经所在国公证机关证明，或者履行中华人民共和国与该所在国订立的有关条约中规定的证明手续。

中华人民共和国领域外形成的涉及身份关系的证据，应当经所在国公证机关证明并经中华人民共和国驻该国使领馆认证，或者履行中华人民共和国与该所在国订立的有关条约中规定的证明手续。

当事人向人民法院提供的证据是在香港、澳门、台湾地区形成的，应当履行相关的证明手续。

72.5 典型案例

72.5.1 公正文书只能是由公证机关作出的特定文书

裁判来源： 淮安汉邦万融建材有限公司与江苏新都建筑有限公司、江苏新都建筑有限公司江阴分公司买卖合同纠纷案——最高人民法院民事裁定书，（2015）民申字第1902号

法院认为：《民事诉讼法》第68条规定，证据应当在法庭上出示，并由当事人互相质证。二审法院认为案涉鉴定意见未经质证故不能在本案直接作为证据使用符合法律规定。此外，公证文书是指由公证机关作出的特定文书，新都公司关于公安机关出具的情况说明属于“已为有效公证文书所证明的事实”的主张显然不能成立。

72.5.2 公证机关超出地域范围受理公证事项，并不影响公证的效力

裁判来源： 龙岩市新罗区西山笑娥食杂店、广东咏声动漫股份有限公司侵害商标权纠纷案——最高人民法院民事裁定书，（2021）最高法民申7825号

法院认为：在笑娥食杂店未提交充分的证据推翻涉案公证证明的情况下，原审法院采信涉案公证的内容，认定笑娥食杂店销售被诉侵权产品并无不当。此外，公证机关超出地域范围受理公证事项，并不影响公证的效力。笑娥食杂店的相关再审理由均不能成立，本院不予支持。

72.5.3 当事人欲否定经过法定程序公证证明的法律事实和文书的证据效力，必须提出足以推翻公证证据的反证，而不能是仅对公证过程及公证内容的异议

裁判来源：大博医疗科技股份有限公司、斯恩蒂斯有限公司等侵害发明专利权纠纷案——最高人民法院民事判决书，(2021) 最高法知民终148号

法院认为：公证书已经如实记录了公证的全过程，公证现场取得的产品、《收据》等在封存前由公证员保存，公证过程具有客观性。《民事诉讼法》第69条规定，经过法定程序公证证明的法律事实和文书，人民法院应当作为认定事实的根据，但有相反证据足以推翻公证证明的除外。二德荣公司作为本案原审的被告，与本案裁判结果具有利害关系，其提出斯恩蒂斯公司在本案中提交的经公证购买的被诉侵权产品已经被人为拆封，可能被调换，与二德荣公司实际销售的产品不符的主张，没有证据证实，本院不予支持。由于大博公司、二德荣公司没有提出足以推翻上述公证书的反证，仅对公证过程、公证书内容提出异议不能推翻11140号公证书的证明力，原审法院采信该证据并无不当。

73. 书证和物证

73.1 法律条文

第七十三条 书证应当提交原件。物证应当提交原物。提交原件或者原物确有困难的，可以提交复制品、照片、副本、节录本。

提交外文书证，必须附有中文译本。

73.2 条文阐释

书证，是指以文字、符号、图形等形式所记载的内容或表达的思想来证明案件事实的证据。书证内容的物质载体并不限于纸面材料，任何可以承载内容、表达思想的物质均可成为书证的物质载体，如石头、树木等。书证具有以下特征：第一，书证以文字、符号等内容证明案件事实，而不是以外形、质量等证明案件事实。第二，书证往往能够直接证明案件的主要事实。第三，书证的真实性较强，不易伪造。

物证，是指以物的外形、形状、质地、规格等证明案件争议事实的证据。

民事诉讼与刑事诉讼中的证据有所不同。在刑事诉讼中，物证可谓“证据之王”，但在民事诉讼中，一般而言书证才是“证据之王”。

73.3 司法适用

在实际适用该条过程中，应当重点关注以下问题：

（1）书证提出义务。在民事诉讼中，经举证人申请，持有书证的一方当事人在特定情形具有向法院提出该书证的义务。书证提出义务的成立需要满足以下条件：第一，由负有证明责任的一方当事人提出申请。第二，有正当理由（书证提出义务的原因）。第三，书证为被请求人实际控制，而无关是否为被申请人实际所有或占有。第四，在举证期限届满前提出。第五，以书面形式申请。第六，书证提交费用由申请人承担。

（2）书证复印件的法律效力。一般而言，照原本全文抄录、印刷并对外具有与原本同一的效力的文件称为正本；照原本全文抄录、印刷而具有正本效力的文件，称为副本；复印件是指用复印机复制的材料；节录本是指仅摘抄原本或正本文件部分内容的文件。对于这些形式的证据是否能够作为认定案件事实的根据，既不可全部肯定，也不能全盘否定，而应当结合其他证据和案件具体情况，审查判断书证复制品等能否作为认定案件事实的根据。

（3）人民法院依法责令对方当事人提交该书证，对方当事人如果有正当理由，可以不提交该书证。但如果其无正当理由拒不提交的，人民法院可以认定申请人所主张的书证内容为真实。值得注意的是，“可以”认定申请人所主张的书证内容为真实并不等同于“必须”认定该书证内容真实。究竟是否认定申请人所主张的书证内容为真实，人民法院还需要结合案件审理情况予以认定。

（4）持有书证的当事人以妨碍对方当事人使用为目的，毁灭有关书证或者实施其他致使书证不能使用行为的，人民法院可以对其处以罚款、拘留。准确适用处罚，需要满足以下条件：首先，该当事人持有该书证，即该书证处于该当事人的控制之下，若该当事人有证据证明该书证并非在其控制之下，自然没有本条的适用余地。其次，在主观方面必须是存在故意，且要限定在以妨碍对方当事人使用为目的的毁损行为，若无此目的或者无此毁损或其他致使书证不能使用的行为，均不能适用罚款、拘留措施。最后，在后果上必须是使得该证据毁灭或者不能使用。从对方当事人主张适用本条规定看，则要对上述要件事实承担举证责任，人民法院在必要时可以依法调查取证。①

73.4　相关规范性文件

最高人民法院《关于适用〈中华人民共和国民事诉讼法〉的解释》（法释〔2022〕11号，自2022年4月10日起施行）

第一百一十一条　民事诉讼法第七十三条规定的提交书证原件确有困难，包括下列情形：

（一）书证原件遗失、灭失或者毁损的；

（二）原件在对方当事人控制之下，经合法通知提交而拒不提交的；

（三）原件在他人控制之下，而其有权不提交的；

（四）原件因篇幅或者体积过大而不便提交的；

（五）承担举证证明责任的当事人通过申请人民法院调查收集或者其他方式无法获得书证原件的。

前款规定情形，人民法院应当结合其他证据和案件具体情况，审查判

---

①　杜万华、胡云腾主编：《最高人民法院民事诉讼法司法解释逐条适用解析》，法律出版社2015年版，第195页。

断书证复制品等能否作为认定案件事实的根据。

第一百一十二条 书证在对方当事人控制之下的，承担举证证明责任的当事人可以在举证期限届满前书面申请人民法院责令对方当事人提交。

申请理由成立的，人民法院应当责令对方当事人提交，因提交书证所产生的费用，由申请人负担。对方当事人无正当理由拒不提交的，人民法院可以认定申请人所主张的书证内容为真实。

第一百一十三条 持有书证的当事人以妨碍对方当事人使用为目的，毁灭有关书证或者实施其他致使书证不能使用行为的，人民法院可以依照民事诉讼法第一百一十四条规定，对其处以罚款、拘留。

最高人民法院《关于民事诉讼证据的若干规定》（法释〔2019〕19号，自2020年5月1日起施行）

第十六条 当事人提供的公文书证系在中华人民共和国领域外形成的，该证据应当经所在国公证机关证明，或者履行中华人民共和国与该所在国订立的有关条约中规定的证明手续。

中华人民共和国领域外形成的涉及身份关系的证据，应当经所在国公证机关证明并经中华人民共和国驻该国使领馆认证，或者履行中华人民共和国与该所在国订立的有关条约中规定的证明手续。

当事人向人民法院提供的证据是在香港、澳门、台湾地区形成的，应当履行相关的证明手续。

第十七条 当事人向人民法院提供外文书证或者外文说明资料，应当附有中文译本。

第二十一条 人民法院调查收集的书证，可以是原件，也可以是经核对无误的副本或者复制件。是副本或者复制件的，应当在调查笔录中说明来源和取证情况。

第二十二条 人民法院调查收集的物证应当是原物。被调查人提供原物确有困难的，可以提供复制品或者影像资料。提供复制品或者影像资料的，应当在调查笔录中说明取证情况。

第四十五条 当事人根据《最高人民法院关于适用〈中华人民共和国民事诉讼法〉的解释》第一百一十二条的规定申请人民法院责令对方当事人提交书证的，申请书应当载明所申请提交的书证名称或者内容、需要以该书证证明的事实及事实的重要性、对方当事人控制该书证的根据以及应当提交该书证的理由。

对方当事人否认控制书证的，人民法院应当根据法律规定、习惯等因素，结合案件的事实、证据，对于书证是否在对方当事人控制之下的事实作出综合判断。

第四十六条 人民法院对当事人提交书证的申请进行审查时，应当听取对方当事人的意见，必要时可以要求双方当事人提供证据、进行辩论。

当事人申请提交的书证不明确、书证对于待证事实的证明无必要、待证事实对于裁判结果无实质性影响、书证未在对方当事人控制之下或者不符合本规定第四十七条情形的，人民法院不予准许。

当事人申请理由成立的，人民法院应当作出裁定，责令对方当事人提交书证；理由不成立的，通知申请人。

第四十七条 下列情形，控制书证的当事人应当提交书证：

（一）控制书证的当事人在诉讼中曾经引用过的书证；

（二）为对方当事人的利益制作的书证；

（三）对方当事人依照法律规定有权查阅、获取的书证；

（四）账簿、记账原始凭证；

（五）人民法院认为应当提交书证的其他情形。

前款所列书证，涉及国家秘密、商业秘密、当事人或第三人的隐私，或者存在法律规定应当保密的情形的，提交后不得公开质证。

第四十八条 控制书证的当事人无正当理由拒不提交书证的，人民法院可以认定对方当事人所主张的书证内容为真实。

控制书证的当事人存在《最高人民法院关于适用〈中华人民共和国民事诉讼法〉的解释》第一百一十三条规定情形的，人民法院可以认定对方当事人主张以该书证证明的事实为真实。

第六十一条 对书证、物证、视听资料进行质证时，当事人应当出示证据的原件或者原物。但有下列情形之一的除外：

（一）出示原件或者原物确有困难并经人民法院准许出示复制件或者复制品的；

（二）原件或者原物已不存在，但有证据证明复制件、复制品与原件或者原物一致的。

第九十一条 公文书证的制作者根据文书原件制作的载有部分或者全部内容的副本，与正本具有相同的证明力。

在国家机关存档的文件，其复制件、副本、节录本经档案部门或者制作原本的机关证明其内容与原本一致的，该复制件、副本、节录本具有与原本相同的证明力。

第九十二条 私文书证的真实性，由主张以私文书证证明案件事实的当事人承担举证责任。

私文书证由制作者或者其代理人签名、盖章或捺印的，推定为真实。

私文书证上有删除、涂改、增添或者其他形式瑕疵的，人民法院应当综合案件的具体情况判断其证明力。

73.5 典型案例

73.5.1 一般情况下，摘抄不等于复制

裁判来源：北京倍爱康生物技术有限公司、东峰企业有限公司股东知情权纠纷案——最高人民法院执行裁定书，(2020) 最高法执监 97 号

法院认为：一般情况下，摘抄不等同于复制。参照法律和司法解释对证据的有关规定精神，摘录和复制具有不同的法律含义。从词意上理解，“摘抄”与“摘录”意思相近，均可理解为“选取一部分内容抄录下来”，“复制”可理解为“依照原件制作成同样的”。可见，摘录、摘抄与复制的含义不同，不能产生“制作成同样的”效果，不能认为摘抄本质上属于复制。股东对会计账簿进行摘抄，不违反公司法规定，倍爱康公司关于“摘抄”本质上属于“复制”的主张，不能成立。

73.5.2 提交外文书证，必须附有中文译本，否则法院对该证据不予采信

裁判来源：湖北吉美机电科技股份有限公司、黎某文侵害经营秘密纠纷案——湖北省高级人民法院民事判决书，(2018) 鄂民终 1161 号

法院认为：上诉人明确提出其主张的经营秘密为三个孟加拉国客户信息，包括 abeyaAutomaticRiceMill 米厂、Majumder 米厂、Reza & Rana 米厂。上诉人认为其一审提交的证据 8－10，除证据 9 中的照片以外，其余证据

均可以证明上诉人主张的孟加拉国客户信息为其经营秘密。经本院审查，上诉人一审提交的证据8－10，仅证据8中的一份信用证为中文，其余均为外文件，且未附有中文译文，根据《民事诉讼法》第70条第1款“提交外文书证，必须附有中文译本”之规定，对以上外文件，一审法院不予采信并无不当。

73.5.3 书证提出义务并不是指只要证据在对方当事人的控制之下，法院就可责令对方当事人提交或采取其他强制性措施、作出不利推定等，而是应依据法定原则和必要性原则进行审查

裁判来源：内蒙古万琪机械加工股份有限公司、鄂尔多斯市乌兰煤炭（集团）有限责任公司温家塔煤矿侵害发明专利权纠纷案——最高人民法院民事判决书，（2021）最高法知民终420号

法院认为：法律规定了“书证提出命令”制度、举证妨碍推定制度、证据保全制度等以解决权利人的“维权难”问题，但上述制度并不意味着，只要证据在对方当事人的控制之下，法院就可责令对方当事人提交或采取其他强制性措施、作出不利推定等，而是应依据法定原则和必要性原则进行审查。

74. 视听资料

74.1 法律条文

第七十四条 人民法院对视听资料，应当辨别真伪，并结合本案的其他证据，审查确定能否作为认定事实的根据。

74.2 条文阐释

视听资料，是指利用录音、录像等技术手段反映的声音、图像以及电子计算机存储的数据证明案件事实的证据。常见的视听资料有录像，录音带，胶卷，存储于光盘、硬盘中的相关数据等。视听资料具有易于保存、生动逼真的特点，可以较为直观地反映案发经过。不过，视听资料也较为

容易被人利用一定技术手段加以篡改。

74.3 司法适用

在实际适用该条过程中，应当重点关注以下几点：

（1）由于视听资料较为容易被篡改，因此尚存疑点的视听资料不得作为定案依据。不过，某些经过技术手段处理后可以消除疑点的视听资料仍可作为定案依据。

（2）视听资料的取得方式必须是合法的，否则不得作为定案依据。比如，某些通过为法律法规所禁止的窃听、窃照、窃录等手段所获得的视听资料，或者以侵害他人合法权益的方式所获得的视听资料等均不得作为定案依据。不过，与刑事诉讼有所不同，民事诉讼对于“偷拍偷录”“私录”视听资料证据的把握较为宽泛。此类证据究竟是否合法、是否能够作为定案依据往往不能一概而论，而应由法院结合具体情况具体判断。

（3）区分视听资料与电子数据的关键在于相关信息是否存为“存储在电子介质中的电子信息”。如果是，则为电子数据；如果不是，则为视听资料。因此，存储在电子介质中的录音资料和影像资料，应适用电子数据的规定。

74.4 相关规范性文件

最高人民法院《关于适用〈中华人民共和国民事诉讼法〉的解释》（法释〔2022〕11号，自2022年4月10日起施行）

第一百一十六条 视听资料包括录音资料和影像资料。

电子数据是指通过电子邮件、电子数据交换、网上聊天记录、博客、微博客、手机短信、电子签名、域名等形成或者存储在电子介质中的信息。

存储在电子介质中的录音资料和影像资料，适用电子数据的规定。

最高人民法院《关于民事诉讼证据的若干规定》（法释〔2019〕19号，自2020年5月1日起施行）

第十五条 当事人以视听资料作为证据的，应当提供存储该视听资料的原始载体。

当事人以电子数据作为证据的，应当提供原件。电子数据的制作者制作的与原件一致的副本，或者直接来源于电子数据的打印件或其他可以显示、识别的输出介质，视为电子数据的原件。

74.5 典型案例

74.5.1 视听资料存疑并不仅限于视听资料被篡改的情形，即使未被篡改的视听资料，如果法院无法认定其与待证事实之间的关联性、所载信息的准确性等，也属于视听资料存疑之情形

裁判来源：合肥鹏峰建材有限公司、合肥东唐架业有限公司侵害实用新型专利权纠纷案——最高人民法院民事判决书，（2019）最高法知民终557号

法院认为：关于鹏峰公司自行拍摄的视频及照片，因无法确认该份证据的真实性，难以比对核实其拍摄场地与上述公证书记载的场地是否一致，也不能据以认定视频及照片所呈现的内容与东唐公司之间的关联性；关于鹏峰公司所称其公司法定代表人与东唐公司法定代表人的通话录音，因无法确认通话双方的身份，通话内容也并未反映出与本案的关联性，不能据此证明东唐公司法定代表人自认东唐公司在上述公证场地生产加工被诉侵权产品。鹏峰公司虽主张东唐公司作为脚手架租赁、销售者，必然有进行生产加工及堆放的场地，但并未证明上述公证场地与东唐公司之间的关联性。综上，鹏峰公司所提供的其自行制作的视听资料证据存疑，其亦未能提供其他证据证明或与前述证据共同证明东唐公司实施了被诉侵权行为，应当承担举证不利的后果。

74.5.2 视听资料不能单独作为证明案件事实的证据，需结合其他证据综合确定其能否作为认定事实的根据

裁判来源：谢某气、叶某明民间借贷纠纷案——最高人民法院民事裁定书，（2017）最高法民申1805号

法院认为：据此，视听资料不能单独作为证明案件事实的证据，而需结合其他证据综合确定其能否作为认定事实的根据。本案中，谢某气申请再审所提交的通话录音，没有其他证据佐证，不能单独成为足以推翻原判的证据。因此，该通话录音不属于《民事诉讼法》第200条第1项规定的足以推翻原判决的新证据。

75. 证人的义务

75.1 法律条文

第七十五条 凡是知道案件情况的单位和个人，都有义务出庭作证。有关单位的负责人应当支持证人作证。

不能正确表达意思的人，不能作证。

75.2 条文阐释

证人，是指了解案件情况并向法院或当事人提供证词的人。而证言是指证人将其了解的案件事实向法院所作的陈述或证词。本条中所规定的证人的义务则主要指证人出庭作证的义务。

本条实际上规定了两类证人：一是单位证人，二是自然人证人。当单位作为证人出庭作证时，应由单位的法定代表人、负责人或是经单位授权的人代单位作证。而当自然人作证时，则必须是能够正确表达意思的人，因为证人证言本就是证人对案件情况的真实描述。此外，本条所指“不能正确表达意思的人”并不包括待证事实与其年龄、智力状况或者精神健康状况相适应的无民事行为能力人和限制民事行为能力人。比如，某个智力或者精神有先天性缺陷的自然人，并非一概不能作为证人，而应视案件具体情况和待证事实而定。

75.3 司法适用

在实际适用该条过程中，应当重点关注以下几点：

（1）出庭作证的证人应当客观陈述亲身感知的事实，而不能主观臆断、猜想或推断。

（2）聋哑人可以其他表达方式作证。

（3）与当事人有亲属关系和其他密切关系的人也可以作为证人出庭作证，但证言的证明力会受到影响。

（4）证人有出庭作证的义务，但在法定情形下，经人民法院许可，可以其他非出庭的方式作证。证人在审理前的准备阶段或者人民法院调查、询问等双方当事人在场时陈述证言的，视为出庭作证。双方当事人同意证人以其他方式作证并经人民法院准许的，证人可以不出庭作证。

（5）证人出庭作证一般经人民法院通知，未经人民法院通知，证人不得出庭作证，但双方当事人同意并经人民法院准许的除外。

75.4 相关规范性文件

最高人民法院《关于适用〈中华人民共和国民事诉讼法〉的解释》（法释〔2022〕11号，自2022年4月10日起施行）

第一百一十七条 当事人申请证人出庭作证的，应当在举证期限届满前提出。

符合本解释第九十六条第一款规定情形的，人民法院可以依职权通知证人出庭作证。

未经人民法院通知，证人不得出庭作证，但双方当事人同意并经人民法院准许的除外。

第一百一十九条 人民法院在证人出庭作证前应当告知其如实作证的义务以及作伪证的法律后果，并责令其签署保证书，但无民事行为能力人和限制民事行为能力人除外。

证人签署保证书适用本解释关于当事人签署保证书的规定。

第一百二十条 证人拒绝签署保证书的，不得作证，并自行承担相关费用。

最高人民法院《关于知识产权民事诉讼证据的若干规定》（法释〔2020〕12号，自2020年11月18日起施行）

第九条 中华人民共和国领域外形成的证据，存在下列情形之一的，当事人仅以该证据未办理认证手续为由提出异议的，人民法院不予支持：

（一）提出异议的当事人对证据的真实性明确认可的；

（二）对方当事人提供证人证言对证据的真实性予以确认，且证人明确表示如作伪证愿意接受处罚的。

前款第二项所称证人作伪证，构成民事诉讼法第一百一十一条规定情形的，人民法院依法处理。

第二十七条 证人应当出庭作证，接受审判人员及当事人的询问。

双方当事人同意并经人民法院准许，证人不出庭的，人民法院应当组织当事人对该证人证言进行质证。

第二十九条 人民法院指派技术调查官参与庭前会议、开庭审理的，技术调查官可以就案件所涉技术问题询问当事人、诉讼代理人、有专门知识的人、证人、鉴定人、勘验人等。

最高人民法院《关于民事诉讼证据的若干规定》（法释〔2019〕19号，自2020年5月1日起施行）

第六十七条 不能正确表达意思的人，不能作为证人。

待证事实与其年龄、智力状况或者精神健康状况相适应的无民事行为能力人和限制民事行为能力人，可以作为证人。

第六十八条 人民法院应当要求证人出庭作证，接受审判人员和当事人的询问。证人在审理前的准备阶段或者人民法院调查、询问等双方当事人在场时陈述证言的，视为出庭作证。

双方当事人同意证人以其他方式作证并经人民法院准许的，证人可以不出庭作证。

无正当理由未出庭的证人以书面等方式提供的证言，不得作为认定案件事实的根据。

第六十九条 当事人申请证人出庭作证的，应当在举证期限届满前向人民法院提交申请书。

申请书应当载明证人的姓名、职业、住所、联系方式，作证的主要内容，作证内容与待证事实的关联性，以及证人出庭作证的必要性。

符合《最高人民法院关于适用〈中华人民共和国民事诉讼法〉的解释》第九十六条第一款规定情形的，人民法院应当依职权通知证人出庭作证。

第七十一条 人民法院应当要求证人在作证之前签署保证书，并在法庭上宣读保证书的内容。但无民事行为能力人和限制民事行为能力人作为证人的除外。

证人确有正当理由不能宣读保证书的，由书记员代为宣读并进行说明。

证人拒绝签署或者宣读保证书的，不得作证，并自行承担相关费用。

证人保证书的内容适用当事人保证书的规定。

第七十二条　证人应当客观陈述其亲身感知的事实，作证时不得使用猜测、推断或者评论性语言。

证人作证前不得旁听法庭审理，作证时不得以宣读事先准备的书面材料的方式陈述证言。

证人言辞表达有障碍的，可以通过其他表达方式作证。

第七十三条　证人应当就其作证的事项进行连续陈述。

当事人及其法定代理人、诉讼代理人或者旁听人员干扰证人陈述的，人民法院应当及时制止，必要时可以依照民事诉讼法第一百一十条的规定进行处罚。

第七十四条　审判人员可以对证人进行询问。当事人及其诉讼代理人经审判人员许可后可以询问证人。

询问证人时其他证人不得在场。

人民法院认为有必要的，可以要求证人之间进行对质。

75.5 典型案例

75.5.1 与本案存在利益冲突的人也可以出庭作证

裁判来源：河南省华力置业有限公司、陈小周合同纠纷案——最高人民法院民事裁定书，(2020) 最高法民申 1051 号

法院认为：凡是知道案件情况的单位和个人，都有义务出庭作证。河南华力公司虽称李某生与其之间存在利益冲突，但其并不能当然否定李某生证言。

75.5.2 诉讼代理人不能在同一审理程序中同时担任代理人和证人，但在二审中不再担任代理人的，则可以作为证人出庭作证

裁判来源：上诉人内蒙古良元装饰工程有限公司、王某良与上诉人内蒙古熙华房地产开发有限责任公司，被上诉人贺某元、金某、贺某乐尔及原审第三人内蒙古润宇装饰城市场有限公司合资合作开发房地产合同纠纷案——最高人民法院民事判决书，(2013) 民一终字第 187 号

法院认为：凡是知道案件情况的单位和个人，都有义务出庭作证。图格莫勒巴雅尔曾作为本案一审代理律师，知道有关事实情况，故熙华公司主张图格莫勒巴雅尔应作为证人出庭作证，本院予以准许。

75.5.3 不能作为证人出庭作证的情形仅限于不能正确表达意思的人，与年龄无关

裁判来源：闵某与闵某明所有权确认纠纷案——湖北省高级人民法院民事判决书，(2016) 鄂民申765号

法院认为：关于“凡是知道案件情况的单位和个人，都有义务出庭作证”的规定，其父出庭作证符合法律规定。且作为闵某、闵某明共同的生父，其证言效力较高。该证人虽年逾80岁、与闵某明共同生活，但闵某未提供证据证明其父不能正确表达意思，亦未提供证据证明其父系受闵某明威胁、胁迫而作证或其父与闵某明恶意串通作伪证。根据《民事诉讼法》第72条第2款关于“不能正确表达意思的人，不能作证”的规定，其父不属于不能作证的情形，且证人在原审诉讼过程中已出庭接受质询，其证言内容与本案查明其他客观事实相互印证，原审法院采信其父证言作为本案认定事实的证据之一，符合法律规定。

76. 证人不出庭作证的情形

76.1 法律条文

第七十六条 经人民法院通知，证人应当出庭作证。有下列情形之一的，经人民法院许可，可以通过书面证言、视听传输技术或者视听资料等方式作证：

（一）因健康原因不能出庭的；

（二）因路途遥远，交通不便不能出庭的；

（三）因自然灾害等不可抗力不能出庭的；

（四）其他有正当理由不能出庭的。

76.2 条文阐释

本条规定了证人不出庭作证的情形。只有符合本条所列情形且经法院许可的，证人才可不出庭作证。证人不出庭作证的，仍要以其他方式作证。

然而，如果是应当出庭而未出庭作证的，其向法院提供的书面证言将不能被采信。

此外，证人符合不出庭作证情形的，应当主动提交申请书向法院申请。只有具体原因经法院确认后，才可以其他方式作证。

76.3　相关规范性文件

最高人民法院《关于民事诉讼证据的若干规定》（法释〔2019〕19号，自2020年5月1日起施行）

第七十六条　证人确有困难不能出庭作证，申请以书面证言、视听传输技术或者视听资料等方式作证的，应当向人民法院提交申请书。申请书中应当载明不能出庭的具体原因。

符合民事诉讼法第七十三条规定情形的，人民法院应当准许。

第七十七条　证人经人民法院准许，以书面证言方式作证的，应当签署保证书；以视听传输技术或者视听资料方式作证的，应当签署保证书并宣读保证书的内容。

最高人民法院《关于知识产权民事诉讼证据的若干规定》（法释〔2020〕12号，自2020年11月18日起施行）

第二十七条　证人应当出庭作证，接受审判人员及当事人的询问。

双方当事人同意并经人民法院准许，证人不出庭的，人民法院应当组织当事人对该证人证言进行质证。

76.4　典型案例

76.4.1　在出现不能出庭作证的情形时，应当向法院申请并经法院许可，证人才能采用其他方式作证，否则法院对证人证言不予认可

裁判来源：张某等与雷沃重工股份有限公司案外人执行异议之诉纠纷案——最高人民法院民事裁定书，（2016）最高法民申2541号

法院认为：“经人民法院通知，证人应当出庭作证。有下列情形之一的，经人民法院许可，可以通过书面证言、视听传输技术或者视听资料等方式作证：……（二）因路途遥远，交通不便不能出庭的；……”根据该规定，张某在二审阶段提交的证人证言应当由证人出庭作证，而在出现不

能出庭作证的情形时，应当向法院申请并经法院许可，证人才能采用其他方式作证，证明案件事实。然而，张某在二审期间未向人民法院申请通知证人出庭作证，也未向人民法院申请许可以其他方式作证，故二审法院未采纳张某提交的证人证言并无不当。

77. 证人出庭作证费用的承担

77.1 法律条文

第七十七条 证人因履行出庭作证义务而支出的交通、住宿、就餐等必要费用以及误工损失，由败诉一方当事人负担。当事人申请证人作证的，由该当事人先行垫付；当事人没有申请，人民法院通知证人作证的，由人民法院先行垫付。

77.2 条文阐释

本条规定了证人出庭作证费用的承担。其中，证人出庭作证费用的最终承担主体为败诉一方当事人。然而，由于证人出庭作证具有一定的义务性，因此在案件尚未审结前，需要有相应主体对相关费用予以垫付。当事人申请证人出庭作证的，由当事人先行垫付；法院通知证人出庭作证（法院依职权调查取证）的，则由法院先行垫付。

77.3 司法适用

在实际适用该条过程中，应当重点关注以下几点：

（1）证人出庭费用的负担以申请证人出庭作证的一方当事人先行垫付为原则，法院垫付为例外。对于生活确有困难而无法垫付证人出庭费用的当事人，可以考虑通过申请法律援助的方式予以解决。①

---

① 杜万华、胡云腾主编：《最高人民法院民事诉讼法司法解释逐条适用解析》，法律出版社 2015 年版，第 208 页。

（2）当事人垫付证人费用的，当事人首先将该笔费用缴纳至法院，再由法院向证人支付该笔费用，严令禁止当事人私下将费用直接支付给证人。

（3）证人拒绝签署保证书的，不得作证，并自行承担相关费用。此处“自行承担相关费用”的情形既包括证人直接拒绝签署保证书的情形，也包括虽然签署保证书但出庭后拒绝作证的情形，还包括签署保证书后作伪证的情形。一言以蔽之，只要证人拒绝签署保证书或者签署保证书后未如实履行作证义务的，均由其自行承担相应费用。

（4）对于人民法院因疏忽等原因准许未经具结的证人作证的，除证人属于无民事行为能力人或者限制民事行为能力人外，证人证言不具有证据能力，不能作为认定案件事实的依据。①

77.4 相关规范性文件

最高人民法院《关于适用〈中华人民共和国民事诉讼法〉的解释》（法释〔2022〕11号，自2022年4月10日起施行）

第一百零二条 当事人因故意或者重大过失逾期提供的证据，人民法院不予采纳。但该证据与案件基本事实有关的，人民法院应当采纳，并依照民事诉讼法第六十八条、第一百一十八条第一款的规定予以训诫、罚款。

当事人非因故意或者重大过失逾期提供的证据，人民法院应当采纳，并对当事人予以训诫。

当事人一方要求另一方赔偿因逾期提供证据致使其增加的交通、住宿、就餐、误工、证人出庭作证等必要费用的，人民法院可予支持。

第一百一十八条 民事诉讼法第七十七条规定的证人因履行出庭作证义务而支出的交通、住宿、就餐等必要费用，按照机关事业单位工作人员差旅费用和补贴标准计算；误工损失按照国家上年度职工日平均工资标准计算。

人民法院准许证人出庭作证申请的，应当通知申请人预缴证人出庭作证费用。

第一百二十条 证人拒绝签署保证书的，不得作证，并自行承担相关

① 参见最高人民法院修改后民事诉讼法贯彻实施工作领导小组编著：《最高人民法院民事诉讼法司法解释理解与适用》（上），人民法院出版社2015年版，第390页。

费用。

最高人民法院《关于民事诉讼证据的若干规定》（法释〔2019〕19号，自2020年5月1日起施行）

第七十一条 人民法院应当要求证人在作证之前签署保证书，并在法庭上宣读保证书的内容。但无民事行为能力人和限制民事行为能力人作为证人的除外。

证人确有正当理由不能宣读保证书的，由书记员代为宣读并进行说明。

证人拒绝签署或者宣读保证书的，不得作证，并自行承担相关费用。

证人保证书的内容适用当事人保证书的规定。

第七十五条 证人出庭作证后，可以向人民法院申请支付证人出庭作证费用。证人有困难需要预先支取出庭作证费用的，人民法院可以根据证人的申请在出庭作证前支付。

77.5 典型案例

77.5.1 证人未签署保证书的，会产生类似证据失权的效果，法院对其证言不予采信

裁判来源：冯某1、吴某1离婚后财产纠纷案——福建省高级人民法院民事裁定书，(2016) 闽民申2244号

法院认为：人民法院在证人出庭作证前应当告知其如实作证的义务以及作伪证的法律后果，并责令其签署保证书；证人拒绝签署保证书的，不得作证。因吴某3在前案所作证言未被采信，其在本案审理过程中既未出庭作证，亦未签署保证书，故一、二审对其证言未予采信，并无不当。

78. 当事人陈述

78.1 法律条文

第七十八条 人民法院对当事人的陈述，应当结合本案的其他证据，审查确定能否作为认定事实的根据。

当事人拒绝陈述的，不影响人民法院根据证据认定案件事实。

78.2 条文阐释

当事人陈述，是指当事人在诉讼中就本案的事实向法院所作的陈述。当事人在诉讼程序中的陈述是多方面的，如针对诉讼请求所作的陈述、反驳诉讼请求的陈述、反驳对方证据的陈述以及对于其他程序性事项的陈述等。但是，作为证据的当事人陈述只能是那些能证明案件事实的陈述。由于当事人陈述具有较强的主观色彩，因此趋利避害、避重言轻以及夹带虚假成分等是当事人陈述的典型特征。当事人拒绝陈述的，不影响人民法院根据证据认定案件事实，即使本案没有当事人陈述这一特定证据，法院也可以结合本案其他证据认定本案事实，此与刑事诉讼中法院“零口供定罪”有相似之处。

78.3 司法适用

在实际适用该条时，应当重点关注以下几点：

（1）当事人陈述是仅存在于诉讼中的陈述，在证据交换环节，并不存在当事人陈述这类证据。

（2）当事人陈述的证明力较弱，不能单独作为认定案件事实的根据。

（3）人民法院认为有必要的，可以要求当事人本人到庭，就案件有关事实接受询问。在询问当事人之前，可以要求其签署保证书。此处需要注意的是，当事人询问保证书实质上仅仅适用于法院的证据调查环节，目的是保证调查结果的真实性。而当事人在整个诉讼环节中的一般性陈述，若仍要求其陈述全部真实，则是不现实的。

（4）具有专门知识的人在法庭上就专业问题提出的意见，视为当事人的陈述。

78.4 相关规范性文件

最高人民法院《关于适用〈中华人民共和国民事诉讼法〉的解释》（法释〔2022〕11号，自2022年4月10日起施行）

第一百一十条 人民法院认为有必要的，可以要求当事人本人到庭，就案件有关事实接受询问。在询问当事人之前，可以要求其签署保证书。

保证书应当载明据实陈述、如有虚假陈述愿意接受处罚等内容。当事人应当在保证书上签名或者捺印。

负有举证证明责任的当事人拒绝到庭、拒绝接受询问或者拒绝签署保证书，待证事实又欠缺其他证据证明的，人民法院对其主张的事实不予认定。

第一百二十二条 当事人可以依照民事诉讼法第八十二条的规定，在举证期限届满前申请一至二名具有专门知识的人出庭，代表当事人对鉴定意见进行质证，或者对案件事实所涉及的专业问题提出意见。

具有专门知识的人在法庭上就专业问题提出的意见，视为当事人的陈述。

人民法院准许当事人申请的，相关费用由提出申请的当事人负担。

最高人民法院《关于民事诉讼证据的若干规定》（法释〔2019〕19号，自2020年5月1日起施行）

第六十三条 当事人应当就案件事实作真实、完整的陈述。

当事人的陈述与此前陈述不一致的，人民法院应当责令其说明理由，并结合当事人的诉讼能力、证据和案件具体情况进行审查认定。

当事人故意作虚假陈述妨碍人民法院审理的，人民法院应当根据情节，依照民事诉讼法第一百一十一条的规定进行处罚。

第六十五条 人民法院应当在询问前责令当事人签署保证书并宣读保证书的内容。

保证书应当载明保证据实陈述，绝无隐瞒、歪曲、增减，如有虚假陈述应当接受处罚等内容。当事人应当在保证书上签名、捺印。

当事人有正当理由不能宣读保证书的，由书记员宣读并进行说明。

第九十条 下列证据不能单独作为认定案件事实的根据：

（一）当事人的陈述；

（二）无民事行为能力人或者限制民事行为能力人所作的与其年龄、智力状况或者精神健康状况不相当的证言；

（三）与一方当事人或者其代理人有利害关系的证人陈述的证言；

（四）存有疑点的视听资料、电子数据；

（五）无法与原件、原物核对的复制件、复制品。

78.5　典型案例

78.5.1　当事人陈述不能单独作为认定案件事实的根据

裁判来源：锦州华顺企业（集团）公司、涿鹿合符发展建设投资有限公司借款合同纠纷案——最高人民法院民事裁定书，（2020）最高法民申784号

法院认为：华顺公司在申请再审中提交的《情况说明》是本案当事人唐某、刘某在二审判决作出之后出具的，属于当事人陈述。依据《民事诉讼法》第75条关于“人民法院对当事人的陈述，应当结合本案的其他证据，审查确定能否作为认定事实的根据”的规定，该份《情况说明》不能单独作为认定事实的根据。本案中并无其他证据佐证唐某、刘某在《情况说明》中陈述的内容。且该份《情况说明》的内容亦不能证明二审判决认定的基本事实或者裁判结果错误，不符合《最高人民法院关于适用〈中华人民共和国民事诉讼法〉的解释》第387条第1款的规定。

78.5.2　人民法院为查证事实，可以对当事人进行询问，既可以询问一方当事人，也可以同时询问双方当事人

裁判来源：湖北志裕房地产开发有限公司、龚银花民间借贷纠纷案——湖北省高级人民法院民事裁定书，（2019）鄂民申992号

法院认为：根据《最高人民法院关于适用〈中华人民共和国民事诉讼法〉的解释》第110条规定：“人民法院认为有必要的，可以要求当事人本人到庭，就案件有关事实接受询问。在询问当事人之前，可以要求其签署保证书”，即人民法院为查证事实，可以对当事人进行询问，既可以询问一方当事人，也可以同时询问双方当事人。因此志裕公司认为一审法院不应单方与当事人龚某花、王某源见面并制作笔录缺乏法律依据，至于所制作的笔录二审法院在庭审时也经过对方当事人质证发表意见，因此二审法院在此基础上认定该笔录的效力并认定相关案件事实并无不当。

79. 申请鉴定

79.1 法律条文

第七十九条 当事人可以就查明事实的专门性问题向人民法院申请鉴定。当事人申请鉴定的，由双方当事人协商确定具备资格的鉴定人；协商不成的，由人民法院指定。

当事人未申请鉴定，人民法院对专门性问题认为需要鉴定的，应当委托具备资格的鉴定人进行鉴定。

79.2 条文阐释

鉴定意见，是指因诉讼内的鉴定或诉讼外的鉴定而形成的意见。诉讼内的鉴定是指在诉讼过程中，经当事人申请，由法院直接指定或委托专门的鉴定机构或具有专门知识的人对诉讼中争议的专门性问题所进行的鉴定；反之，诉讼外的鉴定，则是未经法院委托和指定所进行的鉴定。

本条是关于当事人申请鉴定的规定。诉讼外鉴定是否能够成为证据需要经法院认可，而且通常易被对方当事人质疑。因此，本条中的申请鉴定通常指诉讼内鉴定，即在诉讼发生后，当事人欲获得鉴定意见而向法院申请，最终由双方当事人协商或法院指定鉴定人对专门事项进行鉴定的过程。此外，本条还规定了在当事人未申请鉴定的情况下法院的处理方式，即法院依职权主动开启鉴定，又称“职权鉴定”。鉴定的开启应以当事人申请为主、法院依职权为辅。法院依职权主动鉴定的，不仅应当符合依职权调查收集证据的条件，还应询问当事人关于指定鉴定人的意见。

79.3 司法适用

在实际适用该条过程中，应当重点关注以下几点：

（1）当事人申请鉴定的，应当在举证期限内提出。在指定期限内没有申请鉴定的，以后也不能再申请鉴定。

（2）申请鉴定的主体一般应当是对鉴定事项负有证明责任的当事人。

(3) 因负有证明责任的当事人不申请鉴定致使案件事实无法通过鉴定意见予以认定的，该当事人将承担举证不能的法律后果。

(4) 应当区分举证期限内的申请鉴定和诉讼进行中新出现事项的鉴定。一旦在诉讼进程中出现了需要鉴定的事项，就不受举证期限的限制。因为双方当事人不可能在诉讼伊始即预测到嗣后的诉讼进程及可能的待鉴定事项。

(5) 当事人申请鉴定的，法院应当对当事人申请鉴定的事项进行审查。只有与待证事实有关联的事项才有启动鉴定程序的意义。

79.4 相关规范性文件

最高人民法院《关于适用〈中华人民共和国民事诉讼法〉的解释》(法释〔2022〕11号，自2022年4月10日起施行)

第一百二十一条 当事人申请鉴定，可以在举证期限届满前提出。申请鉴定的事项与待证事实无关联，或者对证明待证事实无意义的，人民法院不予准许。

人民法院准许当事人鉴定申请的，应当组织双方当事人协商确定具备相应资格的鉴定人。当事人协商不成的，由人民法院指定。

符合依职权调查收集证据条件的，人民法院应当依职权委托鉴定，在询问当事人的意见后，指定具备相应资格的鉴定人。

最高人民法院《关于民事诉讼证据的若干规定》(法释〔2019〕19号，自2020年5月1日起施行)

第三十条 人民法院在审理案件过程中认为待证事实需要通过鉴定意见证明的，应当向当事人释明，并指定提出鉴定申请的期间。

符合《最高人民法院关于适用〈中华人民共和国民事诉讼法〉的解释》第九十六条第一款规定情形的，人民法院应当依职权委托鉴定。

第三十一条 当事人申请鉴定，应当在人民法院指定期间内提出，并预交鉴定费用。逾期不提出申请或者不预交鉴定费用的，视为放弃申请。

对需要鉴定的待证事实负有举证责任的当事人，在人民法院指定期间内无正当理由不提出鉴定申请或者不预交鉴定费用，或者拒不提供相关材料，致使待证事实无法查明的，应当承担举证不能的法律后果。

第三十二条 人民法院准许鉴定申请的，应当组织双方当事人协商确定具备相应资格的鉴定人。当事人协商不成的，由人民法院指定。

人民法院依职权委托鉴定的，可以在询问当事人的意见后，指定具备相应资格的鉴定人。

人民法院在确定鉴定人后应当出具委托书，委托书中应当载明鉴定事项、鉴定范围、鉴定目的和鉴定期限。

第四十条 当事人申请重新鉴定，存在下列情形之一的，人民法院应当准许：

（一）鉴定人不具备相应资格的；

（二）鉴定程序严重违法的；

（三）鉴定意见明显依据不足的；

（四）鉴定意见不能作为证据使用的其他情形。

存在前款第一项至第三项情形的，鉴定人已经收取的鉴定费用应当退还。拒不退还的，依照本规定第八十一条第二款的规定处理。

对鉴定意见的瑕疵，可以通过补正、补充鉴定或者补充质证、重新质证等方法解决的，人民法院不予准许重新鉴定的申请。

重新鉴定的，原鉴定意见不得作为认定案件事实的根据。

最高人民法院《关于知识产权民事诉讼证据的若干规定》（法释〔2020〕12 号，自 2020 年 11 月 18 日起施行）

第十九条 人民法院可以对下列待证事实的专门性问题委托鉴定：

（一）被诉侵权技术方案与专利技术方案、现有技术的对应技术特征在手段、功能、效果等方面的异同；

（二）被诉侵权作品与主张权利的作品的异同；

（三）当事人主张的商业秘密与所属领域已为公众所知悉的信息的异同、被诉侵权的信息与商业秘密的异同；

（四）被诉侵权物与授权品种在特征、特性方面的异同，其不同是否因非遗传变异所致；

（五）被诉侵权集成电路布图设计与请求保护的集成电路布图设计的异同；

（六）合同涉及的技术是否存在缺陷；

（七）电子数据的真实性、完整性；

（八）其他需要委托鉴定的专门性问题。

第二十二条　人民法院应当听取各方当事人意见，并结合当事人提出的证据确定鉴定范围。鉴定过程中，一方当事人申请变更鉴定范围，对方当事人无异议的，人民法院可以准许。

第二十三条　人民法院应当结合下列因素对鉴定意见进行审查：

（一）鉴定人是否具备相应资格；

（二）鉴定人是否具备解决相关专门性问题应有的知识、经验及技能；

（三）鉴定方法和鉴定程序是否规范，技术手段是否可靠；

（四）送检材料是否经过当事人质证且符合鉴定条件；

（五）鉴定意见的依据是否充分；

（六）鉴定人有无应当回避的法定事由；

（七）鉴定人在鉴定过程中有无徇私舞弊或者其他影响公正鉴定的情形。

79.5　典型案例

79.5.1　申请鉴定的事项必须与待证事实有关联

裁判来源： 河南宏程工程建设有限责任公司、山西太行建设开发有限公司临汾建筑分公司等建设工程施工合同纠纷案——最高人民法院民事裁定书，(2021) 最高法民申 1471 号

法院认为： 一审诉讼中，宏程公司提出对案涉工程中其已经发生的实际工程量价值进行司法鉴定，该鉴定事项实际是对已完工程量进行分割，确定宏程公司已完成项目，且宏程公司申请的鉴定事项与其所主张的要求太行临汾分公司、太行公司、阳泉公司向其支付 49,823,287.6 元工程款的诉讼请求并无直接关联。故宏程公司关于一审法院未准许其申请通过司法鉴定确定己方已施工工程量及工程款数额，属于“对审理案件需要的主要证据，当事人因客观原因不能自行收集，书面申请人民法院调查收集，人民法院未调查收集的”情形的再审理由不能成立。

79.5.2　当事人单方委托鉴定机构出具的鉴定意见（诉讼外鉴定）不属于本条规定的鉴定意见（诉讼内鉴定），可视为当事人陈述

裁判来源： 深圳市海鹏信电子股份有限公司、四川中光防雷科技股份

有限公司侵害发明专利权纠纷案——最高人民法院民事判决书，（2020）最高法知民终329号

法院认为：原审判决认为中光公司提交的《司法鉴定意见书》是鉴定意见。《民事诉讼法》第76条第1款规定："当事人可以就查明事实的专门性问题向人民法院申请鉴定。当事人申请鉴定的，由双方当事人协商确定具备资格的鉴定人；协商不成的，由人民法院指定。"本案中，中光公司提交的《司法鉴定意见书》未经上述程序，不属于法律意义上的鉴定意见。本案《司法鉴定意见书》是当事人单方委托有关机构出具的意见，可以视为当事人陈述。认定被诉侵权产品是否落入涉案专利权的保护范围属于司法判断权，当事人陈述是合议庭认定技术事实的参考意见之一。当事人充分的、含有专家辅助人专门知识的意见陈述有助于合议庭全面查清技术事实，合议庭应当综合在案证据对技术事实进行独立的判断和认定。

79.5.3　法院选定的鉴定机构不具备鉴定资格的，当事人可以申请重新鉴定

裁判来源：广州中光电气科技有限公司、海南鑫政实业有限公司侵害发明专利权纠纷案——最高人民法院民事裁定书，（2020）最高法知民终1358号

法院认为：原审法院通过摇珠方式选定的国家工业信息安全发展研究中心司法鉴定所不具备鉴定能力，导致无法查清被诉侵权技术方案是否落入涉案专利权的保护范围。在此情况下，中光公司申请重新鉴定，且提供了具备鉴定能力的司法鉴定机构，原审法院为查明事实应当予以准许，再次组织各方当事人重新选定具备鉴定能力的司法鉴定机构进行鉴定。但原审法院未予支持，确有不当。鉴于本案事实不清，为避免审级损失，本院不宜直接委托鉴定，故本院将本案发回原审法院重新审理，原审法院应当在重新组织鉴定的基础上查明事实，作出裁判。

79.5.4　申请鉴定程序并非每个诉讼案件的必经程序

裁判来源：安某彬、唐某合伙协议纠纷案——最高人民法院民事裁定书，（2020）最高法民申1727号

法院认为：针对专门性问题，人民法院可依当事人的申请或视具体案情需要，决定是否委托具备资格的鉴定人对案件所涉及专门性问题进行鉴

定。而《最高人民法院关于适用〈中华人民共和国民事诉讼法〉的解释》第 121 条第 1 款规定：“当事人申请鉴定，可以在举证期限届满前提出。申请鉴定的事项与待证事实无关联，或者对证明待证事实无意义的，人民法院不予准许”，这说明鉴定程序并非诉讼的必经程序。

80. 鉴定人的职责

80.1　法律条文

第八十条　鉴定人有权了解进行鉴定所需要的案件材料，必要时可以询问当事人、证人。

鉴定人应当提出书面鉴定意见，在鉴定书上签名或者盖章。

80.2　条文阐释

本条规定了鉴定人的职责。通常而言，对鉴定人存在两种理解：一是鉴定机构中具体进行鉴定的工作人员；二是作为自然人的鉴定人。而本条所指鉴定人是指作出鉴定意见的机构或自然人，即包含了以上两种理解。此外，鉴定人必须具有鉴定资格，即法律、法规规定的具有鉴定资质的机构和人员。

由于鉴定人的鉴定意见与案件事实紧密相关，鉴定人有权在鉴定前了解本案的案件材料，以保证鉴定意见的科学性。此外，鉴定人对案件材料不了解的，也有权向当事人、证人询问。鉴定人完成鉴定后，应当出具书面的鉴定意见，以使鉴定有迹可循。而且鉴定人还应当在鉴定书上签字或盖章，以保证鉴定意见的真实性并对此负责。

80.3　相关规范性文件

最高人民法院《关于民事诉讼证据的若干规定》（法释〔2019〕19 号，自 2020 年 5 月 1 日起施行）

第三十三条　鉴定开始之前，人民法院应当要求鉴定人签署承诺书。

承诺书中应当载明鉴定人保证客观、公正、诚实地进行鉴定，保证出庭作证，如作虚假鉴定应当承担法律责任等内容。

鉴定人故意作虚假鉴定的，人民法院应当责令其退还鉴定费用，并根据情节，依照民事诉讼法第一百一十一条的规定进行处罚。

第三十四条 人民法院应当组织当事人对鉴定材料进行质证。未经质证的材料，不得作为鉴定的根据。

经人民法院准许，鉴定人可以调取证据、勘验物证和现场、询问当事人或者证人。

第三十五条 鉴定人应当在人民法院确定的期限内完成鉴定，并提交鉴定书。

鉴定人无正当理由未按期提交鉴定书的，当事人可以申请人民法院另行委托鉴定人进行鉴定。人民法院准许的，原鉴定人已经收取的鉴定费用应当退还；拒不退还的，依照本规定第八十一条第二款的规定处理。

《司法鉴定程序通则》（中华人民共和国司法部令第132号，自2016年5月1日起施行）

第二十四条 司法鉴定人有权了解进行鉴定所需要的案件材料，可以查阅、复制相关资料，必要时可以询问诉讼当事人、证人。

经委托人同意，司法鉴定机构可以派员到现场提取鉴定材料。现场提取鉴定材料应当由不少于二名司法鉴定机构的工作人员进行，其中至少一名应为该鉴定事项的司法鉴定人。现场提取鉴定材料时，应当有委托人指派或者委托的人员在场见证并在提取记录上签名。

80.4 典型案例

80.4.1 鉴定人必要时可以询问当事人、证人，此为鉴定人的权利而非义务，鉴定人在鉴定过程中未询问当事人、证人的并不属于违反鉴定程序的情形

裁判来源：马某等与中国人民财产保险股份有限公司北京市分公司等机动车交通事故责任纠纷案——北京市第一中级人民法院民事判决书，（2021）京01民终7561号

法院认为：姜某真、马某上诉称，鉴定机构在鉴定过程中仅依据病历

内容鉴定，而未向当事人询问了解马某才的伤情，属于违反鉴定程序，对此法院认为，司法鉴定人有权了解进行鉴定所需要的案件材料，可以查阅、复制相关资料，必要时可以询问诉讼当事人、证人，但并不代表鉴定机构在鉴定过程中未询问当事人、证人即违反鉴定程序，姜某真、马某该项上诉意见缺乏法律依据。

81. 鉴定人出庭作证的义务

81.1 法律条文

第八十一条 当事人对鉴定意见有异议或者人民法院认为鉴定人有必要出庭的，鉴定人应当出庭作证。经人民法院通知，鉴定人拒不出庭作证的，鉴定意见不得作为认定事实的根据；支付鉴定费用的当事人可以要求返还鉴定费用。

81.2 条文阐释

本条规定了鉴定人出庭作证的义务。所谓出庭作证，实质上是鉴定人出庭对鉴定有关事项予以说明，从而回应对鉴定相关事项质疑的过程。由于鉴定意见是证据的一种，因此当法院欲将鉴定意见作为本案的定案依据时，同样需要在开庭中予以质证。鉴定人出庭作证有两种情形：一是当事人对鉴定意见有异议而申请鉴定人出庭；二是法院认为有必要而依职权要求鉴定人出庭。无论是以上何种情形，鉴定人均应当出庭作证。

81.3 司法适用

实践中，经常存在鉴定人出具了鉴定意见而没有鉴定人出庭接受质询的情形。造成此种情形的原因主要有两种：一是鉴定人不想卷入诉讼之中；二是鉴定意见本身存在问题，鉴定人因害怕承担法律责任而不敢出庭接受质询。但是，无论是以上何种情形，均应明确出庭接受质询是鉴定人的义务，鉴定人不得基于任何理由而拒绝出庭。当事人要求退还鉴定费用的，而鉴定人又拒绝返还时，人民法院应当在3日内作出裁定，责令鉴定人退还；拒不退还的，由人民法院依法执行。

81.4 相关规范性文件

最高人民法院《关于民事诉讼证据的若干规定》（法释〔2019〕19号，自2020年5月1日起施行）

第三十八条 当事人在收到鉴定人的书面答复后仍有异议的，人民法院应当根据《诉讼费用交纳办法》第十一条的规定，通知有异议的当事人预交鉴定人出庭费用，并通知鉴定人出庭。有异议的当事人不预交鉴定人出庭费用的，视为放弃异议。

双方当事人对鉴定意见均有异议的，分摊预交鉴定人出庭费用。

第三十九条 鉴定人出庭费用按照证人出庭作证费用的标准计算，由败诉的当事人负担。因鉴定意见不明确或者有瑕疵需要鉴定人出庭的，出庭费用由其自行负担。

人民法院委托鉴定时已经确定鉴定人出庭费用包含在鉴定费用中的，不再通知当事人预交。

第七十九条 鉴定人依照民事诉讼法第七十八条的规定出庭作证的，人民法院应当在开庭审理三日前将出庭的时间、地点及要求通知鉴定人。

委托机构鉴定的，应当由从事鉴定的人员代表机构出庭。

第八十条 鉴定人应当就鉴定事项如实答复当事人的异议和审判人员的询问。当庭答复确有困难的，经人民法院准许，可以在庭审结束后书面答复。

人民法院应当及时将书面答复送交当事人，并听取当事人的意见。必要时，可以再次组织质证。

第八十一条 鉴定人拒不出庭作证的，鉴定意见不得作为认定案件事实的根据。人民法院应当建议有关主管部门或者组织对拒不出庭作证的鉴定人予以处罚。

当事人要求退还鉴定费用的，人民法院应当在三日内作出裁定，责令鉴定人退还；拒不退还的，由人民法院依法执行。

当事人因鉴定人拒不出庭作证申请重新鉴定的，人民法院应当准许。

第八十二条 经法庭许可，当事人可以询问鉴定人、勘验人。

询问鉴定人、勘验人不得使用威胁、侮辱等不适当的言语和方式。

81.5 典型案例

81.5.1 当事人对鉴定意见有异议，但经鉴定人出庭作证并接受询问后，当事人未能提出足以推翻鉴定意见的相应证据的，人民法院不予认可

裁判来源：黄某培、新疆三联工程建设有限责任公司建设工程施工合同纠纷案——最高人民法院民事裁定书，(2021) 最高法民申138号

法院认为：依据《民事诉讼法》第78条关于“当事人对鉴定意见有异议或者人民法院认为鉴定人有必要出庭的，鉴定人应当出庭作证”的规定，新华远景公司依据诉讼双方提供的鉴定材料得出推断性意见，在审理过程中对黄某培提出的异议进行了解答，出庭作证并接受询问，但黄某培仍未提出足以推翻鉴定意见的相应证据。原审判决据此认定黄某培领用钢筋1571.997吨，亦未将1571.997吨钢筋全部用于案涉工程，并无不当。因此不存在原判决查明事实和鉴定意见内容矛盾的情形，故黄某培关于原判决以该鉴定意见作为定案证据依据不足、明显错误的主张，本院不予采信。

81.5.2 当事人对鉴定意见有异议或者人民法院认为鉴定人有必要出庭的，鉴定人原则上应当出庭作证，但鉴定人当庭答复确有困难的，经人民法院准许，可以在庭审结束后书面答复

裁判来源：黄某军、天津一汽夏利汽车股份有限公司侵害发明专利权纠纷案——最高人民法院民事裁定书，(2018) 最高法民申4357号

法院认为：当事人对鉴定意见有异议或者人民法院认为鉴定人有必要出庭的，鉴定人应当出庭作证。经人民法院通知，鉴定人拒不出庭作证的，鉴定意见不得作为认定事实的根据；支付鉴定费用的当事人可以要求返还鉴定费用。本案中，黄某军对鉴定意见有异议并申请鉴定人出庭，鉴定人虽未出庭作证，但是鉴定人针对黄某军的异议提交了书面的答复意见。针对该答复意见，法院组织了质证，未剥夺黄某军的辩论权利。

81.5.3 经人民法院通知，鉴定人拒不出庭作证的，鉴定意见不得作为认定事实的根据

裁判来源：陈某跃、贵州鲁弟房地产有限公司合同纠纷案——最高人

民法院民事裁定书，(2019) 最高法民终 687 号

法院认为：一审法院认定案件事实的依据《南京东南司法鉴定中心司法鉴定意见书》及《贵阳市公安局刑事科学技术研究所文件检验鉴定书》系公安机关在刑事犯罪侦查中委托作出的阶段性鉴定意见，未经生效判决认定，鉴定检材、样材提取均无陈某跃的参与，且在陈某跃明确对鉴定意见提出异议的情况下鉴定人未出庭接受双方当事人的质询。《民事诉讼法》第 78 条规定："当事人对鉴定意见有异议或者人民法院认为鉴定人有必要出庭的，鉴定人应当出庭作证。经人民法院通知，鉴定人拒不出庭作证的，鉴定意见不得作为认定事实的根据；支付鉴定费用的当事人可以要求返还鉴定费用。"一审判决直接以前述两份鉴定意见作为定案依据，剥夺了陈某跃的程序参与权。陈某跃关于一审程序违法的上诉主张，具有事实和法律依据，本院予以支持。

81.5.4　鉴定人在庭前证据交换中回答问题并不能代替其出庭作证义务

裁判来源：山西多力多房地产开发有限公司、上海梵华信息技术有限公司建设工程施工合同纠纷案——最高人民法院民事裁定书，(2018) 最高法民申 50 号

法院认为：根据一审庭审笔录记载的内容，可以认定，鉴定人只是在庭前的证据交换中回答了当事人提出的问题，但是未出庭作证。《民事诉讼法》第 78 条规定，当事人对鉴定意见有异议或者人民法院认为鉴定人有必要出庭的，鉴定人应当出庭作证。经人民法院通知，鉴定人拒不出庭作证的，鉴定意见不得作为认定事实的根据；支付鉴定费用的当事人可以要求返还鉴定费用。本案《鉴定意见书》已经庭前质证，在庭前质证中，鉴定人回答了当事人提出的异议。本案当事人对鉴定意见有异议，人民法院应当通知鉴定人出庭作证。但法院并未通知，鉴定人并未出庭作证。一审判决依据仅经过庭前质证的《鉴定意见书》认定工程造价，程序上即有瑕疵。

82. 专家辅助人出庭

82.1 法律条文

第八十二条 当事人可以申请人民法院通知有专门知识的人出庭，就鉴定人作出的鉴定意见或者专业问题提出意见。

82.2 条文阐释

有专门知识的人，也称专家辅助人，是指当事人聘请的，具有相应专门知识，就案件专门问题的结论提出质询意见的人。应当注意，有专门知识的人既可以对鉴定意见提出意见，又可以对鉴定意见以外的其他专业问题提出意见，如有关环境污染程度及因果关系问题、某些疑难的法律适用问题等。

82.3 司法适用

在实际适用该条过程中，应当重点把握以下几个问题：

（1）鉴定人和有专门知识的人虽然都是利用其专门知识对诉讼中的专门性问题进行陈述，但两者依然有明显的区别：第一，鉴定人是作出鉴定意见的人，其关于诉讼中专门性的陈述是一种对问题的结论性陈述，并且有法定的结论表达方式。有专门知识的人虽然也是利用专门知识对专门性问题的陈述，但这种陈述仅仅是一种说明，不是一种对专门问题的结论，通常是口头的。第二，鉴定人所作的鉴定意见是一种证据，而有专门知识的人就专门性问题的说明并非证据，既然不是证据就不能作为法院定案的根据。有专门知识的人就专门性问题的说明的作用主要在于便于理解和反驳对方的事实主张和证明。第三，鉴定的费用作为诉讼费用应当由败诉一方当事人承担，而有专门知识的人的费用由提出该诉讼辅助人的当事人承担。之所以这样规定，正是因为专家辅助人在诉讼中的辅助性所决定的。

（2）在诉讼中，有专门知识的人的意见并不能代替鉴定意见，鉴定意见作为法定证据的一种，明显具有更高的证据价值和证明力。

（3）有专门知识的人是专家辅助人而非专家证人。专家证人在诉讼中，既要在事实发现上为法庭提供帮助，也要辅助当事人进行诉讼，而辅助法庭事实发现的功能是其最主要和最优先的职能。而专家辅助人在诉讼中的功能只是单一地协助当事人就有关专门性问题提出意见或者对鉴定意见进行质证，回答审判人员和当事人的询问、与对方当事人申请的专家辅助人对质等也是围绕着对鉴定意见或者专业问题的意见展开的。其功能和目的只是辅助当事人充分有效地完成诉讼活动，其并不具有法官的“专业助手”的功能。①

（4）有专门知识的人能否参与到法庭审理，取决于人民法院的决定，人民法院认为当事人申请有专门知识的人出庭没有必要的，可以驳回当事人的申请。

（5）有专门知识的人的诉讼地位是诉讼辅助人，因此，其出席法庭审理时不能被视为证人在证人席陈述意见，而是与当事人及其诉讼代理人在法庭上的位置保持一致。

（6）有专门知识的人是否具备相应的资格和能力，取决于当事人的认识，人民法院对专家辅助人不作资格上的审查。②

（7）专家辅助人在法庭上的活动限于与专门性问题相关的范围，专门性问题之外的其他问题，专家辅助人不能参与。故在法庭对涉及专门性问题的事实调查结束后，应当责令专家辅助人退出审判区。专家辅助人在有关专门性问题的事实调查过程中超出专门性问题范围发表意见、进行陈述的，审判人员应当及时制止。③

---

① 参见最高人民法院修改后民事诉讼法贯彻实施工作领导小组编著：《最高人民法院民事诉讼法司法解释理解与适用》（上），人民法院出版社2015年版，第394－395页。

② 参见最高人民法院修改后民事诉讼法贯彻实施工作领导小组编著：《最高人民法院民事诉讼法司法解释理解与适用》（上），人民法院出版社2015年版，第397页。

③ 参见最高人民法院修改后民事诉讼法贯彻实施工作领导小组编著：《最高人民法院民事诉讼法司法解释理解与适用》（上），人民法院出版社2015年版，第398页。

82.4　相关规范性文件

最高人民法院《关于适用〈中华人民共和国民事诉讼法〉的解释》（法释〔2022〕11号，自2022年4月10日起施行）

第一百二十二条　当事人可以依照民事诉讼法第八十二条的规定，在举证期限届满前申请一至二名具有专门知识的人出庭，代表当事人对鉴定意见进行质证，或者对案件事实所涉及的专业问题提出意见。

具有专门知识的人在法庭上就专业问题提出的意见，视为当事人的陈述。

人民法院准许当事人申请的，相关费用由提出申请的当事人负担。

第一百二十三条　人民法院可以对出庭的具有专门知识的人进行询问。经法庭准许，当事人可以对出庭的具有专门知识的人进行询问，当事人各自申请的具有专门知识的人可以就案件中的有关问题进行对质。

具有专门知识的人不得参与专业问题之外的法庭审理活动。

最高人民法院《关于民事诉讼证据的若干规定》（法释〔2019〕19号，自2020年5月1日起施行）

第八十三条　当事人依照民事诉讼法第七十九条和《最高人民法院关于适用〈中华人民共和国民事诉讼法〉的解释》第一百二十二条的规定，申请有专门知识的人出庭的，申请书中应当载明有专门知识的人的基本情况和申请的目的。

人民法院准许当事人申请的，应当通知双方当事人。

第八十四条　审判人员可以对有专门知识的人进行询问。经法庭准许，当事人可以对有专门知识的人进行询问，当事人各自申请的有专门知识的人可以就案件中的有关问题进行对质。

有专门知识的人不得参与对鉴定意见质证或者就专业问题发表意见之外的法庭审理活动。

最高人民法院《关于知识产权民事诉讼证据的若干规定》（法释〔2020〕12号，自2020年11月18日起施行）

第二十八条　当事人可以申请有专门知识的人出庭，就专业问题提出意见。经法庭准许，当事人可以对有专门知识的人进行询问。

82.5 典型案例

82.5.1 当事人申请有专门知识的人出庭应当在举证期限届满前申请

裁判来源：山西医科大学第一医院、张某滔医疗损害责任纠纷案——最高人民法院民事裁定书，(2018) 最高法民申4593号

法院认为：当事人申请有专门知识的人出庭应当在举证期限届满前申请。案涉鉴定意见系在原一审时经山大一院申请后由鉴定机构作出的，在原审一、二审及重审一审中山大一院均未提出具有专门知识的人出庭的申请，其在重审二审庭审中提出该项申请，超过了法定的举证期限，亦未提出合理的理由。

82.5.2 当事人申请人民法院通知有专门知识的人出庭的，应当明确向法院说明

裁判来源：周某与中国石油化工股份有限公司东北油气分公司噪声污染责任纠纷案——最高人民法院民事裁定书，(2015) 民申字第336号

法院认为：“当事人可以申请人民法院通知有专门知识的人出庭，就鉴定人作出的鉴定意见或者专业问题提出意见。”据此，申请法院准许专家辅助人出庭就鉴定意见或者专业问题提出意见是当事人享有的一项权利，同时当事人也应承担提出专家人选并支付相关费用的义务。经审阅本案一审卷宗，周某在一审期间提交《关于原告周某鱼类死后的维权过程说明》，提出希望法院咨询一下水产研究院或大学学水产养殖的教授了解再作判定，并列举了需要了解的主要问题，但并未申请具体的专家出庭就该问题进行说明，不符合当事人申请法院通知专家辅助人出庭的条件。

83. 勘验笔录

83.1 法律条文

第八十三条 勘验物证或者现场，勘验人必须出示人民法院的证件，并邀请当地基层组织或者当事人所在单位派人参加。当事人或者当事人的成年家属应当到场，拒不到场的，不影响勘验的进行。

有关单位和个人根据人民法院的通知，有义务保护现场，协助勘验工作。

勘验人应当将勘验情况和结果制作笔录，由勘验人、当事人和被邀参加人签名或者盖章。

83.2 条文阐释

勘验笔录，是指勘验人员对案件有关的现场进行调查、勘验所作的记录。勘验笔录可分为诉讼外勘验笔录和诉讼内勘验笔录。其中，诉讼内勘验笔录是指法院指派的有关人员对现场的调查、勘验所做的笔录。而诉讼外勘验笔录则通常指在诉讼前实施的，由其他部门对现场调查、勘验所做的笔录，如交警部门对事故现场进行调查、勘验所做的笔录。本条所指勘验笔录通常是诉讼内勘验笔录。勘验笔录可以通过文字、拍照、录像以及绘图等多种形式予以呈现，但务必保证客观真实，必须如实、准确且完整地反映勘验的经过和结果。此外，勘验标的涉及人的隐私和尊严的，应当特别注意对他人隐私和尊严的尊重。①

勘验人应当将勘验情况和结果制作笔录，由勘验人、当事人和被邀参加人签名或者盖章。否则，勘验笔录没有证据能力。

83.3 司法适用

在实际适用该条时，应当重点关注以下几个问题：

（1）当事人不参加勘验的，不影响勘验进行。

（2）勘验本身是一种行为，仅是一种证据调查方法。勘验不是证据，勘验的过程和结果（勘验笔录）才是证据。

（3）勘验程序既可以依当事人申请启动，也可以由法院依职权启动。

（4）法院依职权启动勘验程序，并不局限于人民法院依职权调查收集证据的法定情形。因为勘验本身还是一种核实、固定以及保全证据的

① 参见最高人民法院修改后民事诉讼法贯彻实施工作领导小组编著：《最高人民法院民事诉讼法司法解释理解与适用》（上），人民法院出版社2015年版，第400页。

方法。

(5) 由于对物证或者现场的勘验可能会涉及专门性问题，如果法官不能通过自身的业务知识对这些问题予以判断，那么就需要进行鉴定。而且在审判实践中，也可能需要对物证、现场等进行勘验，在这种情况下，从节约诉讼资源、方便案件审理的角度出发，需要综合运用勘验和鉴定两种调查收集证据的方法。当然，在勘验过程中的鉴定必须符合鉴定程序启动的基本要求，以免造成诉讼的无谓拖延。①

83.4 相关规范性文件

最高人民法院《关于适用〈中华人民共和国民事诉讼法〉的解释》(法释〔2022〕11号，自2022年4月10日起施行)

第一百二十四条 人民法院认为有必要的，可以根据当事人的申请或者依职权对物证或者现场进行勘验。勘验时应当保护他人的隐私和尊严。

人民法院可以要求鉴定人参与勘验。必要时，可以要求鉴定人在勘验中进行鉴定。

最高人民法院《关于民事诉讼证据的若干规定》(法释〔2019〕19号，自2020年5月1日起施行)

第四十三条 人民法院应当在勘验前将勘验的时间和地点通知当事人。当事人不参加的，不影响勘验进行。

当事人可以就勘验事项向人民法院进行解释和说明，可以请求人民法院注意勘验中的重要事项。

人民法院勘验物证或者现场，应当制作笔录，记录勘验的时间、地点、勘验人、在场人、勘验的经过、结果，由勘验人、在场人签名或者盖章。对于绘制的现场图应当注明绘制的时间、方位、测绘人姓名、身份等内容。

第八十二条 经法庭许可，当事人可以询问鉴定人、勘验人。

询问鉴定人、勘验人不得使用威胁、侮辱等不适当的言语和方式。

---

① 杜万华、胡云腾主编：《最高人民法院民事诉讼法司法解释逐条适用解析》，法律出版社2015年版，第230页。

83.5 典型案例

83.5.1 当事人不参加勘验的，不影响勘验的进行

裁判来源：巨力新能源股份有限公司买卖合同纠纷案——最高人民法院民事判决书，(2020) 最高法民再394号

法院认为：“勘验物证或者现场，勘验人必须出示人民法院的证件，并邀请当地基层组织或者当事人所在单位派人参加。当事人或者当事人的成年家属应当到场，拒不到场的，不影响勘验的进行。”从庭审查明的事实看，一审法院对慧通公司的施工现场进行勘查前，事先通知了慧通公司，但慧通公司拒绝配合勘验。因第一天没有勘察完毕，第二天继续进行现场勘察。一审法院在慧通公司拒绝配合的情况下，进行现场勘查，符合法律规定。

83.5.2 当事人一审未对勘验笔录申请鉴定而二审中又提出申请的，人民法院不予支持

裁判来源：福建省泉州市荣佳石业有限公司、厦门市富桥科技有限公司侵害实用新型专利权纠纷案——最高人民法院民事判决书，(2022) 最高法知民终1689号

法院认为：本案中，原审法院已经依法组织荣佳公司与富桥公司进行现场勘验并制作勘验笔录，勘验笔录记载的A字架为96°。荣佳公司对勘验笔录进行确认，没有异议，且明确表示不需要进行委托鉴定。二审期间荣佳公司再次提出鉴定申请，理由不足，本院不予准许。

84. 证据保全

84.1 法律条文

第八十四条 在证据可能灭失或者以后难以取得的情况下，当事人可以在诉讼过程中向人民法院申请保全证据，人民法院也可以主动采取保全措施。

因情况紧急，在证据可能灭失或者以后难以取得的情况下，利害关

系人可以在提起诉讼或者申请仲裁前向证据所在地、被申请人住所地或者对案件有管辖权的人民法院申请保全证据。

证据保全的其他程序，参照适用本法第九章保全的有关规定。

84.2 条文阐释

证据保全，是指在证据可能灭失或以后难以取得的情况下，法院根据申请人的申请或依职权，对证据加以固定和保护的制度。

“证据可能灭失”，是指证人可能因病死亡，物证和书证可能会腐烂、销毁。所谓证据“以后难以取得”，是指虽然证据没有灭失，但如果不采取保全措施，以后取得该证据可能会成本过高或者难度很大，如证人出国定居或留学。造成证据可能灭失或以后难以取得，既有自然原因，也有人为原因。前者如物证的腐烂，后者如书证被销毁。①

证据保全应当在开庭审理前提出，因为开庭审理后便进入了证据调查阶段，此时便无保全之必要。

证据保全一般是由法院根据申请人的申请采取的。但在法院认为有必要时，也可以由法院依职权主动采取证据保全措施。采取证据保全的主体既可以是当事人，也可以是利害关系人。

84.3 司法适用

在实际适用该条过程中，应当重点把握以下几点：

（1）证据保全措施，不仅可以在起诉时或法院受理诉讼后、开庭审理前采取，而且也可以在起诉前采取。在前一种情况下，法院既可以根据申请人的申请采取，也可以在认为必要时，依职权主动采取。在后一种情况下，申请人既可以向有管辖权的法院提出，也可以向被保全证据所在地的公证机关提出。但此时，无论是法院还是公证机关都只能根据申请人申请采取保全措施，不能依职权主动采取证据保全措施。

（2）证据保全的范围仅限于申请人申请的范围。

---

① 张卫平：《民事诉讼法》（第6版），法律出版社2023年版，第259页。

（3）当事人申请证据保全的应当在举证期限内提出。但人民法院依职权进行证据保全的则不在此限。

（4）保全的证据是用以证明双方当事人之间争议事实的证据，因此保全的证据并非仅供申请人在诉讼中作为支持自己事实主张的依据，双方当事人对保全的证据均可以加以利用。

（5）申请保全的证据在形式上对于案件事实的证明有意义，即保全的证据与待证事实之间在形式上具有关联性，至于实质上是否相关联、证明价值大小，属于证据实质审查的问题，并不在人民法院审查证据保全申请的考虑之列。

（6）证据保全的范围，立法和司法解释均无限制性规定，原则上各种证据形式均可以成为证据保全的对象，只不过根据证据形式和具体情况的不同，需采取不同的保全方法，如对于证人证言，可以采取提前询问或者制作笔录的方式进行保全；而对书证的保全，应当采取拍照、复制的方法；对物证的保全可以采取通过现场勘验、制作笔录、绘图、拍照、录像、保存原物的方法等。①

84.4 相关规范性文件

最高人民法院《关于适用〈中华人民共和国民事诉讼法〉的解释》（法释〔2022〕11号，自2022年4月10日起施行）

第九十八条 当事人根据民事诉讼法第八十四条第一款规定申请证据保全的，可以在举证期限届满前书面提出。

证据保全可能对他人造成损失的，人民法院应当责令申请人提供相应的担保。

第二百二十五条 根据案件具体情况，庭前会议可以包括下列内容：

（一）明确原告的诉讼请求和被告的答辩意见；

（二）审查处理当事人增加、变更诉讼请求的申请和提出的反诉，以及第三人提出的与本案有关的诉讼请求；

---

① 参见最高人民法院修改后民事诉讼法贯彻实施工作领导小组编著：《最高人民法院民事诉讼法司法解释理解与适用》（上），人民法院出版社2015年版，第333页。

（三）根据当事人的申请决定调查收集证据，委托鉴定，要求当事人提供证据，进行勘验，进行证据保全；

（四）组织交换证据；

（五）归纳争议焦点；

（六）进行调解。

第五百四十条 依照民事诉讼法第二百七十九条规定，中华人民共和国涉外仲裁机构将当事人的保全申请提交人民法院裁定的，人民法院可以进行审查，裁定是否进行保全。裁定保全的，应当责令申请人提供担保，申请人不提供担保的，裁定驳回申请。

当事人申请证据保全，人民法院经审查认为无需提供担保的，申请人可以不提供担保。

最高人民法院《关于知识产权民事诉讼证据的若干规定》（法释〔2020〕12号，自2020年11月18日起施行）

第十一条 人民法院对于当事人或者利害关系人的证据保全申请，应当结合下列因素进行审查：

（一）申请人是否已就其主张提供初步证据；

（二）证据是否可以由申请人自行收集；

（三）证据灭失或者以后难以取得的可能性及其对证明待证事实的影响；

（四）可能采取的保全措施对证据持有人的影响。

第十二条 人民法院进行证据保全，应当以有效固定证据为限，尽量减少对保全标的物价值的损害和对证据持有人正常生产经营的影响。

证据保全涉及技术方案的，可以采取制作现场勘验笔录、绘图、拍照、录音、录像、复制设计和生产图纸等保全措施。

第十三条 当事人无正当理由拒不配合或者妨害证据保全，致使无法保全证据的，人民法院可以确定由其承担不利后果。构成民事诉讼法第一百一十一条规定情形的，人民法院依法处理。

第十四条 对于人民法院已经采取保全措施的证据，当事人擅自拆装证据实物、篡改证据材料或者实施其他破坏证据的行为，致使证据不能使用的，人民法院可以确定由其承担不利后果。构成民事诉讼法第一百一十一条规定情形的，人民法院依法处理。

第十五条 人民法院进行证据保全，可以要求当事人或者诉讼代理人到场，必要时可以根据当事人的申请通知有专门知识的人到场，也可以指派技术调查官参与证据保全。

证据为案外人持有的，人民法院可以对其持有的证据采取保全措施。

第十六条 人民法院进行证据保全，应当制作笔录、保全证据清单，记录保全时间、地点、实施人、在场人、保全经过、保全标的物状态，由实施人、在场人签名或者盖章。有关人员拒绝签名或者盖章的，不影响保全的效力，人民法院可以在笔录上记明并拍照、录像。

第十七条 被申请人对证据保全的范围、措施、必要性等提出异议并提供相关证据，人民法院经审查认为异议理由成立的，可以变更、终止、解除证据保全。

最高人民法院《关于民事诉讼证据的若干规定》（法释〔2019〕19号，自2020年5月1日起施行）

第二十三条 人民法院调查收集视听资料、电子数据，应当要求被调查人提供原始载体。

提供原始载体确有困难的，可以提供复制件。提供复制件的，人民法院应当在调查笔录中说明其来源和制作经过。

人民法院对视听资料、电子数据采取证据保全措施的，适用前款规定。

第二十四条 人民法院调查收集可能需要鉴定的证据，应当遵守相关技术规范，确保证据不被污染。

第二十五条 当事人或者利害关系人根据民事诉讼法第八十一条的规定申请证据保全的，申请书应当载明需要保全的证据的基本情况、申请保全的理由以及采取何种保全措施等内容。

当事人根据民事诉讼法第八十一条第一款的规定申请证据保全的，应当在举证期限届满前向人民法院提出。

法律、司法解释对诉前证据保全有规定的，依照其规定办理。

第二十六条 当事人或者利害关系人申请采取查封、扣押等限制保全标的物使用、流通等保全措施，或者保全可能对证据持有人造成损失的，人民法院应当责令申请人提供相应的担保。

担保方式或者数额由人民法院根据保全措施对证据持有人的影响、保全标的物的价值、当事人或者利害关系人争议的诉讼标的金额等因素综合确定。

第二十七条 人民法院进行证据保全，可以要求当事人或者诉讼代理人到场。

根据当事人的申请和具体情况，人民法院可以采取查封、扣押、录音、录像、复制、鉴定、勘验等方法进行证据保全，并制作笔录。

在符合证据保全目的的情况下，人民法院应当选择对证据持有人利益影响最小的保全措施。

第二十八条 申请证据保全错误造成财产损失，当事人请求申请人承担赔偿责任的，人民法院应予支持。

第二十九条 人民法院采取诉前证据保全措施后，当事人向其他有管辖权的人民法院提起诉讼的，采取保全措施的人民法院应当根据当事人的申请，将保全的证据及时移交受理案件的人民法院。

84.5 典型案例

84.5.1 当事人申请证据保全的至少应提供初步证据证明被诉侵权人有较大可能实施了被诉侵权行为，且属于证据可能灭失或者以后难以取得的情况

裁判来源：赵某新、北京建工五建置业有限公司侵害发明专利权纠纷案——最高人民法院民事判决书，(2020) 最高法知民终1850号

法院认为：在证据可能灭失或者以后难以取得的情况下，当事人可以在诉讼过程中向人民法院申请保全证据，人民法院也可以主动采取保全措施。本案中，赵某新提起本案诉讼，主张五建公司使用了涉案专利方法，侵害了涉案专利权。对此，本院认为，赵某新在本案中请求人民法院进行证据保全，至少应提供初步证据证明被诉侵权人有较大可能实施了被诉侵权行为，且属于证据可能灭失或者以后难以取得的情况，但赵某新并未提供初步证据证明涉案建筑外墙彩绘图案系五建公司使用涉案专利方法制作完成，本案并不属于人民法院必须进行证据保全的情况，故对赵某新的有关主张，本院不予支持。

裁判来源：浙江建林电子电气股份有限公司、中国建设银行股份有限公司侵害计算机软件著作权纠纷案——最高人民法院民事判决书，（2019）最高法知民终627号

法院认为：采取证据保全应符合被请求保全的证据与待证事实有关，且可能灭失或难以取得的条件。此外，证据保全可以弥补当事人举证能力的不足，但可能对被申请人的生产经营产生影响，只有在初步证据证明可能存在侵权行为的情况下，才能采取证据保全措施。

裁判来源：无锡金沃机床有限公司、山田机械（江苏）有限公司买卖合同纠纷案——最高人民法院民事裁定书，（2017）最高法民申3072号

法院认为：涉案设备是否已经投入生产并持续使用，实际上是一个容易证实的事实。利用设备进行持续生产的相关证据，亦非难以获取或容易灭失。金沃公司既不能证明存在不能自行收集证据的客观原因，也不能证明相关证据存在可能灭失或以后难以取得的情形，其请求原审法院进行证据保全的申请并不符合法律规定。在现有证据已经能够证明涉案设备尚未投入生产并持续使用的情况下，原审法院认为金沃公司关于沈阳毅昌公司收货后一直使用的主张不能成立，并进而对其相应的证据保全申请未予准许，不属于违反法定程序的情形。

84.5.2 证据保全程序在未通知一方当事人在场的情况下进行并不违反法律规定

裁判来源：河北华穗种业有限公司、酒泉市金辉农业开发有限公司侵害植物新品种权纠纷案——最高人民法院民事判决书，（2019）最高法知民终853号

法院认为：证据保全系在证据可能灭失或者以后难以取得的情况下采取的措施。为了避免证据灭失或以后难以取得，证据保全程序在未通知一方当事人在场的情况下进行并不违反法律规定。在侵害植物新品种纠纷的证据保全程序中是否邀请相关专业技术人员参与取样系人民法院可以根据案件具体情况确定的内容，不能以未邀请有关专业技术人员协助取样为由，当然地否定证据保全的效力。

第七章　期间、送达

第一节　期　　间

85. 期间的计算

85.1　法律条文

第八十五条　期间包括法定期间和人民法院指定的期间。

期间以时、日、月、年计算。期间开始的时和日，不计算在期间内。

期间届满的最后一日是法定休假日的，以法定休假日后的第一日为期间届满的日期。

期间不包括在途时间，诉讼文书在期满前交邮的，不算过期。

85.2　条文阐释

期间，是指法院、当事人和其他诉讼参与人单独或者一同实施或者完成诉讼活动所应遵守的时间。而法院、当事人和其他诉讼参与人单独实施或者完成诉讼活动所应遵守的时间就是期限，如举证期限；法院、当事人和其他诉讼参与人一同实施或者完成诉讼活动所应遵守的时间就是期日，如开庭审理日。广义的期间包括期限和期日，但我国采狭义说，因此期间仅指期限。

法定期间，是指法律直接规定的期间。例如，普通程序的审理期限一般为6个月。对于法定期间，除法律另有规定以外，法院、当事人和其他诉讼参与人均不得加以变更。他们可以选择在法定期间内的任何时间完成诉讼活动。一旦未能在法定期间内完成诉讼活动，即会引发相应的法律后果。例如，一审判决的当事人没有在法定的上诉期间递交上诉状的，就视为未提出上诉。

指定期间，是指法律明确授权法院根据审理案件的具体情形，依职权指定的期间。例如，法院可以根据案件情况指定举证期限。不过，为保障当事人的程序权益，防止法院指定的期间过短，有时法律会对指定期间的范围作出限制。例如，人民法院确定的举证期限，第一审普通程序案件不得少于15日。

在途时间，是指人民法院邮寄诉讼文书或者当事人邮寄诉讼文书在旅途中所用去的时间。正因为期间不包括在途时间，所以诉讼文书在期满前交邮的不算过期。如上诉状只要在法定期间届满前交邮，即使人民法院收到时已逾上诉期限，也不能认为逾期上诉。确定诉讼文书是否在期间届满前交邮，不是以诉讼文书到达地邮局邮截上的时间为标准，而是以诉讼文书邮寄地邮局邮戳上的时间为标准，并且以时为标准。①

85.3　司法适用

在实际适用该条过程中，应当重点关注以下几点：

（1）计算期间的单位是时、日、月、年，但对于具体的诉讼活动，是以时、日、月为计算单位，还是以年为计算单位，则需要由法律明确规定、法院指定或者当事人约定。

（2）期间如果是以小时为单位计算的，开始的小时不计算在内，从下一个小时开始计算。终期则根据期间的实际小时数相加确定。期间如果是以日为单位计算的，开始的日也不计算在内，从第二天开始计算。终期则根据期间的实际天数相加确定。

（3）本条中的“休假日”仅指国家法定的节假日。如元旦、春节、五一劳动节、国庆节、周六、周日等。但应当注意的是，如果节假日是在期间中间的而不是在期间届满的最后一日的，那么就不扣除。比如，法院指定的期间为4月15日至5月15日，此间虽经过了五一劳动节，但5月1日

---

① 杜万华、胡云腾主编：《最高人民法院民事诉讼法司法解释逐条适用解析》，法律出版社2015年版，第232－233页。

是在该期间之中而非最后，因此就不予扣除。①

（4）期间以月计算，则不分大月、小月，以年计算的，不分平年、闰年。以月计算的，期间届满的日期，应当是届满那个月对应于开始月份的那一天，没有对应于开始月份的那一天的，应当为届满那个月的最后一天。

85.4 相关规范性文件

最高人民法院《关于适用〈中华人民共和国民事诉讼法〉的解释》（法释〔2022〕11号，自2022年4月10日起施行）

第一百二十五条 依照民事诉讼法第八十五条第二款规定，民事诉讼中以时起算的期间从次时起算；以日、月、年计算的期间从次日起算。

第一百二十六条 民事诉讼法第一百二十六条规定的立案期限，因起诉状内容欠缺通知原告补正的，从补正后交人民法院的次日起算。由上级人民法院转交下级人民法院立案的案件，从受诉人民法院收到起诉状的次日起算。

第一百二十七条 民事诉讼法第五十九条第三款、第二百一十二条以及本解释第三百七十二条、第三百八十二条、第三百九十九条、第四百二十条、第四百二十一条规定的六个月，民事诉讼法第二百三十条规定的一年，为不变期间，不适用诉讼时效中止、中断、延长的规定。

第一百二十八条 再审案件按照第一审程序或者第二审程序审理的，适用民事诉讼法第一百五十二条、第一百八十三条规定的审限。审限自再审立案的次日起算。

85.5 典型案例

85.5.1 本条所指期间仅包含法定期间和指定期间，并不包括约定期间

裁判来源：山东华田实业集团公司、威海火炬高技术产业开发区博苑

① 张卫平：《民事诉讼法》（第6版），法律出版社2023年版，第303页。

新田幼儿园等租赁合同纠纷案——山东省高级人民法院民事裁定书，(2022) 鲁执监 83 号

法院认为：“期间包括法定期间和人民法院指定的期间。期间以时、日、月、年计算。期间开始的时和日，不计算在期间内。期间届满的最后一日是节假日的，以节假日后的第一日为期间届满的日期……”由此，民事诉讼法所规制的期间，是当事人、其他诉讼参与人以及人民法院进行民事诉讼或者审理民事案件时应当遵守的时间期限，包括法定期间和指定期间两类。而本案中支付房屋占用费的期间属于意定期间，即当事人合意确定的期限，法院通过民事裁定对此予以确认，该期间不属于《民事诉讼法》第 85 条规范的对象，威海中院适用该条规定，系适用法律不当，应予纠正。

86. 期间的顺延

86.1　法律条文

第八十六条　当事人因不可抗拒的事由或者其他正当理由耽误期限的，在障碍消除后的十日内，可以申请顺延期限，是否准许，由人民法院决定。

86.2　条文阐释

如果期间的耽误是由于当事人或者其他诉讼参与人主观方面的原因，那么他们就丧失了进行某种诉讼活动的权利，由此会承担相应的不利后果。如果期间的耽误是某种客观原因，则当事人可以申请顺延期限，或者由法院依职权决定顺延期限或者重新指定期日。

期间的耽误，是指当事人或者其他诉讼参与人本应当在法定期间及指定期间内实施或者完成诉讼活动，却因为某种原因未能实施或者完成该诉讼活动的状态。

期间被确定以后，根据是否可以变更，可分为不变期间和可变期间。

不变期间是指经确定，法院、当事人和其他诉讼参与人就必须要严格遵守，不得加以变更的期间。可变期间是指期间确定后，如果在规定的时间内出现了当事人无法完成特定诉讼活动的情况，法院可以根据当事人申请或者依职权加以变更的期间。

86.3 司法适用

在实际适用该条过程中，应当重点把握以下几点：

（1）本条中的“不可抗拒的事由”通常是指主观上无法预见、客观上无法避免和克服的客观情况。而“其他正当理由”通常是指不可抗拒的事由之外并且因为当事人主观原因而造成期间耽误的情况。

（2）一般而言，法定期间就是不变期间，不适用诉讼时效中止、中断、延长的规定。如提起第三人撤销之诉的期间、当事人申请再审的期间、案外人申请再审的期间、调解书申请再审的期间、必要的共同诉讼人申请再审的期间、特别程序案件裁定异议期间以及公示催告期间等。但也有一些法定期间，法律规定可以根据具体情况加以调整。例如，对于一审普通程序的审限，法律规定是 6 个月，但如果有特殊情况，由本院院长批准，可延长 6 个月。

86.4 相关规范性文件

最高人民法院《关于适用〈中华人民共和国民事诉讼法〉的解释》（法释〔2022〕11 号，自 2022 年 4 月 10 日起施行）

第一百二十七条 民事诉讼法第五十九条第三款、第二百一十二条以及本解释第三百七十二条、第三百八十二条、第三百九十九条、第四百二十条、第四百二十一条规定的六个月，民事诉讼法第二百三十条规定的一年，为不变期间，不适用诉讼时效中止、中断、延长的规定。

第一百二十九条 对申请再审案件，人民法院应当自受理之日起三个月内审查完毕，但公告期间、当事人和解期间等不计入审查期限。有特殊情况需要延长的，由本院院长批准。

86.5 典型案例

86.5.1 其他法院立案受理当事人复议申请并调卷审查的，由于并不影响当事人起诉，故当事人主张先前法院立案行为属于本条所指“不可抗拒事由”的，法院不予支持

裁判来源：中国光大银行股份有限公司西安分行金融借款合同纠纷案——最高人民法院民事裁定书，（2016）最高法民申1410号

法院认为：本案中，陕西高院立案受理光大银行西安分行提出的复议申请并调卷审查，并不妨碍光大银行西安分行按照《民事诉讼法》第227条的规定提起民事诉讼。光大银行西安分行关于该行为构成不可抗力，其符合《民事诉讼法》第83条的规定，之后向铜川中院提起执行异议之诉法院应当受理的主张没有事实和法律依据，本院不予支持。

第二节 送 达

87. 送达回证

87.1 法律条文

第八十七条 送达诉讼文书必须有送达回证，由受送达人在送达回证上记明收到日期，签名或者盖章。

受送达人在送达回证上的签收日期为送达日期。

87.2 条文阐释

送达，是指法院依法定程序和方式，将诉讼文书送交给当事人或者其他诉讼参与人的行为。

送达回证，是指法院制作的用于证明受送达人已经收到法院所送达的诉讼文书的书面凭证。

送达日期，是指诉讼文书送达当事人的时间。送达作为民事诉讼中的

一项重要制度，会引发相应的法律效果。比如，一审判决书一旦送达，便可产生当事人提起上诉的法律效果。而当事人上诉又受相应期间限制，因此只有确定了送达日期，某些期间才具有了起始计算的效力。

87.3 相关规范性文件

最高人民法院《关于适用〈中华人民共和国民事诉讼法〉的解释》（法释〔2022〕11号，自2022年4月10日起施行）

第一百三十一条 人民法院直接送达诉讼文书的，可以通知当事人到人民法院领取。当事人到达人民法院，拒绝签署送达回证的，视为送达。审判人员、书记员应当在送达回证上注明送达情况并签名。

人民法院可以在当事人住所地以外向当事人直接送达诉讼文书。当事人拒绝签署送达回证的，采用拍照、录像等方式记录送达过程即视为送达。审判人员、书记员应当在送达回证上注明送达情况并签名。

第一百三十四条 依照民事诉讼法第九十一条规定，委托其他人民法院代为送达的，委托法院应当出具委托函，并附需要送达的诉讼文书和送达回证，以受送达人在送达回证上签收的日期为送达日期。

委托送达的，受委托人民法院应当自收到委托函及相关诉讼文书之日起十日内代为送达。

第五百三十四条 受送达人所在国允许邮寄送达的，人民法院可以邮寄送达。

邮寄送达时应当附有送达回证。受送达人未在送达回证上签收但在邮件回执上签收的，视为送达，签收日期为送达日期。

自邮寄之日起满三个月，如果未收到送达的证明文件，且根据各种情况不足以认定已经送达的，视为不能用邮寄方式送达。

87.4 典型案例

87.4.1 送达回证无须印有送达回证字样或必需符合某种格式要求

裁判来源：石河子市天宇建筑安装工程有限公司诉师某锋等执行复议案——最高人民法院执行裁定书，(2016) 最高法执监234号

法院认为：送达回证是受送达人接受送达后签署给送达人的回执，以

证明其收到送达的法律文书。我国现有法律法规中并未要求送达回证必需印有“送达回证”字样或必需符合某种格式要求，能够表明受送达人收到所送达法律文书的书面回执，都属于送达回证。

88. 直接送达

88.1 法律条文

第八十八条 送达诉讼文书，应当直接送交受送达人。受送达人是公民的，本人不在交他的同住成年家属签收；受送达人是法人或者其他组织的，应当由法人的法定代表人、其他组织的主要负责人或者该法人、组织负责收件的人签收；受送达人有诉讼代理人的，可以送交其代理人签收；受送达人已向人民法院指定代收人的，送交代收人签收。

受送达人的同住成年家属，法人或者其他组织的负责收件的人，诉讼代理人或者代收人在送达回证上签收的日期为送达日期。

88.2 条文阐释

直接送达，是指人民法院派专人将诉讼文书直接送交给受送达人本人的送达方式。直接送达之所以应当作为首选的送达方式，不仅是因为其所需时间最短，更是因为其最为可靠。“同住成年家属”，是指与受送达人一起长期生活的成年家庭成员。因此，“同住成年家属”既可以是受送达人的长辈，亦可以是其晚辈。

不过，此处的“成年家属”应作限缩解释，即能够正确表达意志的年满18周岁的家属。受送达人是法人或者其他组织的，应当由法人的法定代表人、该组织的主要负责人或者办公室、收发室、值班室等负责收件的人签收或者盖章，拒绝签收或者盖章的，适用留置送达。受送达人有诉讼代理人的，人民法院既可以向受送达人送达，也可以向其诉讼代理人送达。人民法院直接送达诉讼文书的，可以通知当事人到人民法院领取。当事人到达人民法院，拒绝签署送达回证的，视为送达。审判人员、书记员应当在送达回证上注明送达情况并签名。人民法院可以在当事人住所地以外向当事人直接送达诉讼文书。当事人拒绝签署送达回证的，采用拍照、录像等方式记录送达过程即视为送达。审判人员、书记员应当在送达回证上注明送达情况并签名。

88.3 司法适用

在实际适用该条过程中，应当重点关注以下几点：

（1）调解需遵循当事人自愿原则。只有在确保调解书属于当事人真实意思表示和自愿接受调解书约束的情况下，才能确认调解协议的效力。因此，调解书应直接送达当事人。

（2）拘传必须用拘传票，并直接送达被拘传人。

（3）受送达人有诉讼代理人的，人民法院既可以向受送达人送达，也可以向其诉讼代理人送达。受送达人指定诉讼代理人为代收人的，向诉讼代理人送达时，适用留置送达。以上两种虽然都是向诉讼代理人送达，规定却是不一样的。

88.4 相关规范性文件

最高人民法院《关于适用〈中华人民共和国民事诉讼法〉的解释》（法释〔2022〕11号，自2022年4月10日起施行）

第一百三十一条 人民法院直接送达诉讼文书的，可以通知当事人到人民法院领取。当事人到达人民法院，拒绝签署送达回证的，视为送达。审判人员、书记员应当在送达回证上注明送达情况并签名。

人民法院可以在当事人住所地以外向当事人直接送达诉讼文书。当事人拒绝签署送达回证的，采用拍照、录像等方式记录送达过程即视为送达。审判人员、书记员应当在送达回证上注明送达情况并签名。

第一百三十三条 调解书应当直接送达当事人本人，不适用留置送达。当事人本人因故不能签收的，可由其指定的代收人签收。

第一百七十五条 拘传必须用拘传票，并直接送达被拘传人；在拘传前，应当向被拘传人说明拒不到庭的后果，经批评教育仍拒不到庭的，可以拘传其到庭。

最高人民法院《关于人民法院执行工作若干问题的规定（试行）》（法释〔2020〕21号，自2021年1月1日起施行）

45. 被执行人不能清偿债务，但对本案以外的第三人享有到期债权的，人民法院可以依申请执行人或被执行人的申请，向第三人发出履行到期债务的通知（以下简称履行通知）。履行通知必须直接送达第三人。

履行通知应当包含下列内容：

（1）第三人直接向申请执行人履行其对被执行人所负的债务，不得向被执行人清偿；

（2）第三人应当在收到履行通知后的十五日内向申请执行人履行债务；

（3）第三人对履行到期债权有异议的，应当在收到履行通知后的十五日内向执行法院提出；

（4）第三人违背上述义务的法律后果。

最高人民法院《关于适用简易程序审理民事案件的若干规定》（法释〔2020〕20号，自2021年1月1日起施行）

第八条　人民法院按照原告提供的被告的送达地址或者其他联系方式无法通知被告应诉的，应当按以下情况分别处理：

（一）原告提供了被告准确的送达地址，但人民法院无法向被告直接送达或者留置送达应诉通知书的，应当将案件转入普通程序审理；

（二）原告不能提供被告准确的送达地址，人民法院经查证后仍不能确定被告送达地址的，可以被告不明确为由裁定驳回原告起诉。

88.5　典型案例

88.5.1　人民法院通知当事人到人民法院领取诉讼文书与人民法院派专人将诉讼文书送达受送达人均为直接送达的方式，二者具有同等效力

裁判来源：四川志远广和制药有限公司、青海谷鸿森房地产开发有限责任公司合资、合作开发房地产合同纠纷案——最高人民法院民事裁定书，（2018）最高法民申4948号

法院认为：首先，根据《民事诉讼法》第85条之规定，送达诉讼文书，应当直接送交受送达人。《最高人民法院关于适用〈中华人民共和国

民事诉讼法〉的解释》第131条规定："人民法院直接送达诉讼文书的，可以通知当事人到人民法院领取。"故人民法院根据原告提供的被告电话通知被告到人民法院领取法律文书仅系直接送达的一种方式。本案中，一审法院工作人员前往志远广和公司注册地送达法律文书的方式也为直接送达的一种常用方式。志远广和公司在另案中向人民法院提交的民事反诉状上未留下联系电话，但留下的地址为该公司注册地址。根据《最高人民法院印发〈关于进一步加强民事送达工作的若干意见〉的通知》第8条第2项关于"以当事人在诉讼中提交的书面材料中载明的自己的地址为送达地址"之规定，一审法院工作人员前往志远广和公司注册地址进行送达并无不当，志远广和公司关于一审法院在送达过程中未尽谨慎审查义务的申请再审理由不能成立。

88.5.2 受送达人与其成年家属未在同一住所的，法院不能直接将诉讼文书交由其成年家属签收

裁判来源：侯小明、刘静民间借贷纠纷案——湖南省高级人民法院民事裁定书，(2020)湘民再367号

法院认为：本案一审原告向一审法院提交的刘某身份信息中，刘某的住所与侯某沛并非一处。一审法院在送达应诉通知书等法律文书时，刘某与侯某沛虽系夫妻，但一审法院系将法律文书送达至侯某沛所在单位地税局，由侯某沛同事代收并转交侯某沛，并未转交刘某，并未送达至侯某沛和刘某的住所，亦不能得出刘某与侯某沛住所一致。特别是在刘某未到庭应诉时，一审法院并未询问侯某沛是否已将相关法律文书转交刘某，致使刘某有未经合法传唤未到庭行使诉讼权利的正当理由，因此，应认定一审法院未合法送达致缺席审判程序违法。

89. 留置送达

89.1 法律条文

第八十九条 受送达人或者他的同住成年家属拒绝接收诉讼文书的，送达人可以邀请有关基层组织或者所在单位的代表到场，说明情况，

在送达回证上记明拒收事由和日期，由送达人、见证人签名或者盖章，把诉讼文书留在受送达人的住所；也可以把诉讼文书留在受送达人的住所，并采用拍照、录像等方式记录送达过程，即视为送达。

89.2 条文阐释

留置送达，是指当受送达人拒绝签收所送达的诉讼文书时，送达人依法将诉讼文书放置在受送达人住所即视为完成送达的送达方式。“有关基层组织或者所在单位的代表”可以是受送达人住所地的居民委员会、村民委员会的工作人员以及受送达人所在单位的工作人员。向法人或者其他组织送达诉讼文书，应当由法人的法定代表人、该组织的主要负责人或者办公室、收发室、值班室等负责收件的人签收或者盖章，拒绝签收或者盖章的，适用留置送达。受送达人有诉讼代理人的，人民法院既可以向受送达人送达，也可以向其诉讼代理人送达。受送达人指定诉讼代理人为代收人的，向诉讼代理人送达时，适用留置送达。受送达人或者他的同住成年家属拒绝接收诉讼文书的，也可以把诉讼文书留在受送达人的住所，并采用拍照、录像等方式记录送达过程，即视为送达。调解书应当直接送达当事人本人，不适用留置送达。当事人本人因故不能签收的，可由其指定的代收人签收。

89.3 司法适用

在实践中，留置送达是直接送达的一种重要补充方式。也就是说，只有在无法直接送达（受送达人拒绝签收诉讼文书）时，才能适用留置送达。但是，并非所有无法直接送达的都可以适用留置送达。比如，调解书应当直接送达当事人本人，不适用留置送达。此外，司法解释还对一些特殊情况进行了专门规定。比如，受送达人指定诉讼代理人为代收人的，向诉讼代理人送达时，适用留置送达。向债务人本人送达支付令，债务人拒绝接收的，人民法院可以留置送达。

89.4 相关规范性文件

最高人民法院《关于适用〈中华人民共和国民事诉讼法〉的解释》（法释〔2022〕11号，自2022年4月10日起施行）

第一百三十条 向法人或者其他组织送达诉讼文书，应当由法人的法定代表人、该组织的主要负责人或者办公室、收发室、值班室等负责收件的人签收或者盖章，拒绝签收或者盖章的，适用留置送达。

民事诉讼法第八十九条规定的有关基层组织和所在单位的代表，可以是受送达人住所地的居民委员会、村民委员会的工作人员以及受送达人所在单位的工作人员。

第一百三十二条 受送达人有诉讼代理人的，人民法院既可以向受送达人送达，也可以向其诉讼代理人送达。受送达人指定诉讼代理人为代收人的，向诉讼代理人送达时，适用留置送达。

第一百三十三条 调解书应当直接送达当事人本人，不适用留置送达。当事人本人因故不能签收的，可由其指定的代收人签收。

第四百二十九条 向债务人本人送达支付令，债务人拒绝接收的，人民法院可以留置送达。

最高人民法院《关于涉外民事或商事案件司法文书送达问题若干规定》（法释〔2020〕20号，自2021年1月1日起施行）

第十二条 人民法院向受送达人在中华人民共和国领域内的法定代表人、主要负责人、诉讼代理人、代表机构以及有权接受送达的分支机构、业务代办人送达司法文书，可以适用留置送达的方式。

最高人民法院《关于严格执行案件审理期限制度的若干规定》（2008年修订，自2008年12月31日起施行）

第十条 人民法院判决书宣判、裁定书宣告或者调解书送达最后一名当事人的日期为结案时间。如需委托宣判、送达的，委托宣判、送达的人民法院应当在审限届满前将判决书、裁定书、调解书送达受托人民法院。受托人民法院应当在收到委托书后七日内送达。

人民法院判决书宣判、裁定书宣告或者调解书送达有下列情形之一的，结案时间遵守以下规定：

（一）留置送达的，以裁判文书留在受送达人的住所日为结案时间；

（二）公告送达的，以公告刊登之日为结案时间；

（三）邮寄送达的，以交邮日期为结案时间；

（四）通过有关单位转交送达的，以送达回证上当事人签收的日期为结案时间。

89.5　典型案例

89.5.1　留置送达包括两种方式：一是邀请基层组织或所在单位的代表到场说明情况由送达人、见证人签名或盖章；二是把诉讼文书留在受送达人的住所，并采用拍照、录像等方式记录送达过程，即视为送达

裁判来源：陕钢集团汉中钢铁有限责任公司、湖北银行股份有限公司宜昌南湖支行金融借款合同纠纷案——最高人民法院民事判决书，（2017）最高法民终523号

法院认为：留置送达包括两种方式：一是邀请基层组织或所在单位的代表到场说明情况由送达人、见证人签名或盖章；二是把诉讼文书留在受送达人的住所，并采用拍照、录像等方式记录送达过程，即视为送达。本案一审采取拍照方式，有留置送达的照片，符合第二种送达方式，属于有效送达。故汉中公司关于未送达的主张不成立，其关于一审判决违法缺席判决的理由亦不能成立。

89.5.2　留置送达要求将诉讼文书留在受送达人的住所，而非受送达人住所之外的其他地方

裁判来源：罗伊视效动漫有限公司、冯某卫著作权权属纠纷案——陕西省高级人民法院民事裁定书，（2021）陕民申2174号

法院认为：根据我国《民事诉讼法》规定，留置送达系受送达人或者他的同住成年家属拒绝接收诉讼文书的，送达人可以邀请有关基层组织或者所在单位的代表到场，说明情况，在送达回证上记明拒收事由和日期，由送达人、见证人签名或者盖章，把诉讼文书留在受送达人的住所；也可以把诉讼文书留在受送达人的住所，并采用拍照、录像方式记录送达过程，即视为送达。本案中，原审法院采用拍照方式记录送达过程，将送达的文书留置在西安市雁塔区××街××花园××号，该处非冯某卫住所，故原

审法院对相关法律文书的送达亦不属于合法有效送达。现冯某卫以原审法院未经传票传唤，缺席判决为由申请再审，符合法律规定。

89.5.3 留置送达必须严格按照法定程序进行，否则视为未送达，程序违法

裁判来源：南澳县益荣大酒店、汕头市浦江房地产开发有限公司借款合同纠纷案——广东省高级人民法院执行裁定书，(2018) 粤执复11-14号

法院认为：本案中，执行法院在送达执行裁定书时既没有邀请有关基层组织或者所在单位的代表到场，说明情况，由送达人、见证人签名或者盖章，也没有采用拍照、录像等方式记录送达过程，仅由送达人签名。因此不符合留置送达的法律规定。

90. 电子送达

90.1 法律条文

第九十条 经受送达人同意，人民法院可以采用能够确认其收悉的电子方式送达诉讼文书。通过电子方式送达的判决书、裁定书、调解书，受送达人提出需要纸质文书的，人民法院应当提供。

采用前款方式送达的，以送达信息到达受送达人特定系统的日期为送达日期。

90.2 条文阐释

电子送达，即人民法院可以采用能够确认其收悉的电子方式送达诉讼文书的送达方式。电子送达可以采用传真、电子邮件、移动通信等即时收悉的特定系统作为送达媒介。即时通信包括但不限于短信、QQ、微信等。到达受送达人特定系统的日期，为人民法院对应系统显示发送成功的日期，但受送达人证明到达其特定系统的日期与人民法院对应系统显示发送成功的日期不一致的，以受送达人证明到达其特定系统的日期为准。值得注意的是，本条将判决书、调解书以及裁定书也纳入了电子送达的适用范围。

通过电子方式送达的判决书、裁定书、调解书，受送达人提出需要纸质文书的，人民法院应当提供。也就是说，如果通过电子方式送达的判决书、裁定书、调解书，受送达人未提出需要纸质文书的，人民法院也可以不予提供。

90.3 司法适用

实践中适用电子送达应严格遵守当事人自愿的原则。只有在当事人能够并愿意接受和使用电子送达方式的情况下，人民法院才可以采用该送达方式。因为我国各地区的经济发展差异较大，互联网普及程度各异，穷困地区、偏远地区或者老年人等群众并不了解和掌握电子邮件等科技，所以，不能“一刀切”地适用电子送达方式。电子送达方式的目的在于方便当事人接收送达文书信息，方便法院及时完成送达，而并非要给当事人增加不必要的负担。电子送达不是法院接触到当事人的直接送达，属于法律拟制的送达，有其局限性，在操作时由于网络技术原因可能会出现送达失误的现象，因此，适用电子送达必须尊重当事人的意愿，其自甘承担电子送达的便利及其合理风险时，法院才可以适用电子送达。①

90.4 相关规范性文件

最高人民法院《关于适用〈中华人民共和国民事诉讼法〉的解释》（法释〔2022〕11号，自2022年4月10日起施行）

第一百三十五条 电子送达可以采用传真、电子邮件、移动通信等即时收悉的特定系统作为送达媒介。

民事诉讼法第九十条第二款规定的到达受送达人特定系统的日期，为人民法院对应系统显示发送成功的日期，但受送达人证明到达其特定系统的日期与人民法院对应系统显示发送成功的日期不一致的，以受送达人证明到达其特定系统的日期为准。

第一百三十六条 受送达人同意采用电子方式送达的，应当在送达地

① 杜万华、胡云腾主编：《最高人民法院民事诉讼法司法解释逐条适用解析》，法律出版社2015年版，第249页。

址确认书中予以确认。

第二百六十一条 适用简易程序审理案件，人民法院可以依照民事诉讼法第九十条、第一百六十二条的规定采取捎口信、电话、短信、传真、电子邮件等简便方式传唤双方当事人、通知证人和送达诉讼文书。

以简便方式送达的开庭通知，未经当事人确认或者没有其他证据证明当事人已经收到的，人民法院不得缺席判决。

适用简易程序审理案件，由审判员独任审判，书记员担任记录。

《人民法院在线诉讼规则》（法释〔2021〕12号，自2021年8月1日起施行）

第二十九条 经受送达人同意，人民法院可以通过送达平台，向受送达人的电子邮箱、即时通讯账号、诉讼平台专用账号等电子地址，按照法律和司法解释的相关规定送达诉讼文书和证据材料。

具备下列情形之一的，人民法院可以确定受送达人同意电子送达：

（一）受送达人明确表示同意的；

（二）受送达人在诉讼前对适用电子送达已作出约定或者承诺的；

（三）受送达人在提交的起诉状、上诉状、申请书、答辩状中主动提供用于接收送达的电子地址的；

（四）受送达人通过回复收悉、参加诉讼等方式接受已经完成的电子送达，并且未明确表示不同意电子送达的。

第三十条 人民法院可以通过电话确认、诉讼平台在线确认、线下发送电子送达确认书等方式，确认受送达人是否同意电子送达，以及受送达人接收电子送达的具体方式和地址，并告知电子送达的适用范围、效力、送达地址变更方式以及其他需告知的送达事项。

第三十一条 人民法院向受送达人主动提供或者确认的电子地址送达的，送达信息到达电子地址所在系统时，即为送达。

受送达人未提供或者未确认有效电子送达地址，人民法院向能够确认为受送达人本人的电子地址送达的，根据下列情形确定送达是否生效：

（一）受送达人回复已收悉，或者根据送达内容已作出相应诉讼行为的，即为完成有效送达；

（二）受送达人的电子地址所在系统反馈受送达人已阅知，或者有其他证据可以证明受送达人已经收悉的，推定完成有效送达，但受送达人能够证明存在系统错误、送达地址非本人使用或者非本人阅知等未收悉送达内容的情形除外。

人民法院开展电子送达，应当在系统中全程留痕，并制作电子送达凭证。电子送达凭证具有送达回证效力。

对同一内容的送达材料采取多种电子方式发送受送达人的，以最先完成的有效送达时间作为送达生效时间。

第三十二条 人民法院适用电子送达，可以同步通过短信、即时通讯工具、诉讼平台提示等方式，通知受送达人查阅、接收、下载相关送达材料。

第三十三条 适用在线诉讼的案件，各方诉讼主体可以通过在线确认、电子签章等方式，确认和签收调解协议、笔录、电子送达凭证及其他诉讼材料。

最高人民法院《关于互联网法院审理案件若干问题的规定》（法释〔2018〕16号，自2018年9月7日起施行）

第十五条 经当事人同意，互联网法院应当通过中国审判流程信息公开网、诉讼平台、手机短信、传真、电子邮件、即时通讯账号等电子方式送达诉讼文书及当事人提交的证据材料等。

当事人未明确表示同意，但已经约定发生纠纷时在诉讼中适用电子送达的，或者通过回复收悉、作出相应诉讼行为等方式接受已经完成的电子送达，并且未明确表示不同意电子送达的，可以视为同意电子送达。

经告知当事人权利义务，并征得其同意，互联网法院可以电子送达裁判文书。当事人提出需要纸质版裁判文书的，互联网法院应当提供。

第十六条 互联网法院进行电子送达，应当向当事人确认电子送达的具体方式和地址，并告知电子送达的适用范围、效力、送达地址变更方式以及其他需告知的送达事项。

受送达人未提供有效电子送达地址的，互联网法院可以将能够确认为受送达人本人的近三个月内处于日常活跃状态的手机号码、电子邮箱、即时通讯账号等常用电子地址作为优先送达地址。

第十七条 互联网法院向受送达人主动提供或者确认的电子地址进行

送达的，送达信息到达受送达人特定系统时，即为送达。

互联网法院向受送达人常用电子地址或者能够获取的其他电子地址进行送达的，根据下列情形确定是否完成送达：

（一）受送达人回复已收到送达材料，或者根据送达内容作出相应诉讼行为的，视为完成有效送达。

（二）受送达人的媒介系统反馈受送达人已阅知，或者有其他证据可以证明受送达人已经收悉的，推定完成有效送达，但受送达人能够证明存在媒介系统错误、送达地址非本人所有或者使用、非本人阅知等未收悉送达内容的情形除外。

完成有效送达的，互联网法院应当制作电子送达凭证。电子送达凭证具有送达回证效力。

90.5 典型案例

90.5.1 电子送达必须遵循当事人自愿原则

裁判来源：日照同达商砼有限公司、周某峰等买卖合同纠纷案——山东省日照市中级人民法院民事裁定书，（2023）鲁11民终333号

法院认为：送达诉讼文书，应当直接送交受送达人。受送达人是法人或者其他组织的，应当由法人的法定代表人、其他组织的主要负责人或者该法人、组织负责收件的人签收。经受送达人同意，人民法院可以采用能够确认其收悉的电子方式送达诉讼文书。

90.5.2 法院采用电子送达的，有义务确认受送达人的意愿及相关信息

裁判来源：中国大地财产保险股份有限公司浙江分公司与王某兰、罗某豪等侵权责任纠纷案——辽宁省抚顺市中级人民法院民事裁定书，（2023）辽04民终515号

法院认为：一审法院向大地保险浙江分公司的送达回证显示，一审法院将起诉状、传票通过电子送达的方式发送至138××××××××的手机号码中，电子送达结果为成功。经查，该手机号码系王某兰向一审法院提供的，大地保险浙江分公司称该号码的使用人并非其公司的工作人员，王某兰也未能提供证据证明该号码的使用人系大地保险浙江分公司的法

定代表人或者该公司负责收件的人，一审法院在未能有效核实上述手机号码使用人身份的情况下，通过电子送达的方式向其送达了起诉状、传票，之后径行开庭审理并缺席判决，剥夺了大地保险浙江分公司的诉讼权利。

91. 委托送达、邮寄送达

91.1 法律条文

第九十一条 直接送达诉讼文书有困难的，可以委托其他人民法院代为送达，或者邮寄送达。邮寄送达的，以回执上注明的收件日期为送达日期。

91.2 条文阐释

委托送达，是指人民法院直接送达诉讼文书确有困难，而委托受送达人所在地其他人民法院代为送达。委托送达一般适用于那些受送达人不在受诉人民法院辖区内居住，或者由于受送达人的某种特殊原因，直接送达诉讼文书确有困难的情形。委托送达需要准备的文件包括：委托函，并附需要送达的诉讼文书和送达回证。委托人民法院对送达诉讼文书有特殊要求的，应当在委托函中说明。受委托送达的人民法院应当在收到委托函之日起 10 日内完成，并将送达回证寄回委托人民法院，受送达人在送达回证上签收的日期为送达日期。受托法院因故无法送达的，应当在上述期间内函告委托人民法院。受送达人下落不明的，或者诉讼文书需要由有关单位转交送达的，受理案件的法院不得委托其他人民法院代为送达。

邮寄送达，是指受诉人民法院将需送达的诉讼文书，通过邮局以挂号信的方式寄给受送达人。适用邮寄送达的前提是受诉人民法院直接送达确有困难，如受送达人距离受诉人民法院所在地较远等情形。邮局的挂号信回执即为邮寄送达的凭证。由于送达回证是证明受送达人收到诉讼文书的重要凭证，是计算诉讼期间的重要根据，所以，邮寄送达应附有送达回证。

挂号信回执上注明的收件日期与送达回证上注明的收件日期不一致的，以送达回证上注明的收件日期为送达日期；如果送达回证没有寄回或者送达回证上没有注明收件日期的，则以挂号信回执上注明的收件日期为送达日期。

91.3 相关规范性文件

最高人民法院《关于适用〈中华人民共和国民事诉讼法〉的解释》（法释〔2022〕11号，自2022年4月10日起施行）

第一百三十四条 依照民事诉讼法第九十一条规定，委托其他人民法院代为送达的，委托法院应当出具委托函，并附需要送达的诉讼文书和送达回证，以受送达人在送达回证上签收的日期为送达日期。

委托送达的，受委托人民法院应当自收到委托函及相关诉讼文书之日起十日内代为送达。

最高人民法院《关于以法院专递方式邮寄送达民事诉讼文书的若干规定》（法释〔2004〕13号，自2005年1月1日起施行）

第一条 人民法院直接送达诉讼文书有困难的，可以交由国家邮政机构（以下简称邮政机构）以法院专递方式邮寄送达，但有下列情形之一的除外：

（一）受送达人或者其诉讼代理人、受送达人指定的代收人同意在指定的期间内到人民法院接受送达的；

（二）受送达人下落不明的；

（三）法律规定或者我国缔结或者参加的国际条约中约定有特别送达方式的。

第二条 以法院专递方式邮寄送达民事诉讼文书的，其送达与人民法院送达具有同等法律效力。

第三条 当事人起诉或者答辩时应当向人民法院提供或者确认自己准确的送达地址，并填写送达地址确认书。当事人拒绝提供的，人民法院应当告知其拒不提供送达地址的不利后果，并记入笔录。

第四条 送达地址确认书的内容应当包括送达地址的邮政编码、详细地址以及受送达人的联系电话等内容。

当事人要求对送达地址确认书中的内容保密的，人民法院应当为其保密。

当事人在第一审、第二审和执行终结前变更送达地址的，应当及时以书面方式告知人民法院。

第五条 当事人拒绝提供自己的送达地址，经人民法院告知后仍不提供的，自然人以其户籍登记中的住所地或者经常居住地为送达地址；法人或者其他组织以其工商登记或者其他依法登记、备案中的住所地为送达地址。

第六条 邮政机构按照当事人提供或者确认的送达地址送达的，应当在规定的日期内将回执退回人民法院。

邮政机构按照当事人提供或确认的送达地址在五日内投送三次以上未能送达，通过电话或者其他联系方式又无法告知受送达人的，应当将邮件在规定的日期内退回人民法院，并说明退回的理由。

第七条 受送达人指定代收人的，指定代收人的签收视为受送达人本人签收。

邮政机构在受送达人提供或确认的送达地址未能见到受送达人的，可以将邮件交给与受送达人同住的成年家属代收，但代收人是同一案件中另一方当事人的除外。

第八条 受送达人及其代收人应当在邮件回执上签名、盖章或者捺印。

受送达人及其代收人在签收时应当出示其有效身份证件并在回执上填写该证件的号码；受送达人及其代收人拒绝签收的，由邮政机构的投递员记明情况后将邮件退回人民法院。

第九条 有下列情形之一的，即为送达：

（一）受送达人在邮件回执上签名、盖章或者捺印的；

（二）受送达人是无民事行为能力或者限制民事行为能力的自然人，其法定代理人签收的；

（三）受送达人是法人或者其他组织，其法人的法定代表人、该组织的主要负责人或者办公室、收发室、值班室的工作人员签收的；

（四）受送达人的诉讼代理人签收的；

（五）受送达人指定的代收人签收的；

（六）受送达人的同住成年家属签收的。

第十条 签收人是受送达人本人或者是受送达人的法定代表人、主要负责人、法定代理人、诉讼代理人的，签收人应当当场核对邮件内容。签收人发现邮件内容与回执上的文书名称不一致的，应当当场向邮政机构的投递员提出，由投递员在回执上记明情况后将邮件退回人民法院。

签收人是受送达人办公室、收发室和值班室的工作人员或者是与受送达人同住成年家属，受送达人发现邮件内容与回执上的文书名称不一致的，应当在收到邮件后的三日内将该邮件退回人民法院，并以书面方式说明退回的理由。

第十一条 因受送达人自己提供或者确认的送达地址不准确、拒不提供送达地址、送达地址变更未及时告知人民法院、受送达人本人或者受送达人指定的代收人拒绝签收，导致诉讼文书未能被受送达人实际接收的，文书退回之日视为送达之日。

受送达人能够证明自己在诉讼文书送达的过程中没有过错的，不适用前款规定。

第十二条 本规定自2005年1月1日起实施。

我院以前的司法解释与本规定不一致的，以本规定为准。

最高人民法院印发《关于进一步加强民事送达工作的若干意见》的通知（法发〔2017〕19号，自2017年7月19日起施行）

一、送达地址确认书是当事人送达地址确认制度的基础。送达地址确认书应当包括当事人提供的送达地址、人民法院告知事项、当事人对送达地址的确认、送达地址确认书的适用范围和变更方式等内容。

二、当事人提供的送达地址应当包括邮政编码、详细地址以及受送达人的联系电话等。同意电子送达的，应当提供并确认接收民事诉讼文书的传真号、电子信箱、微信号等电子送达地址。当事人委托诉讼代理人的，诉讼代理人确认的送达地址视为当事人的送达地址。

三、为保障当事人的诉讼权利，人民法院应当告知送达地址确认书的填写要求和注意事项以及拒绝提供送达地址、提供虚假地址或者提供地址不准确的法律后果。

四、人民法院应当要求当事人对其填写的送达地址及法律后果等事项进行确认。当事人确认的内容应当包括当事人已知晓人民法院告知的事项及送达地址确认书的法律后果，保证送达地址准确、有效，同意人民法院通过其确认的地址送达诉讼文书等，并由当事人或者诉讼代理人签名、盖章或者捺印。

五、人民法院应当在登记立案时要求当事人确认送达地址。当事人拒绝确认送达地址的，依照《最高人民法院关于登记立案若干问题的规定》第七条的规定处理。

六、当事人在送达地址确认书中确认的送达地址，适用于第一审程序、第二审程序和执行程序。当事人变更送达地址，应当以书面方式告知人民法院。当事人未书面变更的，以其确认的地址为送达地址。

七、因当事人提供的送达地址不准确、拒不提供送达地址、送达地址变更未书面告知人民法院，导致民事诉讼文书未能被受送达人实际接收的，直接送达的，民事诉讼文书留在该地址之日为送达之日；邮寄送达的，文书被退回之日为送达之日。

八、当事人拒绝确认送达地址或以拒绝应诉、拒接电话、避而不见送达人员、搬离原住所等躲避、规避送达，人民法院不能或无法要求其确认送达地址的，可以分别以下列情形处理：

（一）当事人在诉讼所涉及的合同、往来函件中对送达地址有明确约定的，以约定的地址为送达地址；

（二）没有约定的，以当事人在诉讼中提交的书面材料中载明的自己的地址为送达地址；

（三）没有约定、当事人也未提交书面材料或者书面材料中未载明地址的，以一年内进行其他诉讼、仲裁案件中提供的地址为送达地址；

（四）无以上情形的，以当事人一年内进行民事活动时经常使用的地址为送达地址。

人民法院按照上述地址进行送达的，可以同时以电话、微信等方式通知受送达人。

九、依第八条规定仍不能确认送达地址的，自然人以其户籍登记的住所或者在经常居住地登记的住址为送达地址，法人或者其他组织以其工商登记或其他依法登记、备案的住所地为送达地址。

十一、采用传真、电子邮件方式送达的，送达人员应记录传真发送和接收号码、电子邮件发送和接收邮箱、发送时间、送达诉讼文书名称，并打印传真发送确认单、电子邮件发送成功网页，存卷备查。

十二、采用短信、微信等方式送达的，送达人员应记录收发手机号码、发送时间、送达诉讼文书名称，并将短信、微信等送达内容拍摄照片，存卷备查。

十三、可以根据实际情况，有针对性地探索提高送达质量和效率的工作机制，确定由专门的送达机构或者由各审判、执行部门进行送达。在不违反法律、司法解释规定的前提下，可以积极探索创新行之有效的工作方法。

十四、对于移动通信工具能够接通但无法直接送达、邮寄送达的，除判决书、裁定书、调解书外，可以采取电话送达的方式，由送达人员告知当事人诉讼文书内容，并记录拨打、接听电话号码、通话时间、送达诉讼文书内容，通话过程应当录音以存卷备查。

十五、要严格适用民事诉讼法关于公告送达的规定，加强对公告送达的管理，充分保障当事人的诉讼权利。只有在受送达人下落不明，或者用民事诉讼法第一编第七章第二节规定的其他方式无法送达的，才能适用公告送达。

十六、在送达工作中，可以借助基层组织的力量和社会力量，加强与基层组织和有关部门的沟通、协调，为做好送达工作创造良好的外部环境。有条件的地方可以要求基层组织协助送达，并可适当支付费用。

十七、要树立全国法院一盘棋意识，对于其他法院委托送达的诉讼文书，要认真、及时进行送达。鼓励法院之间建立委托送达协作机制，节约送达成本，提高送达效率。

91.4 典型案例

91.4.1 人民法院直接送达诉讼文书有困难的，可以交由国家邮政机构以法院专递方式邮寄送达

裁判来源：周某、吕某兵等追加、变更被执行人异议民事申请再审案——最高人民法院民事裁定书，（2021）最高法民申6568号

法院认为：周某认为执行裁定书未由一审法院工作人员直接送达，而是选择用邮寄的方式送达文书，违反了《最高人民法院关于以法院专递方式邮寄送达民事诉讼文书的若干规定》第 1 条第 1 款“人民法院直接送达诉讼文书有困难的，可以交由国家邮政机构以法院专递方式邮寄送达”的规定。本院认为，邮寄送达也是人民法院送达的方式之一，且为降低诉讼成本、减少当事人诉累、提高司法效率，法院专递送达已成为诉讼文书送达的重要途径，一审法院在以邮寄方式无法送达周庚的情况下，以公告形式向周庚送达诉讼文书，并无不当。

92. 转交送达之一

92.1　法律条文

第九十二条　受送达人是军人的，通过其所在部队团以上单位的政治机关转交。

92.2　条文阐释

军人职业具有流动性、保密性等特点，在诉讼活动中，如果要将有关诉讼文书直接送达某军人往往比较困难，委托送达或者邮寄送达也存在一定的难度。

为了解决给军人送达诉讼文书的问题，本条规定，受送达人是军人的，通过其所在部队团以上单位的政治机关转交。正确理解本条需要注意以下两点：一是本条所指的“军人”仅指现役军人，不包括退伍军人；二是必须通过部队团以上单位的政治机关转交。不得通过团以下的单位转交，也不得通过团以上单位的其他机关转交。本条规定的这种对军人送达的特殊方式与《民事诉讼法》第 88 条规定的直接送达具有同等的法律效力。

根据《民事诉讼法》第 94 条的规定，代为转交的受送达人所在部队团以上单位的政治机关收到诉讼文书后，必须立即交受送达人签收，以在送达回证上的签收日期，为送达日期。

在实践中，军队政治机关是中国共产党在中国人民解放军中管理党的工作，组织进行政治工作的领导机关。团级政治机关称政治处，旅级以上政治机关称政治部。中国人民解放军最高政治机关称总政治部。军队政治机关通常设组织、干部、宣传、保卫、文化、联络、群众工作等业务部门或相应的工作人员。因此，《民事诉讼法》所称部队团以上单位的政治机关是指我国军队政治机关中的相应机关。

93. 转交送达之二

93.1 法律条文

第九十三条 受送达人被监禁的，通过其所在监所转交。

受送达人被采取强制性教育措施的，通过其所在强制性教育机构转交。

93.2 条文阐释

被监禁或者采取强制教育措施的人的人身自由受到限制，个人在国家机关的管理和控制之下，因此人民法院不便于直接向其送达文书。本条对被监禁、被采取强制性教育措施的人送达文书的情形作出了规定。

2005年《治安管理处罚法》不再使用"劳动教养"这一用语，而使用了"强制性教育措施"这一概念。所以2012年本法修改，删除了劳动改造的相关内容，将劳动教养改为"采取强制性教育措施"。受送达人被监禁的，须通过其所在监所转交。不得通过其他机关或个人转交。受送达人被采取强制性教育措施的，须通过其所在强制性教育机构转交。不得通过其他机关或个人转交。而代为转交的机关、单位收到诉讼文书后，必须立即交受送达的被监禁人或者被采取强制性教育措施的人签收，以在送达回证上的签收日期为送达日期。监所是指监狱（包括未成年犯管教所）、看守所、拘役所等刑事活动执行机关。

93.3　典型案例

93.3.1　虽未经监所转交，但当事人已实际签收相关送达文书的，送达行为有效

裁判来源： 内蒙古特弘全盈煤炭有限责任公司、秦皇岛市臻宝源能源有限责任公司与内蒙古特弘全盈煤炭有限责任公司、余嘉祺合同纠纷案——最高人民法院执行裁定书，(2015) 执复字第32号

裁判要旨：《民事诉讼法》第90条通过监所转交的规定，是为保障被监禁的人诉讼权利的实现而提供的一种送达途径，特弘全盈公司主张不经监所转交即为送达无效，是对法律的错误理解。本案中，余嘉祺均已实际签收了相关法律文书及涉案采矿权评估报告，在河北高院询问笔录中，余嘉祺亦表示对评估机构的选定及涉案采矿权的评估报告没有异议。执行法院已完成了相关送达行为，特弘全盈公司的相关权利并未受到损害。

93.3.2　法院在知道或者应当知道当事人被羁押的情况下，未依法送达应诉通知书、开庭传票等诉讼文书，不得采取公告的方式送达

裁判来源： 张某利、成都市旭翔贸易有限公司金融借款合同纠纷再审案——四川省高级人民法院民事裁定书，(2018) 川民申727号

法院认为： 依据《民事诉讼法》第90条第1款"受送达人被监禁的，通过其所在监所转交"和第92条第1款"受送达人下落不明，或者用本节规定的其他方式无法送达的，公告送达"的规定，受送达人被监禁的，应通过其所在监所转交诉讼文书；只有直接送达、邮寄送达等均无法送达的，才能采取公告送达的方式。原审法院在知道或者应当知道张某利被羁押的情况下，未依法送达应诉通知书、开庭传票等诉讼文书，而是采取公告的方式送达，致使张某利未能参加本案诉讼，无法行使辩论权利。依据最高人民法院《关于适用〈中华人民共和国民事诉讼法〉的解释》第391条第3项规定，原审法院违反法律规定送达起诉状副本或者上诉状副本，致使张某利无法行使辩论权利，应当认定为《民事诉讼法》第200条第9项规定的剥夺当事人辩论权利。本案中，张某利因不能归责于本人的事由未能参加原审诉讼，无法行使辩论权利，且本案发生法律效力的判决是由第一审法院作出的，符合指令原审人民法院再审的情形。

94. 转交送达日期

94.1 法律条文

第九十四条 代为转交的机关、单位收到诉讼文书后，必须立即交受送达人签收，以在送达回证上的签收日期，为送达日期。

94.2 条文阐释

转交送达是国家针对特定人群规定的送达诉讼文书的一种特殊方式。依据本条规定，人民法院对现役军人和被监禁人员送达诉讼文书的，首先应将诉讼文书送交受送达人所在监所，同时还应附送达回证，请他们立即转交受送达人签收，并及时将受送达人签收后的送达回证返回给人民法院。上述代转机关不得拒绝转交或以任何借口推诿拖延，有关单位和机关也无权代受送达人签收。

依据本条规定，代为转交的机关、单位收到诉讼文书的日期不是送达日期，送达日期以受送达人接到转交的诉讼文书后，在送达回证上的签收日期为准。送达回证是送达文书的必备材料。受送达人拒绝接收诉讼文书的，送达人可以邀请所在单位的代表到场，说明情况，在送达回证上记明拒收事由和日期，由送达人、见证人签名或者盖章，把诉讼文书留在受送达人的住所；也可以把诉讼文书留在受送达人的住所，并采用拍照、录像等方式记录送达过程，即视为送达。

根据最高人民法院诉讼文书样式，送达回证一般包括案号、案由、送达文书名称和件数、受送达人、送达地址、受送达人签名或盖章、代收人及代收理由、备考。针对代为转交的机关怠于转交的问题，在送达工作中，可以借助基层组织的力量和社会力量，加强与基层组织和有关部门的沟通、协调，为做好送达工作创造良好的外部环境。有条件的地方可以要求基层组织协助送达，并可适当支付费用。要树立全国法院一盘棋意识，对于其他法院委托送达的诉讼文书，要认真、及时进行送达。鼓励法院之间建立委托送达协作机制，节约送达成本，提高送达效率。

95. 公告送达

95.1 法律条文

第九十五条 受送达人下落不明，或者用本节规定的其他方式无法送达的，公告送达。自发出公告之日起，经过三十日，即视为送达。

公告送达，应当在案卷中记明原因和经过。

95.2 条文阐释

公告送达，是指人民法院采取张贴布告、登报等措施，将诉讼文书的内容公开告知受送达人的一种送达方式。依据本条规定，只有在受送达人下落不明或者无法以直接送达、委托送达、邮寄送达或转交送达等方式进行送达时，人民法院才能适用公告送达。

采用公告送达方式的，可以在人民法院的公告栏、受送达人原住所地张贴公告，也可以在报纸上刊登公告或通过广播、电视、网络媒介将公告内容传播。对于公告送达有特殊要求的，按照要求的方式进行公告。公告自发出之日起，经过 30 日，即视为送达。公告送达不存在受送达人签收问题。

公告送达起诉状或上诉状副本的，应说明起诉或上诉要点、受送达人答辩期限及逾期不答辩的法律后果；公告送达传票的，应说明出庭地点、时间及逾期不出庭的法律后果；公告送达判决书、裁定书的，应说明裁判的主要内容，属于一审的，还应说明上诉权利、上诉期限和上诉的人民法院。

本条“下落不明”是指“离开最后居住地后没有音讯”的状况。《民法典》第 41 条规定，自然人下落不明的时间自其失去音讯之日起计算。战争期间下落不明的，下落不明的时间自战争结束之日或者有关机关确定的下落不明之日起计算。

要严格适用《民事诉讼法》关于公告送达的规定，加强对公告送达的管理，充分保障当事人的诉讼权利。只有在受送达人下落不明，或者用《民事诉讼法》第一编第七章第二节规定的其他方式无法送达的，才能适用公告送达。

应当注意的是，公告送达是所有送达方式都无法使用时的送达方式，送达期间届满即视为送达，法院据此可以作出缺席判决等行为。因此，公告送达方式的运用直接影响到当事人权利义务的行使，应当慎重采用，尤其对起诉状等诉讼文书。司法实践中就出现过从来不知道有诉讼存在的人"被离婚""被判决"的情况。

当然，司法实践中也存在诉讼当事人难找的情况，这给法院审判带来许多实际困难，人民法院应当根据案件的具体情况，选择最适当的送达方式，保障当事人的诉讼权益。

95.3 相关规范性文件

最高人民法院《关于适用〈中华人民共和国民事诉讼法〉的解释》（法释〔2022〕11号，自2022年4月10日起施行）

第一百三十八条 公告送达可以在法院的公告栏和受送达人住所地张贴公告，也可以在报纸、信息网络等媒体上刊登公告，发出公告日期以最后张贴或者刊登的日期为准。对公告送达方式有特殊要求的，应当按要求的方式进行。公告期满，即视为送达。

人民法院在受送达人住所地张贴公告的，应当采取拍照、录像等方式记录张贴过程。

第一百三十九条 公告送达应当说明公告送达的原因；公告送达起诉状或者上诉状副本的，应当说明起诉或者上诉要点，受送达人答辩期限及逾期不答辩的法律后果；公告送达传票，应当说明出庭的时间和地点及逾期不出庭的法律后果；公告送达判决书、裁定书的，应当说明裁判主要内容，当事人有权上诉的，还应当说明上诉权利、上诉期限和上诉的人民法院。

第一百四十条 适用简易程序的案件，不适用公告送达。

第二百一十七条 夫妻一方下落不明，另一方诉至人民法院，只要求离婚，不申请宣告下落不明人失踪或者死亡的案件，人民法院应当受理，对下落不明人公告送达诉讼文书。

最高人民法院《关于对人民法院一审案件公告送达规定予以修订或解释的建议》的答复（自2020年8月21日起施行）

您在建议中提出，《民事诉讼法》第九十二条规定的“受送达人下落不明”没有具体标准，公告送达是否须以穷尽其他所有送达方式为前提并不明确，建议通过司法解释、答复、会议纪要等形式对该条规定予以细化。我们赞同您的意见。最高人民法院在《关于贯彻执行〈中华人民共和国民法通则〉若干问题的意见（试行）》第26条对“下落不明”作了进一步解释。该条规定，下落不明是指公民离开最后居住地后没有音讯的状况。最高人民法院在《关于进一步加强民事送达工作的若干意见》对公告送达的适用条件作了细化规定，该意见第十五条规定：“要严格适用民事诉讼法关于公告送达的规定，加强对公告送达的管理，充分保障当事人的诉讼权利。只有在受送达人下落不明，或者用民事诉讼法第一编第七章第二节规定的其他方式无法送达的，才能适用公告送达。”这条规定明确只有在受送达人下落不明，或者穷尽民事诉讼法规定的其他方式无法送达的，才能适用公告送达。在今后的工作中，我们将认真吸收您的建议，继续坚持从严和规范适用公告送达的规定，并进一步加大审判监督和指导力度，监督指导各级法院切实将该意见落实到位。

最高人民法院《关于依据原告起诉时提供的被告住址无法送达应如何处理问题的批复》（法释〔2004〕17号，自2004年12月2日起施行）

人民法院依据原告起诉时所提供的被告住址无法直接送达或者留置送达，应当要求原告补充材料。原告因客观原因不能补充或者依据原告补充的材料仍不能确定被告住址的，人民法院应当依法向被告公告送达诉讼文书。人民法院不得仅以原告不能提供真实、准确的被告住址为由裁定驳回起诉或者裁定终结诉讼。

因有关部门不准许当事人自行查询其他当事人的住址信息，原告向人民法院申请查询的，人民法院应当依原告的申请予以查询。

95.4　典型案例

95.4.1　对于被羁押的当事人，不应适用公告送达

裁判来源：新兴铸管股份有限公司厦门销售分公司、新兴铸管股份有

限公司金融借款合同纠纷案——最高人民法院民事裁定书，（2018）最高法民终1169号

法院认为：关于原审程序问题。原审法院开庭后判决前，新兴厦门分公司向原审法院提交了福建省福州市中级人民法院（2016）闽01民初876号民事裁定，其中载明“李某盛因涉嫌骗取承兑汇票案被羁押于安徽省淮南市看守所”。据此，原审法院在应当知道铸诚公司法定代表人、案涉担保人李某盛被羁押的情况下，并未依法通过其所在监所转交材料，而是直接作出判决，并继续采用公告送达方式送达判决书，程序存在瑕疵。

95.4.2 按当事人工商注册地址送达，但因当事人内部管理原因送达未果的，公告送达不违反法律规定

裁判来源：中铁建设集团有限公司、锦州新基业房屋开发有限公司建设工程施工合同纠纷案——最高人民法院民事判决书，（2020）最高法民终905号

法院认为：新基业公司主张，一审法院未针对中铁公司诉请变更重新确定举证期限和重新公告送达，存在程序问题。但是，一审法院按新基业公司工商注册的地址送达未果，并公告送达。二审中，新基业公司亦自认因内部原因公司无人管理导致一审法院未能现场送达。并且，中铁公司一审诉讼请求的变化系在原诉请基础上，减少部分诉请，并未发生事由的实质性变化，对此一审法院程序并无违法之处。

95.4.3 按工商登记及合同记载地址邮寄送达，当事人亦对所留地址、电话号码的真实性予以确认的，邮寄送达未果采用公告送达符合法律规定

裁判来源：北海荣钦养殖有限责任公司、北海市叶开养殖有限责任公司企业借贷纠纷案——最高人民法院民事裁定书，（2021）最高法民申1232号

法院认为：关于原审法院送达程序是否合法的问题。经查，一审法院已将开庭传票、起诉状副本、举证通知书等诉讼材料通过法院专递方式分别寄往荣钦公司工商登记地址以及荣钦公司另行订立的《抵（质）押借款合同》上所留的地址，法院专递收件人系叶某钦本人并备注其移动电话号码和办公电话；叶某钦在二审庭审中对上述收件地址及电话号码的真实性予以确认。因此，原审法院在诉讼材料经多次投递仍无法直接送达荣钦公

司的情况下，采用公告送达方式向荣钦公司送达诉讼材料，符合法律规定。

95.4.4 按起诉状载明地址向被告邮寄送达，而该地址与被告后来提交的法律文书载明地址一致的，邮寄送达未果采用公告送达符合法律规定

裁判来源：刘某、宁夏贺兰回商村镇银行有限责任公司金融借款合同纠纷案——最高人民法院民事裁定书，（2019）最高法民申1599号

法院认为：一审法院向贺兰回商银行起诉状中载明的刘某的地址邮寄了应诉通知书、开庭传票等法律文书，且该地址与刘某向本院提交的再审申请书中载明的地址一致。因邮件未能妥投，在未寻找到刘某下落的情况下，一审法院通过公告方式进行了送达，并在作出判决后通过公告方式送达了一审民事判决书，符合法律规定。

95.4.5 因填写寄件地址不完整被退回的，采取公告送达不属于有效送达

裁判来源：湖南潭衡高速公路开发有限公司、泰邦科技（深圳）有限公司借款合同纠纷案——最高人民法院民事裁定书，（2019）最高法民终1186号之一

法院认为：关于一审裁判文书的送达。2018年6月13日，一审法院作出本案一审判决。2018年9月10日，一审法院向泰邦控股公司邮寄一审判决书及上诉状，邮寄面单载明的地址为“香港特别行政区湾仔港湾道1号会展广场办公大楼”未载明具体楼层及房号。后该邮件被退回，退回单据载明“欠楼层”。由于一审法院载明的邮寄地址不完整，导致邮件被退回。以此相对照，二审送达时，根据与一审送达时的同一地址，完整填写楼层信息后，该邮件就顺利送达泰邦控股公司，说明只要认真填写完整当事人的地址，邮件是可以送达的。故泰邦控股公司并不属于下落不明的当事人，不存在公告送达的前提条件。一审法院向泰邦控股公司公告送达一审判决书不属于有效送达。

95.4.6 一审法院公告送达不符合法定条件的情况下，二审法院径行公告送达的，亦不符合法律规定

裁判来源：西安外贸实业发展总公司、如意电子集团公司股权转让纠纷案——最高人民法院民事裁定书，（2019）最高法民再168号

法院认为：案件审理中，送达直接影响到当事人各项诉讼权利的行使，

人民法院在处理送达问题时需注意在保护诉权与司法效率的价值之间做好平衡。公告送达是一种推定送达，应当严格依照《民事诉讼法》规定的条件和程序进行，只有在受送达人下落不明或者穷尽其他送达方式无法送达的情况下，才能采取公告送达方式。本案并不符合上述两项条件，在西安外贸公司住所地明确的情况下，原审法院至少可以采取邮寄送达的方式进行送达。留置送达是合法的送达方式，符合法定条件和程序的留置送达即属于送达成功，不需要再通过公告的方式进行送达。在一审法院公告送达不符合法定条件的情况下，二审法院径行公告送达亦不妥当，未能充分保障西安外贸公司参与诉讼的权利，剥夺了西安外贸公司的辩论权，违反法定程序。

95.4.7　按有效的户籍地址送达，回单未显示签收、妥投，仅标注“电话无法接听”的，公告送达不符合法律规定

裁判来源：杜某、浙江承御天澍网络科技有限公司计算机软件开发合同纠纷案——最高人民法院民事裁定书，（2020）最高法知民申6号

裁判要旨：原审法院曾向被告杜某的户籍地址邮寄传票等诉讼文书，邮寄回单中未显示签收，也未标注投递状态和未妥投原因，仅手写标注“电话无法接听……”在此情况下原审法院未采取其他送达方式即进行公告送达。最高人民法院在审理该案过程中还查明，杜某的户籍地址位于杭州市中心城区；并且，在（2020）浙01执193号案中，原审法院执行局于2020年3月23日依该地址向杜某成功送达相关材料（显示为配偶签收），证明该地址为有效地址，杜某并非处于下落不明的状态。据此，最高人民法院裁定认为，原审法院通过邮寄方式向杜某送达起诉状、举证通知书、应诉通知书等材料被退回后，未采取过其他送达方式，直接公告送达前述应诉材料及传票，违反了《民事诉讼法》第92条第1款“受送达人下落不明，或者用本节规定的其他方式无法送达的，公告送达”的规定，导致缺席审理且原审判决认定事实的主要证据未经质证，故裁定指令原审法院再审。

95.4.8　寄件回单显示“该地址查无此人”的，可采用公告送达

裁判来源：郑某招、江某秋船舶物料和备品供应合同纠纷案——最高人民法院民事裁定书，（2020）最高法民申4185号

法院认为：原审法院邮寄送达应诉诉讼文书被退回，原因是“该地址查无此人”，原审法院随后采用公告方式送达。“该地址查无此人”实际上意味着当事人下落不明，在此情况下，采用公告送达符合《民事诉讼法》第92条第1款的规定。

第八章　调　　解

96. 调解自愿原则

96.1　法律条文

第九十六条　人民法院审理民事案件，根据当事人自愿的原则，在事实清楚的基础上，分清是非，进行调解。

96.2　条文阐释

调解自愿原则，是指在人民法院审判人员的主持下，双方当事人就民事权益争议，自愿、平等地进行协商，以达成协议解决纠纷的活动。调解应当自愿，如果当事人不能自主地选择解决纠纷的方式以及决定调解协议的内容，而是不得不听命于外来的指令，那么调解协议就不是真正意义上的合意。

调解自愿包括程序自愿和实体自愿，当事人有权选择调解的程序也有权选择调解的内容。调解自愿原则包含三方面含义：第一，法院调解作为当事人之间解决纠纷的一种方式，并且人民法院作为中立的第三方参加；第二，自愿性是当事人进行法院调解的基础，这也是法院调解的本质属性；第三，法院调解没有严格的程序性规定，形式也较之审判程序更为灵活。

需要注意的是，调解中虽然要注重事实真相的查明，但在调解中对案件各项程序性要求要低于判决，调解的后果在一定程度上也可以同案件事实相分离。尤其是对于一些婚姻家庭纠纷案件的调解，没有必要像判决那样严格依照诉讼相关要求。

此外，人民法院受理案件后，经审查，认为法律关系明确、事实清楚，在征得当事人双方同意后，可以径行调解。但同时，适用特别程序、督促程序、公示催告程序的案件，婚姻等身份关系确认案件以及其他根据案件性质不能进行调解的案件，不得调解。人民法院审理离婚案件，应当进行调解，但不应久调不决。

96.3 相关规范性文件

最高人民法院《关于适用〈中华人民共和国民事诉讼法〉的解释》（法释〔2022〕11号，自2022年4月10日起施行）

第一百四十二条 人民法院受理案件后，经审查，认为法律关系明确、事实清楚，在征得当事人双方同意后，可以径行调解。

第一百四十三条 适用特别程序、督促程序、公示催告程序的案件，婚姻等身份关系确认案件以及其他根据案件性质不能进行调解的案件，不得调解。

第一百四十四条 人民法院审理民事案件，发现当事人之间恶意串通，企图通过和解、调解方式侵害他人合法权益的，应当依照民事诉讼法第一百一十五条的规定处理。

第一百四十五条 人民法院审理民事案件，应当根据自愿、合法的原则进行调解。当事人一方或者双方坚持不愿调解的，应当及时裁判。

人民法院审理离婚案件，应当进行调解，但不应久调不决。

97. 调解组织形式

97.1 法律条文

第九十七条 人民法院进行调解，可以由审判员一人主持，也可以由合议庭主持，并尽可能就地进行。

人民法院进行调解，可以用简便方式通知当事人、证人到庭。

97.2 条文阐释

人民调解，是指在依法设立的人民调解委员会的主持下，在双方当事人自愿的基础上，以国家法律、法规、规章、政策和社会公德为依据，对民间纠纷当事人进行说服教育、规劝疏导，促使纠纷各方互谅互让，平等协商，自愿达成协议，消除纷争的一种群众自治活动。

行政调解，是指国家行政机关对属于本机关职权管辖范围内的行政纠纷，以国家法律、法规及政策为依据，在行政机关的主持下，以当事人各方自愿为原则，通过对争议各方的说服与劝导，促使各方当事人互让互谅、平等协商、达成协议，以解决有关争议的活动。

司法调解又称法院调解或诉讼调解，是指人民法院对受理的民事案件、经济纠纷案件和轻微刑事案件，在审判人员的主持下，诉讼双方当事人通过平等协商，互谅互让，达成协议，经人民法院认可后，终结诉讼程序，使纠纷得到解决。

人民调解与司法调解的区别是：

（1）主持调解的主体不同。人民调解是在人民调解委员会主持下进行的调解，而司法调解是在人民法院主持下进行的调解。

（2）调解协议的效力不同。经人民调解委员会调解达成的、有民事权利义务内容，并由双方当事人签字或者盖章的调解协议，具有民事合同性质。当事人应当按照约定履行自己的义务，不得擅自变更或者解除调解协议。一方当事人不履行调解协议规定的义务，另一方当事人可以向人民法院提起诉讼，请求对方当事人履行调解协议规定的义务。经人民法院调解达成的，由双方当事人签字、盖章的调解协议，一经送达，即具有法律约束力。司法调解协议与法院的判决具有同等的法律效力。

97.3 相关规范性文件

最高人民法院《人民法院在线调解规则》（法释〔2021〕23 号，自 2022 年 1 月 1 日起施行）

第一条 在立案前或者诉讼过程中依托人民法院调解平台开展在线调解的，适用本规则。

第二条 在线调解包括人民法院、当事人、调解组织或者调解员通过人民法院调解平台开展的在线申请、委派委托、音视频调解、制作调解协议、申请司法确认调解协议、制作调解书等全部或者部分调解活动。

第三条 民事、行政、执行、刑事自诉以及被告人、罪犯未被羁押的刑事附带民事诉讼等法律规定可以调解或者和解的纠纷，可以开展在线调解。

行政、刑事自诉和刑事附带民事诉讼案件的在线调解，法律和司法解释另有规定的，从其规定。

第四条 人民法院采用在线调解方式应当征得当事人同意，并综合考虑案件具体情况、技术条件等因素。

第五条 人民法院审判人员、专职或者兼职调解员、特邀调解组织和特邀调解员以及人民法院邀请的其他单位或者个人，可以开展在线调解。

在线调解组织和调解员的基本情况、纠纷受理范围、擅长领域、是否收费、作出邀请的人民法院等信息应当在人民法院调解平台进行公布，方便当事人选择。

第六条 人民法院可以邀请符合条件的外国人入驻人民法院调解平台，参与调解当事人一方或者双方为外国人、无国籍人、外国企业或者组织的民商事纠纷。

符合条件的港澳地区居民可以入驻人民法院调解平台，参与调解当事人一方或者双方为香港特别行政区、澳门特别行政区居民、法人或者非法人组织以及大陆港资澳资企业的民商事纠纷。

符合条件的台湾地区居民可以入驻人民法院调解平台，参与调解当事人一方或者双方为台湾地区居民、法人或者非法人组织以及大陆台资企业的民商事纠纷。

第十一条 在线调解一般由一名调解员进行，案件重大、疑难复杂或者具有较强专业性的，可以由两名以上调解员调解，并由当事人共同选定其中一人主持调解。无法共同选定的，由人民法院指定一名调解员主持。

第十二条 调解组织或者调解员应当在收到人民法院委派委托调解信息或者当事人在线调解申请后三个工作日内，确认接受人民法院委派委托或者当事人调解申请。纠纷不符合调解组织章程规定的调解范围或者行业领域，明显超出调解员擅长领域或者具有其他不适宜接受情形的，调解组织或者调解员可以写明理由后不予接受。

调解组织或者调解员不予接受或者超过规定期限未予确认的，人民法院、当事人可以重新指定或者选定。

第十三条 主持或者参与在线调解的人员有下列情形之一，应当在接受调解前或者调解过程中进行披露：

（一）是纠纷当事人或者当事人、诉讼代理人近亲属的；

（二）与纠纷有利害关系的；

（三）与当事人、诉讼代理人有其他可能影响公正调解关系的。

当事人在调解组织或者调解员披露上述情形后或者明知其具有上述情形，仍同意调解的，由该调解组织或者调解员继续调解。

第十四条 在线调解过程中，当事人可以申请更换调解组织或者调解员；更换后，当事人仍不同意且拒绝自行选择的，视为当事人拒绝调解。

98. 特邀调解

98.1 法律条文

第九十八条 人民法院进行调解，可以邀请有关单位和个人协助。被邀请的单位和个人，应当协助人民法院进行调解。

98.2 条文阐释

本条对特邀调解进行了规定。人民法院在处理民事纠纷的过程中，对于较为复杂的纠纷，仅靠人民法院依法判决或者调解难以彻底解决纠纷；有些单位和个人往往对双方当事人的情况较为了解或者具备相关专业领域的知识，能够更好地把握案件的事实，从而能够协助法官处理相关纠纷。

98.3 司法适用

为了贯彻《民法典》和建设和谐繁荣的市场经济环境，避免纠纷久拖不决，法律特别规定了协助人民法院进行调解是民事主体的义务。有关单位和个人收到人民法院邀请时，应当积极配合人民法院工作，不得推诿回避相关安排。

98.4 相关规范性文件

最高人民法院《关于人民法院民事调解工作若干问题的规定》（法释〔2020〕20号，自2021年1月1日起施行）

第一条 根据民事诉讼法第九十五条的规定，人民法院可以邀请与当事人有特定关系或者与案件有一定联系的企业事业单位、社会团体或者其他组织，和具有专门知识、特定社会经验、与当事人有特定关系并有利于促成调解的个人协助调解工作。

经各方当事人同意，人民法院可以委托前款规定的单位或者个人对案件进行调解，达成调解协议后，人民法院应当依法予以确认。

最高人民法院《关于人民法院特邀调解的规定》（法释〔2016〕14号，自2016年7月1日起施行）

第一条 特邀调解是指人民法院吸纳符合条件的人民调解、行政调解、商事调解、行业调解等调解组织或者个人成为特邀调解组织或者特邀调解员，接受人民法院立案前委派或者立案后委托依法进行调解，促使当事人在平等协商基础上达成调解协议、解决纠纷的一种调解活动。

第二条 特邀调解应当遵循以下原则：

（一）当事人平等自愿；

（二）尊重当事人诉讼权利；

（三）不违反法律、法规的禁止性规定；

（四）不损害国家利益、社会公共利益和他人合法权益；

（五）调解过程和调解协议内容不公开，但是法律另有规定的除外。

第三条 人民法院在特邀调解工作中，承担以下职责：

（一）对适宜调解的纠纷，指导当事人选择名册中的调解组织或者调解员先行调解；

（二）指导特邀调解组织和特邀调解员开展工作；

（三）管理特邀调解案件流程并统计相关数据；

（四）提供必要场所、办公设施等相关服务；

（五）组织特邀调解员进行业务培训；

（六）组织开展特邀调解业绩评估工作；

（七）承担其他与特邀调解有关的工作。

第四条 人民法院应当指定诉讼服务中心等部门具体负责指导特邀调解工作，并配备熟悉调解业务的工作人员。

人民法庭根据需要开展特邀调解工作。

第十二条 双方当事人应当在名册中协商确定特邀调解员；协商不成的，由特邀调解组织或者人民法院指定。当事人不同意指定的，视为不同意调解。

第十三条 特邀调解一般由一名调解员进行。对于重大、疑难、复杂或者当事人要求由两名以上调解员共同调解的案件，可以由两名以上调解员调解，并由特邀调解组织或者人民法院指定一名调解员主持。当事人有正当理由的，可以申请更换特邀调解员。

第十四条 调解一般应当在人民法院或者调解组织所在地进行，双方当事人也可以在征得人民法院同意的情况下选择其他地点进行调解。

特邀调解组织或者特邀调解员接受委派或者委托调解后，应当将调解时间、地点等相关事项及时通知双方当事人，也可以通知与纠纷有利害关系的案外人参加调解。

调解程序开始之前，特邀调解员应当告知双方当事人权利义务、调解规则、调解程序、调解协议效力、司法确认申请等事项。

99. 调解协议

99.1 法律条文

第九十九条 调解达成协议，必须双方自愿，不得强迫。调解协议的内容不得违反法律规定。

99.2 条文阐释

自愿原则是我国调解制度的基本原则。人民法院进行调解应当遵循当事人意愿，主持调解的审判员可以依法提出自己的意见，但不得强迫当事人接受。无论是从尊重当事人处分权的角度考虑，还是为了使达成的调解协议能够得到自觉履行，都必须高度重视并认真贯彻自愿原则。调解合法原则也是法院调解应当遵循的一项重要原则。

通常“合法”包括程序合法和实体合法两个方面：（1）法院的调解活动应当按照法定的程序进行，法院调解的组织，调解的方式、步骤，调解协议的达成和调解书的送达等均应符合《民事诉讼法》的相关规定；（2）在法院主持下双方达成的调解协议必须符合民法等有关实体法的规定。本条主要是指第二个方面，即调解协议的内容不得违反相关实体法律规定。

值得注意的是，调解协议的合法原则并不意味着调解协议应当像判决那样严格按照实体法规定的标准达成。也就是说，本条所指的“合法”是一种宽松的合法，它是指调解协议内容在不违反民事实体法的禁止性规定，不违反社会公序良俗，不损害第三人合法权益的前提下，通过妥协或让步来达成，故允许其中可能不完全符合实体法规定的内容存在。

99.3 相关规范性文件

最高人民法院《关于人民法院民事调解工作若干问题的规定》（法释〔2020〕20号，自2021年1月1日起施行）

第一条 根据民事诉讼法第九十五条的规定，人民法院可以邀请与当事人有特定关系或者与案件有一定联系的企业事业单位、社会团体或者其他组织，和具有专门知识、特定社会经验、与当事人有特定关系并有利于促成调解的个人协助调解工作。

经各方当事人同意，人民法院可以委托前款规定的单位或者个人对案件进行调解，达成调解协议后，人民法院应当依法予以确认。

最高人民法院《关于进一步发挥诉讼调解在构建社会主义和谐社会中积极作用的若干意见》（法发〔2007〕9号，自2007年3月7日起施行）

7. 人民法院在诉讼调解中要采取积极措施，充分保障当事人能够真实地表达自己的意愿，依法行使其处分权利。确保当事人真心自愿地接受调解，相互之间实现互谅互让，能够彻底化解矛盾、消除纠纷，做到案结事了。

8. 在诉讼调解中，应当注重调解程序的正当性、简易性和可操作性，避免调解的随意性。诉讼调解的程序和方法应当符合法律和司法解释的规定。人民法院应当认真履行对调解协议、和解协议的审查确认职责，确保协议不存在侵害国家利益、社会公共利益和他人的合法权益的情形，不存在违反法律、行政法规的强制性规定的内容，不违背善良风俗和社会公共道德。

100. 调解书

100.1 法律条文

第一百条 调解达成协议，人民法院应当制作调解书。调解书应当写明诉讼请求、案件的事实和调解结果。

调解书由审判人员、书记员署名，加盖人民法院印章，送达双方当事人。

调解书经双方当事人签收后，即具有法律效力。

100.2 条文阐释

调解书是当事人在法院主持下形成合意，人民法院对此予以确认而制作的一种司法文书。区别于调解协议，调解书是具有同判决效力一致的司法文书。在一审程序、二审程序、再审程序、简易程序中均可以制作调解书。诉讼请求和案件事实部分的写法力求简洁、概括，可以不写审理过程及证据情况。案件的事实，是指当事人之间的法律关系发生争议的事实、原因及双方的责任；调解结果，是指当事人自愿、合法达成的解决双方纠纷的合意，包括其在调解过程中提出的诉讼请求和理由以及双方互相让步的结果。

根据本条第2款规定，调解书应当由审判人员、书记员署名，加盖人民法院印章，送达双方当事人。调解书是人民法院依法制作的法律文书，必须履行法定程序，由相关审判人员、书记员署名，加盖人民法院印章后，送达双方当事人签收。由于调解书是依据当事人自愿协商形成的调解协议而制作的，以自愿为基础，如果当事人拒绝签收调解书，表明其不愿意接受调解，调解书不当然发生法律效力。调解书必须经双方当事人签收后才能生效，以最后收到调解书的当事人签收的日期为调解书生效日期。当事人有权在调解书签收之前就调解达成的协议反悔，这样原调解书就不发生法律效力，法院应当及时通知双方当事人，继续进行审判。对已经生效的调解书，当事人应当履行调解书所确定的义务。任何一方当事人不履行，另一方可以向人民法院申请强制执行。依照法律规定，对已经发生法律效力的调解不得上诉和再次起诉，只能通过再审程序予以撤销或变更。

100.3　相关规范性文件

最高人民法院《关于适用〈中华人民共和国民事诉讼法〉的解释》(法释〔2022〕11号，自2022年4月10日起施行)

第一百四十八条　当事人自行和解或者调解达成协议后，请求人民法院按照和解协议或者调解协议的内容制作判决书的，人民法院不予准许。

无民事行为能力人的离婚案件，由其法定代理人进行诉讼。法定代理人与对方达成协议要求发给判决书的，可根据协议内容制作判决书。

第一百四十九条　调解书需经当事人签收后才发生法律效力的，应当以最后收到调解书的当事人签收的日期为调解书生效日期。

第一百五十条　人民法院调解民事案件，需由无独立请求权的第三人承担责任的，应当经其同意。该第三人在调解书送达前反悔的，人民法院应当及时裁判。

100.4　典型案例

100.4.1　当事人未在和解协议上签字，亦未签收调解书的，调解书未发生法律效力

裁判来源：刘某琼、中国长城资产管理股份有限公司贵州省分公司金

融不良债权追偿及担保合同纠纷案——最高人民法院民事裁定书，（2020）最高法民终1173号

法院认为：根据《民事诉讼法》第98条第1款第4项规定，当事各方同意在调解协议上签名或者盖章后即发生法律效力的，经人民法院审查确认后，应当记入笔录或者将调解协议附卷，并由当事人、审判人员、书记员签名或者盖章后即具有法律效力。在中国长城资产管理股份有限公司贵州省分公司诉贵州安顺今旦房地产开发有限公司、安顺商厦有限责任公司、贵州省安顺中药厂有限公司、夏某、阳某威、金某惠金融不良债权追偿及担保合同纠纷案件中，因其中一当事人未在案涉《和解协议》上签字，亦未签收（2016）黔民初78号民事调解书，根据上述司法解释规定，本案中国长城资产管理股份有限公司贵州省分公司据以申请执行的（2016）黔民初78号民事调解书并未发生法律效力。

101. 可以不制作调解书的情形

101.1 法律条文

第一百零一条 下列案件调解达成协议，人民法院可以不制作调解书：

（一）调解和好的离婚案件；

（二）调解维持收养关系的案件；

（三）能够即时履行的案件；

（四）其他不需要制作调解书的案件。

对不需要制作调解书的协议，应当记入笔录，由双方当事人、审判人员、书记员签名或者盖章后，即具有法律效力。

101.2 条文阐释

本条规定了可以不制作调解书的情形。为了方便执行、避免当事人反悔等情形出现，对于调解和好的离婚案件、调解维持收养关系的案件、能

够即时履行的案件，人民法院可以不制作调解书。

调解和好的离婚案件，是指双方当事人经过法官调解，感情确已和好，经过双方当事人同意，法院可以不制作调解书而认可双方调解达成的协议。这种情况如果仍然制作调解书可能不利于双方之后的感情恢复与和好。

调解维持收养关系的案件，是指收养关系的双方当事人经过法院释法明理，调解维持收养关系。维持收养关系的一方当事人涉及未成年人，为了充分保护未成年人合法权益和身心健康，这种情况如果书面制作调解书的话可能不利于青少年成长与身心发展，所以本法规定这种情况可以不制作调解书。

能够即时履行的案件，当时已经履行完成，已经没有必要制作书面的调解书，因此双方当事人达成协议后，人民法院也可以不制作调解书。

102. 调解不成的处理

102.1 法律条文

第一百零二条 调解未达成协议或者调解书送达前一方反悔的，人民法院应当及时判决。

102.2 条文阐释

调解过程中，当事人的让步和妥协不能被作为案件审理阶段的审理依据，即不能将调解过程中当事人声明的对自己不利的事实或请求作为后续审理的依据。

对于依法制作调解书的协议，调解未达成协议或者调解书送达前一方反悔的，调解程序相当于自行终结，人民法院不能久调不决，更不能变相强迫当事人调解，而应当及时采取判决方式结案。不制作调解书的协议，当事人拒绝在调解笔录上签字的，视为调解未达成协议。

102.3 相关规范性文件

最高人民法院《关于人民法院民事调解工作若干问题的规定》（法释〔2020〕20号，自2021年1月1日起施行）

第十一条 当事人不能对诉讼费用如何承担达成协议的，不影响调解协议的效力。人民法院可以直接决定当事人承担诉讼费用的比例，并将决定记入调解书。

第十二条 对调解书的内容既不享有权利又不承担义务的当事人不签收调解书的，不影响调解书的效力。

第十三条 当事人以民事调解书与调解协议的原意不一致为由提出异议，人民法院审查后认为异议成立的，应当根据调解协议裁定补正民事调解书的相关内容。

第十四条 当事人就部分诉讼请求达成调解协议的，人民法院可以就此先行确认并制作调解书。

当事人就主要诉讼请求达成调解协议，请求人民法院对未达成协议的诉讼请求提出处理意见并表示接受该处理结果的，人民法院的处理意见是调解协议的一部分内容，制作调解书的记入调解书。

第九章　保全和先予执行

103. 诉讼中保全

103.1　法律条文

第一百零三条　人民法院对于可能因当事人一方的行为或者其他原因，使判决难以执行或者造成当事人其他损害的案件，根据对方当事人的申请，可以裁定对其财产进行保全、责令其作出一定行为或者禁止其作出一定行为；当事人没有提出申请的，人民法院在必要时也可以裁定采取保全措施。

人民法院采取保全措施，可以责令申请人提供担保，申请人不提供担保的，裁定驳回申请。

人民法院接受申请后，对情况紧急的，必须在四十八小时内作出裁定；裁定采取保全措施的，应当立即开始执行。

103.2　条文阐释

本条第 1 款、第 2 款规定了诉讼中保全的适用条件和保全的种类。

诉讼保全的适用条件有：

（1）存在实施保全的客观需要，即可能因当事人一方的行为或者其他原因，使判决难以执行或者造成当事人损害。“当事人一方的行为”，是指可归因于当事人的侵权或者违约行为。例如，在财产保全案件中，当事人擅自将争议标的物转移、隐匿、毁损、出卖等行为；又如，在行为保全案件中，当事人一方生产侵权产品、排放污水、妨碍相邻权人通行等行为。“其他原因”，是指不可归因于当事人的客观上的原因，如争议的财产不易保存等。

（2）时间上为法院受理案件后、作出裁判前。既可以在第一审程序中进行，也可以在第二审程序中进行。即对当事人不服一审判决提出上诉的案件，在第二审人民法院接到报送的案件之前，当事人有转移、隐匿、出卖或者毁损财产等行为，必须采取财产保全措施的，由第一审人民法院依当事人申请或依职权采取。第一审人民法院的保全裁定，应当及时报送第二审人民法院。

（3）当事人申请或者法院依职权采取保全措施。当事人申请应当有初步证据证明存在实施保全的客观需要，而不是主观臆测。

（4）法院责令申请人提供担保的，申请人应当提供。保全措施的适用可能给被申请人造成经济损失，为了平等地保护双方当事人的利益，本法规定，人民法院责令申请人提供担保的，申请人必须提供担保，否则法院驳回其申请。

本条第 3 款是关于法院作出保全裁定的期限以及采取保全措施期限的规定。人民法院接受申请后，对于情况紧急的，必须在 48 小时内作出裁定；对非紧急情况下法院作出保全裁定的期限则没有规定。裁定采取保全措施的，应当立即开始执行。

103. 3 相关规范性文件

最高人民法院《关于人民法院办理财产保全案件若干问题的规定》（法释〔2020〕21 号，自 2021 年 1 月 1 日起施行）

第一条 当事人、利害关系人申请财产保全，应当向人民法院提交申请书，并提供相关证据材料。

申请书应当载明下列事项：

（一）申请保全人与被保全人的身份、送达地址、联系方式；

（二）请求事项和所根据的事实与理由；

（三）请求保全数额或者争议标的；

（四）明确的被保全财产信息或者具体的被保全财产线索；

（五）为财产保全提供担保的财产信息或资信证明，或者不需要提供担保的理由；

（六）其他需要载明的事项。

法律文书生效后，进入执行程序前，债权人申请财产保全的，应当写明生效法律文书的制作机关、文号和主要内容，并附生效法律文书副本。

第二条　人民法院进行财产保全，由立案、审判机构作出裁定，一般应当移送执行机构实施。

第三条　仲裁过程中，当事人申请财产保全的，应当通过仲裁机构向人民法院提交申请书及仲裁案件受理通知书等相关材料。人民法院裁定采取保全措施或者裁定驳回申请的，应当将裁定书送达当事人，并通知仲裁机构。

第四条　人民法院接受财产保全申请后，应当在五日内作出裁定；需要提供担保的，应当在提供担保后五日内作出裁定；裁定采取保全措施的，应当在五日内开始执行。对情况紧急的，必须在四十八小时内作出裁定；裁定采取保全措施的，应当立即开始执行。

第五条　人民法院依照民事诉讼法第一百条规定责令申请保全人提供财产保全担保的，担保数额不超过请求保全数额的百分之三十；申请保全的财产系争议标的的，担保数额不超过争议标的的价值的百分之三十。

利害关系人申请诉前财产保全的，应当提供相当于请求保全数额的担保；情况特殊的，人民法院可以酌情处理。

财产保全期间，申请保全人提供的担保不足以赔偿可能给被保全人造成的损失的，人民法院可以责令其追加相应的担保；拒不追加的，可以裁定解除或者部分解除保全。

第六条　申请保全人或第三人为财产保全提供财产担保的，应当向人民法院出具担保书。担保书应当载明担保人、担保方式、担保范围、担保财产及其价值、担保责任承担等内容，并附相关证据材料。

第三人为财产保全提供保证担保的，应当向人民法院提交保证书。保证书应当载明保证人、保证方式、保证范围、保证责任承担等内容，并附相关证据材料。

对财产保全担保，人民法院经审查，认为违反民法典、公司法等有关法律禁止性规定的，应当责令申请保全人在指定期限内提供其他担保；逾期未提供的，裁定驳回申请。

第七条　保险人以其与申请保全人签订财产保全责任险合同的方式为

财产保全提供担保的，应当向人民法院出具担保书。

担保书应当载明，因申请财产保全错误，由保险人赔偿被保全人因保全所遭受的损失等内容，并附相关证据材料。

第八条 金融监管部门批准设立的金融机构以独立保函形式为财产保全提供担保的，人民法院应当依法准许。

第九条 当事人在诉讼中申请财产保全，有下列情形之一的，人民法院可以不要求提供担保：

（一）追索赡养费、扶养费、抚育费、抚恤金、医疗费用、劳动报酬、工伤赔偿、交通事故人身损害赔偿的；

（二）婚姻家庭纠纷案件中遭遇家庭暴力且经济困难的；

（三）人民检察院提起的公益诉讼涉及损害赔偿的；

（四）因见义勇为遭受侵害请求损害赔偿的；

（五）案件事实清楚、权利义务关系明确，发生保全错误可能性较小的；

（六）申请保全人为商业银行、保险公司等由金融监管部门批准设立的具有独立偿付债务能力的金融机构及其分支机构的。

法律文书生效后，进入执行程序前，债权人申请财产保全的，人民法院可以不要求提供担保。

第十条 当事人、利害关系人申请财产保全，应当向人民法院提供明确的被保全财产信息。

当事人在诉讼中申请财产保全，确因客观原因不能提供明确的被保全财产信息，但提供了具体财产线索的，人民法院可以依法裁定采取财产保全措施。

第十一条 人民法院依照本规定第十条第二款规定作出保全裁定的，在该裁定执行过程中，申请保全人可以向已经建立网络执行查控系统的执行法院，书面申请通过该系统查询被保全人的财产。

申请保全人提出查询申请的，执行法院可以利用网络执行查控系统，对裁定保全的财产或者保全数额范围内的财产进行查询，并采取相应的查封、扣押、冻结措施。

人民法院利用网络执行查控系统未查询到可供保全财产的，应当书面告知申请保全人。

第十二条 人民法院对查询到的被保全人财产信息，应当依法保密。除依法保全的财产外，不得泄露被保全人其他财产信息，也不得在财产保全、强制执行以外使用相关信息。

103.4 典型案例

103.4.1 保全错误需要承担相应的侵权责任

裁判来源： 宜兴市建工建筑安装有限责任公司与张某、张某山申请诉中财产保全损害赔偿责任纠纷案——载《最高人民法院公报》2018年第9期，最高人民法院民事裁定书，(2018) 最高法民申2027号

裁判要旨： 由于当事人的法律知识、对案件事实的举证证明能力、对法律关系的分析判断能力各不相同，通常达不到司法裁判所要求的专业水平，因此当事人对诉争事实和权利义务的判断未必与人民法院的裁判结果一致。对当事人申请保全所应尽到的注意义务的要求不应过于苛责。如果仅以保全申请人的诉讼请求是否得到支持作为申请保全是否错误的依据，必然会对善意当事人依法通过诉讼保全程序维护自己权利造成妨碍，影响诉讼保全制度功能的发挥。而且，《侵权责任法》第6条和第7条规定，侵权行为以过错责任为原则，无过错责任必须要有法律依据，但《侵权责任法》所规定的无过错责任中并不包含申请保全错误损害赔偿责任。因此，申请保全错误，须以申请人主观存在过错为要件，不能仅以申请人的诉讼请求未得到支持为充分条件。

103.4.2 保全错误要根据具体情况确定相应的赔偿标准

裁判来源： 青岛中金渝能置业有限公司与青岛中金实业股份有限公司、滨州市中金豪运置业有限责任公司财产保全损害责任纠纷案——载《最高人民法院公报》2018年第10期，最高人民法院民事判决书，(2017) 最高法民终118号

裁判要旨： 申请财产保全错误的赔偿在性质上属于侵权责任。判断申请财产保全是否错误，不仅要看申请保全人的诉讼请求最终是否得到支持，还要看其是否存在故意或重大过失。判断申请保全人是否存在故意或重大过失，要根据其诉讼请求及所依据的事实理由等考察其提起的诉讼是否合

理，或者结合申请保全的标的额、对象及方式等考察其申请财产保全是否适当。

103.4.3　执行和解协议非经法定事由，不得擅自变更或解除

裁判来源：江苏百锐特贸易有限公司诉张某红不当得利纠纷案——载《最高人民法院公报》2018 年第 5 期

裁判要旨：发生法律效力的民事判决、裁定，当事人必须履行。生效的民事裁判对当事人具有拘束力，权利人有权按照生效的民事裁判要求义务人履行义务。执行当事人自愿达成执行和解协议，系双方对自己权利的处分，非经法定事由，不得擅自变更或解除。被执行人按该执行和解协议履行义务后，双方权利义务关系终结。

侵权人依据执行和解协议履行给付义务后，因受害人提前病故，又以不当得利为由请求受害人近亲属返还未达预期年限护理费的，不予支持。

103.4.4　执行异议之诉案中误划款项，需依法保障案外人权益

裁判来源：河南省金博土地开发有限公司与刘某荣及第三人河南元恒建设集团有限公司案外人执行异议之诉案——载《最高人民法院公报》2018 年第 2 期，最高人民法院民事裁定书，（2017）最高法民申 322 号

裁判要旨：（1）案外人误划款项至被执行人账户的，因该行为缺少转移款项所有权的真实意思表示，不能产生转移款项实体权益的法律效果，案外人实体权利足以排除强制执行。

（2）误划款项转入被执行人账户，即被法院冻结并划扣的，则可以认定被执行人未实际占有该款项，转账款项并非“特殊种类物”的相应货币，亦不适用“货币占有即所有”原则。

（3）案外人执行异议之诉旨在保护案外人合法的实体权利，在已经查明案涉实体权益属案外人的情况下，直接判决停止对案涉款项的执行以保护案外人的合法权益，该处理方式符合案外人执行异议之诉的立法目的，也有利于节省司法资源和当事人的诉讼成本；如仍要求案外人再通过另一个不当得利之诉寻求救济，除了增加当事人诉讼成本、浪费司法资源之外，并不能产生更为良好的法律效果和社会效果，亦不符合案外人执行异议之诉的立法初衷。

103.4.5　执行异议之诉的举证责任

裁判来源：陕西崇立实业发展有限公司与中国信达资产管理股份有限公司陕西省分公司、西安佳佳房地产综合开发有限责任公司案外人执行异议之诉案——载《最高人民法院公报》2018 年第 8 期，最高人民法院民事判决书，(2016) 最高法民终 763 号

裁判要旨：案外人提起执行异议之诉的，应当就其执行标的享有足以排除强制执行的民事权益承担举证证明责任，且需达到享有权益排除执行的高度盖然性证明标准。

执行异议之诉中，利益和主张相对的双方首先是案外人和申请执行人，被执行人对案件事实的承认可以作为认定案件事实的证据，但不能据此当然免除案外人的举证证明责任。

103.4.6　执行异议之诉中的行民交叉问题

裁判来源：无锡海关与江苏紫金农村商业银行股份有限公司葛塘支行执行异议之诉案——载《最高人民法院公报》2018 年第 11 期

裁判要旨：执行异议之诉审判中的有关事实涉及行政管理时，如果不是必须以行政行为内容来认定法律行为要件事实，可以先就该事实的法律性质作出认定后，在行政行为作出前，根据《民事诉讼法》第 153 条规定"人民法院审理案件，其中一部分事实已经清楚，可以就该部分先行判决"的内容，及时作出判决。

104. 诉讼前保全

104.1　法律条文

第一百零四条　利害关系人因情况紧急，不立即申请保全将会使其合法权益受到难以弥补的损害的，可以在提起诉讼或者申请仲裁前向被保全财产所在地、被申请人住所地或者对案件有管辖权的人民法院申请采取保全措施。申请人应当提供担保，不提供担保的，裁定驳回申请。

人民法院接受申请后，必须在四十八小时内作出裁定；裁定采取保全措施的，应当立即开始执行。

申请人在人民法院采取保全措施后三十日内不依法提起诉讼或者申请仲裁的，人民法院应当解除保全。

104.2 条文阐释

本条规定了申请保全的条件和期限。其中，本条第1款规定了诉前、仲裁前保全的适用。第一，适用前提，即情况紧急，不立即申请保全将会使其合法权益受到难以弥补的损害的。为了避免滥用保全条款侵害对方当事人合法权益，一般应当严格限制保全条款的适用。第二，适用时间，为提起诉讼或仲裁前。第三，申请法院，为被保全财产所在地、被申请人住所地或者对案件有管辖权的人民法院。这些法院对于当事人来说较为方便，节约了争议解决成本。第四，须提供担保，因为此时申请人尚未起诉或申请仲裁，将来能否起诉、申请仲裁，又能否胜诉都未知，而保全措施的适用可能会给被申请人造成一定损失，所以法律要求申请人必须提供担保。

本条第2款是关于法院作出诉前、仲裁前保全裁定期限的规定。由于诉前、仲裁前保全的申请适用于情况紧急的案件，所以人民法院接受申请后，必须在48小时内作出裁定。

本条第3款规定了申请人在法院采取保全措施后提起诉讼或者申请仲裁的时间及逾期的法律后果。依据本款，申请人应当在人民法院采取保全措施后30日内提起诉讼或者仲裁。较长的申请期间有利于维护当事人有关权利，避免因为较短的申请期而错过保全机会。

104.3 司法适用

法院进行财产保全，由立案、审判机构作出裁定，一般应当移送执行机构实施。对于保全的时间，法院接受财产保全申请后，应当在5日内作出裁定；需要提供担保的，应当在提供担保后5日内作出裁定；裁定采取保全措施的，应当在5日内开始执行。对情况紧急的，必须在48小时内作出裁定；裁定采取保全措施的，应当立即开始执行。

对于保全的数额比例，法院依照《民事诉讼法》责令申请保全人提供财产保全担保的，担保数额不超过请求保全数额的30%；申请保全的财产系争议标的的，担保数额不超过争议标的价值的30%。利害关系人申请诉前财产保全的，应当提供相当于请求保全数额的担保；情况特殊的，人民法院可以酌情处理。

财产保全期间，申请保全人提供的担保不足以赔偿可能给被保全人造成的损失的，法院还可以责令其追加相应的担保；拒不追加的，可以裁定解除或者部分解除保全。金融监管部门批准设立的金融机构以独立保函形式为财产保全提供担保的，人民法院应当依法准许。

104.4　相关规范性文件

最高人民法院《关于适用〈中华人民共和国民事诉讼法〉的解释》（法释〔2022〕11号，自2022年4月10日起施行）

第一百五十二条　人民法院依照民事诉讼法第一百零三条、第一百零四条规定，在采取诉前保全、诉讼保全措施时，责令利害关系人或者当事人提供担保的，应当书面通知。

利害关系人申请诉前保全的，应当提供担保。申请诉前财产保全的，应当提供相当于请求保全数额的担保；情况特殊的，人民法院可以酌情处理。申请诉前行为保全的，担保的数额由人民法院根据案件的具体情况决定。

在诉讼中，人民法院依申请或者依职权采取保全措施的，应当根据案件的具体情况，决定当事人是否应当提供担保以及担保的数额。

第一百六十条　当事人向采取诉前保全措施以外的其他有管辖权的人民法院起诉的，采取诉前保全措施的人民法院应当将保全手续移送受理案件的人民法院。诉前保全的裁定视为受移送人民法院作出的裁定。

第一百六十四条　对申请保全人或者他人提供的担保财产，人民法院应当依法办理查封、扣押、冻结等手续。

最高人民法院《关于人民法院办理财产保全案件若干问题的规定》（法释〔2020〕21号，自2021年1月1日起施行）

第五条　人民法院依照民事诉讼法第一百条规定责令申请保全人提供财产保全担保的，担保数额不超过请求保全数额的百分之三十；申请保全的财产系争议标的的，担保数额不超过争议标的的价值的百分之三十。

利害关系人申请诉前财产保全的，应当提供相当于请求保全数额的担保；情况特殊的，人民法院可以酌情处理。

财产保全期间，申请保全人提供的担保不足以赔偿可能给被保全人造成的损失的，人民法院可以责令其追加相应的担保；拒不追加的，可以裁定解除或者部分解除保全。

第六条 申请保全人或第三人为财产保全提供财产担保的，应当向人民法院出具担保书。担保书应当载明担保人、担保方式、担保范围、担保财产及其价值、担保责任承担等内容，并附相关证据材料。

第三人为财产保全提供保证担保的，应当向人民法院提交保证书。保证书应当载明保证人、保证方式、保证范围、保证责任承担等内容，并附相关证据材料。

对财产保全担保，人民法院经审查，认为违反民法典、公司法等有关法律禁止性规定的，应当责令申请保全人在指定期限内提供其他担保；逾期未提供的，裁定驳回申请。

第七条 保险人以其与申请保全人签订财产保全责任险合同的方式为财产保全提供担保的，应当向人民法院出具担保书。

担保书应当载明，因申请财产保全错误，由保险人赔偿被保全人因保全所遭受的损失等内容，并附相关证据材料。

第八条 金融监管部门批准设立的金融机构以独立保函形式为财产保全提供担保的，人民法院应当依法准许。

第九条 当事人在诉讼中申请财产保全，有下列情形之一的，人民法院可以不要求提供担保：

（一）追索赡养费、扶养费、抚育费、抚恤金、医疗费用、劳动报酬、工伤赔偿、交通事故人身损害赔偿的；

（二）婚姻家庭纠纷案件中遭遇家庭暴力且经济困难的；

（三）人民检察院提起的公益诉讼涉及损害赔偿的；

（四）因见义勇为遭受侵害请求损害赔偿的；

（五）案件事实清楚、权利义务关系明确，发生保全错误可能性较小的；

（六）申请保全人为商业银行、保险公司等由金融监管部门批准设立的具有独立偿付债务能力的金融机构及其分支机构的。

法律文书生效后，进入执行程序前，债权人申请财产保全的，人民法院可以不要求提供担保。

第十七条 利害关系人申请诉前财产保全，在人民法院采取保全措施后三十日内依法提起诉讼或者申请仲裁的，诉前财产保全措施自动转为诉讼或仲裁中的保全措施；进入执行程序后，保全措施自动转为执行中的查封、扣押、冻结措施。

依前款规定，自动转为诉讼、仲裁中的保全措施或者执行中的查封、扣押、冻结措施的，期限连续计算，人民法院无需重新制作裁定书。

105. 保全的范围

105.1 法律条文

第一百零五条 保全限于请求的范围，或者与本案有关的财物。

105.2 条文阐释

本条规定了人民法院执行保全的范围。“限于请求的范围”，是指被保全的财产的价值应与利害关系人的保全请求或者当事人的诉讼请求的数额大致相等，并且相关的保全请求或者诉讼请求并无明显不合理之处。“与本案有关的财物”，是指保全的财物是本案的诉讼标的物或者是与本案标的物有牵连的其他财产。

105.3 司法适用

对本条规定既不能机械地理解也不能随意扩大保全的范围，而是应当根据个案分析执行的具体情况，寻求最为合适的保全范围。《最高人民法院关于人民法院民事执行中查封、扣押、冻结财产的规定》第 21 条规定，查封、扣押、冻结被执行人的财产，以其价额足以清偿法律文书确定的债权额及执行费用为限，不得明显超标的额查封、扣押、冻结。发现超标的额查封、扣押、冻结的，人民法院应当根据被执行人的申请或者依职权，及时解除对超标的额部分财产的查封、扣押、冻结，但该财产为不可分物且被执行人无其他可供执行的财产或者其他财产不足以清偿债务的除外。

据此，所谓的超标的额保全应符合以下条件：（1）被保全财产为不可分物，如房屋、大型设备、车辆等。（2）被申请人无其他财产或其他财产的价值不足以清偿债务。但这种情况下的财产保全，不应限制被保全人处分和使用该财产，只能对处分财产的价款进行控制，否则就会侵犯被保全财产人的合法权益。

105.4　相关规范性文件

最高人民法院《关于适用〈中华人民共和国民事诉讼法〉的解释》（法释〔2022〕11号，自2022年4月10日起施行）

第一百五十七条　人民法院对抵押物、质押物、留置物可以采取财产保全措施，但不影响抵押权人、质权人、留置权人的优先受偿权。

第一百五十八条　人民法院对债务人到期应得的收益，可以采取财产保全措施，限制其支取，通知有关单位协助执行。

第一百五十九条　债务人的财产不能满足保全请求，但对他人有到期债权的，人民法院可以依债权人的申请裁定该他人不得对本案债务人清偿。该他人要求偿付的，由人民法院提存财物或者价款。

最高人民法院《关于人民法院办理财产保全案件若干问题的规定》（法释〔2020〕21号，自2021年1月1日起施行）

第十三条　被保全人有多项财产可供保全的，在能够实现保全目的的情况下，人民法院应当选择对其生产经营活动影响较小的财产进行保全。

人民法院对厂房、机器设备等生产经营性财产进行保全时，指定被保全人保管的，应当允许其继续使用。

第十五条　人民法院应当依据财产保全裁定采取相应的查封、扣押、冻结措施。

可供保全的土地、房屋等不动产的整体价值明显高于保全裁定载明金额的，人民法院应当对该不动产的相应价值部分采取查封、扣押、冻结措施，但该不动产在使用上不可分或者分割会严重减损其价值的除外。

对银行账户内资金采取冻结措施的，人民法院应当明确具体的冻结数额。

最高人民法院《关于人民法院民事执行中查封、扣押、冻结财产的规定》（法释〔2020〕21号，自2021年1月1日起施行）

第十九条　查封、扣押、冻结被执行人的财产，以其价额足以清偿法律文书确定的债权额及执行费用为限，不得明显超标的额查封、扣押、冻结。

发现超标的额查封、扣押、冻结的，人民法院应当根据被执行人的申请或者依职权，及时解除对超标的额部分财产的查封、扣押、冻结，但该财产为不可分物且被执行人无其他可供执行的财产或者其他财产不足以清偿债务的除外。

第二十条　查封、扣押的效力及于查封、扣押物的从物和天然孳息。

第二十一条　查封地上建筑物的效力及于该地上建筑物使用范围内的土地使用权，查封土地使用权的效力及于地上建筑物，但土地使用权与地上建筑物的所有权分属被执行人与他人的除外。

地上建筑物和土地使用权的登记机关不是同一机关的，应当分别办理查封登记。

第二十二条　查封、扣押、冻结的财产灭失或者毁损的，查封、扣押、冻结的效力及于该财产的替代物、赔偿款。人民法院应当及时作出查封、扣押、冻结该替代物、赔偿款的裁定。

106. 保全的措施

106.1　法律条文

第一百零六条　财产保全采取查封、扣押、冻结或者法律规定的其他方法。人民法院保全财产后，应当立即通知被保全财产的人。

财产已被查封、冻结的，不得重复查封、冻结。

106.2 条文阐释

本条规定了财产保全的方法，行为保全不得采取查封、扣押、冻结等方法。本条第 1 款规定了财产保全措施包括查封、扣押、冻结或者法律规定的其他方法。

区别于执行查封，这里的查封是指保全查封。保全查封是指在被申请人的财产上加贴法院封条，就地封存。扣押是指法院将财物送到一定场所扣留或就地扣留，从而限制被申请人的占有、使用、处分权。冻结是指账户、资金等被控制，不能自由动用、流动。查封、扣押、冻结等财产保全措施一般适用于具体的、有形的财产。

“其他方法”主要包括：人民法院对季节性商品和鲜活、易腐烂变质以及其他不宜长期保存的物品采取保全措施时，可以责令当事人及时处理，由人民法院保存价款；必要时，人民法院可予以变卖后，保存价款。人民法院对不动产和特定的动产（如车辆、船舶等）进行财产保全，可以采用扣押有关财产权证照并通知有关产权登记部门不予办理该项财产的转移手续的财产保全措施；必要时，也可以查封或扣押该项财产。

人民法院采取保全措施后应当立即通知被保全财产的人。2012 年修正本法时，扩大了法院的通知义务，采取所有财产保全措施都必须通知被保全财产的人，这样才符合正当程序的要求，也更有利于保护被保全财产的人的利益。

本条第 2 款对禁止重复查封、冻结等相关事项作出了规定。《最高人民法院关于人民法院民事执行中查封、扣押、冻结财产的规定》第 26 条第 1 款规定，对已被人民法院查封、扣押、冻结的财产，其他人民法院可以进行轮候查封、扣押、冻结。查封、扣押、冻结解除的，登记在先的轮候查封、扣押、冻结即自动生效。这是轮候查封制度的规定。

轮候查封，是指对其他人民法院已经查封的财产，执行法院依次按时间先后在登记机关进行登记，或者在其他人民法院进行记载，排队等候，查封依法解除后，在先的轮候查封自动转化为正式查封的制度。

轮候查封与重复查封相对应，区别如下：（1）形式不同，轮候查封指的是对其他法院已经查封的财产，执行法院发现后，依次按照时间先后在登记机关进行登记或者在其他法院记载，排队等候，查封依法解除后，在先的轮候查封自动转化为正式查封。重复查封指的是已经被某法院查封的财产，其他法院同时予以查封，且该重复查封与先前的查封同时具有效力。（2）性质不同，轮候查封不属于再查封主义范畴，重复查封属于再查封主义范畴。（3）时间不同，轮候查封具有先后性，重复查封具有同时性。（4）效力不同，轮候查封是否生效取决于在先查封是否依法解除或者自动消灭，而重复查封之间各自独立，是两个或者两个以上的有效查封。

106.3　司法适用

冻结措施有两个方面的效力：一是程序法上的效力，即先冻结法院的处理权限问题；二是实体法上的权力，即先采取冻结措施的案件债权人是否有优先受偿权问题。从我国法律关于禁止重复冻结的规定看，先行冻结法院在程序上有优先处理冻结或查封财产的权利。但实体上当事人是否有优先受偿权，法院查封后是否必须将此财产最终执行给债权人，因为该条及其他条文并未进一步明确规定，实践中存在不同看法。

107. 保全的解除

107.1　法律条文

第一百零七条　财产纠纷案件，被申请人提供担保的，人民法院应当裁定解除保全。

107.2　条文阐释

本条规定的是财产保全的解除。依据本条规定，属于财产纠纷的案件，被申请人提供担保的，人民法院应当裁定解除保全；其他案件不管被申请人是否提供担保，均不得解除保全。当然，行为保全如果可以通过金钱给付达到目的，被申请人提供担保的，法院应解除保全。被申请人提供担保，包括提供实物、有价证券、现金担保和保证人担保。被申请人提供担保，就消除了将来生效判决不能或者难以执行的危险，采取保全措施已无必要，因此法院应裁定解除保全。

裁定采取保全措施后，有下列情形之一的，人民法院也应当作出解除保全裁定：（1）保全错误的；（2）申请人撤回保全申请的；（3）申请人的起诉或者诉讼请求被生效裁判驳回的；（4）人民法院认为应当解除保全的其他情形。解除以登记方式实施的保全措施的，应当向登记机关发出协助执行通知书。

107.3 相关规范性文件

最高人民法院《关于适用〈中华人民共和国民事诉讼法〉的解释》（法释〔2022〕11号，自2022年4月10日起施行）

第一百六十五条 人民法院裁定采取保全措施后，除作出保全裁定的人民法院自行解除或者其上级人民法院决定解除外，在保全期限内，任何单位不得解除保全措施。

第一百六十六条 裁定采取保全措施后，有下列情形之一的，人民法院应当作出解除保全裁定：

（一）保全错误的；

（二）申请人撤回保全申请的；

（三）申请人的起诉或者诉讼请求被生效裁判驳回的；

（四）人民法院认为应当解除保全的其他情形。

解除以登记方式实施的保全措施的，应当向登记机关发出协助执行通知书。

第一百六十七条 财产保全的被保全人提供其他等值担保财产且有利于执行的，人民法院可以裁定变更保全标的物为被保全人提供的担保财产。

第一百六十八条 保全裁定未经人民法院依法撤销或者解除，进入执行程序后，自动转为执行中的查封、扣押、冻结措施，期限连续计算，执行法院无需重新制作裁定书，但查封、扣押、冻结期限届满的除外。

最高人民法院《关于人民法院办理财产保全案件若干问题的规定》（法释〔2020〕21号，自2021年1月1日起施行）

第二十二条 财产纠纷案件，被保全人或第三人提供充分有效担保请求解除保全，人民法院应当裁定准许。被保全人请求对作为争议标的的财产解除保全的，须经申请保全人同意。

第二十三条　人民法院采取财产保全措施后，有下列情形之一的，申请保全人应当及时申请解除保全：

（一）采取诉前财产保全措施后三十日内不依法提起诉讼或者申请仲裁的；

（二）仲裁机构不予受理仲裁申请、准许撤回仲裁申请或者按撤回仲裁申请处理的；

（三）仲裁申请或者请求被仲裁裁决驳回的；

（四）其他人民法院对起诉不予受理、准许撤诉或者按撤诉处理的；

（五）起诉或者诉讼请求被其他人民法院生效裁判驳回的；

（六）申请保全人应当申请解除保全的其他情形。

人民法院收到解除保全申请后，应当在五日内裁定解除保全；对情况紧急的，必须在四十八小时内裁定解除保全。

申请保全人未及时申请人民法院解除保全，应当赔偿被保全人因财产保全所遭受的损失。

被保全人申请解除保全，人民法院经审查认为符合法律规定的，应当在本条第二款规定的期间内裁定解除保全。

第二十四条　财产保全裁定执行中，人民法院发现保全裁定的内容与被保全财产的实际情况不符的，应当予以撤销、变更或补正。

第二十五条　申请保全人、被保全人对保全裁定或者驳回申请裁定不服的，可以自裁定书送达之日起五日内向作出裁定的人民法院申请复议一次。人民法院应当自收到复议申请后十日内审查。

对保全裁定不服申请复议的，人民法院经审查，理由成立的，裁定撤销或变更；理由不成立的，裁定驳回。

对驳回申请裁定不服申请复议的，人民法院经审查，理由成立的，裁定撤销，并采取保全措施；理由不成立的，裁定驳回。

第二十六条　申请保全人、被保全人、利害关系人认为保全裁定实施过程中的执行行为违反法律规定提出书面异议的，人民法院应当依照民事诉讼法第二百二十五条规定审查处理。

第二十七条 人民法院对诉讼争议标的以外的财产进行保全，案外人对保全裁定或者保全裁定实施过程中的执行行为不服，基于实体权利对被保全财产提出书面异议的，人民法院应当依照民事诉讼法第二百二十七条规定审查处理并作出裁定。案外人、申请保全人对该裁定不服的，可以自裁定送达之日起十五日内向人民法院提起执行异议之诉。

人民法院裁定案外人异议成立后，申请保全人在法律规定的期间内未提起执行异议之诉的，人民法院应当自起诉期限届满之日起七日内对该被保全财产解除保全。

108. 保全错误的赔偿

108.1 法律条文

第一百零八条 申请有错误的，申请人应当赔偿被申请人因保全所遭受的损失。

108.2 条文阐释

保全和先予执行裁定都是法院根据一方当事人申请作出的，可能存在错误，给被申请人造成不必要的损失，为保护被申请人的合法权益，有必要规定其获得救济的权利。保全错误赔偿应当以错误所造成的财产现有损失为限，一般不得扩大损失的范围。保全错误通常包括两种情况：保全申请错误和保全措施错误。保全申请错误是申请人的过错，应由申请人负责。这样规定，一方面是为了维护被申请人的合法利益，另一方面也能够防止申请人滥用权利。为了保障申请错误时对被申请人损失的赔偿，申请人申请诉前财产保全必须提供担保。申请诉讼保全，法院视情况责令其提供担保。一旦申请人申请保全错误，给被申请人造成损失，起码可以用其提供的担保承担赔偿责任。保全措施错误如果是法院的违法行为造成的，应当按照《国家赔偿法》的规定，由国家赔偿。本条主要规定的是保全申请错误的赔偿。实践中有一些当事人并非出于诉讼目的申请保全，这会对被申请保全的当事人的财产造成不必要的损失，因此法律规定相关当事人应当对保全申请错误向被申请人进行赔偿。

108.3 相关规范性文件

最高人民法院《关于审理民事、行政诉讼中司法赔偿案件适用法律若干问题的解释》（法释〔2016〕20号，自2016年10月1日起施行）

第一条 人民法院在民事、行政诉讼过程中，违法采取对妨害诉讼的强制措施、保全措施、先予执行措施，或者对判决、裁定及其他生效法律文书执行错误，侵犯公民、法人和其他组织合法权益并造成损害的，赔偿请求人可以依法向人民法院申请赔偿。

第三条 违法采取保全措施，包括以下情形：

（一）依法不应当采取保全措施而采取的；

（二）依法不应当解除保全措施而解除，或者依法应当解除保全措施而不解除的；

（三）明显超出诉讼请求的范围采取保全措施的，但保全财产为不可分割物且被保全人无其他财产或者其他财产不足以担保债权实现的除外；

（四）在给付特定物之诉中，对与案件无关的财物采取保全措施的；

（五）违法保全案外人财产的；

（六）对查封、扣押、冻结的财产不履行监管职责，造成被保全财产毁损、灭失的；

（七）对季节性商品或者鲜活、易腐烂变质以及其他不宜长期保存的物品采取保全措施，未及时处理或者违法处理，造成物品毁损或者严重贬值的；

（八）对不动产或者船舶、航空器和机动车等特定动产采取保全措施，未依法通知有关登记机构不予办理该保全财产的变更登记，造成该保全财产所有权被转移的；

（九）违法采取行为保全措施的；

（十）其他违法情形。

109. 先予执行的范围

109.1 法律条文

第一百零九条 人民法院对下列案件，根据当事人的申请，可以裁定先予执行：

（一）追索赡养费、扶养费、抚养费、抚恤金、医疗费用的；

（二）追索劳动报酬的；

（三）因情况紧急需要先予执行的。

109.2 条文阐释

先予执行，是指在诉讼过程中，因一方当事人生活或生产的急需而处于相对弱势，人民法院在作出判决前，根据当事人的申请，裁定义务人先给付一定数额的金钱或者其他财物，实施或停止某种行为的一种制度。

裁定先予执行制度区别于人格权保护令制度，《民法典》第 997 条规定，民事主体有证据证明行为人正在实施或者即将实施侵害其人格权的违法行为，不及时制止将使其合法权益受到难以弥补的损害的，有权依法向人民法院申请采取责令行为人停止有关行为的措施。人格权保护令以一方当事人实施人格权侵权行为事实为前提，不以一方当事人处于相对弱势为前提。人格权保护令规定的是通过除请求人民法院判决之外的其他程序，申请人民法院采取责令行为人停止有关行为的措施，且仅规定了此种申请的实体法基础。如何通过程序而具体实现，其他法律对此有规定的，应当适用其他法律的规定。例如，《民事诉讼法》第 103 条、第 104 条的规定。

先予执行适用于下列案件：（1）追索赡养费、扶养费、抚养费、抚恤金、医疗费用的。追索赡养费、扶养费、抚养费的案件，涉及被支付人的基本生活保障，抚恤金是对因公牺牲或伤残人员发放的补助慰问金，医疗费涉及被支付人的生命、健康，因而此类案件可以适用先予执行。（2）追索劳动报酬的。劳动报酬是当事人的劳动收入，它直接关系着劳动者及其家属的生活，对有生活急需的，法院可以裁定先予执行。（3）因情况紧急需要先予执行的。根据《民事诉讼法司法解释》的规定，这里的“紧急情况”包括：(1) 需要立即停止侵害、排除妨碍的；(2) 需要立即制止某项行为的；(3) 追索恢复生产、经营急需的保险理赔费的；(4) 需要立即返还社会保险金、社会救助资金的；(5) 不立即返还款项，将严重影响权利人生活和生产经营的。

109.3　相关规范性文件

最高人民法院《关于适用〈中华人民共和国民事诉讼法〉的解释》(法释〔2022〕11号，自2022年4月10日起施行)

第一百六十九条　民事诉讼法规定的先予执行，人民法院应当在受理案件后终审判决作出前采取。先予执行应当限于当事人诉讼请求的范围，并以当事人的生活、生产经营的急需为限。

第一百七十条　民事诉讼法第一百零九条第三项规定的情况紧急，包括：

（一）需要立即停止侵害、排除妨碍的；

（二）需要立即制止某项行为的；

（三）追索恢复生产、经营急需的保险理赔费的；

（四）需要立即返还社会保险金、社会救助资金的；

（五）不立即返还款项，将严重影响权利人生活和生产经营的。

110. 先予执行的条件

110.1　法律条文

第一百一十条　人民法院裁定先予执行的，应当符合下列条件：

（一）当事人之间权利义务关系明确，不先予执行将严重影响申请人的生活或者生产经营的；

（二）被申请人有履行能力。

人民法院可以责令申请人提供担保，申请人不提供担保的，驳回申请。申请人败诉的，应当赔偿被申请人因先予执行遭受的财产损失。

110.2 条文阐释

本条规定了先予执行的基本条件。先予执行的出发点是提高民事诉讼效率，降低诉讼成本，实现诉讼经济，先予执行需要避免过分追求效率而忽视了公平性或对被申请人造成伤害。因此，为了确保先予执行制度正确实施，在法律理解上需要注意以下几方面：

（1）“当事人之间权利义务关系明确”是指案件的事实基本清楚，当事人之间的是非责任基本明确。

（2）本条规定，不先予执行将严重影响申请人的生活或者生产经营，这一点需要申请人向法院予以证明，申请人应当提供证据证明不先予执行将使生活陷入严重困难或使生产停顿甚至破产。

（3）“被申请人有履行能力”是指被申请人实际上具有给付、返还或者赔偿权利人的能力。

（4）当事人提出先予执行申请。人民法院不能依职权主动裁定先予执行。

（5）申请人是否提供担保由法院决定。先予执行是否应提供担保，由法院视情况决定。如果人民法院责令申请人提供担保，申请人必须提供担保，否则驳回申请。提供担保的目的是保护被申请人的利益。如果申请人申请先予执行错误造成被申请人损失，担保能够为赔偿提供一定保障。

110.3 相关规范性文件

最高人民法院《关于人民法院执行工作若干问题的规定（试行）》（法释〔2020〕21号，自2021年1月1日起施行）

16. 人民法院受理执行案件应当符合下列条件：

（1）申请或移送执行的法律文书已经生效；

（2）申请执行人是生效法律文书确定的权利人或其继承人、权利承受人；

（3）申请执行的法律文书有给付内容，且执行标的和被执行人明确；

（4）义务人在生效法律文书确定的期限内未履行义务；

（5）属于受申请执行的人民法院管辖。

人民法院对符合上述条件的申请，应当在七日内予以立案；不符合上述条件之一的，应当在七日内裁定不予受理。

17. 生效法律文书的执行，一般应当由当事人依法提出申请。

发生法律效力的具有给付赡养费、扶养费、抚育费内容的法律文书、民事制裁决定书，以及刑事附带民事判决、裁定、调解书，由审判庭移送执行机构执行。

18. 申请执行，应向人民法院提交下列文件和证件：

（1）申请执行书。申请执行书中应当写明申请执行的理由、事项、执行标的，以及申请执行人所了解的被执行人的财产状况。

申请执行人书写申请执行书确有困难的，可以口头提出申请。人民法院接待人员对口头申请应当制作笔录，由申请执行人签字或盖章。

外国一方当事人申请执行的，应当提交中文申请执行书。当事人所在国与我国缔结或共同参加的司法协助条约有特别规定的，按照条约规定办理。

（2）生效法律文书副本。

（3）申请执行人的身份证明。自然人申请的，应当出示居民身份证；法人申请的，应当提交法人营业执照副本和法定代表人身份证明；非法人组织申请的，应当提交营业执照副本和主要负责人身份证明。

（4）继承人或权利承受人申请执行的，应当提交继承或承受权利的证明文件。

（5）其他应当提交的文件或证件。

110.4　典型案例

110.4.1　原审判决根据本案中申请人以被申请人差欠工程款为由聚众上访的实际情况，仅就已由一审法院先予执行的工程款作出先行判决，系及时化解矛盾，妥善处理纠纷之举，其处理结果并无不当，最高人民法院予以认可

裁判来源：花某某、蒋某某与南通金亭市政水利建设工程有限公司、盐城锦盛置业有限公司建设工程施工合同纠纷案——最高人民法院民事裁定书，(2017) 最高法民申 254 号

法院认为： 关于原审判决将给付义务限于一审法院裁定先予执行的工程款150万元是否适当的问题。本案中，因蒋某某和花某某均为涉案工程的实际施工人，二人所施工的土方工程已完工，锦盛公司已实际接收了土方工程，故蒋某某作为实际施工人主张结算已完工程价款，不违反法律规定。根据本案事实，蒋某某仅享有2011年1月初至2012年1月底的工程款结算权，由于锦盛公司、金亭公司、花某某之间就涉案土方工程的结算尚未完毕，花某某与蒋某某之间就各自应得的工程款不能达成一致，且锦盛公司、金亭公司亦未提供此施工阶段土方量及工程款的具体数额，特别是不能提供尚欠工程款少于150万元的证据，故原审判决根据本案中蒋某某以锦盛公司、金亭公司差欠工程款为由聚众上访的实际情况，仅就已由一审法院先予执行的工程款150万元作出先行判决，系及时化解矛盾，妥善处理纠纷之举，其处理结果并无不当，本院予以认可。

110.4.2 在当事人之间权利义务关需待进一步查明且申请人虽提出先予执行的申请，但并未就该款项属于应追索的劳动报酬或属需要先予执行的紧急情况予以举证证明的情形，该先予执行申请不被支持

裁判来源： 福建凯灏劳务工程有限公司与中交一公局第五工程有限公司、陕西省交通厅利用外资项目办公室等建设工程施工合同纠纷案——最高人民法院民事判决书，(2016) 最高法民终227号

法院认为： 本案中，在当事人之间权利义务关系需待进一步查明且凯灏公司虽提出先予执行的申请，但并未就该款项属于应追索的劳动报酬或属需要先予执行的紧急情况予以举证证明的情形下，一审法院经审查认为，凯灏公司关于先予执行的申请不符合《民事诉讼法》第106条及第107条规定的先予执行的范围及法定条件，未予准许，并无不当。

111. 复议

111.1 法律条文

第一百一十一条 当事人对保全或者先予执行的裁定不服的，可以申请复议一次。复议期间不停止裁定的执行。

111.2 条文阐释

保全和先予执行裁定都是法院根据一方当事人申请作出的，可能存在错误，给被申请人造成不必要的损失，为保护被申请人的合法权益，有必要规定其获得救济的权利。根据本条规定，当事人对保全或者先予执行的裁定不服的，可以申请复议。本条中的“不服”应当包括两种情形：一是申请人申请保全或者先予执行，人民法院裁定不予保全或者不予先予执行的。申请人认为其申请保全、先予执行完全符合本法规定的要件，法院裁定不予保全、不予执行是不正确的。二是被申请人认为保全和先予执行裁定存在错误。这里的“错误”，包含不应当保全或者先予执行，以及保全或者先予执行的范围过大。这里的“申请复议”是指向作出裁定的人民法院申请，并不是向上一级人民法院申请。

根据本条规定，复议期间不停止裁定的执行。这是关于裁定执行力与复议关系的规定。在民事诉讼程序中，除不予受理、管辖权异议、驳回起诉三种裁定当事人可以提起上诉外，其他裁定立即发生法律效力，当事人不得提起上诉。由于保全和先予执行都是在紧急情况下采取的临时性救济措施，本条规定的“复议”属于事中救济，为了防止当事人利用申请复议的期间转移财产、损害申请人的合法利益，本条特别规定，复议期间不停止裁定的执行。

111.3 司法适用

就事实基础而言，当诉讼相对方申请保全的金额与实际被查封的保全标的物的价值存在明显的差距或可以被证明为存在明显的差距时，应当尽可能地寻找可供替换的保全标的物。可以通过裁判文书网查找另一方的涉诉信息，通过中国人民银行动产融资统一登记公示系统检索部分企业的应收账款、保证金、动产担保质押登记，通过企业信息公示系统查找另一方名下的股权等。

把土地、房屋等不动产作为保全标的物时，应先行根据最高人民法院《关于人民法院办理财产保全案件若干问题的规定》第15条第2款“可供保全的土地、房屋等不动产的整体价值明显高于保全裁定载明金额的，人民法院应当对该不动产的相应价值部分采取查封、扣押、冻结措施，但该不动产在使用上不可分或者分割会严重减损其价值的除外”的规定进行评估。

111.4 相关规范性文件

最高人民法院《关于人民法院办理财产保全案件若干问题的规定》（法释〔2020〕21 号，自 2021 年 1 月 1 日起施行）

第二十五条 申请保全人、被保全人对保全裁定或者驳回申请裁定不服的，可以自裁定书送达之日起五日内向作出裁定的人民法院申请复议一次。人民法院应当自收到复议申请后十日内审查。

对保全裁定不服申请复议的，人民法院经审查，理由成立的，裁定撤销或变更；理由不成立的，裁定驳回。

对驳回申请裁定不服申请复议的，人民法院经审查，理由成立的，裁定撤销，并采取保全措施；理由不成立的，裁定驳回。

第二十六条 申请保全人、被保全人、利害关系人认为保全裁定实施过程中的执行行为违反法律规定提出书面异议的，人民法院应当依照民事诉讼法第二百二十五条规定审查处理。

第二十七条 人民法院对诉讼争议标的以外的财产进行保全，案外人对保全裁定或者保全裁定实施过程中的执行行为不服，基于实体权利对被保全财产提出书面异议的，人民法院应当依照民事诉讼法第二百二十七条规定审查处理并作出裁定。案外人、申请保全人对该裁定不服的，可以自裁定送达之日起十五日内向人民法院提起执行异议之诉。

人民法院裁定案外人异议成立后，申请保全人在法律规定的期间内未提起执行异议之诉的，人民法院应当自起诉期限届满之日起七日内对该被保全财产解除保全。

最高人民法院《关于适用〈中华人民共和国民事诉讼法〉的解释》（法释〔2022〕11 号，自 2022 年 4 月 10 日起施行）

第一百七十一条 当事人对保全或者先予执行裁定不服的，可以自收到裁定书之日起五日内向作出裁定的人民法院申请复议。人民法院应当在收到复议申请后十日内审查。裁定正确的，驳回当事人的申请；裁定不当的，变更或者撤销原裁定。

第一百七十二条　利害关系人对保全或者先予执行的裁定不服申请复议的，由作出裁定的人民法院依照民事诉讼法第一百一十一条规定处理。

第十章　对妨害民事诉讼的强制措施

112. 拘传

112.1　法律条文

第一百一十二条　人民法院对必须到庭的被告，经两次传票传唤，无正当理由拒不到庭的，可以拘传。

112.2　条文阐释

拘传是指司法警察将必须到庭而不到庭的被告强制其到庭诉讼或者到场接受询问。拘传适用需要注意以下几个方面：第一，拘传的适用对象是必须到庭的被告。依据最高人民法院相关司法解释，必须到庭的被告，是指负有赡养、抚育、扶养义务和不到庭就无法查清案情的被告。给国家、集体或他人造成损害的未成年人的法定代理人，如其必须到庭，经两次传票传唤无正当理由拒不到庭的，也可以适用拘传。第二，拘传适用的前提是经两次传票传唤，无正当理由拒不到庭。根据规定，两次传票传唤，指送达传票，由受送达人或者法定的代收人在送达回证上签名或盖章。无正当理由，是指没有不可抗力、意外事件或其他使被告无法到庭的特殊情况。拘传必须经院长批准，必须用拘传票，并直接送达被拘传人。在拘传前，应向被拘传人说明拒不到庭的后果，经批评教育仍拒不到庭的，可拘传其到庭。

设立拘传这一强制措施的初衷，是应对在我国民事审判实践中，被告和原告经人民法院合法传唤仍不到庭的状况。司法实践中经常会出现当事人不到庭参与诉讼的案件，如何更恰当处理缺席判决案件，成为基层法院法官亟待解决的问题。拘传制度设立的直接目的是排除妨害，保障民事诉讼顺利进行。诉讼实践活动中，当事人拒不出庭，有的人作伪证，甚至有案外人哄闹法庭的情形，对诉讼活动顺利进行产生了障碍。只有对该类行为主体妨害民事诉讼的行为明确强有力的规制手段，才能制止妨害行为，保证当事人及其他参与人诉讼权利的实现。

112.3　司法适用

为了保障当事人的合法权益，避免其遭受违法的拘传、罚款、拘留，适用强制措施应当遵守法定的程序，即拘传、罚款、拘留必须经院长批准。拘传应当发拘传票。罚款、拘留应当用决定书。被罚款、拘留人对决定不服的，可以向上一级人民法院申请复议一次。为了保证制止妨害诉讼行为的有效性，防止时过境迁，达不到适用强制措施的目的，当事人申请复议期间，不能停止罚款、拘留决定的执行。

在诉讼过程中，对实施了妨害民事诉讼行为的人采取强制措施必须由人民法院决定。其他任何单位和个人采取非法拘禁他人，绑架、扣押人质；或者非法私自扣押债务人的财产追索债务的，都构成妨害民事诉讼的行为。该种行为触犯刑律者，可以依照刑法关于非法拘禁他人罪的规定处 3 年以下有期徒刑、拘役或者剥夺政治权利。具有殴打、侮辱情节的，从重处罚。致人重伤的，处 3 年以上 10 年以下有期徒刑；致人死亡的，处 7 年以上有期徒刑。不构成刑事处罚的，人民法院可以予以罚款、拘留。

112.4　相关规范性文件

最高人民法院《关于适用〈中华人民共和国民事诉讼法〉的解释》（法释〔2022〕11 号，自 2022 年 4 月 10 日起施行）

第一百七十四条　民事诉讼法第一百一十二条规定的必须到庭的被告，是指负有赡养、抚育、扶养义务和不到庭就无法查清案情的被告。

人民法院对必须到庭才能查清案件基本事实的原告，经两次传票传唤，无正当理由拒不到庭的，可以拘传。

第一百七十五条　拘传必须用拘传票，并直接送达被拘传人；在拘传前，应当向被拘传人说明拒不到庭的后果，经批评教育仍拒不到庭的，可以拘传其到庭。

113. 对妨害法庭秩序的强制措施

113.1 法律条文

第一百一十三条 诉讼参与人和其他人应当遵守法庭规则。

人民法院对违反法庭规则的人，可以予以训诫，责令退出法庭或者予以罚款、拘留。

人民法院对哄闹、冲击法庭，侮辱、诽谤、威胁、殴打审判人员，严重扰乱法庭秩序的人，依法追究刑事责任；情节较轻的，予以罚款、拘留。

113.2 条文阐释

本条第1款明确规定了诉讼参与人和其他人都负有遵守法庭规则的法定义务。诉讼参与人是诉讼活动中享有一定诉讼权利并承担一定诉讼义务的司法人员以外的人。诉讼参与人包括诉讼参加人，还包括当事人、诉讼代理人以及证人、鉴定人、勘验人员和翻译人员等其他诉讼参与人。其他人是指案外人，如法庭审理的旁听人员。

本条第2款规定了对违反法庭规则的行为可以采取强制措施。训诫，是指对违反法庭规则情节较轻的人，通过批评、教育的方式，指出违法之处并责令加以改正的强制措施。责令退出法庭，是指法院强制违反法庭规则的人离开法庭，从而防止其继续妨害诉讼活动的强制措施。它比训诫要严厉。训诫是口头批评教育，还允许其留在法庭；而责令退出法庭则是强行命令行为人退出法庭。罚款，是指法院强制妨害民事诉讼行为人在指定期间缴纳一定数额金钱的强制措施。拘留，是指法院对妨害民事诉讼行为情节严重的人，在一定期间限制其人身自由的强制措施。对罚款的金额、拘留的期限以及罚款、拘留的程序，见本法相关规定。

本条第3款是关于对严重扰乱法庭秩序的人采取强制措施的规定。哄闹、冲击法庭，侮辱、诽谤、威胁、殴打审判人员等严重扰乱法庭秩序、构成犯罪的，依法追究相应的刑事责任，如扰乱法庭秩序罪、故意伤害罪、诽谤罪等。上述行为尚未构成犯罪的，由法院酌情裁量罚款、拘留。罚款、拘留可以单独适用，也可以合并适用。但对同一妨害民事诉讼行为的罚款、拘留不得连续适用。发生了新的妨害民事诉讼的行为，人民法院可以重新予以罚款、拘留。

113.3　司法适用

强制措施是民事诉讼法的重要组成部分，但它本身不是诉讼程序，而是保障诉讼程序正常进行的措施。它在性质上不同于民事制裁，更不同于行政制裁和刑事制裁，后三者是对违反实体法行为给予制裁，而强制措施不是制裁，因此在适用时应当慎重，避免适用错误。

113.4　相关规范性文件

最高人民法院《关于适用〈中华人民共和国民事诉讼法〉的解释》（法释〔2022〕11号，自2022年4月10日起施行）

第一百七十六条　诉讼参与人或者其他人有下列行为之一的，人民法院可以适用民事诉讼法第一百一十三条规定处理：

（一）未经准许进行录音、录像、摄影的；

（二）未经准许以移动通信等方式现场传播审判活动的；

（三）其他扰乱法庭秩序，妨害审判活动进行的。

有前款规定情形的，人民法院可以暂扣诉讼参与人或者其他人进行录音、录像、摄影、传播审判活动的器材，并责令其删除有关内容；拒不删除的，人民法院可以采取必要手段强制删除。

第一百七十七条　训诫、责令退出法庭由合议庭或者独任审判员决定。训诫的内容、被责令退出法庭者的违法事实应当记入庭审笔录。

第一百七十八条　人民法院依照民事诉讼法第一百一十三条至第一百一十七条的规定采取拘留措施的，应经院长批准，作出拘留决定书，由司法警察将被拘留人送交当地公安机关看管。

第一百七十九条　被拘留人不在本辖区的，作出拘留决定的人民法院应当派员到被拘留人所在地的人民法院，请该院协助执行，受委托的人民法院应当及时派员协助执行。被拘留人申请复议或者在拘留期间承认并改正错误，需要提前解除拘留的，受委托人民法院应当向委托人民法院转达或者提出建议，由委托人民法院审查决定。

第一百八十条 人民法院对被拘留人采取拘留措施后，应当在二十四小时内通知其家属；确实无法按时通知或者通知不到的，应当记录在案。

第一百八十一条 因哄闹、冲击法庭，用暴力、威胁等方法抗拒执行公务等紧急情况，必须立即采取拘留措施的，可在拘留后，立即报告院长补办批准手续。院长认为拘留不当的，应当解除拘留。

第一百八十二条 被拘留人在拘留期间认错悔改的，可以责令其具结悔过，提前解除拘留。提前解除拘留，应报经院长批准，并作出提前解除拘留决定书，交负责看管的公安机关执行。

第一百八十三条 民事诉讼法第一百一十三条至第一百一十六条规定的罚款、拘留可以单独适用，也可以合并适用。

第一百八十四条 对同一妨害民事诉讼行为的罚款、拘留不得连续适用。发生新的妨害民事诉讼行为的，人民法院可以重新予以罚款、拘留。

第一百八十五条 被罚款、拘留的人不服罚款、拘留决定申请复议的，应当自收到决定书之日起三日内提出。上级人民法院应当在收到复议申请后五日内作出决定，并将复议结果通知下级人民法院和当事人。

第一百八十六条 上级人民法院复议时认为强制措施不当的，应当制作决定书，撤销或者变更下级人民法院作出的拘留、罚款决定。情况紧急的，可以在口头通知后三日内发出决定书。

《中华人民共和国人民法院法庭规则》（法释〔2016〕7号，自2016年5月1日起施行）

第十四条 庭审活动开始前，书记员应当宣布本规则第十七条规定的法庭纪律。

第十五条 审判人员进入法庭以及审判长或独任审判员宣告判决、裁定、决定时，全体人员应当起立。

第十六条 人民法院开庭审判案件应当严格按照法律规定的诉讼程序进行。

审判人员在庭审活动中应当平等对待诉讼各方。

第十七条 全体人员在庭审活动中应当服从审判长或独任审判员的指

挥，尊重司法礼仪，遵守法庭纪律，不得实施下列行为：

（一）鼓掌、喧哗；

（二）吸烟、进食；

（三）拨打或接听电话；

（四）对庭审活动进行录音、录像、拍照或使用移动通信工具等传播庭审活动；

（五）其他危害法庭安全或妨害法庭秩序的行为。

检察人员、诉讼参与人发言或提问，应当经审判长或独任审判员许可。

旁听人员不得进入审判活动区，不得随意站立、走动，不得发言和提问。

媒体记者经许可实施第一款第四项规定的行为，应当在指定的时间及区域进行，不得影响或干扰庭审活动。

第十八条 审判长或独任审判员主持庭审活动时，依照规定使用法槌。

第十九条 审判长或独任审判员对违反法庭纪律的人员应当予以警告；对不听警告的，予以训诫；对训诫无效的，责令其退出法庭；对拒不退出法庭的，指令司法警察将其强行带出法庭。

行为人违反本规则第十七条第一款第四项规定的，人民法院可以暂扣其使用的设备及存储介质，删除相关内容。

第二十条 行为人实施下列行为之一，危及法庭安全或扰乱法庭秩序的，根据相关法律规定，予以罚款、拘留；构成犯罪的，依法追究其刑事责任：

（一）非法携带枪支、弹药、管制刀具或者爆炸性、易燃性、放射性、毒害性、腐蚀性物品以及传染病病原体进入法庭；

（二）哄闹、冲击法庭；

（三）侮辱、诽谤、威胁、殴打司法工作人员或诉讼参与人；

（四）毁坏法庭设施，抢夺、损毁诉讼文书、证据；

（五）其他危害法庭安全或扰乱法庭秩序的行为。

第二十一条 司法警察依照审判长或独任审判员的指令维持法庭秩序。

出现危及法庭内人员人身安全或者严重扰乱法庭秩序等紧急情况时，司法警察可以直接采取必要的处置措施。

人民法院依法对违反法庭纪律的人采取的扣押物品、强行带出法庭以及罚款、拘留等强制措施，由司法警察执行。

第二十二条 人民检察院认为审判人员违反本规则的，可以在庭审活动结束后向人民法院提出处理建议。

诉讼参与人、旁听人员认为审判人员、书记员、司法警察违反本规则的，可以在庭审活动结束后向人民法院反映。

第二十三条 检察人员违反本规则的，人民法院可以向人民检察院通报情况并提出处理建议。

第二十四条 律师违反本规则的，人民法院可以向司法行政机关及律师协会通报情况并提出处理建议。

第二十五条 人民法院进行案件听证、国家赔偿案件质证、网络视频远程审理以及在法院以外的场所巡回审判等，参照适用本规则。

第二十六条 外国人、无国籍人旁听庭审活动，外国媒体记者报道庭审活动，应当遵守本规则。

113.5 典型案例

113.5.1 当事人在民事诉讼庭审过程中辱骂法官，侮辱司法工作人员，扰乱法庭秩序的，法院可对其予以罚款处罚

裁判来源：汤某某与中国铁路北京局集团有限公司天津车务段、中国铁路北京局集团有限公司天津客运段侵权责任纠纷案——载《人民法院报》2019 年 12 月 31 日，第 3 版

裁判要旨：当事人在民事诉讼庭审过程中辱骂法官，侮辱司法工作人员，扰乱法庭秩序的，法院可对其予以罚款处罚。有力保障了法官合法权益，维护了司法权威，确保了审判人员正常履职。

113.5.2 当事人无视法庭纪律，扰乱法庭秩序，妨害民事诉讼的正常进行，法院对其作出罚款处罚

裁判来源：深圳某某基因科技有限公司诉王某、南京某某健康管理有限公司名誉权纠纷案——载《人民法院报》2019 年 4 月 9 日，第 3 版

裁判要旨：法院在组织庭前会议时，依法参加诉讼的当事人无视法庭纪律，哄闹、冲击法庭，扰乱法庭秩序，破坏法庭设备，妨害民事诉讼的

正常进行，法院对其作出罚款处罚。

114. 强制措施的具体适用范围

114.1　法律条文

第一百一十四条　诉讼参与人或者其他人有下列行为之一的，人民法院可以根据情节轻重予以罚款、拘留；构成犯罪的，依法追究刑事责任：

（一）伪造、毁灭重要证据，妨碍人民法院审理案件的；

（二）以暴力、威胁、贿买方法阻止证人作证或者指使、贿买、胁迫他人作伪证的；

（三）隐藏、转移、变卖、毁损已被查封、扣押的财产，或者已被清点并责令其保管的财产，转移已被冻结的财产的；

（四）对司法工作人员、诉讼参加人、证人、翻译人员、鉴定人、勘验人、协助执行的人，进行侮辱、诽谤、诬陷、殴打或者打击报复的；

（五）以暴力、威胁或者其他方法阻碍司法工作人员执行职务的；

（六）拒不履行人民法院已经发生法律效力的判决、裁定的。

人民法院对有前款规定的行为之一的单位，可以对其主要负责人或者直接责任人员予以罚款、拘留；构成犯罪的，依法追究刑事责任。

114.2　相关规范性文件

最高人民法院《关于适用〈中华人民共和国民事诉讼法〉的解释》（法释〔2022〕11号，自2022年4月10日起施行）

第一百一十三条　持有书证的当事人以妨碍对方当事人使用为目的，毁灭有关书证或者实施其他致使书证不能使用行为的，人民法院可以依照民事诉讼法第一百一十四条规定，对其处以罚款、拘留。

第一百八十七条　民事诉讼法第一百一十四条第一款第五项规定的以

暴力、威胁或者其他方法阻碍司法工作人员执行职务的行为，包括：

（一）在人民法院哄闹、滞留，不听从司法工作人员劝阻的；

（二）故意毁损、抢夺人民法院法律文书、查封标志的；

（三）哄闹、冲击执行公务现场，围困、扣押执行或者协助执行公务人员的；

（四）毁损、抢夺、扣留案件材料、执行公务车辆、其他执行公务器械、执行公务人员服装和执行公务证件的；

（五）以暴力、威胁或者其他方法阻碍司法工作人员查询、查封、扣押、冻结、划拨、拍卖、变卖财产的；

（六）以暴力、威胁或者其他方法阻碍司法工作人员执行职务的其他行为。

第一百八十八条 民事诉讼法第一百一十四条第一款第六项规定的拒不履行人民法院已经发生法律效力的判决、裁定的行为，包括：

（一）在法律文书发生法律效力后隐藏、转移、变卖、毁损财产或者无偿转让财产、以明显不合理的价格交易财产、放弃到期债权、无偿为他人提供担保等，致使人民法院无法执行的；

（二）隐藏、转移、毁损或者未经人民法院允许处分已向人民法院提供担保的财产的；

（三）违反人民法院限制高消费令进行消费的；

（四）有履行能力而拒不按照人民法院执行通知履行生效法律文书确定的义务的；

（五）有义务协助执行的个人接到人民法院协助执行通知书后，拒不协助执行的。

114.3 典型案例

114.3.1 被执行人擅自将诉讼保全查封的财产抵债给他人，妨害人民法院生效判决的执行，可能被追究刑事责任

裁判来源： 最高人民法院发布6起依法审理拒执刑事案件典型案例之六：张某某非法处置查封的财产案

法院认为： 桓台县人民法院将张某某涉嫌非法处置查封的财产罪的线

索移送公安机关。经公安机关侦查、检察机关起诉，桓台县人民法院经审理认为，被告人张某某将法院的查封财产擅自抵债，致使查封财产无法追回，其行为已构成非法处置查封的财产罪。鉴于被告人张某某经公安机关电话传唤后到案，归案后如实供述其犯罪事实，系自首，依法可从轻处罚。在简易审理中自愿认罪，可酌情予以从轻处罚。依法判处张某某有期徒刑6个月。张某某不服，提出上诉，淄博市中级人民法院依法驳回上诉，维持原判。

115. 对虚假诉讼、调解行为的司法处罚

115.1 法律条文

第一百一十五条 当事人之间恶意串通，企图通过诉讼、调解等方式侵害国家利益、社会公共利益或者他人合法权益的，人民法院应当驳回其请求，并根据情节轻重予以罚款、拘留；构成犯罪的，依法追究刑事责任。

当事人单方捏造民事案件基本事实，向人民法院提起诉讼，企图侵害国家利益、社会公共利益或者他人合法权益的，适用前款规定。

115.2 条文阐释

虚假诉讼，是当事人利用诉讼为自己获取不正当利益的诉讼行为，这种不正当利益可能侵害了他人利益，又可能侵害了国家利益、社会公共利益。虚假诉讼包括单方虚假诉讼与双方虚假诉讼。其中，本条第1款的规定属于后一种，也称双方串通型虚假诉讼，即当事人之间恶意串通，企图通过诉讼、调解等方式侵害他人合法权益的行为。而本条第2款规定的属于单方虚假诉讼，即一方当事人通过单方捏造民事案件基本事实而向法院提起的恶意诉讼。本条中的“他人”可能是特定的案外人，也可能是非特定的案外人。“合法权益”既包括物权，也包括债权、知识产权等法律保护的民事权益。

法律赋予公民、法人和其他组织依法进行诉讼的权利，行使该权利的目的必须是维护自身的合法权益。根据本法关于诚实信用原则的规定，任何人都不得滥用自己的诉讼权利。虚假诉讼往往是恶意当事人牺牲对方或他人的合法权益来换取自己的不正当利益，若不予制裁，不仅会侵害到当事人、案外人的个人利益，同时会影响司法权威。长期以来，民事诉讼中对恶意诉讼当事人的惩罚措施并不明确。实践中，法院对恶意诉讼当事人往往仅判决其承担诉讼费用，这对于惩处恶意诉讼当事人和警告广大公民是远远不够的。

此次2023年《民事诉讼法》的修正新增单方虚假诉讼规制条文无疑具有重要的意义：其一，首次在《民事诉讼法》层面，对司法实践中存在的单方虚假诉讼作出制度应对，据此首次在现行法中建立起较为完整的虚假诉讼规制体系。其二，民事诉讼法与刑事领域关于虚假诉讼罪的有关规则形成有效衔接。

115.3 司法适用

目前，实践中存在大量的当事人单方以谋取非法利益为目的，虚构民事法律关系和法律事实，通过符合程序的诉讼形式，误导法院作出错误裁判、调解或者执行等违法行为。但需要注意的是，虚假诉讼的本质在于“捏造事实”。所谓“捏造事实”是指通过伪造书证、物证、恶意串通、指使证人作假证言等手段凭空捏造根本不存在的事实。

此外，应当在同《刑法》第307条保持统一的基础上，明确“单方以捏造的事实提起民事诉讼”。“单方以捏造的事实提起民事诉讼”并不包含被告捏造事实的情况，此举能够和“应当驳回其请求”的裁判规制有效衔接。单方虚假诉讼行为可能在民事诉讼程序的不同阶段被发现，如立案部门会对起诉是否具有合法性进行形式审查，审前准备阶段可以依靠争点整理、庭前会议机制及时发现嫌疑，开庭审理之后的法庭调查和法庭辩论可以对诉讼请求的真实性进行实质判断，进入执行程序之后被执行人收到通知或被采取强制执行措施时有权提出异议。单方虚假诉讼行为对司法秩序和当事人权益的损害程度不同，法院也应当根据情节表现、程序阶段、损害结果等针对性地采取相应的措施。

在具体适用该条过程中，还应当注意以下几点：

第一，关于侵害利益的界定问题。一般而言，案外人合法权益是指除当事人之外的公民、法人和其他组织的合法权益。由于目前我国法律和司法解释并没有关于国家利益和社会公共利益的具体定义。在审判实践中，对国家利益、社会公共利益的内涵需要结合具体案件情形进行裁量和判断。

第二，虚假诉讼是严重妨碍民事诉讼的行为，人民法院依法驳回当事人诉讼请求的同时，必须依法相应地采取强制措施，来有效打击虚假诉讼行为。

第三，在执行异议之诉中，被执行人冒用他人名义提出虚假的执行异议申请，进而引发申请执行人执行异议之诉，属于虚假诉讼行为。在一审法院依据被冒名案外人提出的虚假执行异议申请，先后作出支持其虚假执行异议的错误裁判后，二审法院在查明案件确属被执行人提起的虚假诉讼的情况下，可以进行实质性处理，直接判决支持申请执行人继续执行的诉讼请求。

民间借贷关系中，出借人为牟取暴利，往往利用借款人急于用款的心理迫使其接受远高于法定民间借贷利率保护上限的高额利息约定，在借款人已经实际清偿完借款本金及依法应予保护的利息后，仍通过诉讼方式向借款人主张偿还借款本息。针对借款人已经清偿完借款本息的抗辩及举证，出借人往往伪称借款人主张的还款系归还其他借款，导致案件审理难度进一步加大。因此，在民间借贷案件中，人民法院要高度重视对职业放贷人的审查和甄别，同时要重点审查借贷关系真实性、本金借贷数额和利息保护范围等问题。对于出借人隐瞒债务已经全部清偿的事实又向人民法院提起民事诉讼的行为，应依法予以处罚，涉嫌犯罪的应及时将线索依法移送侦查机关，务必防范职业放贷人等通过虚假诉讼获取非法高额收益。

115.4 相关规范性文件

最高人民法院《关于适用〈中华人民共和国民事诉讼法〉的解释》（法释〔2022〕11号，自2022年4月10日起施行）

第一百四十四条 人民法院审理民事案件，发现当事人之间恶意串通，企图通过和解、调解方式侵害他人合法权益的，应当依照民事诉讼法第一百一十五条的规定处理。

第一百九十条 民事诉讼法第一百一十五条规定的他人合法权益，包括案外人的合法权益、国家利益、社会公共利益。

第三人根据民事诉讼法第五十九条第三款规定提起撤销之诉，经审查，原案当事人之间恶意串通进行虚假诉讼的，适用民事诉讼法第一百一十五条规定处理。

第一百九十一条 单位有民事诉讼法第一百一十五条或者第一百一十六条规定行为的，人民法院应当对该单位进行罚款，并可以对其主要负责人或者直接责任人员予以罚款、拘留；构成犯罪的，依法追究刑事责任。

最高人民法院、最高人民检察院《关于办理虚假诉讼刑事案件适用法律若干问题的解释》（法释〔2018〕17号，自2018年10月1日起施行）

第一条 采取伪造证据、虚假陈述等手段，实施下列行为之一，捏造民事法律关系，虚构民事纠纷，向人民法院提起民事诉讼的，应当认定为刑法第三百零七条之一第一款规定的“以捏造的事实提起民事诉讼”：

（一）与夫妻一方恶意串通，捏造夫妻共同债务的；

（二）与他人恶意串通，捏造债权债务关系和以物抵债协议的；

（三）与公司、企业的法定代表人、董事、监事、经理或者其他管理人员恶意串通，捏造公司、企业债务或者担保义务的；

（四）捏造知识产权侵权关系或者不正当竞争关系的；

（五）在破产案件审理过程中申报捏造的债权的；

（六）与被执行人恶意串通，捏造债权或者对查封、扣押、冻结财产的优先权、担保物权的；

（七）单方或者与他人恶意串通，捏造身份、合同、侵权、继承等民事法律关系的其他行为。

隐瞒债务已经全部清偿的事实，向人民法院提起民事诉讼，要求他人履行债务的，以“以捏造的事实提起民事诉讼”论。

向人民法院申请执行基于捏造的事实作出的仲裁裁决、公证债权文书，或者在民事执行过程中以捏造的事实对执行标的提出异议、申请参与执行财产分配的，属于刑法第三百零七条之一第一款规定的“以捏造的事实提起民事诉讼”。

第二条　以捏造的事实提起民事诉讼，有下列情形之一的，应当认定为刑法第三百零七条之一第一款规定的“妨害司法秩序或者严重侵害他人合法权益”：

（一）致使人民法院基于捏造的事实采取财产保全或者行为保全措施的；

（二）致使人民法院开庭审理，干扰正常司法活动的；

（三）致使人民法院基于捏造的事实作出裁判文书、制作财产分配方案，或者立案执行基于捏造的事实作出的仲裁裁决、公证债权文书的；

（四）多次以捏造的事实提起民事诉讼的；

（五）曾因以捏造的事实提起民事诉讼被采取民事诉讼强制措施或者受过刑事追究的；

（六）其他妨害司法秩序或者严重侵害他人合法权益的情形。

第三条　以捏造的事实提起民事诉讼，有下列情形之一的，应当认定为刑法第三百零七条之一第一款规定的“情节严重”：

（一）有本解释第二条第一项情形，造成他人经济损失一百万元以上的；

（二）有本解释第二条第二项至第四项情形之一，严重干扰正常司法活动或者严重损害司法公信力的；

（三）致使义务人自动履行生效裁判文书确定的财产给付义务或者人民法院强制执行财产权益，数额达到一百万元以上的；

（四）致使他人债权无法实现，数额达到一百万元以上的；

（五）非法占有他人财产，数额达到十万元以上的；

（六）致使他人因为不执行人民法院基于捏造的事实作出的判决、裁定，被采取刑事拘留、逮捕措施或者受到刑事追究的；

（七）其他情节严重的情形。

第十条　虚假诉讼刑事案件由虚假民事诉讼案件的受理法院所在地或者执行法院所在地人民法院管辖。有刑法第三百零七条之一第四款情形的，上级人民法院可以指定下级人民法院将案件移送其他人民法院审判。

第十一条　本解释所称裁判文书，是指人民法院依照民事诉讼法、企业破产法等民事法律作出的判决、裁定、调解书、支付令等文书。

最高人民法院、最高人民检察院、公安部、司法部《关于进一步加强虚假诉讼犯罪惩治工作的意见》（法发〔2021〕10号，自2021年3月10日起施行）

第二十二条 对于故意制造、参与虚假诉讼犯罪活动的民事诉讼当事人和其他诉讼参与人，人民法院应当加大罚款、拘留等对妨害民事诉讼的强制措施的适用力度。

民事诉讼当事人、其他诉讼参与人实施虚假诉讼，人民法院向公安机关移送案件有关材料前，可以依照民事诉讼法的规定先行予以罚款、拘留。

对虚假诉讼刑事案件被告人判处罚金、有期徒刑或者拘役的，人民法院已经依照民事诉讼法的规定给予的罚款、拘留，应当依法折抵相应罚金或者刑期。

第二十三条 人民检察院可以建议人民法院依照民事诉讼法的规定，对故意制造、参与虚假诉讼的民事诉讼当事人和其他诉讼参与人采取罚款、拘留等强制措施。

第二十四条 司法工作人员利用职权参与虚假诉讼的，应当依照法律法规从严处理；构成犯罪的，依法从严追究刑事责任。

第二十五条 司法行政机关、相关行业协会应当加强对律师、基层法律服务工作者、司法鉴定人、公证员、仲裁员的教育和管理，发现上述人员利用职务之便参与虚假诉讼的，应当依照规定进行行政处罚或者行业惩戒；构成犯罪的，依法移送司法机关处理。律师、基层法律服务工作者、司法鉴定人、公证员、仲裁员利用职务之便参与虚假诉讼的，依照有关规定从严追究法律责任。

人民法院、人民检察院、公安机关在办理案件过程中，发现律师、基层法律服务工作者、司法鉴定人、公证员、仲裁员利用职务之便参与虚假诉讼，尚未构成犯罪的，可以向司法行政机关、相关行业协会或者上述人员所在单位发出书面建议。司法行政机关、相关行业协会或者上述人员所在单位应当在收到书面建议之日起三个月内作出处理决定，并书面回复作出书面建议的人民法院、人民检察院或者公安机关。

115.5　典型案例

115.5.1　被执行人捏造事实，冒用他人名义制造系列虚假诉讼案件的，应当从重处罚

裁判来源：最高人民法院发布10起人民法院整治虚假诉讼典型案例——案例一（2021年11月9日）人民法院整治虚假诉讼典型案例之一

法院认为：甲公司为阻却人民法院强制执行其名下房产，向人民法院提供虚假证据材料，虚构购房事实，冒用艾某某等63人名义提出执行异议，案涉房屋相关执行异议均为虚假。《最高人民法院关于人民法院办理执行异议和复议案件若干问题的规定》第28条、第29条规定的排除执行的条件在本案中并不具备，人民法院在查明案件事实的基础上，应当判决继续执行，并依法对虚假诉讼行为人进行处罚。

116. 对恶意串通逃避执行行为的司法处罚

116.1　法律条文

第一百一十六条　被执行人与他人恶意串通，通过诉讼、仲裁、调解等方式逃避履行法律文书确定的义务的，人民法院应当根据情节轻重予以罚款、拘留；构成犯罪的，依法追究刑事责任。

116.2　条文阐释

本条规定了对恶意串通逃避执行行为的司法处罚，对于被执行人与他人恶意串通，通过诉讼、仲裁、调解等方式逃避执行的行为，法院应当采取相应的强制措施。本条条文中的“恶意”指的是具有逃避执行的目的。逃避执行妨碍权利人权利的实现，是与司法机关对抗的行为，依法应当予以处理。

116.3 司法适用

恶意串通，是指行为人与相对人为谋取私利互相勾结，实施的损害他人合法权益的民事法律行为。由于恶意系心理活动，且通常发生在行为人与合同相对人之间，较为隐蔽，被损害利益的第三人难以证明行为人与合同相对人的主观善恶意。同时，《民事诉讼法司法解释》第109条规定恶意串通的证明标准需达到排除合理怀疑，证明标准高于一般民事案件规定的高度盖然性证明标准。故，司法实务中受害人主张行为人与合同相对人属于恶意串通时难度较大。可以从案涉主体之间的关系是否密切，相关交易是否符合生活经验与商业逻辑角度思考是否为恶意串通。

116.4 相关规范性文件

最高人民法院《关于适用〈中华人民共和国民事诉讼法〉的解释》（法释〔2022〕11号，自2022年4月10日起施行）

第一百八十三条 民事诉讼法第一百一十三条至第一百一十六条规定的罚款、拘留可以单独适用，也可以合并适用。

第一百九十一条 单位有民事诉讼法第一百一十五条或者第一百一十六条规定行为的，人民法院应当对该单位进行罚款，并可以对其主要负责人或者直接责任人员予以罚款、拘留；构成犯罪的，依法追究刑事责任。

第三百一十三条 案外人执行异议之诉审理期间，人民法院不得对执行标的进行处分。申请执行人请求人民法院继续执行并提供相应担保的，人民法院可以准许。被执行人与案外人恶意串通，通过执行异议、执行异议之诉妨害执行的，人民法院应当依照民事诉讼法第一百一十六条规定处理。申请执行人因此受到损害的，可以提起诉讼要求被执行人、案外人赔偿。

最高人民法院、最高人民检察院《关于办理虚假诉讼刑事案件适用法律若干问题的解释》（法释〔2018〕17号，自2018年10月1日起施行）

第一条 采取伪造证据、虚假陈述等手段，实施下列行为之一，捏造民事法律关系，虚构民事纠纷，向人民法院提起民事诉讼的，应当认定为刑法第三百零七条之一第一款规定的“以捏造的事实提起民事诉讼”：

（一）与夫妻一方恶意串通，捏造夫妻共同债务的；

（二）与他人恶意串通，捏造债权债务关系和以物抵债协议的；

（三）与公司、企业的法定代表人、董事、监事、经理或者其他管理人员恶意串通，捏造公司、企业债务或者担保义务的；

（四）捏造知识产权侵权关系或者不正当竞争关系的；

（五）在破产案件审理过程中申报捏造的债权的；

（六）与被执行人恶意串通，捏造债权或者对查封、扣押、冻结财产的优先权、担保物权的；

（七）单方或者与他人恶意串通，捏造身份、合同、侵权、继承等民事法律关系的其他行为。

隐瞒债务已经全部清偿的事实，向人民法院提起民事诉讼，要求他人履行债务的，以“以捏造的事实提起民事诉讼”论。

向人民法院申请执行基于捏造的事实作出的仲裁裁决、公证债权文书，或者在民事执行过程中以捏造的事实对执行标的提出异议、申请参与执行财产分配的，属于刑法第三百零七条之一第一款规定的“以捏造的事实提起民事诉讼”。

116.5　典型案例

116.5.1　对于租赁关系的真实性，应当考虑租赁合同内容、租金支付情况、房屋占有状况、租赁期限、出租人与承租人之间的关系等因素予以综合判断

裁判来源：李某与范某修等占有物返还纠纷案——北京市第三中级人民法院民事判决书，(2019) 京03民终6476号

裁判要旨：买受人通过司法拍卖取得涉案房屋所有权，房屋占有人主张与原房屋所有权人存在租赁关系。对于租赁关系成立与否，司法拍卖公告以及房屋评估报告中对于房屋现状的描述均不能作为对租赁关系的确认，法院应对房屋权利负担情况作实质审查后重新作出认定。对于租赁关系的真实性，应当考虑租赁合同内容、租金支付情况、房屋占有状况、租赁期限、出租人与承租人之间的关系等因素予以综合判断。

117. 拒不协助调查、执行的强制措施

117.1 法律条文

第一百一十七条 有义务协助调查、执行的单位有下列行为之一的，人民法院除责令其履行协助义务外，并可以予以罚款：

（一）有关单位拒绝或者妨碍人民法院调查取证的；

（二）有关单位接到人民法院协助执行通知书后，拒不协助查询、扣押、冻结、划拨、变价财产的；

（三）有关单位接到人民法院协助执行通知书后，拒不协助扣留被执行人的收入、办理有关财产权证照转移手续、转交有关票证、证照或者其他财产的；

（四）其他拒绝协助执行的。

人民法院对有前款规定的行为之一的单位，可以对其主要负责人或者直接责任人员予以罚款；对仍不履行协助义务的，可以予以拘留；并可以向监察机关或者有关机关提出予以纪律处分的司法建议。

117.2 条文阐释

本条明确了协助执行的范围，列举了具体协助执行的情形，同时，在2012年本法修改过程中，将“银行、信用合作社和其他有储蓄业务的单位”改为“有关单位”；将“拒不协助查询、冻结或者划拨存款”改为“拒不协助查询、扣押、冻结、划拨、变价财产”，这扩大了该条的主体适用范围和行为适用范围。本法第1款第4项是兜底条款，但依法应当严格适用，避免侵害其他相关人合法权益。

117.3 司法适用

在处理协助执行人员拒不执行的工作中，法院可以采取“预处罚”的方式。“预处罚”是以预留时间提前警告的方式，对有履行能力但不主动履行，尤其是法律意识淡薄，且不清楚执行措施的被执行人或协助执行人

发出的“惩戒预警”。

传统的拘留或罚款决定一旦作出即发生法律效力，无法给予涉案当事人回旋的余地，这种做法有时会使部分当事人产生逆反心理，导致他们有意采取规避执行、逃避执行等行为。而预处罚告知书以正式的法律文书形式向当事人发出“惩戒预警”，既增强了执行威慑力，又给予当事人履行时限上一定的空间，在依法保障胜诉当事人合法权益的同时，最大限度实现法律效果和社会效果的有机统一。同时，“预处罚”也是善意文明执行理念在实际执行中的具体体现。

117.4　相关规范性文件

最高人民法院《关于适用〈中华人民共和国民事诉讼法〉的解释》（法释〔2022〕11号，自2022年4月10日起施行）

第一百九十二条　有关单位接到人民法院协助执行通知书后，有下列行为之一的，人民法院可以适用民事诉讼法第一百一十七条规定处理：

（一）允许被执行人高消费的；

（二）允许被执行人出境的；

（三）拒不停止办理有关财产权证照转移手续、权属变更登记、规划审批等手续的；

（四）以需要内部请示、内部审批，有内部规定等为由拖延办理的。法院协助执行通知书后，给当事人通风报信，协助其转移、隐匿财产的。

第四百八十二条　对必须接受调查询问的被执行人、被执行人的法定代表人、负责人或者实际控制人，经依法传唤无正当理由拒不到场的，人民法院可以拘传其到场。

人民法院应当及时对被拘传人进行调查询问，调查询问的时间不得超过八小时；情况复杂，依法可能采取拘留措施的，调查询问的时间不得超过二十四小时。

人民法院在本辖区以外采取拘传措施时，可以将被拘传人拘传到当地人民法院，当地人民法院应予协助。

第四百八十三条　人民法院有权查询被执行人的身份信息与财产信息，掌握相关信息的单位和个人必须按照协助执行通知书办理。

第四百八十七条 拍卖评估需要对现场进行检查、勘验的，人民法院应当责令被执行人、协助义务人予以配合。被执行人、协助义务人不予配合的，人民法院可以强制进行。

第四百九十三条第一款 他人持有法律文书指定交付的财物或者票证，人民法院依照民事诉讼法第二百五十六条第二款、第三款规定发出协助执行通知后，拒不转交的，可以强制执行，并可依照民事诉讼法第一百一十七条、第一百一十八条规定处理。

118. 罚款、拘留

118.1 法律条文

第一百一十八条 对个人的罚款金额，为人民币十万元以下。对单位的罚款金额，为人民币五万元以上一百万元以下。

拘留的期限，为十五日以下。

被拘留的人，由人民法院交公安机关看管。在拘留期间，被拘留人承认并改正错误的，人民法院可以决定提前解除拘留。

118.2 条文阐释

作为民事诉讼强制措施的罚款，是指人民法院依法决定由妨害民事诉讼者缴纳一定数额的金钱，以便以此约束行为人并防止妨害行为继续发生的强制措施。《民事诉讼法》调整了罚款上限的规定，“对个人的罚款金额，为人民币十万元以下。对单位的罚款金额，为人民币五万元以上一百万元以下”。

我国法律规定了刑事拘留、行政拘留和司法拘留，在理解适用上应当将三者加以区别：

（1）权力主体不同。刑事拘留依法由公安机关、人民检察院决定，并由公安机关执行；行政拘留由具有行政处罚权的行政机关在法定职权范围内实施，并由公安机关执行；司法拘留依法由人民法院决定并由公安机关执行。

（2）适用对象不同。刑事拘留适用于刑事案件中涉嫌犯罪的现行犯或者重大嫌疑分子；行政拘留适用于有一般违法行为的人；司法拘留则适用于所有在诉讼过程中实施了妨害诉讼行为的人，既包括诉讼当事人、其他诉讼参与人，也包括案外人。

（3）法律根据不同。刑事拘留是依据《刑事诉讼法》的规定而适用的；行政拘留是根据《行政处罚法》《治安管理处罚法》等法律采用的；司法拘留则是分别根据《刑事诉讼法》、《民事诉讼法》和《行政诉讼法》的规定适用的。

（4）性质不同。刑事拘留是刑事诉讼中的保障性措施，本身不具有惩罚性；行政拘留是治安管理的一种处罚方式，实质上是一种行政制裁，其目的是惩罚和教育有一般违法行为的人；司法拘留的目的是一种排除性措施，是针对已经出现的妨害诉讼活动的严重行为而采取的。

118.3　司法适用

法官必须在全面把握案件事实的基础上，认真分析、反复推敲、依法合议，遵循基本原则，最终使裁量结果既保证严肃性，又避免随意性。确定民事诉讼罚款、拘留需要全面考虑、衡量违法事实、性质、情节等相关法定因素，排除主观意志、个人判断等人为因素的干扰，力求相同或相似的违法行为受到大体相同的罚款额度。在同一妨害行为或法律事实中，对相对人应一视同仁，不因相对人的身份、地位、财产等不同而在法律适用与处罚上有明显区别，不偏袒任何主体，适用标准平等，尊重和保障每个相对人的正当权益，克制不必要的负担。在确定个案罚款额度时，应当力求科学合理，量罚得当。罚款本意是为了制裁和教育妨害民事诉讼的违法行为，而不是追求罚款收入的增加。同时，在确定拘留时，应当避免处罚性思维，应当以是否有利于推动民事诉讼的程序进行为准。确定司法罚款、拘留时，引入比例原则设定和实施罚款，先在法定幅度以内确定均衡“基准点”，再设置相应从重档别匹配，罚款、拘留的尺度与妨害行为的严重程度成比例，与责任大小对应，与主观恶意程度相当。

民事诉讼罚款幅度的裁量要素，包括妨害民事诉讼行为的性质、情节、后果，当地的经济发展水平，涉案诉讼标的额。为了尽力实现罚款实施上的“同案同判”，以及提升罚款相对人对法院处罚的认同度，需要在个案中尽量和一般民事罚款、拘留的处理要素相一致。

118.4 相关规范性文件

最高人民法院《关于适用〈中华人民共和国民事诉讼法〉的解释》（法释〔2022〕11号，自2022年4月10日起施行）

第一百一十三条 持有书证的当事人以妨碍对方当事人使用为目的，毁灭有关书证或者实施其他致使书证不能使用行为的，人民法院可以依照民事诉讼法第一百一十四条规定，对其处以罚款、拘留。

第一百七十八条 人民法院依照民事诉讼法第一百一十三条至第一百一十七条的规定采取拘留措施的，应经院长批准，作出拘留决定书，由司法警察将被拘留人送交当地公安机关看管。

第一百七十九条 被拘留人不在本辖区的，作出拘留决定的人民法院应当派员到被拘留人所在地的人民法院，请该院协助执行，受委托的人民法院应当及时派员协助执行。被拘留人申请复议或者在拘留期间承认并改正错误，需要提前解除拘留的，受委托人民法院应当向委托人民法院转达或者提出建议，由委托人民法院审查决定。

第一百八十条 人民法院对被拘留人采取拘留措施后，应当在二十四小时内通知其家属；确实无法按时通知或者通知不到的，应当记录在案。

第一百八十一条 因哄闹、冲击法庭，用暴力、威胁等方法抗拒执行公务等紧急情况，必须立即采取拘留措施的，可在拘留后，立即报告院长补办批准手续。院长认为拘留不当的，应当解除拘留。

第一百八十二条 被拘留人在拘留期间认错悔改的，可以责令其具结悔过，提前解除拘留。提前解除拘留，应报经院长批准，并作出提前解除拘留决定书，交负责看管的公安机关执行。

第一百八十三条 民事诉讼法第一百一十三条至第一百一十六条规定的罚款、拘留可以单独适用，也可以合并适用。

第一百八十四条 对同一妨害民事诉讼行为的罚款、拘留不得连续适用。发生新的妨害民事诉讼行为的，人民法院可以重新予以罚款、拘留。

第一百八十五条　被罚款、拘留的人不服罚款、拘留决定申请复议的，应当自收到决定书之日起三日内提出。上级人民法院应当在收到复议申请后五日内作出决定，并将复议结果通知下级人民法院和当事人。

第一百八十六条　上级人民法院复议时认为强制措施不当的，应当制作决定书，撤销或者变更下级人民法院作出的拘留、罚款决定。情况紧急的，可以在口头通知后三日内发出决定书。

第一百九十一条　单位有民事诉讼法第一百一十五条或者第一百一十六条规定行为的，人民法院应当对该单位进行罚款，并可以对其主要负责人或者直接责任人员予以罚款、拘留；构成犯罪的，依法追究刑事责任。

第四百八十二条　对必须接受调查询问的被执行人、被执行人的法定代表人、负责人或者实际控制人，经依法传唤无正当理由拒不到场的，人民法院可以拘传其到场。

人民法院应当及时对被拘传人进行调查询问，调查询问的时间不得超过八小时；情况复杂，依法可能采取拘留措施的，调查询问的时间不得超过二十四小时。

……

119. 拘传罚款拘留程序

119.1　法律条文

第一百一十九条　拘传、罚款、拘留必须经院长批准。

拘传应当发拘传票。

罚款、拘留应当用决定书。对决定不服的，可以向上一级人民法院申请复议一次。复议期间不停止执行。

119.2　条文阐释

拘传、罚款、拘留不当涉及公民人身权、财产权益侵犯，因此需要程序上加以重视，适用上慎重适用。本法规定了，拘传、拘留、罚款需要院长批准，是为了避免法官肆意适用相关措施侵犯当事人合法权益。拘传应当发拘传票，罚款、拘留应当用决定书。为了避免部分当事人利用复议制度拖延执行，影响司法强制措施的效率，本法规定复议期间不停止执行。

119.3 司法适用

法院在执行案件时，往往为了推动被执行人主动履行相关生效法律文书确定的义务或者维护法律程序顺利推进，对相关人员采取拘传、罚款或者拘留程序，这对于缓解法院执行难，提升法院执行案件的兑现率有着积极作用。

一般来说，如果法院在民事司法中滥用这些措施，不按照正常程序和要求慎重处理相关事项，可能会违反程序正当与比例原则，因为采用相应的措施目的不适当或者对当事人造成的损害相比正常程序来讲更大。因此，法院在实际适用相关程序时应当慎重。当然，人民法院可以在具体执行的过程中根据具体案情，因案施策，有效解决执行难的现象。

119.4 相关规范性文件

最高人民法院《关于适用〈中华人民共和国民事诉讼法〉的解释》（法释〔2022〕11号，自2022年4月10日起施行）

第一百七十四条 民事诉讼法第一百一十二条规定的必须到庭的被告，是指负有赡养、抚育、扶养义务和不到庭就无法查清案情的被告。

人民法院对必须到庭才能查清案件基本事实的原告，经两次传票传唤，无正当理由拒不到庭的，可以拘传。

第一百七十五条 拘传必须用拘传票，并直接送达被拘传人；在拘传前，应当向被拘传人说明拒不到庭的后果，经批评教育仍拒不到庭的，可以拘传其到庭。

第一百八十三条 民事诉讼法第一百一十三条至第一百一十六条规定的罚款、拘留可以单独适用，也可以合并适用。

第一百八十四条 对同一妨害民事诉讼行为的罚款、拘留不得连续适用。发生新的妨害民事诉讼行为的，人民法院可以重新予以罚款、拘留。

第一百八十五条 被罚款、拘留的人不服罚款、拘留决定申请复议的，应当自收到决定书之日起三日内提出。上级人民法院应当在收到复议申请后五日内作出决定，并将复议结果通知下级人民法院和当事人。

第一百八十六条　上级人民法院复议时认为强制措施不当的，应当制作决定书，撤销或者变更下级人民法院作出的拘留、罚款决定。情况紧急的，可以在口头通知后三日内发出决定书。

第二百三十五条　无民事行为能力的当事人的法定代理人，经传票传唤无正当理由拒不到庭，属于原告方的，比照民事诉讼法第一百四十六条的规定，按撤诉处理；属于被告方的，比照民事诉讼法第一百四十七条的规定，缺席判决。必要时，人民法院可以拘传其到庭。

第四百八十二条　对必须接受调查询问的被执行人、被执行人的法定代表人、负责人或者实际控制人，经依法传唤无正当理由拒不到场的，人民法院可以拘传其到场。

人民法院应当及时对被拘传人进行调查询问，调查询问的时间不得超过八小时；情况复杂，依法可能采取拘留措施的，调查询问的时间不得超过二十四小时。

人民法院在本辖区以外采取拘传措施时，可以将被拘传人拘传到当地人民法院，当地人民法院应予协助。

最高人民法院《关于人民法院办理执行异议和复议案件若干问题的规定》（法释〔2020〕21号，自2021年1月1日起施行）

第一条　异议人提出执行异议或者复议申请人申请复议，应当向人民法院提交申请书。申请书应当载明具体的异议或者复议请求、事实、理由等内容，并附下列材料：

（一）异议人或者复议申请人的身份证明；

（二）相关证据材料；

（三）送达地址和联系方式。

第十一条　人民法院审查执行异议或者复议案件，应当依法组成合议庭。

指令重新审查的执行异议案件，应当另行组成合议庭。

办理执行实施案件的人员不得参与相关执行异议和复议案件的审查。

第十二条　人民法院对执行异议和复议案件实行书面审查。案情复杂、争议较大的，应当进行听证。

第十三条 执行异议、复议案件审查期间，异议人、复议申请人申请撤回异议、复议申请的，是否准许由人民法院裁定。

第十四条 异议人或者复议申请人经合法传唤，无正当理由拒不参加听证，或者未经法庭许可中途退出听证，致使人民法院无法查清相关事实的，由其自行承担不利后果。

120. 强制措施决定权

120.1 法律条文

第一百二十条 采取对妨害民事诉讼的强制措施必须由人民法院决定。任何单位和个人采取非法拘禁他人或者非法私自扣押他人财产追索债务的，应当依法追究刑事责任，或者予以拘留、罚款。

120.2 条文阐释

根据本法，对妨害民事诉讼的强制措施包括拘传、罚款、拘留等，因为这些措施涉及对于公民与法人的人身权、财产权的剥夺，如果由其他单位实施会侵犯公民与法人的人身权、财产权等合法权益，因此，相关措施只能由人民法院依法决定。本条是关于在民事诉讼过程中对非法拘禁他人或者非法私自扣押他人财产追索债务的行为人追究刑事责任或采取拘留、罚款措施的规定。

为了实现债权，债权人在某些情况下可能会扣押债务人以索要债务，民法上被称为自力救济行为，这既是一种权利的行使，也是一种极易产生权利侵害的行为。就财物自助行为来讲，只有超市购物不付费、吃饭不给钱等小额债务，在公力救助不能及时解决纠纷的情况下，债权人才可以强行扣押行为人的随身财物抵偿欠款。而对于一些大额债务，在债权人没有当场占有债务人财产的情况下，债权人要实现自己的债权必须依靠公力救助，否则容易触犯盗窃罪和抢劫罪。债权人采取私自非法扣押他人财产的手段实现债权，实施所谓的“自助行为”，实质上是一种违法行为。

120.3 典型案例

120.3.1 《抵押合同》中关于无须取得车主同意的前提下以拖车和扣车等方式控制扣押财产的相关条款应认定无效

裁判来源： 逄某、千微（杭州）科技有限公司青岛分公司合同纠纷民事二审案——山东省青岛市中级人民法院民事判决书，（2021）鲁02民终7394号

法院认为：《民事诉讼法》第117条规定：“采取对妨害民事诉讼的强制措施必须由人民法院决定。任何单位和个人采取非法拘禁他人或者非法私自扣押他人财产追索债务的，应当依法追究刑事责任，或者予以拘留、罚款。”被上诉人实施强制拖车行为时虽双方存有未结清之借款，但被上诉人在未积极寻求诉讼等公力救济的情况下，采取私自扣押他人财产的手段实现债权，实施所谓的“自力救济”，不仅侵害了他人财产，还容易引发激化矛盾、破坏经济秩序等严重后果。且《担保法》《物权法》均规定抵押权人和抵押人不得约定在债务履行期届满抵押权人未受清偿时，抵押物的所有权转移为债权人所有。故被上诉人提交的《抵押合同》中关于无须取得车主同意的前提下以拖车和扣车等方式控制扣押财产的相关条款应认定无效。上诉人作为案涉车辆的所有权人在本案中请求被上诉人返还车辆的主张，本院予以支持。

120.3.2 结伙为索取债务非法拘禁他人，构成非法拘禁罪

裁判来源： 于某高与郝某辉、张某债务拘禁案

法院认为： 被告人于某高无视国家法律，结伙为索取债务非法拘禁他人，其行为已构成非法拘禁罪。被告人于某高曾因故意犯罪被判处有期徒刑以上刑罚，在刑罚执行完毕后五年内，再犯应当判处有期徒刑以上刑罚之罪，是累犯，应当从重处罚。综合全案的性质、情节、危害后果及被告人的认罪态度、悔罪表现，判决被告人于某高犯非法拘禁罪，判处有期徒刑1年1个月。

第十一章 诉讼费用

121. 诉讼费用的缴纳

121.1 法律条文

第一百二十一条 当事人进行民事诉讼，应当按照规定交纳案件受理费。财产案件除交纳案件受理费外，并按照规定交纳其他诉讼费用。

当事人交纳诉讼费用确有困难的，可以按照规定向人民法院申请缓交、减交或者免交。

收取诉讼费用的办法另行制定。

121.2 条文阐释

本条第 1 款规定了诉讼费用的种类，有两种：案件受理费和其他诉讼费用。案件受理费是法院决定受理案件后，按照有关规定向当事人征收的费用，具有税收性质。除法律另有规定外，所有的民事案件都要征收案件受理费。案件受理费有两种：一是非财产案件受理费；二是财产案件受理费。如果案件的诉讼标的既涉及财产性质又涉及非财产性质时，则要分别交纳两种案件受理费。根据国务院制定的《诉讼费用交纳办法》的规定，其他诉讼费用包括：(1) 申请费；(2) 证人、鉴定人、翻译人员、理算人员在人民法院指定日期出庭发生的交通费、住宿费、生活费和误工补贴。

本条第 2 款是关于缓交、减交或者免交诉讼费用的规定。诉讼费用缓交、减交或者免交制度，有利于经济上确有困难的当事人行使诉讼权利，不至于因交不起诉讼费用而无法获得司法保护。诉讼费用缓、减、免的具体适用标准见《诉讼费用交纳办法》的相关规定。

121.3　相关规范性文件

《诉讼费用交纳办法》（国务院令第481号，自2007年4月1日起施行）

第六条　当事人应当向人民法院交纳的诉讼费用包括：

（一）案件受理费；

（二）申请费；

（三）证人、鉴定人、翻译人员、理算人员在人民法院指定日期出庭发生的交通费、住宿费、生活费和误工补贴。

第七条　案件受理费包括：

（一）第一审案件受理费；

（二）第二审案件受理费；

（三）再审案件中，依照本办法规定需要交纳的案件受理费。

第八条　下列案件不交纳案件受理费：

（一）依照民事诉讼法规定的特别程序审理的案件；

（二）裁定不予受理、驳回起诉、驳回上诉的案件；

（三）对不予受理、驳回起诉和管辖权异议裁定不服，提起上诉的案件；

（四）行政赔偿案件。

第九条　根据民事诉讼法和行政诉讼法规定的审判监督程序审理的案件，当事人不交纳案件受理费。但是，下列情形除外：

（一）当事人有新的证据，足以推翻原判决、裁定，向人民法院申请再审，人民法院经审查决定再审的案件；

（二）当事人对人民法院第一审判决或者裁定未提出上诉，第一审判决、裁定或者调解书发生法律效力后又申请再审，人民法院经审查决定再审的案件。

第十条　当事人依法向人民法院申请下列事项，应当交纳申请费：

（一）申请执行人民法院发生法律效力的判决、裁定、调解书，仲裁机构依法作出的裁决和调解书，公证机构依法赋予强制执行效力的债权文书；

（二）申请保全措施；

（三）申请支付令；

（四）申请公示催告；

（五）申请撤销仲裁裁决或者认定仲裁协议效力；

（六）申请破产；

（七）申请海事强制令、共同海损理算、设立海事赔偿责任限制基金、海事债权登记、船舶优先权催告；

（八）申请承认和执行外国法院判决、裁定和国外仲裁机构裁决。

第十一条 证人、鉴定人、翻译人员、理算人员在人民法院指定日期出庭发生的交通费、住宿费、生活费和误工补贴，由人民法院按照国家规定标准代为收取。

当事人复制案件卷宗材料和法律文书应当按实际成本向人民法院交纳工本费。

第十二条 诉讼过程中因鉴定、公告、勘验、翻译、评估、拍卖、变卖、仓储、保管、运输、船舶监管等发生的依法应当由当事人负担的费用，人民法院根据谁主张、谁负担的原则，决定由当事人直接支付给有关机构或者单位，人民法院不得代收代付。

人民法院依照民事诉讼法第十一条第三款规定提供当地民族通用语言、文字翻译的，不收取费用。

第十三条 案件受理费分别按照下列标准交纳：

（一）财产案件根据诉讼请求的金额或者价额，按照下列比例分段累计交纳：

1. 不超过 1 万元的，每件交纳 50 元；

2. 超过 1 万元至 10 万元的部分，按照 2.5% 交纳；

3. 超过 10 万元至 20 万元的部分，按照 2% 交纳；

4. 超过 20 万元至 50 万元的部分，按照 1.5% 交纳；

5. 超过 50 万元至 100 万元的部分，按照 1% 交纳；

6. 超过 100 万元至 200 万元的部分，按照 0.9% 交纳；

7. 超过 200 万元至 500 万元的部分，按照 0.8% 交纳；

8. 超过 500 万元至 1000 万元的部分，按照 0.7% 交纳；

9. 超过1000万元至2000万元的部分，按照0.6%交纳；

10. 超过2000万元的部分，按照0.5%交纳。

（二）非财产案件按照下列标准交纳：

1. 离婚案件每件交纳50元至300元。涉及财产分割，财产总额不超过20万元的，不另行交纳；超过20万元的部分，按照0.5%交纳。

2. 侵害姓名权、名称权、肖像权、名誉权、荣誉权以及其他人格权的案件，每件交纳100元至500元。涉及损害赔偿，赔偿金额不超过5万元的，不另行交纳；超过5万元至10万元的部分，按照1%交纳；超过10万元的部分，按照0.5%交纳。

3. 其他非财产案件每件交纳50元至100元。

（三）知识产权民事案件，没有争议金额或者价额的，每件交纳500元至1000元；有争议金额或者价额的，按照财产案件的标准交纳。

（四）劳动争议案件每件交纳10元。

（五）行政案件按照下列标准交纳：

1. 商标、专利、海事行政案件每件交纳100元；

2. 其他行政案件每件交纳50元。

（六）当事人提出案件管辖权异议，异议不成立的，每件交纳50元至100元。

省、自治区、直辖市人民政府可以结合本地实际情况在本条第（二）项、第（三）项、第（六）项规定的幅度内制定具体交纳标准。

第十四条 申请费分别按照下列标准交纳：

（一）依法向人民法院申请执行人民法院发生法律效力的判决、裁定、调解书，仲裁机构依法作出的裁决和调解书，公证机关依法赋予强制执行效力的债权文书，申请承认和执行外国法院判决、裁定以及国外仲裁机构裁决的，按照下列标准交纳：

1. 没有执行金额或者价额的，每件交纳50元至500元。

2. 执行金额或者价额不超过1万元的，每件交纳50元；超过1万元至50万元的部分，按照1.5%交纳；超过50万元至500万元的部分，按照1%交纳；超过500万元至1000万元的部分，按照0.5%交纳；超过1000万元的部分，按照0.1%交纳。

3. 符合民事诉讼法第五十五条第四款规定，未参加登记的权利人向人民法院提起诉讼的，按照本项规定的标准交纳申请费，不再交纳案件受理费。

（二）申请保全措施的，根据实际保全的财产数额按照下列标准交纳：

财产数额不超过1000元或者不涉及财产数额的，每件交纳30元；超过1000元至10万元的部分，按照1%交纳；超过10万元的部分，按照0.5%交纳。但是，当事人申请保全措施交纳的费用最多不超过5000元。

（三）依法申请支付令的，比照财产案件受理费标准的1/3交纳。

（四）依法申请公示催告的，每件交纳100元。

（五）申请撤销仲裁裁决或者认定仲裁协议效力的，每件交纳400元。

（六）破产案件依据破产财产总额计算，按照财产案件受理费标准减半交纳，但是，最高不超过30万元。

（七）海事案件的申请费按照下列标准交纳：

1. 申请设立海事赔偿责任限制基金的，每件交纳1000元至1万元；

2. 申请海事强制令的，每件交纳1000元至5000元；

3. 申请船舶优先权催告的，每件交纳1000元至5000元；

4. 申请海事债权登记的，每件交纳1000元；

5. 申请共同海损理算的，每件交纳1000元。

第十五条 以调解方式结案或者当事人申请撤诉的，减半交纳案件受理费。

第十六条 适用简易程序审理的案件减半交纳案件受理费。

第十七条 对财产案件提起上诉的，按照不服一审判决部分的上诉请求数额交纳案件受理费。

第十八条 被告提起反诉、有独立请求权的第三人提出与本案有关的诉讼请求，人民法院决定合并审理的，分别减半交纳案件受理费。

第十九条 依照本办法第九条规定需要交纳案件受理费的再审案件，按照不服原判决部分的再审请求数额交纳案件受理费。

第二十条 案件受理费由原告、有独立请求权的第三人、上诉人预交。被告提起反诉，依照本办法规定需要交纳案件受理费的，由被告预交。追索劳动报酬的案件可以不预交案件受理费。

申请费由申请人预交。但是，本办法第十条第（一）项、第（六）项规定的申请费不由申请人预交，执行申请费执行后交纳，破产申请费清算后交纳。

本办法第十一条规定的费用，待实际发生后交纳。

第二十一条 当事人在诉讼中变更诉讼请求数额，案件受理费依照下列规定处理：

（一）当事人增加诉讼请求数额的，按照增加后的诉讼请求数额计算补交；

（二）当事人在法庭调查终结前提出减少诉讼请求数额的，按照减少后的诉讼请求数额计算退还。

第二十六条 中止诉讼、中止执行的案件，已交纳的案件受理费、申请费不予退还。中止诉讼、中止执行的原因消除，恢复诉讼、执行的，不再交纳案件受理费、申请费。

第二十七条 第二审人民法院决定将案件发回重审的，应当退还上诉人已交纳的第二审案件受理费。

第一审人民法院裁定不予受理或者驳回起诉的，应当退还当事人已交纳的案件受理费；当事人对第一审人民法院不予受理、驳回起诉的裁定提起上诉，第二审人民法院维持第一审人民法院作出的裁定的，第一审人民法院应当退还当事人已交纳的案件受理费。

第二十八条 依照民事诉讼法第一百三十七条规定终结诉讼的案件，依照本办法规定已交纳的案件受理费不予退还。

第二十九条 诉讼费用由败诉方负担，胜诉方自愿承担的除外。

部分胜诉、部分败诉的，人民法院根据案件的具体情况决定当事人各自负担的诉讼费用数额。

共同诉讼当事人败诉的，人民法院根据其对诉讼标的的利害关系，决定当事人各自负担的诉讼费用数额。

第三十条 第二审人民法院改变第一审人民法院作出的判决、裁定的，应当相应变更第一审人民法院对诉讼费用负担的决定。

第三十一条 经人民法院调解达成协议的案件，诉讼费用的负担由双方当事人协商解决；协商不成的，由人民法院决定。

第四十条 当事人因自身原因未能在举证期限内举证，在二审或者再审期间提出新的证据致使诉讼费用增加的，增加的诉讼费用由该当事人负担。

第四十一条 依照特别程序审理案件的公告费，由起诉人或者申请人负担。

第四十二条 依法向人民法院申请破产的，诉讼费用依照有关法律规定从破产财产中拨付。

第四十三条 当事人不得单独对人民法院关于诉讼费用的决定提起上诉。

当事人单独对人民法院关于诉讼费用的决定有异议的，可以向作出决定的人民法院院长申请复核。复核决定应当自收到当事人申请之日起 15 日内作出。

当事人对人民法院决定诉讼费用的计算有异议的，可以向作出决定的人民法院请求复核。计算确有错误的，作出决定的人民法院应当予以更正。

第四十四条 当事人交纳诉讼费用确有困难的，可以依照本办法向人民法院申请缓交、减交或者免交诉讼费用的司法救助。

诉讼费用的免交只适用于自然人。

第四十五条 当事人申请司法救助，符合下列情形之一的，人民法院应当准予免交诉讼费用：

（一）残疾人无固定生活来源的；

（二）追索赡养费、扶养费、抚育费、抚恤金的；

（三）最低生活保障对象、农村特困定期救济对象、农村五保供养对象或者领取失业保险金人员，无其他收入的；

（四）因见义勇为或者为保护社会公共利益致使自身合法权益受到损害，本人或者其近亲属请求赔偿或者补偿的；

（五）确实需要免交的其他情形。

第四十六条 当事人申请司法救助，符合下列情形之一的，人民法院应当准予减交诉讼费用：

（一）因自然灾害等不可抗力造成生活困难，正在接受社会救济，或者家庭生产经营难以为继的；

（二）属于国家规定的优抚、安置对象的；

（三）社会福利机构和救助管理站；

（四）确实需要减交的其他情形。

人民法院准予减交诉讼费用的，减交比例不得低于30%。

第四十七条　当事人申请司法救助，符合下列情形之一的，人民法院应当准予缓交诉讼费用：

（一）追索社会保险金、经济补偿金的；

（二）海上事故、交通事故、医疗事故、工伤事故、产品质量事故或者其他人身伤害事故的受害人请求赔偿的；

（三）正在接受有关部门法律援助的；

（四）确实需要缓交的其他情形。

第二编　审 判 程 序

第十二章　第一审普通程序

第一节　起诉和受理

122. 起诉条件

122.1　法律条文

第一百二十二条　起诉必须符合下列条件：

（一）原告是与本案有直接利害关系的公民、法人和其他组织；

（二）有明确的被告；

（三）有具体的诉讼请求和事实、理由；

（四）属于人民法院受理民事诉讼的范围和受诉人民法院管辖。

122.2　条文阐释

本条规定了提起诉讼的条件。民事诉讼法中的起诉是指公民、法人和其他组织认为自己的民事权益受到侵害或者与他人发生争议时，以自己的名义请求法院通过审判予以法律保护的诉讼行为。在我国存在“起诉难”问题，这一问题是指当事人提起诉讼困难。这一问题反映在两个方面：一是基于司法人员的不正当动机和目的实施的有意阻止诉讼审理以实现个人利益的情形；二是起诉虽然符合法律、司法解释的规定，但是法院根据其内部规定、文件等司法政策性规范对某些案件的起诉予以限制。

122.3　司法适用

原告不具有诉讼主体资格属于诉讼要件的缺失，不适格的原告提起诉讼的，原则上法院应裁定不予受理，受理后发现原告不适格的，应裁定驳回起诉，而不能对原告的诉讼请求进行实体审理。开庭审理之后，法院认为当事人主张的法律关系的性质或者民事行为的效力与人民法院根据案件事实作出的认定不一致的，人民法院应当告知当事人可以变更诉讼请求；当事人拒绝变更的，人民法院裁定驳回起诉。对“法律关系的性质”可以解释为“请求权基础的性质”。例如，合伙人起诉退还投资款，当事人可以理解为“应当返还投资款”，而法院可以理解为“退伙或退伙清算”。二者请求权基础不同，相应的处理方式也会发生区别。同时，对“法律关系的性质”既包括实体关系的性质也包括程序关系的性质，还包括一些特殊的诉讼情况。法院认为当事人程序上不合法或者存在显然不宜诉讼的特殊情况的，经过审查可以作为归入“对法律关系的性质认识不一致”情形处理。

122.4　相关规范性文件

最高人民法院《关于适用〈中华人民共和国民事诉讼法〉的解释》(法释〔2022〕11号，自2022年4月10日起施行)

第二百零八条　人民法院接到当事人提交的民事起诉状时，对符合民事诉讼法第一百二十二条的规定，且不属于第一百二十七条规定情形的，应当登记立案；对当场不能判定是否符合起诉条件的，应当接收起诉材料，并出具注明收到日期的书面凭证。

需要补充必要相关材料的，人民法院应当及时告知当事人。在补齐相关材料后，应当在七日内决定是否立案。

立案后发现不符合起诉条件或者属于民事诉讼法第一百二十七条规定情形的，裁定驳回起诉。

第二百七十七条　人民法院受理小额诉讼案件后，发现起诉不符合民事诉讼法第一百二十二条规定的起诉条件的，裁定驳回起诉。裁定一经作出即生效。

第二百八十六条 人民法院受理公益诉讼案件，不影响同一侵权行为的受害人根据民事诉讼法第一百二十二条规定提起诉讼。

第三百零三条 案外人提起执行异议之诉，除符合民事诉讼法第一百二十二条规定外，还应当具备下列条件：

（一）案外人的执行异议申请已经被人民法院裁定驳回；

（二）有明确的排除对执行标的执行的诉讼请求，且诉讼请求与原判决、裁定无关；

（三）自执行异议裁定送达之日起十五日内提起。

人民法院应当在收到起诉状之日起十五日内决定是否立案。

第三百零四条 申请执行人提起执行异议之诉，除符合民事诉讼法第一百二十二条规定外，还应当具备下列条件：

（一）依案外人执行异议申请，人民法院裁定中止执行；

（二）有明确的对执行标的继续执行的诉讼请求，且诉讼请求与原判决、裁定无关；

（三）自执行异议裁定送达之日起十五日内提起。

人民法院应当在收到起诉状之日起十五日内决定是否立案。

第四百五十一条 判决公告之日起，公示催告申请人有权依据判决向付款人请求付款。

付款人拒绝付款，申请人向人民法院起诉，符合民事诉讼法第一百二十二条规定的起诉条件的，人民法院应予受理。

《人民法院在线诉讼规则》（法释〔2021〕12号，自2021年8月1日起施行）

第九条 当事人采取在线方式提交起诉材料的，人民法院应当在收到材料后的法定期限内，在线作出以下处理：

（一）符合起诉条件的，登记立案并送达案件受理通知书、交纳诉讼费用通知书、举证通知书等诉讼文书；

（二）提交材料不符合要求的，及时通知其补正，并一次性告知补正内容和期限，案件受理时间自收到补正材料后次日重新起算；

（三）不符合起诉条件或者起诉材料经补正仍不符合要求，原告坚持起诉的，依法裁定不予受理或者不予立案；

当事人已在线提交符合要求的起诉状等材料的，人民法院不得要求当事人再提供纸质件。

上诉、申请再审、特别程序、执行等案件的在线受理规则，参照本条第一款、第二款规定办理。

122.5　典型案例

122.5.1　流浪乞讨人员因交通事故死亡，民政部门不可以作为原告提起民事诉讼，要求赔偿义务人承担赔偿责任

裁判来源：高淳县民政局诉王某胜、吕某、天安保险江苏分公司交通事故人身损害赔偿纠纷案——江苏省南京市高淳区（县）人民法院(2006) 高民初字第508号

法院认为：一审法院认为，原告高淳县民政局作为政府负责救助社会流浪乞讨人员的专门机构，与本案被害无名男子之间仅存在行政法律关系，不存在民事法律关系，故不是本案适格的民事诉讼原告，无权就该无名男子的死亡向被告王某胜、吕某、天安保险江苏分公司主张交通事故人身损害赔偿。据此一审法院裁定驳回原告高淳县民政局的起诉。南京市中级人民法院经二审，确认了一审查明的事实。

二审法院认为，"赔偿权利人"是指因侵权行为或者其他致害原因直接遭受人身损害的受害人、依法由受害人承担扶养义务的被扶养人以及死亡受害人的近亲属。民政局不属于"赔偿权利人"。其次，民事诉讼形成于平等民事主体之间，民政局作为行政机关，在没有法律授权的情况下介入民事诉讼，有悖于我国法律基本原则。最后，虽然经公安部门在报纸上刊发启示后直至本案一、二审期间，被害无名男子的赔偿权利人尚未出现，但尚不能排除赔偿权利人客观存在的可能。赔偿权利人在知悉本案有关情况后，依法仍然可以要求赔偿义务人承担民事赔偿责任。综上，二审法院认定上诉人民政局不是本案适格的诉讼主体，其上诉请求缺乏法律依据，不予支持。

123. 起诉方式

123.1 法律条文

第一百二十三条 起诉应当向人民法院递交起诉状，并按照被告人数提出副本。

书写起诉状确有困难的，可以口头起诉，由人民法院记入笔录，并告知对方当事人。

123.2 条文阐释

本条规定了民事诉讼的起诉方式。根据本条规定，民事诉讼起诉方式分为两种，分别为书面方式和口头方式。书面方式起诉的，应当向法院递交其起诉状，并按照被告人数提出副本。向法院递交起诉状应当符合法定的期限和要求，不得延迟提交起诉状。

此处所说的“书写起诉状确有困难”，主要是指原告本人因文化水平或法律知识等欠缺所造成的自行书写起诉状确有困难的情形，也包括在原告无诉讼行为能力时，其法定代理人因类似原因而造成的书写起诉状确有困难的情形。在这两种情形下，都可以口头起诉。起诉状中不得有谩骂或人身攻击之词。对于当事人在起诉状中有谩骂和人身攻击之词，送达起诉状副本可能引起矛盾激化、不利于案件解决的，人民法院应当说服当事人实事求是地修改。

123.3 司法适用

一般民事起诉状提交的份数为 n+1 份，n 为被告人人数，1 名被告 2 份，2 名被告 3 份，以此类推，都须原告签字或盖章。同时，原告还需要提交主要证据材料目录及复印件，数量要求和起诉状要求一致。原告需要提交身份证复印件 1 份并同时提供原件供查验。如果法定（指定）代理人代为起诉的，则应提交本人身份证复印件及与原告关系的证明材料复印件，同时提供原件供查验。没有身份证的提供其他身份证明材料。如果原告为法人或其他组织的，应当提交工商登记及其他主管部门核准的证明（如营业执照副本、机构代码证等）单位出具的法定代表人身份证明并应当写明法定代表人的职务、法定代表人身份证复印件等。如果委托他人诉讼，另须提交授权明确的授权委托书及受托人身份证复印件各 1 份，并同时提供原件供查验，近亲属的提交亲属关系证明，其他自然人的提交基层组织出具的推荐信。单位指派员工参加诉讼的，还应当提交劳动合同证明。如果委托律师诉讼的，则另须提交授权明确的授权委托书及律师事务所接收委托的证明、函件和律师执业证复印件。而委托法律工作者参加诉讼的，需要提交法律事务所接受委托的证明、函件和法律工作者执业证复印件。且法律工作者不得超出执业范围执业。被告为单位的，提供被告工商基本信息。被告为个人的，应尽量补充被告身份信息。原告还可以提出能够证明符合起诉条件的初步资料。

123.4　相关规范性文件

最高人民法院《关于互联网法院审理案件若干问题的规定》（法释〔2018〕16 号，自 2018 年 9 月 7 日起施行）

第九条　互联网法院组织在线证据交换的，当事人应当将在线电子数据上传、导入诉讼平台，或者将线下证据通过扫描、翻拍、转录等方式进行电子化处理后上传至诉讼平台进行举证，也可以运用已经导入诉讼平台的电子数据证明自己的主张。

第十条　当事人及其他诉讼参与人通过技术手段将身份证明、营业执照副本、授权委托书、法定代表人身份证明等诉讼材料，以及书证、鉴定意见、勘验笔录等证据材料进行电子化处理后提交的，经互联网法院审核通过后，视为符合原件形式要求。对方当事人对上述材料真实性提出异议且有合理理由的，互联网法院应当要求当事人提供原件。

第十一条　当事人对电子数据真实性提出异议的，互联网法院应当结合质证情况，审查判断电子数据生成、收集、存储、传输过程的真实性，并着重审查以下内容：

（一）电子数据生成、收集、存储、传输所依赖的计算机系统等硬件、软件环境是否安全、可靠；

（二）电子数据的生成主体和时间是否明确，表现内容是否清晰、客观、准确；

（三）电子数据的存储、保管介质是否明确，保管方式和手段是否妥当；

（四）电子数据提取和固定的主体、工具和方式是否可靠，提取过程是否可以重现；

（五）电子数据的内容是否存在增加、删除、修改及不完整等情形；

（六）电子数据是否可以通过特定形式得到验证。

当事人提交的电子数据，通过电子签名、可信时间戳、哈希值校验、区块链等证据收集、固定和防篡改的技术手段或者通过电子取证存证平台认证，能够证明其真实性的，互联网法院应当确认。

当事人可以申请具有专门知识的人就电子数据技术问题提出意见。互联网法院可以根据当事人申请或者依职权，委托鉴定电子数据的真实性或者调取其他相关证据进行核对。

第十二条 互联网法院采取在线视频方式开庭。存在确需当庭查明身份、核对原件、查验实物等特殊情形的，互联网法院可以决定在线下开庭，但其他诉讼环节仍应当在线完成。

《人民法院在线诉讼规则》（法释〔2021〕12号，自2021年8月1日起施行）

第十一条 当事人可以在诉讼平台直接填写录入起诉状、答辩状、反诉状、代理意见等诉讼文书材料。

当事人可以通过扫描、翻拍、转录等方式，将线下的诉讼文书材料或者证据材料作电子化处理后上传至诉讼平台。诉讼材料为电子数据，且诉讼平台与存储该电子数据的平台已实现对接的，当事人可以将电子数据直接提交至诉讼平台。

当事人提交电子化材料确有困难的，人民法院可以辅助当事人将线下材料作电子化处理后导入诉讼平台。

第十二条 当事人提交的电子化材料，经人民法院审核通过后，可以直接在诉讼中使用。诉讼中存在下列情形之一的，人民法院应当要求当事人提供原件、原物：

（一）对方当事人认为电子化材料与原件、原物不一致，并提出合理理由和依据的；

（二）电子化材料呈现不完整、内容不清晰、格式不规范的；

（三）人民法院卷宗、档案管理相关规定要求提供原件、原物的；

（四）人民法院认为有必要提交原件、原物的。

第十三条　当事人提交的电子化材料，符合下列情形之一的，人民法院可以认定符合原件、原物形式要求：

（一）对方当事人对电子化材料与原件、原物的一致性未提出异议的；

（二）电子化材料形成过程已经过公证机构公证的；

（三）电子化材料已在之前诉讼中提交并经人民法院确认的；

（四）电子化材料已通过在线或者线下方式与原件、原物比对一致的；

（五）有其他证据证明电子化材料与原件、原物一致的。

124. 起诉状

124.1　法律条文

第一百二十四条　起诉状应当记明下列事项：

（一）原告的姓名、性别、年龄、民族、职业、工作单位、住所、联系方式，法人或者其他组织的名称、住所和法定代表人或者主要负责人的姓名、职务、联系方式；

（二）被告的姓名、性别、工作单位、住所等信息，法人或者其他组织的名称、住所等信息；

（三）诉讼请求和所根据的事实与理由；

（四）证据和证据来源，证人姓名和住所。

124.2　条文阐释

本条规定了起诉状应当记明的事项内容。民事起诉状，是指公民、法人或其他组织，在认为自己的合法权益受到侵害或者与他人发生争议时或者需要确权时，向人民法院提交的请求人民法院依法裁判的法律文书。民事起诉状是民事案件的原告向人民法院提出的指控被告的书状。行政案件向法院提出指控被告的书状时参照民事起诉状的相关规定。

当事人是自然人的，应当记明原告的姓名、性别、年龄、民族、职业、工作单位、住所和联系方式，被告的姓名、性别、工作单位、住所等能够确定其身份的信息。

当事人是法人或者其他组织的，应当记明法人或者其他组织的名称、住所和法定代表人或者主要负责人的姓名、职务和联系方式。上述基本情况应当按原告、被告的顺序分别列出。如果原告有诉讼代理人的，应当在原告基本情况之后，记明诉讼代理人的姓名、年龄、职务、住所和与被代理人的关系等基本情况；如果委托律师担任诉讼代理人的，则只需记明律师姓名和所在律师事务所的名称。这有助于受诉人民法院审核、认定双方当事人的诉讼主体资格，并在当事人合格的基础上对案件进行审理和作出裁判。

本法对起诉状应当记载的原告和被告的信息要求不同，起诉状应当记载明确的原告联系方式，但是无须要求记明被告的联系方式，这是因为在实践中，原、被告可能存在萍水相逢等情形，原告并未掌握充分的被告信息，为了公平保障公民诉讼权益，缓解社会矛盾，因此对于被告的起诉状中的记载满足特定性即可，即能够将被告特定化，就认为满足了起诉状对于被告的信息记载的要求。

原告应当在起诉状中记明诉讼请求，明确提出自己对实体权利的主张，以便受诉人民法院明确其在诉讼上的要求以及通过诉讼所要达到的目的。诉讼请求应力求明确，切忌含混不清，模棱两可。在记明诉讼请求的同时，应当记明提出诉讼请求的客观基础，这样才能使受诉人民法院明确其起诉的事实依据和具体原因，并在此基础上对案件进行依法审理和作出判决。事实部分应实事求是，陈述力求确切，理由充分有力。

当事人对自己提出的主张，有责任提供证据。因此，原告提出的诉讼请求是否合理，所根据的事实是否存在，应当有证据加以证明，原告在提出证据的同时，应当提供证据的来源，以便人民法院核实，如果提供的是证人，则应记载证人的姓名、住所或工作单位，以便人民法院调查。不过，原告在起诉时非强制性必须提供证据材料，法院在立案受理后一般会指定举证期限，限期要求提供证据材料证明事实主张和法律主张。法院不能以起诉时没有提供证据材料为由拒绝受理案件，但原告的起诉请求是否有基本理由、是否系无理滥诉，也是立案法官在审查起诉材料时要考量的重要方面。

124.3　相关规范性文件

最高人民法院《关于适用〈中华人民共和国民事诉讼法〉的解释》（法释〔2022〕11号，自2022年4月10日起施行）

第二百零八条　人民法院接到当事人提交的民事起诉状时，对符合民事诉讼法第一百二十二条的规定，且不属于第一百二十七条规定情形的，应当登记立案；对当场不能判定是否符合起诉条件的，应当接收起诉材料，并出具注明收到日期的书面凭证。

需要补充必要相关材料的，人民法院应当及时告知当事人。在补齐相关材料后，应当在七日内决定是否立案。

立案后发现不符合起诉条件或者属于民事诉讼法第一百二十七条规定情形的，裁定驳回起诉。

第二百零九条　原告提供被告的姓名或者名称、住所等信息具体明确，足以使被告与他人相区别的，可以认定为有明确的被告。

起诉状列写被告信息不足以认定明确的被告的，人民法院可以告知原告补正。原告补正后仍不能确定明确的被告的，人民法院裁定不予受理。

第二百一十条　原告在起诉状中有谩骂和人身攻击之辞的，人民法院应当告知其修改后提起诉讼。

125. 先行调解

125.1　法律条文

第一百二十五条　当事人起诉到人民法院的民事纠纷，适宜调解的，先行调解，但当事人拒绝调解的除外。

125.2 条文阐释

民事调解制度，是指人民法院审理民事案件的过程中，可以在查明事实的基础上，根据自愿和合法的原则，主持并促使当事人双方达成协议协商解决的制度。调解制度作为解决纠纷的一种机制，是中国固有的传统，在审判中占有重要地位。民事纠纷属于私权争议，民事纠纷具有可处分性。根据自愿和合法的原则进行调解是民事诉讼的基本原则。由于当事人处分权的行使贯穿于诉讼的全过程，所以在诉讼的任何阶段，双方当事人都可以通过调解解决争议。

125.3 司法适用

对于适宜先行调解的案件进行分类，由立案人员向案件当事人发放先行调解建议书，介绍先行调解，为当事人选择适用先行调解程序提供指引。在征询得到当事人双方的同意之后，即可启动先行调解程序。此时应对案件进行预立案登记，做好调解期限的起算日期、调解人员和基本案情的确认工作，这是为了保证对先行调解程序的管控。调解费用方面应当区别于正式立案的案件受理费的计算标准。

在先行调解程序的进行过程中，我国确立了法院主导、多种社会力量共同参与的调解组织结构。法院主导是指选派调解法官主持或指导先行调解工作。需要注意的是，若先行调解未成，则正式立案后不适宜将该案件立在调解法官名下由其承办。因倘若承办法官在立案前过分介入纠纷调处，本身会遭受司法权过度前展的质疑，不但违反“司法消极性”原则，也阻碍当事人裁判请求权的行使。更加不利的是，由于容易对案件产生先入为主的偏见，承办法官在随后可能进行的审判中的中立地位也许会受到影响，案件公正审判受到不必要的干扰。先行调解程序更应遵从“调审分离”的模式。

在先行调解程序的进行过程中，法院可以委托其他社会力量如人民调解、专家调解、行业调解、行政调处等协助调解，以此弥补法院自身司法资源的不足。为了有力管控先行调解的有序进展，保障其法律效果和社会效果达至优良，法院必须始终处于主导地位。

先行调解的期限可限定在20日左右，若依当事人的申请亦可推迟，但最长不超过1个月。先行调解的目的在于拓展纠纷在法院快速便捷的解决渠道，与简易程序3个月审限相比首要的优势在于期限缩短，因此应尽量控制在1个月之内。即使当事人需要更多的时间洽谈协商，亦可正式立案后再行调解，做到与诉讼的平稳衔接，以此保证先行调解工作的有效性。一旦调解不成功或期限截至，应立即转入立案受理程序。

先行调解程序因调解成功和调解失败分别进入不同的程序。调解失败，案件进入第一审一般诉讼程序。调解成功，则根据目前民事诉讼法的规定，有两种路径可供选择。一是根据《民事诉讼法》第97条的规定，调解达成协议后，法院应当据此制作民事调解书，写明当事人的诉讼请求、案件事实和调解结果，经当事人签收后发生司法强制执行力。二是根据《民事诉讼法》第194条和第195条的规定，由双方当事人向法院申请司法确认调解协议，由法院出具民事裁定书，裁定调解协议有效或驳回申请。如裁定调解协议有效，当事人可以向法院申请强制执行调解协议的权利义务内容。

125.4　相关规范性文件

最高人民法院《关于适用简易程序审理民事案件的若干规定》（法释〔2020〕20号，自2021年1月1日起施行）

第十四条　下列民事案件，人民法院在开庭审理时应当先行调解：

（一）婚姻家庭纠纷和继承纠纷；

（二）劳务合同纠纷；

（三）交通事故和工伤事故引起的权利义务关系较为明确的损害赔偿纠纷；

（四）宅基地和相邻关系纠纷；

（五）合伙合同纠纷；

（六）诉讼标的额较小的纠纷。

但是根据案件的性质和当事人的实际情况不能调解或者显然没有调解必要的除外。

《人民法院在线调解规则》（法释〔2021〕23号，自2022年1月1日起施行）

第九条 当事人在立案前申请在线调解，属于下列情形之一的，人民法院退回申请并分别予以处理：

（一）当事人申请调解的纠纷不属于人民法院受案范围，告知可以采用的其他纠纷解决方式；

（二）与当事人选择的在线调解组织或者调解员建立邀请关系的人民法院对该纠纷不具有管辖权，告知选择对纠纷有管辖权的人民法院邀请的调解组织或者调解员进行调解；

（三）当事人申请调解的纠纷不适宜在线调解，告知到人民法院诉讼服务大厅现场办理调解或者立案手续。

第十条 当事人一方在立案前同意在线调解的，由人民法院征求其意见后指定调解组织或者调解员。

当事人双方同意在线调解的，可以在案件管辖法院确认的在线调解组织和调解员中共同选择调解组织或者调解员。当事人同意由人民法院指定调解组织或者调解员，或者无法在同意在线调解后两个工作日内共同选择调解组织或者调解员的，由人民法院指定调解组织或者调解员。

人民法院应当在收到当事人在线调解申请后三个工作日内指定调解组织或者调解员。

第十五条 人民法院对当事人一方立案前申请在线调解的，应当征询对方当事人的调解意愿。调解员可以在接受人民法院委派调解之日起三个工作日内协助人民法院通知对方当事人，询问是否同意调解。

对方当事人拒绝调解或者无法联系对方当事人的，调解员应当写明原因，终结在线调解程序，即时将相关材料退回人民法院，并告知当事人。

第二十条 各方当事人在立案前达成调解协议的，调解员应当记入调解笔录并按诉讼外调解结案，引导当事人自动履行。依照法律和司法解释规定可以申请司法确认调解协议的，当事人可以在线提出申请，人民法院经审查符合法律规定的，裁定调解协议有效。

各方当事人在立案后达成调解协议的，可以请求人民法院制作调解书或者申请撤诉。人民法院经审查符合法律规定的，可以制作调解书或者裁定书结案。

第二十一条 经在线调解达不成调解协议，调解组织或者调解员应当记录调解基本情况、调解不成的原因、导致其他当事人诉讼成本增加的行为以及需要向人民法院提示的其他情况。人民法院按照下列情形作出处理：

（一）当事人在立案前申请在线调解的，调解组织或者调解员可以建议通过在线立案或者其他途径解决纠纷，当事人选择在线立案的，调解组织或者调解员应当将电子化调解材料在线推送给人民法院，由人民法院在法定期限内依法登记立案；

（二）立案前委派调解的，调解不成后，人民法院应当依法登记立案；

（三）立案后委托调解的，调解不成后，人民法院应当恢复审理。

审判人员在诉讼过程中组织在线调解的，调解不成后，应当及时审判。

第二十四条 立案前在线调解期限为三十日。各方当事人同意延长的，不受此限。立案后在线调解，适用普通程序的调解期限为十五日，适用简易程序的调解期限为七日，各方当事人同意延长的，不受此限。立案后延长的调解期限不计入审理期限。

委派委托调解或者当事人申请调解的调解期限，自调解组织或者调解员在人民法院调解平台确认接受委派委托或者确认接受当事人申请之日起算。审判人员主持调解的，自各方当事人同意之日起算。

126. 立案期限

126.1 法律条文

第一百二十六条 人民法院应当保障当事人依照法律规定享有的起诉权利。对符合本法第一百二十二条的起诉，必须受理。符合起诉条件的，应当在七日内立案，并通知当事人；不符合起诉条件的，应当在七日内作出裁定书，不予受理；原告对裁定不服的，可以提起上诉。

126.2 条文阐释

民事诉讼涉及当事人人身财产权益，法院立案必须符合一定期限，不得久拖不决。

本法规定了法院受理民事诉讼的法定期限。

受理，是指法院对原告的起诉进行基本审查之后，认为符合起诉的法定条件，依法决定立案审理的职权行为。起诉与法院受理的法律效果不同。

当事人的起诉是诉讼程序启动的前提，而人民法院的受理则意味着诉讼程序正式启动。人民法院的受理程序包括审查起诉和立案两个环节。审查起诉的内容主要是看原告的起诉是否符合起诉条件。对于符合条件的起诉，人民法院必须立案受理，并通知当事人。对于不符合起诉条件的，人民法院裁定不予受理，并应当制作裁定书，不能仅口头通知当事人。原告对裁定不服的，可以自裁定书送达之日起10日内依法向上一级人民法院提出上诉，由上一级人民法院审理后作出最终的处理。

126.3 司法适用

人民法院对原告起诉受理的期限为7日，从接到起诉状的次日起开始计算。无论是立案受理还是裁定不予受理，都应当在7日的法定期限内作出。人民法院因起诉状内容欠缺责令原告补正的，立案或不予受理的期间自补正后交法院的次日起计算。此期限为法定期限，不得任意延长。

126.4 相关规范性文件

最高人民法院《关于适用〈中华人民共和国民事诉讼法〉的解释》（法释〔2022〕11号，自2022年4月10日起施行）

第二百零八条第一款 人民法院接到当事人提交的民事起诉状时，对符合民事诉讼法第一百二十二条的规定，且不属于第一百二十七条规定情形的，应当登记立案；对当场不能判定是否符合起诉条件的，应当接收起诉材料，并出具注明收到日期的书面凭证。

最高人民法院《关于人民法院推行立案登记制改革的意见》（法发〔2015〕6号，自2015年5月1日起施行）

二、登记立案范围

有下列情形之一的，应当登记立案：

（一）与本案有直接利害关系的公民、法人和其他组织提起的民事诉讼，有明确的被告、具体的诉讼请求和事实依据，属于人民法院主管和受诉人民法院管辖的；

（二）行政行为的相对人以及其他与行政行为有利害关系的公民、法人或者其他组织提起的行政诉讼，有明确的被告、具体的诉讼请求和事实根据，属于人民法院受案范围和受诉人民法院管辖的；

（三）属于告诉才处理的案件，被害人有证据证明的轻微刑事案件，以及被害人有证据证明应当追究被告人刑事责任而公安机关、人民检察院不予追究的案件，被害人告诉，且有明确的被告人、具体的诉讼请求和证明被告人犯罪事实的证据，属于受诉人民法院管辖的；

（四）生效法律文书有给付内容且执行标的和被执行人明确，权利人或其继承人、权利承受人在法定期限内提出申请，属于受申请人民法院管辖的；

（五）赔偿请求人向作为赔偿义务机关的人民法院提出申请，对人民法院、人民检察院、公安机关等作出的赔偿、复议决定或者对逾期不作为不服，提出赔偿申请的。

有下列情形之一的，不予登记立案：

（一）违法起诉或者不符合法定起诉条件的；

（二）诉讼已经终结的；

（三）涉及危害国家主权和领土完整、危害国家安全、破坏国家统一和民族团结、破坏国家宗教政策的；

（四）其他不属于人民法院主管的所诉事项。

三、登记立案程序

（一）实行当场登记立案。对符合法律规定的起诉、自诉和申请，一律接收诉状，当场登记立案。对当场不能判定是否符合法律规定的，应当在法律规定的期限内决定是否立案。

（二）实行一次性全面告知和补正。起诉、自诉和申请材料不符合形式要件的，应当及时释明，以书面形式一次性全面告知应当补正的材料和期限。在指定期限内经补正符合法律规定条件的，人民法院应当登记立案。

（三）不符合法律规定的起诉、自诉和申请的处理。对不符合法律规定的起诉、自诉和申请，应当依法裁决不予受理或者不予立案，并载明理由。当事人不服的，可以提起上诉或者申请复议。禁止不收材料、不予答复、不出具法律文书。

（四）严格执行立案标准。禁止在法律规定之外设定受理条件，全面清理和废止不符合法律规定的立案“土政策”。

最高人民法院《关于人民法院登记立案若干问题的规定》（法释〔2015〕8号，自2015年5月1日起施行）

第八条　对当事人提出的起诉、自诉，人民法院当场不能判定是否符合法律规定的，应当作出以下处理：

（一）对民事、行政起诉，应当在收到起诉状之日起七日内决定是否立案；

（二）对刑事自诉，应当在收到自诉状次日起十五日内决定是否立案；

（三）对第三人撤销之诉，应当在收到起诉状之日起三十日内决定是否立案；

（四）对执行异议之诉，应当在收到起诉状之日起十五日内决定是否立案。

人民法院在法定期间内不能判定起诉、自诉是否符合法律规定的，应当先行立案。

第九条　人民法院对起诉、自诉不予受理或者不予立案的，应当出具书面裁定或者决定，并载明理由。

第十条　人民法院对下列起诉、自诉不予登记立案：

（一）违法起诉或者不符合法律规定的；

（二）涉及危害国家主权和领土完整的；

（三）危害国家安全的；

（四）破坏国家统一和民族团结的；

（五）破坏国家宗教政策的；

（六）所诉事项不属于人民法院主管的。

第十一条　登记立案后，当事人未在法定期限内交纳诉讼费的，按撤诉处理，但符合法律规定的缓、减、免交诉讼费条件的除外。

第十二条　登记立案后，人民法院立案庭应当及时将案件移送审判庭审理。

第十三条　对立案工作中存在的不接收诉状、接收诉状后不出具书面凭证，不一次性告知当事人补正诉状内容，以及有案不立、拖延立案、干扰立案、既不立案又不作出裁定或者决定等违法违纪情形，当事人可以向受诉人民法院或者上级人民法院投诉。

人民法院应当在受理投诉之日起十五日内，查明事实，并将情况反馈当事人。发现违法违纪行为的，依法依纪追究相关人员责任；构成犯罪的，依法追究刑事责任。

最高人民法院《关于为跨境诉讼当事人提供网上立案服务的若干规定》（法发〔2021〕7号，自2021年2月3日起施行）

第四条　跨境诉讼当事人首次申请网上立案的，应当由受诉法院先行开展身份验证。身份验证主要依托国家移民管理局出入境证件身份认证平台等进行线上验证；无法线上验证的，由受诉法院在线对当事人身份证件以及公证、认证、转递、寄送核验等身份证明材料进行人工验证。

身份验证结果应当在3个工作日内在线告知跨境诉讼当事人。

最高人民法院《关于人民法院立案、审判与执行工作协调运行的意见》（法发〔2018〕9号，自2018年5月28日起施行）

为了进一步明确人民法院内部分工协作的工作职责，促进立案、审判与执行工作的顺利衔接和高效运行，保障当事人及时实现合法权益，根据《中华人民共和国民事诉讼法》《中华人民共和国刑事诉讼法》《中华人民共和国行政诉讼法》等有关法律规定，制定本意见。

一、立案工作

1. 立案部门在收取起诉材料时，应当发放诉讼风险提示书，告知当事人诉讼风险，就申请财产保全作必要的说明，告知当事人申请财产保全的具体流程、担保方式及风险承担等信息，引导当事人及时向人民法院申请保全。

立案部门在收取申请执行材料时，应发放执行风险提示书，告知申请执行人向人民法院提供财产线索的义务，以及无财产可供执行导致执行不能的风险。

2. 立案部门在立案时与执行机构共享信息，做好以下信息的采集工作：

（1）立案时间；

（2）当事人姓名、性别、民族、出生日期、身份证件号码；

（3）当事人名称、法定代表人或者主要负责人、统一社会信用代码或者组织机构代码；

（4）送达地址；

（5）保全信息；

（6）当事人电话及其他联系方式；

（7）其他应当采集的信息。

立案部门在立案时应充分采集原告或者申请执行人的前款信息，提示原告或者申请执行人尽可能提供被告或者被执行人的前款信息。

3. 在执行案件立案时，有字号的个体工商户为被执行人的，立案部门应当将生效法律文书注明的该字号个体工商户经营者一并列为被执行人。

4. 立案部门在对刑事裁判涉财产部分移送执行立案审查时，重点审查《移送执行表》载明的以下内容：

（1）被执行人、被害人的基本信息；

（2）已查明的财产状况或者财产线索；

（3）随案移送的财产和已经处置财产的情况；

（4）查封、扣押、冻结财产的情况；

（5）移送执行的时间；

（6）其他需要说明的情况。

《移送执行表》信息存在缺漏的，应要求刑事审判部门及时补充完整。

5. 立案部门在受理申请撤销仲裁裁决、执行异议之诉、变更追加执行当事人异议之诉、参与分配异议之诉、履行执行和解协议之诉等涉及执行的案件后，应提示当事人及时向执行法院或者本院执行机构告知有关情况。

6. 人民法院在判决生效后退还当事人预交但不应负担的诉讼费用时，

不得以立执行案件的方式退还。

《人民法院在线诉讼规则》（法释〔2021〕12号，自2021年8月1日起施行）

第十条　案件适用在线诉讼的，人民法院应当通知被告、被上诉人或者其他诉讼参与人，询问其是否同意以在线方式参与诉讼。被通知人同意采用在线方式的，应当在收到通知的三日内通过诉讼平台验证身份、关联案件，并在后续诉讼活动中通过诉讼平台了解案件信息、接收和提交诉讼材料，以及实施其他诉讼行为。

被通知人未明确表示同意采用在线方式，且未在人民法院指定期限内注册登录诉讼平台的，针对被通知人的相关诉讼活动在线下进行。

《人民法院在线调解规则》（法释〔2021〕23号，自2022年1月1日起施行）

第二十四条第一款　立案前在线调解期限为三十日。各方当事人同意延长的，不受此限。立案后在线调解，适用普通程序的调解期限为十五日，适用简易程序的调解期限为七日，各方当事人同意延长的，不受此限。立案后延长的调解期限不计入审理期限。

127. 审查起诉

127.1　法律条文

第一百二十七条　人民法院对下列起诉，分别情形，予以处理：

（一）依照行政诉讼法的规定，属于行政诉讼受案范围的，告知原告提起行政诉讼；

（二）依照法律规定，双方当事人达成书面仲裁协议申请仲裁、不得向人民法院起诉的，告知原告向仲裁机构申请仲裁；

（三）依照法律规定，应当由其他机关处理的争议，告知原告向有关机关申请解决；

（四）对不属于本院管辖的案件，告知原告向有管辖权的人民法院起诉；

（五）对判决、裁定、调解书已经发生法律效力的案件，当事人又起诉的，告知原告申请再审，但人民法院准许撤诉的裁定除外；

（六）依照法律规定，在一定期限内不得起诉的案件，在不得起诉的期限内起诉的，不予受理；

（七）判决不准离婚和调解和好的离婚案件，判决、调解维持收养关系的案件，没有新情况、新理由，原告在六个月内又起诉的，不予受理。

127.2 条文阐释

本条是关于对不符合起诉条件的起诉如何处理的规定。人民法院依据本法第 122 条规定的起诉条件审查起诉，对于符合起诉条件的，应当受理；对不符合起诉条件的，分情形，予以处理。其中，第 1～3 项均属于不符合人民法院对民事案件的主管的，所以裁定不予受理。第 4 项属于不符合民事诉讼法关于管辖的规定，受诉法院无管辖权的，裁定不予受理，并告知其向有管辖权的法院起诉。第 5 项属于“一事不再理”的情况。为了避免重复诉讼和维护审判机关生效裁判的稳定性、权威性，各国和地区的民事诉讼中普遍确立了“一事不再理”的原则。对判决、裁定、调解书已经发生法律效力的案件，禁止当事人再起诉。第 6 项属于法定“禁诉期”的情形。原则上，当事人行使诉权不应受到时间上的限制，但特殊情况下，为了体现对一方当事人合法权益的特殊保护，法律规定了一定期间内不得起诉的“禁诉期”。

127.3 司法适用

重复起诉是指前诉已经处于诉讼系属中或者前诉裁判已经生效，相同当事人对于相同诉讼标的再次提起诉讼。最高人民法院《关于适用〈中华人民共和国民事诉讼法〉的解释》第 247 条对重复起诉的识别作出具体规定，同时也规定了禁止重复诉讼原则。

一般来说，重复起诉纠纷的处理应当坚持三个基本思路：一是诉讼经济思路，即对于已经提起诉讼的事项禁止在诉讼中再次起诉，避免司法浪费；二是法的安定思路，即防止重复讼争，当事人不得就已经存在的生效判决的同一事项再次起诉；三是程序保障原则，即法院应当尊重当事人基本意见表达，认真审查当事人提出理由，保护当事人基本程序权利。法院首先审查就相同争议是否已经有案件在诉讼中，或者就相同争议法院已经作出了生效裁判。其次法院判断本案是否同时符合下列条件：后诉与前诉的当事人相同、后诉与前诉诉讼标的相同、后诉与前诉的诉讼请求相同或者后诉诉讼请求实际上否定前诉裁判结果。最后，对于裁判发生法律效力后发生的新事实，不受禁止重复起诉原则的限制。

实践中重复诉讼存在当事人相同认定难、诉讼标的相同认定难、诉讼请求相同的认定难、拆分诉讼请求多次起诉的起诉效力认定难。

最高人民法院《关于适用〈中华人民共和国民事诉讼法〉的解释》第247条规定，构成重复起诉要求“前后两诉的当事人相同”，这里不仅包含原告和被告，还包括有独立请求权的第三人和判决承担责任的无独立请求权的第三人。实践中前后两诉的当事人完全相同的情况并不多见，后诉当事人为避免被法院认定为重复起诉，往往会增减或变换当事人，使得后诉当事人与前诉形式上不同，此时需要结合诉讼标的要素综合判断前后两诉当事人是否相同：（1）如果前后两诉的诉讼标的实质相同，增加的当事人与案件没有事实与法律上的利害关系的，应认为前后两诉当事人相同；（2）在原告与被告诉讼地位对调，两诉的裁判结果会产生矛盾关系时，也应认为前后两诉当事人相同。例如，甲对乙提起合同无效之诉，在诉讼审理期间，乙对甲另行提起合同有效之诉，两诉应视为当事人相同。禁止重复起诉的效力原则上限于诉讼当事人之间，但如果一概不容许禁止重复起诉的效力及于他人，则不能充分发挥诉讼的定分止争机能。因此，在特定情形下，允许将禁止重复起诉的效力扩张至特定第三人。重复起诉主体范围的扩张有如下基本类型：因法定或约定的缘由替代权利人进行诉讼的主体、诉讼继受的继受人、请求标的物的持有人、当事人以外的第三人。

诉讼标的相同认定难问题主要集中于前后两诉请求权竞合和生效判决产生禁止重复起诉效力的范围两个方面。民法作为实体法为当事人提供了多种法律救济渠道，因此当前后两诉的请求权竞合时，前诉在诉讼系属中或者已胜诉的则后诉为重复起诉，而前诉败诉的，后诉不为重复诉讼。生效判决产生禁止重复起诉效力的范围一般限制于判决主文，在满足了以下三个条件时，生效判决的理由部分例外地产生禁止重复起诉的效力：一是前后诉的争议焦点均应为对作出判决结论具有先决性的事实或法律争点。二是前诉当事人对相关争点进行了实质性辩论。三是法院对于该争议焦点已作出实质判断。

一些案件标的额较大，部分起诉人为了规避败诉后承担巨额诉讼费用，在起诉时仅提出一部分诉讼请求而非整体提起诉讼。就同一性质的费用拆分金额提起多个诉讼时，提起后诉要求支付剩余的金额原则上属于重复起诉，应予禁止。若当事人的诉请不仅在数量上可分且在法律上也可区分，或当事人存在不能或不便在前诉中提起的正当理由，则允许其分开诉讼，例如设有担保、附有条件等情况。当事人部分起诉时，法官应进行释明，告知当事人对同一债权应当全额起诉，若部分起诉则剩余金额不得再另案主张。

127.4 相关规范性文件

最高人民法院《关于适用〈中华人民共和国民事诉讼法〉的解释》（法释〔2022〕11号，自2022年4月10日起施行）

第二百一十二条 裁定不予受理、驳回起诉的案件，原告再次起诉，符合起诉条件且不属于民事诉讼法第一百二十七条规定情形的，人民法院应予受理。

第二百一十三条 原告应当预交而未预交案件受理费，人民法院应当通知其预交，通知后仍不预交或者申请减、缓、免未获批准而仍不预交的，裁定按撤诉处理。

第二百一十四条 原告撤诉或者人民法院按撤诉处理后，原告以同一诉讼请求再次起诉的，人民法院应予受理。

原告撤诉或者按撤诉处理的离婚案件，没有新情况、新理由，六个月内又起诉的，比照民事诉讼法第一百二十七条第七项的规定不予受理。

第二百一十五条 依照民事诉讼法第一百二十七条第二项的规定，当事人在书面合同中订有仲裁条款，或者在发生纠纷后达成书面仲裁协议，一方向人民法院起诉的，人民法院应当告知原告向仲裁机构申请仲裁，其坚持起诉的，裁定不予受理，但仲裁条款或者仲裁协议不成立、无效、失效、内容不明确无法执行的除外。

第二百一十六条　在人民法院首次开庭前，被告以有书面仲裁协议为由对受理民事案件提出异议的，人民法院应当进行审查。

经审查符合下列情形之一的，人民法院应当裁定驳回起诉：

（一）仲裁机构或者人民法院已经确认仲裁协议有效的；

（二）当事人没有在仲裁庭首次开庭前对仲裁协议的效力提出异议的；

（三）仲裁协议符合仲裁法第十六条规定且不具有仲裁法第十七条规定情形的。

第二百一十七条　夫妻一方下落不明，另一方诉至人民法院，只要求离婚，不申请宣告下落不明人失踪或者死亡的案件，人民法院应当受理，对下落不明人公告送达诉讼文书。

第二百一十八条　赡养费、扶养费、抚养费案件，裁判发生法律效力后，因新情况、新理由，一方当事人再行起诉要求增加或者减少费用的，人民法院应作为新案受理。

第二百一十九条　当事人超过诉讼时效期间起诉的，人民法院应予受理。受理后对方当事人提出诉讼时效抗辩，人民法院经审理认为抗辩事由成立的，判决驳回原告的诉讼请求。

127.5　典型案例

127.5.1　继承纠纷属于必要共同诉讼案件，继承人诉至法院要求分割房产，但无法提供涉及该房产的所有继承人的具体信息，法院不能以此驳回起诉

裁判来源：于某与任某等继承纠纷案

法院观点：一审法院认为，最高人民法院《关于适用〈中华人民共和国民事诉讼法〉的解释》第70条规定，在继承遗产的诉讼中，部分继承人起诉的，人民法院应通知其他继承人作为共同原告参加诉讼。继承纠纷案件属于必要的共同诉讼案件。根据四原告陈述，其父于某某与其母杨某某育有四原告，1982年5月于某某与任某某再婚，而任某某与前夫王某某有五个子女。本案原告要求分割继承的房屋系于某某与任某某在婚姻关系存续期间取得，任某某去世后，其所生育子女对涉案房屋亦享有继承的权利。本院在审理中，四原告未能提供任某某的法定继承人的身份信息，四

原告委托诉讼代理人周某文律师以需查证任某某与王某某的情况为由，向本院申请调查令，本院依法向周某文律师发放调查令后，原告仍未提供任某某的法定继承人信息。故本案不符合必要共同诉讼的条件，待原告查清被告继承人任某某的法定继承人信息后，再行起诉。

二审经审查认为，于某1、于某2、于某3、于某4的起诉符合《民事诉讼法》第119条规定的起诉条件，不存在《民事诉讼法》第124条应被驳回起诉的法定情形，人民法院应予审理。根据最高人民法院《关于适用〈中华人民共和国民事诉讼法〉的解释》第70条的规定，本案中，根据一审查明的事实，有其他未参加诉讼的继承人存在，一审法院在实体审理中应依职权进行调查核实，并通知其他继承人作为共同原告参加诉讼。综上，一审裁定驳回起诉，适用法律错误，本院予以纠正。

第二节　审理前的准备

128. 答辩状提出

128.1　法律条文

第一百二十八条　人民法院应当在立案之日起五日内将起诉状副本发送被告，被告应当在收到之日起十五日内提出答辩状。答辩状应当记明被告的姓名、性别、年龄、民族、职业、工作单位、住所、联系方式；法人或者其他组织的名称、住所和法定代表人或者主要负责人的姓名、职务、联系方式。人民法院应当在收到答辩状之日起五日内将答辩状副本发送原告。

被告不提出答辩状的，不影响人民法院审理。

128.2　条文阐释

本条涉及答辩状的提出规定。答辩状是被告针对原告的起诉提出的书面答辩。本条规定，人民法院受理案件以后，应当在5日内将原告提交的起诉状副本发送被告。原告口头起诉的，人民法院应当在5日内将口诉笔录的复制本发送被告，或者口头将原告起诉的内容通知被告。为了保证当事人辩论权的行使，被告在接到原告起诉状副本之后，其答辩的期限为15日。被告申请延期答辩的，是否准许，由人民法院决定。关于被告答辩期的规定是保障当事人辩论权行使的体现，但是不得被滥用。

答辩状应当记明被告的姓名、性别、年龄、民族、职业、工作单位、住所、联系方式；法人或者其他组织的名称、住所和法定代表人或者主要负责人的姓名、职务、联系方式。被告应当按照原告的人数提交答辩状副本，人民法院应当在收到答辩状之日起5日内将答辩状副本发送原告。人民法院送达起诉状、答辩状副本的目的在于保障双方当事人的知情权，使双方在信息对称的情况下公平对抗。

本条第2款规定了被告不提出答辩状的，不影响人民法院审理。即被告不提交答辩状或逾期不作答辩的，不影响民事诉讼程序下一阶段的进行，不影响人民法院对案件的审理。由于诉讼的结果往往涉及被告不利责任的负担，部分被告有逃避诉讼的可能，会导致诉讼不能正常进行，因此本条特别规定被告相关行为不影响法院民事诉讼程序进行。被告答辩是法官快速确定本案争议焦点，有效组织庭审辩论的工具。为了贯彻庭审中心原则，应当依法保证答辩的有效性。答辩时，向被告送达的起诉状副本没有包括原告附带证据的，被告可以就原告提出的诉求作出相应答辩，并不影响被告提出答辩意见，被告不能以未提出附带证据而拒绝答辩或者主张法院侵犯了其答辩权。实际上，作为有效组织庭审辩论的工具，以能够有效确定本案争议焦点为限，法律并未规定附带庭前证据开示功能。

128.3　相关规范性文件

最高人民法院《关于适用〈中华人民共和国民事诉讼法〉的解释》（法释〔2022〕11号，自2022年4月10日起施行）

第二百二十三条第一款　当事人在提交答辩状期间提出管辖异议，又针对起诉状的内容进行答辩的，人民法院应当依照民事诉讼法第一百三十条第一款的规定，对管辖异议进行审查。

《人民法院在线诉讼规则》（法释〔2021〕12号，自2021年8月1日起施行）

第十条 案件适用在线诉讼的，人民法院应当通知被告、被上诉人或者其他诉讼参与人，询问其是否同意以在线方式参与诉讼。被通知人同意采用在线方式的，应当在收到通知的三日内通过诉讼平台验证身份、关联案件，并在后续诉讼活动中通过诉讼平台了解案件信息、接收和提交诉讼材料，以及实施其他诉讼行为。

被通知人未明确表示同意采用在线方式，且未在人民法院指定期限内注册登录诉讼平台的，针对被通知人的相关诉讼活动在线下进行。

第十一条 当事人可以在诉讼平台直接填写录入起诉状、答辩状、反诉状、代理意见等诉讼文书材料。

当事人可以通过扫描、翻拍、转录等方式，将线下的诉讼文书材料或者证据材料作电子化处理后上传至诉讼平台。诉讼材料为电子数据，且诉讼平台与存储该电子数据的平台已实现对接的，当事人可以将电子数据直接提交至诉讼平台。

当事人提交电子化材料确有困难的，人民法院可以辅助当事人将线下材料作电子化处理后导入诉讼平台。

第二十九条 经受送达人同意，人民法院可以通过送达平台，向受送达人的电子邮箱、即时通讯账号、诉讼平台专用账号等电子地址，按照法律和司法解释的相关规定送达诉讼文书和证据材料。

具备下列情形之一的，人民法院可以确定受送达人同意电子送达：

（一）受送达人明确表示同意的；

（二）受送达人在诉讼前对适用电子送达已作出约定或者承诺的；

（三）受送达人在提交的起诉状、上诉状、申请书、答辩状中主动提供用于接收送达的电子地址的；

（四）受送达人通过回复收悉、参加诉讼等方式接受已经完成的电子送达，并且未明确表示不同意电子送达的。

129. 权利义务告知

129.1 法律条文

第一百二十九条 人民法院对决定受理的案件，应当在受理案件通知书和应诉通知书中向当事人告知有关的诉讼权利义务，或者口头告知。

129.2 条文阐释

本条规定了人民法院对当事人权利义务的告知义务。人民法院对决定受理的案件，应当告知当事人有关的诉讼权利和义务。告知可以采用口头和书面两种方式。法院采用书面方式的是指在受理案件通知书和应诉通知书中，向当事人写明有关的诉讼权利和义务。受理案件通知书是人民法院接到原告起诉后，经审查符合起诉条件的，在决定立案后向原告发出决定立案和预交诉讼费的通知书。应诉通知书是人民法院对原告的起诉决定受理后，应向被告发出的通知书，主要内容包括原告、被告姓名，案由，送达起诉状副本，告知被告按期提出答辩，可以委托诉讼代理人及其他事项。如果不在通知书中记明，应当在送达通知书的同时，用口头方式告知，以便当事人及时了解诉讼权利和义务。

129.3 司法适用

人民法院分别发送给原、被告的受理案件通知书和应诉通知书中关于诉讼权利义务的内容主要有以下几个方面：根据本法第 47 条的规定，当事人有权对本案的承办法官、书记员以及翻译人员、鉴定人、勘验人提出回避申请。根据本法第 52 条、第 53 条、第 54 条及其他有关条款的规定，当事人有权委托代理人，有权收集、提供证据，进行辩论，请求调解和自行和解，提起上诉，申请执行，查阅本案有关材料，复制本案有关材料和法律文书。当事人必须依法行使诉讼权利，遵守诉讼秩序，履行发生法律效力的判决书、裁定书和调解书。原告可以放弃或者变更诉讼请求，被告可以承认或者反驳诉讼请求，有权提起反诉。

另外，根据最高人民法院《关于民事诉讼证据的若干规定》第 50 条第 1 款的规定，人民法院应当在审理前的准备阶段向当事人送达举证通知书。举证通知书应当载明举证责任的分配原则和要求、可以向人民法院申请调查收集证据的情形、人民法院根据案件情况指定的举证期限以及逾期提供证据的法律后果等内容。

129.4 典型案例

129.4.1 法院依法履行权利义务告知义务后，当事人没有在期限内指出履行义务瑕疵的，视为义务已经履行

裁判来源：湖南梅溪湖建设有限公司、湖南吉迪建材贸易有限公司买卖合同纠纷案——湖南省长沙市中级人民法院民事判决书，（2022）湘 01 民终 1459 号

法院认为：经查阅一审卷宗，一审法院已经通过法院专递向梅溪湖建设公司送达了本案诉讼材料，包括本案的起诉状副本、应诉通知书、举证通知书、开庭传票、证据副本等相关材料，并在邮寄单相关诉讼材料名称处打钩标记，梅溪湖建设公司前台刘某签收了该邮件，应视为送达成功。根据上述法律规定，梅溪湖建设公司在其前台签收后，如果发现邮件内容与回执上的文书名称不一致，应当在收到邮件后的 3 日内将该邮件退回人民法院，并以书面方式说明退回的理由。但是梅溪湖建设公司在签收涉案法院专递后，并未向一审法院退回涉案邮件或向一审法院反应其未收到举证通知书、开庭传票等应诉材料，故综合上述情况，应视为梅溪湖建设公司对法院邮寄送达的诉讼材料无异议。现在梅溪湖建设公司主张一审法院送达程序存在瑕疵，没有事实和法律依据，本院不予采信。

129.4.2 一审法院相关法律文书送达瑕疵导致裁判文书未生效的，不能就此裁判文书申请再审

裁判来源：姚某、广西凯玺有色金属有限公司民间借贷纠纷再审案——广西壮族自治区人民法院民事判决书，（2022）桂民申 54 号

法院认为：本案中广西防城港市港口区人民法院作出的（2021）桂 0602 民初 1234 号民事判决，因再审申请人姚某的联系电话误写，导致无法送达本案的相关法律文书给姚某本人。根据《民事诉讼法》第 95 条的

规定，受送达人下落不明，或者用本节规定的其他方式无法送达的，公告送达。再审申请人姚某非为下落不明，只是其联系电话误写，一审法院直接采用公告送达方式送达本案的相关法律文书，违反法律规定，一审法院的判决文书不能视为有效送达，即仍未送达。据此，一审判决书仍未生效，对于未生效的判决，本院不予以审查。

130. 管辖权异议与应诉管辖

130.1　法律条文

第一百三十条　人民法院受理案件后，当事人对管辖权有异议的，应当在提交答辩状期间提出。人民法院对当事人提出的异议，应当审查。异议成立的，裁定将案件移送有管辖权的人民法院；异议不成立的，裁定驳回。

当事人未提出管辖异议，并应诉答辩或者提出反诉的，视为受诉人民法院有管辖权，但违反级别管辖和专属管辖规定的除外。

130.2　条文阐释

本条规定了管辖权异议与应诉管辖。本条第 1 款规定了当事人提出管辖权异议的期限和处理程序。管辖权异议，是指在民事诉讼中，本诉被告对受诉法院对本案的管辖权的质疑。

一般情况下，提出管辖权异议的主体为诉讼中的被告。管辖权异议的内容既包括案件的级别管辖，也包括案件的地域管辖。依据本款，当事人提出管辖权异议的期限为提交答辩状期间，即接到起诉状副本之日起的 15 日内。人民法院对当事人的异议应当进行审查。认为异议成立的，即受诉法院确实无管辖权，应裁定将案件移送到有管辖权的法院。认为异议不能成立的，即受诉法院依法享有对该案的管辖权，应当裁定驳回当事人的异议。

本条第 2 款是关于默示协议管辖的规定。受诉法院虽然没有对某一案件的管辖权，但在答辩期内，被告没有提出管辖权异议，并应诉答辩的，则视为双方通过默示的方式达成了协议管辖，受诉法院因而取得了对本案的管辖权。默示协议管辖不能违反级别管辖和专属管辖的。

2023年修法对本条第2款进行了最新修订。在之前，当事人未提出管辖异议却提出反诉的，实践中一般默认本诉法院对反诉当然享有管辖权，但这只是基于诉讼法理的解释而并未有法律的明确规定。此次修法将反诉纳入本诉法院的管辖范围（当事人未提出管辖异议的前提下），进一步细化明确了我国的管辖规则。

130.3 司法适用

目前我国多数说认为，管辖权异议的主体只能是本案原告与本案被告，共同诉讼人和第三人不是提起管辖权异议的主体。在必要共同诉讼中，被告一方为数人，其中一人提出管辖权异议，其他共同被告没有提，该异议被裁定驳回后，没有提出管辖权异议的共同被告对裁定不服提出上诉，上诉法院不应当对其上诉进行审查。因为如果赋予没有提管辖异议的共同诉讼人享有上诉权，实质后果是令其再次取得在期间届满后丧失的管辖异议权，也即延长了其提出管辖权异议的期间，这与设置诉讼时效期间的立法精神是不相符的。管辖权异议的客体，是指在哪些情况下当事人可以提出管辖权异议，也即在运用哪些管辖规则的情况下，一方当事人可以主张该法院无管辖权。管辖规则以法律规定和法院裁定为标准，分为法定管辖和裁定管辖。法定管辖包括级别管辖和地域管辖，裁定管辖包括移送管辖、指定管辖和管辖权转移。实践中，当事人提出管辖异议的多数是针对地域管辖，对此，法律和相关的司法解释有明确的规定；根据1995年最高人民法院《关于当事人就级别管辖提出异议应如何处理问题的函》，其态度表明级别管辖亦为管辖权异议的客体，但该规定已被废止。而对于裁定管辖能否成为管辖权异议的客体，理论上则也尚未达成一致意见。

130.4 相关规范性文件

最高人民法院《关于适用〈中华人民共和国民事诉讼法〉的解释》（法释〔2022〕11号，自2022年4月10日起施行）

第三十九条 人民法院对管辖异议审查后确定有管辖权的，不因当事人提起反诉、增加或者变更诉讼请求等改变管辖，但违反级别管辖、专属管辖规定的除外。

人民法院发回重审或者按第一审程序再审的案件，当事人提出管辖异议的，人民法院不予审查。

第八十二条　在一审诉讼中，无独立请求权的第三人无权提出管辖异议，无权放弃、变更诉讼请求或者申请撤诉，被判决承担民事责任的，有权提起上诉。

第二百二十三条　当事人在提交答辩状期间提出管辖异议，又针对起诉状的内容进行答辩的，人民法院应当依照民事诉讼法第一百三十条第一款的规定，对管辖异议进行审查。

当事人未提出管辖异议，就案件实体内容进行答辩、陈述或者反诉的，可以认定为民事诉讼法第一百三十条第二款规定的应诉答辩。

第二百四十三条　民事诉讼法第一百五十二条规定的审限，是指从立案之日起至裁判宣告、调解书送达之日止的期间，但公告期间、鉴定期间、双方当事人和解期间、审理当事人提出的管辖异议以及处理人民法院之间的管辖争议期间不应计算在内。

第二百七十六条　当事人对小额诉讼案件提出管辖异议的，人民法院应当作出裁定。裁定一经作出即生效。

最高人民法院《关于民事诉讼证据的若干规定》（法释〔2019〕19号，自2020年5月1日起施行）

第五十五条　存在下列情形的，举证期限按照如下方式确定：

（一）当事人依照民事诉讼法第一百二十七条规定提出管辖权异议的，举证期限中止，自驳回管辖权异议的裁定生效之日起恢复计算；

（二）追加当事人、有独立请求权的第三人参加诉讼或者无独立请求权的第三人经人民法院通知参加诉讼的，人民法院应当依照本规定第五十一条的规定为新参加诉讼的当事人确定举证期限，该举证期限适用于其他当事人；

（三）发回重审的案件，第一审人民法院可以结合案件具体情况和发回重审的原因，酌情确定举证期限；

（四）当事人增加、变更诉讼请求或者提出反诉的，人民法院应当根据案件具体情况重新确定举证期限；

（五）公告送达的，举证期限自公告期届满之次日起计算。

最高人民法院对十三届全国人大二次会议第5785号建议的答复（2019年7月22日）

您提出的关于请最高法院完善依职权移送管辖制度的建议收悉，现答复如下：

移送管辖是人民法院在受理民事案件后，发现本院对案件无管辖权，依法将案件移送给有管辖权的法院审理的制度。既包括同级法院之间的移送，也包括不同级法院之间的移送。《中华人民共和国民事诉讼法》（以下简称《民事诉讼法》）赋予人民法院依职权进行移送管辖，有利于及时纠正错误管辖，减轻当事人诉累，提升审判效率。

一、关于依职权移送管辖的具体情形问题

《民事诉讼法》第三十六条规定，人民法院发现受理的案件不属于本院管辖的，应当移送有管辖权的人民法院，受移送的人民法院应当受理。受移送的人民法院认为受移送的案件依照规定不属于本院管辖的，应当报请上级人民法院指定管辖，不得再自行移送。根据该条规定，移送管辖需要符合以下条件：一是移送法院已经受理案件。移送管辖的前提是案件已经受理。如果受理之前发现案件不归本院管辖，应当告知起诉人向有管辖权的法院起诉；如果起诉人坚持向本院起诉，应当裁定不予受理。在立案前发现其他有管辖权的人民法院已先立案的，不得重复立案；二是移送法院对案件无管辖权，立案后发现其他有管辖权的人民法院已先立案的，应当裁定将案件移送给先立案的人民法院；三是只能向有管辖权的法院移送。四是移送管辖只能进行一次。移送管辖的裁定对受移送的法院具有约束力，受移送的法院应当受理。受移送的人民法院认为受移送的案件依照规定不属于本院管辖的，不得将案件退回原法院，也不得再自行移送给其他有管辖权的人民法院，而应当报请上级人民法院指定管辖。这是为防止法院之间就管辖权问题无休止的推诿，拖延诉讼，影响当事人诉权行使和人民法院的审判效率。同时，根据《民事诉讼法》相关规定，有三种情况人民法院不得依职权移送管辖：一是两个以上人民法院都有管辖权的民事案件。先立案的人民法院不得将案件移送给另一个有管辖权的人民法院。二是案件受理后，当事人住所地、经常居住地发生变化。受诉人民法院的管辖权不受当事人住所地、经常居住地变更的影响，受诉人民法院更不得将案件移送到当事人变更后的住所地、经常居住地人民法院管辖。三是有管辖权的人民法院受理案件后，行政区域发生变更。受理案件时有管辖权的人民法院不得以行政区域变更为由，将案件移送给变更后有管辖权的人民法院。综上，针对依职权移送管辖，《民事诉讼法》规定了较为全面的适用条件及排除性条件，人民法院并不能任意裁定移送管辖。当然，正如您所说，《民事诉讼法》第三十六条的规定原则性比较强，司法实践中，个别法院确实存在任意移送管辖、推托管辖的问题。对此，《最高人民法院关于适用〈中华人民共和国民事诉讼法〉的解释》对指定管辖程序进行了完善，规定了上级法院通过裁定方式指定管辖法院，及时保障当事人诉讼权利，维护管辖秩序。从我们调研情况来看，各级人民法院对于依职权移送管辖的适用条件和情形把握较为准确，争议不大，因此，目前并无必要专门出台司法解释进一步明确依职权移送管辖的具体情形等。

二、关于当事人能否对依职权移送管辖裁定上诉的问题

《民事诉讼法》第一百五十四条规定，对管辖权有异议的裁定可以上诉。从文义解释和体系解释角度看，这里的管辖权异议，指的是当事人认为审理某一案件的第一审人民法院对案件没有管辖权的，可以提出管辖权异议。《民事诉讼法》第一百二十七条，即人民法院受理案件后，当事人对管辖权有异议的，应当在提交答辩状期间提出。人民法院对当事人提出的异议，应当审查。异议成立的，裁定将案件移送有管辖权的人民法院；异议不成立的，裁定驳回。可以看出，人民法院对当事人提出的管辖权异议，有两种裁定形式：一是当事人异议成立裁定将案件移送有管辖权的法院；二是当事人异议不成立裁定驳回其异议。需要指出的是，当事人提出管辖权异议是《民事诉讼法》第一百五十四条规定的“对管辖权有异议的裁定”的核心要素。因此，人民法院依职权作出的移送管辖裁定，是不允许上诉的裁定。从依职权移送管辖的目的来看，管辖作为民事诉讼的重要制度，是民事程序运作的前提，对于保障当事人诉权具有重要意义，法律规定人民法院发现本院受理的案件无管辖权时应移送有管辖权人民法院，目的是及时纠正管辖错误，属于人民法院行使职权，解决内部具体分工和

协调问题。同时，若当事人对于法院依职权移送管辖有异议，可向受移送人民法院提出管辖权异议。因为依职权作出的移送裁定无关当事人关于管辖的主观意思，不涉及“一事不再理”原则问题，对此，《民事诉讼法》并未排除当事人具有提出管辖权异议的诉讼权利。

130.5 典型案例

130.5.1 涉外合同的当事人协议选择适用法律与协议选择管辖法院是两个截然不同的法律行为，应当根据相关法律规定分别判断其效力

裁判来源：山东聚丰网络有限公司与韩国MGAME公司、天津风云网络技术有限公司网络游戏代理及许可合同纠纷管辖权异议案——最高人民法院民事裁定书，(2009) 民三终字第4号

裁判摘要：《民法通则》第145条规定：“涉外合同的当事人可以选择处理合同争议所适用的法律，法律另有规定的除外。涉外合同的当事人没有选择的，适用与合同有最密切联系的国家的法律。”《民事诉讼法》第242条规定：“涉外合同或者涉外财产权益纠纷的当事人，可以用书面协议选择与争议有实际联系的地点的法院管辖。选择中华人民共和国人民法院管辖的，不得违反本法关于级别管辖和专属管辖的规定。”最高人民法院《关于审理涉外民事或商事合同纠纷案件法律适用若干问题的规定》第1条规定：“涉外民事或商事合同应适用的法律，是指有关国家或地区的实体法，不包括冲突法和程序法。”据此，涉外合同的当事人协议选择适用法律与协议选择管辖法院是两个截然不同的法律行为，应当根据相关法律规定分别判断其效力。对于协议选择管辖法院条款的效力，应当依据法院地法进行判断，与准据法所属国的法律规定无关。前述《民事诉讼法》第242条的规定属于授权性规范，而非指示性规范，即按照我国现行法律规定，对于涉外合同或者涉外财产权益纠纷案件当事人协议选择管辖法院的问题，仍应当坚持书面形式和实际联系原则。

130.5.2 在仲裁法实施后重新组建仲裁机构前，当事人达成的仲裁协议只约定了仲裁地点，未约定仲裁机构的，双方当事人在补充协议中选定了在该地点依法重新组建的仲裁机构的，仲裁协议有效

裁判来源：锦宫公司与广发公司商品房买卖合同纠纷管辖权异议

案——最高人民法院民事裁定书，(2006) 民一终字第 11 号

裁判摘要： 根据《仲裁法》第 18 条的规定，仲裁协议对仲裁事项或者仲裁委员会没有约定或者约定不明确的，当事人可以补充协议；达不成补充协议的，仲裁协议无效。根据最高人民法院《关于确认仲裁协议效力几个问题的批复》第 1 条的规定，在仲裁法实施后重新组建仲裁机构前，当事人达成的仲裁协议只约定了仲裁地点，未约定仲裁机构的，双方当事人在补充协议中选定了在该地点依法重新组建的仲裁机构的，仲裁协议有效；双方当事人达不成补充协议的，仲裁协议无效。依照上述规定认定仲裁协议无效的，当事人向有管辖权的人民法院提起诉讼，人民法院应当受理。

131. 审判人员的告知义务

131.1　法律条文

第一百三十一条　审判人员确定后，应当在三日内告知当事人。

131.2　条文阐释

审判人员的告知涉及当事人申请回避的权利，是当事人申请回避的必要条件。这一权利是当事人最重要的诉讼权利之一，也是保证案件得到公正审理的基础，因此本法规定审判人员组成应当依法按时告知当事人，保护当事人诉讼权利。人民法院在告知当事人后，可以根据需要对合议庭组成人员进行必要的调整，因情事变化，必须调整合议庭组成人员的，应当于调整后 3 日内告知当事人。在开庭前 3 日内决定调整合议庭组成人员的，原定的开庭日期应予顺延。法院违反相关规定的，依法应当予以纠正。

131.3　相关规范性文件

最高人民法院《关于适用〈中华人民共和国民事诉讼法〉的解释》(法释〔2022〕11 号，自 2022 年 4 月 10 日起施行)

第四十七条　人民法院应当依法告知当事人对合议庭组成人员、独任

审判员和书记员等人员有申请回避的权利。

第二百七十四条 人民法院受理小额诉讼案件，应当向当事人告知该类案件的审判组织、一审终审、审理期限、诉讼费用交纳标准等相关事项。

第二百八十四条 人民法院受理公益诉讼案件后，应当在十日内书面告知相关行政主管部门。

131.4 典型案例

131.4.1 诉讼过程中，法院未在3日内告知当事人法定事项的，属于程序违法

裁判来源：湖南天鹰建设有限公司、湖南德有常律师事务所法律服务合同纠纷案——湖南省常德市中级人民法院民事裁定书，（2022）湘07民终1418号

法院认为：《民事诉讼法》第131条规定，审判人员确定后，应当在3日内告知当事人。最高人民法院《关于适用〈中华人民共和国民事诉讼法〉的解释》第261条规定，适用简易程序审理案件，人民法院可以依照《民事诉讼法》第90条、第162条的规定采取捎口信、电话、短信、传真、电子邮件等简便方式传唤双方当事人、通知证人和送达诉讼文书。以简便方式送达的开庭通知，未经当事人确认或者没有其他证据证明当事人已经收到的，人民法院不得缺席判决。依照《民事诉讼法》第177条第1款第4项规定，本案法院严重违反相关程序，依法应当撤销原判，发回重审。

132. 审判人员的审核职责

132.1 法律条文

第一百三十二条 审判人员必须认真审核诉讼材料，调查收集必要的证据。

132.2　条文阐释

本条规定了法律对审判人员审查取证的要求。人民法院有审查核实证据的职权。人民法院为了审查核实当事人提供证据的真实性而收集必要的证据，属于行使民事诉讼法规定的职权，不违反“谁主张、谁举证”等程序要求。本条规定的审核诉讼材料和调查、收集必要证据的工作，并不是使审判人员在开庭审理前对案件事实以及证据的认定形成结论性的意见。从性质上讲，此项工作只是一种程序性的准备而非实体性审理。

诉讼材料，是指原告、被告双方向受诉法院提交的起诉状、答辩状，以及他们各自提交的有关证据材料。当事人诉讼材料的提交应当准确和全面，便于人民法院充分地了解基本案情，明确审理方向。必要的证据，是指对于认定事实、适用法律必不可少的证据材料。一般来说，审理案件必要的证据是指与案件基本事实相关的证据，与案件基本事实不相关的证据不属于法院必须依职权调查的范围。

审核诉讼材料，主要是指承办案件的审判人员对原告的起诉状、被告的答辩状以及他们提出的证据和其他诉讼材料进行审查和核实。审核的事项主要为涉及民事诉讼顺利进行的基本事项，具体包括：再次审查案件是否属于人民法院受案范围和受诉人民法院管辖，发现该案件不属于人民法院受理范围的，裁定驳回起诉，发现不属于本法院管辖的，移送有管辖权的人民法院管辖；了解原告的诉讼请求和被告对诉讼请求的反驳是否还需要一定的证明材料，如需要，通知当事人补正；审查被告是否提出了反诉，反诉是否符合条件，反诉的诉讼请求是什么，有何事实和理由；查明有无必要对证据进行鉴定或者勘验，是否需要人民法院调查、收集必要的证据，是否需要对可能灭失的证据采取保全措施；确定是否有必要按法定程序通知其他人参加诉讼。为了保障民事诉讼的顺利进行，法院人员的审查取证义务是全过程的，不得怠于履行相应法律义务。

132.3 相关规范性文件

最高人民法院《关于民事诉讼证据的若干规定》（法释〔2019〕19号，自2020年5月1日起施行）

第十条 下列事实，当事人无须举证证明：

（一）自然规律以及定理、定律；

（二）众所周知的事实；

（三）根据法律规定推定的事实；

（四）根据已知的事实和日常生活经验法则推定出的另一事实；

（五）已为仲裁机构的生效裁决所确认的事实；

（六）已为人民法院发生法律效力的裁判所确认的基本事实；

（七）已为有效公证文书所证明的事实。

前款第二项至第五项事实，当事人有相反证据足以反驳的除外；第六项、第七项事实，当事人有相反证据足以推翻的除外。

第十一条 当事人向人民法院提供证据，应当提供原件或者原物。如需自己保存证据原件、原物或者提供原件、原物确有困难的，可以提供经人民法院核对无异的复制件或者复制品。

第十二条 以动产作为证据的，应当将原物提交人民法院。原物不宜搬移或者不宜保存的，当事人可以提供复制品、影像资料或者其他替代品。

人民法院在收到当事人提交的动产或者替代品后，应当及时通知双方当事人到人民法院或者保存现场查验。

第十三条 当事人以不动产作为证据的，应当向人民法院提供该不动产的影像资料。

人民法院认为有必要的，应当通知双方当事人到场进行查验。

第十四条 电子数据包括下列信息、电子文件：

（一）网页、博客、微博客等网络平台发布的信息；

（二）手机短信、电子邮件、即时通信、通讯群组等网络应用服务的通信信息；

（三）用户注册信息、身份认证信息、电子交易记录、通信记录、登录日志等信息；

（四）文档、图片、音频、视频、数字证书、计算机程序等电子文件；

（五）其他以数字化形式存储、处理、传输的能够证明案件事实的信息。

第十五条　当事人以视听资料作为证据的，应当提供存储该视听资料的原始载体。

当事人以电子数据作为证据的，应当提供原件。电子数据的制作者制作的与原件一致的副本，或者直接来源于电子数据的打印件或其他可以显示、识别的输出介质，视为电子数据的原件。

第十六条　当事人提供的公文书证系在中华人民共和国领域外形成的，该证据应当经所在国公证机关证明，或者履行中华人民共和国与该所在国订立的有关条约中规定的证明手续。

中华人民共和国领域外形成的涉及身份关系的证据，应当经所在国公证机关证明并经中华人民共和国驻该国使领馆认证，或者履行中华人民共和国与该所在国订立的有关条约中规定的证明手续。

当事人向人民法院提供的证据是在香港、澳门、台湾地区形成的，应当履行相关的证明手续。

第十七条　当事人向人民法院提供外文书证或者外文说明资料，应当附有中文译本。

第十八条　双方当事人无争议的事实符合《最高人民法院关于适用〈中华人民共和国民事诉讼法〉的解释》第九十六条第一款规定情形的，人民法院可以责令当事人提供有关证据。

第十九条　当事人应当对其提交的证据材料逐一分类编号，对证据材料的来源、证明对象和内容作简要说明，签名盖章，注明提交日期，并依照对方当事人人数提出副本。

人民法院收到当事人提交的证据材料，应当出具收据，注明证据的名称、份数和页数以及收到的时间，由经办人员签名或者盖章。

二、证据的调查收集和保全

第二十条　当事人及其诉讼代理人申请人民法院调查收集证据，应当在举证期限届满前提交书面申请。

申请书应当载明被调查人的姓名或者单位名称、住所地等基本情况、所要调查收集的证据名称或者内容、需要由人民法院调查收集证据的原因及其要证明的事实以及明确的线索。

第二十一条 人民法院调查收集的书证，可以是原件，也可以是经核对无误的副本或者复制件。是副本或者复制件的，应当在调查笔录中说明来源和取证情况。

第二十二条 人民法院调查收集的物证应当是原物。被调查人提供原物确有困难的，可以提供复制品或者影像资料。提供复制品或者影像资料的，应当在调查笔录中说明取证情况。

第二十三条 人民法院调查收集视听资料、电子数据，应当要求被调查人提供原始载体。

提供原始载体确有困难的，可以提供复制件。提供复制件的，人民法院应当在调查笔录中说明其来源和制作经过。

人民法院对视听资料、电子数据采取证据保全措施的，适用前款规定。

第二十四条 人民法院调查收集可能需要鉴定的证据，应当遵守相关技术规范，确保证据不被污染。

132.4 典型案例

132.4.1 为了调查核实基本证据的真实性，人民法院有权审查核实证据

裁判来源：安斯泰来制药株式会社（日本）与成都力思特制药股份有限公司侵犯发明专利权纠纷再审案——最高人民法院民事裁定书，（2013）民申字第261号

裁判要旨：人民法院有审查核实证据的职权。本案中，力思特公司在二审期间自行提交7张发票以证明其使用的雷莫司琼原料系外购的主张，该7张发票并非二审法院主动调查收集的证据。二审法院要求力思特公司进一步提交相关付款凭证等证据，并到相关税务机关和公司进行调查，是为了核实力思特公司提交的发票的真实性，确认力思特公司以该发票主张的购销事实是否真实发生。人民法院为了审查核实当事人提供证据的真实性而收集必要的证据，属于行使民事诉讼法规定的职权，不违反“谁主张、谁举证”等程序要求。

133. 法院调查程序

133.1　法律条文

第一百三十三条　人民法院派出人员进行调查时，应当向被调查人出示证件。

调查笔录经被调查人校阅后，由被调查人、调查人签名或者盖章。

133.2　条文阐释

法院外出进行调查时，应当符合一定程序。法院的庭外调查权一般是对本案事实、证据的再度核实，不得逾越法官公正、中立的司法立场，不得替代当事人在民事诉讼的举证责任。法院启动庭外调查程序，对于调查案件发生背景、当事人的利益纠葛乃至虚假诉讼的可能性等，发挥着一定的功能。在庭外调查程序开始之前，法院工作人员应当向调查对象告知和表明身份，允许调查对象查验证件，介绍调查询问的事项，释明虚假陈述的相关法律后果。庭外调查程序结束之际，法院工作人员应当允许调查对象核对和校阅调查笔录，被调查人可以补充或更正有关其陈述的记录，但修改更正之处应当由被调查人签字或加按手印。调查笔录作为法院依职权调查收集证据的结果，应当遵循民事证据法律规则的相关规定，告知并听取双方当事人对笔录内容的意见。法官直接使用笔录证据作为裁判依据之时（裁判文书的本案查明部分），应当确保被调查人符合不出庭陈述的法定条件，综合全案事实审慎判断笔录证据的真实性、关联性与合法性。

本法规定了人民法院派出人员进行调查的基本程序。人民法院进行调查时不得为了追求效率而忽视调查的基本程序。人民法院派出人员进行调查应当严格要求，因为法院人员代表人民法院形象，关系法院的权威与国家公信力。

134. 委托调查

134.1 法律条文

第一百三十四条 人民法院在必要时可以委托外地人民法院调查。

委托调查，必须提出明确的项目和要求。受委托人民法院可以主动补充调查。

受委托人民法院收到委托书后，应当在三十日内完成调查。因故不能完成的，应当在上述期限内函告委托人民法院。

134.2 条文阐释

受诉人民法院除自行调查以外，对在外地的证据，在必要的时候可以委托外地人民法院调查。除外地人民法院外，法院不得委托其他法人或个人进行调查。委托调查的目的在于法院可以在保证调查质量的前提下降低调查成本，提高调查效率。委托调查是一种法定调查方式，受委托的人民法院有义务协助调查取证，受委托的人民法院不得拖延推诿相关调查权证。委托调查，必须提出明确的项目和要求。人民法院有维护公共利益和国家利益的职责，为了保证调查事项的完整性并以此满足诉讼活动的客观需要，受委托的人民法院除根据委托调查的项目和要求进行调查外，如果发现与委托项目有关的证据，可以主动补充调查。

134.3 司法适用

委托调查既是法院的职权也是法院的法定义务，审理案件的法官应当正确合理使用委托调查制度，被委托法院和法官应当依法有效配合相关法院处理委托事项，共同促进民事纠纷合理快速解决。

135. 通知共同诉讼人

135.1　法律条文

第一百三十五条　必须共同进行诉讼的当事人没有参加诉讼的，人民法院应当通知其参加诉讼。

135.2　条文阐释

本条对当事人的追加作出了规定。根据民事诉讼法的基本理论，民事共同诉讼分为必要共同诉讼和普通共同诉讼。必要共同诉讼，是指当事人一方或者双方为两人以上，诉讼标的相同，必须合并审理的诉讼。普通共同诉讼，是指当事人一方或者双方为两人以上，诉讼标的同类但不同，人民法院认为可以合并审理 并且经过了当事人同意的诉讼。普通共同诉讼是一种可分之诉，必要共同诉讼是一种不可分之诉。因此本条规定法院应当依法追加并通知必须共同进行诉讼的当事人参加诉讼。

人民法院追加共同诉讼的当事人时，应通知其他当事人。人民法院依法追加原告时，如果应当追加的原告已经明确表示放弃实体权利的，可不予追加；既不愿意参加诉讼，又不愿意放弃实体权利的，仍追加为共同原告，其不参加诉讼的，不影响人民法院的审理和判决。人民法院依法追加被告时，不以其本人和案内其他诉讼当事人的主观意愿为转移，均应通知追加，即使其不来参加诉讼，也不影响人民法院的审理和判决，且判决生效后对其有同样约束力。对于依法必须到庭的被告，可以依法适用拘传。

必须共同进行诉讼的当事人没有参加诉讼的，除人民法院有权通知其参加诉讼以外，当事人也可以向人民法院申请追加。人民法院对当事人提出的申请，应当进行审查，申请无理的，裁定驳回；申请有理的，书面通知被追加的当事人参加诉讼。

135.3 司法适用

我国《民事诉讼法》第55条第1款规定："当事人一方或者双方为二人以上，其诉讼标的是共同的，或者诉讼标的是同一种类、人民法院认为可以合并审理并经当事人同意的，为共同诉讼。"由此，按照共同诉讼人之间对诉讼标的关系的不同，将共同诉讼分为两类：一类是诉讼标的是共同的共同诉讼，另一类是诉讼标的是同种类的共同诉讼，前者是必要共同诉讼，后者是普通共同诉讼。

最高人民法院《关于适用〈中华人民共和国担保法〉若干问题的解释》（已失效，以下简称《担保法解释》）第126条规定："连带责任保证的债权人可以将债务人或者保证人作为被告提起诉讼，也可以将债务人和保证人作为共同被告提起诉讼。"《民法典》第688条第2款规定："连带责任保证的债务人不履行到期债务或者发生当事人约定的情形时，债权人可以请求债务人履行债务，也可以请求保证人在其保证范围内承担保证责任。"在我国现行共同诉讼分类框架下，应当将连带责任保证案件归为普通共同诉讼而非必要共同诉讼。原因有二：从实体法角度分析，在实体权利义务关系上，债权人对债务人和对保证人的债权请求权是各自独立的，债务人和保证人对债权人承担责任也各自独立。《担保法解释》虽然肯定了保证人和债务人可以为共同被告，但债权人对债务人和保证人的两个诉讼仍然属于可分之诉，即普通共同诉讼。从诉讼法角度分析，《民事诉讼法》第132条规定："必须共同进行诉讼的当事人没有参加诉讼的，人民法院应当通知其参加诉讼。"学理上认为第132条规定的必要共同诉讼需要具备两个基本要素：（1）诉讼实施权仅可共同行使，不允许单个之诉；（2）在所有人皆参加诉讼的情况下，必须作出统一的实体裁判。《民法典》第688条下的连带责任保证案件并不符合必要共同诉讼的构成要素。

然而在我国现行共同诉讼分类框架下，将连带责任保证案件归为普通共同诉讼并非无懈可击。相较其他各请求相互之间没有关联性的案件，连带责任保证案件存在其特殊性。虽然针对各共同诉讼人的请求并不相同，但这些请求是基于同一法律关系成立的，法院不能作出相互矛盾的判决。在连带责任保证案件中，对于作为基础的事实关系，即主债务存否及数额的问题，法院应当作出逻辑合一的判断。因此，连带责任保证案件的连带程度虽没有达到必要共同诉讼的程度，但对于其特殊性应当在普通诉讼的基础上予以保护。

135.4　相关规范性文件

最高人民法院《关于适用〈中华人民共和国民事诉讼法〉的解释》（法释〔2022〕11号，自2022年4月10日起施行）

第七十三条　必须共同进行诉讼的当事人没有参加诉讼的，人民法院应当依照民事诉讼法第一百三十五条的规定，通知其参加；当事人也可以向人民法院申请追加。人民法院对当事人提出的申请，应当进行审查，申请理由不成立的，裁定驳回；申请理由成立的，书面通知被追加的当事人参加诉讼。

第七十四条　人民法院追加共同诉讼的当事人时，应当通知其他当事人。应当追加的原告，已明确表示放弃实体权利的，可不予追加；既不愿意参加诉讼，又不放弃实体权利的，仍应追加为共同原告，其不参加诉讼，不影响人民法院对案件的审理和依法作出判决。

135.5　典型案例

135.5.1　在连带责任保证案件部分当事人上诉的情形下，应尊重未上诉的当事人的选择，不将其作为二审判决的对象，但在判决书中应对不适格被上诉人之诉讼地位进行回应

裁判来源：中国华融资产管理股份有限公司云南省分公司与昆明广林钢管贸易有限公司等金融借款合同纠纷上诉案——最高人民法院民事判决书，(2020) 最高法民终118号

裁判要旨：上诉不仅表明上诉人不服一审裁判，而且表明上诉人与对方当事人或者共同诉讼人的权利义务有争议。在连带责任保证案件部分当事人上诉的情形下，应尊重未上诉的当事人的选择，不将其作为二审判决的对象；同时在上诉人错误列举被上诉人时，不直接更换被上诉人，而是尊重上诉人的诉讼权利，在二审判决书中按照其上诉状载明的当事人的诉讼地位予以列明，但在判决书中应对不适格被上诉人之诉讼地位进行回应。

136. 程序分流

136.1 法律条文

第一百三十六条 人民法院对受理的案件，分别情形，予以处理：

（一）当事人没有争议，符合督促程序规定条件的，可以转入督促程序；

（二）开庭前可以调解的，采取调解方式及时解决纠纷；

（三）根据案件情况，确定适用简易程序或者普通程序；

（四）需要开庭审理的，通过要求当事人交换证据等方式，明确争议焦点。

136.2 条文阐释

法院组织开庭需要符合一定程序。依据本条，人民法院受理案件之后，开庭审理之前，应当根据案件的具体情况，分别处理：

（1）当事人没有争议，符合督促程序规定条件的，可以转入督促程序。督促程序，是指人民法院根据债权人的申请，以支付令的方式，催促债务人在法定期间内向债权人履行给付金钱和有价证券义务，如果债务人在法定期间内未履行义务又不提出书面异议，债权人可以根据支付令向人民法院申请强制执行的程序。督促程序的目的是当事人快速实现债权，是一种非诉程序，主要适用于债权债务关系明确的、双方当事人对他们之间的债权债务关系无争议的、给付金钱和有价证券的案件，所以人民法院对于依照诉讼程序受理的案件，如果发现当事人没有争议且符合督促程序条件的，可以转入督促程序。如果不符合相关条件，不得转入督促程序，应当依法保障当事人辩论权。

（2）开庭前可以调解的，采取调解方式及时解决纠纷。开庭前可以调解的案件，尽量采用调解的方式解决，因为通过调解，双方的认识较为一致，容易形成共识、达成协议。调解能够节约诉讼成本、提高诉讼效率，实现诉讼目的。

（3）根据案件情况，确定适用简易程序或者普通程序。简易程序区别于普通程序，简易程序是基层人民法院及其派出法庭审理简单民事案件所适用的一种简便易行的程序。根据本法第160条的规定，对于事实清楚、权利义务关系明确、争议不大的案件，人民法院可以适用简易程序审理。其他民事案件，当事人也可以约定适用简易程序。依据相关司法解释的规定，当事人就适用简易程序有权提出异议，人民法院认为异议成立的，或者人民法院在审理过程中发现不宜适用简易程序的，应当将案件转入普通程序审理。

（4）人民法院应当根据当事人的诉讼请求、答辩意见以及证据交换的情况，归纳争议焦点，并就归纳的争议焦点征求当事人的意见。合理归纳审理焦点有利于快速有效推进庭审程序进行。

136.3 司法适用

庭前准备程序需要避免流于形式。庭前交换证据的目的是简化程序，而不是增加环节。对于案情简单，证据充分、明确的案件，可以直接排期开庭审理，不可将庭前交换证据作为一项必经程序，使之程式化、固定化，从而加重当事人的负担。在程序进行过程中，必须确定好庭前准备的合理程度。所谓庭前准备的合理程度，是指为开庭审理所作的准备要到何种程度，才能既使得开庭审理具有效率，又使得准备程序不致过于拖沓。这就要求当事人及其诉讼代理人从程序到实体都要做好充分的准备，而庭前准备工作只能从程序方面做必要的准备，不能过多地介入实体准备。

负责庭前准备的法官必须明确三项原则：一是指挥和监督原则，即法官在此阶段对于当事人及其诉讼代理人的准备活动有指挥和监督的权利；二是不进行实体审理的原则；三是依法进行必要准备的原则。这些准备大多属于程序性的准备，但也有少量实体方面的准备，如依法调查收集必要的证据，召开庭前会议，整理争议焦点，等等。

136.4 相关规范性文件

最高人民法院《关于适用简易程序审理民事案件的若干规定》（法释〔2020〕20号，自2021年1月1日起施行）

第一条 基层人民法院根据民事诉讼法第一百五十七条规定审理简单

的民事案件，适用本规定，但有下列情形之一的案件除外：

（一）起诉时被告下落不明的；

（二）发回重审的；

（三）共同诉讼中一方或者双方当事人人数众多的；

（四）法律规定应当适用特别程序、审判监督程序、督促程序、公示催告程序和企业法人破产还债程序的；

（五）人民法院认为不宜适用简易程序进行审理的。

第二条 基层人民法院适用第一审普通程序审理的民事案件，当事人各方自愿选择适用简易程序，经人民法院审查同意的，可以适用简易程序进行审理。

人民法院不得违反当事人自愿原则，将普通程序转为简易程序。

第三条 当事人就适用简易程序提出异议，人民法院认为异议成立的，或者人民法院在审理过程中发现不宜适用简易程序的，应当将案件转入普通程序审理。

第十三条 当事人一方或者双方就适用简易程序提出异议后，人民法院应当进行审查，并按下列情形分别处理：

（一）异议成立的，应当将案件转入普通程序审理，并将合议庭的组成人员及相关事项以书面形式通知双方当事人；

（二）异议不成立的，口头告知双方当事人，并将上述内容记入笔录。

转入普通程序审理的民事案件的审理期限自人民法院立案的次日起开始计算。

第十四条 下列民事案件，人民法院在开庭审理时应当先行调解：

（一）婚姻家庭纠纷和继承纠纷；

（二）劳务合同纠纷；

（三）交通事故和工伤事故引起的权利义务关系较为明确的损害赔偿纠纷；

（四）宅基地和相邻关系纠纷；

（五）合伙合同纠纷；

（六）诉讼标的额较小的纠纷。

但是根据案件的性质和当事人的实际情况不能调解或者显然没有调解

必要的除外。

第十五条　调解达成协议并经审判人员审核后，双方当事人同意该调解协议经双方签名或者按指印生效的，该调解协议自双方签名或者按指印之日起发生法律效力。当事人要求摘录或者复制该调解协议的，应予准许。

调解协议符合前款规定，且不属于不需要制作调解书的，人民法院应当另行制作民事调解书。调解协议生效后一方拒不履行的，另一方可以持民事调解书申请强制执行。

第十六条　人民法院可以当庭告知当事人到人民法院领取民事调解书的具体日期，也可以在当事人达成调解协议的次日起十日内将民事调解书发送给当事人。

第十七条　当事人以民事调解书与调解协议的原意不一致为由提出异议，人民法院审查后认为异议成立的，应当根据调解协议裁定补正民事调解书的相关内容。

最高人民法院《关于适用〈中华人民共和国民事诉讼法〉的解释》（法释〔2022〕11号，自2022年4月10日起施行）

第二百二十四条　依照民事诉讼法第一百三十六条第四项规定，人民法院可以在答辩期届满后，通过组织证据交换、召集庭前会议等方式，作好审理前的准备。

第二百二十五条　根据案件具体情况，庭前会议可以包括下列内容：

（一）明确原告的诉讼请求和被告的答辩意见；

（二）审查处理当事人增加、变更诉讼请求的申请和提出的反诉，以及第三人提出的与本案有关的诉讼请求；

（三）根据当事人的申请决定调查收集证据，委托鉴定，要求当事人提供证据，进行勘验，进行证据保全；

（四）组织交换证据；

（五）归纳争议焦点；

（六）进行调解。

第二百二十六条　人民法院应当根据当事人的诉讼请求、答辩意见以及证据交换的情况，归纳争议焦点，并就归纳的争议焦点征求当事人的意见。

第二百六十九条 当事人就案件适用简易程序提出异议，人民法院经审查，异议成立的，裁定转为普通程序；异议不成立的，裁定驳回。裁定以口头方式作出的，应当记入笔录。

转为普通程序的，人民法院应当将审判人员及相关事项以书面形式通知双方当事人。

转为普通程序前，双方当事人已确认的事实，可以不再进行举证、质证。

第三百二十四条 对当事人在第一审程序中已经提出的诉讼请求，原审人民法院未作审理、判决的，第二审人民法院可以根据当事人自愿的原则进行调解；调解不成的，发回重审。

第三节 开 庭 审 理

137. 审理方式

137.1 法律条文

第一百三十七条 人民法院审理民事案件，除涉及国家秘密、个人隐私或者法律另有规定的以外，应当公开进行。

离婚案件，涉及商业秘密的案件，当事人申请不公开审理的，可以不公开审理。

137.2 条文阐释

民事诉讼实行公开为原则、不公开为例外的公开审理制度，法律明确对不公开的情形进行列举式限定性规定。公开审理的例外包括第1款规定的法定不公开与第2款规定的依申请不公开。在前者，法院的公开审理可能泄露国家秘密、个人隐私的，易引起审判人员的纪律责任、民事责任、行政责任甚或刑事责任。国家秘密一般是指关系国家利益及安全的事项，包括党和政府的秘密及军事秘密。个人隐私是指公民个人私生活中不愿向他人或社会公开的内容。在后者，法院对离婚案件、涉及商业秘密的案件不公开审理的申请，享有程序事项的裁量权。离婚案件的争议焦点是夫妻感情是否确已破裂，法院为打消当事人陈述的顾虑、促进当事人之间的调解，可以根据一方的申请作出不公开审理的决定。商业秘密是尚未被公开的技术秘密、商业情报、经营信息等，如生产工艺、配方、购销渠道等当事人不愿公开的商业秘密。

人民法院进行审判公开，既是结果的公开也是过程的公开，审判过程中允许公民参与旁听，审判结果依法向全社会公开，接受社会监督。对于涉及国家秘密、个人隐私、商业秘密的案件，依法可以不公开，但是应当对该类案件范围严格把握，避免肆意扩大损害审判公开改革成果。

137.3　相关规范性文件

《中华人民共和国保守国家秘密法》（中华人民共和国主席令第28号，自2010年10月1日起施行）

第二条　国家秘密是关系国家安全和利益，依照法定程序确定，在一定时间内只限一定范围的人员知悉的事项。

第九条　下列涉及国家安全和利益的事项，泄露后可能损害国家在政治、经济、国防、外交等领域的安全和利益的，应当确定为国家秘密：

（一）国家事务重大决策中的秘密事项；

（二）国防建设和武装力量活动中的秘密事项；

（三）外交和外事活动中的秘密事项以及对外承担保密义务的秘密事项；

（四）国民经济和社会发展中的秘密事项；

（五）科学技术中的秘密事项；

（六）维护国家安全活动和追查刑事犯罪中的秘密事项；

（七）经国家保密行政管理部门确定的其他秘密事项。

政党的秘密事项中符合前款规定的，属于国家秘密。

最高人民法院《关于适用〈中华人民共和国民事诉讼法〉的解释》（法释〔2022〕11号，自2022年4月10日起施行）

第二百二十条　民事诉讼法第七十一条、第一百三十七条、第一百五十九条规定的商业秘密，是指生产工艺、配方、贸易联系、购销渠道等当事人不愿公开的技术秘密、商业情报及信息。

第二百五十四条 公民、法人或者其他组织申请查阅发生法律效力的判决书、裁定书的，应当向作出该生效裁判的人民法院提出。申请应当以书面形式提出，并提供具体的案号或者当事人姓名、名称。

第二百五十五条 对于查阅判决书、裁定书的申请，人民法院根据下列情形分别处理：

（一）判决书、裁定书已经通过信息网络向社会公开的，应当引导申请人自行查阅；

（二）判决书、裁定书未通过信息网络向社会公开，且申请符合要求的，应当及时提供便捷的查阅服务；

（三）判决书、裁定书尚未发生法律效力，或者已失去法律效力的，不提供查阅并告知申请人；

（四）发生法律效力的判决书、裁定书不是本院作出的，应当告知申请人向作出生效裁判的人民法院申请查阅；

（五）申请查阅的内容涉及国家秘密、商业秘密、个人隐私的，不予准许并告知申请人。

最高人民法院《关于审理侵犯商业秘密民事案件适用法律若干问题的规定》（法释〔2020〕7号，自2020年9月12日起施行）

第一条 与技术有关的结构、原料、组分、配方、材料、样品、样式、植物新品种繁殖材料、工艺、方法或其步骤、算法、数据、计算机程序及其有关文档等信息，人民法院可以认定构成反不正当竞争法第九条第四款所称的技术信息。

与经营活动有关的创意、管理、销售、财务、计划、样本、招投标材料、客户信息、数据等信息，人民法院可以认定构成反不正当竞争法第九条第四款所称的经营信息。

前款所称的客户信息，包括客户的名称、地址、联系方式以及交易习惯、意向、内容等信息。

第二条 当事人仅以与特定客户保持长期稳定交易关系为由，主张该特定客户属于商业秘密的，人民法院不予支持。

客户基于对员工个人的信赖而与该员工所在单位进行交易，该员工离职后，能够证明客户自愿选择与该员工或者该员工所在的新单位进行交易的，人民法院应当认定该员工没有采用不正当手段获取权利人的商业秘密。

第三条　权利人请求保护的信息在被诉侵权行为发生时不为所属领域的相关人员普遍知悉和容易获得的，人民法院应当认定为反不正当竞争法第九条第四款所称的不为公众所知悉。

第四条　具有下列情形之一的，人民法院可以认定有关信息为公众所知悉：

（一）该信息在所属领域属于一般常识或者行业惯例的；

（二）该信息仅涉及产品的尺寸、结构、材料、部件的简单组合等内容，所属领域的相关人员通过观察上市产品即可直接获得的；

（三）该信息已经在公开出版物或者其他媒体上公开披露的；

（四）该信息已通过公开的报告会、展览等方式公开的；

（五）所属领域的相关人员从其他公开渠道可以获得该信息的。

将为公众所知悉的信息进行整理、改进、加工后形成的新信息，符合本规定第三条规定的，应当认定该新信息不为公众所知悉。

138. 巡回审理

138.1　法律条文

第一百三十八条　人民法院审理民事案件，根据需要进行巡回审理，就地办案。

138.2　条文阐释

巡回审理，是指基层人民法院特别是人民法庭，根据本地实际情况，对于边远地区或者纠纷集中地区，定期不定期进行巡回办案，就地立案，就地审判，当即调解，当即结案，就地执行的一种审理方式。人民法院为方便民众诉讼，实行各地流动办案，有着深厚的历史渊源和优良传统，符合现代社会主义法治理念。在实践中创造了许多巡回审判方式，被形象地称为“草原法庭”“马背法庭”“海上法庭”“田间法庭”，这是我国审判制度的重要组成部分，最高人民法院在一系列规范性文件中强调了巡回审判制度的重要性。巡回审判制度发展至当代仍存在一些问题，如巡回成本仍需降低、巡回频率不高、办案程序尚不规范、物质配备尚嫌不足等。

138.3 司法适用

对当事人双方住所地在同一地区、且属于交通不便的山区案件；一方当事人因年龄较大或身体状况等原因难以到庭参加诉讼的案件；属于赡养关系纠纷、相邻关系纠纷、简单债务纠纷等常见案件；比较典型、在当地有一定影响的案件；能够减轻当事人诉讼成本，或方便当事人举证质证查明案情，或就地巡回审理能够有效宣传法律知识促进人民群众提高法律意识维护社会稳定的其他案件，法庭采用简易程序，当场立案，当场处理。

巡回审判需要体现“三便原则”：一是为当事人节省了大量的时间和精力，减轻当事人“诉累”，使法院的司法资源得以更好地利用。二是通过“就地开庭”组织村民旁听，使老百姓通过身边人的真实案例走进法律，明白什么是应该做的，什么是不应该做的，自己今后碰到类似情况应当如何处理。三是就地开庭及时化解矛盾，将其消灭在萌芽状态，避免了因简单小事处理不当引发重大社会问题。

138.4 相关规范性文件

最高人民法院《关于巡回法庭审理案件若干问题的规定》（法释〔2016〕30号，自2016年12月28日起施行）

第二条 巡回法庭是最高人民法院派出的常设审判机构。巡回法庭作出的判决、裁定和决定，是最高人民法院的判决、裁定和决定。

第三条 巡回法庭审理或者办理巡回区内应当由最高人民法院受理的以下案件：

（一）全国范围内重大、复杂的第一审行政案件；

（二）在全国有重大影响的第一审民商事案件；

（三）不服高级人民法院作出的第一审行政或者民商事判决、裁定提起上诉的案件；

（四）对高级人民法院作出的已经发生法律效力的行政或者民商事判决、裁定、调解书申请再审的案件；

（五）刑事申诉案件；

（六）依法定职权提起再审的案件；

（七）不服高级人民法院作出的罚款、拘留决定申请复议的案件；

（八）高级人民法院因管辖权问题报请最高人民法院裁定或者决定的案件；

（九）高级人民法院报请批准延长审限的案件；

（十）涉港澳台民商事案件和司法协助案件；

（十一）最高人民法院认为应当由巡回法庭审理或者办理的其他案件。

巡回法庭依法办理巡回区内向最高人民法院提出的来信来访事项。

第四条　知识产权、涉外商事、海事海商、死刑复核、国家赔偿、执行案件和最高人民检察院抗诉的案件暂由最高人民法院本部审理或者办理。

第八条　最高人民法院认为巡回法庭受理的案件对统一法律适用有重大指导意义的，可以决定由本部审理。

巡回法庭对于已经受理的案件，认为对统一法律适用有重大指导意义的，可以报请最高人民法院本部审理。

第九条　巡回法庭根据审判工作需要，可以在巡回区内巡回审理案件、接待来访。

第十条　巡回法庭按照让审理者裁判、由裁判者负责原则，实行主审法官、合议庭办案责任制。巡回法庭主审法官由最高人民法院从办案能力突出、审判经验丰富的审判人员中选派。巡回法庭的合议庭由主审法官组成。

第十一条　巡回法庭庭长、副庭长应当参加合议庭审理案件。合议庭审理案件时，由承办案件的主审法官担任审判长。庭长或者副庭长参加合议庭审理案件时，自己担任审判长。巡回法庭作出的判决、裁定，经合议庭成员签署后，由审判长签发。

139. 开庭通知

139.1 法律条文

第一百三十九条 人民法院审理民事案件，应当在开庭三日前通知当事人和其他诉讼参与人。公开审理的，应当公告当事人姓名、案由和开庭的时间、地点。

139.2 条文阐释

当事人准备开庭客观上需要一定时间，为了给当事人准备开庭留有必要的时间，人民法院审理民事案件时，应当依法告知当事人和其他诉讼参与人出庭日期。鉴于开庭日期是法院根据审理前准备情形依据职权单方决定的，人民法院应当在开庭3日前用通知书通知诉讼代理人、证人、鉴定人、翻译人员等出席庭审，对当事人应当采用传票传唤。应当说明的是，这一规定是要求人民法院将开庭通知书至迟在开庭3日以前送达当事人和其他诉讼参与人，而不是开庭前3日内才送到，更不是开庭前3日才发出开庭通知。开庭通知是人民法院庭审公开的重要体现，人民法院应当以当事人为中心，合理确定开庭通知时间。

139.3 司法适用

当事人如果被法院起诉，法院一定会给当事人寄纸质带法院红章的传票（应诉通知书或开庭通知书），一般是中国邮政的快递，仅有电话、邮件、短信、微信是假的。当事人依法有权查询相关庭审信息。如果确定了开庭日期，法院官网是可以查到的，即便没有确定日期，传票上也会带有法院联系方式，按照联系方式咨询即可，如果担心催收伪造传票，可以到法院官网找联系方式咨询。

139.4 相关规范性文件

《人民法院在线诉讼规则》（法释〔2021〕12号，自2021年8月1日起施行）

第二十三条 需要公告送达的案件，人民法院可以在公告中明确线上或者线下参与庭审的具体方式，告知当事人选择在线庭审的权利。被公告方当事人未在开庭前向人民法院表示同意在线庭审的，被公告方当事人适用线下庭审。其他同意适用在线庭审的当事人，可以在线参与庭审。

139.5 典型案例

139.5.1 程序瑕疵不影响判决结果且当事人没有依法提出异议的，相关程序依法有效

裁判来源：蔡某通、宁德市蕉城区蕉南郑某忠西医内科诊所等医疗损害责任纠纷案——福建省宁德市中级人民法院民事判决书，（2022）闽09民终1908号

法院观点：上诉人在一审庭前及庭审中对开庭时间并未提出异议，也未提出延期开庭申请，一审已充分保障其诉讼权利，该程序问题并不影响判决结果，故对郑某忠内科诊所关于程序问题的上诉主张，本院亦不予支持。

139.5.2 人民法院审理民事案件，开庭前应当有效通知当事人和其他诉讼参与人

裁判来源：王某明、夏某明等合同纠纷案——山东省泰安市中级人民法院民事判决书，（2022）鲁09民终4714号

法院观点：根据一审卷宗材料显示，一审查明的上诉人王某明使用的手机号码与其二审中自认的一致，且经审查，一审法院向其邮寄开庭传票、应诉通知书等诉讼文书的法院专递邮件详情单中记载的手机号码亦与上述王某明自认的手机号码一致，上述详情单中记载“拒收”，特快专递邮件再投、改退批条中记载“电联要求退回”，王某明二审中认可一审中承办法官添加了其微信的事实。又根据一审庭审笔录记载，上诉人王某明在一审中通过微信方式发表其答辩意见并提交了证据，一审法院在庭审中将其

答辩意见以及提交的证据向其他当事人出示并进行了质证，保障了其答辩权利和举证权利。上诉人王某明经一审法院合法传唤，无正当理由拒不到庭，未到庭参加诉讼，应视为自愿放弃质证的权利，亦应承担相应的法律后果。二审中，上诉人王某明亦针对其他当事人一审时提交的相应证据发表了质证意见。综上，原审法院程序并无不当，法院对上诉人主张一审法院程序违法的上诉理由不予支持。

140. 庭前准备

140.1 法律条文

第一百四十条 开庭审理前，书记员应当查明当事人和其他诉讼参与人是否到庭，宣布法庭纪律。

开庭审理时，由审判长或者独任审判员核对当事人，宣布案由，宣布审判人员、法官助理、书记员等的名单，告知当事人有关的诉讼权利义务，询问当事人是否提出回避申请。

140.2 条文阐释

本条对民事诉讼的庭前准备作出了规定。开庭审理前，书记员有职权查明当事人和其他诉讼参与人是否到庭的相关情况，向已经到庭当事人宣布法庭纪律。当事人未到庭的，书记员依法向法官报告。开庭审理时，应当由审判长或者独任审判员核对当事人和宣布案由与审判人员、书记员名单，不得由书记员代为行使。审判长或者独任审判员应当告知当事人有关的诉讼权利义务，询问当事人是否提出回避申请。

2023 年修法对本条第 2 款进行了修改，明确将法官助理列入开庭审理时的宣布名单，实践中应当注意。

140.3 相关规范性文件

《人民法院书记员管理办法（试行）》（法发〔2003〕18号，自2003年10月20日起施行）

第一条 书记员是审判工作的事务性辅助人员，在法官指导下工作。

书记员实行单独序列管理。

第二条 书记员履行以下职责：

（一）办理庭前准备过程中的事务性工作；

（二）检查开庭时诉讼参与人的出庭情况，宣布法庭纪律；

（三）担任案件审理过程中的记录工作；

（四）整理、装订、归档案卷材料；

（五）完成法官交办的其他事务性工作。

最高人民法院《关于适用〈中华人民共和国民事诉讼法〉的解释》（法释〔2022〕11号，自2022年4月10日起施行）

第一百一十条 人民法院认为有必要的，可以要求当事人本人到庭，就案件有关事实接受询问。在询问当事人之前，可以要求其签署保证书。

保证书应当载明据实陈述、如有虚假陈述愿意接受处罚等内容。当事人应当在保证书上签名或者捺印。

负有举证证明责任的当事人拒绝到庭、拒绝接受询问或者拒绝签署保证书，待证事实又欠缺其他证据证明的，人民法院对其主张的事实不予认定。

《中华人民共和国人民法院法庭规则》（法释〔2016〕7号，自2016年5月1日起施行）

第十二条 出庭履行职务的人员，按照职业着装规定着装。但是，具有下列情形之一的，着正装：

（一）没有职业着装规定；

（二）侦查人员出庭作证；

（三）所在单位系案件当事人。

非履行职务的出庭人员及旁听人员，应当文明着装。

第十三条 刑事在押被告人或上诉人出庭受审时，着正装或便装，不着监管机构的识别服。

人民法院在庭审活动中不得对被告人或上诉人使用戒具，但认为其人身危险性大，可能危害法庭安全的除外。

第十四条 庭审活动开始前，书记员应当宣布本规则第十七条规定的法庭纪律。

第十五条 审判人员进入法庭以及审判长或独任审判员宣告判决、裁定、决定时，全体人员应当起立。

第十六条 人民法院开庭审判案件应当严格按照法律规定的诉讼程序进行。

审判人员在庭审活动中应当平等对待诉讼各方。

141. 法庭调查顺序

141.1 法律条文

第一百四十一条 法庭调查按照下列顺序进行：

（一）当事人陈述；

（二）告知证人的权利义务，证人作证，宣读未到庭的证人证言；

（三）出示书证、物证、视听资料和电子数据；

（四）宣读鉴定意见；

（五）宣读勘验笔录。

141.2 条文阐释

法庭调查在法庭辩论中进行，据以定案的证据需要经过双方当事人充分辩论后由法官予以调查确定，未经辩论而由法官单方调查获得的证据违反了当事人辩论原则，一般不得作为裁判依据。法庭辩论是当事人的辩论权的直接体现。辩论是当事人的诉讼权利，本法第12条意义上的辩论权，涵盖当事人在诉讼过程中表达各自意思的各种方式，不仅法庭辩论是辩论权的体现，当事人提出起诉状、答辩状，当庭作出陈述等诉讼行为也是行使辩论权。法庭辩论是当事人各自表达意思最直接最集中的庭审阶段，审判人员应当尊重并保障当事人充分行使法庭辩论的权利。理解法庭辩论的意义还可以与本法第207条第9项相结合。第207条第9项规定的违反法律规定剥夺当事人辩论权利的情形，针对的是广义上的辩论权。

141.3 司法适用

理解本条需注意法庭调查与法庭辩论相结合的问题。最高人民法院《关于适用〈中华人民共和国民事诉讼法〉的解释》规定，人民法院根据案件具体情况并征得当事人同意，可以将法庭调查和法庭辩论合并进行。在司法实践中，法庭调查与法庭辩论往往以下列形式结合：法庭调查阶段，一方当事人认为另一方当事人陈述的某些事实不清，或者认为其他证据需要另一方当事人进行证实等，在征得审判长同意后，向另一方当事人发问，审判长认为一方当事人的请求合理，应当允许其向另一方当事人发问或者与另一方当事人进行辩论，并应指挥当事人的发问和辩论。审判长一旦发现当事人所提的问题或者辩论的问题超出了本案的范围，应当及时制止。当事人之间的发问或者辩论结束后，审判人员继续进行法庭调查。

141.4 相关规范性文件

最高人民法院《关于适用〈中华人民共和国民事诉讼法〉的解释》（法释〔2022〕11号，自2022年4月10日起施行）

第二百二十六条 人民法院应当根据当事人的诉讼请求、答辩意见以及证据交换的情况，归纳争议焦点，并就归纳的争议焦点征求当事人的意见。

第二百二十八条 法庭审理应当围绕当事人争议的事实、证据和法律适用等焦点问题进行。

第二百二十九条 当事人在庭审中对其在审理前的准备阶段认可的事实和证据提出不同意见的，人民法院应当责令其说明理由。必要时，可以责令其提供相应证据。人民法院应当结合当事人的诉讼能力、证据和案件的具体情况进行审查。理由成立的，可以列入争议焦点进行审理。

第二百三十条 人民法院根据案件具体情况并征得当事人同意，可以将法庭调查和法庭辩论合并进行。

142. 当事人庭审权利

142.1 法律条文

第一百四十二条 当事人在法庭上可以提出新的证据。

当事人经法庭许可，可以向证人、鉴定人、勘验人发问。

当事人要求重新进行调查、鉴定或者勘验的，是否准许，由人民法院决定。

142.2 条文阐释

本条规定了当事人提出证据的权利和发问权等程序性权利。提供证据是当事人的一项权利。本条表述中“法庭上”并非限定在庭审辩论时，而是当事人可以在起诉和受理的阶段提供，也可以在法院审理前的阶段提供，同样在法庭调查阶段也有权提出新的证据。为了得到客观全面的调查事实，不应当过度限制当事人提出证据的权利。在法庭辩论阶段，如果发现当事人提出了新的证据，那么应将辩论阶段转换为调查阶段，等到审判人员对所提出的新证据调查核实完毕，再重新恢复法庭辩论。一般来说，提出证据和法庭辩论并非完全独立的两个庭审阶段，为了充分调查事实和进行辩论，往往两者交叉进行。

本法赋予了当事人对相关证据调查的异议权。在法庭调查中，如果当事人对证人证言、鉴定的情况和鉴定意见、勘验的情况和勘验笔录有异议，经法庭许可，异议人可以依法向证人、鉴定人、勘验人发问，证人、鉴定人、勘验人应如实回答。如果当事人认为鉴定意见或勘验笔录有错误，可以提出申请要求重新调查或鉴定、勘验，合议庭对当事人提出的申请应进行合议，决定是否重新调查或鉴定、勘验。异议人除此之外不得提出与相关程序异议事项无关的问题，也不得滥用此程序异议权恶意拖延庭审。

142.3　相关规范性文件

最高人民法院《关于民事诉讼证据的若干规定》（法释〔2019〕19号，自2020年5月1日起施行）

第四十一条　对于一方当事人就专门性问题自行委托有关机构或者人员出具的意见，另一方当事人有证据或者理由足以反驳并申请鉴定的，人民法院应予准许。

第四十二条　鉴定意见被采信后，鉴定人无正当理由撤销鉴定意见的，人民法院应当责令其退还鉴定费用，并可以根据情节，依照民事诉讼法第一百一十一条的规定对鉴定人进行处罚。当事人主张鉴定人负担由此增加的合理费用的，人民法院应予支持。

人民法院采信鉴定意见后准许鉴定人撤销的，应当责令其退还鉴定费用。

第四十三条　人民法院应当在勘验前将勘验的时间和地点通知当事人。当事人不参加的，不影响勘验进行。

当事人可以就勘验事项向人民法院进行解释和说明，可以请求人民法院注意勘验中的重要事项。

人民法院勘验物证或者现场，应当制作笔录，记录勘验的时间、地点、勘验人、在场人、勘验的经过、结果，由勘验人、在场人签名或者盖章。对于绘制的现场图应当注明绘制的时间、方位、测绘人姓名、身份等内容。

第四十四条　摘录有关单位制作的与案件事实相关的文件、材料，应当注明出处，并加盖制作单位或者保管单位的印章，摘录人和其他调查人员应当在摘录件上签名或者盖章。

摘录文件、材料应当保持内容相应的完整性。

第四十五条　当事人根据《最高人民法院关于适用〈中华人民共和国民事诉讼法〉的解释》第一百一十二条的规定申请人民法院责令对方当事人提交书证的，申请书应当载明所申请提交的书证名称或者内容、需要以该书证证明的事实及事实的重要性、对方当事人控制该书证的根据以及应当提交该书证的理由。

对方当事人否认控制书证的，人民法院应当根据法律规定、习惯等因素，结合案件的事实、证据，对于书证是否在对方当事人控制之下的事实作出综合判断。

第四十六条 人民法院对当事人提交书证的申请进行审查时，应当听取对方当事人的意见，必要时可以要求双方当事人提供证据、进行辩论。

当事人申请提交的书证不明确、书证对于待证事实的证明无必要、待证事实对于裁判结果无实质性影响、书证未在对方当事人控制之下或者不符合本规定第四十七条情形的，人民法院不予准许。

当事人申请理由成立的，人民法院应当作出裁定，责令对方当事人提交书证；理由不成立的，通知申请人。

142.4 典型案例

142.4.1 对于客观上存在举证困难的部分证据，不宜轻易认定当事人故意或者重大过失逾期提供证据

裁判来源：北京星奥科技股份有限公司与太原市采薇庄园特色农业开发有限公司侵害实用新型专利权纠纷再审案——最高人民法院民事裁定书，(2019) 最高法民申 3185 号

法院认为：《民事诉讼法》第 139 条第 1 款规定，当事人在法庭上可以提出新的证据。最高人民法院《关于适用〈中华人民共和国民事诉讼法〉的解释》第 102 条第 2 款规定，当事人非因故意或者重大过失逾期提供的证据，人民法院应当采纳，并对当事人予以训诫。鉴于据以主张现有技术抗辩的现有技术范围较为广泛，包括在先专利文献、在先公开使用的技术等。对于与被诉侵权人无关的现有技术而言，其在获取的途径、方式等方面存在一定的难度，故不宜对被诉侵权人以过高要求，轻易认定其故意或者存在重大过失逾期提供证据。现星奥公司并无证据证明小牛公司存在故意或者重大过失逾期提供证据的情形，故小牛公司在二审庭审期间提出现有技术抗辩并提交相关证据并无不当。

142.4.2 当事人申请重新鉴定有关证据的，法院需审查鉴定资格、鉴定程序、鉴定结论等方面

裁判来源：刘某 1、刘某 2 等农业承包合同纠纷案——新疆维吾尔自治区巴音郭楞蒙古自治州中级人民法院，(2021) 新 28 民终 1522 号

法院认为： 委托鉴定经双方当事人同意由法院委托新疆卓鼎（双语）司法鉴定所进行鉴定，该鉴定意见书对刘某1、刘某奇的签名及刘某的捺印进行了详细的分析、认定。对该鉴定意见刘某1不申请鉴定人员出庭，且没有提供证据证明新疆卓鼎（双语）司法鉴定所的鉴定人员不具备相关的鉴定资格、鉴定程序严重违法、鉴定意见的结论明显依据不足的事实，只要求对墨迹形成时间申请重新鉴定，因其未能说明鉴定不符合其主张的规定的具体情形，申请重新鉴定依据不足，一审法院对其重新鉴定的申请不予准许并无不当，本院予以支持。因此，一审法院确认新疆卓鼎（双语）司法鉴定所的鉴定意见的证明力，据此作为定案依据并无不妥。

143. 诉的合并

143.1　法律条文

第一百四十三条　原告增加诉讼请求，被告提出反诉，第三人提出与本案有关的诉讼请求，可以合并审理。

143.2　条文阐释

本条规定了民事诉讼中诉的合并。在诉讼中，原告可以增加诉讼请求，被告有权提出反诉，有独立请求权的第三人有权提起参加之诉。原告新增诉讼请求、被告的反诉请求与已有诉讼请求通常基于同一法律事实或法律关系，第三人提出的与本案有关的诉讼请求虽然基于另外的请求权，与本诉的基础法律关系不同，但是直接针对本诉的诉讼标的，关系讼争利益的最终归属。各个诉之间的事实与所依据的法律具有相互关联性，诉讼的结果也具有相互依存性，如果孤立静止地看待各个诉容易出现诉与诉之间相互矛盾的情形。通过合并审理，既可以节约诉讼成本、实现诉讼经济，也有利于人民法院全面解决纠纷，保护民事权利，避免作出相互矛盾的裁判。

143.3 司法适用

法律及司法解释并未明确区分“应当提起反诉”与“应当合并审理”的情形。换言之，反诉的受理即意味着在同一案件中（以同一案号）与本诉合并审理。法院考量是否应当受理反诉，亦即考量是否应当合并审理；而对于分别审理的实质意义上的本诉和反诉，既不采用“反诉”的措辞，亦不适用反诉的规定。因此，在考虑反诉的开庭方式之前，需先考量反诉与本诉合并审理的条件。

反诉与本诉的牵连关系是反诉的核心要件，也是合并审理的基础。本、反诉之间涉及的实体法律关系越紧密，就越有必要在同一案件中一并审理，以避免出现相悖的裁判结果。“原告增加诉讼请求，被告提出反诉，第三人提出与本案有关的诉讼请求，可以合并审理”（《民事诉讼法》第143条）。“反诉与本诉的诉讼请求基于相同法律关系、诉讼请求之间具有因果关系，或者反诉与本诉的诉讼请求基于相同事实的，人民法院应当合并审理”（最高人民法院《关于适用〈中华人民共和国民事诉讼法〉的解释》第233条第2款）。从《民事诉讼法》的“可以合并”到最高人民法院《关于适用〈中华人民共和国民事诉讼法〉的解释》的“应当合并”，司法解释该款是审判实践中判断本、反诉牵连关系的直接标准。

143.4 相关规范性文件

最高人民法院《关于适用〈中华人民共和国民事诉讼法〉的解释》（法释〔2022〕11号，自2022年4月10日起施行）

第二百三十二条 在案件受理后，法庭辩论结束前，原告增加诉讼请求，被告提出反诉，第三人提出与本案有关的诉讼请求，可以合并审理的，人民法院应当合并审理。

第二百三十三条 反诉的当事人应当限于本诉的当事人的范围。

反诉与本诉的诉讼请求基于相同法律关系、诉讼请求之间具有因果关系，或者反诉与本诉的诉讼请求基于相同事实的，人民法院应当合并审理。

反诉应由其他人民法院专属管辖，或者与本诉的诉讼标的及诉讼请求所依据的事实、理由无关联的，裁定不予受理，告知另行起诉。

第二百五十一条　二审裁定撤销一审判决发回重审的案件，当事人申请变更、增加诉讼请求或者提出反诉，第三人提出与本案有关的诉讼请求的，依照民事诉讼法第一百四十三条规定处理。

第二百五十二条　再审裁定撤销原判决、裁定发回重审的案件，当事人申请变更、增加诉讼请求或者提出反诉，符合下列情形之一的，人民法院应当准许：

（一）原审未合法传唤缺席判决，影响当事人行使诉讼权利的；

（二）追加新的诉讼当事人的；

（三）诉讼标的物灭失或者发生变化致使原诉讼请求无法实现的；

（四）当事人申请变更、增加的诉讼请求或者提出的反诉，无法通过另诉解决的。

最高人民法院《关于是否允许当事人变更法律关系性质进而变更诉讼请求以及变更的时间节点问题的答复》（自 2015 年 6 月 29 日起施行）

山东省高级人民法院：

你院《关于是否允许当事人在不同法律关系之间变更诉讼请求以及变更诉讼请求的时间节点问题的请示》（鲁高法〔2013〕159 号）收悉。经研究，答复如下：

当事人一审中请求变更法律关系的性质，进而请求变更诉讼请求，人民法院是否允许以及允许变更的时间节点问题，《中华人民共和国民事诉讼法》和《最高人民法院关于适用〈中华人民共和国民事诉讼法〉的解释》均没有明确规定。你院在审理相关案件时，可以参照《最高人民法院关于民事诉讼证据的若干规定》第三十五条的规定精神予以处理。

此复。

最高人民法院《关于原告诉讼请求的根据在第二审期间被人民政府撤销的案件第二审法院如何处理问题的复函》（〔1991〕民他字第 48 号，自 1991 年 10 月 24 日起施行）

海南省高级人民法院：

你院琼高法（民）函〔1991〕1 号《关于原告诉讼请求的根据在第二审期间被人民政府撤销的案件，第二审程序上如何处理的请示报告》收悉。经我们研究认为，该案原告邓冠英、王文国持琼海县人民政府的决定，要求被告琼海县无线电厂腾退房屋，属于落实侨房政策问题，不属人民法院主管。据此，依照民事诉讼法第一百零八条第一款第四项、第一百五十三条第一款第二项和第一百五十八条的规定，第二审人民法院可以裁定撤销原判，驳回原告起诉。

143.5 典型案例

143.5.1 经法院释明后，当事人坚持不同意将可予受理的反诉请求与其他不符合受理条件的反诉请求分开处理，此时，一审法院对反诉请求未予受理并无不当

裁判来源：陈某、深圳泓睿天阆资产管理企业、广州泓睿投资管理有限公司与周某新合同纠纷案——最高人民法院民事裁定书，（2019）最高法民申1003号

法院观点：本案中，陈某、深圳泓睿企业、广州泓睿公司向一审法院提起了多项反诉请求，除其中第一项撤销《还款担保协议》的反诉请求以外，其余反诉请求均与本案没有关联性。在一审法院向陈某、广州泓睿公司、深圳泓睿企业释明后，陈某、深圳泓睿企业、广州泓睿公司坚持不同意将撤销《委托投资协议书》的反诉请求与其他反诉请求分开处理，一审法院对申请人的反诉请求未予受理，并无不当。

144. 法庭辩论

144.1 法律条文

第一百四十四条 法庭辩论按照下列顺序进行：

（一）原告及其诉讼代理人发言；

（二）被告及其诉讼代理人答辩；

（三）第三人及其诉讼代理人发言或者答辩；

（四）互相辩论。

法庭辩论终结，由审判长或者独任审判员按照原告、被告、第三人的先后顺序征询各方最后意见。

144.2　条文阐释

法庭辩论是当事人的辩论权的程序表现。辩论是当事人的基本诉讼权利，本法第12条规定，当事人有权辩论。这一权利涵盖当事人在诉讼过程中表达各自意思的各种方式，不仅法庭辩论是辩论权的体现，当事人提出起诉状、答辩状，当庭作出陈述等诉讼行为也是行使辩论权。当事人行使辩论权应当受到保护，而法庭辩论是当事人各自表达意思最直接、最集中的庭审阶段，审判人员应当尊重并保障当事人充分行使法庭辩论的权利。理解法庭辩论的意义还可以与本法第207条第9项相结合。第207条第9项规定的违反法律规定剥夺当事人辩论权利的情形，针对的是民事诉讼法广义上的辩论权。

144.3　司法适用

为了便于查明案件真相并解决案件争议，法庭调查可以和法庭辩论交叉进行。法庭调查阶段，一方当事人认为另一方当事人陈述的某些事实不清，或者认为其他证据需要另一方当事人进行证实等，在征得审判长同意后，向另一方当事人发问，审判长认为一方当事人的请求合理，应当允许其向另一方当事人发问或者与另一方当事人进行辩论，并应指挥当事人的发问和辩论。审判长一旦发现当事人所提的问题或者辩论的问题超出了本案的范围，应当及时制止。当事人之间的发问或者辩论结束后，审判人员继续进行法庭调查。

144.4　相关规范性文件

最高人民法院《关于适用〈中华人民共和国民事诉讼法〉的解释》（法释〔2022〕11号，自2022年4月10日起施行）

第一百零四条第一款　人民法院应当组织当事人围绕证据的真实性、合法性以及与待证事实的关联性进行质证，并针对证据有无证明力和证明力大小进行说明和辩论。

第二百三十条　人民法院根据案件具体情况并征得当事人同意，可以将法庭调查和法庭辩论合并进行。

第二百三十二条 在案件受理后，法庭辩论结束前，原告增加诉讼请求，被告提出反诉，第三人提出与本案有关的诉讼请求，可以合并审理的，人民法院应当合并审理。

第三百二十三条 下列情形，可以认定为民事诉讼法第一百七十七条第一款第四项规定的严重违反法定程序：

（一）审判组织的组成不合法的；

（二）应当回避的审判人员未回避的；

（三）无诉讼行为能力人未经法定代理人代为诉讼的；

（四）违法剥夺当事人辩论权利的。

第三百八十九条 原审开庭过程中有下列情形之一的，应当认定为民事诉讼法第二百零七条第九项规定的剥夺当事人辩论权利：

（一）不允许当事人发表辩论意见的；

（二）应当开庭审理而未开庭审理的；

（三）违反法律规定送达起诉状副本或者上诉状副本，致使当事人无法行使辩论权利的；

（四）违法剥夺当事人辩论权利的其他情形。

144.5 典型案例

144.5.1 法庭审理中未标明辩论环节并非剥夺当事人辩论权

裁判来源：湖北逸云房地产开发有限公司与周某芳、慎某晖不当得利纠纷案——湖北省襄阳市中级人民法院，（2020）鄂06民终1858号

法院认为：原审判决以湖北逸云房地产开发有限公司起诉超过诉讼时效为由驳回湖北逸云房地产开发有限公司的诉讼请求的适用法律错误，但本案实体处理结果正确。上诉人湖北逸云房地产开发有限公司上诉还称原审审理程序存在问题，遗漏辩论环节超期审判。经查阅一审开庭笔录，笔录中虽没有明确标明各诉讼环节，但各方当事人及委托诉讼代理人充分表达了观点，并在笔录上签名予以确认，未影响湖北逸云房地产开发有限公司的诉讼权利。审理过程中存在超期审判的情形，但未影响案件的实体处理结果，故上诉人提出的该项上诉理由本院不予支持。

145. 法庭辩论终结后的调解

145.1　法律条文

第一百四十五条　法庭辩论终结，应当依法作出判决。判决前能够调解的，还可以进行调解，调解不成的，应当及时判决。

145.2　条文阐释

本条规定了法庭辩论终结后的处理程序。判决和调解共同追求纠纷的解决。从诉讼开始，审判人员就应根据双方当事人的意愿，能够调解的，予以调解。法庭辩论终结后，当事人双方如果自愿调解，在判决宣告前，人民法院还可以进行调解。司法实践中，经过法庭调查和辩论，如果事实清楚的，审判长会按照原告、被告和有独立请求权第三人的顺序询问当事人是否愿意调解。无独立请求权的第三人需要承担义务的，在询问原告、被告之后，还会询问其是否愿意调解。

145.3　司法适用

法院进行当事人调解，可以当庭进行，也可以休庭后进行。调解时，可以先由各方当事人提出调解方案。当事人意见不一致的，合议庭要讲清法律规定，分清责任，促使双方当事人达成协议。调解需要符合法律规定。必要时，合议庭可以根据双方当事人的请求提出调解方案，供双方当事人考虑；也可以先分别征询各方当事人意见，然后进行调解。经过调解，双方当事人达成协议的，应当在调解协议上签字盖章。人民法院应当根据双方当事人达成的调解协议制作调解书送达当事人。双方当事人达成协议后当即履行完毕，不要求发给调解书的，应当记入笔录，在双方当事人、合议庭成员、书记员签名或盖章后，即具有法律效力。

145.4 相关规范性文件

《人民法院在线调解规则》（法释〔2021〕23号，自2022年1月1日起施行）

第二十一条 经在线调解达不成调解协议，调解组织或者调解员应当记录调解基本情况、调解不成的原因、导致其他当事人诉讼成本增加的行为以及需要向人民法院提示的其他情况。人民法院按照下列情形作出处理：

（一）当事人在立案前申请在线调解的，调解组织或者调解员可以建议通过在线立案或者其他途径解决纠纷，当事人选择在线立案的，调解组织或者调解员应当将电子化调解材料在线推送给人民法院，由人民法院在法定期限内依法登记立案；

（二）立案前委派调解的，调解不成后，人民法院应当依法登记立案；

（三）立案后委托调解的，调解不成后，人民法院应当恢复审理。

审判人员在诉讼过程中组织在线调解的，调解不成后，应当及时审判。

第二十二条 调解员在线调解过程中，同步形成电子笔录，并确认无争议事实。经当事人双方明确表示同意的，可以以调解录音录像代替电子笔录，但无争议事实应当以书面形式确认。

电子笔录以在线方式核对确认后，与书面笔录具有同等法律效力。

第二十四条 立案前在线调解期限为三十日。各方当事人同意延长的，不受此限。立案后在线调解，适用普通程序的调解期限为十五日，适用简易程序的调解期限为七日，各方当事人同意延长的，不受此限。立案后延长的调解期限不计入审理期限。

委派委托调解或者当事人申请调解的调解期限，自调解组织或者调解员在人民法院调解平台确认接受委派委托或者确认接受当事人申请之日起算。审判人员主持调解的，自各方当事人同意之日起算。

第二十五条 有下列情形之一的，在线调解程序终结：

（一）当事人达成调解协议；

（二）当事人自行和解，撤回调解申请；

（三）在调解期限内无法联系到当事人；

（四）当事人一方明确表示不愿意继续调解；

（五）当事人分歧较大且难以达成调解协议；

（六）调解期限届满，未达成调解协议，且各方当事人未达成延长调解期限的合意；

（七）当事人一方拒绝在调解协议上签章；

（八）其他导致调解无法进行的情形。

最高人民法院《关于人民法院民事调解工作若干问题的规定》（法释〔2020〕20号，自2021年1月1日起施行）

第二条　当事人在诉讼过程中自行达成和解协议的，人民法院可以根据当事人的申请依法确认和解协议制作调解书。双方当事人申请庭外和解的期间，不计入审限。

当事人在和解过程中申请人民法院对和解活动进行协调的，人民法院可以委派审判辅助人员或者邀请、委托有关单位和个人从事协调活动。

第六条　当事人可以自行提出调解方案，主持调解的人员也可以提出调解方案供当事人协商时参考。

第七条　调解协议内容超出诉讼请求的，人民法院可以准许。

第八条　人民法院对于调解协议约定一方不履行协议应当承担民事责任的，应予准许。

调解协议约定一方不履行协议，另一方可以请求人民法院对案件作出裁判的条款，人民法院不予准许。

第十四条　当事人就部分诉讼请求达成调解协议的，人民法院可以就此先行确认并制作调解书。

当事人就主要诉讼请求达成调解协议，请求人民法院对未达成协议的诉讼请求提出处理意见并表示接受该处理结果的，人民法院的处理意见是调解协议的一部分内容，制作调解书的记入调解书。

146. 按撤诉处理

146.1 法律条文

第一百四十六条 原告经传票传唤，无正当理由拒不到庭的，或者未经法庭许可中途退庭的，可以按撤诉处理；被告反诉的，可以缺席判决。

146.2 条文阐释

本条规定了按撤诉处理的具体情形。根据本条规定，在确定的庭审期日，经人民法院传票传唤，原告有义务按时到庭，依法参加民事诉讼活动。原告因故无法到庭的，应在接到人民法院传票后及时向人民法院提出，由人民法院依法决定是否延期审理。人民法院经审查，认为原告有正当理由的，可以延期审理并通知原告。如果认为原告理由不正当的，可以决定不延期审理，并通知原告，原告应当按时出庭。在庭审进行中，原告不能任意退庭。原告未经允许中途退庭的，是一种藐视法庭的行为，有碍诉讼的正常进行。原告经传票传唤，无正当理由拒不到庭的，或者未经法庭许可中途退庭的，视为其放弃诉讼，人民法院可以按撤诉处理。如果被告提出反诉的，则原告作为反诉中的被告，应当适用本法第 147 条的规定，人民法院可以对其缺席判决。

146.3 相关规范性文件

最高人民法院《关于适用〈中华人民共和国民事诉讼法〉的解释》（法释〔2022〕11 号，自 2022 年 4 月 10 日起施行）

第二百三十四条 无民事行为能力人的离婚诉讼，当事人的法定代理人应当到庭；法定代理人不能到庭的，人民法院应当在查清事实的基础上，依法作出判决。

第二百三十五条 无民事行为能力的当事人的法定代理人，经传票传唤无正当理由拒不到庭，属于原告方的，比照民事诉讼法第一百四十六条的规定，按撤诉处理；属于被告方的，比照民事诉讼法第一百四十七条的规定，缺席判决。必要时，人民法院可以拘传其到庭。

第二百三十六条　有独立请求权的第三人经人民法院传票传唤，无正当理由拒不到庭的，或者未经法庭许可中途退庭的，比照民事诉讼法第一百四十六条的规定，按撤诉处理。

第二百三十七条　有独立请求权的第三人参加诉讼后，原告申请撤诉，人民法院在准许原告撤诉后，有独立请求权的第三人作为另案原告，原案原告、被告作为另案被告，诉讼继续进行。

第二百三十八条　当事人申请撤诉或者依法可以按撤诉处理的案件，如果当事人有违反法律的行为需要依法处理的，人民法院可以不准许撤诉或者不按撤诉处理。

法庭辩论终结后原告申请撤诉，被告不同意的，人民法院可以不予准许。

第二百三十九条　人民法院准许本诉原告撤诉的，应当对反诉继续审理；被告申请撤回反诉的，人民法院应予准许。

第二百四十条　无独立请求权的第三人经人民法院传票传唤，无正当理由拒不到庭，或者未经法庭许可中途退庭的，不影响案件的审理。

第二百四十一条　被告经传票传唤无正当理由拒不到庭，或者未经法庭许可中途退庭的，人民法院应当按期开庭或者继续开庭审理，对到庭的当事人诉讼请求、双方的诉辩理由以及已经提交的证据及其他诉讼材料进行审理后，可以依法缺席判决。

146.4　典型案例

146.4.1　再审期间当事人未到庭，但该当事人未作出放弃实体权益的意思表示时，法院可以不裁定该案按照撤诉处理

裁判来源：北京东方京鹏商贸有限公司诉中铁北京工程局集团有限公司、中国中铁航空港建设集团有限公司北京第七分公司买卖合同纠纷案——北京市第二中级人民法院民事判决书，（2018）京02民再1号

法院认为：一审程序中，对于原告无正当理由拒不到庭的情况，法院可以依据案件具体情况裁定是否按原告撤诉处理。但本案系再审案件，京

鹏公司未向原审法院作出放弃实体权益的意思表示，原审法院结合本案实际情况，未裁定本案按京鹏公司撤诉处理，此举并未违反法律规定。原审程序方面处理并无不妥，中铁集团公司上诉主张本案应当按撤诉处理，法律依据不足，法院不予支持。

146.4.2　法院依据当事人行为是否具有合理性决定是否按照撤诉处理

裁判来源：广东东华生态科技有限公司、宋某华等合同纠纷案——河南省周口市中级人民法院民事判决书，（2022）豫16民终6465号

法院认为：因被上诉人宋某华的委托诉讼代理人荣某龙于2022年8月19日与原审法院承办人员席某风就本案一审开庭时间进行了沟通，且申请延缓开庭具有合理性，故上诉人广东东华生态科技有限公司要求按被上诉人宋某华撤诉处理的上诉理由不能成立，应不予支持。

147. 缺席审判

147.1　法律条文

第一百四十七条　被告经传票传唤，无正当理由拒不到庭的，或者未经法庭许可中途退庭的，可以缺席判决。

147.2　条文阐释

本条规定了缺席判决的情形。根据本法规定，被告经传票传唤，无正当理由拒不到庭的，或者未经法庭许可中途退庭的，人民法院可以缺席判决。缺席判决是相对于对席判决而言的，对席判决是指法院在双方当事人均到庭并辩论的基础上作出裁判结果，为审判中的常态；缺席判决是法院在一方当事人缺席的情形下作出裁判结果，是为了避免诉讼过分迟延或者诉讼无结果而不得已采取的裁判方式。通过缺席判决可以使诉讼不因为一方当事人的随意缺席而半途而废，从而全面维护各方当事人的合法权利，保障法院的权威性。人民法院在缺席判决时，要对缺席一方提交的诉讼文书和证据材料进行认真审核，充分了解其诉讼请求和所依据的事实、理由，

保护其应有的合法权益。

为了维护公共利益，依法必须到庭的被告，经两次传票传唤，拒不到庭的，人民法院可以适用拘传。必须到庭的被告，一般是指追索赡养费、扶养费、抚育费、抚恤金、劳动报酬案件和离婚案件的被告以及其他不到庭就无法查清案情的被告。缺席判决对缺席一方当事人的权益保护非常不利。因而为了保证司法公正、正确裁判，缺席判决必须以经过合法传唤为前提条件。“未经传票传唤，缺席判决”，依本法第 200 条的规定，属于再审的事由，缺席一方当事人可据此对已生效的裁判申请再审。

147.3　司法适用

依据本法，理解缺席判决需要注意以下几点：

首先，经审理法院合法传票的传唤，未到庭参加诉讼也未委托诉讼代理人出庭，无答辩意见，无质证意见，在举证期限内未向法庭提交任何证据，人民法院可以依法作出缺席判决。

其次，我国《民事诉讼法》规定被告经传票传唤，无正当理由拒不到庭的，可以缺席判决，只要法院依照法律规定的方式送达，就应视为送达，即无论被告是否知情，只要缺席开庭审理，就可以缺席判决，不存在剥夺了被告的时效抗辩权，风险应由被告承担。

再次，民间借贷纠纷中，债权人起诉时，债务人下落不明的，人民法院受理案件后可公告送达并传唤债务人应诉。公告期届满，债务人无正当理由拒不到庭，借贷关系明确的，经法院审理后可以作出缺席判决。

最后，应当严把证据审核、认定关。我国有关证据的规定是建立在原、被告均出席庭审的基础之上的。如果被告缺席，不向法庭提交答辩状、不提供任何证据材料时，质证和辩论程序无法正常进行，应根据被告缺席的不同情由，采取适当灵活的方式掌握高度盖然性证明标准。被告缺席不外乎以下几种情形：（1）知道自己肯定会败诉，因此不愿投入更多的时间和精力进行诉讼。（2）故意拖延诉讼。司法实务中，这两种情形是难以区别的。（3）由于一些特殊的原因被告并不知道有人对其提起诉讼或者法院传票的内容不为被告所知晓。（4）被告下落不明，按公告方式送达诉状及开庭传票后，仍未到庭应诉，导致缺席审理。审判实践中以此种情形居多。

对于第（1）（2）种情形，只要原告能够举出证据，能形成完整的证据链条，且形式上能证明原告所主张的事实，那么，该事实发生的可能性就极大，可认为其举证已达到高度盖然性标准，法官就可依原告提出的证据认定案件事实，此时，法官实际上可以适当降低对证据的要求，依据法官的自由心证，仍然达到了证明标准。对于第（3）（4）种情形，系依据法律推定被告已收到诉讼文书，并且无正当理由不出席庭审。但是推定有时可能与实际情况不符，因此法律一般允许对推定的事实如有足够证据时，就可以推翻该推定。

147.4 相关规范性文件

最高人民法院《关于适用〈中华人民共和国民事诉讼法〉的解释》（法释〔2022〕11号，自2022年4月10日起施行）

第二百三十五条 无民事行为能力的当事人的法定代理人，经传票传唤无正当理由拒不到庭，属于原告方的，比照民事诉讼法第一百四十六条的规定，按撤诉处理；属于被告方的，比照民事诉讼法第一百四十七条的规定，缺席判决。必要时，人民法院可以拘传其到庭。

第二百四十一条 被告经传票传唤无正当理由拒不到庭，或者未经法庭许可中途退庭的，人民法院应当按期开庭或者继续开庭审理，对到庭的当事人诉讼请求、双方的诉辩理由以及已经提交的证据及其他诉讼材料进行审理后，可以依法缺席判决。

第二百五十二条 再审裁定撤销原判决、裁定发回重审的案件，当事人申请变更、增加诉讼请求或者提出反诉，符合下列情形之一的，人民法院应当准许：

（一）原审未合法传唤缺席判决，影响当事人行使诉讼权利的；

（二）追加新的诉讼当事人的；

（三）诉讼标的物灭失或者发生变化致使原诉讼请求无法实现的；

（四）当事人申请变更、增加的诉讼请求或者提出的反诉，无法通过另诉解决的。

第二百六十一条 适用简易程序审理案件，人民法院可以依照民事诉讼法第九十条、第一百六十二条的规定采取捎口信、电话、短信、传真、电子邮件等简便方式传唤双方当事人、通知证人和送达诉讼文书。

以简便方式送达的开庭通知，未经当事人确认或者没有其他证据证明当事人已经收到的，人民法院不得缺席判决。

适用简易程序审理案件，由审判员独任审判，书记员担任记录。

第五百三十二条　对在中华人民共和国领域内没有住所的当事人，经用公告方式送达诉讼文书，公告期满不应诉，人民法院缺席判决后，仍应当将裁判文书依照民事诉讼法第二百七十四条第八项规定公告送达。自公告送达裁判文书满三个月之日起，经过三十日的上诉期当事人没有上诉的，一审判决即发生法律效力。

第五百四十一条　申请人向人民法院申请承认和执行外国法院作出的发生法律效力的判决、裁定，应当提交申请书，并附外国法院作出的发生法律效力的判决、裁定正本或者经证明无误的副本以及中文译本。外国法院判决、裁定为缺席判决、裁定的，申请人应当同时提交该外国法院已经合法传唤的证明文件，但判决、裁定已经对此予以明确说明的除外。

中华人民共和国缔结或者参加的国际条约对提交文件有规定的，按照规定办理。

最高人民法院《关于适用简易程序审理民事案件的若干规定》（法释〔2020〕20号，自2021年2月1日起施行）

第十八条　以捎口信、电话、传真、电子邮件等形式发送的开庭通知，未经当事人确认或者没有其他证据足以证明当事人已经收到的，人民法院不得将其作为按撤诉处理和缺席判决的根据。

第三十条　原告经传票传唤，无正当理由拒不到庭或者未经法庭许可中途退庭的，可以按撤诉处理；被告经传票传唤，无正当理由拒不到庭或者未经法庭许可中途退庭的，人民法院可以根据原告的诉讼请求及双方已经提交给法庭的证据材料缺席判决。

按撤诉处理或者缺席判决的，人民法院可以按照当事人自己提供的送达地址将裁判文书送达给未到庭的当事人。

147.5 典型案例

147.5.1 是否缺席判决属于法院职权审查范围

裁判来源： 秦某国、沈某国学教育研究中心与李某、抚顺市顺城区巨人培优文化艺术学校、张某宇、孟某艳侵害著作权及不正当竞争纠纷案——最高人民法院民事裁定书，(2019) 最高法民申 6219 号

法院认为： 被告经传票传唤，无正当理由拒不到庭的，可以缺席判决，但并非必须缺席判决。一审法院为了查明案件事实，在被告未到庭参加庭审情况下，改为与原告谈话，并不存在程序违法情形。第二次开庭时告知再审申请人对方已经提出管辖权异议，同时，变更合议庭成员已在开庭时告知当事人，也不存在程序违法情形。

148. 撤诉

148.1 法律条文

第一百四十八条 宣判前，原告申请撤诉的，是否准许，由人民法院裁定。

人民法院裁定不准许撤诉的，原告经传票传唤，无正当理由拒不到庭的，可以缺席判决。

148.2 条文阐释

本条规定了撤诉的相关程序。本条第 1 款是关于原告申请撤诉的规定。申请撤诉，是指当事人以积极的意思表示，向受诉法院要求撤回已提出之诉的行为，由人民法院准许撤诉申请。原告申请撤诉可以采用书面或口头方式。撤诉必须基于自己真实的意思表示，撤诉的目的须正当、合法，撤诉最迟应在人民法院宣告判决前提出。对于原告的撤诉申请，人民法院应当依法进行审查，认为符合条件的，依法裁定准许撤诉。经审查，认为不符合撤诉条件，如目的不正当、不合法，可能损害他人合法权益的，或原

告有违法行为需要处理的，人民法院可以裁定不准许撤诉或者不按撤诉处理。

为了维护当事人处分权，应当严格限缩人民法院对于撤诉的决定权，一般来说，当事人提出撤诉申请的，原则上应当同意。人民法院依法裁定准许撤诉的，诉讼程序终结。撤诉视为未起诉，当事人又有争议的，仍然可以再起诉。法庭辩论终结后原告申请撤诉，被告不同意的，人民法院可以不予准许。人民法院准许本诉原告撤诉的，应当对反诉继续审理；被告申请撤回反诉的，人民法院应予准许。

法院不准许撤诉时，如果涉及虚假诉讼或侵害国家利益、公共利益情形，当事人可能消极应诉。本条第 2 款是关于法院不准许撤诉时，原告无正当理由拒不到庭如何处理的规定。法院裁定不准许撤诉的，意味着诉讼程序应当继续进行。根据司法解释的规定，在接下来的庭审中，原告无正当理由拒不到庭或未经许可中途退庭的，人民法院可以缺席判决。

148.3　相关规范性文件

最高人民法院《关于适用〈中华人民共和国民事诉讼法〉的解释》（法释〔2022〕11 号，自 2022 年 4 月 10 日起施行）

第二百三十五条　无民事行为能力的当事人的法定代理人，经传票传唤无正当理由拒不到庭，属于原告方的，比照民事诉讼法第一百四十六条的规定，按撤诉处理；属于被告方的，比照民事诉讼法第一百四十七条的规定，缺席判决。必要时，人民法院可以拘传其到庭。

第二百三十六条　有独立请求权的第三人经人民法院传票传唤，无正当理由拒不到庭的，或者未经法庭许可中途退庭的，比照民事诉讼法第一百四十六条的规定，按撤诉处理。

第二百三十七条　有独立请求权的第三人参加诉讼后，原告申请撤诉，人民法院在准许原告撤诉后，有独立请求权的第三人作为另案原告，原案原告、被告作为另案被告，诉讼继续进行。

第二百三十八条　当事人申请撤诉或者依法可以按撤诉处理的案件，如果当事人有违反法律的行为需要依法处理的，人民法院可以不准许撤诉或者不按撤诉处理。

法庭辩论终结后原告申请撤诉，被告不同意的，人民法院可以不予准许。

第二百三十九条 人民法院准许本诉原告撤诉的，应当对反诉继续审理；被告申请撤回反诉的，人民法院应予准许。

第三百九十八条 审查再审申请期间，再审申请人撤回再审申请的，是否准许，由人民法院裁定。

再审申请人经传票传唤，无正当理由拒不接受询问的，可以按撤回再审申请处理。

第三百九十九条 人民法院准许撤回再审申请或者按撤回再审申请处理后，再审申请人再次申请再审的，不予受理，但有民事诉讼法第二百零七条第一项、第三项、第十二项、第十三项规定情形，自知道或者应当知道之日起六个月内提出的除外。

148.4 典型案例

148.4.1 在一审判决宣告前，原告可以申请撤回起诉；在提起上诉后，上诉人在二审期间可申请撤回起诉

裁判来源：周某荣与林某等建筑材料租赁合同纠纷再审案——广东省高级人民法院民事裁定书，(2012) 粤高法民一申字第2417号

法院认为：根据《民事诉讼法》的规定，二审法院审理上诉案件时，可适用一审普通程序；而在一审普通程序中，法院可准许周某荣撤诉，故上诉人在二审程序中有撤回上诉及起诉之权利，二审法院准许周某荣撤回起诉并无不当。林某、阮某华申请再审理由不能成立，法院不予采纳。据此，驳回林某、阮某华的再审申请。

148.4.2 二审中，经对方当事人同意，原审原告申请撤回起诉，在上诉也一并撤回的情况下，法院应予准许

裁判来源：成都福地物业发展有限公司与蔡某松等商品房买卖合同纠纷上诉案——四川省成都市中级人民法院民事裁定书，(2012) 成民终字第3535号

裁判观点：宣判后，福地公司不服一审判决，提起上诉，请求撤销原判，驳回被上诉人蔡某松、胡某三的诉讼请求。四川省成都市中级人民法院经调解，双方当事人达成和解协议，上诉人福地公司申请撤回上诉，一

审原告蔡某松、胡某三申请撤回起诉。二审法院经审理认为，民事诉讼当事人依法有权处分自己的诉讼权利。双方的撤诉申请符合法律规定，且不损害国家利益、社会公共利益，也不损害他人利益，应予准许。

149. 延期审理

149.1 法律条文

第一百四十九条 有下列情形之一的，可以延期开庭审理：

（一）必须到庭的当事人和其他诉讼参与人有正当理由没有到庭的；

（二）当事人临时提出回避申请的；

（三）需要通知新的证人到庭，调取新的证据，重新鉴定、勘验，或者需要补充调查的；

（四）其他应当延期的情形。

149.2 条文阐释

本条规定了延期审理的条件。延期审理，是指在开庭期日到来时，或者在开庭审理进行中，由于出现了法律规定的特殊情况，导致庭审无法如期或继续进行，从而将庭审推迟进行。依据本条规定，下列情况可以延期开庭审理：(1) 必须到庭的当事人和其他诉讼参与人有正当理由没有到庭的。必须到庭的当事人包括两类：第一，能够正确表达意志的离婚案件的当事人；第二，负有赡养、扶养和抚育义务和不到庭就无法查清案件事实的被告。必须到庭的诉讼参与人泛指如果其不到庭就无法查清案情或进行庭审的其他诉讼参与人。(2) 当事人临时提出回避申请的。在审理前的准备阶段，合议庭成员确定后应当在3日内告知当事人，使其有充分时间考虑是否申请回避。当事人在案件开始审理时没有申请回避而是在后来的审理中临时提出，或者回避事由是在案件开始审理以后才知道，故临时提出回避申请的，人民法院应当延期审理，以便对被申请人是否回避作出决定。(3) 需要通知新的证人到庭，调取新的证据，重新鉴定、勘验，或者需要补充调查的。这些情况下庭审无法继续进行，因而应当延期审理。（4）其他应当延期的情形。这是一项概括性规定，由受诉法院根据案件实际情况，灵活掌握。一般来说为了诉讼的高效进行，应当严格限制延期开庭的适用条件。

149.3 相关规范性文件

最高人民法院《关于严格规范民商事案件延长审限和延期开庭问题的规定》（法释〔2019〕4号，自2019年3月28日起施行）

第一条 人民法院审理民商事案件时，应当严格遵守法律及司法解释有关审限的规定。适用普通程序审理的第一审案件，审限为六个月；适用简易程序审理的第一审案件，审限为三个月。审理对判决的上诉案件，审限为三个月；审理对裁定的上诉案件，审限为三十日。

法律规定有特殊情况需要延长审限的，独任审判员或合议庭应当在期限届满十五日前向本院院长提出申请，并说明详细情况和理由。院长应当在期限届满五日前作出决定。

经本院院长批准延长审限后尚不能结案，需要再次延长的，应当在期限届满十五日前报请上级人民法院批准。上级人民法院应当在审限届满五日前作出决定。

第二条 民事诉讼法第一百四十六条第四项规定的“其他应当延期的情形”，是指因不可抗力或者意外事件导致庭审无法正常进行的情形。

第三条 人民法院应当严格限制延期开庭审理次数。适用普通程序审理民商事案件，延期开庭审理次数不超过两次；适用简易程序以及小额速裁程序审理民商事案件，延期开庭审理次数不超过一次。

第五条 人民法院开庭审理民商事案件后，认为需要延期开庭审理的，应当依法告知当事人下次开庭的时间。两次开庭间隔时间不得超过一个月，但因不可抗力或当事人同意的除外。

第六条 独任审判员或者合议庭适用民事诉讼法第一百四十六条第四项规定决定延期开庭的，应当报本院院长批准。

第七条 人民法院应当将案件的立案时间、审理期限，扣除、延长、重新计算审限，延期开庭审理的情况及事由，按照《最高人民法院关于人民法院通过互联网公开审判流程信息的规定》及时向当事人及其法定代理人、诉讼代理人公开。当事人及其法定代理人、诉讼代理人有异议的，可以依法向受理案件的法院申请监督。

第八条 故意违反法律、审判纪律、审判管理规定拖延办案，或者因过失延误办案，造成严重后果的，依照《人民法院工作人员处分条例》第四十七条的规定予以处分。

第九条 本规定自2018年4月26日起施行；最高人民法院此前发布的司法解释及规范性文件与本规定不一致的，以本规定为准。

149.4 典型案例

149.4.1 当事人不以积极行为作出延期审理的意思表示的，法院有权作出缺席审理判决

裁判来源：老城公司、金道源公司与陕西九园腾工程有限公司、陕西新天成文化旅游有限公司票据追索权纠纷案——陕西省渭南市中级人民法院民事判决书，(2022) 陕05民终1811号

法院认为：一审法院依法将开庭传票等相关材料对受送达人渭南市老城改造开发集团有限公司进行送达，从送达报告书来看，应到时间为2022年5月24日8时30分，送达情况显示“多次尝试未完成电子送达，2022年3月15日10时38分进行邮寄送达，次日10时显示已签收”。一审开庭时，上诉人老城公司（原审被告）未向一审法院提交书面延期申请，亦未告知其不出庭的正当理由，故一审法院依据《民事诉讼法》第147条之规定依法对老城公司缺席审理并作出判决符合法律规定。

150. 法庭笔录

150.1 法律条文

第一百五十条 书记员应当将法庭审理的全部活动记入笔录，由审判人员和书记员签名。

法庭笔录应当当庭宣读，也可以告知当事人和其他诉讼参与人当庭或者在五日内阅读。当事人和其他诉讼参与人认为对自己的陈述记录有遗漏或者差错的，有权申请补正。如果不予补正，应当将申请记录在案。

法庭笔录由当事人和其他诉讼参与人签名或者盖章。拒绝签名盖章的，记明情况附卷。

150.2 条文阐释

本条规定了法庭笔录的程序性要求。法庭笔录是法庭现场审判活动的反映，是人民法院依法判案的重要材料。法庭笔录主要包括下列内容：(1) 笔录名称，如开庭笔录、宣判笔录等。(2) 案由，开庭时间和地点，审判人员、书记员的姓名。(3) 原告、被告、第三人、诉讼代理人的姓名、性别、年龄等。若有未到庭的，应当记明未到庭的情况。(4) 审判长告知当事人的诉讼权利和义务，以及是否要求审判人员或者其他出庭人员回避的情况。(5) 当事人陈述。(6) 法庭调查的全部情况：法庭对所有证据进行的调查，当事人对各种证据的辨认和提出的意见和要求，在审理过程中提出的新证据。(7) 原告、被告、第三人、诉讼代理人法庭辩论的发言。(8) 原告提出增加、变更、撤回的诉讼请求，被告提出的反诉，第三人提出的诉讼请求等，以及审判人员对这些情况的处理。(9) 审判人员、书记员、当事人和其他诉讼参与人的签名或盖章，或者当事人和其他诉讼参与人拒绝签名或盖章的情况。

150.3 司法适用

书记员应当将法庭审理的全部活动记入笔录。法庭笔录制作完成后，应当当庭宣读，也可以告知当事人和其他诉讼参与人当庭或者在5日内阅读。当事人和其他诉讼参与人认为对自己的陈述记录有遗漏或者差错的，有权申请补正。如果不予补正，应当将申请记录在案。法庭笔录由当事人和其他诉讼参与人签名或者盖章。拒绝签名盖章的，记明情况附卷。同时，法庭笔录由审判人员和书记员签名。当庭调解达成协议的，使用法庭笔录记明，不另行制作调解笔录。当庭宣判的，使用法庭笔录记明，不另行制作宣判笔录。

150.4　相关规范性文件

最高人民法院《关于人民法院庭审录音录像的若干规定》（法释〔2017〕5号，自2017年3月1日起施行）

第一条　人民法院开庭审判案件，应当对庭审活动进行全程录音录像。

第二条　人民法院应当在法庭内配备固定或者移动的录音录像设备。

有条件的人民法院可以在法庭安装使用智能语音识别同步转换文字系统。

第六条　人民法院通过使用智能语音识别系统同步转换生成的庭审文字记录，经审判人员、书记员、诉讼参与人核对签字后，作为法庭笔录管理和使用。

第七条　诉讼参与人对法庭笔录有异议并申请补正的，书记员可以播放庭审录音录像进行核对、补正；不予补正的，应当将申请记录在案。

第八条　适用简易程序审理民事案件的庭审录音录像，经当事人同意的，可以替代法庭笔录。

第十条　人民法院应当通过审判流程信息公开平台、诉讼服务平台以及其他便民诉讼服务平台，为当事人、辩护律师、诉讼代理人等依法查阅庭审录音录像提供便利。

对提供查阅的录音录像，人民法院应当设置必要的安全防范措施。

最高人民法院《关于民商事案件繁简分流和调解速裁操作规程（试行）》（法发〔2017〕14号，自2017年5月8日起施行）

第二十二条　采用速裁方式审理的民商事案件，可以使用令状式、要素式、表格式等简式裁判文书，应当当庭宣判并送达。

当庭即时履行的，经征得各方当事人同意，可以在法庭笔录中记录后不再出具裁判文书。

最高人民法院《关于适用〈中华人民共和国民事诉讼法〉的解释》（法释〔2022〕11号，自2022年4月10日起施行）

第二百五十三条　当庭宣判的案件，除当事人当庭要求邮寄发送裁判文书的外，人民法院应当告知当事人或者诉讼代理人领取裁判文书的时间和地点以及逾期不领取的法律后果。上述情况，应当记入笔录。

150.5 典型案例

150.5.1 书记员未直接参与庭审活动或制作书面庭审笔录的，不影响判决书效力

裁判来源：仙居县贝仕得合成材料有限公司、苏州东奥家用电梯有限公司承揽合同纠纷案——浙江省台州市中级人民法院民事判决书，(2022) 浙10民终2732号

法院认为：书记员负责法庭审理记录等审判辅助事务。书记员的工作不但包括法庭审理记录，还包括整理案卷、送达法律文书等。上述法律规定亦未明确规定，人民法院开庭审理民事案件时必须由书记员直接参与庭审活动并制作书面庭审笔录。另外，经本院核实，一审法院开庭审理时已通过录音录像方式记录庭审过程，这完全符合我国现行《民事诉讼法》相关规定。因此，东奥公司以一审时无书记员参与庭审主张法庭组成人员违法、无庭审笔录、一审判决书违法制作，与实不符，与法相悖，故本院依法不予支持。

150.5.2 适用简易程序审理民事案件的庭审录音录像，经当事人同意的，可以替代法庭笔录

裁判来源：李某玲、阮某林房屋买卖合同纠纷案——广东省江门市中级人民法院民事判决书，(2022) 粤07民终614号

法院认为：一审法院于2021年11月22日下午适用简易程序公开开庭审理本案，开庭前依法向双方当事人出具《开庭事项知悉确认书》，其中“庭审记录方式的告知事项”一栏载明，“根据《最高人民法院关于人民法院庭审录音录像的若干规定》第8条的规定，告知如下：“一、适用简易程序审理民事案件的庭审录音录像，经当事人同意的，可以替代法庭笔录。二、本次开庭全程录音录像，该录音录像即为庭审记录，不再另行做书面庭审笔录。”“当事人（诉讼委托代理人）、其他诉讼参与人确认栏”一栏第二项载明“本人已知悉庭审记录方式的告知事项，本人同意采用庭审直播的录音录像记录方式开庭”，并有李某玲的委托诉讼代理人李某堂、李

某燕签字确认，表明其已认可录音录像记录方式代替书面庭审笔录。

151. 宣判

151.1　法律条文

第一百五十一条　人民法院对公开审理或者不公开审理的案件，一律公开宣告判决。

当庭宣判的，应当在十日内发送判决书；定期宣判的，宣判后立即发给判决书。

宣告判决时，必须告知当事人上诉权利、上诉期限和上诉的法院。

宣告离婚判决，必须告知当事人在判决发生法律效力前不得另行结婚。

151.2　条文阐释

本条规定了人民法院宣判的有关程序。人民法院审理并宣判后，应当及时向当事人发送判决书。

民事诉讼宣判，是指人民法院对受理的民事诉讼案件在经过公开审理或不公开审理后，依法公开宣告判决。民事诉讼宣判是民事诉讼活动的一项重要内容，对于判决结案的民事案件，这是一项必经的诉讼程序。民事诉讼宣判的案件是判决结案的民事诉讼案件。也就是说，《民事诉讼法》规定“一律公开宣告判决”所针对的对象是民事诉讼案件的判决，它不包括裁定或调解结案的民事案件以及判决结案的非讼案件。人民法院宣告判决，一律公开进行。无论是公开审理的案件，还是不公开审理的案件，宣告判决都应当公开。非讼案件的判决，虽然应向有关当事人宣布，但并不强调必须公开进行。民事诉讼宣判直接针对的对象是当事人及其诉讼代理人。一般情况下，民事诉讼宣判是针对诉讼当事人的，但在当事人不出庭而委托了诉讼代理人出庭的情况下，并不能影响法院的宣判活动。甚至，在一方当事人既不亲自出庭，亦不委托诉讼代理人出庭的情况下，法院仍然可以进行宣判。虽然宣判是将判决的内容向当事人及其诉讼代理人和社会宣告，但宣判的法律后果直接由当事人本人承受。因此，宣判应直接针对当事人及其诉讼代理人进行，而不能针对当事人及其诉讼代理人以外的人。

151.3 司法适用

所谓公开，是指向社会公开，允许公民到场旁听，允许新闻记者采访和报道。公开宣判是各国的通例，它有利于社会各界对审判活动的监督，有利于对人民群众进行法律宣传教育，实现法的预防、教育功能。民事诉讼宣判须在适宜的时间进行。宣判活动必须遵守有关案件审理期限的规定，由于宣判日期通常就是案件的结案日期，因此宣判时间应定在审限届满之前的适当日期。人民法院当庭宣判的，应当在 10 日内发送判决书；定期宣判的，宣判后立即发给判决书。人民法院宣告一审判决时，必须告知当事人上诉权利、上诉期限和上诉审法院，即告知当事人如果不服本判决，可于接到判决书之日起 15 日内，向本院提交上诉状及副本，上诉于第二审人民法院。当事人不清楚的，审判人员应当作出解释。人民法院在宣告第二审判决时，应当告知当事人本判决为终审判决，不准上诉，并说明判决在宣判后即发生法律效力，当事人必须按照判决的内容履行法律义务。同时，民事诉讼宣判须在适宜的场所进行。宣判是一项庄重严肃的诉讼活动，体现着法律的尊严和法院的权威，因而必须在庄重严肃的场所进行。这一场所一般应当是法院专门从事审判活动的审判庭，特殊情况下也可以是因需要而设立的临时法庭。实践中有的法官将宣判场所定在当事人一方的住所或居所，这是极不得当的，既有不公正之嫌，又有违公开审判的原则。在当事人为自然人的情况下，在一方当事人家中宣判，是将宣判这一重要的诉讼活动放在纯私人的场合进行，显然违反了公开宣判的原则。

151.4 相关规范性文件

最高人民法院《关于互联网法院审理案件若干问题的规定》（法释〔2018〕16 号，自 2018 年 9 月 7 日起施行）

第一条 互联网法院采取在线方式审理案件，案件的受理、送达、调解、证据交换、庭前准备、庭审、宣判等诉讼环节一般应当在线上完成。

根据当事人申请或者案件审理需要，互联网法院可以决定在线下完成部分诉讼环节。

最高人民法院《关于人民法院在互联网公布裁判文书的规定》（法释〔2016〕19号，自2016年10月1日起施行）

第一条　人民法院在互联网公布裁判文书，应当依法、全面、及时、规范。

第二条　中国裁判文书网是全国法院公布裁判文书的统一平台。各级人民法院在本院政务网站及司法公开平台设置中国裁判文书网的链接。

第四条　人民法院作出的裁判文书有下列情形之一的，不在互联网公布：

（一）涉及国家秘密的；

（二）未成年人犯罪的；

（三）以调解方式结案或者确认人民调解协议效力的，但为保护国家利益、社会公共利益、他人合法权益确有必要公开的除外；

（四）离婚诉讼或者涉及未成年子女抚养、监护的；

（五）人民法院认为不宜在互联网公布的其他情形。

第五条　人民法院应当在受理案件通知书、应诉通知书中告知当事人在互联网公布裁判文书的范围，并通过政务网站、电子触摸屏、诉讼指南等多种方式，向公众告知人民法院在互联网公布裁判文书的相关规定。

第六条　不在互联网公布的裁判文书，应当公布案号、审理法院、裁判日期及不公开理由，但公布上述信息可能泄露国家秘密的除外。

第七条　发生法律效力的裁判文书，应当在裁判文书生效之日起七个工作日内在互联网公布。依法提起抗诉或者上诉的一审判决书、裁定书，应当在二审裁判生效后七个工作日内在互联网公布。

第八条　人民法院在互联网公布裁判文书时，应当对下列人员的姓名进行隐名处理：

（一）婚姻家庭、继承纠纷案件中的当事人及其法定代理人；

（二）刑事案件被害人及其法定代理人、附带民事诉讼原告人及其法定代理人、证人、鉴定人；

（三）未成年人及其法定代理人。

第九条 根据本规定第八条进行隐名处理时，应当按以下情形处理：

（一）保留姓氏，名字以“某”替代；

（二）对于少数民族姓名，保留第一个字，其余内容以“某”替代；

（三）对于外国人、无国籍人姓名的中文译文，保留第一个字，其余内容以“某”替代；对于外国人、无国籍人的英文姓名，保留第一个英文字母，删除其他内容。

对不同姓名隐名处理后发生重复的，通过在姓名后增加阿拉伯数字进行区分。

第十条 人民法院在互联网公布裁判文书时，应当删除下列信息：

（一）自然人的家庭住址、通讯方式、身份证号码、银行账号、健康状况、车牌号码、动产或不动产权属证书编号等个人信息；

（二）法人以及其他组织的银行账号、车牌号码、动产或不动产权属证书编号等信息；

（三）涉及商业秘密的信息；

（四）家事、人格权益等纠纷中涉及个人隐私的信息；

（五）涉及技术侦查措施的信息；

（六）人民法院认为不宜公开的其他信息。

按照本条第一款删除信息影响对裁判文书正确理解的，用符号“×”作部分替代。

第十一条 人民法院在互联网公布裁判文书，应当保留当事人、法定代理人、委托代理人、辩护人的下列信息：

（一）除根据本规定第八条进行隐名处理的以外，当事人及其法定代理人是自然人的，保留姓名、出生日期、性别、住所地所属县、区；当事人及其法定代理人是法人或其他组织的，保留名称、住所地、组织机构代码，以及法定代表人或主要负责人的姓名、职务；

（二）委托代理人、辩护人是律师或者基层法律服务工作者的，保留姓名、执业证号和律师事务所、基层法律服务机构名称；委托代理人、辩护人是其他人员的，保留姓名、出生日期、性别、住所地所属县、区，以及与当事人的关系。

第十二条　办案法官认为裁判文书具有本规定第四条第五项不宜在互联网公布情形的，应当提出书面意见及理由，由部门负责人审查后报主管副院长审定。

152. 审限

152.1　法律条文

第一百五十二条　人民法院适用普通程序审理的案件，应当在立案之日起六个月内审结。有特殊情况需要延长的，经本院院长批准，可以延长六个月；还需要延长的，报请上级人民法院批准。

152.2　条文阐释

本条规定了审限的有关规定。审限，是指从立案之日起至裁判宣告、调解书送达之日止的期间，但公告期间、鉴定期间、双方当事人和解期间、审理当事人提出的管辖异议以及处理人民法院之间的管辖争议期间不应计算在内。

152.3　司法适用

人民法院应当依法遵守审限的规定。当人民法院在办案过程中，遇到延长、中止、不计入等扣除审限的情形时，应当依法告知当事人，使当事人享有异议的权利，该异议以当事人签字的方式予以体现，并且该异议要向审判管理办公室备案，审判管理办公室对当事人有异议的案件进行重点监管，严格审查审限变更期限，并且定期进行通报，切实维护当事人合法权益，提高司法效率。

152.4　相关规范性文件

最高人民法院《关于严格执行案件审理期限制度的若干规定》（法释〔2000〕29号，自2008年12月31日起施行）

第一条　适用普通程序审理的第一审刑事公诉案件、被告人被羁押的第一审刑事自诉案件和第二审刑事公诉、刑事自诉案件的期限为一个月，至迟不得超过一个半月；附带民事诉讼案件的审理期限，经本院院长批准，可以延长两个月。有刑事诉讼法第一百二十六条规定情形之一的，经省、自治区、直辖市高级人民法院批准或者决定，审理期限可以再延长一个月；最高人民法院受理的刑事上诉、刑事抗诉案件，经最高人民法院决定，审理期限可以再延长一个月。

适用普通程序审理的被告人未被羁押的第一审刑事自诉案件，期限为六个月；有特殊情况需要延长的，经本院院长批准，可以延长三个月。

适用简易程序审理的刑事案件，审理期限为二十日。

第二条 适用普通程序审理的第一审民事案件，期限为六个月；有特殊情况需要延长的，经本院院长批准，可以延长六个月，还需延长的，报请上一级人民法院批准，可以再延长三个月。

适用简易程序审理的民事案件，期限为三个月。

适用特别程序审理的民事案件，期限为三十日；有特殊情况需要延长的，经本院院长批准，可以延长三十日，但审理选民资格案件必须在选举日前审结。

审理第一审船舶碰撞、共同海损案件的期限为一年；有特殊情况需要延长的，经本院院长批准，可以延长六个月。

审理对民事判决的上诉案件，审理期限为三个月；有特殊情况需要延长的，经本院院长批准，可以延长三个月。

审理对民事裁定的上诉案件，审理期限为三十日。

对罚款、拘留民事决定不服申请复议的，审理期限为五日。

审理涉外民事案件，根据民事诉讼法第二百四十八条的规定，不受上述案件审理期限的限制。

审理涉港、澳、台的民事案件的期限，参照涉外审理民事案件的规定办理。

第四条 按照审判监督程序重新审理的刑事案件的期限为三个月；需要延长期限的，经本院院长批准，可以延长三个月。

裁定再审的民事、行政案件，根据再审适用的不同程序，分别执行第一审或第二审审理期限的规定。

第五条 执行案件应当在立案之日起六个月内执结，非诉执行案件应当在立案之日起三个月内执结；有特殊情况需要延长的，经本院院长批准，可以延长三个月，还需延长的，层报高级人民法院备案。

委托执行的案件，委托的人民法院应当在立案后一个月内办理完委托执行手续，受委托的人民法院应当在收到委托函件后三十日内执行完毕。未执行完毕，应当在期限届满后十五日内将执行情况函告委托人民法院。

刑事案件没收财产刑应当即时执行。

刑事案件罚金刑，应当在判决、裁定发生法律效力后三个月内执行完毕，至迟不超过六个月。

第四节　诉讼中止和终结

153. 中止诉讼

153.1　法律条文

第一百五十三条　有下列情形之一的，中止诉讼：

（一）一方当事人死亡，需要等待继承人表明是否参加诉讼的；

（二）一方当事人丧失诉讼行为能力，尚未确定法定代理人的；

（三）作为一方当事人的法人或者其他组织终止，尚未确定权利义务承受人的；

（四）一方当事人因不可抗拒的事由，不能参加诉讼的；

（五）本案必须以另一案的审理结果为依据，而另一案尚未审结的；

（六）其他应当中止诉讼的情形。

中止诉讼的原因消除后，恢复诉讼。

153.2　条文阐释

本条规定了诉讼中止的情形。诉讼中止，是指在诉讼过程中，因为法定情况的出现使本案诉讼活动难以继续进行时，受诉法院依法裁定暂时停止诉讼程序，待法定情况消除后，恢复诉讼进行。依据本条，在出现下列情况时应中止诉讼：

（1）一方当事人死亡，需要等待继承人表明是否参加诉讼。在财产纠纷案件中，如果一方当事人死亡，其诉讼权利能力自其死亡之日起消灭，实体权利由继承人享有，需要等待继承人表明是否参加诉讼，而确定继承人可能需要一定的时间，甚至有争议，所以法院应暂时停止诉讼。法院如果径行判决的话可能会导致相关利害关系人合法权益受损，危害法院社会公信力。

（2）一方当事人丧失诉讼行为能力，尚未确定法定代理人。当事人丧失诉讼行为能力期间作出的意思表示无效，需要相应的法定代理人妥善帮助其进行相应诉讼行为，避免判决结果的不公正。

（3）作为一方当事人的法人或者其他组织终止，尚未确定权利义务承受人。法人或者其他组织终止，其主体资格消灭，无法继续进行诉讼，需要等待其权利义务承受人确定之后再继续原来的诉讼。法人终止后利害关系人等应当恪守法人主体的独立性，不得违反诉讼主体程序。

（4）一方当事人因不可抗拒的事由，不能参加诉讼。不可抗拒的事由，是指非当事人主观上的原因，而是客观上发生了当事人意志以外的特殊情况，如突患重病、交通阻断、战争爆发等。相关事由应当严格限制在客观理由，否则容易被一方当事人恶意适用，拖延诉讼，侵害另一方当事人合法权益。

（5）本案必须以另一案的审理结果为依据，而另一案尚未审结。如果不等待另一案件的审理结果而继续对本案审理，必然会在认定事实和适用法律上遇到难以逾越的障碍，甚至导致相互矛盾的裁判结果。所以需要中止本案的诉讼程序，等待另一案件的审结。上述案件既包括民事案件的审理结果也包括刑事案件、行政案件的审理结果。诉讼中止是为了防止判决之间出现相互矛盾和冲突。

（6）其他应当中止诉讼的情形。这是一项概括性规定，由受诉法院视案件情况灵活掌握。

诉讼中止不是诉讼的终结而只是诉讼程序的暂时搁置。导致中止诉讼的原因消除后，人民法院应当及时恢复诉讼，不得拖延诉讼。

153.3　司法适用

诉讼程序恢复后，不必撤销原裁定，从人民法院通知或者准许当事人双方继续进行诉讼时起，中止诉讼的裁定即失去效力，已经进行的诉讼行为继续有效，对新出现的诉讼承担人依法具有约束力。

153.4　相关规范性文件

最高人民法院《关于适用〈中华人民共和国民事诉讼法〉的解释》（法释〔2022〕11号，自2022年4月10日起施行）

第五十五条　在诉讼中，一方当事人死亡，需要等待继承人表明是否参加诉讼的，裁定中止诉讼。人民法院应当及时通知继承人作为当事人承担诉讼，被继承人已经进行的诉讼行为对承担诉讼的继承人有效。

第九十六条　民事诉讼法第六十七条第二款规定的人民法院认为审理案件需要的证据包括：

（一）涉及可能损害国家利益、社会公共利益的；

（二）涉及身份关系的；

（三）涉及民事诉讼法第五十八条规定诉讼的；

（四）当事人有恶意串通损害他人合法权益可能的；

（五）涉及依职权追加当事人、中止诉讼、终结诉讼、回避等程序性事项的。

除前款规定外，人民法院调查收集证据，应当依照当事人的申请进行。

第一百二十七条　民事诉讼法第五十九条第三款、第二百一十二条以及本解释第三百七十二条、第三百八十二条、第三百九十九条、第四百二十条、第四百二十一条规定的六个月，民事诉讼法第二百三十条规定的一年，为不变期间，不适用诉讼时效中止、中断、延长的规定。

第二百四十六条　裁定中止诉讼的原因消除，恢复诉讼程序时，不必撤销原裁定，从人民法院通知或者准许当事人双方继续进行诉讼时起，中止诉讼的裁定即失去效力。

第二百九十九条　第三人撤销之诉案件审理期间，人民法院对生效判决、裁定、调解书裁定再审的，受理第三人撤销之诉的人民法院应当裁定将第三人的诉讼请求并入再审程序。但有证据证明原审当事人之间恶意串通损害第三人合法权益的，人民法院应当先行审理第三人撤销之诉案件，裁定中止再审诉讼。

第三百四十七条 在诉讼中，当事人的利害关系人或者有关组织提出该当事人不能辨认或者不能完全辨认自己的行为，要求宣告该当事人无民事行为能力或者限制民事行为能力的，应由利害关系人或者有关组织向人民法院提出申请，由受诉人民法院按照特别程序立案审理，原诉讼中止。

153.5 典型案例

153.5.1 诉讼中一方当事人死亡的，法院应当依法中止诉讼，不得径行判决

裁判来源：陈某珠、林某花等追索劳动报酬纠纷再审案——浙江省泰顺县人民法院民事判决书，（2022）浙0329民再8号

要旨：翁某闹（已去世）与陈某珠发生追索劳动报酬纠纷。原审法院对案件于2019年6月17日公开开庭审理，于2019年6月24日以翁某闹为民事主体作出民事判决，而翁某闹于2019年4月24日死亡，4月27日在泰顺县殡仪馆火化。检察院认为，根据《民事诉讼法》第153条第1款第1项规定，“有下列情形之一的，中止诉讼：（一）一方当事人死亡，需要等待继承人表明是否参加诉讼的。”《民法典》第13条规定，“自然人从出生时起到死亡时止，具有民事权利能力，依法享有民事权利，承担民事义务。”翁某闹死亡后其民事权利能力自死亡之日起即丧失，不能作为当事人参与诉讼。原审法院以翁某闹为原告作出民事判决结果存在错误，需要予以纠正，建议原审法院再审。

153.5.2 民事诉讼审理过程中，本案与另一案件存在关联时，本案是否中止审理，应由法院根据需要进行综合裁量。裁量的依据是其他案件审理结果是否为本案审理所必需，本案若不中止亦无法继续审理

裁判来源：中国建筑工程总公司与王某英租赁合同纠纷上诉案——河南省商丘市中级人民法院民事判决书，（2007）商民终字第1145号

法院认为：中建公司以涉案的司立军已被批准逮捕为由，主张中止审理。因司立军并非本案的当事人，且司某军是以涉嫌私刻公司印章罪被逮

捕，本案的审理无须以刑事案件的审理结果为依据，故不符合中止审理的法定条件，上诉人中建公司中止审理的抗辩理由不能成立，依法应予驳回。

153.5.3　一方当事人因不可抗拒的事由，不能参加诉讼的，依法中止诉讼

裁判来源：冯某、王某民间借贷纠纷案——宁夏回族自治区银川市兴庆区人民法院，(2022) 宁 0104 民申 3 号

法院认为：本案在审查过程中由于不能抗拒的原因（发生重大疫情），致使本案在较长时间内无法继续审查，应依法中止诉讼。

154. 诉讼终结

154.1　法律条文

第一百五十四条　有下列情形之一的，终结诉讼：

（一）原告死亡，没有继承人，或者继承人放弃诉讼权利的；

（二）被告死亡，没有遗产，也没有应当承担义务的人的；

（三）离婚案件一方当事人死亡的；

（四）追索赡养费、扶养费、抚养费以及解除收养关系案件的一方当事人死亡的。

154.2　条文阐释

本条规定了诉讼终结的适用情形。诉讼终结是诉讼程序的非自然结束，是指在诉讼过程中，因为法定特殊事件的出现，导致诉讼没有必要继续进行，从而由人民法院裁定结束诉讼的制度。诉讼终结必须由人民法院依法裁定。依据本条规定，在下列情况下应终结诉讼：

（1）原告死亡，没有继承人，或者继承人放弃诉讼权利的。这种情况下，因为没有了权利的主张者，继续诉讼并无权利与义务的承担者，法院只能裁定结束诉讼。

（2）被告死亡，没有遗产，也没有应当承担义务的人的。被告死亡并

有遗产，其继承人继承了遗产的，就必须参加诉讼。继承人放弃继承的，人民法院可在遗产范围内判决。但如果被告死亡没有留下遗产，且没有义务承受人的，则原告的诉讼请求不可能实现，继续审理已无必要，故应裁定结束诉讼。

（3）离婚案件一方当事人死亡的。这种情况下婚姻关系因为当事人的死亡而自然解除，离婚案件已无审理必要，故应裁定结束诉讼。相关财产归属关系依法予以另案处理。

（4）追索赡养费、扶养费、抚养费以及解除收养关系案件的一方当事人死亡的。追索赡养费、扶养费、抚养费的案件，由于一方当事人的死亡，给付赡养费、扶养费、抚养费已无可能或无必要，案件无须继续审理。解除收养关系案件的一方当事人死亡的，收养关系自然解除，案件也无须继续审理。

诉讼终结仅为诉讼程序的终结，人民法院对案件争议的实体性问题不能作出任何处理。因而，人民法院裁定诉讼终结的，并不能确定死亡一方当事人财产的归属。相关财务归属可以另案加以处理。

154.3 司法适用

法院发现当事人冒名诉讼可能的，不宜径行终结诉讼。本法规定的诉讼终结是指在诉讼进行中，由于出现法律规定的特定情形，使诉讼程序不能继续进行下去，或者失去了继续进行的意义，从而结束诉讼程序的。

虽然冒名者身份被识破后处于无人要求诉权的状态，诉讼程序进行不下去或已无进行的必要，但是法院仍然需要对于当事人的相关请求予以审查判断，维护当事人的处分权，避免法院职权过度干预当事人处分权与意思自治。如果涉及法定的诉讼终结情形的，法院方有权依法予以诉讼终结。

154.4 相关规范性文件

最高人民法院《关于适用〈中华人民共和国民事诉讼法〉的解释》（法释〔2022〕11号，自2022年4月10日起施行）

第九十六条 民事诉讼法第六十七条第二款规定的人民法院认为审理案件需要的证据包括：

（一）涉及可能损害国家利益、社会公共利益的；

（二）涉及身份关系的；

（三）涉及民事诉讼法第五十八条规定诉讼的；

（四）当事人有恶意串通损害他人合法权益可能的；

（五）涉及依职权追加当事人、中止诉讼、终结诉讼、回避等程序性事项的。

除前款规定外，人民法院调查收集证据，应当依照当事人的申请进行。

第三百二十条 上诉案件的当事人死亡或者终止的，人民法院依法通知其权利义务承继者参加诉讼。

需要终结诉讼的，适用民事诉讼法第一百五十四条规定。

第三百四十六条 人民法院受理宣告失踪、宣告死亡案件后，作出判决前，申请人撤回申请的，人民法院应当裁定终结案件，但其他符合法律规定的利害关系人加入程序要求继续审理的除外。

《人民检察院民事诉讼监督规则》（高检发释字〔2021〕1号，自2021年8月1日起施行）

第七十三条 有下列情形之一的，人民检察院应当终结审查：

（一）人民法院已经裁定再审或者已经纠正违法行为的；

（二）申请人撤回监督申请，且不损害国家利益、社会公共利益或者他人合法权益的；

（三）申请人在与其他当事人达成的和解协议中声明放弃申请监督权利，且不损害国家利益、社会公共利益或者他人合法权益的；

（四）申请监督的自然人死亡，没有继承人或者继承人放弃申请，且没有发现其他应当监督的违法情形的；

（五）申请监督的法人或者非法人组织终止，没有权利义务承受人或者权利义务承受人放弃申请，且没有发现其他应当监督的违法情形的；

（六）发现已经受理的案件不符合受理条件的；

（七）人民检察院依职权启动监督程序的案件，经审查不需要采取监督措施的；

（八）其他应当终结审查的情形。

终结审查的，应当制作《终结审查决定书》，需要通知当事人的，发送当事人。

154.5 典型案例

154.5.1 原审原告死亡，继承人放弃诉讼权利的，依法应裁定终结诉讼

裁判来源：王某先、羊某等民间借贷纠纷案——江苏省泰州市高港区人民法院民事裁定书，(2022) 苏1203民再1号

法院认为：原审原告王某先已于2016年8月去世，其父母在此之前均已去世。原审原告王某先生前与妻子朱某莲生一女王某，现已成家。2022年6月22日，原审原告王某先继承人朱某莲、王某向本院提交书面申请，表示放弃案涉债权继承，不参与本案诉讼。法院再审认为，原审原告死亡，继承人放弃诉讼权利的，依法应裁定终结诉讼。

154.5.2 离婚案件一方当事人死亡的，法院裁定终结诉讼

裁判来源：马某与吴某离婚纠纷案——辽宁省沈阳市中级人民法院民事裁定书，(2021) 辽01民再256号

法院认为：马某与吴某发生离婚纠纷。吴某于2020年8月16日死亡，而本案二审判决作出时间为2020年9月27日，故吴某死亡时本案尚处于诉讼过程中。根据《民事诉讼法》第154条第3项“有下列情形之一的，终结诉讼：(三) 离婚案件一方当事人死亡的”的规定，本案诉讼应当终结。

第五节 判决和裁定

155. 判决书

155.1 法律条文

第一百五十五条 判决书应当写明判决结果和作出该判决的理由。判决书内容包括：

(一) 案由、诉讼请求、争议的事实和理由；

(二) 判决认定的事实和理由、适用的法律和理由；

（三）判决结果和诉讼费用的负担；

（四）上诉期间和上诉的法院。

判决书由审判人员、书记员署名，加盖人民法院印章。

155.2　条文阐释

判决书区别于裁定书等其他司法文书，是人民法院针对当事人纠纷的实体部分进行判定而形成的法律文书，需要符合法定程序，承担法定责任。民事判决既是人民法院行使审判权的体现，也是对当事人涉案实体权利义务的最终判定，因而在司法活动中具有重要的意义，所以本条对判决书的制作进行了规定。本法规定判决书的内容有：

（1）案由、诉讼请求、争议的事实和理由。案由，是指按照诉讼请求的内容来划分的案件的种类，如离婚、合同、人身损害赔偿纠纷等。诉讼请求、事实理由部分既要载明原告的诉讼请求和事实、理由，也要载明被告针对原告诉讼请求承认或反驳的事实和理由以及被告提出反诉的请求和事实理由。

（2）判决认定的事实和理由、适用的法律和理由。即人民法院经过审理查明的案件事实及认定案件事实的依据，适用的法律依据及其理由。2012 年本法将原来的“适用的法律依据”修改为“适用的法律和理由”，强调人民法院在判决书中不能只援引法律依据是什么，还要通过说理说明为什么。

（3）判决结果和诉讼费用的负担。判决结果是判决的主文部分，是对当事人诉讼请求的回复。判决结果的内容应当明确、具体，具有可操作性。人民法院审理终结后还应当根据案件的具体情况，依法确定诉讼费用由哪一方当事人负担或者如何分担。

（4）上诉期间和上诉的法院。上诉权是当事人的一项重要的诉讼权利，除最高人民法院作出的一审判决和适用非讼程序作出的判决以外，地方各级人民法院作出的一审判决都是可以上诉的判决，因而在制作判决书时应当写明上诉的期间和上诉的法院，以使当事人行使上诉权。

155.3 相关规范性文件

最高人民法院《关于民事诉讼证据的若干规定》（法释〔2019〕19号，自2020年5月1日起施行）

第九十七条 人民法院应当在裁判文书中阐明证据是否采纳的理由。

对当事人无争议的证据，是否采纳的理由可以不在裁判文书中表述。

《人民法院民事裁判文书制作规范》（法〔2016〕221号，自2016年8月1日起施行）

为指导全国法院民事裁判文书的制作，确保文书撰写做到格式统一、要素齐全、结构完整、繁简得当、逻辑严密、用语准确，提高文书质量，制定本规范。

一、基本要素

文书由标题、正文、落款三部分组成。

标题包括法院名称、文书名称和案号。

正文包括首部、事实、理由、裁判依据、裁判主文、尾部。首部包括诉讼参加人及其基本情况，案件由来和审理经过等；事实包括当事人的诉讼请求、事实和理由，人民法院认定的证据及事实；理由是根据认定的案件事实和法律依据，对当事人的诉讼请求是否成立进行分析评述，阐明理由；裁判依据是人民法院作出裁判所依据的实体法和程序法条文；裁判主文是人民法院对案件实体、程序问题作出的明确、具体、完整的处理决定；尾部包括诉讼费用负担和告知事项。

落款包括署名和日期。

最高人民法院《关于加强和规范裁判文书释法说理的指导意见》（法发〔2018〕10号，自2018年6月13日起施行）

二、裁判文书释法说理，要阐明事理，说明裁判所认定的案件事实及其根据和理由，展示案件事实认定的客观性、公正性和准确性；要释明法理，说明裁判所依据的法律规范以及适用法律规范的理由；要讲明情理，体现法理情相协调，符合社会主流价值观；要讲究文理，语言规范，表达准确，逻辑清晰，合理运用说理技巧，增强说理效果。

三、裁判文书释法说理，要立场正确、内容合法、程序正当，符合社会主义核心价值观的精神和要求；要围绕证据审查判断、事实认定、法律适用进行说理，反映推理过程，做到层次分明；要针对诉讼主张和诉讼争点、结合庭审情况进行说理，做到有的放矢；要根据案件社会影响、审判程序、诉讼阶段等不同情况进行繁简适度的说理，简案略说，繁案精说，力求恰到好处。

四、裁判文书中对证据的认定，应当结合诉讼各方举证质证以及法庭调查核实证据等情况，根据证据规则，运用逻辑推理和经验法则，必要时使用推定和司法认知等方法，围绕证据的关联性、合法性和真实性进行全面、客观、公正的审查判断，阐明证据采纳和采信的理由。

六、裁判文书应当结合庭审举证、质证、法庭辩论以及法庭调查核实证据等情况，重点针对裁判认定的事实或者事实争点进行释法说理。依据间接证据认定事实时，应当围绕间接证据之间是否存在印证关系、是否能够形成完整的证明体系等进行说理。采用推定方法认定事实时，应当说明推定启动的原因、反驳的事实和理由，阐释裁断的形成过程。

七、诉讼各方对案件法律适用无争议且法律含义不需要阐明的，裁判文书应当集中围绕裁判内容和尺度进行释法说理。诉讼各方对案件法律适用存有争议或者法律含义需要阐明的，法官应当逐项回应法律争议焦点并说明理由。法律适用存在法律规范竞合或者冲突的，裁判文书应当说明选择的理由。民事案件没有明确的法律规定作为裁判直接依据的，法官应当首先寻找最相类似的法律规定作出裁判；如果没有最相类似的法律规定，法官可以依据习惯、法律原则、立法目的等作出裁判，并合理运用法律方法对裁判依据进行充分论证和说理。法官行使自由裁量权处理案件时，应当坚持合法、合理、公正和审慎的原则，充分论证运用自由裁量权的依据，并阐明自由裁量所考虑的相关因素。

九、下列案件裁判文书，可以简化释法说理：适用民事简易程序、小额诉讼程序审理的案件；适用民事特别程序、督促程序及公示催告程序审理的案件；适用刑事速裁程序、简易程序审理的案件；当事人达成和解协议的轻微刑事案件；适用行政简易程序审理的案件；适用普通程序审理但是诉讼各方争议不大的案件；其他适宜简化说理的案件。

十、二审或者再审裁判文书应当针对上诉、抗诉、申请再审的主张和理由强化释法说理。二审或者再审裁判文书认定的事实与一审或者原审不同的，或者认为一审、原审认定事实不清、适用法律错误的，应当在查清事实、纠正法律适用错误的基础上进行有针对性的说理；针对一审或者原审已经详尽阐述理由且诉讼各方无争议或者无新证据、新理由的事项，可以简化释法说理。

156. 先行判决

156.1 法律条文

第一百五十六条 人民法院审理案件，其中一部分事实已经清楚，可以就该部分先行判决。

156.2 条文阐释

本条是先行判决的有关规定。为了提高审判效率和保护当事人合法权益，法院可以依法先行判决。根据是否对案件所有需判决事项一并判决，民事判决可分为全部判决和部分判决。在原告向人民法院提出多个诉讼请求，人民法院合并审理的情况下，如果其中一部分诉讼请求涉及的事实已经查明，但整个案件尚不能全部审结的情况下，为了及时保护当事人的合法权益，可以就部分已查清事实先行判决。但如果原告的多个诉讼请求相互之间不能独立，则不允许作出部分先行判决。混淆部分判决和全部判决会侵犯一方或双方当事人合法权益。

156.3 司法适用

人民法院作出部分判决之后，案件审理并没有结束，对其他未判决事项，人民法院仍然要继续审理并作出裁判。部分先行判决的法律效力与全案判决的效力在性质上是相同的，如果是一审判决，当事人对部分先行判决不服的，可以依法提出上诉。当事人未在法定上诉期内提出上诉的，该部分先行判决即发生法律效力。

司法实践中，针对部分事实清楚的，可以部分先予判决，对于尚未查清的事实部分，部分法官会在判决书主文中习惯地作出驳回原告的其他诉讼请求的表述。没有正当理由，在判决主文中作出驳回原告其他诉讼请求的表述，实际上剥夺了原告本应当享有的诉权，对原告是不公平的。

部分判决是对当事人在诉状中请求的全部诉讼标的一部分的审理、认定和裁判，对剩余部分未作裁判，等到事实清楚后再作处理。部分判决，只解决诉讼中的部分问题，完整地解决可以在一个或多个另外的部分判决中作出。部分判决是以终结一部分诉讼在该审级的系属为目的，部分判决后的剩余部分，仍系属于该诉讼审级程序，不在该部分判决所应裁判的事项范围之内，仍由原审法院继续审判。故部分判决后的剩余部分是法院认为未达到终局判决的程度，暂时不予判决，而留待以后再作判决的部分。裁判脱漏是法院对能达到判决程度的诉讼标的一部分，遗漏审理和判决，进而需补充判决。部分判决生效后，对剩余部分的程序处理可以有三种不同方式：一是明确法院作出的是部分判决，剩余部分留待以后再作处理，并向当事人说明情况，记入笔录。二是在判决书说理部分明确法院作出的是部分判决，主文中无须表述驳回其他诉讼请求，但受理费用当合理退回，待剩余部分事实清楚后原告可另行起诉。三是对未判决的部分裁定终结诉讼，告诉当事人待案件事实清楚后，再另行起诉。

156.4　典型案例

156.4.1　在专利侵权事实已经清楚而侵权损害赔偿事实需要继续审理进一步查明的情形下，法院可以依职权主动作出停止侵权的先行判决，同时依当事人的申请颁发临时禁令，适用“先行判决+临时禁令”专利裁判方式

裁判来源：深圳市大疆创新科技有限公司诉北京飞米科技有限公司、九天纵横科技（深圳）有限公司侵害外观设计专利权纠纷案——广东省深圳市人民法院民事判决书，(2020) 粤03民初1668号

法院认为：飞米公司、九天纵横公司侵犯了大疆公司涉案外观设计专利权，依法应当承担停止侵权、赔偿损失等民事责任。根据《民事诉讼法》第153条规定，人民法院审理案件，其中一部分事实已经清楚，可以就该部分先行判决。鉴于被告飞米公司、九天纵横公司侵犯原告大疆公司

涉案外观设计专利权的事实已经查清，市中级人民法院对停止侵权的部分先行判决。对赔偿损失的诉讼请求，由于大疆公司变更了诉请金额，提交调查取证申请要求查明被控侵权产品销售金额，请求被告飞米公司、九天纵横公司提交其销售数据及财务账册，故对赔偿损失部分的诉请待调查清楚后再继续审理，另行制作裁判文书。

157. 裁定

157.1 法律条文

第一百五十七条 裁定适用于下列范围：

（一）不予受理；

（二）对管辖权有异议的；

（三）驳回起诉；

（四）保全和先予执行；

（五）准许或者不准许撤诉；

（六）中止或者终结诉讼；

（七）补正判决书中的笔误；

（八）中止或者终结执行；

（九）撤销或者不予执行仲裁裁决；

（十）不予执行公证机关赋予强制执行效力的债权文书；

（十一）其他需要裁定解决的事项。

对前款第一项至第三项裁定，可以上诉。

裁定书应当写明裁定结果和作出该裁定的理由。裁定书由审判人员、书记员署名，加盖人民法院印章。口头裁定的，记入笔录。

157.2 条文阐释

本条第1款规定了人民法院裁定适用的范围：

（1）不予受理。“受理”与“不予受理”是一组相对应的概念，有

“受理”，就有“不予受理”。民事诉讼中的受理，是指受诉人民法院通过对原告起诉的审查，认为符合法定条件，决定立案审理，从而引起诉讼程序开始进行的职权行为。与此相对应，民事诉讼中的不予受理，显然就是指受诉人民法院通过对原告起诉的审查，认为其不符合法定条件，在法定期限内所作出的不予受理的裁定结果。根据司法被动性这一特征，人民法院对某一民事案件是否决定立案，即是否受理，抑或不予受理，均缘于原告“起诉”，不予受理后被告并未受到判决实际影响。因此，首部中不列被起诉人，不予受理裁定书只送达起诉人一方。

（2）对管辖权有异议的。其是指当事人提出的，认为受理案件的第一审法院对该案没有管辖权的意见或主张。当事人认为受诉法院无管辖权的，有权提出管辖权异议，人民法院认为异议成立的，裁定移送有管辖权的法院，认为异议不成立的，裁定驳回。

（3）驳回起诉。驳回起诉，是指人民法院受理原告的起诉以后，在案件审理中才发现原告的起诉不符合起诉条件的，应当裁定驳回起诉。驳回诉讼请求则是指人民法院对原告的起诉请求或被告的反诉请求及有独立请求权的第三人提出的诉讼主张，经立案审理或者合并审理后，依照法律规定对上述诉讼主体的全部或部分诉讼请求和主张判决不予支持。驳回起诉用裁定，驳回诉讼请求则用判决。

（4）保全和先予执行。诉讼保全和先予执行的裁定一经作出，即具有法律效力，当事人不服的，不能上诉，但可向作出该裁定的法院申请复议一次。

（5）准许或者不准许撤诉。撤诉是原告的法定权利，原告依法撤诉是当事人处分权的体现。原告申请撤诉的，人民法院依法裁定准许或者不准许撤诉。原告无正当理由拒不到庭、未经许可中途退庭、没有预交案件受理费的，人民法院可以裁定按撤诉处理。

（6）中止或者终结诉讼。诉讼中止是指在诉讼过程中，诉讼程序因特殊情况的发生而中途停止的一种法律制度。而诉讼终结是指在诉讼进行中，由于某种法定事由的出现，使诉讼继续进行已无必要或者成为不可能时，由人民法院裁定结束诉讼程序的制度。在诉讼过程中，发生了法律规定的中止或者终结诉讼的情况，人民法院应当作出中止或者终结诉讼的裁定。

中止诉讼的障碍消除，可以恢复诉讼程序时，人民法院应当作出恢复诉讼的裁定。中止或者终结诉讼的裁定一经作出，即具有法律效力，当事人既不能上诉，也不能申请复议。

（7）补正判决书中的笔误。因为判决书的实体内容已经确定，判决书的笔误补正不涉及实体内容的变化，因此相关文书不能采用判决处理。而涉及改变案件认定的事实和法律适用、判决主文内容的则不属于笔误，如有错误，只能通过审判监督程序纠正。

（8）中止或者终结执行。中止或者终结执行裁定是指人民法院在执行过程中，如果出现了法律规定的中止或者终结执行的情况，应当作出中止或者终结执行的裁定。在造成中止执行的情况消除后，依法具有恢复执行的条件时，应当作出恢复执行的裁定。中止或者终结执行的裁定，送达当事人后立即生效。

（9）撤销或者不予执行仲裁裁决。执行权是人民法院的法定职权。执行权涉及国家强制力，仲裁裁决需要通过国家强制力加以实现，人民法院依法有权撤销或者不予执行仲裁裁决。

（10）不予执行公证机关赋予强制执行效力的债权文书。该文书是指对当事人申请执行公证机关依法赋予执行效力的债权文书，人民法院认定确有错误，不予执行的，作出不予执行的裁定。相关文书涉及多个部门，无法通过向上级法院或本机法院复议解决，对于不予执行公证机关赋予强制执行效力的债权文书的裁定一经作出，即具有法律效力，当事人不能上诉，也不能申请复议。

（11）其他需要裁定解决的事项。除上述十种情形外，为解决某些程序问题，对于其他需要裁定的事项人民法院也应当作出裁定。

157.3　司法适用

民事裁定和民事判决，虽然都是人民法院在民事诉讼过程中作出的决定，都具有法律上的效力，但是，二者相互区分：

（1）适用的事项不同。裁定解决的是诉讼过程中的程序性问题，目的是使人民法院有效地指挥诉讼，清除诉讼中的障碍，推进诉讼进程。判决解决的是当事人双方争执的权利义务问题，即实体法律关系，目的是解决民事权益纠纷，使当事人之间的争议得以解决。

（2）作出的依据不同。裁定根据的事实是程序性事实、依据的法律是《民事诉讼法》，可以在诉讼过程中的任何阶段作出。判决根据的事实是人民法院认定的民事法律关系发生、变更和消灭的事实，依据的法律是民法等实体法，判决只能在案件审理的最后阶段作出。

（3）形式、上诉范围、上诉期限和法律效力不同。裁定可以采取口头形式或者书面形式，而判决必须采取书面形式。裁定只有不予受理、对管辖权有异议的和驳回起诉的裁定，根据《民事诉讼法》的规定，准许当事人在裁定后10日内上诉，其他裁定一经作出，立即生效；而判决允许上诉的范围比较广泛，地方各级人民法院作出的第一审判决，在判决作出后15日内准许上诉。裁定的效力可以相应改变，如对中止诉讼的裁定，在中止诉讼的原因消除后，应作出恢复诉讼程序的新裁定；而判决的效力及于实体，非经法定程序不得改变。

157.4　典型案例

157.4.1　民事诉讼的原告向法院提起诉讼，应当选择适格的被告，不符合法律条件的起诉，法院依法裁定不予受理

裁判来源：陆某起诉法院执行局案——江苏省启东市人民法院民事裁定书，（2020）苏0681法赔3号

法院观点：根据立案登记制总体要求，不符合法律规定条件的起诉、自诉，人民法院依法裁定或决定不予受理、不予立案。其中，违法起诉或者不符合法律规定的，所诉事项不属于人民法院主管的，属于不予登记立案的情形。法院在执行过程中采取的执行措施，区别于民事主体从事民事活动，当事人或利害关系人对执行行为有争议的，应以对方当事人为相对方，通过执行异议、执行监督等法律途径进行权利救济，对于其将法院执行局列为被告的起诉不予受理。

157.4.2　对于诉讼标的已为另案生效判决认定的，当事人再次起诉，应不予受理

裁判来源：丁某与某家具公司确认股东会决议无效案——江苏省南通市中级人民法院民事裁定书，（2021）苏06民终4583号

法院认为： 当事人向法院提起的民事诉讼中，经初查所涉诉讼标的已为生效判决所羁束的，当事人再次诉讼，构成重复诉讼。经释明后仍坚持起诉的，法院裁定不予受理。

157.4.3 当事人不得滥用管辖异议权，妨碍诉讼依法进行

裁判来源： 贵州某勘察设计研究院与湖南某建设工程有限公司石阡分公司管辖权异议案

法院认为： 民事诉讼应该遵循诚实信用原则，当事人应协助法院有效率地进行诉讼，不得实施拖延诉讼行为，或干扰诉讼的正常进行。被告提出管辖权异议，其请求应有需要法院进行裁决的必要性，对法院移送管辖应有合理期待。本案中，被告明知专属管辖相关规定的情形下，仍然滥用提起管辖权异议的权利，浪费司法资源，妨碍民事诉讼的正常进行，严重干扰人民法院正常的审判活动，应当予以处罚。依照《民事诉讼法》第13条等相关规定，依法对被告作出罚款5万元的决定，以维护民事诉讼秩序和司法权威。处罚决定作出后，被告认识到了自身的错误，表示会积极改正，并主动缴纳罚款。

158. 生效裁判

158.1 法律条文

第一百五十八条 最高人民法院的判决、裁定，以及依法不准上诉或者超过上诉期没有上诉的判决、裁定，是发生法律效力的判决、裁定。

158.2 条文阐释

本条是关于发生法律效力的判决、裁定的规定。人民法院作出的判决均依法具有法律效力，但是不同级别的法院和适用不同程序作出的判决，发生法律效力的时间也不同，主要有以下几种情况：

（1）最高人民法院作出的判决，一经宣判即发生法律效力。最高人民法院无论作为第一审人民法院，还是作为第二审人民法院，其作出的判决都是终审的判决。

（2）各级人民法院适用第二审程序作出的判决，一经宣判即发生法律效力。

（3）实行一审终审不准上诉的判决，一经宣告即发生法律效力。依法不准上诉的判决包括：依照特别程序审理的选民资格案件，宣告失踪、宣告死亡案件，认定公民无民事行为能力或者限制民事行为能力案件，认定财产无主案件，确认调解协议案件，实现担保物权案件。

（4）实行两审终审的案件，适用第一审程序作出的判决，当事人在收到判决书后的15日内未提出上诉，又无延长期限的正当理由的，该判决即发生法律效力。

158.3　司法适用

由于作出裁定的法院级别不同以及是否准许上诉的情况不同，裁定生效的时间也不同：

（1）最高人民法院作出的所有裁定，是具有法律效力的裁定，无论最高人民法院作为一审法院还是二审法院，还是依照审判监督程序审理再审案件，其作出的裁定都是发生终局效力的裁定。

（2）不准上诉的裁定，一经宣布，即具有法律效力。依法不准上诉的裁定是指不予受理、决定管辖权异议、驳回起诉裁定之外的各种裁定，这些裁定有的可以复议，但复议不停止执行，裁定作出后就发生法律效力。

（3）第二审人民法院对提起上诉的裁定作出的裁定是终审裁定，一经宣布，即发生法律效力。

（4）对于不予受理、决定管辖权异议、驳回起诉的裁定，当事人不服的，应当在裁定作出之日起10日内向上一级人民法院提起上诉。当事人在规定期间不提起上诉，又无正当理由延长上诉期间的，裁定即发生法律效力。

158.4 相关规范性文件

最高人民法院《关于适用〈中华人民共和国民事诉讼法〉的解释》（法释〔2022〕11号，自2022年4月10日起施行）

第二百一十八条 赡养费、扶养费、抚养费案件，裁判发生法律效力后，因新情况、新理由，一方当事人再行起诉要求增加或者减少费用的，人民法院应作为新案受理。

第二百四十九条第一款 在诉讼中，争议的民事权利义务转移的，不影响当事人的诉讼主体资格和诉讼地位。人民法院作出的发生法律效力的判决、裁定对受让人具有拘束力。

第二百八十九条 公益诉讼案件的裁判发生法律效力后，其他依法具有原告资格的机关和有关组织就同一侵权行为另行提起公益诉讼的，人民法院裁定不予受理，但法律、司法解释另有规定的除外。

第二百九十条 第三人对已经发生法律效力的判决、裁定、调解书提起撤销之诉的，应当自知道或者应当知道其民事权益受到损害之日起六个月内，向作出生效判决、裁定、调解书的人民法院提出，并应当提供存在下列情形的证据材料：

（一）因不能归责于本人的事由未参加诉讼；

（二）发生法律效力的判决、裁定、调解书的全部或者部分内容错误；

（三）发生法律效力的判决、裁定、调解书内容错误损害其民事权益。

第五百三十二条 对在中华人民共和国领域内没有住所的当事人，经用公告方式送达诉讼文书，公告期满不应诉，人民法院缺席判决后，仍应当将裁判文书依照民事诉讼法第二百七十四条第八项规定公告送达。自公告送达裁判文书满三个月之日起，经过三十日的上诉期当事人没有上诉的，一审判决即发生法律效力。

158.5 典型案例

158.5.1 既有判决依法对当事人具有约束力，当事人没有新证据的，依法应当服从既有判决效力

裁判来源：王某光与环球华视（北京）文化传媒有限公司、济南市历

城区华盛物资经营部租赁合同纠纷案——山东省济南市中级人民法院民事判决书，(2021) 鲁01民终5485号

法院认为： 2020年8月20日，王某光向一审法院提起执行异议之诉，主张王某光与华盛经营部、环球公司签订《确认书》，并实际投资，三方约定共建共享，王某光投资并长期合作使用济南市工业北路143－10号房屋及土地，该房屋及土地并非华盛经营部单独所有、使用，请求排除对涉案房屋及土地的拍卖，该案已由一审法院作出（2020）鲁0112民初6243号民事判决，驳回了王某光诉讼请求，王某光不服该判决，向法院提起上诉，法院作出（2021）鲁01民终1668号民事判决，判决驳回上诉，维持原判。本案虽为租赁合同纠纷，与（2020）鲁0112民初6243号案由不同，但王某光在本案中的诉讼请求以及事实和理由与（2020）鲁0112民初6243号案件的事实和理由一致，（2020）鲁0112民初6243号民事判决以及（2021）鲁01民终1668号民事判决已对王某光的上述事实作出认定，一审法院认定王某光就上述租赁合同再次起诉违反“一事不再理”原则，并无不当。王某光二审提交的《租赁确认书》以及《房屋交付结算单》和《施工对账单》均是对涉案房屋所有权争议所提交的证据，承前所述，鉴于王某光本次起诉违反“一事不再理”原则，对上述证据，法院不予采纳。

159. 裁判文书公开

159.1　法律条文

第一百五十九条　公众可以查阅发生法律效力的判决书、裁定书，但涉及国家秘密、商业秘密和个人隐私的内容除外。

159.2　条文阐释

公民、法人或者其他组织申请查阅发生法律效力的判决书、裁定书的，应当向作出该生效裁判的人民法院提出。申请应当以书面形式提出，并提

供具体的案号或者当事人姓名、名称。

159.3 司法适用

对于查阅判决书、裁定书的申请，人民法院根据下列情形分别处理：(1) 判决书、裁定书已经通过信息网络向社会公开的，应当引导申请人自行查阅；(2) 判决书、裁定书未通过信息网络向社会公开，且申请符合要求的，应当及时提供便捷的查阅服务；(3) 判决书、裁定书尚未发生法律效力，或者已失去法律效力的，不提供查阅并告知申请人；(4) 发生法律效力的判决书、裁定书不是本院作出的，应当告知申请人向作出生效裁判的人民法院申请查阅；(5) 申请查阅的内容涉及国家秘密、商业秘密、个人隐私的，不予准许并告知申请人。

159.4 相关规范性文件

最高人民法院《关于适用〈中华人民共和国民事诉讼法〉的解释》(法释〔2022〕11号，自2022年4月10日起施行)

第二百五十四条 公民、法人或者其他组织申请查阅发生法律效力的判决书、裁定书的，应当向作出该生效裁判的人民法院提出。申请应当以书面形式提出，并提供具体的案号或者当事人姓名、名称。

第二百五十五条 对于查阅判决书、裁定书的申请，人民法院根据下列情形分别处理：

（一）判决书、裁定书已经通过信息网络向社会公开的，应当引导申请人自行查阅；

（二）判决书、裁定书未通过信息网络向社会公开，且申请符合要求的，应当及时提供便捷的查阅服务；

（三）判决书、裁定书尚未发生法律效力，或者已失去法律效力的，不提供查阅并告知申请人；

（四）发生法律效力的判决书、裁定书不是本院作出的，应当告知申请人向作出生效裁判的人民法院申请查阅；

（五）申请查阅的内容涉及国家秘密、商业秘密、个人隐私的，不予准许并告知申请人。

最高人民法院《关于人民法院在互联网公布裁判文书的规定》（法释〔2016〕19号，自2016年10月1日起施行）

第四条　人民法院作出的裁判文书有下列情形之一的，不在互联网公布：

（一）涉及国家秘密的；

（二）未成年人犯罪的；

（三）以调解方式结案或者确认人民调解协议效力的，但为保护国家利益、社会公共利益、他人合法权益确有必要公开的除外；

（四）离婚诉讼或者涉及未成年子女抚养、监护的；

（五）人民法院认为不宜在互联网公布的其他情形。

159.5　典型案例

159.5.1　民事主体未经允许转载中国裁判文书网及人民法院公告网上发布的涉案文书侵犯自然人的个人信息权益

裁判来源：伊某与江苏苏州某公司侵犯个人信息权纠纷案——江苏省苏州市中级人民法院民事判决书，（2019）苏05民终4745号

法院观点：贝尔塔公司转载中国裁判文书网及人民法院公告网上发布的涉案文书侵犯伊某的个人信息权益。对已合法公开个人信息的再处理，判定是否构成对个人信息主体的个人信息权益损害，既要尊重个人信息主体对其个人信息再传播的选择自由，又要对个人信息主体对信息传播控制的人格权益与个人信息流通所产生的潜在财产权益进行价值衡量。

第十三章　简 易 程 序

160. 简易程序适用范围

160.1　法律条文

第一百六十条　基层人民法院和它派出的法庭审理事实清楚、权利义务关系明确、争议不大的简单的民事案件，适用本章规定。

基层人民法院和它派出的法庭审理前款规定以外的民事案件，当事人双方也可以约定适用简易程序。

160.2　条文阐释

简易程序是基层人民法院及其派出法庭审理事实清楚、关系简单的民事案件所适用的一种高效快速的诉讼程序。对于事实清楚和争议不大的简单民事案件，依法适用简易程序审理，可以节约司法资源、实现诉讼经济。

适用简易程序审理案件的法院只能是基层人民法院及其派出法庭。人民法庭主要设置在农村或者城乡接合部，是基层人民法院的派出机构和组成部分，在基层人民法院的领导下进行工作。人民法庭作出的裁判，就是基层人民法院的裁判。

适用简易程序审理的案件通常为事实清楚、权利义务关系明确、争议不大的简单的民事案件。“事实清楚”，是指当事人双方对争议的事实陈述基本一致，并能提供可靠的证据，无须人民法院调查收集证据即可查明事实、分清是非；“权利义务关系明确”，是指谁是责任的承担者，谁是权利的享有者，关系明确；“争议不大”，是指当事人对案件的是非、责任承担以及诉讼标的争执无原则分歧。

下列案件，不适用简易程序：（1）起诉时被告下落不明的；（2）发回重审的；（3）当事人一方人数众多的；（4）适用审判监督程序的；（5）涉及国家利益、社会公共利益的；（6）第三人起诉请求改变或者撤销生效判决、裁定、调解书的；（7）其他不宜适用简易程序的案件。此外还规定，对于上述情形，当事人约定适用简易程序的，人民法院不予准许。

160.3　相关规范性文件

最高人民法院《关于适用〈中华人民共和国民事诉讼法〉的解释》（法释〔2022〕11号，自2022年4月10日起施行）

第二百五十六条　民事诉讼法第一百六十条规定的简单民事案件中的事实清楚，是指当事人对争议的事实陈述基本一致，并能提供相应的证据，无须人民法院调查收集证据即可查明事实；权利义务关系明确是指能明确区分谁是责任的承担者，谁是权利的享有者；争议不大是指当事人对案件的是非、责任承担以及诉讼标的争执无原则分歧。

第二百五十七条　下列案件，不适用简易程序：

（一）起诉时被告下落不明的；

（二）发回重审的；

（三）当事人一方人数众多的；

（四）适用审判监督程序的；

（五）涉及国家利益、社会公共利益的；

（六）第三人起诉请求改变或者撤销生效判决、裁定、调解书的；

（七）其他不宜适用简易程序的案件。

第二百六十四条　当事人双方根据民事诉讼法第一百六十条第二款规定约定适用简易程序的，应当在开庭前提出。口头提出的，记入笔录，由双方当事人签名或者捺印确认。

本解释第二百五十七条规定的案件，当事人约定适用简易程序的，人民法院不予准许。

最高人民法院《关于适用简易程序审理民事案件的若干规定》（法释〔2020〕20号，自2021年1月1日起施行）

第一条　基层人民法院根据民事诉讼法第一百五十七条规定审理简单的民事案件，适用本规定，但有下列情形之一的案件除外：

（一）起诉时被告下落不明的；

（二）发回重审的；

（三）共同诉讼中一方或者双方当事人人数众多的；

（四）法律规定应当适用特别程序、审判监督程序、督促程序、公示催告程序和企业法人破产还债程序的；

（五）人民法院认为不宜适用简易程序进行审理的。

第二条 基层人民法院适用第一审普通程序审理的民事案件，当事人各方自愿选择适用简易程序，经人民法院审查同意的，可以适用简易程序进行审理。

人民法院不得违反当事人自愿原则，将普通程序转为简易程序。

第三条 当事人就适用简易程序提出异议，人民法院认为异议成立的，或者人民法院在审理过程中发现不宜适用简易程序的，应当将案件转入普通程序审理。

161. 简易程序的起诉方式

161.1 法律条文

第一百六十一条 对简单的民事案件，原告可以口头起诉。

当事人双方可以同时到基层人民法院或者它派出的法庭，请求解决纠纷。基层人民法院或者它派出的法庭可以当即审理，也可以另定日期审理。

161.2 条文阐释

本条规定了简易程序的起诉方式。简易程序的目的与功能在于高效简便地解决纠纷，在程序的设计上追求经济、快速的解决纠纷，避免繁复的程序和过长的时间。因此，对于简单的民事案件，原告可以向法院口头起诉，法院将相关情况记入笔录，依法采用法院程序进行处理，这样可以使得更多的人能将诉求反映到法院，更加有利于社会矛盾的及时缓解。当事人双方可以同时到达基层法院或其派出法庭寻求解决纠纷。对于简易程序的纠纷，基层法院和其派出法庭可以当即审理，这样避免了程序的拖延，可以立即解决纠纷，符合当事人的朴素认知和人民法院解决民事纠纷的基本目的。

161.3　司法适用

适用简易程序案件的举证期限由人民法院确定，也可以由当事人协商一致并经人民法院准许，但不得超过15日。被告要求书面答辩的，人民法院可在征得其同意的基础上，合理确定答辩期间。人民法院应当将举证期限和开庭日期告知双方当事人，并向当事人说明逾期举证以及拒不到庭的法律后果，由双方当事人在笔录和开庭传票的送达回证上签名或者捺印。当事人双方均表示不需要举证期限、答辩期间的，人民法院可以立即开庭审理或者确定开庭日期。

161.4　相关规范性文件

最高人民法院《关于适用〈中华人民共和国民事诉讼法〉的解释》(法释〔2022〕11号，自2022年4月10日起施行)

第二百六十三条　适用简易程序审理案件，卷宗中应当具备以下材料：

（一）起诉状或者口头起诉笔录；

（二）答辩状或者口头答辩笔录；

（三）当事人身份证明材料；

（四）委托他人代理诉讼的授权委托书或者口头委托笔录；

（五）证据；

（六）询问当事人笔录；

（七）审理（包括调解）笔录；

（八）判决书、裁定书、调解书或者调解协议；

（九）送达和宣判笔录；

（十）执行情况；

（十　）诉讼费收据；

（十二）适用民事诉讼法第一百六十五条规定审理的，有关程序适用的书面告知。

第二百六十四条 当事人双方根据民事诉讼法第一百六十条第二款规定约定适用简易程序的，应当在开庭前提出。口头提出的，记入笔录，由双方当事人签名或者捺印确认。

本解释第二百五十七条规定的案件，当事人约定适用简易程序的，人民法院不予准许。

第二百六十五条 原告口头起诉的，人民法院应当将当事人的姓名、性别、工作单位、住所、联系方式等基本信息，诉讼请求，事实及理由等准确记入笔录，由原告核对无误后签名或者捺印。对当事人提交的证据材料，应当出具收据。

第二百六十六条 适用简易程序案件的举证期限由人民法院确定，也可以由当事人协商一致并经人民法院准许，但不得超过十五日。被告要求书面答辩的，人民法院可在征得其同意的基础上，合理确定答辩期间。

人民法院应当将举证期限和开庭日期告知双方当事人，并向当事人说明逾期举证以及拒不到庭的法律后果，由双方当事人在笔录和开庭传票的送达回证上签名或者捺印。

当事人双方均表示不需要举证期限、答辩期间的，人民法院可以立即开庭审理或者确定开庭日期。

最高人民法院《关于适用简易程序审理民事案件的若干规定》（法释〔2020〕20号，自2021年1月1日起施行）

二、起诉与答辩

第四条 原告本人不能书写起诉状，委托他人代写起诉状确有困难的，可以口头起诉。

原告口头起诉的，人民法院应当将当事人的基本情况、联系方式、诉讼请求、事实及理由予以准确记录，将相关证据予以登记。人民法院应当将上述记录和登记的内容向原告当面宣读，原告认为无误后应当签名或者按指印。

第五条 当事人应当在起诉或者答辩时向人民法院提供自己准确的送达地址、收件人、电话号码等其他联系方式，并签名或者按指印确认。

送达地址应当写明受送达人住所地的邮政编码和详细地址；受送达人

是有固定职业的自然人的，其从业的场所可以视为送达地址。

第六条 原告起诉后，人民法院可以采取捎口信、电话、传真、电子邮件等简便方式随时传唤双方当事人、证人。

第七条 双方当事人到庭后，被告同意口头答辩的，人民法院可以当即开庭审理；被告要求书面答辩的，人民法院应当将提交答辩状的期限和开庭的具体日期告知各方当事人，并向当事人说明逾期举证以及拒不到庭的法律后果，由各方当事人在笔录和开庭传票的送达回证上签名或者按指印。

第八条 人民法院按照原告提供的被告的送达地址或者其他联系方式无法通知被告应诉的，应当按以下情况分别处理：

（一）原告提供了被告准确的送达地址，但人民法院无法向被告直接送达或者留置送达应诉通知书的，应当将案件转入普通程序审理；

（二）原告不能提供被告准确的送达地址，人民法院经查证后仍不能确定被告送达地址的，可以被告不明确为由裁定驳回原告起诉。

第九条 被告到庭后拒绝提供自己的送达地址和联系方式的，人民法院应当告知其拒不提供送达地址的后果；经人民法院告知后被告仍然拒不提供的，按下列方式处理：

（一）被告是自然人的，以其户籍登记中的住所或者经常居所为送达地址；

（二）被告是法人或者非法人组织的，应当以其在登记机关登记、备案中的住所为送达地址。

人民法院应当将上述告知的内容记入笔录。

第十条 因当事人自己提供的送达地址不准确、送达地址变更未及时告知人民法院，或者当事人拒不提供自己的送达地址而导致诉讼文书未能被当事人实际接收的，按下列方式处理：

（一）邮寄送达的，以邮件回执上注明的退回之日视为送达之日；

（二）直接送达的，送达人当场在送达回证上记明情况之日视为送达之日。

上述内容，人民法院应当在原告起诉和被告答辩时以书面或者口头方式告知当事人。

第十一条 受送达的自然人以及他的同住成年家属拒绝签收诉讼文书的，或者法人、非法人组织负责收件的人拒绝签收诉讼文书的，送达人应当依据民事诉讼法第八十六条的规定邀请有关基层组织或者所在单位的代表到场见证，被邀请的人不愿到场见证的，送达人应当在送达回证上记明拒收事由、时间和地点以及被邀请人不愿到场见证的情形，将诉讼文书留在受送达人的住所或者从业场所，即视为送达。

受送达人的同住成年家属或者法人、非法人组织负责收件的人是同一案件中另一方当事人的，不适用前款规定。

161.5 典型案例

161.5.1 法院采用简易程序未侵犯当事人辩论权的，相关程序的瑕疵并不导致该程序无效

裁判来源：张某、罗某华装饰装修合同纠纷案——河南省信阳市中级人民法院民事裁定书，(2021) 豫15民申827号

法院观点：根据《民事诉讼法》第161条第2款规定，适用简易程序的案件，当事人双方可以同时到基层人民法院或者它派出的法庭，请求解决纠纷。基层人民法院或者它派出的法庭可以当即审理，也可以另定日期审理。该法第162条规定，基层人民法院和它派出的法庭审理简单的民事案件，可以用简便方式传唤当事人和证人、送达诉讼文书、审理案件，但应当保障当事人陈述意见的权利。一审法院当天送达起诉状，当天开庭审理并不违反法律规定，且上诉人参加了庭审，针对起诉理由行使了辩论权。关于上诉人提出一审未允许上诉人提供的证人到庭作证的问题，一审庭审笔录及卷宗未显示上诉人向法庭申请证人出庭作证的情况，并且，二审中，法院准予其提供的证人到庭作证，经审查证人证言内容未对一审案件认定的事实及裁判结果产生影响，所以即使一审程序存在瑕疵，亦不属于严重违反法定程序的情形。

162. 简便方式传唤、送达和审理

162.1　法律条文

第一百六十二条　基层人民法院和它派出的法庭审理简单的民事案件，可以用简便方式传唤当事人和证人、送达诉讼文书、审理案件，但应当保障当事人陈述意见的权利。

162.2　条文阐释

本条规定了人民法院采用简便方式传唤、送达和审理的基本要求。本条有三层基本意思：

首先，基层人民法院和其派出法庭审理简单的民事案件时，依法有职权可以用简便的方式传唤当事人和证人、送达诉讼文书、审理案件等。

其次，基层人民法院和其派出法庭对于简单的民事案件，需要用普通案件的方式传唤当事人和证人、送达诉讼文书的，法院有权采用普通方式处理，采用简便方式传唤当事人、送达文书、审理案件并非简易程序必然要求。

最后，简易程序需要保障当事人的陈述申辩权，对于简化了的程序，如果实质上无法保护当事人的陈述申辩权，则依法应当仍然采用原有的程序处理，不适宜采用简易程序处理。

162.3　司法适用

原告起诉以后，人民法院可以采取捎口信、电话、传真、电子邮件等简便方式随时传唤双方当事人和证人、送达法律文书。同时，为了保护当事人的合法权益，最高人民法院《关于适用〈中华人民共和国民事诉讼法〉的解释》还规定，以捎口信、电话、短信、传真、电子邮件等形式发送的开庭通知，未经当事人确认或者没有其他证据足以证明当事人已经收到的，人民法院不得将其作为按撤诉处理和缺席判决的根据。

法院审判组织形式上采用独任制。当事人双方可就开庭方式向人民法

院提出申请，由人民法院决定是否准许。经当事人双方同意，可以采用视听传输技术等方式开庭。审理程序较普通程序简便、灵活。

法院应当保障当事人陈述意见的权利。简易程序虽然较普通程序在某些环节上有所简化，但必须保障当事人陈述意见的权利。辩论权是当事人基本的诉讼权利，不能因为简易程序在程序上有所简化而剥夺当事人的基本诉讼权利。

162.4 相关规范性文件

最高人民法院《关于适用〈中华人民共和国民事诉讼法〉的解释》(法释〔2022〕11号，自2022年4月10日起施行)

第二百五十九条 当事人双方可就开庭方式向人民法院提出申请，由人民法院决定是否准许。经当事人双方同意，可以采用视听传输技术等方式开庭。

第二百六十一条第一款 适用简易程序审理案件，人民法院可以依照民事诉讼法第九十条、第一百六十二条的规定采取捎口信、电话、短信、传真、电子邮件等简便方式传唤双方当事人、通知证人和送达诉讼文书。

第二百六十六条 适用简易程序案件的举证期限由人民法院确定，也可以由当事人协商一致并经人民法院准许，但不得超过十五日。被告要求书面答辩的，人民法院可在征得其同意的基础上，合理确定答辩期间。

人民法院应当将举证期限和开庭日期告知双方当事人，并向当事人说明逾期举证以及拒不到庭的法律后果，由双方当事人在笔录和开庭传票的送达回证上签名或者捺印。

当事人双方均表示不需要举证期限、答辩期间的，人民法院可以立即开庭审理或者确定开庭日期。

第二百六十七条 适用简易程序审理案件，可以简便方式进行审理前的准备。

第二百六十八条 对没有委托律师、基层法律服务工作者代理诉讼的当事人，人民法院在庭审过程中可以对回避、自认、举证证明责任等相关内容向其作必要的解释或者说明，并在庭审过程中适当提示当事人正确行使诉讼权利、履行诉讼义务。

第二百六十九条　当事人就案件适用简易程序提出异议，人民法院经审查，异议成立的，裁定转为普通程序；异议不成立的，裁定驳回。裁定以口头方式作出的，应当记入笔录。

转为普通程序的，人民法院应当将审判人员及相关事项以书面形式通知双方当事人。

转为普通程序前，双方当事人已确认的事实，可以不再进行举证、质证。

第二百七十条　适用简易程序审理的案件，有下列情形之一的，人民法院在制作判决书、裁定书、调解书时，对认定事实或者裁判理由部分可以适当简化：

（一）当事人达成调解协议并需要制作民事调解书的；

（二）一方当事人明确表示承认对方全部或者部分诉讼请求的；

（三）涉及商业秘密、个人隐私的案件，当事人一方要求简化裁判文书中的相关内容，人民法院认为理由正当的；

（四）当事人双方同意简化的。

最高人民法院《关于适用简易程序审理民事案件的若干规定》（法释〔2020〕20号，自2021年1月1日起施行）

五、宣判与送达

第二十七条　适用简易程序审理的民事案件，除人民法院认为不宜当庭宣判的以外，应当当庭宣判。

第二十八条　当庭宣判的案件，除当事人当庭要求邮寄送达的以外，人民法院应当告知当事人或者诉讼代理人领取裁判文书的期间和地点以及逾期不领取的法律后果。上述情况，应当记入笔录。

人民法院已经告知当事人领取裁判文书的期间和地点的，当事人在指定期间内领取裁判文书之日即为送达之日；当事人在指定期间内未领取的，指定领取裁判文书期间届满之日即为送达之日，当事人的上诉期从人民法院指定领取裁判文书期间届满之日的次日起开始计算。

第二十九条　当事人因交通不便或者其他原因要求邮寄送达裁判文书的，人民法院可以按照当事人自己提供的送达地址邮寄送达。

人民法院根据当事人自己提供的送达地址邮寄送达的，邮件回执上注明收到或者退回之日即为送达之日，当事人的上诉期从邮件回执上注明收到或者退回之日的次日起开始计算。

第三十条 原告经传票传唤，无正当理由拒不到庭或者未经法庭许可中途退庭的，可以按撤诉处理；被告经传票传唤，无正当理由拒不到庭或者未经法庭许可中途退庭的，人民法院可以根据原告的诉讼请求及双方已经提交给法庭的证据材料缺席判决。

按撤诉处理或者缺席判决的，人民法院可以按照当事人自己提供的送达地址将裁判文书送达给未到庭的当事人。

第三十一条 定期宣判的案件，定期宣判之日即为送达之日，当事人的上诉期自定期宣判的次日起开始计算。当事人在定期宣判的日期无正当理由未到庭的，不影响该裁判上诉期间的计算。

当事人确有正当理由不能到庭，并在定期宣判前已经告知人民法院的，人民法院可以按照当事人自己提供的送达地址将裁判文书送达给未到庭的当事人。

第三十二条 适用简易程序审理的民事案件，有下列情形之一的，人民法院在制作裁判文书时对认定事实或者判决理由部分可以适当简化：

（一）当事人达成调解协议并需要制作民事调解书的；

（二）一方当事人在诉讼过程中明确表示承认对方全部诉讼请求或者部分诉讼请求的；

（三）当事人对案件事实没有争议或者争议不大的；

（四）涉及自然人的隐私、个人信息，或者商业秘密的案件，当事人一方要求简化裁判文书中的相关内容，人民法院认为理由正当的；

（五）当事人双方一致同意简化裁判文书的。

162.5 典型案例

162.5.1 法院适用简易程序中未能合理确定举证与答辩期限，开庭传票中未载明传唤事由、应到时间及处所的，不能认定为法院保障了当事人的诉讼权利

裁判来源：郭某路、韩某军买卖合同纠纷案——河南省濮阳市中级人民法院民事裁定书，（2021）豫09民终3301号

法院认为：本案存在以下问题，一审在电子送达传票次日即开庭审理，未能合理确定举证及答辩期限；郭某路收到的电子开庭传票中未载明传唤事由、应到时间及处所，不能认定为合法送达，未能依法保障当事人诉讼权利。

163. 简易程序的审理方式

163.1　法律条文

第一百六十三条　简单的民事案件由审判员一人独任审理，并不受本法第一百三十九条、第一百四十一条、第一百四十四条规定的限制。

163.2　条文阐释

本条规定了简易程序的审理方式。适用简易程序审理的案件一般是事实清楚、权利义务关系明确、争议不大的简单民事案件，因此无须采用合议制，由审判员一人独任审判，依法可以保证案件的审判质量。如果坚持采用合议制，将会导致程序的拖延和司法资源的浪费。

163.3　司法适用

适用简易程序审理案件，不受普通程序开庭3日前通知当事人和其他诉讼参与人的限制，不受本法规定的法庭调查、法庭辩论顺序的限制。适用简易程序审理的案件也应当开庭审理，但审理方式和步骤相对于普通程序可以简化。适用简易程序审理案件，不必像普通程序那样严格依照法律规定的步骤和顺序进行，而是可以由审判人员根据案件情况灵活掌握，可以打乱法庭调查和法庭辩论的顺序，两个阶段可以合并进行，也可以穿插进行。

163.4 相关规范性文件

最高人民法院《关于适用简易程序审理民事案件的若干规定》（法释〔2020〕20号，自2021年1月1日起施行）

第十二条 适用简易程序审理的民事案件，当事人及其诉讼代理人申请证人出庭作证，应当在举证期限届满前提出。

第十三条 当事人一方或者双方就适用简易程序提出异议后，人民法院应当进行审查，并按下列情形分别处理：

（一）异议成立的，应当将案件转入普通程序审理，并将合议庭的组成人员及相关事项以书面形式通知双方当事人；

（二）异议不成立的，口头告知双方当事人，并将上述内容记入笔录。

转入普通程序审理的民事案件的审理期限自人民法院立案的次日起开始计算。

第十四条 下列民事案件，人民法院在开庭审理时应当先行调解：

（一）婚姻家庭纠纷和继承纠纷；

（二）劳务合同纠纷；

（三）交通事故和工伤事故引起的权利义务关系较为明确的损害赔偿纠纷；

（四）宅基地和相邻关系纠纷；

（五）合伙合同纠纷；

（六）诉讼标的额较小的纠纷。

但是根据案件的性质和当事人的实际情况不能调解或者显然没有调解必要的除外。

第十五条 调解达成协议并经审判人员审核后，双方当事人同意该调解协议经双方签名或者按指印生效的，该调解协议自双方签名或者按指印之日起发生法律效力。当事人要求摘录或者复制该调解协议的，应予准许。

调解协议符合前款规定，且不属于不需要制作调解书的，人民法院应当另行制作民事调解书。调解协议生效后一方拒不履行的，另一方可以持民事调解书申请强制执行。

第十六条 人民法院可以当庭告知当事人到人民法院领取民事调解书

的具体日期，也可以在当事人达成调解协议的次日起十日内将民事调解书发送给当事人。

第十七条　当事人以民事调解书与调解协议的原意不一致为由提出异议，人民法院审查后认为异议成立的，应当根据调解协议裁定补正民事调解书的相关内容。

第十八条　以捎口信、电话、传真、电子邮件等形式发送的开庭通知，未经当事人确认或者没有其他证据足以证明当事人已经收到的，人民法院不得将其作为按撤诉处理和缺席判决的根据。

第十九条　开庭前已经书面或者口头告知当事人诉讼权利义务，或者当事人各方均委托律师代理诉讼的，审判人员除告知当事人申请回避的权利外，可以不再告知当事人其他的诉讼权利义务。

第二十条　对没有委托律师代理诉讼的当事人，审判人员应当对回避、自认、举证责任等相关内容向其作必要的解释或者说明，并在庭审过程中适当提示当事人正确行使诉讼权利、履行诉讼义务，指导当事人进行正常的诉讼活动。

第二十一条　开庭时，审判人员可以根据当事人的诉讼请求和答辩意见归纳出争议焦点，经当事人确认后，由当事人围绕争议焦点举证、质证和辩论。

当事人对案件事实无争议的，审判人员可以在听取当事人就适用法律方面的辩论意见后迳行判决、裁定。

第二十二条　当事人双方同时到基层人民法院请求解决简单的民事纠纷，但未协商举证期限，或者被告一方经简便方式传唤到庭的，当事人在开庭审理时要求当庭举证的，应予准许；当事人当庭举证有困难的，举证的期限由当事人协商决定，但最长不得超过十五日；协商不成的，由人民法院决定。

第二十三条　适用简易程序审理的民事案件，应当一次开庭审结，但人民法院认为确有必要再次开庭的除外。

第二十四条　书记员应当将适用简易程序审理民事案件的全部活动记入笔录。对于下列事项，应当详细记载：

（一）审判人员关于当事人诉讼权利义务的告知、争议焦点的概括、证据的认定和裁判的宣告等重大事项；

（二）当事人申请回避、自认、撤诉、和解等重大事项；

（三）当事人当庭陈述的与其诉讼权利直接相关的其他事项。

第二十五条 庭审结束时，审判人员可以根据案件的审理情况对争议焦点和当事人各方举证、质证和辩论的情况进行简要总结，并就是否同意调解征询当事人的意见。

第二十六条 审判人员在审理过程中发现案情复杂需要转为普通程序的，应当在审限届满前及时作出决定，并书面通知当事人。

《民事诉讼程序繁简分流改革试点实施办法》（法〔2020〕11号，自2020年1月15日起施行）

第十二条 事实清楚、权利义务关系明确的简单案件，需要公告送达的，可以适用简易程序审理。

第十三条 适用简易程序审理的案件，人民法院可以根据案件情况，采取下列方式简化庭审程序，但应当保障当事人答辩、举证、质证、陈述、辩论等诉讼权利：

（一）开庭前已经通过庭前会议或者其他方式完成当事人身份核实、权利义务告知、庭审纪律宣示的，开庭时可以不再重复；

（二）经庭前会议笔录记载的无争议事实和证据，可以不再举证、质证；

（三）庭审可以直接围绕诉讼请求或者案件要素进行。

第十四条 适用简易程序审理的案件，人民法院可以采取下列方式简化裁判文书：

（一）对于能够概括出案件固定要素的，可以根据案件要素载明原告、被告意见、证据和法院认定理由、依据及裁判结果；

（二）对于一方当事人明确表示承认对方全部或者主要诉讼请求的、当事人对案件事实没有争议或者争议不大的，裁判文书可以只包含当事人基本信息、诉讼请求、答辩意见、主要事实、简要裁判理由、裁判依据和裁判主文。

简化后的裁判文书应当包含诉讼费用负担、告知当事人上诉权利等必要内容。

第十五条　人民法院适用简易程序审理的案件，应当在立案之日起三个月内审结。有特殊情况需要延长的，经本院院长批准，可以延长一个月。

164. 审理期限

164.1　法律条文

第一百六十四条　人民法院适用简易程序审理案件，应当在立案之日起三个月内审结。有特殊情况需要延长的，经本院院长批准，可以延长一个月。

164.2　条文阐释

本条规定了简易程序的审理期限。简易程序相对于普通程序，案件相对简单、事实相对明确，因此审理期限相对较短。特殊情况需要延长的，是指程序上有必要延长的，经过本院院长批准，可以延长1个月。

164.3　司法适用

适用简易程序审理的案件，审理期限到期后，双方当事人同意继续适用简易程序的，由本院院长批准，可以延长审理期限。延长后的审理期限累计不得超过6个月。案件转为普通程序审理的，审理期限自人民法院立案之日计算。

164.4　相关规范性文件

最高人民法院《关于适用〈中华人民共和国民事诉讼法〉的解释》(法释〔2022〕11号，自2022年4月10日起施行)

第二百五十八条　适用简易程序审理的案件，审理期限到期后，有特殊情况需要延长的，经本院院长批准，可以延长审理期限。延长后的审理期限累计不得超过四个月。

人民法院发现案件不宜适用简易程序，需要转为普通程序审理的，应当在审理期限届满前作出裁定并将审判人员及相关事项书面通知双方当事人。

案件转为普通程序审理的，审理期限自人民法院立案之日计算。

164.5 典型案例

164.5.1 当事人到庭应诉且开庭后对该案依法扣除审限的，即便手续存在瑕疵，亦不构成严重违法

裁判来源：新余市中创矿业有限公司、龙某忠合同纠纷案——江西省高级人民法院民事判决书，(2015) 赣民一终字第160号

法院认为：中创公司上诉主张一审法院审理期限超过法定期限，严重程序违法。因法律规定在审限内有延迟和扣除审限制度，经延期或扣除审限后，案件的实际审理时间可能超过4个月。本案一审中创公司以调取证据为由提出过延期开庭书面申请，一审立案时间为2022年1月18日，开庭时间为2022年6月10日，此时距离立案已过4个月，但中创公司到庭应诉并未对简易程序适用提出异议。经查，开庭前后一审对该案多次办理了扣除审限手续，即便手续存在瑕疵，亦不构成严重程序违法。中创公司关于本案一审严重程序违法的理由不能成立。

164.5.2 诉讼时效抗辩应当自立案之日起提起，立案前的调解阶段提出而后续一审阶段未提出的，一审法院主动适用诉讼时效规定判决驳回当事人诉讼请求的，属于适用法律错误

裁判来源：赵某钢与北京通州房地产开发有限责任公司民事主体间房屋拆迁补偿合同纠纷案——北京市高级人民法院民事裁定书，(2021) 京民再133号

法院认为：《民事诉讼法》第164条规定："人民法院适用简易程序审理案件，应当在立案之日起三个月内审结。有特殊情况需要延长的，经本院院长批准，可以延长一个月。"根据该条有关审理时限的法律规定可知，本案所适用的一审诉讼程序始于人民法院立案之日，当事人在立案之日前所作意思表示不应视为是在诉讼期间内作出的意思表示。本案中，通开公司虽然在一审法院立案前的委托调解程序中提出过诉讼时效的抗辩，但该程序不同于一审诉讼程序，当事人在立案前所作意思表示亦不能等同于诉

讼程序中的意思表示。在通开公司未在一审诉讼期间明确提出诉讼时效抗辩的情况下，一审法院主动适用诉讼时效规定判决驳回赵某钢的全部诉讼请求，属于适用法律错误，应当予以纠正。

165. 小额诉讼程序

165.1　法律条文

第一百六十五条　基层人民法院和它派出的法庭审理事实清楚、权利义务关系明确、争议不大的简单金钱给付民事案件，标的额为各省、自治区、直辖市上年度就业人员年平均工资百分之五十以下的，适用小额诉讼的程序审理，实行一审终审。

基层人民法院和它派出的法庭审理前款规定的民事案件，标的额超过各省、自治区、直辖市上年度就业人员年平均工资百分之五十但在二倍以下的，当事人双方也可以约定适用小额诉讼的程序。

165.2　条文阐释

本条是关于小额诉讼程序的规定，对于小额诉讼程序，最高人民法院《关于适用〈中华人民共和国民事诉讼法〉的解释》第十二章对此作出了详细规定：

（1）关于适用范围。下列金钱给付的案件，适用小额诉讼程序审理：①买卖合同、借款合同、租赁合同纠纷；②身份关系清楚，仅在给付的数额、时间、方式上存在争议的赡养费、抚养费、扶养费纠纷；③责任明确，仅在给付的数额、时间、方式上存在争议的交通事故损害赔偿和其他人身损害赔偿纠纷；④供用水、电、气、热力合同纠纷；⑤银行卡纠纷；⑥劳动关系清楚，仅在劳动报酬、工伤医疗费、经济补偿金或者赔偿金给付数额、时间、方式上存在争议的劳动合同纠纷；⑦劳务关系清楚，仅在劳务报酬给付数额、时间、方式上存在争议的劳务合同纠纷；⑧物业、电信等服务合同纠纷；⑨其他金钱给付纠纷。

（2）关于不适用的情形。下列案件，不适用小额诉讼程序审理：①人身关系、财产确权纠纷；②涉外民事纠纷；③知识产权纠纷；④需要评估、鉴定或者对诉前评估、鉴定结果有异议的纠纷；⑤其他不宜适用一审终审的纠纷。

（3）关于举证期限和答辩期限。小额诉讼案件的举证期限由人民法院确定，也可以由当事人协商一致并经人民法院准许，但一般不超过7日。被告要求书面答辩的，人民法院可以在征得其同意的基础上合理确定答辩期间，但最长不得超过15日。当事人到庭后表示不需要举证期限和答辩期间的，人民法院可立即开庭审理。

（4）关于小额诉讼程序的转化。因当事人申请增加或者变更诉讼请求、提出反诉、追加当事人等，致使案件不符合小额诉讼案件条件的，应当适用简易程序的其他规定审理。前述规定案件，应当适用普通程序审理的，裁定转为普通程序。适用简易程序的其他规定或者普通程序审理前，双方当事人已确认的事实，可以不再进行举证、质证。当事人对按照小额诉讼案件审理有异议的，应当在开庭前提出。人民法院经审查，异议成立的，适用简易程序的其他规定审理；异议不成立的，告知当事人，并记入笔录。

此外，人民法院审理小额诉讼案件，本解释没有规定的，适用简易程序的其他规定。

165.3 相关规范性文件

最高人民法院《关于适用〈中华人民共和国民事诉讼法〉的解释》（法释〔2022〕11号，自2022年4月10日起施行）

第二百七十一条 人民法院审理小额诉讼案件，适用民事诉讼法第一百六十五条的规定，实行一审终审。

第二百七十二条 民事诉讼法第一百六十五条规定的各省、自治区、直辖市上年度就业人员年平均工资，是指已经公布的各省、自治区、直辖市上一年度就业人员年平均工资。在上一年度就业人员年平均工资公布前，以已经公布的最近年度就业人员年平均工资为准。

第二百七十三条 海事法院可以适用小额诉讼的程序审理海事、海商案件。案件标的额应当以实际受理案件的海事法院或者其派出法庭所在的省、自治区、直辖市上年度就业人员年平均工资为基数计算。

第二百七十四条　人民法院受理小额诉讼案件，应当向当事人告知该类案件的审判组织、一审终审、审理期限、诉讼费用交纳标准等相关事项。

第二百七十五条　小额诉讼案件的举证期限由人民法院确定，也可以由当事人协商一致并经人民法院准许，但一般不超过七日。

被告要求书面答辩的，人民法院可以在征得其同意的基础上合理确定答辩期间，但最长不得超过十五日。

当事人到庭后表示不需要举证期限和答辩期间的，人民法院可立即开庭审理。

第二百七十六条　当事人对小额诉讼案件提出管辖异议的，人民法院应当作出裁定。裁定一经作出即生效。

第二百七十七条　人民法院受理小额诉讼案件后，发现起诉不符合民事诉讼法第一百二十二条规定的起诉条件的，裁定驳回起诉。裁定一经作出即生效。

第二百七十八条　因当事人申请增加或者变更诉讼请求、提出反诉、追加当事人等，致使案件不符合小额诉讼案件条件的，应当适用简易程序的其他规定审理。

前款规定案件，应当适用普通程序审理的，裁定转为普通程序。

适用简易程序的其他规定或者普通程序审理前，双方当事人已确认的事实，可以不再进行举证、质证。

第二百七十九条　当事人对按照小额诉讼案件审理有异议的，应当在开庭前提出。人民法院经审查，异议成立的，适用简易程序的其他规定审理或者裁定转为普通程序；异议不成立的，裁定驳回。裁定以口头方式作出的，应当记入笔录。

第二百八十条　小额诉讼案件的裁判文书可以简化，主要记载当事人基本信息、诉讼请求、裁判主文等内容。

第二百八十一条　人民法院审理小额诉讼案件，本解释没有规定的，适用简易程序的其他规定。

166. 依法不适用小额诉讼程序的情形

166.1 法律条文

第一百六十六条 人民法院审理下列民事案件，不适用小额诉讼的程序：

（一）人身关系、财产确权案件；

（二）涉外案件；

（三）需要评估、鉴定或者对诉前评估、鉴定结果有异议的案件；

（四）一方当事人下落不明的案件；

（五）当事人提出反诉的案件；

（六）其他不宜适用小额诉讼的程序审理的案件。

166.2 条文阐释

本条规定了不适用小额诉讼程序的情形。本条属于2022年《民事诉讼法》修改的新增条文。小额诉讼程序由于一审终审和再审只能由原审法院处理等原因，存在侵害当事人辩论权等合法诉权进而导致纠纷未能实质解决的可能，在实践中需要规定法定的不适用情形。当然，此处并非规定只要不符合这些情形且符合小额诉讼的情形的案件就应当按照小额诉讼程序处理，是否适用小额诉讼程序需要尊重当事人选择。对于小额诉讼程序案件和其他程序案件的区别较为宽泛，例如，对于“案件简单”和“诉讼标的金额”等的理解存在不同认识，实践中需要法院立案庭努力提高司法水平，从尊重当事人基本权利和纠纷的实质性解决角度出发，不宜对于相关案件“一刀切”采用小额诉讼程序处理。

166.3 典型案例

166.3.1 存在反诉等案情复杂的，不宜适用小额诉讼程序进行审理

裁判来源： 刁某、许昌魏都徐家食用油加工店等加工合同纠纷案——河南省许昌市魏都区人民法院民事判决书，（2022）豫1002民再33号

法院认为： 许昌魏都徐家食用油加工店与许昌魏都刁某王婆大虾馆存在买卖合同关系。……许昌魏都刁某王婆大虾馆系因使用许昌魏都徐家食用油加工店无生产日期、保质期、生产厂家的散装芝麻酱被许昌市市场监督管理局魏都分局处罚，许昌魏都徐家食用油加工店应承担相应的责任。行政处罚决定书明确载明逾期缴纳罚款的后果及当事人不服处罚决定的救济途径、期限，许昌魏都刁某王婆大虾馆作为缴纳罚款的义务人，既未在规定期间缴纳罚款，亦未申请行政复议或提起诉讼，无论原因为何，因其未按期缴纳罚款加收的逾期罚款8000元，都应当由其承担。关于刁某缴纳的正常罚款8000元责任承担问题。行政机关处罚决定的直接原因在于，现场查处的许昌魏都徐家食用油加工店供应的半桶散装芝麻酱未标注生产日期、保质期、生产厂家，许昌魏都徐家食用油加工店作为食品生产、销售者，向许昌魏都刁某王婆大虾馆供应无生产日期、保质期、生产厂家的散装芝麻酱，其销售行为很可能造成质量不合格、过期的食品流入市场，违反了涉及市场秩序领域的法律、法规和规章的有关规定，应承担过错责任；许昌魏都刁某王婆大虾馆作为饮食服务经营者，在明知许昌魏都徐家食用油加工店供应的散装芝麻酱无生产日期、保质期、生产厂家的情况下，仍然接收并投入使用，存在食品安全隐患，可能对人民群众的生命财产安全造成严重影响，也应承担过错责任。综上，原判决酌定双方就该8000元罚款各担一半并无不当，应予维持。本案争议较大，原审适用小额诉讼程序进行审理不当，再审法院予以纠正。

167. 小额诉讼程序的审理形式

167.1 法律条文

第一百六十七条 人民法院适用小额诉讼的程序审理案件，可以一次开庭审结并且当庭宣判。

167.2 条文阐释

本条规定了小额诉讼程序的审理形式。本条的设置是鼓励小额诉讼程序一次开庭，当庭宣判。部分法官认为这条设置不合理，人民法院即便不是适用小额诉讼程序审理的案件，如适用的是一般简易程序或是普通程序，同样也可以一次开庭审结并且当庭宣判，为体现小额诉讼程序便捷性，应当要求必须一次开庭并当庭宣判。实际上，现在人案矛盾加剧，案情也存在诸如突发情况，如果一味要求小额诉讼必须一次开庭并当庭宣判，可能导致小额诉讼程序适用率的下降，本条的设置符合现在基层法院的实际情况，增加了审判实践操作的便捷性与灵活性。

167.3 司法适用

人民法院适用小额程序审理案件，不应当限制或者强制当事人做到一次开庭审结或者当庭宣判。案件是否简单清楚、案件金额是否小额本身存在争议，法院法官需要综合考量当事人自愿与基本案件事实来进行操作。

法院在审理过程中如果发现案件不适宜适用小额程序，比如当事人申请增加或者变更诉讼请求、提出反诉、追加当事人等，致使案件不再符合小额诉讼案件条件，应依据案件情形停止适用小额诉讼程序，转为适用简易程序的其他规定审理，或适用普通程序。特别需要注意的是，如果案件当事人对小额诉讼程序的适用审理有异议，应当在开庭前提出。法院经审查，如果异议成立，则适用简易程序的其他规定审理或者转为普通程序；如果异议不成立，则裁定驳回。

167.4 相关规范性文件

最高人民法院《关于适用〈中华人民共和国民事诉讼法〉的解释》(法释〔2022〕11号)

第二百七十五条 小额诉讼案件的举证期限由人民法院确定，也可以由当事人协商一致并经人民法院准许，但一般不超过七日。

被告要求书面答辩的，人民法院可以在征得其同意的基础上合理确定答辩期间，但最长不得超过十五日。

当事人到庭后表示不需要举证期限和答辩期间的，人民法院可立即开庭审理。

第二百七十六条　当事人对小额诉讼案件提出管辖异议的，人民法院应当作出裁定。裁定一经作出即生效。

第二百七十七条　人民法院受理小额诉讼案件后，发现起诉不符合民事诉讼法第一百二十二条规定的起诉条件的，裁定驳回起诉。裁定一经作出即生效。

第二百八十条　小额诉讼案件的裁判文书可以简化，主要记载当事人基本信息、诉讼请求、裁判主文等内容。

168. 小额诉讼程序的审理期限

168.1　法律条文

第一百六十八条　人民法院适用小额诉讼的程序审理案件，应当在立案之日起两个月内审结。有特殊情况需要延长的，经本院院长批准，可以延长一个月。

168.2　条文阐释

本条规定了小额诉讼程序审理期限。本条是2021年《民事诉讼法》修正时的新增条款。依据本条规定，小额诉讼程序案件审理期限最长不能超过3个月。原则上小额诉讼程序案件应当在立案之日起2个月内审结，立案前的调解等其他工作时间不计算在内。当确有需要再延长1个月时，需要经过本院院长的批准才能加以延长，最多延长1个月。规定较短的审理期限是因为小额诉讼程序的案件争议较小，需要处理的时间较少，如果不对时间加以控制，则会导致程序的拖沓和司法资源的浪费。

168.3　司法适用

小额程序的审理期限较为灵活简短，其中，小额诉讼案件的举证期限既可以由人民法院确定，也可以由当事人协商一致并经人民法院准许，但一般不超过7日。被告如果要求书面答辩的，人民法院可以在征得其同意的基础上合理确定答辩期间，但最长不得超过15日。对于当事人到庭后表示不需要举证期限和答辩期间的，人民法院可立即开庭审理。开庭宣判更加简便：小额诉讼程序的案件审理，可以一次开庭审结并且当庭宣判。文书制作更加简便：小额诉讼案件的裁判文书可以简化，主要记载当事人基本信息、诉讼请求、裁判主文等内容。

168.4 典型案例

168.4.1 小额诉讼程序可以采用微信小程序等线上手段高效进行，但是也应当依法保障当事人的合法程序权益

裁判来源：蔡某与房某合同纠纷案

案例意义：2022年3月原告蔡某向被告房某出借资金60,000元（已归还23,000元），在双方约定的借款期限到期后，被告房某未履行还款义务，无奈之下原告蔡某诉至汶川法院。因该案法律关系明确，案件事实清楚，双方争议不大，承办法官引导当事人适用小额诉讼程序。2022年4月12日，汶川法院民事简案团队充分发挥小额诉讼程序便捷高效的制度优势。承办法官依法向案件当事人送达《小额诉讼程序适用告知书》《小额诉讼程序推荐适用确认书》等法律文书。明确双方的权利义务，充分保障了当事人的诉讼权利，案件从答辩、举证质证、审理、送达等多个环节简化程序，重在突出简捷、清晰、明确的优势。同时引导双方当事人通过微信小程序“多元调解”，开展远程调解工作，调解协议即时达成，并线上签名确认，整个调解过程仅10分钟，既减轻了当事人的诉累，又缩短了案件的办理时长。成功调解一起民间借贷纠纷案件，双方当事人通过远程视频握手言和。

168.4.2 法院审理需要鉴定的案件，依法不适用小额诉讼程序

裁判来源：宋某立因与许昌顺泰运输有限公司、华安财产保险股份有限公司许昌中心支公司及葛世豪机动车交通事故责任纠纷案——河南省许昌市魏都区人民法院民事裁定书，（2022）豫1002民申27号

法院认为：人民法院审理需要鉴定的案件，不适用小额诉讼程序。本案在当事人申请鉴定并予准许的情况下适用小额诉讼程序审理，违反法律

适用规则。河南省许昌市魏都区人民法院（2021）豫1002民初5241号民事判决适用法律确有错误。

169. 简易程序转普通程序

169.1　法律条文

第一百六十九条　人民法院在审理过程中，发现案件不宜适用小额诉讼的程序的，应当适用简易程序的其他规定审理或者裁定转为普通程序。

当事人认为案件适用小额诉讼的程序审理违反法律规定的，可以向人民法院提出异议。人民法院对当事人提出的异议应当审查，异议成立的，应当适用简易程序的其他规定审理或者裁定转为普通程序；异议不成立的，裁定驳回。

169.2　条文阐释

本条对简易程序转换为普通程序作出了规定。人民法院适用简易程序审理民事案件，是为了在保证公正的同时实现效率，因而简易程序适用于本法所规定的简单民事案件，以及当事人约定适用简易程序的案件。确定适用简易程序通常是在案件受理阶段，人民法院尚未对案件进行实质审理，对案件情况只是有一个初步了解，随着案件审理过程的展开，人民法院如果发现案件属于非简单民事案件、一时难以审结，不宜适用简易程序的，则应当作出裁定，将本案审理程序由简易程序转为普通程序，以保证案件正确处理，维护当事人合法权益。此外，已经按照普通程序审理的案件，在开庭后不得转为简易程序审理。

169.3　司法适用

虽然本条并未明确当事人异议的法院是原审法院还是上级法院，但是此处当事人对于案件适用小额诉讼的程序审理违反法律规定的异议，只能向原审法院提出。如果小额速裁案件裁判确有错误，需要启动再审的，上级法院不能提审，否则违反了小额速裁程序的规定，导致小额速裁案件可以有二审程序。中级以上的法院均不应受理申请人对小额速裁案件的再审申请。

169.4 相关规范性文件

最高人民法院《关于适用〈中华人民共和国民事诉讼法〉的解释》（法释〔2022〕11号）

第二百七十八条 因当事人申请增加或者变更诉讼请求、提出反诉、追加当事人等，致使案件不符合小额诉讼案件条件的，应当适用简易程序的其他规定审理。

前款规定案件，应当适用普通程序审理的，裁定转为普通程序。

适用简易程序的其他规定或者普通程序审理前，双方当事人已确认的事实，可以不再进行举证、质证。

第二百七十九条 当事人对按照小额诉讼案件审理有异议的，应当在开庭前提出。人民法院经审查，异议成立的，适用简易程序的其他规定审理或者裁定转为普通程序；异议不成立的，裁定驳回。裁定以口头方式作出的，应当记入笔录。

最高人民法院《关于民商事案件繁简分流和调解速裁操作规程（试行）》（法发〔2017〕14号，自2017年5月8日起施行）

第一条 民商事简易纠纷解决方式主要有先行调解、和解、速裁、简易程序、简易程序中的小额诉讼、督促程序等。

人民法院对当事人起诉的民商事纠纷，在依法登记立案后，应当告知双方当事人可供选择的简易纠纷解决方式，释明各项程序的特点。

先行调解包括人民法院调解和委托第三方调解。

第二条 人民法院应当指派专职或兼职程序分流员。

程序分流员负责以下工作：

（一）根据案件事实、法律适用、社会影响等因素，确定案件应当适用的程序；

（二）对系列性、群体性或者关联性案件等进行集中分流；

（三）对委托调解的案件进行跟踪、提示、指导、督促；

（四）做好不同案件程序之间转换衔接工作；

（五）其他与案件分流、程序转换相关的工作。

第三条　人民法院登记立案后，程序分流员认为适宜调解的，在征求当事人意见后，转入调解程序；认为应当适用简易程序、速裁的，转入相应程序，进行快速审理；认为应当适用特别程序、普通程序的，根据业务分工确定承办部门。

登记立案前，需要制作诉前保全裁定书、司法确认裁定书、和解备案的，由程序分流员记录后转办。

第四条　案件程序分流一般应当在登记立案当日完成，最长不超过三日。

第五条　程序分流后，尚未进入调解或审理程序时，承办部门和法官认为程序分流不当的，应当及时提出，不得自行将案件退回或移送。

程序分流员认为异议成立的，可以将案件收回并重新分配。

第六条　在调解或审理中，由于出现或发现新情况，承办部门和法官决定转换程序的，向程序分流员备案。已经转换过一次程序的案件，原则上不得再次转换。

上海市高级人民法院《关于开展民事诉讼程序繁简分流改革试点小额诉讼程序的实施细则》（自2020年4月20日起施行）

21.【转换要求】人民法院适用小额诉讼程序审理民事案件，应严格控制向其他程序的转换，除本实施细则规定的情形以外，一般不允许程序转换，保证程序适用的稳定性。

对于符合本实施细则规定的情形的案件，人民法院应严格按照标准，选择将案件转为简易程序或转为普通程序。转换后，审限连续计算。

一般不允许将小额诉讼案件先转为简易程序审理后再转为普通程序。

22.【转为简易程序】人民法院适用小额诉讼程序审理民事案件的过程中，发生如下情形，应裁定将案件转为简易程序审理：

（1）当事人在案件审理过程中变更诉讼请求的，如是针对诉讼标的额变更的，变更后的标的额在人民币五万元以上、十万元以下的，人民法院应向双方当事人释明是否同意继续适用小额诉讼程序。如当事人明确表示异议的，应转为简易程序审理；

（2）当事人在案件审理过程中变更诉讼请求的，如是针对诉讼标的额变更的，变更后的标的额超过人民币十万元的，应转为简易程序审理；

（3）当事人在案件审理过程中变更诉讼请求的，如变更后的诉讼请求中增加了非金钱给付类请求的，案件符合简易程序适用条件的，应转为简易程序审理；

（4）当事人在案件审理过程中提出反诉，案件符合简易程序适用条件的，应转为简易程序审理；

（5）需要鉴定、评估、审计的；

（6）其他不宜继续适用小额诉讼程序的情形。

案件转为简易程序审理前，双方当事人已确认的事实，可以不再举证、质证。

23.【转为普通程序】人民法院适用小额诉讼程序审理民事案件的过程中，发现案件事实复杂，权利义务关系不明确、争议较大，不宜适用小额诉讼程序的，应书面报分管院长审批，经批准后裁定转为普通程序。案件转为普通程序审理前，双方当事人已确认的事实，可以不再举证。质证。

《广州法院关于完善小额诉讼程序实施细则》（自2021年7月5日起施行）

第十一条　立为简易程序审理的案件，标的额在五万元以上、十万元以下的简单金钱给付类案件，可在开庭前主动征询当事人双方是否同意选择适用小额诉讼程序，当事人双方同意的，可以转换适用小额诉讼程序审理案件。

第十二条　适用小额诉讼程序审理的案件，在送达和开庭审理过程中发现下列情形之一的，口头裁定转为简易程序审理：

（一）需要进行评估、鉴定或者对诉前评估、鉴定结果有异议的；

（二）一方当事人下落不明的；

（三）当事人对小额诉讼程序适用提出异议，经审查异议成立的；

（四）当事人申请增加或变更诉讼请求、追加当事人，致使案件标的额在五万元以上、十万元以下，且一方当事人不同意继续适用小额诉讼程序的；

（五）当事人申请增加或变更诉讼请求、追加当事人，致使案件标的额在十万元以上的；

（六）当事人提出反诉的；

（七）示范诉讼案件；

（八）其他不宜继续适用小额诉讼程序的情形。

第十三条　出现下列情形，适用小额诉讼程序审理的案件，以及由小额诉讼程序转为简易程序审理的案件，可口头裁定转为普通程序审理：

（一）案件存在虚假诉讼可能的；

（二）民事诉讼行为严重违法，需要决定是否给予民事制裁或移送侦查机关立案处理的；

（三）审理中发现其他疑难复杂情况，不宜继续适用小额诉讼程序或简易程序审理的。

第十四条　口头裁定转换程序，应保证宣告笔录完整。普通程序采取合议庭审理的，一并告知合议庭组成人员，听取当事人意见。

第十五条　小额诉讼程序转为简易程序，独任法官可当庭裁定转换，正在进行的诉讼程序可不中断，案件继续审理。小额诉讼程序和简易程序转为普通程序的，应报庭长批准。

小额诉讼程序转为简易程序或普通程序独任审理的，征得双方当事人后，可以不再开庭审理；转为普通程序合议审理的，应再次开庭审理。

第十六条　当事人对适用小额诉讼程序审理案件有异议，但理由仅为剥夺了其上诉权利或其他理由不成立的，口头或者书面决定驳回。原告拒不到庭、中途退庭的，按撤诉处理，被告拒不到庭、中途退庭的，按缺席审判处理。

第十七条　当事人一方对小额诉讼程序的转换有异议，异议理由不成立的，口头通知驳回。拒不到庭、中途退庭的，按上条规定处理。

169.5　典型案例

169.5.1　如果小额速裁案件裁判确有错误，需要启动再审的，上级法院不能提审，否则违反了小额速裁程序的规定，导致小额速裁案件可以有二审程序。中级以上法院均不应受理申请人对小额速裁案件的再审申请

裁判来源：戴某智、乌鲁木齐欣永济物业服务有限公司物业服务合同

纠纷案——新疆维吾尔自治区乌鲁木齐市中级人民法院民事审判监督民事裁定书，(2023) 新01民申23号

法院认为：根据《民事诉讼法》第165条第1款规定，基层人民法院和它派出的法庭审理事实清楚、权利义务关系明确、争议不大的简单金钱给付民事案件，标的额为各省、自治区、直辖市上年度就业人员年平均工资50%以下的，适用小额诉讼的程序审理，实行一审终审。故小额速裁案件只能在基层人民法院审理。最高人民法院《关于适用〈中华人民共和国民事诉讼法〉的解释》第424条规定，对小额诉讼案件的判决、裁定，当事人以《民事诉讼法》第207条规定的事由向原审人民法院申请再审的，人民法院应当受理。申请再审事由成立的，应当裁定再审，组成合议庭进行审理。作出的再审判决、裁定，当事人不得上诉。当事人以不应按小额诉讼案件审理为由向原审人民法院申请再审的，人民法院应当受理。理由成立的，应当裁定再审，组成合议庭审理。作出的再审判决、裁定，当事人可以上诉。最高人民法院《关于民事审判监督程序严格依法适用指令再审和发回重审若干问题的规定》第2条规定，因当事人申请裁定再审的案件一般应当由裁定再审的人民法院审理。根据以上规定，如果小额速裁案件裁判确有错误，需要启动再审的，上级法院不能提审，否则违反了小额速裁程序的规定，导致小额速裁案件可以有二审程序。因此，不管申请人是对小额速裁案件的裁判有异议，还是对小额速裁的适用程序有异议，均应当在基层人民法院申请再审，中级以上法院均不应受理申请人对小额速裁案件的再审申请。法院依法裁定本案移送沙依巴克区人民法院审查处理。

170. 简易程序转为普通程序

170.1 法律条文

第一百七十条 人民法院在审理过程中，发现案件不宜适用简易程序的，裁定转为普通程序。

170.2 条文阐释

本条对简易程序转换为普通程序作出了规定。人民法院适用简易程序审理民事案件，是为了在保证公正的同时实现效率，因而简易程序适用于本法所规定的简单民事案件，以及当事人约定适用简易程序的案件。确定适用简易程序通常是在案件受理阶段，人民法院尚未对案件进行实质审理，对案件情况只是有一个初步了解，随着案件审理过程的展开，人民法院如果发现案件属于非简单民事案件、一时难以审结，不宜适用简易程序的，则应当作出裁定，将本案审理程序由简易程序转为普通程序，以保证案件正确处理，维护当事人合法权益。此外，已经按照普通程序审理的案件，在开庭后不得转为简易程序审理。

170.3 相关规范性文件

最高人民法院《关于适用〈中华人民共和国民事诉讼法〉的解释》（法释〔2022〕11号，自2022年4月10日起施行）

第二百五十八条第一款 适用简易程序审理的案件，审理期限到期后，有特殊情况需要延长的，经本院院长批准，可以延长审理期限。延长后的审理期限累计不得超过四个月。

第二百六十条 已经按照普通程序审理的案件，在开庭后不得转为简易程序审理。

第二百六十九条第一款 当事人就案件适用简易程序提出异议，人民法院经审查，异议成立的，裁定转为普通程序；异议不成立的，裁定驳回。裁定以口头方式作出的，应当记入笔录。

广州法院《关于完善简易程序规则实施细则》（自2021年7月5日起施行）

第十二条 基层法院在审理案件过程中发现需要进行程序转换的，通过书面或口头裁定转为普通程序审理。

上述裁定一经作出即生效。

转为普通程序审理前，双方当事人已确认的事实，可以不再举证、质证。转为普通程序独任制审理的，在征求双方当事人同意后，可以不再开庭；转为普通程序合议制审理的，应再次开庭。

第十三条 简易程序转换一般由庭长进行审批。重大疑难复杂案件，应报院领导审批。程序转换后，由原经办法官继续审理。出现程序转换事由的，应在三日内完成转换手续。

四川省荣县人民法院《关于民商事案件简易程序转普通程序的实施细则（试行）》（自 2021 年 1 月 1 日起施行）

第一条 【适用范围】本意见适用于荣县人民法院审理的民事、商事案件。

第二条 【法律依据】严格按照《中华人民共和国民事诉讼法》《最高人民法院关于适用〈中华人民共和国民事诉讼法〉的解释》等法律法规要求，规范简易程序转普通程序的操作流程。

第三条 【简易程序适用条件】本院民商事速裁审判业务庭和派出人民法庭审理事实清楚、权利义务关系明确、争议不大的简单民商事案件，适用简易程序。

审理的小额诉讼案件。

双方当事人约定适用简易程序的民商事案件。

第四条 【小额诉讼案件】本细则第三条第二款的小额诉讼案件，标的额应为本市上年度就业人员年平均工资百分之三十以下。

上年度就业人员年平均工资标准以自贡市统计局公布为准。

第五条 【不适用简易程序的情况】以下情况不适用简易程序：

（一）起诉时被告下落不明的；

（二）发回重审的；

（三）当事人一方人数众多的；

（四）适用审判监督程序的；

（五）涉及国家利益、社会公共利益的；

（六）第三人起诉请求改变或者撤销生效判决、裁定、调解书的；

（七）涉诉信访案件；

（八）当事人申请回避的案件；

（九）快审团队认为其他不宜适用简易程序的案件。

第六条 【简转普程序】发现不适用于简易程序的案件，应当在立案后三十日内作出简易程序转普通程序的裁定书。

第七条　【裁定书送达】裁定书应在作出之日起五个工作日内，送达各方当事人。

第八条　【转繁案团队时间】由民商事简案审判团队审理的简易程序案件，应自简转普裁定书送达各方当事人之日起三个工作日内，完成简案转繁案的审批流程，将案件送至繁案团队审理。

第九条　【审理方式】简转普案件应组成合议庭审理。

第十条　【合议庭变更通知书】简转普的民商事案件，繁案团队承办人应及时送达《合议庭变更通知书》，告知当事人合议庭变更原由及相关诉讼权利。

第十一条　【举证期限延长】因案件复杂而简转普的案件，应询问当事人是否需要延长举证期限。当事人一方需要延长举证期限的，人民法院根据案情审理查明需要，延长举证期限。延长期限原则上不超过十五日。

当事人各方均表示不需要举证期限、答辩期间的，人民法院可以立即开庭审理或者确定开庭日期。

第十二条　【审理期限】简易程序转普通程序案件，审理期限自案件立案之日起计算。

第十三条　【附则】本意见由四川省荣县人民法院负责解释。

第十四条　【试行】本意见自发布之日起试行。

第十四章　第二审程序

171. 上诉

171.1　法律条文

第一百七十一条　当事人不服地方人民法院第一审判决的，有权在判决书送达之日起十五日内向上一级人民法院提起上诉。

当事人不服地方人民法院第一审裁定的，有权在裁定书送达之日起十日内向上一级人民法院提起上诉。

171.2　条文阐释

本条第1款是关于当事人对第一审判决不服提起上诉的规定，第2款是关于当事人对第一审裁定不服提起上诉的规定。上诉权是当事人的基本诉讼权利。我国实行两审终审制，当事人不服地方各级人民法院的第一审未生效裁判的，有权提起上诉。本条规定上诉权有助于保护当事人合法民事权益，维护法律的统一适用。

171.3　司法适用

上诉的主体为案件的当事人，包括第一审程序中的原告、被告、共同诉讼人和有独立请求权的第三人，他们因为对诉讼标的有实体上的权利或义务而享有上诉权。此外，第一审判决确定其承担民事责任的无独立请求权第三人，因为对诉讼标的负有义务，因而也享有上诉权。无诉讼行为能力当事人的法定代理人，可以代理当事人提起上诉。委托诉讼代理人代为提起上诉的须由当事人授权。

上诉的对象是地方各级人民法院的第一审未生效裁判。依法可以上诉的判决为地方各级人民法院作出的第一审未生效判决。最高人民法院作出的第一审判决和人民法院适用特别程序、公示催告程序审理案件所作的判决不能上诉。依法可以上诉的裁定为地方各级人民法院作出的不予受理、驳回起诉和管辖权异议的第一审未生效裁定。对于已经生效的第一审裁判，当事人不服的，无权上诉，只能依法申请再审。

对第一审判决不服上诉的期限为15日，自判决书送达次日起计算。对第一审裁定不服上诉的期限为10日，自裁定送达次日起计算。上诉期限以当事人各自收到判决书、裁定书后分别计算，任何一方在自己的上诉期内均可上诉，只有在所有当事人的上诉期限届满而都没有提起上诉的情况下，判决和裁定才会发生法律效力。共同诉讼中，在必要共同诉讼的情况下，以最后一个共同诉讼人的上诉期限为全体共同上诉人的上诉期限，在普通共同诉讼的情况下，共同诉讼人的上诉期限各自分别计算。

171.4　相关规范性文件

最高人民法院《关于适用〈中华人民共和国民事诉讼法〉的解释》(法释〔2022〕11号，自2022年4月10日起施行)

第三百一十七条　必要共同诉讼人的一人或者部分人提起上诉的，按下列情形分别处理：

（一）上诉仅对与对方当事人之间权利义务分担有意见，不涉及其他共同诉讼人利益的，对方当事人为被上诉人，未上诉的同一方当事人依原审诉讼地位列明；

（二）上诉仅对共同诉讼人之间权利义务分担有意见，不涉及对方当事人利益的，未上诉的同一方当事人为被上诉人，对方当事人依原审诉讼地位列明；

（三）上诉对双方当事人之间以及共同诉讼人之间权利义务承担有意见的，未提起上诉的其他当事人均为被上诉人。

第三百一十九条　无民事行为能力人、限制民事行为能力人的法定代理人，可以代理当事人提起上诉。

第三百二十条　上诉案件的当事人死亡或者终止的，人民法院依法通知其权利义务承继者参加诉讼。

需要终结诉讼的，适用民事诉讼法第一百五十四条规定。

第三百二十一条 第二审人民法院应当围绕当事人的上诉请求进行审理。

当事人没有提出请求的，不予审理，但一审判决违反法律禁止性规定，或者损害国家利益、社会公共利益、他人合法权益的除外。

171.5 典型案例

171.5.1 如果一审胜诉或部分胜诉的当事人未提起上诉，且在二审中明确表示一审判决正确应予维持，在二审判决维持原判后，该当事人又申请再审，法院不应支持其再审请求，以防止滥用再审程序

裁判来源：王某因与卢某芳、宁夏建工集团房地产开发有限公司、第三人宁夏恒昌盛房地产开发有限公司民间借贷纠纷案——最高人民法院民事裁定书，(2017) 最高法民申 2483 号

法院认为：两审终审制是我国民事诉讼的基本制度。当事人如认为一审判决错误的，应当提起上诉，通过二审程序行使诉讼权利。再审程序是针对生效判决可能出现的重要错误而赋予当事人的特别救济程序。对于一审胜诉或部分胜诉的当事人未提起上诉，二审判决维持原判且该当事人在二审中明确表示一审判决正确应予维持的当事人，因为其缺乏再审利益，对其再审请求不应予以支持。在本案中，宁夏回族自治区银川市中级人民法院作出（2015）银民初字第 281 号民事判决，判令卢某芳偿还王某借款本金 708 万元及利息，驳回王某的其他诉讼请求，王某对此未提出上诉，应视为王某接受一审判决结果。现王某提出再审请求，主张一、二审判决遗漏事实、损害其合法权益，明显与其在本案一审判决后未上诉、二审诉讼期间要求维持一审判决的行为相悖。故王某的再审申请缺乏再审利益，本院对王某的再审申请不予支持。

171.5.2 当事人提起上诉需具备上诉利益，否则人民法院应当裁定驳回上诉

裁判来源：邓某诉罗某名为投资实为借贷案——重庆市第一中级人民法院民事裁定书，(2020) 渝 01 民终 1369 号

法院认为：合作协议实为投资协议，但协议约定罗某享有固定收益，

不承担经营风险，实为民间借贷。截至 2019 年 4 月 9 日，邓某尚欠罗某借款本金 98,941.33 元，即邓某并未超额还款。因此，法院不予支持邓某要求返还超额还款的诉讼请求。重庆市第一中级人民法院认为，该案的争议焦点为上诉人罗某是否享有上诉利益。既判力原则上只产生于判决主文所表示的判断，判决理由中的判断原则上不产生既判力。本案一审判决主文驳回诉讼请求本身对罗某是有利的，罗某作为原审被告对一审判决驳回诉讼请求的案件不存在上诉利益。因此，重庆市第一中级人民法院驳回了罗某的上诉。

171.5.3 上诉人通过上诉不可能得到比一审裁判更为有利的裁判结果时不具有上诉利益，但在预备性抵销抗辩被法官采纳并作出驳回原告诉讼请求的判决时，可以例外承认其具有上诉利益

裁判来源：何某诉广州富力地产（重庆）有限公司商品房买卖合同纠纷案——重庆市第一中级人民法院民事判决书，(2019) 渝 01 民终 8532 号

法院认为：当事人不服原审裁判提出上诉的，应当具有上诉的利益，这种上诉利益因一审法院作出的裁判没有满足当事人的请求或使当事人陷入负有义务等不利处境而产生。本案中，富力地产虽为原审被告，但一审判决驳回了原审原告何某的全部诉讼请求，富力地产并未承担任何实体义务，其上诉并不能得到比一审判决更为有利的裁判结果。富力地产上诉请求二审法院重新认定部分案件事实，但其实质是针对一审“本院认为”部分不服提起的上诉，在二审中其未提交新的证据，且对一审查明的事实无异议、无补充。因一审判决的“本院认为”部分并不具有既判力，故富力地产对本案不具有上诉利益，法院裁定驳回其上诉。

172. 上诉状

172.1 法律条文

第一百七十二条 上诉应当递交上诉状。上诉状的内容，应当包括当事人的姓名，法人的名称及其法定代表人的姓名或者其他组织的名称

及其主要负责人的姓名；原审人民法院名称、案件的编号和案由；上诉的请求和理由。

172.2 条文阐释

本条规定了递交上诉状的事项。上诉状是上诉人对于第一审人民法院的裁判不服，针对一审法院裁判中存在的法律适用、事实查明、程序保障等方面，请求上一级人民法院撤销或者变更原审人民法院裁判的诉讼文书。

上诉状与起诉书存在区别。起诉状是当事人向一审法院提起的诉请。起诉书要求人民法院对民事争议进行处理，维护自己的合法的民事权益。上诉状是指当事人不服一审判决，针对一审判决中存在的问题向上诉法院提起的上诉文件。上诉状的提起，固然也是从维护自身利益出发的，但这是通过要求上级人民法院撤销或者改变原审人民法院的判决、裁定来达到维护其权利的目的。上诉的请求是上诉人所要达到的目的，是要求上级人民法院撤销或者改变原裁判，以维护自己合法权益。必须说明的是，请求改判还是撤销原判决、裁定。同时必须将理由叙述清楚，是认为认定事实不清还是适用法律不当，还是两者兼有。同时，可以提出在一审程序中未提供的事实、理由和证据。同时，上诉人要提出上诉必须提出上诉状，不能口头提出。这与起诉不同，起诉可以口头提出。当事人在一审法院宣告判决、裁定时，当庭表示不服要上诉的，法庭应记入法庭笔录，承认其上诉的意思表示，但不能以此代替上诉状的提出，当事人仍应在法定上诉期内向人民法院提出上诉状，这样才能引起上诉审程序。即使当事人当庭声明不上诉，在法定上诉期内仍然有上诉权。

172.3 司法适用

上诉状提起时需要注意以下四个问题：

（1）确定适格主体，准确表述内容。当事人应当向适格的主体提起上诉，否则相关的上诉会因为主体不适格而被法院驳回。同时，当事人应当将相应的上诉请求具体化、准确化，避免上诉状中对于案件事实和法律问题的不准确表述，细化相关的内容以便于法院纠错和审查。

（2）厘清争议事实，指明法律依据。当事人应当明确上诉所依据的法律，同时梳理相关的案件事实，避免盲目上诉而浪费司法资源和阻碍自身合法权益的实现。

（3）列明程序问题，分析法律适用。上诉中涉及程序性问题的，当事人需要在上诉状中列明，同时需要分析相关程序性问题对于诉讼的影响。

（4）提供权威案例，关注类案规则。当事人有条件的，可以找到相关的权威案例，方便人民法院裁判时加以参考。

172.4　典型案例

172.4.1　当事人提交上诉状不符合规定，经过法院释明仍然拒绝补正的，法院依法驳回上诉

裁判来源：何某才、江门市维嘉利鞋材有限公司买卖合同纠纷案——广东省江门市中级人民法院民事裁定书，（2021）粤07民申109号

法院认为：根据《民事诉讼法》第165条“上诉应当递交上诉状。上诉状的内容，应当包括当事人的姓名，法人的名称及其法定代表人的姓名或者其他组织的名称及其主要负责人的姓名；原审人民法院的名称、案件的编号和案由；上诉的请求和理由”的规定，何某才提交上诉状的形式和内容应当符合《民事诉讼法》的规定。本案何某才经人民法院释明仍明确拒绝补正上诉状，其上诉因不符合法定形式要件，应予以驳回。

172.4.2　上诉状应当写明具体有效的上诉理由，当事人仅以一审判决书中住址错误与身份证号码错误等问题，认为该信息问题导致其不能提起上诉，进而要求法院再审的，法院不予采纳

裁判来源：田某、杨某艳民间借贷纠纷民事申请再审案——贵州省铜仁市中级人民法院民事裁定书，（2021）黔06民申24号

法院认为：《民事诉讼法》第164条第1款“当事人不服地方人民法院第一审判决的，有权在判决书送达之日起十五日内向上一级人民法院提起上诉”、第165条“上诉应当递交上诉状。上诉状的内容，应当包括当事人的姓名，法人的名称及其法定代表人的姓名或者其他组织的名称及其主要负责人的姓名；原审人民法院名称、案件的编号和案由；上诉的请求和理由”之规定，申请人在收到一审法院民事判决书后，未在法定期限内

递交上诉状，没有提出上诉，其以一审判决书上杨某艳住址错误及未提供身份证号码而导致其不能上诉，法院不予采纳。

173. 上诉状提出方式

173.1 法律条文

第一百七十三条 上诉状应当通过原审人民法院提出，并按照对方当事人或者代表人的人数提出副本。

当事人直接向第二审人民法院上诉的，第二审人民法院应当在五日内将上诉状移交原审人民法院。

173.2 条文阐释

本条规定了当事人提出上诉状的两种方式。一种方式是通过原审人民法院提出。由原审人民法院通知被上诉人应诉比较方便，而且，要经原审人民法院上报原审案件的卷宗。同时，原审人民法院也方便审查上诉人提出上诉状是否超过了法定上诉期限，上诉状的内容是否欠缺，如果欠缺则通知上诉人及时补正。同时亦可对上诉人提出的上诉理由提出意见附卷报送，供第二审人民法院在审理时参考。因此，这样规定便于当事人行使上诉权，也便于案件得到及时解决。这是提起上诉的主要方式。另一种方式是直接向第二审人民法院上诉，这是给上诉人又一种选择的方式。当事人如果心存疑虑或者有其他原因不愿将上诉状提交一审人民法院，可以直接向第二审人民法院提交。这是从保护当事人的上诉权出发作出的例外规定。第二审人民法院接到上诉状后，应于5日内发交原审人民法院，因为原审人民法院还要进行审查上诉人是否超过法定上诉期限，上诉状的内容是否欠缺，给被上诉人送达副本等工作。

173.3 司法适用

递交上诉状的方式有两种：第一种方式是通过原审人民法院递交上诉状，由原审人民法院转交第二审人民法院。第二种方式是直接向原审人民法院的上一级人民法院递交上诉状。第二审人民法院在接到上诉状后，应当于5日内将上诉状及其副本移交原审人民法院，以便原审人民法院能够及时送达上诉状副本，并将全部案卷报送上一级人民法院。当事人递交上诉状时，应当提供身份证复印件、营业执照、《法定代表人身份证明书》、《法律文书送达地址确认书》，需要委托诉讼代理人的，应提交《授权委托书》，并按照对方当事人或者代表人的人数提出上诉状副本，以便于让对方当事人了解上诉的请求和理由，及时提出答辩状。

174. 受理上诉

174.1　法律条文

第一百七十四条　原审人民法院收到上诉状，应当在五日内将上诉状副本送达对方当事人，对方当事人在收到之日起十五日内提出答辩状。人民法院应当在收到答辩状之日起五日内将副本送达上诉人。对方当事人不提出答辩状的，不影响人民法院审理。

原审人民法院收到上诉状、答辩状，应当在五日内连同全部案卷和证据，报送第二审人民法院。

174.2　条文阐释

本条对受理上诉作出了相关规定。受理上诉应当符合一定的时限规定，当事人未在规定时限内完成上诉的，需要承担相应的程序上的不利后果。为了保障当事各方的知情权，原审人民法院收到上诉状，应当在5日内将上诉状副本送达对方当事人。对方当事人需要在收到之日起15日之内提出答辩状。人民法院将相关答辩状的副在5日内送达上诉人，相关副本可以不附带证据，但是应当将相关答辩内容写明。对方当事人可以不提出答辩状，这一行为并不干扰人民法院正常的程序进行。原审人民法院收到上诉状、答辩状，应当在5日内连同全部案卷和证据，报送第二审人民法院。原审法院不得隐瞒、遗漏任何相关案卷和证据材料，应当保证向第二审人民法院移送案卷和证据的完整性。

174.3 司法适用

本条和第 173 条、第 174 条规定的“对方当事人”，应当包括被上诉人和原审其他当事人。此外，一审宣判时或者判决书、裁定书送达时，当事人口头表示上诉的，人民法院应告知其必须在法定上诉期间内递交上诉状。未在法定上诉期间内递交上诉状的，视为未提起上诉。虽递交上诉状，但未在指定的期限内交纳上诉费的，按自动撤回上诉处理。

174.4 相关规范性文件

最高人民法院《关于严格执行案件审理期限制度的若干规定》（法释〔2000〕29 号，自 2000 年 9 月 28 日起施行）

第十八条 第二审人民法院立案时发现上诉案件材料不齐全的，应当在两日内通知第一审人民法院。第一审人民法院应当在接到第二审人民法院的通知后五日内补齐。

174.5 典型案例

174.5.1 法院间递交材料应当及时有效，不得侵犯当事人合法的上诉权利

裁判来源：四川天隆建筑工程有限公司与李某、王某等建设工程施工合同纠纷案——新疆维吾尔自治区高级人民法院民事裁定书，（2019）新民申 1390 号

法院认为：《民事诉讼法》第 174 条规定：“原审人民法院收到上诉状，应当在五日内将上诉状副本送达对方当事人，对方当事人在收到之日起十五日内提出答辩状。人民法院应当在收到答辩状之日起五日内将副本送达上诉人。对方当事人不提出答辩状的，不影响人民法院审理。原审人民法院收到上诉状、答辩状，应当在五日内连同全部案卷和证据，报送第二审人民法院。”本案中，2019 年 4 月 12 日，天隆公司法定代表人陈某前通过邮政特快专递方式向一审人民法院递交上诉案件资料，一审人民法院

于2019年4月18日签收。对于天隆公司是否提出上诉的问题，原审人民法院应当进一步审查并依据查明的事实对案件进行处理。

175. 审查范围

175.1　法律条文

第一百七十五条　第二审人民法院应当对上诉请求的有关事实和适用法律进行审查。

175.2　条文阐释

本条规定了第二审人民法院对于当事人上诉的审查范围，首先第二审人民法院对于原审案件并非全面审查，而是针对当事人的上诉请求进行审查。同时审查的范围也并非原审的全部，而是限定于当事人上诉请求中涉及的有关事实和所适用的法律规定。按照本条的规定，二审的审查限于当事人上诉请求的范围，不一般性地作全面审查。部分审查原则是为了节约司法资源，提高司法效率而改进的原则。部分审查原则在一定程度上还体现了当事人在庭审中的自主性和能动性。

175.3　司法适用

第二审人民法院审理上诉案件，应当对上诉请求的有关事实和适用法律进行审查。这一规定要求，第二审人民法院在审理上诉案件时应当对以下两个方面进行审查：

第一，上诉请求涉及的有关事实，即针对上诉人提出的原判决、裁定中需要撤销或者变更的部分，以及其主张的民事权利有无事实根据进行审查，如果上诉请求涉及整个案件事实的认定，即应当全面审查一审人民法院对案件的全部事实是否查明，证据是否充分，是非是否分清。当事人在二审中提出了新的事实和证据的，第二审人民法院应当一并审查核实。

第二，对当事人提出上诉请求涉及的一审判决、裁定的内容在适用法律上是否正确，进行审查。如果上诉请求涉及一审判决、裁定的所有内容，则对一审判决、裁定所有适用法律的事项都要进行审查。

175.4 相关规范性文件

最高人民法院《关于适用〈中华人民共和国民事诉讼法〉的解释》(法释〔2022〕11号，自2022年4月10日起施行)

第三百二十一条 第二审人民法院应当围绕当事人的上诉请求进行审理。

当事人没有提出请求的，不予审理，但一审判决违反法律禁止性规定，或者损害国家利益、社会公共利益、他人合法权益的除外。

第三百三十一条 第二审人民法院对下列上诉案件，依照民事诉讼法第一百七十六条规定可以不开庭审理：

（一）不服不予受理、管辖权异议和驳回起诉裁定的；

（二）当事人提出的上诉请求明显不能成立的；

（三）原判决、裁定认定事实清楚，但适用法律错误的；

（四）原判决严重违反法定程序，需要发回重审的。

175.5 典型案例

175.5.1 二审与再审存在区别，当事人具有二审请求的，应当依法申请二审，不得申请再审，否则属于滥用再审程序，有违两审终审制的基本原则

裁判来源：王某与卢某芳、宁夏建工集团房地产开发有限公司、第三人宁夏恒昌盛房地产开发有限公司民间借贷纠纷案——最高人民法院民事裁定书，(2017）最高法民申2483号

法院认为：《民事诉讼法》第164条第1款规定：“当事人不服地方人民法院第一审判决的，有权在判决书送达之日起十五日内向上一级人民法院提起上诉。”第168条规定：“第二审人民法院应当对上诉请求的有关事实和适用法律进行审查。”依据上述法律规定，两审终审制是我国民事诉讼的基本制度。当事人如认为一审判决错误的，应当提起上诉，通过二审程序行使诉讼权利。即当事人首先应当选择民事诉讼审级制度设计内的常

规救济程序，通过民事一审、二审程序寻求权利的救济。再审程序是针对生效判决可能出现的重要错误而赋予当事人的特别救济程序，如在穷尽了常规救济途径之后，当事人仍然认为生效裁判有错误的，其可以向人民法院申请再审。对于一审胜诉或部分胜诉的当事人未提起上诉，二审判决维持原判且该当事人在二审中明确表示一审判决正确应予维持的当事人，因为其缺乏再审利益，对其再审请求不应予以支持，否则将变相鼓励或放纵不守诚信的当事人滥用再审程序，从特殊程序异化为普通程序。这不仅是对诉讼权利的滥用和对司法资源的浪费，也有违两审终审制的基本原则。

176. 二审审理方式

176.1　法律条文

第一百七十六条　第二审人民法院对上诉案件应当开庭审理。经过阅卷、调查和询问当事人，对没有提出新的事实、证据或者理由，人民法院认为不需要开庭审理的，可以不开庭审理。

第二审人民法院审理上诉案件，可以在本院进行，也可以到案件发生地或者原审人民法院所在地进行。

176.2　条文阐释

本条规定了第二审人民法院的审理方式。依据本条，第二审人民法院审理上诉案件，应当组成合议庭，开庭审理。第二审人民法院可以依照本法第 136 条第 4 项规定进行审理前的准备。我国实行两审终审制，所以第二审程序既是上诉审程序，也是终审程序。原则上，第二审人民法院审理上诉案件应当开庭审理。同时，考虑到二审案件一律开庭审理也无必要，所以，本法又规定了径行判决、裁定的审理方式。

从二审法院的审理方式来看，对于上诉案件应当在法院开庭审理。如果不开庭审理的案件，法院应当依据职权阅卷、调查和询问当事人，确认相对于一审，当事人并没有提出新的事实证据或者理由。在法院开庭审理的案件，能够保障程序进行并不剥夺当事人辩论权的，那么由法官审理还是由法官助理审理并不影响案件程序效力。

176.3 相关规范性文件

最高人民法院《关于适用〈中华人民共和国民事诉讼法〉的解释》(法释〔2022〕11号，自2022年4月10日起施行)

第三百三十一条 第二审人民法院对下列上诉案件，依照民事诉讼法第一百七十六条规定可以不开庭审理：

（一）不服不予受理、管辖权异议和驳回起诉裁定的；

（二）当事人提出的上诉请求明显不能成立的；

（三）原判决、裁定认定事实清楚，但适用法律错误的；

（四）原判决严重违反法定程序，需要发回重审的。

第三百八十九条 原审开庭过程中有下列情形之一的，应当认定为民事诉讼法第二百零七条第九项规定的剥夺当事人辩论权利：

（一）不允许当事人发表辩论意见的；

（二）应当开庭审理而未开庭审理的；

（三）违反法律规定送达起诉状副本或者上诉状副本，致使当事人无法行使辩论权利的；

（四）违法剥夺当事人辩论权利的其他情形。

第四百零一条 人民法院审理再审案件应当组成合议庭开庭审理，但按照第二审程序审理，有特殊情况或者双方当事人已经通过其他方式充分表达意见，且书面同意不开庭审理的除外。

符合缺席判决条件的，可以缺席判决。

第四百零二条 人民法院开庭审理再审案件，应当按照下列情形分别进行：

（一）因当事人申请再审的，先由再审申请人陈述再审请求及理由，后由被申请人答辩、其他原审当事人发表意见；

（二）因抗诉再审的，先由抗诉机关宣读抗诉书，再由申请抗诉的当事人陈述，后由被申请人答辩、其他原审当事人发表意见；

（三）人民法院依职权再审，有申诉人的，先由申诉人陈述再审请求及理由，后由被申诉人答辩、其他原审当事人发表意见；

（四）人民法院依职权再审，没有申诉人的，先由原审原告或者原审上诉人陈述，后由原审其他当事人发表意见。

对前款第一项至第三项规定的情形，人民法院应当要求当事人明确其再审请求。

最高人民法院《关于原审法院确认合同效力有错误而上诉人未对合同效力提出异议的案件第二审法院可否变更问题的复函》［法（经）函〔1991〕85 号，自 1991 年 8 月 14 日起施行］

四川省高级人民法院：

你院川法研〔1991〕34 号《关于原审法院确认合同效力有错误而上诉人未对合同效力提出异议的案件第二审法院可否变更的请示》收悉。经研究，答复如下：

《中华人民共和国民事诉讼法》第一百五十一条规定："第二审人民法院应当对上诉请求的有关事实和适用法律进行审查。"这一规定并不排斥人民法院在审理上诉案件时，对上诉人在上诉请求中未提出的问题进行审查。如果第二审人民法院发现原判对上诉请求未涉及的问题的处理确有错误，应当在二审中予以纠正。

此复

最高人民法院《关于原告诉讼请求的根据在第二审期间被人民政府撤销的案件第二审法院如何处理问题的复函》（〔1991〕民他字第 48 号，自 1991 年 10 月 24 日起施行）

海南省高级人民法院：

你院琼高法（民）函〔1991〕1 号《关于原告诉讼请求的根据在第二审期间被人民政府撤销的案件，第二审程序上如何处理的请示报告》收悉。经我们研究认为，该案原告邓冠英、王文国持琼海县人民政府的决定，要求被告琼海县无线电厂腾退房屋，属于落实侨房政策问题，不属人民法院主管。据此，依照民事诉讼法第一百零八条第一款第四项、第一百五十三条第一款第二项和第一百五十八条的规定，第二审人民法院可以裁定撤销原判，驳回原告起诉。

最高人民法院《关于第二审法院裁定按自动撤回上诉处理的案件，二审裁定确有错误，如何适用程序问题的答复》（法研〔2000〕39号，自2000年5月29日起施行）

安徽省高级人民法院：

你院皖高法〔1999〕282号《关于第二审法院裁定按自动撤回上诉处理的案件，二审裁定确有错误，如何适用程序问题的请示》收悉。经研究，答复如下：

第二审法院裁定按自动撤回上诉处理的案件，二审裁定确有错误的，应当依照审判监督程序再审。

176.4 典型案例

176.4.1 民事诉讼二审以庭前调查谈话取代开庭审理，由法官助理替代法官主持庭前调查并不违反相关庭前程序组织规定

裁判来源：宋某某申请再审案——四川省高级人民法院民事裁定书，(2017) 川民申3482号

法院认为：本案二审中由一名审判员及法官助理组织本案各方当事人进行法庭调查，并非开庭审理。《民事诉讼法》第169条规定，第二审人民法院对上诉案件，应当组成合议庭，开庭审理。经过阅卷、调查和询问当事人，对没有提出新的事实、证据或者理由，合议庭认为不需要开庭审理的，可以不开庭审理。因此，本案二审审判组织合法。

177. 上诉案件的处理

177.1 法律条文

第一百七十七条 第二审人民法院对上诉案件，经过审理，按照下列情形，分别处理：

（一）原判决、裁定认定事实清楚，适用法律正确的，以判决、裁定方式驳回上诉，维持原判决、裁定；

（二）原判决、裁定认定事实错误或者适用法律错误的，以判决、裁定方式依法改判、撤销或者变更；

（三）原判决认定基本事实不清的，裁定撤销原判决，发回原审人民法院重审，或者查清事实后改判；

（四）原判决遗漏当事人或者违法缺席判决等严重违反法定程序的，裁定撤销原判决，发回原审人民法院重审。

原审人民法院对发回重审的案件作出判决后，当事人提起上诉的，第二审人民法院不得再次发回重审。

177.2 条文阐释

本条是关于上诉案件裁判的规定。第二审人民法院对上诉案件，经过审理，应当根据不同情形，分别处理：

（1）原判决、裁定认定事实清楚，适用法律正确的，以判决、裁定方式驳回上诉，维持原判决、裁定。即原审裁判正确、合法，当事人上诉请求不能成立，所以驳回上诉，维持原裁判。原判决、裁定认定事实或者适用法律虽有瑕疵，但裁判结果正确的，根据最高人民法院《关于适用〈中华人民共和国民事诉讼法〉的解释》，第二审人民法院可以在判决、裁定中纠正瑕疵后，依照本条第 1 款第 1 项规定予以维持。

（2）原判决、裁定认定事实错误或者适用法律错误的，以判决、裁定方式依法改判、撤销或者变更。原审判决存在错误的，第二审人民法院可视案件情况全部撤销、部分撤销、变更原审判决的内容，并依法改判。原审裁定存在错误的，第二审人民法院裁定撤销原裁定，并分情况处理。

（3）原判决认定基本事实不清的，裁定撤销原判决，发回原审人民法院重审，或者查清事实后改判。所谓“基本事实”，是指用以确定当事人主体资格、案件性质、民事权利义务等对原判决、裁定的结果有实质性影响的事实。事实清楚、适用法律正确是保证裁判正确的前提。因而原判认定事实不清的，应当依法撤销。第二审人民法院可以将案件发回原审法院重新审理，也可以在查清事实的基础上，依法改判。

（4）原判决遗漏当事人或者违法缺席判决等严重违反法定程序的，裁定撤销原判决，发回原审人民法院重审。关于“严重违反法定程序”，最高人民法院《关于适用〈中华人民共和国民事诉讼法〉的解释》规定了以下情形：①审判组织的组成不合法的；②应当回避的审判人员未回避的；③无诉讼行为能力人未经法定代理人代为诉讼的；④违法剥夺当事人辩论权利的。

最高人民法院《关于适用〈中华人民共和国民事诉讼法〉的解释》还补充了以下规定：①人民法院依照第二审程序审理案件，认为依法不应由人民法院受理的，可以由第二审人民法院直接裁定撤销原裁判，驳回起诉。②人民法院依照第二审程序审理案件，认为第一审人民法院受理案件违反专属管辖规定的，应当裁定撤销原裁判并移送有管辖权的人民法院。③第二审人民法院查明第一审人民法院作出的不予受理裁定有错误的，应当在撤销原裁定的同时，指令第一审人民法院立案受理；查明第一审人民法院作出的驳回起诉裁定有错误的，应当在撤销原裁定的同时，指令第一审人民法院审理。

为了避免法院之间相互推诿拖延，发回重审的次数应当有所限制。原审人民法院对发回重审的案件作出判决后，当事人提起上诉的，第二审人民法院不得再次发回重审。重新审理不是对原判决的简单更正，而是要严格按照一审程序重新审一遍，并且要另行组成合议庭审理。这样规定的目的就是要人民法院严肃、认真对待，保证合法、正确的审判。发回重审的，由于原审人民法院仍按一审程序进行审理，因此所作判决、裁定仍是第一审的判决、裁定，当事人对重审案件的判决、裁定，可以上诉，对此类案件，第二审人民法院不得以任何理由再次发回重审。

177.3 司法适用

原判决、裁定适用法律确有错误是《民事诉讼法》第 207 条第 6 项规定的人民法院应当再审的情形，是当事人向人民法院申请再审最主要的事由之一。为了统一对“适用法律确有错误”的解释，规范人民法院对再审案件进行审查，同时也为了指导人民法院在一审和二审程序中正确适用法律，最高人民法院《关于适用〈中华人民共和国民事诉讼法〉的解释》第 388 条规定：“有下列情形之一，导致判决、裁定结果错误的，应当认定为民事诉讼法第二百零七条第六项规定的原判决、裁定适用法律确有错误：（一）适用的法律与案件性质明显不符的；（二）确定民事责任明显违背当事人约定或者法律规定的；（三）适用已经失效或者尚未施行的法律的；（四）违反法律溯及力规定的；（五）违反法律适用规则的；（六）明显违背立法原意的。”这一规定既包括再审的情形也包括二审的情形，为理解本条中规定的“适用法律确有错误”提供了有力参考。

（1）以“适用法律确有错误”的事由启动再审程序，必须以裁判结果错误为前提，如果适用法律错误但判决结果正确，就不能以“适用法律确有错误”的事由启动再审程序。这点与二审程序不同，二审中只要发现适用法律错误，无论裁判结果是否正确，第二审人民法院都要依法改判。而设立再审程序最主要的目的是保护当事人的实体权利，如果裁判结果正确，就不能启动再审程序。

（2）“适用法律确有错误”中的法律，既包括立法机关制定的法律，也包括司法解释等能作为裁判依据的法律规范。最高人民法院《关于裁判文书引用法律、法规等规范性法律文件的规定》对可以作为民事裁判的法律规范的范围作出了明确的规定，如果适用不应当作为裁判依据的法律规范作为裁判依据，也属于适用法律错误。

（3）违反法律溯及力规定的。原则上法律不具有溯及力，不具有对它生效前所发生的事件和行为适用的效力，这是法不溯及既往的一般原则。但根据《立法法》第104条的规定，“法律、行政法规、地方性法规、自治条例和单行条例、规章不溯及既往，但为了更好地保护公民、法人和其他组织的权利和利益而作的特别规定除外”。因此，应特别注意法律法规及司法解释的特别规定，对溯及力有特别规定的，按照特别规定执行，没有特别规定的，按照一般原则执行。

（4）违反法律适用规则。违反法律适用规则，是指法律适用违反了法律规定的不同法规以及法律规范冲突时的选择适用的规则。根据《立法法》的规定，法律适用规则为，上位法优于下位法，特别法优于一般法，后法优于前法又称为新法优于旧法，强行性规范优于任意性规范，属地优先规则等。判决、裁定违反法律适用规则，错误适用了不应适用的法律，造成裁判错误的，当事人可以此为由提出再审。

（5）明显违背立法原意。“明显违背立法原意”是判断生效裁判适用法律是否有错误的一般性或者概括性规定，但因其涉及的内容及判断方法复杂，必须抱着谨慎的态度，经过充分的论证，才能得出正确结论，一般不可简单根据字面意思或单个论据即认为原审判决违反立法原意。

177.4 相关规范性文件

最高人民法院《关于适用〈中华人民共和国民事诉讼法〉的解释》（法释〔2022〕11号，自2022年4月10日起施行）

第三百二十五条 必须参加诉讼的当事人或者有独立请求权的第三人，在第一审程序中未参加诉讼，第二审人民法院可以根据当事人自愿的原则予以调解；调解不成的，发回重审。

第三百二十六条 在第二审程序中，原审原告增加独立的诉讼请求或者原审被告提出反诉的，第二审人民法院可以根据当事人自愿的原则就新增加的诉讼请求或者反诉进行调解；调解不成的，告知当事人另行起诉。

双方当事人同意由第二审人民法院一并审理的，第二审人民法院可以一并裁判。

第三百二十七条 一审判决不准离婚的案件，上诉后，第二审人民法院认为应当判决离婚的，可以根据当事人自愿的原则，与子女抚养、财产问题一并调解；调解不成的，发回重审。

双方当事人同意由第二审人民法院一并审理的，第二审人民法院可以一并裁判。

第三百二十八条 人民法院依照第二审程序审理案件，认为依法不应由人民法院受理的，可以由第二审人民法院直接裁定撤销原裁判，驳回起诉。

第三百二十九条 人民法院依照第二审程序审理案件，认为第一审人民法院受理案件违反专属管辖规定的，应当裁定撤销原裁判并移送有管辖权的人民法院。

第三百三十条 第二审人民法院查明第一审人民法院作出的不予受理裁定有错误的，应当在撤销原裁定的同时，指令第一审人民法院立案受理；查明第一审人民法院作出的驳回起诉裁定有错误的，应当在撤销原裁定的同时，指令第一审人民法院审理。

第三百三十一条　第二审人民法院对下列上诉案件，依照民事诉讼法第一百七十六条规定可以不开庭审理：

（一）不服不予受理、管辖权异议和驳回起诉裁定的；

（二）当事人提出的上诉请求明显不能成立的；

（三）原判决、裁定认定事实清楚，但适用法律错误的；

（四）原判决严重违反法定程序，需要发回重审的。

第三百三十二条　原判决、裁定认定事实或者适用法律虽有瑕疵，但裁判结果正确的，第二审人民法院可以在判决、裁定中纠正瑕疵后，依照民事诉讼法第一百七十七条第一款第一项规定予以维持。

第三百三十三条　民事诉讼法第一百七十七条第一款第三项规定的基本事实，是指用以确定当事人主体资格、案件性质、民事权利义务等对原判决、裁定的结果有实质性影响的事实。

第三百三十四条　在第二审程序中，作为当事人的法人或者其他组织分立的，人民法院可以直接将分立后的法人或者其他组织列为共同诉讼人；合并的，将合并后的法人或者其他组织列为当事人。

第三百三十五条　在第二审程序中，当事人申请撤回上诉，人民法院经审查认为一审判决确有错误，或者当事人之间恶意串通损害国家利益、社会公共利益、他人合法权益的，不应准许。

177.5　典型案例

177.5.1　判断是否程序违法需要综合考虑案由、新情况、案多人少矛盾、法定情形、证据等

裁判来源：广东志高空调有限公司与志高股份公司不正当竞争纠纷上诉案——北京知识产权法院民事判决书，(2017) 京73民终1803号

法院认为：关于一审法院是否存在程序违法情形。《民事诉讼法》第170条第4项规定："原判决遗漏当事人或者违法缺席判决等严重违反法定程序的，裁定撤销原判决，发回原审人民法院重审。"本案中，上诉人主张一审法院存在不依法确定案由、重复开庭审理、严重超审限、未告知合议庭成员组成、多次要求上诉人撤诉等程序违法情形。对此，二审法院认为，第一，由本院查明的事实可知，上诉人在一审庭审程序中明确表示本案的

案由为不正当竞争纠纷，故一审法院依据该案由进行审理并无不当。第二，我国的《民事诉讼法》充分保障当事人包括诉权、答辩权等在内的各项程序性权利，故一审法院基于送达出现新情况，为了充分保障当事人的程序性权利，通过进一步查明事实最终实现判决的定分止争，从而进行二次开庭并无不当。第三，在案件受理数量巨大的北京、上海、广东等地区，案多人少的矛盾比较突出，本案客观上确实存在案件审理时间相对较长的问题，但民事诉讼法亦有扣除、延长案件审限等规定。同时尽快进入实体审理，有利于实质上尽快解决纠纷、定分止争。第四，鉴于一审合议庭成员并无构成回避事由等情形，一审庭审虽未提前告知合议庭成员，但此瑕疵并非属于严重违反法定程序需要发回重审的情形。第五，上诉人并未提交证据表明一审法院强迫其撤诉，且与案件的审理结果并无必然联系，因此上诉人的该项上诉理由亦不成立。综上，上诉人有关一审法院程序违法的主张，均不构成《民事诉讼法》第170条第4项规定的情形，本院不予支持。

178. 裁定上诉处理

178.1 法律条文

第一百七十八条 第二审人民法院对不服第一审人民法院裁定的上诉案件的处理，一律使用裁定。

178.2 条文阐释

本条规定了裁定上诉处理的情形。按照本法第157条的规定，一审当事人对一审法院关于“不予受理”、“对管辖权有异议的”和“驳回起诉”的裁定不服可以上诉。审查一审的裁定，第二审人民法院可以不开庭审理，因为一审裁定的内容是关于程序上的决定，并非对实体权利义务的确认，一般不涉及当事人的辩论权的行使与保护，无须用判决这一形式来解决争议。

178.3　司法适用

第二审人民法院在对不服一审裁定的上诉案件的审查中应当查明原审裁定所依据的事实，判断原审裁定是否正确。如果原审裁定依据的事实清楚，适用法律正确，裁定驳回上诉；原审裁定依据的事实不清，适用法律错误，应当撤销原审裁定，自行裁定。除了上述裁定外，二审人民法院亦可对准予或者不准撤回上诉、中止或者终结诉讼、补正判决书中的笔误等项作出裁定。

179. 二审调解

179.1　法律条文

第一百七十九条　第二审人民法院审理上诉案件，可以进行调解。调解达成协议，应当制作调解书，由审判人员、书记员署名，加盖人民法院印章。调解书送达后，原审人民法院的判决即视为撤销。

179.2　条文阐释

调解是我国民事审判的基本原则和制度，在审判过程中原则上均可以进行调解。二审的调解与一审的调解一样，调解达成协议，应当制作调解书，由审判人员、书记员署名，加盖人民法院印章。二审的调解书送达后，原审人民法院的判决即视为撤销。如果在调解书送达前当事人反悔的，或者调解不成的，应当及时判决，不应久调不决。二审中的调解准用本法第八章、第十二章第三节的有关规定。

179.3　相关规范性文件

最高人民法院《关于适用〈中华人民共和国民事诉讼法〉的解释》（法释〔2022〕11号，自2022年4月10日起施行）

第三百二十四条　对当事人在第一审程序中已经提出的诉讼请求，原审人民法院未作审理、判决的，第二审人民法院可以根据当事人自愿的原则进行调解；调解不成的，发回重审。

第三百二十五条 必须参加诉讼的当事人或者有独立请求权的第三人，在第一审程序中未参加诉讼，第二审人民法院可以根据当事人自愿的原则予以调解；调解不成的，发回重审。

第三百二十六条 在第二审程序中，原审原告增加独立的诉讼请求或者原审被告提出反诉的，第二审人民法院可以根据当事人自愿的原则就新增加的诉讼请求或者反诉进行调解；调解不成的，告知当事人另行起诉。

双方当事人同意由第二审人民法院一并审理的，第二审人民法院可以一并裁判。

第三百二十七条 一审判决不准离婚的案件，上诉后，第二审人民法院认为应当判决离婚的，可以根据当事人自愿的原则，与子女抚养、财产问题一并调解；调解不成的，发回重审。

双方当事人同意由第二审人民法院一并审理的，第二审人民法院可以一并裁判。

180. 撤回上诉

180.1 法律条文

第一百八十条 第二审人民法院判决宣告前，上诉人申请撤回上诉的，是否准许，由第二审人民法院裁定。

180.2 条文阐释

本条是关于二审期间当事人撤回上诉的处理规定。当事人向一审法院提出上诉，但是二审期间案件由二审法院处理而非一审法院处理，因此当事人撤回上诉时可能存在有权准许撤回上诉的法院是二审法院还是原审法院的认识问题。依据本法规定，二审期间当事人仍然可以提出申请撤回上诉。该条体现了《民事诉讼法》和《刑事诉讼法》的区别，即民事纠纷解决的意思自治性。提起上诉是当事人的诉讼权利，因此可以对此项权利进行处分。

180.3　司法适用

1. 法院如何判断是否允许撤诉

撤回上诉涉及当事人意思自治与处分权的行使，但是滥用民事权利容易导致司法资源的浪费和公共利益的损害，因此在特定情形下撤回上诉虽然是当事人的权利，但仍需经人民法院审查，是否准许，由人民法院裁定。依据相关规定，在第二审程序中，当事人申请撤回上诉，人民法院经审查认为一审判决确有错误，或者当事人之间恶意串通损害国家利益、社会公共利益、他人合法权益的，不应准许。同时，在第二审程序中，原审原告申请撤回起诉，经其他当事人同意，且不损害国家利益、社会公共利益、他人合法权益的，人民法院可以准许。准许撤诉的，应当一并裁定撤销一审裁判。原审原告在第二审程序中撤回起诉后重复起诉的，人民法院不予受理。此外还应注意的是，当事人撤回上诉，就等于放弃了自己的上诉权利，不得再上诉。这与起诉的撤诉不同，起诉后撤诉的，还可以再起诉。

2. 原告作为上诉人在二审中可否申请撤回起诉

撤诉是撤回诉讼的简称，又称诉的撤回，是指原告在起诉后，向法院表示撤回起诉或撤回上诉，从而终结诉讼程序的一种诉讼行为。撤诉是原告向法院作出的一种单方诉讼行为，是原告在诉讼程序中行使处分权的具体体现。根据发生阶段的不同，可以将撤诉分为撤回起诉与撤回上诉。撤诉的效果是指诉经合法撤回后所产生的法律后果，一般认为，撤诉可产生以下两大法律效果：

（1）诉讼系属消灭。诉经合法撤回后，该诉讼的诉讼系属溯及既往消灭，视为该诉讼一开始就未被受理。根据撤回起诉与撤回上诉的不同，撤诉的效果有所不同。合法撤回起诉，对于法院意味着一审诉讼程序终结，对于当事人视同未起诉，当事人可以同一诉讼请求再次起诉。合法撤回上诉，对于法院意味着二审诉讼程序终结，对于当事人视同未上诉，一审判决自然生效。诉讼系属消灭，意味着本次诉讼引发的法律效果当然失效，例如当事人提出的攻击防御方法的效果、诉讼告知的效果、应诉管辖的效果将消灭，法院所做的证据调查也将失效，但有关事实的记录例如庭审记录并不消灭，这些记录可以作为书证在其他诉讼中使用。但因本次诉讼所引发的其他诉讼如反诉、中间确认之诉，并不受本诉撤回的影响，仍然存在。在诉讼费用的承担上，撤回诉讼的原告被视同败诉人，承担相应的诉讼费用。

（2）禁止再诉。禁止再诉是指如果法院已经针对本案作出终局判决，则禁止撤回诉讼的当事人再提起同一诉讼。大陆法系国家和地区都在各自的民事诉讼法中作出了类似的规定，例如根据日本《民事诉讼法》第267条的规定，本案已作出终局判决后撤诉的，撤回诉讼的当事人不得提起同一诉讼；再如根据我国台湾地区“民事诉讼法”第263条的规定，于本案经终局判决后将诉撤回者，不得复提起同一之诉。其原因在于诉讼是一场当事人和法院共同参与的活动，当事人和法院均需付出一定的诉讼成本，如果在法院耗费相当的诉讼成本作出终局判决后，仍然允许当事人自由撤回诉讼而不加任何限制，当事人随时都有再次起诉的可能，不仅使当事人和法院已经支出的诉讼成本付之东流，而且使对方当事人陷入再次应诉的危机之中，这对法院和对方当事人而言，显然是不公平的。如果在法院作出终局判决后，一律不允许当事人再撤回诉讼，又有侵犯当事人处分权之嫌，故大陆法系国家和地区的民事诉讼法均作出了上述规定，一方面允许当事人在法院作出终局判决后撤回诉讼，另一方面禁止其再提起同一诉讼，则既尊重了当事人的处分权，又消灭了再诉的可能性，具有相当的科学性和合理性。

180.4 相关规范性文件

最高人民法院《关于适用〈中华人民共和国民事诉讼法〉的解释》（法释〔2022〕11号，自2022年4月10日起施行）

第三百三十七条 当事人在第二审程序中达成和解协议的，人民法院可以根据当事人的请求，对双方达成的和解协议进行审查并制作调解书送达当事人；因和解而申请撤诉，经审查符合撤诉条件的，人民法院应予准许。

第三百三十八条 第二审人民法院宣告判决可以自行宣判，也可以委托原审人民法院或者当事人所在地人民法院代行宣判。

180.5 典型案例

180.5.1 在一审判决宣告前，原告可以申请撤回起诉；在原告提起上诉后，原告作为上诉人在二审期间可申请撤回上诉。二审法院裁定准许后，原告不得再提起同一诉讼

裁判来源：周某荣与林某等建筑材料租赁合同纠纷再审案——广东省高级人民法院民事裁定书，(2012) 粤高法民一申字第2417号

法院认为：根据《民事诉讼法》的规定，二审法院审理上诉案件时，可适用一审普通程序；而在一审普通程序中，法院可准许原告撤诉，故上诉人在二审程序中有撤回上诉及起诉之权利，二审法院准许周某荣撤回起诉并无不当。林某、阮某华申请再审理由不能成立，法院不予采纳。据此，驳回林某、阮某华的再审申请。

180.5.2 二审中，经对方当事人同意，原审原告申请撤回起诉，在上诉人的上诉也一并撤回的情况下，法院应予准许

裁判来源：成都福地物业发展有限公司与蔡某松等商品房买卖合同纠纷上诉案——四川省成都市中级人民法院民事裁定书，(2012) 成民终字第3535号

法院认为：二审中双方当事人达成和解协议，上诉人申请撤回上诉，一审原告申请撤回起诉。民事诉讼当事人依法有权处分自己的诉讼权利。双方的撤诉申请符合法律规定，且不损害国家利益、社会公共利益，也不损害他人利益，应予准许。依照《民事诉讼法》第13条、第156条、第158条，及最高人民法院《关于适用民事诉讼法若干问题的意见》第191条之规定，裁定：一、撤销四川省双流县人民法院（2011）双流民初字第3622号民事判决；二、准许福地公司撤回上诉；三、准许蔡某松、胡艺三撤回起诉。

181. 二审适用程序

181.1 法律条文

第一百八十一条 第二审人民法院审理上诉案件，除依照本章规定外，适用第一审普通程序。

181.2 条文阐释

本条规定了二审适用程序。第二审人民法院审理上诉案件所采用的程序原则上与第一审普通程序一致，因为无论是第一审程序还是第二审程序，均需要保护当事人的辩论权，使得双方当事人充分就相关问题发表辩论，避免法院过度行使职权和程序空转，从而有效地解决社会矛盾。

182. 二审裁判效力

182.1 法律条文

第一百八十二条 第二审人民法院的判决、裁定，是终审的判决、裁定。

182.2 条文阐释

本条规定了二审法院的裁判效力。我国实行两审终审制，案件经过两级法院裁判后即告终结，当事人不得再向原审法院或其他法院提起诉讼。这里的终审判决不是指案件错误等情形也不处理，而是指经过一审、二审，法院对案件的争议点已经作了具有法律效力的判断，不得再次进行判断，否则会使得裁判作为争议最终解决机制的构建难以实现。对于原审判决或二审判决确有错误，当事人需要向再审法院提出相关新证据并说明法律依据，再审法院对案件涉及的法律问题进行判断。再审法院区别于二审法院，当事人应当提起二审的，不得提起再审。

182.3　司法适用

我国两审终审制也存在法定的例外情形。一般来说，我国两审终审制有四种例外：（1）最高人民法院审理的第一审案件为一审终审。（2）判处死刑的案件，必须依法经过死刑复核程序核准后，判处死刑的裁判才能生效并交付执行。（3）地方各级人民法院依照刑法规定在法定刑以下判处刑罚的案件，必须经过最高人民法院核准，判决、裁定才能生效并交付执行。（4）民诉中的小额诉讼程序。

182.4　相关规范性文件

最高人民法院《关于适用〈中华人民共和国民事诉讼法〉的解释》（法释〔2022〕11号，自2022年4月10日起施行）

第三百三十三条　民事诉讼法第一百七十七条第一款第三项规定的基本事实，是指用以确定当事人主体资格、案件性质、民事权利义务等对原判决、裁定的结果有实质性影响的事实。

第三百三十四条　在第二审程序中，作为当事人的法人或者其他组织分立的，人民法院可以直接将分立后的法人或者其他组织列为共同诉讼人；合并的，将合并后的法人或者其他组织列为当事人。

第三百三十五条　在第二审程序中，当事人申请撤回上诉，人民法院经审查认为一审判决确有错误，或者当事人之间恶意串通损害国家利益、社会公共利益、他人合法权益的，不应准许。

第三百三十六条　在第二审程序中，原审原告申请撤回起诉，经其他当事人同意，且不损害国家利益、社会公共利益、他人合法权益的，人民法院可以准许。准许撤诉的，应当一并裁定撤销一审裁判。

原审原告在第二审程序中撤回起诉后重复起诉的，人民法院不予受理。

第三百三十七条　当事人在第二审程序中达成和解协议的，人民法院可以根据当事人的请求，对双方达成的和解协议进行审查并制作调解书送达当事人；因和解而申请撤诉，经审查符合撤诉条件的，人民法院应予准许。

第三百三十八条 第二审人民法院宣告判决可以自行宣判，也可以委托原审人民法院或者当事人所在地人民法院代行宣判。

第三百三十九条 人民法院审理对裁定的上诉案件，应当在第二审立案之日起三十日内作出终审裁定。有特殊情况需要延长审限的，由本院院长批准。

183. 二审审限

183.1 法律条文

第一百八十三条 人民法院审理对判决的上诉案件，应当在第二审立案之日起三个月内审结。有特殊情况需要延长的，由本院院长批准。

人民法院审理对裁定的上诉案件，应当在第二审立案之日起三十日内作出终审裁定。

183.2 条文阐释

本条规定了二审的审理期限。区别于一审，二审主要对于一审中出现的法律适用问题和基本事实审理不清等重点问题进行审查，并不对全部案件事实进行审查。

183.3 相关规范性文件

最高人民法院《案件审限管理规定》（法〔2001〕164 号，自 2002 年 1 月 1 日起施行）

第二条 审理对民事判决的上诉案件，期限为三个月；有特殊情况需要延长的，经院长批准，可以延长三个月。

审理对民事裁定的上诉案件，期限为一个月。

第三条 审理对妨害诉讼的强制措施的民事决定不服申请复议的案件，期限为五日。

第七条 对不服本院生效裁判或不服高级人民法院复查驳回、再审改判的各类申诉或申请再审案件，应当在三个月内审查完毕，作出决定或裁定，至迟不得超过六个月。

第九条　办理下级人民法院按规定向我院请示的各类适用法律的特殊案件，期限为三个月；有特殊情况需要延长的，经院长批准，可以延长三个月。

第十条　涉外、涉港、澳、台民事案件应当在庭审结束后三个月内结案；有特殊情况需要延长的，由院长批准。

第十一条　办理管辖争议案件的期限为两个月；有特殊情况需要延长的，经院长批准，可以延长两个月。

第十二条　办理执行协调案件的期限为三个月，至迟不得超过六个月。

第十三条　二审案件应当在收到上（抗）诉书及案卷材料后的五日内立案。

按照审判监督程序重新审判的案件，应当在作出提审、再审裁定或决定的次日立案。

刑事复核案件、适用法律的特殊请示案件、管辖争议案件、执行协调案件应当在收到高级人民法院报送的案卷材料后三日内立案。

第十四条　立案庭应当在决定立案并办妥有关诉讼收费事宜后，三日内将案卷材料移送相关审判庭。

第十五条　案件的审理期限从立案次日起计算。

申诉或申请再审的审查期限从收到申诉或申请再审材料并经立案后的次日起计算。

涉外、涉港、澳、台民事案件的结案期限从最后一次庭审结束后的次日起计算。

第十六条　不计入审理期限的期间依照本院《关于严格执行案件审理期限制度的若干规定》（下称《若干规定》）第九条执行。案情重大、疑难，需由审判委员会作出决定的案件，自提交审判委员会之日起至审判委员会作出决定之日止的期间，不计人审理期限。

需要向有关部门征求意见的案件，征求意见的期间不计入审理期限，参照《若干规定》第九条第八项的规定办理。

要求下级人民法院查报的案件，下级人民法院复查的期间不计入审理期限。

第十九条 其他案件需要延长审理期限的，应当在审理期限届满十日以前，向院长提出申请。

第二十条 需要院长批准延长审理期限的，院长应当在审限届满以前作出决定。

第二十一条 凡变动案件审理期限的，有关合议庭应当及时到立案庭备案。

第二十二条 本院各类案件审理期限的监督、管理工作由立案庭负责。

距案件审限届满前十日，立案庭应当向有关审判庭发出提示。

对超过审限的案件实行按月通报制度。

第二十三条 审判人员故意拖延办案，或者因过失延误办案，造成严重后果的，依照《人民法院审判纪律处分办法（试行）》第五十九条的规定予以处分。

最高人民法院《关于严格规范民商事案件延长审限和延期开庭问题的规定》（法释〔2019〕4号，自2019年3月28日起施行）

第一条 人民法院审理民商事案件时，应当严格遵守法律及司法解释有关审限的规定。适用普通程序审理的第一审案件，审限为六个月；适用简易程序审理的第一审案件，审限为三个月。审理对判决的上诉案件，审限为三个月；审理对裁定的上诉案件，审限为三十日。

法律规定有特殊情况需要延长审限的，独任审判员或合议庭应当在期限届满十五日前向本院院长提出申请，并说明详细情况和理由。院长应当在期限届满五日前作出决定。

经本院院长批准延长审限后尚不能结案，需要再次延长的，应当在期限届满十五日前报请上级人民法院批准。上级人民法院应当在审限届满五日前作出决定。

第二条 民事诉讼法第一百四十六条第四项规定的“其他应当延期的情形”，是指因不可抗力或者意外事件导致庭审无法正常进行的情形。

第三条 人民法院应当严格限制延期开庭审理次数。适用普通程序审理民商事案件，延期开庭审理次数不超过两次；适用简易程序以及小额速裁程序审理民商事案件，延期开庭审理次数不超过一次。

第十五章　特别程序

第一节　一般规定

184. 特别程序

184.1　法律条文

第一百八十四条　人民法院审理选民资格案件、宣告失踪或者宣告死亡案件、指定遗产管理人案件、认定公民无民事行为能力或者限制民事行为能力案件、认定财产无主案件、确认调解协议案件和实现担保物权案件，适用本章规定。本章没有规定的，适用本法和其他法律的有关规定。

184.2　条文阐释

本条规定了特别程序的适用范围。特别程序是相对于普通程序和简易程序等一般诉讼程序而言的，与普通程序和简易程序相比，特别程序具有自己的特殊性和独立性。普通程序和简易程序是审理一般民事案件所适用的程序，而特别程序则是审理几类特殊案件所适用的程序，其基本特征是审理对象均为非民事争议的案件，也就不存在对立的当事人。这就使特别程序与普通程序和简易程序相比，在审理的对象、原则、制度和具体程序方面都有很大的区别，从而构成了与一般民事诉讼不同的审判程序。

2007 年《民事诉讼法》规定，适用特别程序审理的案件包括选民资格案件、宣告公民失踪案件、宣告公民死亡案件、认定公民无民事行为能力案件、认定公民限制民事行为能力案件和认定财产无主案件、确认调解协议案件和实现担保物权案件。本法自 2012 年修改后将适用特别程序审理案件的范围扩大，增加了确认调解协议案件和实现担保物权案件。2023 年修法又新增了指定遗产管理人案件。

184.3 司法适用

在司法适用过程中，应当把握特别程序的共性。（1）适用案件的非民事争议性；（2）程序的非统一性；（3）适用案件一般是非民事争议案件且一般不存在对立当事人，仅存在申请人或起诉人；（4）实行一审终审；（5）原则上的独任制；（6）不适用审判监督程序；（7）案件审结期限短；（8）案件不收取受理费。

适用特别程序审理的案件的“非民事争议性”是指：其一，特别程序中的某些案件根本就不是民事案件，如选民名单案件；其二，尽管是民事案件，但却不是权益争议的民事案件，如认定公民失踪和宣告公民死亡、认定公民行为能力受限或无行为能力、认定财产无主的案件。之所以将某些非民事权益争议的案件纳入民事诉讼法是为了借助一般民事诉讼中的某些程序。避免设立过多的独立程序以及相应的单项法律规定。人民法院在适用特别程序审理案件时，应当首先适用特别程序的规定。如果特别程序没有规定，则可以适用民事诉讼法中其他各章和其他法律的规定。

总之，在适用特别程序审理案件时，应当注意以下问题：一是优先适用特别程序。民事诉讼法中有关特别程序的规定，具有“特别法”的性质应当优先适用。只有特别程序没有相应规定时，才能适用普通程序的规定。二是特别程序只是确认某种法律事实或者权利是否存在。适用特别程序审理的案件只是确认某种法律事实或者权利是否存在，而不解决民事权利义务争议。因此，人民法院在适用特别程序审理案件时，如果发现该案件实际上涉及的是民事权利义务的争议，就应当裁定终结特别程序，并通知利害关系人另行起诉。

184.4 相关规范性文件

最高人民法院《关于适用〈中华人民共和国民法典〉总则编若干问题的解释》（法释〔2022〕6 号，自 2022 年 3 月 1 日起施行）

第五条 限制民事行为能力人实施的民事法律行为是否与其年龄、智力、精神健康状况相适应，人民法院可以从行为与本人生活相关联的程度，本人的智力、精神健康状况能否理解其行为并预见相应的后果，以及标的、数量、价款或者报酬等方面认定。

第六条　人民法院认定自然人的监护能力，应当根据其年龄、身心健康状况、经济条件等因素确定；认定有关组织的监护能力，应当根据其资质、信用、财产状况等因素确定。

第七条　担任监护人的被监护人父母通过遗嘱指定监护人，遗嘱生效时被指定的人不同意担任监护人的，人民法院应当适用民法典第二十七条、第二十八条的规定确定监护人。

未成年人由父母担任监护人，父母中的一方通过遗嘱指定监护人，另一方在遗嘱生效时有监护能力，有关当事人对监护人的确定有争议的，人民法院应当适用民法典第二十七条第一款的规定确定监护人。

第八条　未成年人的父母与其他依法具有监护资格的人订立协议，约定免除具有监护能力的父母的监护职责的，人民法院不予支持。协议约定在未成年人的父母丧失监护能力时由该具有监护资格的人担任监护人的，人民法院依法予以支持。

依法具有监护资格的人之间依据民法典第三十条的规定，约定由民法典第二十七条第二款、第二十八条规定的不同顺序的人共同担任监护人，或者由顺序在后的人担任监护人的，人民法院依法予以支持。

第九条　人民法院依据民法典第三十一条第二款、第三十六条第一款的规定指定监护人时，应当尊重被监护人的真实意愿，按照最有利于被监护人的原则指定，具体参考以下因素：

（一）与被监护人生活、情感联系的密切程度；

（二）依法具有监护资格的人的监护顺序；

（三）是否有不利于履行监护职责的违法犯罪等情形；

（四）依法具有监护资格的人的监护能力、意愿、品行等。

人民法院依法指定的监护人一般应当是一人，由数人共同担任监护人更有利于保护被监护人利益的，也可以是数人。

第十条　有关当事人不服居民委员会、村民委员会或者民政部门的指定，在接到指定通知之日起三十日内向人民法院申请指定监护人的，人民法院经审理认为指定并无不当，依法裁定驳回申请；认为指定不当，依法判决撤销指定并另行指定监护人。

有关当事人在接到指定通知之日起三十日后提出申请的，人民法院应当按照变更监护关系处理。

第十一条 具有完全民事行为能力的成年人与他人依据民法典第三十三条的规定订立书面协议事先确定自己的监护人后，协议的任何一方在该成年人丧失或者部分丧失民事行为能力前请求解除协议的，人民法院依法予以支持。该成年人丧失或者部分丧失民事行为能力后，协议确定的监护人无正当理由请求解除协议的，人民法院不予支持。

该成年人丧失或者部分丧失民事行为能力后，协议确定的监护人有民法典第三十六条第一款规定的情形之一，该条第二款规定的有关个人、组织申请撤销其监护人资格的，人民法院依法予以支持。

第十二条 监护人、其他依法具有监护资格的人之间就监护人是否有民法典第三十九条第一款第二项、第四项规定的应当终止监护关系的情形发生争议，申请变更监护人的，人民法院应当依法受理。经审理认为理由成立的，人民法院依法予以支持。

被依法指定的监护人与其他具有监护资格的人之间协议变更监护人的，人民法院应当尊重被监护人的真实意愿，按照最有利于被监护人的原则作出裁判。

第十三条 监护人因患病、外出务工等原因在一定期限内不能完全履行监护职责，将全部或者部分监护职责委托给他人，当事人主张受托人因此成为监护人的，人民法院不予支持。

185. 审级及审判组织

185.1 法律条文

第一百八十五条 依照本章程序审理的案件，实行一审终审。选民资格案件或者重大、疑难的案件，由审判员组成合议庭审理；其他案件由审判员一人独任审理。

185.2 条文阐释

本条规定了特别程序的一审终审原则和审判组织方式。特别程序在审级上实行一审终审制度，这一点与普通程序不同。人民法院对这类案件的审理所作的判决，自判决书送达之日起，立即发生法律效力，有关人员不得提起上诉。而按照普通程序或者简易程序审理的案件，除最高人民法院所作的第一审判决是终审判决以外，其他任何人民法院所作的一审判决，当事人不服，都可以向上诉审人民法院提起上诉。特别程序的相关案件由于不涉及双方当事人之间民事辩论权的行使，因此为了节约司法资源，无须设置上诉审。

在审判组织上，特别程序与一般诉讼程序不同。除选民资格案件或者重大、疑难案件外，实行审判员一人独任审判。依照特别程序审理选民资格案件或者重大、疑难案件时，由审判员组成合议庭审理，而依照普通程序审理案件，可以由审判员和陪审员共同组成合议庭或者由审判员组成合议庭审理。按照特别程序规定审理案件的合议庭，没有陪审员参加。特别程序一般争议较小，且原则上不涉及双方当事人之间民事辩论权的程序保障问题，因此设置独任庭以准确快速地解决争端，提升司法效率。

185.3 典型案例

185.3.1 依照本章程序审理的案件，实行一审终审

裁判来源：王某芹申请宣告死亡案——黑龙江省鹤岗市中级人民法院民事裁定书，（2017）黑04民终205号

法院认为：《民事诉讼法》第177条规定，人民法院审理选民资格案件、宣告失踪或者宣告死亡案件、认定公民无民事行为能力或者限制民事行为能力案件、认定财产无主案件、确认调解协议案件和实现担保物权案件，适用本章规定。本章没有规定的，适用本法和其他法律的有关规定。第178条规定，依照本章程序审理的案件，实行一审终审。选民资格案件或者重大、疑难的案件，由审判员组成合议庭审理；其他案件由审判员一人独任审理。法律规定特别程序案件实行一审终审，本案不应适用《民事诉讼法》第119条的规定，一审法院以不予受理结案不当。

186. 特别程序转化

186.1 法律条文

第一百八十六条 人民法院在依照本章程序审理案件的过程中，发现本案属于民事权益争议的，应当裁定终结特别程序，并告知利害关系人可以另行起诉。

186.2 条文阐释

本条规定了特别程序转化为普通程序的情形。特别程序中人民法院发现本案属于民事权益争议时，为了保护双方当事人的辩论权利，应当采用普通程序处理本案，但是，由于此时本案处于特别程序，不能直接转换为普通程序，因此法律规定法院应当裁定终结特别程序，告知利害关系人另行起诉。

186.3 司法适用

特别程序涉及公民人身、财产等重大民事权利，在特别程序进行的过程中可能出现利害关系人提出相关案件并非简单的非诉案件，而是存在实体权利义务纠纷。法院为了充分解决纠纷，保护公民基本民事权利，因此应当依据职权裁定终结特别程序，并且告知利害关系人其另行起诉的权利。

186.4 典型案例

186.4.1 涉案标的涉及民事争议的，利害关系人可以通过另行诉讼的方式主张权利

裁判来源：本溪银行股份有限公司本钢支行与本溪市凤岐房地产开发有限公司、杨某丹房屋买卖合同纠纷案——辽宁省本溪市中级人民法院民事判决书，（2022）辽05民终947号

法院认为：关于被上诉人诉讼请求对案涉房屋享有优先受偿权是否符合法定程序一节。本案中，被上诉人针对人民法院通过特别程序作出的民

事裁定书，不能通过第三人撤销之诉主张权利，亦不能通过审判监督程序申请再审。被上诉人在得知案涉房屋存在抵押并被人民法院查封后，鉴于通过实现担保物权的特别程序审理的案件具有非讼性，不解决当事人之间的民事权益争议，而本案中当事人争议焦点恰恰是包括确认合同效力、案涉房屋优先受偿权在内的民事权益争议，在前述当事人之间民事权益争议未经审理裁判的前提下，被上诉人作为案涉房屋买受人通过另行诉讼的方式主张权利符合法律规定，不违反法定程序。上诉人该上诉意见不成立，法院不予支持。

187. 审限

187.1 法律条文

第一百八十七条 人民法院适用特别程序审理的案件，应当在立案之日起三十日内或者公告期满后三十日内审结。有特殊情况需要延长的，由本院院长批准。但审理选民资格的案件除外。

187.2 条文阐释

本条规定了特别程序案件的审理期限。由于一般不涉及当事人双方实体权利义务争议，因此审理期限相比普通程序案件较短。

187.3 司法适用

选民资格案件并非民事案件，因此选民资格案件的相关审理期限区别于民事诉讼程序的审理期限，由相关的特别法律法规确定。

187.4 相关规范性文件

最高人民法院《关于人民调解协议司法确认程序的若干规定》（法释〔2011〕5号，自2011年3月30日起施行）

第五条 人民法院应当自受理司法确认申请之日起十五日内作出是否

确认的决定。因特殊情况需要延长的，经本院院长批准，可以延长十日。

在人民法院作出是否确认的决定前，一方或者双方当事人撤回司法确认申请的，人民法院应当准许。

第十条 案外人认为经人民法院确认的调解协议侵害其合法权益的，可以自知道或者应当知道权益被侵害之日起一年内，向作出确认决定的人民法院申请撤销确认决定。

第二节 选民资格案件

188. 起诉与受理

188.1 法律条文

第一百八十八条 公民不服选举委员会对选民资格的申诉所作的处理决定，可以在选举日的五日以前向选区所在地基层人民法院起诉。

188.2 条文阐释

本条对选民资格案件的起诉与受理作出了规定。赋予公民选民资格案件的起诉权反映了公民对选举的监督权和人民法院对于选民资格等案件的监督职权。选民资格案件，是指公民对选举委员会公布的选民资格名单有不同意见，向选举委员会申诉后，对选举委员会就申诉所作的处理决定不服，而向人民法院提起诉讼由受诉人民法院来判决其有无选民资格的案件。

188.3 司法适用

选民资格案件必须由选举委员会先行处理，这是法定的前置程序，不经过选举委员会的处理即向人民法院起诉的，人民法院不予受理；提起诉讼的可以是选民本人，也可以是其他公民；必须在选举日 5 日以前起诉；该类案件由选区所在地基层人民法院管辖。

188.4 典型案例

188.4.1 选民资格登记与是否为农业户籍管理人员无关，只要是经过村民选举委员会登记确认且实际居住在本村的居民，均享有选民资格

裁判来源：吴某晖不服选民资格处理决定案——载《最高人民法院公报》2003 年第 6 期

法院认为：选举权与被选举权，是宪法规定公民享有的一项基本政治权利。起诉人吴某晖现年 33 岁，依照法律规定，其具有选民资格。起诉人吴某晖的户籍已于 2003 年 6 月 12 日迁入路下村，而路下村的选举日是 7 月 12 日。根据上述规定，选举日前，吴某晖有权在户籍所在地即路下村的选举委员会进行选民登记。福建省民政厅下发的《村民委员会选举规程》中，有关“户籍在本村管理的其他非农业户籍性质人员不作选民资格登记”的规定，与《福建省村民委员会选举办法》的规定相抵触，是无效的。路下村村民选举委员会 2003 年 6 月 29 日依据该规程作出的处理决定，是错误的，应当撤销。

189. 选民资格案件审理

189.1 法律条文

第一百八十九条 人民法院受理选民资格案件后，必须在选举日前审结。

审理时，起诉人、选举委员会的代表和有关公民必须参加。

人民法院的判决书，应当在选举日前送达选举委员会和起诉人，并通知有关公民。

189.2 条文阐释

本条对人民法院如何审理选民资格案件进行了具体规定。法律适用上需要注意以下几个方面：（1）诉讼参加人。诉讼参加人包括起诉人、选举委员会的代表和有关公民。这里的有关公民是指起诉人认为是漏掉的公民或者不应列入选举名单的人。(2) 审判组织。选民资格案件的审理实行合议制，并由审判员组成合议庭进行审理，即使案情简单也不能由审判员一人独任审判，也不能由审判员与陪审员共同组成合议庭。因为审理选民资格案件涉及公民政治权利，应当慎重、严肃。(3) 判决。人民法院对选民资格案件的审理，必须在选举日前作出判决，并将判决书送达选举委员会和起诉人，通知有关公民，以便于有选举权的公民在选举日到来时能够庄严地行使自己的选举权。人民法院的判决是终审判决，是对选民资格问题的最终决定，判决书一经送达即发生法律效力。

189.3 司法适用

选民资格案件不适用调解。选民资格案件的审理，虽然有起诉人、选举委员会代表及有关公民参加，但不能适用调解，不得以调解的方式结案。因为某一公民是否具有选举权和被选举权，是否具有选民资格，只能依据法律的具体规定，不受有关主体意志的影响。

第三节 宣告失踪、宣告死亡案件

190. 宣告失踪

190.1 法律条文

第一百九十条 公民下落不明满二年，利害关系人申请宣告其失踪的，向下落不明人住所地基层人民法院提出。

申请书应当写明失踪的事实、时间和请求，并附有公安机关或者其他有关机关关于该公民下落不明的书面证明。

190.2 条文阐释

本条对宣告失踪制度作出了规定。宣告失踪，是指经利害关系人申请，由人民法院对下落不明满一定期间的人宣告为失踪人的制度。自然人失踪后导致与之相关的各种法律关系处于不确定且不安全的状态中。宣告失踪制度，是对一种不确定的事实状态的法律确认，目的在于结束失踪人财产关系的不确定状态，保护失踪人的利益，兼及保护利害关系人的利益。宣告失踪应依法定条件进行。

190.3　司法适用

本条第1款即规定申请宣告失踪的条件。申请主体条件：必须由利害关系人向人民法院申请。利害关系人，是指与公民存在法律上或者事实上关系的人，包括下落不明人的配偶、父母、成年子女、祖父母、外祖父母、成年的兄弟姐妹、债权人、合伙人等。事实条件：有下落不明的事实并下落不明满两年。下落不明，是指公民离开最后居住地后没有音讯的状况。战争期间下落不明的，下落不明的时间从战争结束之日起算。形式条件：申请必须采用书面形式，必须经向下落不明人住所地基层人民法院提出。公民的住所地，是指其户籍所在地，如果经常居住地与户籍所在地不一致时，则将经常居住地视为住所地。

本条第2款规定申请宣告失踪利害关系人提交的申请书中应当载明失踪的事实、时间和请求，并附有公安机关或者其他有关机关关于该公民下落不明的书面证明。

190.4　相关规范性文件

《中华人民共和国民法典》（中华人民共和国主席令第45号，自2021年1月1日起施行）

第四十条　自然人下落不明满二年的，利害关系人可以向人民法院申请宣告该自然人为失踪人。

第四十一条　自然人下落不明的时间自其失去音讯之日起计算。战争期间下落不明的，下落不明的时间自战争结束之日或者有关机关确定的下落不明之日起计算。

第四十二条　失踪人的财产由其配偶、成年子女、父母或者其他愿意担任财产代管人的人代管。

代管有争议，没有前款规定的人，或者前款规定的人无代管能力的，由人民法院指定的人代管。

第四十三条 财产代管人应当妥善管理失踪人的财产，维护其财产权益。

失踪人所欠税款、债务和应付的其他费用，由财产代管人从失踪人的财产中支付。

财产代管人因故意或者重大过失造成失踪人财产损失的，应当承担赔偿责任。

第四十四条 财产代管人不履行代管职责、侵害失踪人财产权益或者丧失代管能力的，失踪人的利害关系人可以向人民法院申请变更财产代管人。

财产代管人有正当理由的，可以向人民法院申请变更财产代管人。

人民法院变更财产代管人的，变更后的财产代管人有权请求原财产代管人及时移交有关财产并报告财产代管情况。

第四十五条 失踪人重新出现，经本人或者利害关系人申请，人民法院应当撤销失踪宣告。

失踪人重新出现，有权请求财产代管人及时移交有关财产并报告财产代管情况。

最高人民法院《关于适用〈中华人民共和国民法典〉总则编若干问题的解释》（法释〔2022〕6号，自2022年3月1日起施行）

第十四条 人民法院审理宣告失踪案件时，下列人员应当认定为民法典第四十条规定的利害关系人：

（一）被申请人的近亲属；

（二）依据民法典第一千一百二十八条、第一千一百二十九条规定对被申请人有继承权的亲属；

（三）债权人、债务人、合伙人等与被申请人有民事权利义务关系的民事主体，但是不申请宣告失踪不影响其权利行使、义务履行的除外。

第十五条 失踪人的财产代管人向失踪人的债务人请求偿还债务的，人民法院应当将财产代管人列为原告。

债权人提起诉讼，请求失踪人的财产代管人支付失踪人所欠的债务和其他费用的，人民法院应当将财产代管人列为被告。经审理认为债权人的诉讼请求成立的，人民法院应当判决财产代管人从失踪人的财产中支付失踪人所欠的债务和其他费用。

第十六条　人民法院审理宣告死亡案件时，被申请人的配偶、父母、子女，以及依据民法典第一千一百二十九条规定对被申请人有继承权的亲属应当认定为民法典第四十六条规定的利害关系人。

符合下列情形之一的，被申请人的其他近亲属，以及依据民法典第一千一百二十八条规定对被申请人有继承权的亲属应当认定为民法典第四十六条规定的利害关系人：

（一）被申请人的配偶、父母、子女均已死亡或者下落不明的；

（二）不申请宣告死亡不能保护其相应合法权益的。

被申请人的债权人、债务人、合伙人等民事主体不能认定为民法典第四十六条规定的利害关系人，但是不申请宣告死亡不能保护其相应合法权益的除外。

第十七条　自然人在战争期间下落不明的，利害关系人申请宣告死亡的期间适用民法典第四十六条第一款第一项的规定，自战争结束之日或者有关机关确定的下落不明之日起计算。

最高人民法院《关于适用〈中华人民共和国民事诉讼法〉的解释》（法释〔2022〕11号，自2022年4月10日起施行）

第三百四十三条　人民法院判决宣告公民失踪后，利害关系人向人民法院申请宣告失踪人死亡，自失踪之日起满四年的，人民法院应当受理，宣告失踪的判决即是该公民失踪的证明，审理中仍应依照民事诉讼法第一百九十二条规定进行公告。

第三百四十四条　符合法律规定的多个利害关系人提出宣告失踪、宣告死亡申请的，列为共同申请人。

第三百四十六条　人民法院受理宣告失踪、宣告死亡案件后，作出判决前，申请人撤回申请的，人民法院应当裁定终结案件，但其他符合法律规定的利害关系人加入程序要求继续审理的除外。

190.5　典型案例

190.5.1　公民下落不明满二年，利害关系人申请宣告其失踪的，有权向下落不明人住所地基层人民法院提出

裁判来源：中国平安财产保险股份有限公司陕西分公司与侯某菲等机

动车交通事故责任纠纷上诉案——西安铁路运输中级法院民事判决书，(2020) 陕71民终18号

法院认为：《民事诉讼法》第183条第1款规定，公民下落不明满2年，利害关系人申请宣告其失踪的，向下落不明人住所地基层人民法院提出。第184条第1款规定，公民下落不明满4年，或者因意外事故下落不明满2年，或者因意外事故下落不明，经有关机关证明该公民不可能生存，利害关系人申请宣告其死亡的，向下落不明人住所地基层人民法院提出。《民法典》第1181条规定，被侵权人死亡的，其近亲属有权请求侵权人承担侵权责任；本案中，因侯某姓走失后至宣告死亡之前，权利受侵害尚处不确定状态，因此，原审原告在侯某姓被宣告死亡之后起诉符合法律规定，诉讼时效应从侯某姓被宣告死亡之日起计算三年，故侯某姓被宣告死亡后，原审原告作为其近亲属在法定时限内提起诉讼，符合法律规定。故一审法院认定三原告的起诉并未超过诉讼时效并无不当。《最高人民法院关于审理人身损害赔偿案件适用法律若干问题的解释》第35条规定，本解释所称"城镇居民人均可支配收入"、"农村居民人均纯收入"、"城镇居民人均消费性支出"、"农村居民人均年生活消费支出"、"职工平均工资"，按照政府统计部门公布的各省、自治区、直辖市以及经济特区和计划单列市上一年度相关统计数据确定。"上一年度"，是指一审法庭辩论终结时的上一统计年度。故一审法院依据法庭辩论终结时的上一统计年度相关统计数据对原审原告的各项损失作出认定处理，并无不当。综上所述，上诉人平安公司主张于法无据，本院不予支持。原审判决认定事实清楚，适用法律正确，程序合法，应当依法予以维持。

191. 宣告死亡

191.1 法律条文

第一百九十一条 公民下落不明满四年，或者因意外事件下落不明满二年，或者因意外事件下落不明，经有关机关证明该公民不可能生存，利害关系人申请宣告其死亡的，向下落不明人住所地基层人民法院

提出。

申请书应当写明下落不明的事实、时间和请求，并附有公安机关或者其他有关机关关于该公民下落不明的书面证明。

191.2 条文阐释

宣告公民死亡案件，是指公民离开其住所或经常居住地后，去向不明，没有任何音讯，并且已经超过法定期限，在利害关系人的申请下，法院确认该公民死亡事实存在，并作出判决，从法律上推定该公民已经死亡。

宣告死亡案件是由利害关系人向人民法院申请才审理的案件，申请此类案件应具备以下条件，与申请宣告失踪的条件相似：

（1）申请主体必须是与失踪人有利害关系的人。利害关系人是指与失踪人有人身关系或者其他民事权利义务关系的人，具体包括失踪人的配偶、父母、成年子女、祖父母、外祖父母、成年兄弟姐妹等，以及债权人或有其他利害关系的人。根据司法解释的规定，利害关系人申请宣告失踪的，没有顺位，所有利害关系人均享有平等的申请权；多个利害关系人同时提出宣告死亡申请的，不必区分其是否处于同一顺位，均可以列为共同申请人。

（2）存在公民下落不明的法律事实，且公民下落不明必须达到法定期限。下落不明必须达到的法定期限，主要分为四种情况：①通常情况下，公民下落不明的持续状态必须满 4 年；②因战争下落不明的，公民下落不明的持续状态必须满 2 年，从战争结束之日起算；③因意外事故下落不明满 2 年，从意外事故发生之次日起算；④因意外事故下落不明，经有关机关证明该公民不可能生存的，不受下落不明期间的限制。

（3）申请必须采取书面形式，不得口头申请。申请书应当写明公民下落不明的事实、时间和申请人的请求，并附有公安机关或者其他有关机关关于该公民下落不明的书面证明。

在适用宣告死亡程序时应当注意，宣告失踪并非宣告死亡的必经程序，只要符合宣告死亡的条件，利害关系人就可以向有权管辖的法院申请宣告下落不明的人死亡。在人民法院已经宣告失踪的情况下，利害关系人向人民法院申请宣告死亡的，宣告失踪的判决就是该公民失踪的证明。

宣告公民死亡将产生以下法律后果：

推定被宣告死亡的人死亡的法律后果，被宣告死亡的人失去民事权利能力，其人身及财产关系都随之终结。被宣告死亡的人的婚姻关系，自死亡宣告之日起消除；被宣告死亡的人的财产将依法律规定发生继承等。但相较于自然死亡，宣告死亡仅使自然人的民事权利能力和民事行为能力相对消灭，一方面体现为宣告死亡可能会被撤销，另一方面体现为自然人被宣告死亡但是并未死亡的，不影响该自然人在被宣告死亡期间实施的民事法律行为的效力。宣告死亡和自然死亡的时间不一致的，宣告死亡引起的法律效果仍然有效，但自然死亡前实施的民事法律行为与被宣告死亡引起的法律后果相抵触的，以其实施的民事法律行为为准。

191.3　司法适用

宣告死亡制度的目的不在于保护宣告死亡人的利益，而在于保护同其有利害关系的其他人的利益。在司法实践中，若申请宣告死亡的利害关系人期望通过宣告死亡制度达到不正当的目的，即使符合宣告死亡的构成要件，人民法院也不宜裁判宣告失踪人死亡。至于如何认定利害关系人期望通过宣告死亡制度达到不正当的目的，应根据个案具体情况综合认定。

191.4　相关规范性文件

《中华人民共和国民法典》（中华人民共和国主席令第 45 号，自 2021 年 1 月 1 日起施行）

第四十六条　自然人有下列情形之一的，利害关系人可以向人民法院申请宣告该自然人死亡：

（一）下落不明满四年；

（二）因意外事件，下落不明满二年。

因意外事件下落不明，经有关机关证明该自然人不可能生存的，申请宣告死亡不受二年时间的限制。

第四十七条　对同一自然人，有的利害关系人申请宣告死亡，有的利害关系人申请宣告失踪，符合本法规定的宣告死亡条件的，人民法院应当宣告死亡。

最高人民法院研究室《关于四川汶川特大地震发生后人民法院受理宣告失踪、死亡案件应如何适用法律问题的答复》（法研〔2008〕73号，自2006年6月5日起施行）

一、根据民事诉讼法第一百六十六条第一款、第一百六十七条的规定。申请宣告失踪、宣告死亡的，应当由利害关系人向下落不明人住所地基层人民法院提出。由于特大地震灾害后，“下落不明人住所地基层人民法院”受到严重破坏，难以开展审判工作，对申请宣告失踪、宣告死亡的案件不能行使管辖权的，上级人民法院可以依照民事诉讼法第三十七条第二款的规定，指定其他基层人民法院管辖。

191.5　典型案例

191.5.1　申请宣告死亡的利害关系人涉嫌犯罪，且案件正在侦查中，故对利害关系人申请宣告死亡的失踪人主体资格应加以限制

裁判来源：郑某珍申请宣告杨某春死亡案——陕西省西安市新城区人民法院民事裁定书，(2018) 陕0102民特监1号

法院认为：宣告死亡案件的裁判作出后，利害关系人认为有错误，可向作出该判决的法院提出异议；当事人提出异议后，法院应组成合议庭进行听证审查，并可通知其他利害关系人参加；异议审查的审理范围应以原案审查的范围为限；申请人作为涉嫌诈骗失踪人财产的嫌疑人，虽然具有法律规定的申请宣告死亡的利害关系人主体资格，但在刑事案件尚无结论时，对其提出宣告死亡的申请人资格应加以限制；失踪人在失踪期间可能从事民事法律行为但并未出现，不属于法律规定的下落不明的实质要件。

191.5.2　宣告军人死亡案件应由军事法院专门管辖

裁判来源：张某申请宣告王某死亡案——(2012) 军成直民特字第2号

法院认为：宣告死亡案件，是适用特别程序审理的民事案件。地方人民法院在审理涉军民事案件时普遍存在送达难、取证难、执行难等问题。2012年9月17日，最高人民法院发布实施《关于军事法院管辖民事案件若干问题的规定》，赋予军事法院对4类民事案件行使专门管辖权、对6类民事案件享有选择管辖权，宣告军人死亡案件被纳入其中。

191.5.3 宣告公民死亡不代表被宣告死亡的犯罪嫌疑人、被告人应负刑事法律责任的消除

裁判来源：吴某德申请宣告其子吴某洪死亡案——江苏省兴化市人民法院民事判决书，(2002）兴法民特字第1号

法院认为：利害关系人可以依据法律规定的条件，申请人民法院宣告公民死亡。法律设置宣告死亡制度的目的是结束民事法律关系不确定状态。宣告公民死亡是私法上的一种制度，它仅在民法领域中具有意义，而不应当及于刑法领域和行政法领域，即并不意味着被宣告死亡的犯罪嫌疑人、被告人应负刑事法律责任的消除。

191.5.4 用人单位不宜被认定为有权申请宣告劳动者死亡的利害关系人

裁判来源：沧州渤海新区荣翔海运有限公司申请宣告公民死亡案——广州海事法院民事判决书，(2018）粤72民特64号

法院认为：申请人荣翔公司与杨某某之间订有书面劳动合同，系杨某某的用人单位。虽然申请人在杨某某家属未能提供宣告杨某某死亡判决的情形下向杨某某家属支付和解补偿款，可能遭受申请人自称的法律风险，但其遭受的前述自称法律风险并不足以使申请人具有宣告杨某某死亡的利害关系人资格。至于申请人自称面临的法律风险，申请人可循其他合法途径予以解决。故申请人关于宣告杨某某死亡的申请于法无据，应予驳回。

192. 公告与判决

192.1 法律条文

第一百九十二条 人民法院受理宣告失踪、宣告死亡案件后，应当发出寻找下落不明人的公告。宣告失踪的公告期间为三个月，宣告死亡的公告期间为一年。因意外事件下落不明，经有关机关证明该公民不可能生存的，宣告死亡的公告期间为三个月。

公告期间届满，人民法院应当根据被宣告失踪、宣告死亡的事实是否得到确认，作出宣告失踪、宣告死亡的判决或者驳回申请的判决。

192.2　条文阐释

发出寻找下落不明人的公告是宣告公民失踪、死亡所必经的程序。法院受理案件后，应当立即发出寻找下落不明人的公告。公告的目的是确定该公民的生存状态。如果在公告期间届满之后，下落不明的人仍然没有音讯，法院即可作出宣告失踪或者宣告死亡的判决，如果有了确实音讯或者被宣告失踪、宣告死亡的公民重新出现，法院应当判决驳回申请，终结案件的审理。

192.3　司法适用

《民事诉讼法》没有对公告具体内容作出明确规定，仅在司法解释中对公告的必要记载事项进行了规定。寻找下落不明人公告应当包括：下落不明人的基本情况；申请人的基本情况及其与被申请人的关系；下落不明的事实、时间；公告期间等。在司法实践中，各地法院关于寻找下落不明人的公告内容也不统一。例如，有些公告中没有明确被申请人和知悉被申请人生存现状的人报告义务以及不报告的后果，这不利于人民法院正确判定被申请人是否确实处于下落不明的状态。

192.4　相关规范性文件

《中华人民共和国民法典》（中华人民共和国主席令第45号，自2021年1月1日起施行）

第四十八条　被宣告死亡的人，人民法院宣告死亡的判决作出之日视为其死亡的日期；因意外事件下落不明宣告死亡的，意外事件发生之日视为其死亡的日期。

第四十九条　自然人被宣告死亡但是并未死亡的，不影响该自然人在被宣告死亡期间实施的民事法律行为的效力。

最高人民法院《关于适用〈中华人民共和国民事诉讼法〉的解释》（法释〔2022〕11号，自2022年4月10日起施行）

第三百四十五条　寻找下落不明人的公告应当记载下列内容：

（一）被申请人应当在规定期间内向受理法院申报其具体地址及其联

系方式。否则，被申请人将被宣告失踪、宣告死亡；

（二）凡知悉被申请人生存现状的人，应当在公告期间内将其所知道情况向受理法院报告。

最高人民法院研究室《关于四川汶川特大地震发生后人民法院受理宣告失踪、死亡案件应如何适用法律问题的答复》（法研〔2008〕73号，自2006年6月5日起施行）

二、民事诉讼法第一百六十八条“因意外事故下落不明，经有关机关证明该公民不可能生存的，宣告死亡的公告期间为三个月”中的“有关机关”，主要是指公安机关，也可以包括当地县级以上人民政府，但不包括村民委员会、居民委员会或者下落不明公民的工作单位。

三、民事诉讼法第一百六十八条关于“宣告死亡的公告期间为三个月”的规定明确具体，对公告期间应当严格依照法律规定掌握。

192.5 典型案例

192.5.1 人民法院受理宣告失踪案件后，应当发出寻找下落不明人的公告，宣告失踪的公告期间为3个月

裁判来源：黄某林申请宣告黄某俊失踪案——重庆市市中区人民法院民事判决书，(1992) 民特字第1336号

法院认为：黄某俊下落不明满2年这一事实是客观存在的。黄某林作为黄某俊的养女且黄某俊长期跟随黄某林生活，属与被申请人有民事权利义务关系的人，符合申请人是利害关系人这一条件。重庆市市中区人民法院在受理本案后，于1992年10月8日在《重庆日报》上发出了公告，限黄某俊自公告之日起3个月内与该法院联系，但3个月过去后，仍无黄某俊的消息。另外，申请人黄某林在申请书中写明了黄某俊失踪的事实的时间和请求。并附有公安机关以及重庆铁路分局重庆材料厂关于黄某俊下落不明的书面证明。据以上几点可以看出，本案客观情况符合宣告公民失踪的法定条件，人民法院应宣告黄某俊为失踪人。

192.5.2 人民法院受理宣告死亡案件后，应当发出寻找下落不明人的公告，宣告死亡的公告期间为1年

裁判来源：张某英申请宣告陈某死亡案——载《最高人民法院公报》

1996年第3期

法院认为： 淮阴县人民法院受理张某英的申请后，于1995年5月9日在《江苏法制报》上发出寻找陈某的公告。公告发出1年后，陈某仍无下落。淮阴县人民法院经审理查明：被申请人陈某。1978年2月16日，陈某与申请人张某英结婚。在婚姻存续期间，陈某于1986年7月因病去上海治疗再未回家。张某英及其亲属和有关部门虽经多方寻找，陈某至今下落不明，张某英遂向法院申请宣告其死亡。法院依法在报纸上发出寻找陈某的公告已满1年，陈某仍下落不明。淮阴县人民法院认为：被申请人陈某从家出走之日至今10年时间没有音讯，虽经申请人张某英多方寻找，法院在报纸上公告查寻，仍下落不明。张某英系陈某之妻，现申请宣告陈某死亡，符合《民法通则》第23条关于“公民下落不明满四年的”，“利害关系人可以向人民法院申请宣告他死亡”的规定，遂于1996年5月15日判决：宣告陈某死亡。

193. 撤销判决

193.1 法律条文

第一百九十三条 被宣告失踪、宣告死亡的公民重新出现，经本人或者利害关系人申请，人民法院应当作出新判决，撤销原判决。

193.2 条文阐释

判决下落不明人为失踪人、判决公民死亡，实际上是法院根据法定的条件和程序所作出的推定，如果被宣告失踪人、被宣告死亡人重新出现或者确知其下落，则本人或利害关系人可以向原判决法院申请撤销宣告失踪、死亡的判决，法院审查核实后，作出新判决撤销原判决。

撤销宣告失踪判决将产生以下法律后果：

（1）财产代管人的职责终止。宣告失踪的判决撤销后，财产代管人的职责终止，无权再行使代管人的权利。

（2）返还代管的财产及其收益。代管人有义务对原代管的财产进行清理，向已出现的失踪人返还代管的财产及其收益。

（3）偿付必要费用。财产代管人为管理和保护失踪人财产所支出的必要费用，有权要求出现的失踪人偿付。

撤销宣告死亡判决将产生以下法律效果：

（1）被宣告死亡公民的民事权利能力和民事诉讼权利能力随即恢复。该公民有权请求返还其所有的财产，原物还在的应返还原物，原物不在或原物受损的应给予适当补偿。

（2）被宣告死亡的人与配偶的婚姻关系，如其配偶尚未再婚的，原婚姻关系从死亡宣告撤销之日自动恢复；如配偶已再婚的，新的婚姻关系仍然有效，原婚姻关系不能自动恢复。

（3）其子女被人收养的，其合法收养关系仍然有效。仅以未经本人同意而主张收养关系无效的不应准许，但收养人与被收养人可以协商解除收养关系。

193.3 司法适用

受理撤销宣告死亡申请的法院应当是原来作出死亡宣告的法院。撤销的是原来作出的宣告死亡的判决，即由原审法院作出撤销原来宣告死亡判决的判决。诉讼程序适用《民事诉讼法》的特别程序。审理此类案件，人民法院不需要发布公告，仅需根据被宣告死亡人重新出现的事实作出判决即可。且此类案件实行一审终审，原则上由审判员独任审判。

193.4 相关规范性文件

《中华人民共和国民法典》（中华人民共和国主席令第45号，自2021年1月1日起施行）

第四十五条 失踪人重新出现，经本人或者利害关系人申请，人民法院应当撤销失踪宣告。

失踪人重新出现，有权请求财产代管人及时移交有关财产并报告财产代管情况。

第五十条 被宣告死亡的人重新出现，经本人或者利害关系人申请，人民法院应当撤销死亡宣告。

第五十一条　被宣告死亡的人的婚姻关系，自死亡宣告之日起消除。死亡宣告被撤销的，婚姻关系自撤销死亡宣告之日起自行恢复。但是，其配偶再婚或者向婚姻登记机关书面声明不愿意恢复的除外。

第五十二条　被宣告死亡的人在被宣告死亡期间，其子女被他人依法收养的，在死亡宣告被撤销后，不得以未经本人同意为由主张收养行为无效。

第五十三条　被撤销死亡宣告的人有权请求依照本法第六编取得其财产的民事主体返还财产；无法返还的，应当给予适当补偿。

利害关系人隐瞒真实情况，致使他人被宣告死亡而取得其财产的，除应当返还财产外，还应当对由此造成的损失承担赔偿责任。

第四节　指定遗产管理人案件

194. 申请指定遗产管理人与管辖

194.1　法律条文

第一百九十四条　对遗产管理人的确定有争议，利害关系人申请指定遗产管理人的，向被继承人死亡时住所地或者主要遗产所在地基层人民法院提出。

申请书应当写明被继承人死亡的时间、申请事由和具体请求，并附有被继承人死亡的相关证据。

194.2　条文阐释

本条规定了指定遗产管理人案件的申请与管辖规则。《民法典》新增遗产管理人制度，对遗产管理人的确定、职责、法律责任以及报酬作出规定，构建了较为完备的遗产管理制度此条即为当利害关系人对遗产管理人的确定有争议时的具体规定指引。此类案件应当由利害关系人向被继承人死亡时住所地或者主要遗产所在地基层人民法院书面申请。

194.3 相关规范性文件

《中华人民共和国民法典》（中华人民共和国主席令第45号，自2021年1月1日起施行）

第一千一百四十五条 继承开始后，遗嘱执行人为遗产管理人；没有遗嘱执行人的，继承人应当及时推选遗产管理人；继承人未推选的，由继承人共同担任遗产管理人；没有继承人或者继承人均放弃继承的，由被继承人生前住所地的民政部门或者村民委员会担任遗产管理人。

第一千一百四十六条 对遗产管理人的确定有争议的，利害关系人可以向人民法院申请指定遗产管理人。

第一千一百四十七条 遗产管理人应当履行下列职责：

（一）清理遗产并制作遗产清单；

（二）向继承人报告遗产情况；

（三）采取必要措施防止遗产毁损、灭失；

（四）处理被继承人的债权债务；

（五）按照遗嘱或者依照法律规定分割遗产；

（六）实施与管理遗产有关的其他必要行为。

最高人民法院《关于民事执行中变更、追加当事人若干问题的规定》（法释〔2020〕21号，自2021年1月1日起施行）

第二条 作为申请执行人的自然人死亡或被宣告死亡，该自然人的遗产管理人、继承人、受遗赠人或其他因该自然人死亡或被宣告死亡依法承受生效法律文书确定权利的主体，申请变更、追加其为申请执行人的，人民法院应予支持。

作为申请执行人的自然人被宣告失踪，该自然人的财产代管人申请变更、追加其为申请执行人的，人民法院应予支持。

第十条 作为被执行人的自然人死亡或被宣告死亡，申请执行人申请变更、追加该自然人的遗产管理人、继承人、受遗赠人或其他因该自然人死亡或被宣告死亡取得遗产的主体为被执行人，在遗产范围内承担责任的，人民法院应予支持。

作为被执行人的自然人被宣告失踪，申请执行人申请变更该自然人的财产代管人为被执行人，在代管的财产范围内承担责任的，人民法院应予支持。

194.4　典型案例

194.4.1　没有继承人或者继承人均放弃继承的，由继承人之前住所地的民政部门或者村民委员会担任遗产管理人

裁判来源： 刘某申请指定天津市河北区民政局为徐某遗产管理人案——天津市高级人民法院发布7起贯彻实施民法典家事审判典型案例之二

（一）基本案情

刘某为被继承人徐某的债权人，天津市河北区民政局系徐某生前住所地的民政部门。徐某于2020年4月5日死亡，生前未婚、未生育子女，其名下遗留数处房产，死亡后遗产处于无继承人的状态。刘某曾在徐某死亡后，以徐某为被告向法院提起民间借贷诉讼，但法院以被告已死亡为由裁定驳回起诉。2021年1月1日《民法典》施行后，刘某依据《民法典》第1145条、第1146条的相关规定，认为在徐某无继承人时应由天津市河北区民政局作为其遗产管理人，故向法院提起申请，要求指定天津市河北区民政局作为徐某的遗产管理人，由天津市河北区民政局管理徐某遗产并以徐某遗产偿还其债务。

（二）裁判结果

法院判决认为，徐某于2020年4月5日死亡，无继承人导致其遗产处于无人管理的状态。《民法典》第1145条、第1146条对于死者无继承人时遗产管理人的选任问题作出了新的规定，即死者没有继承人或者继承人均放弃继承的，由被继承人生前住所地的民政部门或者村民委员会担任遗产管理人。最高人民法院《关于适用〈中华人民共和国民法典〉时间效力的若干规定》第3条规定，民法典施行前的法律事实引起的民事纠纷案件，当时的法律、司法解释没有规定而民法典有规定的，可以适用民法典的规定，但是明显减损当事人合法权益、增加当事人法定义务或者背离当事人合理预期的除外。本案中，在徐某没有继承人的情况下，以法院指定的方

式确定遗产管理人，解决权利人针对徐某遗产的争议，更有利于管理和维护徐某的遗产，同时能确保权利人利益得以顺利实现。法院判决指定徐某住所地的天津市河北区民政局作为徐某的遗产管理人。

（三）典型意义

本案是《民法典》施行后，天津法院首例申请指定民政部门为遗产管理人的案件。死者无继承人时，其遗产的管理问题一直是继承法上的难题，因死者并无法定继承人，死者的债权人“无人可诉”，难以对死者的遗产主张权利。《民法典》首次规定在死者无继承人时由民政部门担任遗产管理人，有效破解了债权人“无人可诉”的现实难题。在死者无其他继承人时，由其生前住所地的民政部门或者村民委员会担任遗产管理人，有助于保护相关权利人的利益，符合公职部门维护公共利益的定位。《民法典》虽规定对遗产管理人的确定有争议的，利害关系人可以向人民法院申请指定遗产管理人，但是《民事诉讼法》及其司法解释中并未明确规定该类案件的受理条件及审理方式。一审法院直面难题、先行先试，积极探索了该类案件的审判规则及审理程序，对此后同类型案件的审判具有开创性的意义。

195. 遗产管理人的确定

195.1 法律条文

第一百九十五条 人民法院受理申请后，应当审查核实，并按照有利于遗产管理的原则，判决指定遗产管理人。

195.2 条文阐释

本条规定了指定遗产管理人案件的裁判原则，即“有利于遗产管理的原则”。法院在审理此类案件的过程中，应当“调查核实”。此外，根据本法关于特别程序的总则性规定，适用特别程序审理的案件一般应当以“裁定”的形式作出。但是，指定遗产管理人案件最终的裁判形式为“判决”，而非“裁定”或“决定”。

195.3　相关规范性文件

《中华人民共和国民法典》（中华人民共和国主席令第45号，自2021年1月1日起施行）

第一千一百四十五条　继承开始后，遗嘱执行人为遗产管理人；没有遗嘱执行人的，继承人应当及时推选遗产管理人；继承人未推选的，由继承人共同担任遗产管理人；没有继承人或者继承人均放弃继承的，由被继承人生前住所地的民政部门或者村民委员会担任遗产管理人。

第一千一百四十六条　对遗产管理人的确定有争议的，利害关系人可以向人民法院申请指定遗产管理人。

第一千一百四十七条　遗产管理人应当履行下列职责：

（一）清理遗产并制作遗产清单；

（二）向继承人报告遗产情况；

（三）采取必要措施防止遗产毁损、灭失；

（四）处理被继承人的债权债务；

（五）按照遗嘱或者依照法律规定分割遗产；

（六）实施与管理遗产有关的其他必要行为。

第一千一百四十八条　遗产管理人应当依法履行职责，因故意或者重大过失造成继承人、受遗赠人、债权人损害的，应当承担民事责任。

第一千一百四十九条　遗产管理人可以依照法律规定或者按照约定获得报酬。

最高人民法院《关于民事执行中变更、追加当事人若干问题的规定》（法释〔2020〕21号，自2021年1月1日起施行）

第二条　作为申请执行人的自然人死亡或被宣告死亡，该自然人的遗产管理人、继承人、受遗赠人或其他因该自然人死亡或被宣告死亡依法承受生效法律文书确定权利的主体，申请变更、追加其为申请执行人的，人民法院应予支持。

作为申请执行人的自然人被宣告失踪，该自然人的财产代管人申请变更、追加其为申请执行人的，人民法院应予支持。

第十条 作为被执行人的自然人死亡或被宣告死亡，申请执行人申请变更、追加该自然人的遗产管理人、继承人、受遗赠人或其他因该自然人死亡或被宣告死亡取得遗产的主体为被执行人，在遗产范围内承担责任的，人民法院应予支持。

作为被执行人的自然人被宣告失踪，申请执行人申请变更该自然人的财产代管人为被执行人，在代管的财产范围内承担责任的，人民法院应予支持。

195.4 典型案例

195.4.1 执行程序中不能直接执行追加为被执行人的遗产管理人的自有财产

裁判来源：胡某某与寇某某租赁合同纠纷执行案——山东省高级人民法院发布九起执行异议、执行复议典型案例之七

（一）基本案情

胡某某与寇某某租赁合同纠纷一案，济南市济阳区人民法院（以下简称济阳法院）判决寇某某给付胡某某租赁费71万元及相应利息。判决生效后，寇某某因病死亡，济阳法院立案执行时将寇某某之父（以下简称寇父）、之妻王某某、之子（以下简称寇某子）、之女（以下简称寇某女）列为被执行人，并查封寇某某与王某某共有的房产、寇某某名下的股权、王某某名下的房产。寇父、寇某子、寇某女、王某某向济阳法院提出异议，认为济阳法院未查明被继承人的遗产继承情况即查封异议人的财产，属于认定基本事实不清，请求终止对异议人的执行并依法解除查封。

（二）审理结果

济阳法院经审查，裁定驳回异议人的异议。异议人不服，向济南市中级人民法院（以下简称济南中院）申请复议。济南中院认为，本案的争议焦点是执行依据确定的债务人死亡后能否列其继承人为被执行人，执行程序中能否直接执行继承人名下的财产。《最高人民法院关于民事执行中变更、追加当事人若干问题的规定》第10条第1款规定，作为被执行人的自然人死亡或被宣告死亡，申请执行人申请变更、追加该自然人的遗产管理人、继承人、受遗赠人或其他因该自然人死亡或被宣告死亡取得遗产的主

体为被执行人，在遗产范围内承担责任的，人民法院应予支持。本案中，执行依据确定的债务人寇某某在判决生效后死亡，其继承人尚未继承遗产，该遗产应由遗产管理人负责管理。寇某某的继承人未推选遗产管理人，根据《民法典》第1145条的规定，其继承人共同担任遗产管理人。济阳法院立案执行时将寇某某的继承人列为被执行人，符合相关规定。根据《民法典》第1147条的规定，遗产管理人虽然可以成为被执行人，但其并非责任承担主体，其主要职责为处理被继承人的债权债务和分割遗产，因此不能直接执行遗产管理人的自有财产清偿债务。对于遗产管理人王某某名下的房产，在无证据证明上述财产为寇某某遗产的情况下，对其进行查封无事实和法律依据，应予纠正。济南中院复议审查认为，异议人的异议部分成立，裁定撤销异议裁定，撤销对王某某名下房产的查封。

（三）典型意义

本案系执行程序中贯彻《民法典》精神，适用《民法典》规则的典型案例。《民法典》第1145条规定，继承开始后，遗嘱执行人为遗产管理人；没有遗嘱执行人的，继承人应当及时推选遗产管理人；继承人未推选的，由继承人共同担任遗产管理人。《民法典》第1147条规定，遗产管理人的职责包括清理遗产并制作遗产清单，向继承人报告遗产情况，采取必要措施防止遗产毁损、灭失，处理被继承人的债权债务，按照遗嘱或者依照法律规定分割遗产，实施与管理遗产有关的其他必要行为。《民法典》所确立的遗产管理人制度，明确了执行依据确定的债务人死亡后，其继承人尚未继承遗产时，继承人作为遗产管理人可以成为被执行人，但执行中仅能执行被继承人的遗产，不能直接执行遗产管理人的自有财产清偿债务。

195.4.2　遗产管理人有权主张被继承人的合同权利

裁判来源：徐某芬诉林某、东莞长旺公司房屋买卖合同纠纷案——中国法学会案例法学研究会、广东省高级人民法院联合发布第五批10个粤港澳大湾区跨境纠纷典型案例之十

（一）基本案情

2013年12月11日，在东莞长旺公司的居间介绍下，香港居民李某和向广西居民林某购买位于东莞市樟木头镇某商铺，由东莞长旺公司代表林某与李某和签订一份《长旺地产房屋买卖合同》。2014年2月13日，林某

与李某和、东莞长旺公司签订《买卖协议》，约定林某以公证委托形式出售案涉商铺，自林某收到房款 17 万元之日起物业产权归李某和所有。当日，林某在东莞市东部公证处签署了《委托书》，全权委托李某和办理案涉商铺查档、出租、出售、签署房地产买卖合同及收取售房款等相关手续，委托期限从委托书签署之日起至上述事项办妥之日止。李某和付清全部购房款，但未办理过户手续，案涉商铺至今仍登记在林某名下。2017 年 6 月 2 日，李某和在香港去世后，其配偶香港居民徐某芬提起诉讼，请求广西居民林某、东莞长旺公司协助办理案涉商铺房地产权转移登记手续。

（二）裁判结果

东莞市第三人民法院一审判决驳回徐某芬的诉讼请求。东莞市中级人民法院二审认为，徐某芬提交了继承遗产声明书、死亡证明、结婚证书、李某和父母的死亡证明以及香港法院颁发的遗产管理人任命书，可以证明徐某芬系李某和的遗产管理人。徐某芬作为李某和的遗产管理人，权利和义务应依据香港法律确定。依据查明的香港法律，徐某芬具有提起本案诉讼的主体资格。李某和与林某、东莞长旺公司三方在《买卖协议》中明确林某以公证委托形式出售案涉商铺，林某按约办理了公证委托手续，并交付案涉商铺，林某在履行合同过程中不存在违约的情形。李某和生前未办理案涉商铺产权转移登记手续，但其要取得案涉商铺的所有权的合同目的并未改变。故改判林某、东莞长旺公司协助办理商铺房地产权转移登记手续。

（三）典型意义

人民法院依照香港法律确认遗产管理人身份，保护香港居民在内地的财产权益。

196. 另行指定遗产管理人

196.1 法律条文

第一百九十六条 被指定的遗产管理人死亡、终止、丧失民事行为能力或者存在其他无法继续履行遗产管理职责情形的，人民法院可以根据利害关系人或者本人的申请另行指定遗产管理人。

196.2 条文阐释

本条规定了第一类另行指定遗产管理人的情形。因客观原因导致的不能继续履行遗产管理人职责的情形。该情形是指被指定的遗产管理人死亡、丧失行为能力或者存在其他无法继续履行遗产管理职责的情形。此种情形并非由于原遗产管理人履行职责不利而导致的。

196.3 司法适用

在实际适用该条过程中，应当注意以下几点：

第一，另行指定遗产管理人的管辖法院仍然是原指定遗产管理人的法院。

第二，在被指定的遗产管理人死亡、丧失行为能力或者存在其他无法继续履行遗产管理职责情形下，利害关系人或者本人都可以向作出指定的人民法院申请另行指定遗产管理人；但在被指定的遗产管理人违反遗产管理职责，严重侵害继承人受遗赠人、债权人合法权益的情形下，只能由利害关系人向作出指定的人民法院申请撤销遗产管理人资格，并另行指定遗产管理人。本人并不享有此情形下的申请权。

第三，本条所指“利害关系人”与本法其他法条所称“利害关系人”具有语义上的一致性。所谓有利害关系，是指涉案遗产的处理结果会影响其在法律上的利益。对此，应当着重与本法所指“其他利害关系”与“其他关系”相区分。比如，本法第47条关于审判人员回避的规定中不仅提到了“利害关系”，还提到了“有其他利害关系”和“其他关系”。应当将三者加以区分。“有其他利害关系”是指与审判人员等有亲密的同学、朋友、恋爱或者直接的上下级等关系。而“其他关系”则不仅限于“有无法律上的利害关系”。比如，当事人与法官之间存在隔阂等关系。此两种关系均非本条所指“利害关系人”中的“利害关系”。一言以蔽之，“利害关系”仅属于“法律上利益”的范畴。

196.4 相关规范性文件

《中华人民共和国民法典》（中华人民共和国主席令第45号，自2021年1月1日起施行）

第一千一百四十五条 继承开始后，遗嘱执行人为遗产管理人；没有遗嘱执行人的，继承人应当及时推选遗产管理人；继承人未推选的，由继承人共同担任遗产管理人；没有继承人或者继承人均放弃继承的，由被继承人生前住所地的民政部门或者村民委员会担任遗产管理人。

第一千一百四十六条 对遗产管理人的确定有争议的，利害关系人可以向人民法院申请指定遗产管理人。

第一千一百四十七条 遗产管理人应当履行下列职责：

（一）清理遗产并制作遗产清单；

（二）向继承人报告遗产情况；

（三）采取必要措施防止遗产毁损、灭失；

（四）处理被继承人的债权债务；

（五）按照遗嘱或者依照法律规定分割遗产；

（六）实施与管理遗产有关的其他必要行为。

第一千一百四十八条 遗产管理人应当依法履行职责，因故意或者重大过失造成继承人、受遗赠人、债权人损害的，应当承担民事责任。

第一千一百四十九条 遗产管理人可以依照法律规定或者按照约定获得报酬。

最高人民法院《关于适用〈中华人民共和国民事诉讼法〉的解释》（法释〔2022〕11号，自2022年4月10日起施行）

第三百七十二条 适用特别程序作出的判决、裁定，当事人、利害关系人认为有错误的，可以向作出该判决、裁定的人民法院提出异议。人民法院经审查，异议成立或者部分成立的，作出新的判决、裁定撤销或者改变原判决、裁定；异议不成立的，裁定驳回。

对人民法院作出的确认调解协议、准许实现担保物权的裁定，当事人有异议的，应当自收到裁定之日起十五日内提出；利害关系人有异议的，自知道或者应当知道其民事权益受到侵害之日起六个月内提出。

最高人民法院《关于民事执行中变更、追加当事人若干问题的规定》（法释〔2020〕21号，自2021年1月1日起施行）

第二条　作为申请执行人的自然人死亡或被宣告死亡，该自然人的遗产管理人、继承人、受遗赠人或其他因该自然人死亡或被宣告死亡依法承受生效法律文书确定权利的主体，申请变更、追加其为申请执行人的，人民法院应予支持。

作为申请执行人的自然人被宣告失踪，该自然人的财产代管人申请变更、追加其为申请执行人的，人民法院应予支持。

第十条　作为被执行人的自然人死亡或被宣告死亡，申请执行人申请变更、追加该自然人的遗产管理人、继承人、受遗赠人或其他因该自然人死亡或被宣告死亡取得遗产的主体为被执行人，在遗产范围内承担责任的，人民法院应予支持。

作为被执行人的自然人被宣告失踪，申请执行人申请变更该自然人的财产代管人为被执行人，在代管的财产范围内承担责任的，人民法院应予支持。

196.5　典型案例

196.5.1　申请人申请费用完全可通过执行程序得以清偿的，无须另行指定遗产管理人

裁判来源：施某元与卢某明等申请指定遗产管理人特别程序案——上海市浦东新区人民法院民事判决书，(2023) 鄂0115民特616号

法院认为：法律规定，遗产是公民死亡时遗留的个人合法财产。继承开始后，按照法定继承办理；有遗嘱的，按照遗嘱继承或者遗赠办理；有遗赠抚养协议的，按照协议办理。本案中，卢某为于2021年1月14日去世，卢某为的法定第一顺序继承人为四被申请人，四被申请人均未放弃对卢某为的遗产继承。在（2021）沪0115民初111650号案件中四被申请人已对卢某为的部分遗产进行了继承，该案目前已进入执行程序。申请人要求指定四被申请人作为卢某为遗产管理人目的是实现其合法权益，且申请人就（2021）沪0115民初53234号案件已向法院申请执行，四被申请人均系执行案件的被执行人，本院亦查封了浦东新区××路××弄××号××

室房屋，申请人的15万元律师费完全可通过执行程序得以清偿，无须另行指定遗产管理人。

196.5.2 法院可以判决由数人共同担任遗产管理人

裁判来源： 赵某姒与赵某瑜等申请指定遗产管理人特别程序案——上海市普陀区人民法院民事判决书，(2023) 沪0107民特595号

法院认为： 对遗产管理人的确定有争议的，利害关系人可以向人民法院申请指定遗产管理人。遗产管理人应当履行法定职责，采取妥善措施防止遗产灭失、损毁。现申请人与被申请人协商一致，同意共同担任遗产管理人，符合法律规定，本院予以支持。据此，依照《民法典》第1145条、第1146条之规定，判决如下：指定赵某姒、赵某瑜、赵某波共同担任赵某的遗产管理人。

197. 撤销遗产管理人资格

197.1 法律条文

第一百九十七条 遗产管理人违反遗产管理职责，严重侵害继承人、受遗赠人或者债权人合法权益的，人民法院可以根据利害关系人的申请，撤销其遗产管理人资格，并依法指定新的遗产管理人。

197.2 条文阐释

本条规定了第二类另行指定遗产管理人的情形。因被指定的遗产管理人违反遗产管理职责而导致的另行指定遗产管理人的情形。此种情形下，并非由于原遗产管理人客观上不能履行遗产管理人职责，而是其履行职责不当，即存在严重侵害继承人受遗赠人、债权人合法权益的行为。

197.3 司法适用

在实际适用该条过程中，应当注意以下几点：

第一，另行指定遗产管理人的管辖法院仍然是原指定遗产管理人的

法院。

第二，在被指定的遗产管理人死亡、丧失行为能力或者存在其他无法继续履行遗产管理职责情形下，利害关系人或者本人都可以向作出指定的人民法院申请另行指定遗产管理人；但在被指定的遗产管理人违反遗产管理职责，严重侵害继承人受遗赠人、债权人合法权益的情形下，只能由利害关系人向作出指定的人民法院申请撤销遗产管理人资格，并另行指定遗产管理人。本人并不享有此情形下的申请权。

第三，本条所指“利害关系人”与本法其他法条所称“利害关系人”具有语义上的一致性。所谓有利害关系，是指涉案遗产的处理结果会影响其在法律上的利益。对此，应当着重与本法所指“其他利害关系”与“其他关系”相区分。比如，本法第 47 条关于审判人员回避的规定中不仅提到了“利害关系”，还提到了“有其他利害关系”和“其他关系”。应当将三者加以区分。“有其他利害关系”是指与审判人员等有亲密的同学、朋友、恋爱或者直接的上下级等关系。而“其他关系”则不仅限于“有无法律上的利害关系”。比如，当事人与法官之间存在隔阂等关系。此两种关系均非本条所指“利害关系人”中的“利害关系”。一言以蔽之，“利害关系”仅属于“法律上利益”的范畴。

197.4 相关规范性文件

《中华人民共和国民法典》（中华人民共和国主席令第 45 号，自 2021 年 1 月 1 日起施行）

第一千一百四十五条 继承开始后，遗嘱执行人为遗产管理人；没有遗嘱执行人的，继承人应当及时推选遗产管理人；继承人未推选的，由继承人共同担任遗产管理人；没有继承人或者继承人均放弃继承的，由被继承人生前住所地的民政部门或者村民委员会担任遗产管理人。

第一千一百四十六条 对遗产管理人的确定有争议的，利害关系人可以向人民法院申请指定遗产管理人。

第一千一百四十七条 遗产管理人应当履行下列职责：

（一）清理遗产并制作遗产清单；

（二）向继承人报告遗产情况；

（三）采取必要措施防止遗产毁损、灭失；

（四）处理被继承人的债权债务；

（五）按照遗嘱或者依照法律规定分割遗产；

（六）实施与管理遗产有关的其他必要行为。

第一千一百四十八条 遗产管理人应当依法履行职责，因故意或者重大过失造成继承人、受遗赠人、债权人损害的，应当承担民事责任。

第一千一百四十九条 遗产管理人可以依照法律规定或者按照约定获得报酬。

最高人民法院《关于适用〈中华人民共和国民事诉讼法〉的解释》（法释〔2022〕11号，自2022年4月10日起施行）

第三百七十二条 适用特别程序作出的判决、裁定，当事人、利害关系人认为有错误的，可以向作出该判决、裁定的人民法院提出异议。人民法院经审查，异议成立或者部分成立的，作出新的判决、裁定撤销或者改变原判决、裁定；异议不成立的，裁定驳回。

对人民法院作出的确认调解协议、准许实现担保物权的裁定，当事人有异议的，应当自收到裁定之日起十五日内提出；利害关系人有异议的，自知道或者应当知道其民事权益受到侵害之日起六个月内提出。

最高人民法院《关于民事执行中变更、追加当事人若干问题的规定》（法释〔2020〕21号，自2021年1月1日起施行）

第二条 作为申请执行人的自然人死亡或被宣告死亡，该自然人的遗产管理人、继承人、受遗赠人或其他因该自然人死亡或被宣告死亡依法承受生效法律文书确定权利的主体，申请变更、追加其为申请执行人的，人民法院应予支持。

作为申请执行人的自然人被宣告失踪，该自然人的财产代管人申请变更、追加其为申请执行人的，人民法院应予支持。

第十条 作为被执行人的自然人死亡或被宣告死亡，申请执行人申请变更、追加该自然人的遗产管理人、继承人、受遗赠人或其他因该自然人死亡或被宣告死亡取得遗产的主体为被执行人，在遗产范围内承担责任的，人民法院应予支持。

作为被执行人的自然人被宣告失踪，申请执行人申请变更该自然人的财产代管人为被执行人，在代管的财产范围内承担责任的，人民法院应予支持。

197.5　典型案例

197.5.1　各方权益可通过目前已提起的诉讼解决的，法院不支持指定遗产管理人的申请

裁判来源：张某、吴某1等申请指定遗产管理人特别程序案——宁波市海曙区人民法院民事判决书，(2022) 浙0203民特103号

法院认为：《民法典》第1147条规定了遗产管理人的职责，如采取必要措施防止遗产毁损、灭失，按照遗嘱或者依照法律规定分割遗产等与管理遗产有关的其他必要行为。诉争位于海曙区南苑街127弄114号208室的房产的所有权份额存在争议，遗产范围尚需通过诉讼确定，故本案遗产范围目前并不明确；申请人张某、吴某1已提起继承诉讼，案涉遗产的继承已经开始，在所有权份额确定后，各申请人对案涉房产的权利可以通过继承诉讼完成，且吴某2目前实际居住在案涉房产中，案涉遗产不存在损毁灭失等需要指定遗产管理人进行管理的迫切情况。综上，本案不具备指定遗产管理人的法定条件，也不具备指定遗产管理人的客观必要性，各方权益可通过目前已提起的诉讼解决，故对指定遗产管理人的申请，不予支持。

197.5.2　当事人双方就案涉遗嘱的效力、遗产的管理和分配均存有较大争议，且属于其他民事权益纠纷的，法院应当终结指定遗产管理人程序

裁判来源：朱某武、朱某香等遗产管理纠纷指定遗产管理人特别程序案——湖南省永兴县人民法院民事裁定书，(2022) 湘1023民特27号

法院认为：人民法院在适用特别程序审理案件过程中，发现本案属于民事权益争议的，应当裁定终结特别程序，并告知利害关系人可以另行起诉。本案庭审查明申请人和被申请人均为案涉遗产的继承人，双方就案涉遗嘱的效力、遗产的管理和分配均存有较大争议，属于其他民事权益纠纷，根据法律规定，依法应当裁定终结特别程序，申请人可另行主张权利。

第五节 认定公民无民事行为能力、限制民事行为能力案件

198. 管辖与申请

198.1 法律条文

第一百九十八条 申请认定公民无民事行为能力或者限制民事行为能力，由利害关系人或者有关组织向该公民住所地基层人民法院提出。

申请书应当写明该公民无民事行为能力或者限制民事行为能力的事实和根据。

198.2 条文阐释

认定公民无民事行为能力或限制民事行为能力案件，是指人民法院根据利害关系人的申请，对不能辨认或者不能完全辨认自己行为的精神病人，依照法定程序，认定并宣告该公民为无民事行为能力人或者限制民事行为能力人的案件。

根据我国《民法典》的规定，具有完全民事行为能力的人可以从事所有的、合法的民事法律行为；限制民事行为能力人只能从事一定范围内的民事法律行为，超过范围的行为不具有法律效力；无民事行为能力人因不具有民事行为能力，则不能从事民事法律行为。

审理确认公民无民事行为能力、限制民事行为能力案件的法院接到申请书后即进行审查，对于符合条件的予以受理；对于不符合条件的，则要求申请人限期补正，若申请人在限期内补正的则予以受理，否则裁定不予受理。法院在审理认定公民无民事行为能力或限制民事行为能力的申请后，对于一般的案件，由审判员一人独任审理，但对于重大疑难案件应当由审判员组成合议庭进行审理。

申请认定公民无民事行为能力、限制民事行为能力，应具备下列条件：

（1）被申请人必须是已成年的确因精神病或其他疾病而全部或部分丧失民事行为能力的公民。

（2）申请主体必须是被申请人的利害关系人。利害关系人包括近亲属和其他利害关系人。近亲属包括配偶、父母、子女、兄弟姐妹、祖父母、外祖父母、孙子女、外孙子女。其他利害关系人，是指近亲属以外的，与精神病人关系密切的其他亲属、朋友，愿意承担监护责任，经精神病人所在单位或者所在居民委员会、村民委员会同意。

（3）形式上必须书面提出申请。申请书应当写明：申请人的姓名、性别、年龄、住址，与认定为无民事行为能力或者限制民事行为能力人的关系，被申请人认定为无民事行为能力或者限制民事行为能力人的姓名、性别、年龄、住址，该公民无民事行为能力或者限制民事行为能力的事实和根据。如果有医院出具诊断证明或者鉴定结论的，也应当一并提交给人民法院。

（4）须向有管辖权的法院提出。申请应当向被申请人住所地的基层人民法院提出。

人民法院对利害关系人的申请应当审查，对于符合条件且手续完备的申请，人民法院应当受理；对于不符合条件且不能补正的申请，予以驳回。

198.3 司法适用

在申请宣告公民无民事行为能力等特别程序案件中，关于是否允许当事人提出管辖权异议，司法实践中存在两种主要观点：

观点一认为，在特别程序案件中可以提起管辖权异议。根据《民事诉讼法》第184条规定："人民法院审理选民资格案件、宣告失踪或者宣告死亡案件、认定公民无民事行为能力或者限制民事行为能力案件、认定财产无主案件、确认调解协议案件和实现担保物权案件，适用本章规定。本章没有规定的，适用本法和其他法律的有关规定。"这一观点的支持者认为，由于本法并未明确禁止在这类案件中提出管辖权异议。因此，在特别程序案件中，申请人可以提出管辖权异议。

观点二认为，在特别程序案件中不能提起管辖权异议。这一观点的支持者认为，立法本意是要求以便捷、高效的方式处理这类案件。因此，不应该允许当事人提出管辖权异议，如果当事人对管辖权存在争议，人民法院应当自行审查，并在审查中确定本院是否具备管辖权。如果本院发现自己无管辖权，应当依法将案件移送给有管辖权的法院处理。

以上两种观点代表了不同的解释和立场，关于特别程序案件中管辖权异议的问题的最终解决，可能需要更多的法律研究和司法实践的指导。

198.4 相关规范性文件

《中华人民共和国民法典》（中华人民共和国主席令第 45 号，自 2021 年 1 月 1 日起施行）

第十七条 十八周岁以上的自然人为成年人。不满十八周岁的自然人为未成年人。

第十八条 成年人为完全民事行为能力人，可以独立实施民事法律行为。

十六周岁以上的未成年人，以自己的劳动收入为主要生活来源的，视为完全民事行为能力人。

第十九条 八周岁以上的未成年人为限制民事行为能力人，实施民事法律行为由其法定代理人代理或者经其法定代理人同意、追认；但是，可以独立实施纯获利益的民事法律行为或者与其年龄、智力相适应的民事法律行为。

第二十条 不满八周岁的未成年人为无民事行为能力人，由其法定代理人代理实施民事法律行为。

第二十一条 不能辨认自己行为的成年人为无民事行为能力人，由其法定代理人代理实施民事法律行为。

八周岁以上的未成年人不能辨认自己行为的，适用前款规定。

第二十二条 不能完全辨认自己行为的成年人为限制民事行为能力人，实施民事法律行为由其法定代理人代理或者经其法定代理人同意、追认；但是，可以独立实施纯获利益的民事法律行为或者与其智力、精神健康状况相适应的民事法律行为。

第二十三条 无民事行为能力人、限制民事行为能力人的监护人是其法定代理人。

第二十四条 不能辨认或者不能完全辨认自己行为的成年人，其利害关系人或者有关组织，可以向人民法院申请认定该成年人为无民事行为能力人或者限制民事行为能力人。

被人民法院认定为无民事行为能力人或者限制民事行为能力人的，经本人、利害关系人或者有关组织申请，人民法院可以根据其智力、精神健康恢复的状况，认定该成年人恢复为限制民事行为能力人或者完全民事行为能力人。

本条规定的有关组织包括：居民委员会、村民委员会、学校、医疗机构、妇女联合会、残疾人联合会、依法设立的老年人组织、民政部门等。

最高人民法院《关于适用〈中华人民共和国民事诉讼法〉的解释》（法释〔2022〕11号，自2022年4月10日起施行）

第三百四十七条 在诉讼中，当事人的利害关系人或者有关组织提出该当事人不能辨认或者不能完全辨认自己的行为，要求宣告该当事人无民事行为能力或者限制民事行为能力的，应由利害关系人或者有关组织向人民法院提出申请，由受诉人民法院按照特别程序立案审理，原诉讼中止。

198.5 典型案例

198.5.1 二审法院认为一审法院针对宣告公民行为能力案件，提出管辖权异议申请予以受理并作出裁定不当的，应予纠正

裁判来源：刘某桥与郝某尔认定公民无民事行为能力、限制行为能力上诉案——广东省深圳市中级人民法院民事裁定书，（2017）粤03民辖终4214号

法院认为：本案系认定公民无民事行为能力、限制行为能力案件，依照法律规定应适用特别程序进行审理，实行一审终审。法律设定专门章节规范该类案件的处理，其目的在于对法律事实或者权利的实际状态进行确认，而非解决当事人之间实体或者程序上的争议。如属于民事权益争议的，可依法另行起诉。而管辖权争议属于当事人对程序问题的争议，不应在特别程序案件中解决，故该类案件当事人不享有提出管辖权异议的权利。一审法院针对刘某桥提出的管辖权异议申请予以受理并作出裁定不当，应予纠正。

199. 医学鉴定

199.1 法律条文

第一百九十九条 人民法院受理申请后，必要时应当对被请求认定为无民事行为能力或者限制民事行为能力的公民进行鉴定。申请人已提供鉴定意见的，应当对鉴定意见进行审查。

199.2 条文阐释

人民法院受理利害关系人的申请后，如果被申请人不是公众知道的精神病人，必要时应当对被请求认定无民事行为能力或者限制民事行为能力的公民进行司法精神病学鉴定或者医学诊断鉴定。如果申请人已提供鉴定结论的，应当对鉴定结论进行审查，对鉴定结论有怀疑的，可以重新鉴定。

199.3 相关规范性文件

《司法鉴定程序通则》（中华人民共和国司法部令第132号，自2016年5月1日起施行）

第二十五条 鉴定过程中，需要对无民事行为能力人或者限制民事行为能力人进行身体检查的，应当通知其监护人或者近亲属到场见证；必要时，可以通知委托人到场见证。

对被鉴定人进行法医精神病鉴定的，应当通知委托人或者被鉴定人的近亲属或者监护人到场见证。

对需要进行尸体解剖的，应当通知委托人或者死者的近亲属或者监护人到场见证。

到场见证人员应当在鉴定记录上签名。见证人员未到场的，司法鉴定人不得开展相关鉴定活动，延误时间不计入鉴定时限。

199.4 典型案例

199.4.1 对于亟须裁判结果的申请宣告公民无民事行为能力案件，应迅速启动司法鉴定程序，缩短行为能力鉴定时间

裁判来源：王某莉申请认定王某军无民事行为能力案——天津市高级人民法院发布11起老年人权益保护典型案例之七

典型意义：本案系人民法院推动解决老年人“急难愁盼”问题的典型案例。本案中，王某军已年近七十，因患脑梗处于住院昏迷状态，生命危在旦夕，亟须用钱接受治疗，人民法院坚持“快速处理、高效办结”原则，迅速确定解决方案，开辟绿色通道，协调鉴定单位加快鉴定进度，高效推进案件进展，将通常需要至少一个月的行为能力鉴定时间大幅缩短。本案从立案、鉴定到审结，仅用时9天，以办案加速度提升老年人权益司法保护力度。判决生效后，王某军的配偶作为监护人，顺利取出保险收益，及时为王某军进行了医疗救治。

199.4.2 鉴定机构出具不予受理通知书的，应当认定为申请人的申请没有事实根据，对申请人的申请请求不予支持

裁判来源：暴某与杨某华申请宣告公民无民事行为能力案——北京市东城区人民法院民事判决书，(2021) 京0101民特39号

法院认为：人民法院受理请求认定公民无民事行为能力或者限制民事行为能力案件后，必要时应当对被请求认定为无民事行为能力或者限制民事行为能力的公民进行鉴定。经审理认定申请有事实根据的，判决该公民为无民事行为能力或者限制民事行为能力人；认定申请没有事实根据的，应当判决予以驳回。本案中，报北京市高级人民法院摇号确定的司法鉴定单位向本院出具《不予受理通知书》，内容为：“2021年2月3日，本所鉴定人召集申请人及被申请人现场确认送鉴材料，申请人暴某对北京市朝阳区第三医院住院病历不认可。且经审查，本案属于疑难、复杂鉴定案件，本机构技术条件和鉴定能力尚不能完成本案鉴定委托。根据《司法鉴定程序通则》第15条第5款等规定，我所决定不予受理。”应当认定为申请人的申请没有事实根据，故对申请人的申请请求，本院不予支持。

199.4.3 脑梗死患者无须鉴定程序，可直接依法宣告为无民事行为能力

裁判来源：吴某1与吴某认定自然人无民事行为能力、限制民事行为能力案——北京市海淀区人民法院民事判决书，(2021）京0108民特141号

法院认为：北京市中关村医院于2021年1月20日出具疾病诊断书，载明：吴某达。建议：患者脑梗死，目前右侧肢体偏瘫，言语不利，长期卧床，需要长期照护。根据北京市中关村医院的疾病诊断书以及相关证据能够确认，吴某达因疾病导致生活不能自理，无法独立实施民事法律行为，不具有民事行为能力，依法应宣告其无民事行为能力。

200. 代理人、审理与判决

200.1 法律条文

第二百条 人民法院审理认定公民无民事行为能力或者限制民事行为能力的案件，应当由该公民的近亲属为代理人，但申请人除外。近亲属互相推诿的，由人民法院指定其中一人为代理人。该公民健康情况许可的，还应当询问本人的意见。

人民法院经审理认定申请有事实根据的，判决该公民为无民事行为能力或者限制民事行为能力人；认定申请没有事实根据的，应当判决予以驳回。

200.2 条文阐释

对于审理认定公民无民事行为能力或者限制民事行为能力的案件，应当由被申请人以外的该公民的近亲属作为代理人。无法确定代理人的由人民法院指定。同时要在条件允许的情况下结合该公民本人的意见。为被申请认定为无民事行为能力或者限制民事行为能力的公民确定代理人，并由代理人实施诉讼行为的目的在于在同为被认定公民近亲属的代理人和申请人之间形成相互监督关系，以保证被认定人的合法权利。此外，因为被要

求认定为无民事行为能力或者限制民事行为能力的公民身体和精神不正常的事实、状态和原因涉及个人隐私的范畴，所以，人民法院审理时通常不宜公开进行。

在认定公民无民事行为能力、限制行为能力案件中，确定被申请人的代理人对于程序的进行和保护被申请人的合法权益非常重要。无论被申请是否有近亲属，人民法院都应当为其指定代理人。

人民法院经过审理，认为申请认定该公民为无民事行为能力、限制民事行为能力人是没有事实根据的，应当判决予以驳回。人民法院经审理认为申请是有事实根据的，应当判决该公民为无民事行为能力或者限制民事行为能力人。公民无民事行为能力或者限制民事行为能力的时间从判决生效之日开始，判决生效以前公民所为的行为，其效力不受判决的影响。

判决认定公民无民事行为能力或者限制民事行为能力之后，一般需要为该公民确定监护人，确定监护人事项按照《民法典》第 28 条的规定处理。在司法适用时需要注意，认定公民无民事行为能力、限制行为能力案件中，在确定被申请人的代理人时，同样应按照《民法典》规定的顺位进行，只有前一顺位的人不存在时，才可以从后一顺序的人或组织中选任代理人。

200.3　相关规范性文件

《中华人民共和国民法典》（中华人民共和国主席令第 45 号，自 2021 年 1 月 1 日起施行）

第二十八条　无民事行为能力或者限制民事行为能力的成年人，由下列有监护能力的人按顺序担任监护人：

（一）配偶；

（二）父母、子女；

（三）其他近亲属；

（四）其他愿意担任监护人的个人或者组织，但是须经被监护人住所地的居民委员会、村民委员会或者民政部门同意。

最高人民法院《关于适用〈中华人民共和国民事诉讼法〉的解释》（法释〔2022〕11 号，自 2022 年 4 月 10 日起施行）

第三百四十九条　被指定的监护人不服居民委员会、村民委员会或者民政部门指定，应当自接到通知之日起三十日内向人民法院提出异议。经审理，认为指定并无不当的，裁定驳回异议；指定不当的，判决撤销指定，同时另行指定监护人。判决书应当送达异议人、原指定单位及判决指定的监护人。

有关当事人依照民法典第三十一条第一款规定直接向人民法院申请指定监护人的，适用特别程序审理，判决指定监护人。判决书应当送达申请人、判决指定的监护人。

第三百五十条 申请认定公民无民事行为能力或者限制民事行为能力的案件，被申请人没有近亲属的，人民法院可以指定经被申请人住所地的居民委员会、村民委员会或者民政部门同意，且愿意担任代理人的个人或者组织为代理人。

没有前款规定的代理人的，由被申请人住所地的居民委员会、村民委员会或者民政部门担任代理人。

代理人可以是一人，也可以是同一顺序中的两人。

201. 原判决的撤销

201.1 法律条文

第二百零一条 人民法院根据被认定为无民事行为能力人、限制民事行为能力人本人、利害关系人或者有关组织的申请，证实该公民无民事行为能力或者限制民事行为能力的原因已经消除的，应当作出新判决，撤销原判决。

201.2 条文阐释

认定公民无民事行为能力、限制民事行为能力，是指人民法院根据一定的法律事实，通过法律程序，确认某个公民没有或者已经完全丧失民事行为能力或者不具有完全民事行为能力。公民被宣告为无民事行为能力人或者限制民事行为能力人后，经过治疗，病情痊愈，精神恢复正常，能够判断自己行为的后果，清醒地处理自己的事务，就意味着造成其无民事行为能力或者限制民事行为能力的原因已经消灭。在这种情况下，人民法院可根据被认定为无民事行为能力人、限制民事行为能力人或者他的监护人的申请，在证实该公民无民事行为能力或者限制民事行为能力的原因已经消除后，应当作出与客观实际相吻合的新判决，撤销原判决，在法律上恢复该公民的民事行为能力，同时撤销对他的监护。判决一经宣告，立即发生法律效力。

根据本条规定，申请认定公民无民事行为能力或者限制民事行为能力，应当由其近亲属、利害关系人或者有关组织向该公民住所地的基层人民法院提出。利害关系人包括：（1）公民的配偶或者其他近亲属；（2）被认定无民事行为能力人或者限制民事行为能力人的债权人、债务人等。有关组织包括居民委员会、村民委员会、学校、医疗机构、妇女联合会、残疾人联合会、依法设立的老年人组织、民政部门等。

201.3　司法适用

申请人在向法院申请撤销无民事行为能力人、限制民事行为能力认定的判决时，应当以书面形式向人民法院提出申请。申请书应当写明该公民无民事行为能力或者限制民事行为能力的事实和根据，即该公民的精神健康状况，丧失行为能力或者部分丧失行为能力的原因及其表现，是否经医疗诊断以及医生对该公民病情的诊断情况等，都应当在申请书中具体写明。

201.4　相关规范性文件

《中华人民共和国民法典》（中华人民共和国主席令第45号，自2021年1月1日起施行）

第二十四条　不能辨认或者不能完全辨认自己行为的成年人，其利害关系人或者有关组织，可以向人民法院申请认定该成年人为无民事行为能力人或者限制民事行为能力人。

被人民法院认定为无民事行为能力人或者限制民事行为能力人的，经本人、利害关系人或者有关组织申请，人民法院可以根据其智力、精神健康恢复的状况，认定该成年人恢复为限制民事行为能力人或者完全民事行为能力人。

本条规定的有关组织包括居民委员会、村民委员会、学校、医疗机构、妇女联合会、残疾人联合会、依法设立的老年人组织、民政部门等。

201.5 典型案例

201.5.1 公民民事权利能力发生变化的，公民本人有权请求法院作出撤销原无民事行为能力人、限制民事行为能力认定的判决

裁判来源：赵某1与赵某2申请认定公民无民事行为能力、限制民事行为能力案——北京市顺义区人民法院民事判决书，（2022）京0113民特32号

法院认为：《民事诉讼法》第197条规定，人民法院根据被认定为无民事行为能力人、限制民事行为能力人本人、利害关系人或者有关组织的申请，证实该公民无民事行为能力或者限制民事行为能力的原因已经消除的，应当作出新判决，撤销原判决。赵某1作为利害关系人，有权提出本案申请，根据本案鉴定机构作出的法大［2022］精鉴字第172号《司法鉴定意见书》，结论为赵某2系限制民事行为能力，现赵某2的民事行为能力已经发生变化，故赵某1要求撤销（2021）京0113民特22号民事判决具有事实与法律依据。

第六节 认定财产无主案件

202. 管辖与申请书

202.1 法律条文

第二百零二条 申请认定财产无主，由公民、法人或者其他组织向财产所在地基层人民法院提出。

申请书应当写明财产的种类、数量以及要求认定财产无主的根据。

202.2　条文阐释

认定财产无主案件，是指人民法院根据公民、法人或者其他组织的申请，依照法定程序，将某项归属不明的财产认定为无主财产，并将其判给国家或者集体所有的案件。人民法院通过对认定财产无主案件的审理，可将确认的无主财产有所归属，使之物尽其用，有利于对社会财富的保护和利用，促进民事流转。

202.3　司法适用

在办理认定财产无主案件时应注意相关的适用条件与情形。

首先，认定财产无主须同时符合以下几个条件：（1）必须是有形财产。（2）财产权利主体不明或不存在。（3）财产没有所有人或所有人不明的状态持续满法定期间。（4）须由申请人提出书面申请，由法院审理认定。（5）由财产所在地基层人民法院管辖。其次，财产权利主体不明或不存在的情形：（1）财产的所有人不存在，或者无法确定谁是财产的所有人。（2）属于所有人不明的埋藏物或者隐藏物。（3）拾得的遗失物、漂流物、失散的饲养动物，均无人认领。（4）有关部门限一定期限招领但无人认领的遗失物、赃款、赃物。（5）无人继承的财产。最后，法院在适用有关情形时需要注意个案的具体情况，灵活把握，避免机械适用。

203. 公告和判决

203.1　法律条文

第二百零三条　人民法院受理申请后，经审查核实，应当发出财产认领公告。公告满一年无人认领的，判决认定财产无主，收归国家或者集体所有。

203.2 条文阐释

法院立案受理后，应发出财产认领公告，寻找该财产的所有人。公告应当写明申请人的姓名或名称、住所，财产的种类、数量、形状，公告期间以及寻找财产所有人认领财产的意旨。公告期间为1年。公告期间，该项财产处于无主状态，人民法院可根据财产的具体情况指定专人进行管理。

203.3 司法适用

（1）公告期间内，如果有人对该项财产提出所有权请求，法院应对其请求进行审查。审查认为该项请求成立，应作出判决，驳回认定财产无主的申请，终结特别程序并通知原主认领；认为该项请求不能成立，则裁定予以驳回，按照认定财产无主的特别程序继续审理。

（2）公告期间届满，仍无人认领的，或申请认领的请求不能成立的，法院应作出判决认定该项财产无主，视不同情况收归国家或集体所有。判决送达后，立即发生法律效力，不得上诉。对占有该财产的，责令非法占有人交出财产，拒不交出的，应当强制执行。

（3）在公告期间，如果有人对财产主张权利并形成权利归属争议的，人民法院应当裁定终结特别程序，告知申请人另行起诉，适用普通程序审理。

203.4 相关规范性文件

《中华人民共和国民法典》（中华人民共和国主席令第45号，自2021年1月1日起施行）

第三百一十四条 拾得遗失物，应当返还权利人。拾得人应当及时通知权利人领取，或者送交公安等有关部门。

第三百一十五条 有关部门收到遗失物，知道权利人的，应当及时通知其领取；不知道的，应当及时发布招领公告。

第三百一十六条 拾得人在遗失物送交有关部门前，有关部门在遗失物被领取前，应当妥善保管遗失物。因故意或者重大过失致使遗失物毁损、灭失的，应当承担民事责任。

第三百一十七条　权利人领取遗失物时，应当向拾得人或者有关部门支付保管遗失物等支出的必要费用。

权利人悬赏寻找遗失物的，领取遗失物时应当按照承诺履行义务。

拾得人侵占遗失物的，无权请求保管遗失物等支出的费用，也无权请求权利人按照承诺履行义务。

第三百一十八条　遗失物自发布招领公告之日起一年内无人认领的，归国家所有。

第三百一十九条　拾得漂流物、发现埋藏物或者隐藏物的，参照适用拾得遗失物的有关规定。法律另有规定的，依照其规定。

最高人民法院《关于适用〈中华人民共和国民事诉讼法〉的解释》（法释〔2022〕11号，自2022年4月10日起施行）

第三百四十八条　认定财产无主案件，公告期间有人对财产提出请求的，人民法院应当裁定终结特别程序，告知申请人另行起诉，适用普通程序审理。

203.5　典型案例

203.5.1　为有效防止损失和风险持续增大，公告期间可以提前拍卖无主财产，拍卖所得价款在扣除相关费用后，余款收归国家所有

裁判来源：温州海事局申请认定财产无主案——宁波海事法院民事判决书，（2016）浙72民特728号

裁判要旨：宁波海事法院立案受理后，发出财产认领公告。2016年12月28日，温州海事局提出申请，称船舶及船载油品长期存放，将持续发生保管费用，存在较多风险，要求提前拍卖或变卖无名船舶及船载油品。宁波海事法院于2017年1月5日作出（2016）浙72民特728号民事裁定予以准许。涉案无名船舶拍卖成交后，在温州海事局的监督下进行了拆解处理。公告期满后，因无人认领，宁波海事法院于2017年12月25日作出（2016）浙72民特728号民事判决：温州海事局于2016年10月20日发现搁浅在温州瓯越大桥下游潜坝并于次日经救助脱浅的无名船舶1艘及船载油品169吨为无主财产，拍卖所得价款合计731,000元在扣除公告、评估以及为保存、拍卖该无名船舶及船载油品产生的费用后，余款收归国家

所有。

203.5.2 经公告被收归为国家或者集体所有的无主财产，继承人以外的对被继承人尽了主要扶养义务的人，有权向人民法院主张对该财产的所有权

裁判来源：陈某锡申请认定财产无主案——载《最高人民法院公报》1995年第4期

裁判要旨：法院依照《民事诉讼法》第175条的规定，于1994年4月18日在该院公告栏及上述财产所在地发出认领该财产的公告，法定公告期为1年。公告期届满，上述财产无人认领。上海市杨浦区人民法院认为，位于该市河间路323弄12号前半间约7平方米房屋确属无主财产，依法应收归国家或者集体所有。鉴于申请人陈某锡对原房屋所有人陈某妹生前尽了主要扶养义务，依照《继承法》第14条关于“继承人以外的对被继承人扶养较多的人，可以分给他们适当的遗产”的规定，应当从该无主财产中分给陈某锡适当的财产。但是，该无主财产价值不大，收归国家或集体所有无多大实际意义。因而，申请人陈某锡要求将上述无主财产归其所有，符合法律规定，对此应予支持。据此，该院于1995年8月4日判决如下：上海市河间路323弄12号前半间房屋归陈某锡所有。

203.5.3 公告期间届满无人认领的财产，与原财产人生前签订房屋买卖合同并向国家履行其支付剩余房款义务的申请人，系争房屋可归其所有

裁判来源：赵某舟、赵某宝等申请认定财产无主特别程序案——上海市浦东新区人民法院民事判决书，(2018)沪0115民特105号

裁判要旨：法律规定公民合法的民事权益受法律保护。张某巍生前是系争房屋唯一、合法的安置人，现并无证据证明其在与三申请人签订系争房产买卖合同时为无民事行为能力或限制民事行为能力人，故其有权依法对系争房屋作出处分。张某巍生前与三申请人为系争房屋签订的买卖合同系双方真实的意思表示，并无违法之处，张某巍生前依法已经完成的签约行为，不应因张某巍的死亡而归于无效，故该合同合法有效。现由于出售人张某巍的死亡导致该合同无法继续履行，应保护已经按约履行了给付相当部分房款的、并无过错的三申请人的合法权益。现查明张某巍生前未婚、无子女、无继承人，法院针对其遗产的一年公告期间已经届满，上述财产

仍然无人认领。按照我国《继承法》的规定，无人继承又无人受遗赠的遗产，本应该归国家所有，三申请人与张某巍关于系争房屋的买卖合同已经部分得到了履行，基于此，现三申请人要求按照与张某巍签订的房屋买卖合同向国家履行其支付剩余房款的义务，系争房屋归三申请人所有，该请求既未损害国家利益、社会公共利益和第三人的利益，也未违反法律、行政法规的强制性规定，合理合法，予以准许。

204. 认定财产无主判决的撤销

204.1　法律条文

第二百零四条　判决认定财产无主后，原财产所有人或者继承人出现，在民法典规定的诉讼时效期间可以对财产提出请求，人民法院审查属实后，应当作出新判决，撤销原判决。

204.2　条文阐释

人民法院根据申请人的申请，法院通过判决的方式认定无主财产，只是对财产无主的一种法律推定。因此，在判决认定财产无主后，可能会存在这种推定与实际不符的情况，即原财产所有人或者其继承人可能出现。

204.3　司法适用

（1）原财产所有人或者继承人在规定的诉讼时效期间内，可以对财产提出请求，人民法院审查属实后，应当作出新判决，撤销原判决。

（2）诉讼时效期间为 2 年，即原财产所有人或者其继承人从知道或者应当知道人民法院判决认定财产无主之日起，必须在 2 年内行使请求权，申请法院撤销原判决，作出新判决。

（3）超过 2 年诉讼时效期间，原财产所有人或者继承人请求返还财产的，不予保护。

（4）原判决被撤销以后，根据原判决被国家或者集体取得的财产，应当返还原物主。原财产尚存的，应当返还原财产；原财产不存在的，可以返还同类财产或者作价赔偿。

204.4 相关规范性文件

《中华人民共和国民法典》（中华人民共和国主席令第45号，自2021年1月1日起施行）

第三百一十二条 所有权人或者其他权利人有权追回遗失物。该遗失物通过转让被他人占有的，权利人有权向无处分权人请求损害赔偿，或者自知道或者应当知道受让人之日起二年内向受让人请求返还原物；但是，受让人通过拍卖或者向具有经营资格的经营者购得该遗失物的，权利人请求返还原物时应当支付受让人所付的费用。权利人向受让人支付所付费用后，有权向无处分权人追偿。

204.5 典型案例

204.5.1 非继承人仅以对原财产所有人晚年尽养老送终义务、应分得遗产为由申请撤销认定财产无主的，法院不予支持

裁判来源：王某太申请撤销认定财产无主案——北京市东城区人民法院民事判决书，（2019）京0101民特1424号

法院认为：根据相关法律规定，判决认定财产无主后，原财产所有人或者继承人出现，在民法通则规定的诉讼时效期间可以对财产提出请求，人民法院审查属实后，应当作出新判决，撤销原判决。本案中，王某太本人不是白某的法定继承人，王某太之母白某1先于白某死亡，王某太不是白某的代位继承人或转继承人，亦无证据显示其是白某的遗嘱继承人。现王某太仅以对白某晚年尽养老送终义务、应分得遗产为由申请撤销认定财产无主，不符合相关法律规定，对其申请请求，本院不予支持。

第七节 确认调解协议案件

205. 申请条件

205.1 法律条文

第二百零五条 经依法设立的调解组织调解达成调解协议，申请司法确认的，由双方当事人自调解协议生效之日起三十日内，共同向下列人民法院提出：

（一）人民法院邀请调解组织开展先行调解的，向作出邀请的人民法院提出；

（二）调解组织自行开展调解的，向当事人住所地、标的物所在地、调解组织所在地的基层人民法院提出；调解协议所涉纠纷应当由中级人民法院管辖的，向相应的中级人民法院提出。

205.2 条文阐释

确认调解协议程序，是指调解当事人申请法院就调解协议进行审查确认其法律效力的一种非讼程序。这种程序也是一种司法确认程序。替代性纠纷解决方式（ADR），又称诉讼外纠纷解决方式或非诉讼纠纷解决方式，调解作为一种常见的纠纷解决方式是替代性纠纷解决方式最重要的组成部分，通过司法确认程序可以为调解制度赋予法律效力和强制执行力。

205.3 司法适用

申请司法确认调解协议应具备下列条件：

（1）须由双方当事人共同提出申请。一方当事人提出申请，另一方当事人表示同意的，视为共同申请。当事人在向法院提交由委托人签名或者盖章的授权委托书的情况下，可以由当事人的委托代理人代为申请。

（2）必须在法定期间内提出申请。双方当事人申请司法确认调解协议，应当在调解协议生效之日起30日内提出。

（3）须向有管辖权的人民法院提出申请。司法确认案件的管辖法院为当事人住所地、标的物所在地、调解组织所在地的基层人民法院。调解协议所涉纠纷应当由中级人民法院管辖的，向相应的中级人民法院提出。当然，这种规定并不排除双方当事人在不违反专属管辖的前提下进行协议管辖。

（4）当事人应提交的材料有：司法确认申请书、调解协议和身份证明、资格证明，以及与调解协议相关的财产权利证明等证明材料，并提供双方当事人的送达地址、电话号码等联系方式。

205.4 相关规范性文件

《中华人民共和国人民调解法》（中华人民共和国主席令第34号，自2011年1月1日起施行）

第三十三条 经人民调解委员会调解达成调解协议后，双方当事人认为有必要的，可以自调解协议生效之日起三十日内共同向人民法院申请司法确认，人民法院应当及时对调解协议进行审查，依法确认调解协议的效力。

人民法院依法确认调解协议有效，一方当事人拒绝履行或者未全部履行的，对方当事人可以向人民法院申请强制执行。

人民法院依法确认调解协议无效的，当事人可以通过人民调解方式变更原调解协议或者达成新的调解协议，也可以向人民法院提起诉讼。

最高人民法院《关于适用〈中华人民共和国民事诉讼法〉的解释》（法释〔2022〕11号，自2022年4月10日起施行）

第三百五十一条 申请司法确认调解协议的，双方当事人应当本人或者由符合民事诉讼法第六十一条规定的代理人依照民事诉讼法第二百零一条的规定提出申请。

第三百五十二条 调解组织自行开展的调解，有两个以上调解组织参与的，符合民事诉讼法第二百零一条规定的各调解组织所在地人民法院均有管辖权。

双方当事人可以共同向符合民事诉讼法第二百零一条规定的其中一个有管辖权的人民法院提出申请；双方当事人共同向两个以上有管辖权的人民法院提出申请的，由最先立案的人民法院管辖。

第三百五十三条　当事人申请司法确认调解协议，可以采用书面形式或者口头形式。当事人口头申请的，人民法院应当记入笔录，并由当事人签名、捺印或者盖章。

第三百五十四条　当事人申请司法确认调解协议，应当向人民法院提交调解协议、调解组织主持调解的证明，以及与调解协议相关的财产权利证明等材料，并提供双方当事人的身份、住所、联系方式等基本信息。

当事人未提交上述材料的，人民法院应当要求当事人限期补交。

最高人民法院《关于人民调解协议司法确认程序的若干规定》（法释〔2011〕5号，自2011年3月30日起施行）

第一条　当事人根据《中华人民共和国人民调解法》第三十三条的规定共同向人民法院申请确认调解协议的，人民法院应当依法受理。

第二条　当事人申请确认调解协议的，由主持调解的人民调解委员会所在地基层人民法院或者它派出的法庭管辖。

人民法院在立案前委派人民调解委员会调解并达成调解协议，当事人申请司法确认的，由委派的人民法院管辖。

第三条　当事人申请确认调解协议，应当向人民法院提交司法确认申请书、调解协议和身份证明、资格证明，以及与调解协议相关的财产权利证明等证明材料，并提供双方当事人的送达地址、电话号码等联系方式。委托他人代为申请的，必须向人民法院提交由委托人签名或者盖章的授权委托书。

205.5　典型案例

205.5.1　具有确认调解协议管辖权的法院由于特殊原因不宜作为管辖法院的，应裁定由其他法院管辖

裁判来源：曹某1诉曹某2等法定继承纠纷申请确认人民调解协议效力案——北京市第二中级人民法院民事裁定书，（2018）京02民辖29号

法院认为：北京市东城区人民法院经审查认为，因调解组织北京市东城区人民调解协会诉前人民调解委员会所在地为北京市东城区，故北京市东城区人民法院对本案具有管辖权，但因申请人曹某1系北京市东城区人民法院干警关某之配偶，北京市东城区人民法院不能行使管辖权。

北京市第二中级人民法院认为，本案当事人曹某1系北京市东城区人

民法院干警关某之配偶，鉴于上述特殊原因，北京市东城区人民法院不宜作为本案的管辖法院，裁定本案由北京市西城区人民法院审理。

206. 审查和裁定

206.1 法律条文

第二百零六条 人民法院受理申请后，经审查，符合法律规定的，裁定调解协议有效，一方当事人拒绝履行或者未全部履行的，对方当事人可以向人民法院申请执行；不符合法律规定的，裁定驳回申请，当事人可以通过调解方式变更原调解协议或者达成新的调解协议，也可以向人民法院提起诉讼。

206.2 条文阐释

人民法院在收到当事人司法确认申请后，应当对确认申请进行审查。对于符合人民法院不受理司法确认申请情形，人民法院应当在3日内作出不予受理的决定，并及时向当事人送达不予受理通知书。对于经审查认为符合条件决定受理的，及时向当事人送达受理通知书。双方当事人同时到法院申请司法确认的，人民法院可以当即受理。一方当事人到法院申请司法确认的，人民法院应当通知该当事人，征得另一方当事人同意后再申请确认。

审查方式以形式审查和有限的实体审查相结合，也就是书面审查和庭审结合的审查原则。人民法院受理司法确认申请后，应当指定一名审判人员对调解协议进行审查。对于案情复杂或者涉案标的额较大的案件，应当通知双方当事人到庭进行询问，采取必要的实质审查和证据调查。经审查，符合司法确认调解协议法定条件的，法院将依法裁定调解协议有效。

206.3 司法适用

在司法实践中，个别案件的双方当事人伪造案件证据或恶意隐瞒案件事实，向法院起诉后迅速达成调解，骗取法院出具调解文书，并以此达到损害案外人的目的，此种情形被称之为虚假诉讼。调解以不损害案外人的利益为前提，是诚实信用原则的具体要求，能够有效避免案外人因调解损害其合法权益后提起撤销之诉。此外，在诉讼调解程序中对案外人合法利益的关注，有助于实现诉讼调解执行的效率性，维护司法权威与公正。

206.4　相关规范性文件

最高人民法院《关于适用〈中华人民共和国民事诉讼法〉的解释》(法释〔2022〕11号，自2022年4月10日起施行)

第三百五十五条　当事人申请司法确认调解协议，有下列情形之一的，人民法院裁定不予受理：

（一）不属于人民法院受理范围的；

（二）不属于收到申请的人民法院管辖的；

（三）申请确认婚姻关系、亲子关系、收养关系等身份关系无效、有效或者解除的；

（四）涉及适用其他特别程序、公示催告程序、破产程序审理的；

（五）调解协议内容涉及物权、知识产权确权的。

人民法院受理申请后，发现有上述不予受理情形的，应当裁定驳回当事人的申请。

第三百五十六条　人民法院审查相关情况时，应当通知双方当事人共同到场对案件进行核实。

人民法院经审查，认为当事人的陈述或者提供的证明材料不充分、不完备或者有疑义的，可以要求当事人限期补充陈述或者补充证明材料。必要时，人民法院可以向调解组织核实有关情况。

第三百五十七条　确认调解协议的裁定作出前，当事人撤回申请的，人民法院可以裁定准许。

当事人无正当理由未在限期内补充陈述、补充证明材料或者拒不接受询问的，人民法院可以按撤回申请处理。

第三百五十八条　经审查，调解协议有下列情形之一的，人民法院应当裁定驳回申请：

（一）违反法律强制性规定的；

（二）损害国家利益、社会公共利益、他人合法权益的；

（三）违背公序良俗的；

（四）违反自愿原则的；

（五）内容不明确的；

（六）其他不能进行司法确认的情形。

最高人民法院《关于人民调解协议司法确认程序的若干规定》（法释〔2011〕5号，自2011年3月30日起施行）

第四条 人民法院收到当事人司法确认申请，应当在三日内决定是否受理。人民法院决定受理的，应当编立“调确字”案号，并及时向当事人送达受理通知书。双方当事人同时到法院申请司法确认的，人民法院可以当即受理并作出是否确认的决定。

有下列情形之一的，人民法院不予受理：

（一）不属于人民法院受理民事案件的范围或者不属于接受申请的人民法院管辖的；

（二）确认身份关系的；

（三）确认收养关系的；

（四）确认婚姻关系的。

第五条 人民法院应当自受理司法确认申请之日起十五日内作出是否确认的决定。因特殊情况需要延长的，经本院院长批准，可以延长十日。

在人民法院作出是否确认的决定前，一方或者双方当事人撤回司法确认申请的，人民法院应当准许。

第六条 人民法院受理司法确认申请后，应当指定一名审判人员对调解协议进行审查。人民法院在必要时可以通知双方当事人同时到场，当面询问当事人。当事人应当向人民法院如实陈述申请确认的调解协议的有关情况，保证提交的证明材料真实、合法。人民法院在审查中，认为当事人的陈述或者提供的证明材料不充分、不完备或者有疑义的，可以要求当事人补充陈述或者补充证明材料。当事人无正当理由未按时补充或者拒不接受询问的，可以按撤回司法确认申请处理。

第七条 具有下列情形之一的，人民法院不予确认调解协议效力：

（一）违反法律、行政法规强制性规定的；

（二）侵害国家利益、社会公共利益的；

（三）侵害案外人合法权益的；

（四）损害社会公序良俗的；

（五）内容不明确，无法确认的；

（六）其他不能进行司法确认的情形。

第八条　人民法院经审查认为调解协议符合确认条件的，应当作出确认决定书；决定不予确认调解协议效力的，应当作出不予确认决定书。

第九条　人民法院依法作出确认决定后，一方当事人拒绝履行或者未全部履行的，对方当事人可以向作出确认决定的人民法院申请强制执行。

第十条　案外人认为经人民法院确认的调解协议侵害其合法权益的，可以自知道或者应当知道权益被侵害之日起一年内，向作出确认决定的人民法院申请撤销确认决定。

第十一条　人民法院办理人民调解协议司法确认案件，不收取费用。

第十二条　人民法院可以将调解协议不予确认的情况定期或者不定期通报同级司法行政机关和相关人民调解委员会。

206.5　典型案例

206.5.1　调解协议符合司法确认调解协议法定条件的，法院将依法裁定调解协议有效

裁判来源：薛某与厨卫门市侵害外观设计专利权纠纷案——辽宁省高级人民法院发布2022年度知识产权司法保护十大案例之五

裁判要旨：薛某与厨卫门市侵害外观设计专利权纠纷经朝阳市知识产权局主持调解并达成调解协议后，共同向朝阳市中级人民法院提出司法确认调解协议申请。法院经审查认为，双方达成的调解协议符合司法确认调解协议的法定条件，依法裁定薛某与厨卫门市经朝阳市知识产权局主持调解达成的调解协议有效。

206.5.2　当事人达成的调解协议内容应以不损害案外人的权益为前提，人民法院确认调解协议内容时应当审查当事人的意见是否符合自愿原则

裁判来源：中大中方信控股有限公司与安徽凤阳毛山硫金矿业有限公

司等民间借贷纠纷案——陕西省西安市新城区人民法院民事判决书，(2019) 陕0102民初765号

裁判要旨：当事人达成的调解协议内容应以不损害案外人的权益为前提；人民法院确认调解协议内容时应当审查当事人的意见是否符合自愿原则；调解生效后，人民法院对已查封的房产执行时无须取得轮候查封人的同意。

206.5.3 当事人未在调解协议上签字，仅有其配偶在见证人处签字的，该调解协议没有法律约束力

裁判来源：张某英与陆某英、张某胡、张某儿、张某杰履行人民调解协议纠纷抗诉案——浙江省高级人民法院民事判决书，(2008) 浙民再抗字第66号

裁判要旨：经人民调解委员会调解达成的、有民事权利义务内容，并有双方当事人签字或者盖章的调解协议，具有民事合同性质。当事人应当按照约定履行自己的义务，不得擅自变更或者解除调解协议。由此可知，人民调解委员会出具的调解协议书有效的条件之一是当事人签字或盖章。夫妻家庭代理行为只针对日常家庭事务，不能针对诉讼行为或准诉讼行为，除非存在授权。当事人未在调解协议上签字或盖章，但在见证人处有其配偶签名的，不能以夫妻家庭代理行为为由认定是当事人的签名，该调解协议对当事人没有法律约束力。

206.5.4 人民调解协议经司法确认有效后，具有强制执行力

裁判来源：黄某成等申请确认调解协议案——上海市浦东新区人民法院民事判决书，(2011) 浦民一（民）调确字第1号

裁判要旨：人民调解协议经司法确认后将会产生两种不同的法律效果：第一，确认调解协议有效，赋予其强制执行力；第二，确认调解协议无效，即该协议不具有任何法律效力，当事人既可以重新达成调解协议，也可以直接就民事纠纷向人民法院提起诉讼。

206.5.5 调解协议签订并履行完毕后，当事人可以重大误解为由请求依法撤销该调解协议

裁判来源：杨某云诉李某华确认人民调解协议效力案——湖南省常德市中级人民法院民事判决书，(2012) 常民一终字第11号

裁判要旨： 根据最高人民法院《关于审理涉及人民调解协议的民事案件的若干规定》第1条规定，经人民调解委员会调解达成的、有民事权利义务内容，并由双方当事人签字或者盖章的调解协议，具有民事合同性质。当事人应当按照约定履行自己的义务，不得擅自变更或者解除调解协议。可知，当事人达成调解协议并履行完毕的行为系履行合同的行为，应受《合同法》调整。而《合同法》第54条第1款规定，因重大误解订立的合同，当事人一方有权请求人民法院或者仲裁机构变更或者撤销。因此，调解协议签订并履行完毕后，当事人仍然可以以重大误解为由，请求依法撤销该调解协议。

206.5.6　调解协议内容显失公平的，应当予以撤销

裁判来源： 谭某友诉滕某银确认赔偿协议无效案——四川省黔江地区中级人民法院民事判决书，(1995) 黔民终字第75号

法院认为： 梁平县柏家镇人民调解委员会所制作的《交通事故损害赔偿协议书》是在梁平县公安局对交通事故尚未作出认定，伍某某的伤情尚无好转，治疗情况、治疗费用和可能出现的伤残程度均不清楚的情况下，钟某某在伍某某处于昏迷，尚未得到伍某某授权和缺乏相关法律、法规知识的情况下与王某某签订的调解协议，该协议内容显失公平，应当予以撤销。伍某某请求予以撤销的上诉理由成立。原审判决适用法律不当。

第八节　实现担保物权案件

207. 申请条件

207.1　法律条文

第二百零七条　申请实现担保物权，由担保物权人以及其他有权请求实现担保物权的人依照民法典等法律，向担保财产所在地或者担保物权登记地基层人民法院提出。

207.2 条文阐释

实现担保物权案件，是指在债务人不履行债务时，担保物权人申请人民法院经过法定程序，通过将担保标的物折价、拍卖、变卖等方式，使其债权得到优先受偿的案件。实现担保物权的司法程序是一种非诉程序，该程序只是通过司法机关实现已担保的物权，而不涉及当事人之间关于担保物权的争议。人民法院在程序中，只是审查和执行机构，而不是裁判机构。

申请实现担保物权应当具有下列条件：

（1）须由具有法定资格的主体提出申请。有权申请人民法院实现担保物权的主体包括：①担保物权人——抵押权人、质权人、留置权人；②其他有权请求实现担保物权的人——抵押人、出质人、财产被留置的债务人或者所有权人等。

（2）须向有管辖权的人民法院提出申请。应当向担保财产所在地或者担保物权登记地基层人民法院提出。属于海事法院等专门人民法院管辖的，由专门人民法院管辖。实践中，对于担保物为多个且分散在数个法院辖区内的，如果各个法院都有管辖权的，申请人可以选择向其中一个有管辖权的法院提出申请。

207.3 司法适用

根据规定，请求实现担保物权的人向担保财产所在地或者担保物权登记地基层人民法院提出。司法实践中，对于质押中的权利质押，其标的为所有权以外的可让渡的财产权利，并非有形财产，自然也无财产所在地，一般应以财产权利登记地确定管辖法院。当然，也有人认为，对于这种情形，担保财产所在地就是权利凭证持有人所在地。而留置权属于法定担保物权，同时又属于非登记物权，故应以担保财产所在地确定管辖法院。此外，对于多个担保物分属几个法院辖区，或者担保物有多个登记地的情形，各个法院均有管辖权，申请人可向其中任意一个基层人民法院提出申请。

207.4 相关规范性文件

最高人民法院《关于适用〈中华人民共和国民事诉讼法〉的解释》（法释〔2022〕11号，自2022年4月10日起施行）

第三百五十九条 民事诉讼法第二百零三条规定的担保物权人，包括抵押权人、质权人、留置权人；其他有权请求实现担保物权的人，包括抵押人、出质人、财产被留置的债务人或者所有权人等。

第三百六十条 实现票据、仓单、提单等有权利凭证的权利质权案件，可以由权利凭证持有人住所地人民法院管辖；无权利凭证的权利质权，由出质登记地人民法院管辖。

第三百六十一条 实现担保物权案件属于海事法院等专门人民法院管辖的，由专门人民法院管辖。

第三百六十二条 同一债权的担保物有多个且所在地不同，申请人分别向有管辖权的人民法院申请实现担保物权的，人民法院应当依法受理。

第三百六十三条 依照民法典第三百九十二条的规定，被担保的债权既有物的担保又有人的担保，当事人对实现担保物权的顺序有约定，实现担保物权的申请违反该约定的，人民法院裁定不予受理；没有约定或者约定不明的，人民法院应当受理。

第三百六十四条 同一财产上设立多个担保物权，登记在先的担保物权尚未实现的，不影响后顺位的担保物权人向人民法院申请实现担保物权。

第三百六十五条 申请实现担保物权，应当提交下列材料：

（一）申请书。申请书应当记明申请人、被申请人的姓名或者名称、联系方式等基本信息，具体的请求和事实、理由；

（二）证明担保物权存在的材料，包括主合同、担保合同、抵押登记证明或者他项权利证书，权利质权的权利凭证或者质权出质登记证明等；

（三）证明实现担保物权条件成就的材料；

（四）担保财产现状的说明；

（五）人民法院认为需要提交的其他材料。

207.5 典型案例

207.5.1 海事法院虽然为中级人民法院，但其管辖一审海事海商案件及海事特别程序案件，因此行使着相当于基层人民法院的管辖职权

裁判来源：某港集装箱码头有限公司申请实现担保物权案——青岛海事法院发布2021年海事审判十大典型案例

法院认为：根据《民事诉讼法》规定，申请人应向担保财产所在地或者担保物权登记地基层人民法院提出申请实现担保物权。海事法院虽然为中级人民法院，但其管辖一审海事海商案件及海事特别程序案件，因此行使着相当于基层人民法院的管辖职权。为此，《最高人民法院关于适用〈中华人民共和国民事诉讼法〉的解释》特别作出规定，海事法院也具有实现担保物权案件管辖权。本案属于与港口作业相关的案件，属于海事法院管辖的，因此海事法院对此类实现担保物权案件有权管辖。

208. 审查和裁定

208.1 法律条文

第二百零八条 人民法院受理申请后，经审查，符合法律规定的，裁定拍卖、变卖担保财产，当事人依据该裁定可以向人民法院申请执行；不符合法律规定的，裁定驳回申请，当事人可以向人民法院提起诉讼。

208.2 条文阐释

人民法院审查后符合法律规定的，对于当事人对实现担保物权无实质性争议且实现担保物权条件成就的，裁定准许拍卖、变卖担保财产；若当事人对实现担保物权有部分实质性争议的，可以就无争议部分裁定准许拍卖、变卖担保财产。

208.3　司法适用

（1）若经人民法院审查，担保物权的实现不符合法律规定的，或者当事人对实现担保物权有实质性争议的，应裁定驳回申请。

（2）对于可能涉及与担保物权相关的民事争议，需要通过提起诉讼加以解决，这一诉讼并非针对该裁定的救济，而是针对担保物权实体权利争议事项本身的救济。

208.4　相关规范性文件

最高人民法院《关于适用〈中华人民共和国民事诉讼法〉的解释》（法释〔2022〕11号，自2022年4月10日起施行）

第三百六十六条　人民法院受理申请后，应当在五日内向被申请人送达申请书副本、异议权利告知书等文书。

被申请人有异议的，应当在收到人民法院通知后的五日内向人民法院提出，同时说明理由并提供相应的证据材料。

第三百六十七条　实现担保物权案件可以由审判员一人独任审查。担保财产标的额超过基层人民法院管辖范围的，应当组成合议庭进行审查。

第三百六十八条　人民法院审查实现担保物权案件，可以询问申请人、被申请人、利害关系人，必要时可以依职权调查相关事实。

第三百六十九条　人民法院应当就主合同的效力、期限、履行情况，担保物权是否有效设立、担保财产的范围、被担保的债权范围、被担保的债权是否已届清偿期等担保物权实现的条件，以及是否损害他人合法权益等内容进行审查。

被申请人或者利害关系人提出异议的，人民法院应当一并审查。

第三百七十条　人民法院审查后，按下列情形分别处理：

（一）当事人对实现担保物权无实质性争议且实现担保物权条件成就的，裁定准许拍卖、变卖担保财产；

（二）当事人对实现担保物权有部分实质性争议的，可以就无争议部分裁定准许拍卖、变卖担保财产；

（三）当事人对实现担保物权有实质性争议的，裁定驳回申请，并告知申请人向人民法院提起诉讼。

第三百七十一条 人民法院受理申请后，申请人对担保财产提出保全申请的，可以按照民事诉讼法关于诉讼保全的规定办理。

第三百七十二条 适用特别程序作出的判决、裁定，当事人、利害关系人认为有错误的，可以向作出该判决、裁定的人民法院提出异议。人民法院经审查，异议成立或者部分成立的，作出新的判决、裁定撤销或者改变原判决、裁定；异议不成立的，裁定驳回。

对人民法院作出的确认调解协议、准许实现担保物权的裁定，当事人有异议的，应当自收到裁定之日起十五日内提出；利害关系人有异议的，自知道或者应当知道其民事权益受到侵害之日起六个月内提出。

208.5 典型案例

208.5.1 申请特别程序实现担保物权案件中，必要时可以对非疑难、复杂的实体问题一并审查。申请人有权要求实现担保物权，就抵押物予以拍卖、变卖后就上述债权优先受偿

裁判来源：申请人淮安市恒通典当有限公司要求实现担保物权案——江苏省淮安市淮阳区人民法院民事裁定书，(2013) 淮商特字第1号

裁判要旨：申请特别程序实现担保物权案一般仅作形式审查，但实现担保物权之非讼程序兼交错适用诉讼法理是实务之需，如特别程序确认调解协议案件对其合法性等问题进行实体审查一样，其也可以适度地对有关担保物权存在与否及担保债权范围和数额、担保物权人对权利的处分等争议的非疑难、复杂的实体问题一并审查。法院裁定法律文书送达后立即执行符合实体法关于实现担保物权的要求。优先受偿权涉及诸多主体的权利和诸多实体问题，裁定就担保财产拍卖或变卖后申请人享有优先受偿权不具有普遍适用性，应慎重为之。

208.5.2 实现不动产担保物权特别程序具有非讼性，实行一审终审，如实现担保物权的条件成就，即可裁定对抵押财产进行拍卖或变卖

裁判来源：申请人河北信达担保投资有限公司与被申请人河北乾海房地产开发有限公司申请实现担保物权案——河北省黄骅市人民法院民事裁定书，(2014) 黄民特字第1号

法院认为：案涉借款合同、委托担保合同、抵押反担保合同合法有效。河北乾海房地产开发有限公司以其土地为反担保抵押物，并办理了登记，申请人河北信达担保投资有限公司已依约代河北中海钢管制造股份有限公司偿还刘某山借款，有权就反担保抵押土地优先受偿。河北省黄骅市人民法院于2014年5月4日作出（2014）黄民特字第1号民事裁定书：准予拍卖、变卖被申请人河北乾海房地产开发有限公司所有的土地，申请人河北信达担保投资有限公司对所得款项在被申请人担保范围内优先受偿。本裁定为终审裁定。

208.5.3　申请实现担保物权特别裁定生效后发现裁定确有错误的，应予撤销

裁判来源：郑某、魏某艳与缪某霞申请实现担保物权案——江苏省无锡市惠山区人民法院民事裁定书，（2020）苏0206民特监1号

法院认为：原申请人缪某霞于2019年3月25日提出的准许拍卖、变卖担保财产的申请，因双方对借款事实和履行情况存在实质性争议，不符合准许拍卖、变卖担保财产的法律规定，对其申请予以驳回，缪某霞的诉求应该通过诉讼程序予以解决。综上，本院作出的（2019）苏0206民特5号准许实现担保物权的民事裁定，应予撤销。

第十六章　审判监督程序

209. 法院决定再审

209.1　法律条文

第二百零九条　各级人民法院院长对本院已经发生法律效力的判决、裁定、调解书，发现确有错误，认为需要再审的，应当提交审判委员会讨论决定。

最高人民法院对地方各级人民法院已经发生法律效力的判决、裁定、调解书，上级人民法院对下级人民法院已经发生法律效力的判决、裁定、调解书，发现确有错误的，有权提审或者指令下级人民法院再审。

209.2　条文阐释

再审程序，是指法院对已经发生法律效力的判决、裁定，在符合法定的再审事由时，依据法定的程序对原审案件再次进行审理并作出裁判的一种特别救济程序。

法院提起再审的程序，因提起再审的具体主体不同而有所不同：

（1）本法院决定再审

各级人民法院院长对本院已经发生法律效力的判决、裁定、调解书，发现确有错误，认为需要再审的，应当提交审判委员会讨论决定，经过讨论认为确有错误、需要再审，且经审判委员会多数人表决同意的，才能决定再审。各级人民法院对同一案件进行再审的，只能再审一次。

（2）最高人民法院提审或者指令再审

最高人民法院是全国最高审判机关，也是地方各级人民法院的最高审判监督机关，有权对地方各级人民法院的裁判进行监督。最高人民法院对地方各级人民法院已经发生法律效力的判决、裁定，发现确有错误的，有权提审或者指令再审。提审，就是将地方各级人民法院作出生效裁判的案件提到最高人民法院，由最高人民法院亲自审理；指令再审，就是指令原审人民法院或者原审人民法院的上级人民法院对已经生效的案件进行再审。

（3）上级人民法院提审或者指令再审

上级人民法院对下级人民法院具有审判监督权，对于下级人民法院已经发生法律效力的判决、裁定，发现确有错误的，有权提审或者指令下级人民法院再审。上级人民法院指令再审的，应当指令原审人民法院再审。上级人民法院指令下级人民法院再审的，只能指令再审一次。上级人民法院认为下级人民法院作出的发生法律效力的再审判决、裁定需要再次进行再审的，上级人民法院应当依法提审。但是上级人民法院因下级人民法院违反法定程序而指令再审的，不受此限制。

209.3　司法适用

人民法院决定再审必须符合以下条件：（1）属于再审的客体。包括已经发生法律效力的判决、裁定、调解书。（2）已生效的判决、裁定、调解书必须确有错误。包括其在认定事实方面存在的错误，也包括在适用法律方面存在的错误。

209.4　相关规范性文件

最高人民法院《关于适用〈中华人民共和国民事诉讼法〉审判监督程序若干问题的解释》（法释〔2020〕20号，自2021年1月1日起施行）

第二十一条　当事人未申请再审、人民检察院未抗诉的案件，人民法院发现原判决、裁定、调解协议有损害国家利益、社会公共利益等确有错误情形的，应当依照民事诉讼法第一百九十八条的规定提起再审。

最高人民法院《关于民事审判监督程序严格依法适用指令再审和发回重审若干问题的规定》（法释〔2015〕7号，自2015年3月15日起施行）

第一条　上级人民法院应当严格依照民事诉讼法第二百条等规定审查当事人的再审申请，符合法定条件的，裁定再审。不得因指令再审而降低再审启动标准，也不得因当事人反复申诉将依法不应当再审的案件指令下级人民法院再审。

第二条 因当事人申请裁定再审的案件一般应当由裁定再审的人民法院审理。有下列情形之一的，最高人民法院、高级人民法院可以指令原审人民法院再审：

（一）依据民事诉讼法第二百条第（四）项、第（五）项或者第（九）项裁定再审的；

（二）发生法律效力的判决、裁定、调解书是由第一审法院作出的；

（三）当事人一方人数众多或者当事人双方为公民的；

（四）经审判委员会讨论决定的其他情形。

人民检察院提出抗诉的案件，由接受抗诉的人民法院审理，具有民事诉讼法第二百条第（一）至第（五）项规定情形之一的，可以指令原审人民法院再审。

人民法院依据民事诉讼法第一百九十八条第二款裁定再审的，应当提审。

第三条 虽然符合本规定第二条可以指令再审的条件，但有下列情形之一的，应当提审：

（一）原判决、裁定系经原审人民法院再审审理后作出的；

（二）原判决、裁定系经原审人民法院审判委员会讨论作出的；

（三）原审审判人员在审理该案件时有贪污受贿，徇私舞弊，枉法裁判行为的；

（四）原审人民法院对该案无再审管辖权的；

（五）需要统一法律适用或裁量权行使标准的；

（六）其他不宜指令原审人民法院再审的情形。

第四条 人民法院按照第二审程序审理再审案件，发现原判决认定基本事实不清的，一般应当通过庭审认定事实后依法作出判决。但原审人民法院未对基本事实进行过审理的，可以裁定撤销原判决，发回重审。原判决认定事实错误的，上级人民法院不得以基本事实不清为由裁定发回重审。

第五条 人民法院按照第二审程序审理再审案件，发现第一审人民法院有下列严重违反法定程序情形之一的，可以依照民事诉讼法第一百七十条第一款第（四）项的规定，裁定撤销原判决，发回第一审人民法院重审：

（一）原判决遗漏必须参加诉讼的当事人的；

（二）无诉讼行为能力人未经法定代理人代为诉讼，或者应当参加诉讼的当事人，因不能归责于本人或者其诉讼代理人的事由，未参加诉讼的；

（三）未经合法传唤缺席判决，或者违反法律规定剥夺当事人辩论权利的；

（四）审判组织的组成不合法或者依法应当回避的审判人员没有回避的；

（五）原判决、裁定遗漏诉讼请求的。

第六条 上级人民法院裁定指令再审、发回重审的，应当在裁定书中阐明指令再审或者发回重审的具体理由。

第七条 再审案件应当围绕申请人的再审请求进行审理和裁判。对方当事人在再审庭审辩论终结前也提出再审请求的，应一并审理和裁判。当事人的再审请求超出原审诉讼请求的不予审理，构成另案诉讼的应告知当事人可以提起新的诉讼。

第八条 再审发回重审的案件，应当围绕当事人原诉讼请求进行审理。当事人申请变更、增加诉讼请求和提出反诉的，按照《最高人民法院关于适用〈中华人民共和国民事诉讼法〉的解释》第二百五十二条的规定审查决定是否准许。当事人变更其在原审中的诉讼主张、质证及辩论意见的，应说明理由并提交相应的证据，理由不成立或证据不充分的，人民法院不予支持。

第九条 各级人民法院对民事案件指令再审和再审发回重审的审判行为，应当严格遵守本规定。违反本规定的，应当依照相关规定追究有关人员的责任。

第十条 最高人民法院以前发布的司法解释与本规定不一致的，不再适用。

209.5 典型案例

209.5.1 人民法院发现原判决、裁定、调解协议有损害国家利益、社会公共利益等确有错误情形的，应当启动再审程序

裁判来源：帅某文、会理市晨鑫矿业有限责任公司等股东资格确认纠

纷民事再审案——四川省凉山彝族自治州中级人民法院民事判决书，(2022) 川 34 民再 1 号

法院认为：调解协议是否损害国家利益、社会公共利益。本案原审第三人罗某彩因刑事犯罪，被判没收个人全部财产，判决已经生效。本案一审原民事调解过程中，在未对当事人提交的证据进行严格审查，而认定帅某文持有晨鑫公司 2% 的股权，可能导致国家对没收财产的减少，损害国家利益、社会公共利益。最高人民法院《关于适用〈中华人民共和国民事诉讼法〉审判监督程序若干问题的解释》第 21 条规定："当事人未申请再审、人民检察院未抗诉的案件，人民法院发现原判决、裁定、调解协议有损害国家利益、社会公共利益等确有错误情形的，应当依照民事诉讼法第一百九十八条的规定提起再审。"一审法院据此启动再审程序，对民事调解案件进入再审，符合法律规定。

210. 当事人申请再审

210.1 法律条文

第二百一十条 当事人对已经发生法律效力的判决、裁定，认为有错误的，可以向上一级人民法院申请再审；当事人一方人数众多或者当事人双方为公民的案件，也可以向原审人民法院申请再审。当事人申请再审的，不停止判决、裁定的执行。

210.2 条文阐释

当事人申请再审，是指当事人对已经发生法律效力的判决、裁定、调解书认为确有错误，请求人民法院对案件再次审理并加以改判的诉讼行为。当事人申请再审是引起审判监督程序发生的重要途径之一。申请再审是当事人享有的一项重要诉讼权利，有利于维护当事人的合法权益。

210.3　司法适用

当事人申请再审，必须符合下列条件：

（1）申请再审的对象。申请再审的对象必须是已经发生法律效力的判决、裁定、调解书。如果判决书、裁定书、调解书尚未发生效力，则只能通过其他途径解决。判决、裁定、调解书虽已生效，但属于法定不准提出申请再审的，当事人也不得申请再审。

（2）有法定的再审事由。当事人申请再审必须符合《民事诉讼法》第207条有关再审事由的规定。

（3）向有管辖权的法院申请再审。当事人申请再审，应当向原审人民法院或者上一级人民法院提出。当事人对已经发生法律效力的判决、裁定，认为有错误的，可以向上一级人民法院申请再审；当事人一方人数众多（包括公民、法人和其他组织）或者当事人双方为公民的案件，也可以向原审人民法院申请再审。当事人一方人数众多或者当事人双方为公民的案件，当事人分别向原审人民法院和上一级人民法院申请再审且不能协商一致的，由原审人民法院受理。

（4）向管辖法院提出相应材料。根据《民事诉讼法》第210条相关规定，当事人申请再审的，应当提交再审申请书等材料。

（5）在法定的期限内申请再审。当事人申请再审，应当在判定、裁定、调解书发生法律效力后6个月内提出。属于有新证据，足以推翻原判决、裁定的，原判决、裁定认定事实的主要证据是伪造的，据以作出原判决、裁定的法律文书被撤销或者变更的，审判人员审理该案件时有贪污受贿，徇私舞弊，枉法裁判行为这几种情形的，自知道或者应当知道之日起6个月内提出。

（6）不属于不得申请再审的案件范围。当事人对已经发生法律效力的解除婚姻关系的判决、调解书，不得申请再审。除此之外，不得申请再审的案件还包括：按照特别程序、督促程序、公示催告程序、企业破产程序以及其他按照非诉程序审理的案件；依照审判监督程序审理后维持原判的案件。

（7）再审申请的当事人。申请再审的人只能是原审案件的当事人。原审案件当事人死亡或者终止的，其权利义务承受人可以申请再审并参加再审诉讼。应当注意，原审中本应当作为当事人但没有列入的，也有资格申请再审，因为如果不能作为当事人申请再审，其权利便无法得到再审救济。在审查再审申请过程中，对方当事人也申请再审的，人民法院应当将其列为申请再审人，对其提出的再审申请一并审查。

210.4 相关规范性文件

最高人民法院《关于适用〈中华人民共和国民事诉讼法〉的解释》（法释〔2022〕11号，自2022年4月10日起施行）

第三百七十三条 当事人死亡或者终止的，其权利义务承继者可以根据民事诉讼法第二百零六条、第二百零八条的规定申请再审。

判决、调解书生效后，当事人将判决、调解书确认的债权转让，债权受让人对该判决、调解书不服申请再审的，人民法院不予受理。

第三百七十四条 民事诉讼法第二百零六条规定的人数众多的一方当事人，包括公民、法人和其他组织。

民事诉讼法第二百零六条规定的当事人双方为公民的案件，是指原告和被告均为公民的案件。

第三百七十七条 当事人一方人数众多或者当事人双方为公民的案件，当事人分别向原审人民法院和上一级人民法院申请再审且不能协商一致的，由原审人民法院受理。

第三百七十八条 适用特别程序、督促程序、公示催告程序、破产程序等非讼程序审理的案件，当事人不得申请再审。

第三百七十九条 当事人认为发生法律效力的不予受理、驳回起诉的裁定错误的，可以申请再审。

最高人民法院《关于加强和规范案件提级管辖和再审提审工作的指导意见》（法发〔2023〕13号）

第十五条 上级人民法院对下级人民法院已经发生法律效力的民事、行政判决、裁定，认为符合再审条件的，一般应当提审。

对于符合再审条件的民事、行政判决、裁定，存在下列情形之一的，最高人民法院、高级人民法院可以指令原审人民法院再审，或者指定与原审人民法院同级的其他人民法院再审，但法律和司法解释另有规定的除外：

（一）原判决、裁定认定事实的主要证据未经质证的；

（二）对审理案件需要的主要证据，当事人因客观原因不能自行收集，书面申请人民法院调查收集，人民法院未调查收集的；

（三）违反法律规定，剥夺当事人辩论权利的；

（四）发生法律效力的判决、裁定是由第一审法院作出的；

（五）当事人一方人数众多或者当事人双方均为公民的民事案件；

（六）经审判委员会讨论决定的其他情形。

第十六条 最高人民法院依法受理的民事、行政申请再审审查案件，除法律和司法解释规定应当提审的情形外，符合下列情形之一的，也应当裁定提审：

（一）在全国有重大影响的；

（二）具有普遍法律适用指导意义的；

（三）所涉法律适用问题在最高人民法院内部存在重大分歧的；

（四）所涉法律适用问题在不同高级人民法院之间裁判生效的同类案件存在重大分歧的；

（五）由最高人民法院提审更有利于案件公正审理的；

（六）最高人民法院认为应当提审的其他情形。

最高人民法院依职权主动发现地方各级人民法院已经发生法律效力的民事、行政判决、裁定确有错误，并且符合前款规定的，应当提审。

第十七条 高级人民法院对于本院和辖区内人民法院作出的已经发生法律效力的民事、行政判决、裁定，认为适用法律确有错误，且属于本意见第十六条第一款第一项至第五项所列情形之一的，经本院审判委员会讨论决定后，可以报请最高人民法院提审。

第十八条 高级人民法院报请最高人民法院再审提审的案件，应当向最高人民法院提交书面请示，请示应当包括以下内容：

（一）案件基本情况；

（二）本院再审申请审查情况；

（三）报请再审提审的理由；

（四）合议庭评议意见、审判委员会讨论意见；

（五）必要的案件材料。

第十九条 最高人民法院收到高级人民法院报送的再审提审请示及材料后，由立案庭编立“监”字号，转相关审判庭组成合议庭审查，并在三个月以内作出下述处理：

（一）符合提审条件的，作出提审裁定；

（二）不符合提审条件的，作出不同意提审的批复。

最高人民法院不同意提审的，应当在批复中说明意见和理由。

210.5 典型案例

210.5.1 当事人申请再审案件，应当围绕当事人的再审事由能否成立进行审查

裁判来源：陈某与陕西博鑫体育文化传播有限公司等公司解散纠纷案——最高人民法院民事裁定书，（2021）最高法民申6453号

法院认为：本案系当事人申请再审案件，应当围绕博鑫公司的再审事由能否成立进行审查，相应的审查重点为：博鑫公司提供的“新的证据”的证明力；陈某是否具有博鑫公司股东资格，可否行使提起公司解散之诉的股东权利；博鑫公司是否具备法定解散事由；二审程序是否有严重违法之处。

210.5.2 当事人申请再审应依法行使诉讼权利，不能越级申请。除非有法律或司法解释的明确规定，对于人民法院已生效的裁定，当事人无权申请再审

裁判来源：蒋某3诉蒋某2、蒋某1继承纠纷案——天津市高级人民法院民事裁定书，（2017）津民申1880号

法院认为：蒋某3诉蒋某1、蒋某2继承纠纷一案，一审判决后，蒋某1作为一审被告并未上诉，被申请人蒋某2上诉至天津市第一中级人民法院，二审期间蒋某2申请撤回上诉，天津市第一中级人民法院二审期间蒋某2申请撤回上诉，天津市一审判决即天津市和平区人民法院（2016）津01民初4086号民事判决遂生效。再审申请人蒋某1未对本案一审判决提起上诉，应视为其接受一审判决的结果。现又对天津市和平区人民法院（2016）津01民初4086号民事判决申请再审，根据《民事诉讼法》第199

条的规定，应向原审人民法院或其上一级人民法院即天津市第一中级人民法院申请再审，故本院对其该项再审申请不予审查。至于再审申请人对二审法院准许撤回上诉的裁定的异议，根据《最高人民法院关于适用〈中华人民共和国民事诉讼法〉的解释》第381条的规定，准许撤回上诉的裁定不属于可以申请再审的裁定的范围，故本院对于再审申请人的该项申请亦不予审查。

211. 再审理由

211.1 法律条文

第二百一十一条 当事人的申请符合下列情形之一的，人民法院应当再审：

（一）有新的证据，足以推翻原判决、裁定的；

（二）原判决、裁定认定的基本事实缺乏证据证明的；

（三）原判决、裁定认定事实的主要证据是伪造的；

（四）原判决、裁定认定事实的主要证据未经质证的；

（五）对审理案件需要的主要证据，当事人因客观原因不能自行收集，书面申请人民法院调查收集，人民法院未调查收集的；

（六）原判决、裁定适用法律确有错误的；

（七）审判组织的组成不合法或者依法应当回避的审判人员没有回避的；

（八）无诉讼行为能力人未经法定代理人代为诉讼或者应当参加诉讼的当事人，因不能归责于本人或者其诉讼代理人的事由，未参加诉讼的；

（九）违反法律规定，剥夺当事人辩论权利的；

（十）未经传票传唤，缺席判决的；

（十一）原判决、裁定遗漏或者超出诉讼请求的；

（十二）据以作出原判决、裁定的法律文书被撤销或者变更的；

（十三）审判人员审理该案件时有贪污受贿，徇私舞弊，枉法裁判行为的。

211.2 条文阐释

再审事由，是指法院决定对已生效判决、裁定的案件重新或者再次审理的事实和理由。对于当事人提出符合以上13项再审事由的，人民法院应当再审。再审事由的具体情形，参考最高人民法院《关于适用〈中华人民共和国民事诉讼法〉的解释》规定。

211.3 司法适用

再审案件通常涉及较为复杂的案情和人民群众切身利益，具有广泛深刻的社会影响性。适用相关再审事由处理个案时应当注重标准的统一性和公正性。为避免再审受到地域、社会关注度、其他因素等案外因素影响，一方面充分保障再审权利，另一方面严格再审标准，对滥用再审的相关人依法予以惩罚。

211.4 相关规范性文件

最高人民法院《关于适用〈中华人民共和国民事诉讼法〉的解释》（法释〔2022〕11号，自2022年4月10日起施行）

第三百八十条 当事人就离婚案件中的财产分割问题申请再审，如涉及判决中已分割的财产，人民法院应当依照民事诉讼法第二百零七条的规定进行审查，符合再审条件的，应当裁定再审；如涉及判决中未作处理的夫妻共同财产，应当告知当事人另行起诉。

第三百八十一条 当事人申请再审，有下列情形之一的，人民法院不予受理：

（一）再审申请被驳回后再次提出申请的；

（二）对再审判决、裁定提出申请的；

（三）在人民检察院对当事人的申请作出不予提出再审检察建议或者

抗诉决定后又提出申请的。

前款第一项、第二项规定情形，人民法院应当告知当事人可以向人民检察院申请再审检察建议或者抗诉，但因人民检察院提出再审检察建议或者抗诉而再审作出的判决、裁定除外。

第三百八十四条 人民法院受理申请再审案件后，应当依照民事诉讼法第二百零七条、第二百零八条、第二百一十一条等规定，对当事人主张的再审事由进行审查。

第三百八十五条 再审申请人提供的新的证据，能够证明原判决、裁定认定基本事实或者裁判结果错误的，应当认定为民事诉讼法第二百零七条第一项规定的情形。

对于符合前款规定的证据，人民法院应当责令再审申请人说明其逾期提供该证据的理由；拒不说明理由或者理由不成立的，依照民事诉讼法第六十八条第二款和本解释第一百零二条的规定处理。

第三百八十六条 再审申请人证明其提交的新的证据符合下列情形之一的，可以认定逾期提供证据的理由成立：

（一）在原审庭审结束前已经存在，因客观原因于庭审结束后才发现的；

（二）在原审庭审结束前已经发现，但因客观原因无法取得或者在规定的期限内不能提供的；

（三）在原审庭审结束后形成，无法据此另行提起诉讼的。

再审申请人提交的证据在原审中已经提供，原审人民法院未组织质证且未作为裁判根据的，视为逾期提供证据的理由成立，但原审人民法院依照民事诉讼法第六十八条规定不予采纳的除外。

第三百八十七条 当事人对原判决、裁定认定事实的主要证据在原审中拒绝发表质证意见或者质证中未对证据发表质证意见的，不属于民事诉讼法第二百零七条第四项规定的未经质证的情形。

第三百八十八条 有下列情形之一，导致判决、裁定结果错误的，应当认定为民事诉讼法第二百零七条第六项规定的原判决、裁定适用法律确有错误：

（一）适用的法律与案件性质明显不符的；

（二）确定民事责任明显违背当事人约定或者法律规定的；

（三）适用已经失效或者尚未施行的法律的；

（四）违反法律溯及力规定的；

（五）违反法律适用规则的；

（六）明显违背立法原意的。

第三百八十九条 原审开庭过程中有下列情形之一的，应当认定为民事诉讼法第二百零七条第九项规定的剥夺当事人辩论权利：

（一）不允许当事人发表辩论意见的；

（二）应当开庭审理而未开庭审理的；

（三）违反法律规定送达起诉状副本或者上诉状副本，致使当事人无法行使辩论权利的；

（四）违法剥夺当事人辩论权利的其他情形。

第三百九十条 民事诉讼法第二百零七条第十一项规定的诉讼请求，包括一审诉讼请求、二审上诉请求，但当事人未对一审判决、裁定遗漏或者超出诉讼请求提起上诉的除外。

第三百九十一条 民事诉讼法第二百零七条第十二项规定的法律文书包括：

（一）发生法律效力的判决书、裁定书、调解书；

（二）发生法律效力的仲裁裁决书；

（三）具有强制执行效力的公证债权文书。

第三百九十二条 民事诉讼法第二百零七条第十三项规定的审判人员审理该案件时有贪污受贿、徇私舞弊、枉法裁判行为，是指已经由生效刑事法律文书或者纪律处分决定所确认的行为。

第三百九十三条 当事人主张的再审事由成立，且符合民事诉讼法和本解释规定的申请再审条件的，人民法院应当裁定再审。

当事人主张的再审事由不成立，或者当事人申请再审超过法定申请再审期限、超出法定再审事由范围等不符合民事诉讼法和本解释规定的申请再审条件的，人民法院应当裁定驳回再审申请。

第四百二十条 必须共同进行诉讼的当事人因不能归责于本人或者其诉讼代理人的事由未参加诉讼的，可以根据民事诉讼法第二百零七条第八项规定，自知道或者应当知道之日起六个月内申请再审，但符合本解释第四百二十一条规定情形的除外。

人民法院因前款规定的当事人申请而裁定再审，按照第一审程序再审的，应当追加其为当事人，作出新的判决、裁定；按照第二审程序再审，经调解不能达成协议的，应当撤销原判决、裁定，发回重审，重审时应追加其为当事人。

第四百二十四条 对小额诉讼案件的判决、裁定，当事人以民事诉讼法第二百零七条规定的事由向原审人民法院申请再审的，人民法院应当受理。申请再审事由成立的，应当裁定再审，组成合议庭进行审理。作出的再审判决、裁定，当事人不得上诉。

当事人以不应按小额诉讼案件审理为由向原审人民法院申请再审的，人民法院应当受理。理由成立的，应当裁定再审，组成合议庭审理。作出的再审判决、裁定，当事人可以上诉。

212. 调解书再审

212.1 法律条文

第二百一十二条 当事人对已经发生法律效力的调解书，提出证据证明调解违反自愿原则或者调解协议的内容违反法律的，可以申请再审。经人民法院审查属实的，应当再审。

212.2 条文阐释

当事人对调解书申请再审必须符合的两种情形：一是有证据证明调解违反自愿原则，二是调解协议的内容违反法律。对于该两种情形，只要符合一种可申请再审。

当事人以违反自愿原则为理由对调解书申请再审，必须提供相应的证据予以证明，比如委托书的签署存在虚假或代理人缺乏授权，调解协议的签名虚假，法官强迫调解等事实证据。关于内容违反法律，则是以调解书作出时的法律法规的规定为依据，考察调解协议内容是否违反强制性规定，如果仅违反一般性规定的，不予再审。

应注意，根据《民事诉讼法》第212条的规定，对民事调解书申请再审仅限于上述两种情形，第211条规定的再审情形，是当事人不服判决、裁定申请再审的法定情形。因此，当事人仅根据《民事诉讼法》第211条规定的情形对民事调解书申请再审，法院将会驳回再审申请。

并非所有的调解书都可以申请再审，解除婚姻关系的调解书就不能申请再审。当事人对已经发生法律效力的解除婚姻关系的判决、调解书，不得申请再审。调解书有损害国家利益、社会公共利益等确有错误的情形，法院可以提起再审。

212.3 司法适用

实践中，除了当事人对调解书申请再审外，还会出现调解书侵害案外人利益的情况。根据《民事诉讼法》第238条和最高人民法院《关于适用〈中华人民共和国民事诉讼法〉的解释》第421条的规定，案外人对调解书涉及的执行标的有异议，认为侵害其民事权益的，在执行程序中，要首先提起执行异议，如果执行异议被裁定驳回，案外人可以申请再审。也就是说，案件进入执行程序后，案外人要先经过执行异议的前置程序之后才能申请再审。在司法实务中，关于案外人针对调解书的救济渠道，还需要注意以下两点：

（1）案外第三人对调解书不服，认为侵害其民事权益的，除了申请再审外，还可以根据最高人民法院《关于适用〈中华人民共和国民事诉讼法〉的解释》第290条的规定提起第三人撤销之诉，但是与申请再审程序，二者只能选其一。

（2）被遗漏的必要共同诉讼人对调解书申请再审的问题。被遗漏的必要共同诉讼人实际上相对于原审当事人来说也是案外人，但又不是第三人，因此不能提起第三人撤销之诉。如果案件进入执行程序，可以根据最高人民法院《关于适用〈中华人民共和国民事诉讼法〉的解释》第421条的规定先提出执行异议，然后再对调解书申请再审。如果案件没有进入执行程序，则根据最高人民法院《关于适用〈中华人民共和国民事诉讼法〉的解释》第 420 条第 1 款的规定，直接依据《民事诉讼法》第 211 条第 8 项的规定申请再审，此时则赋予了被遗漏的必要共同诉讼人的准当事人的诉讼权利。

212.4　相关规范性文件

最高人民法院《关于适用〈中华人民共和国民事诉讼法〉的解释》(法释〔2022〕11 号，自 2022 年 4 月 10 日起施行)

第三百八十二条　当事人对已经发生法律效力的调解书申请再审，应当在调解书发生法律效力后六个月内提出。

第四百二十条　必须共同进行诉讼的当事人因不能归责于本人或者其诉讼代理人的事由未参加诉讼的，可以根据民事诉讼法第二百零七条第八项规定，自知道或者应当知道之日起六个月内申请再审，但符合本解释第四百二十一条规定情形的除外。

人民法院因前款规定的当事人申请而裁定再审，按照第一审程序再审的，应当追加其为当事人，作出新的判决、裁定；按照第二审程序再审，经调解不能达成协议的，应当撤销原判决、裁定，发回重审，重审时应追加其为当事人。

第四百二十一条　根据民事诉讼法第二百三十四条规定，案外人对驳回其执行异议的裁定不服，认为原判决、裁定、调解书内容错误损害其民事权益的，可以自执行异议裁定送达之日起六个月内，向作出原判决、裁定、调解书的人民法院申请再审。

第四百二十二条　根据民事诉讼法第二百三十四条规定，人民法院裁定再审后，案外人属于必要的共同诉讼当事人的，依照本解释第四百二十条第二款规定处理。

案外人不是必要的共同诉讼当事人的，人民法院仅审理原判决、裁定、调解书对其民事权益造成损害的内容。经审理，再审请求成立的，撤销或者改变原判决、裁定、调解书；再审请求不成立的，维持原判决、裁定、调解书。

212.5 典型案例

212.5.1 授权委托书非当事人签字、诉讼代理人无权代理，据该调解协议作出的调解书违反自愿原则，可以申请再审

裁判来源：陈某、魏某珍与查某容、黄某娟等民间借贷纠纷再审案——重庆高级人民法院民事裁定书，(2020) 渝民再7号

法院认为：首先，重庆市第一中级人民法院（2015）渝一中法民初字第00519号民事调解书应被撤销。依照《民事诉讼法》第93条的规定“人民法院审理民事案件，根据当事人自愿的原则，在事实清楚的基础上，分清是非，进行调解。”结合本院再审中各方当事人的陈述、陈某举示的司法鉴定意见书以及2015年5月21日调解协议载明的当事人出庭情况，本案现有证据已能充分证明一审诉讼中的案涉民事委托书不是陈某签字，陈某未参与一审调解，也未委托诉讼代理人参与达成一审调解协议，一审法院据该调解协议作出的调解书违反了当事人自愿原则，应予以撤销。

212.5.2 调解协议损害了案外人合法利益的，协议内容违法，可以申请再审

裁判来源：李某先与龙山县房地产综合开发有限公司建设工程施工合同纠纷再审案——湖南省高级人民法院民事裁定书，(2019) 湘民再656号

法院认为：最高人民法院《关于人民法院民事调解工作若干问题的规定》第12条第2项规定：调解协议侵害案外人利益的，人民法院不予确认。根据已查明的事实，湘西州中院2012年12月12日组织双方当事人签订调解协议时，龙山房产公司和李某先已各自销售的房屋存在73套重复销售情况，而调解协议第1条对此重复销售行为予以确认，损害了案外人合法利益，协议内容违法，该院再审对此予以纠正符合法律规定。

213. 离婚判决不得再审

213.1　法律条文

第二百一十三条　当事人对已经发生法律效力的解除婚姻关系的判决、调解书，不得申请再审。

213.2　条文阐释

由于离婚涉及身份关系，解除婚姻关系的判决、调解书一旦发生效力，则夫妻关系及相关权利义务随之消失，因此，法律规定不可申请再审。

213.3　司法适用

本条规定不得再审的内容仅是针对婚姻关系而言的。在法院的司法实践中，如果当事人认为生效判决关于财产分割问题有错误，或者对涉子女抚养问题有不服的，可以向上一级人民法院提起再审申请。人民法院会依照《民事诉讼法》第 211 条的规定进行审查，符合再审条件的，立案审理，但如涉及判决中未作处理的夫妻共同财产，当事人应另行起诉。亦即，当事人已经丧失了申请再审的利益，意图通过审判监督程序推翻原判没有纠纷解决的必要性与实效性。如果允许法院启动再审推翻原判，可能涉及当事人再婚后的身份关系处理问题，甚至会引起刑事上的重婚认定问题。若当事人真有破镜重圆的意思，完全可以通过重新申请婚姻登记的方式再度缔结良缘。

213.4　典型案例

213.4.1　对于已经发生法律效力的解除婚姻关系的判决中所涉子女抚养权问题，可以申请再审

裁判来源：李某某诉范某离婚纠纷案——广东省高级人民法院发布 8 起未成年人司法保护典型案例之四

法院认为：儿童利益最大化原则是解决抚养权归属问题的基本价值取

向。关于范某乙的抚养权归属问题：第一，范某乙已经年满11周岁，具备一定自主意识和认知能力，其要求随母亲、姐姐一起生活的意愿明确且坚定，应当尊重其真实意愿。第二，范某乙患有先天性疾病，从小由母亲李某某照顾较多，随李某某生活更有利于其成长。第三，范某乙与范某甲姐妹手足情深，姐妹俩均表示不愿分离。综上，由母亲李某某直接抚养范某乙更有利于范某乙的身心健康成长。本案再审改判案涉两名婚生女儿范某甲、范某乙均由李某某直接抚养。

213.4.2 对于已经发生法律效力的解除婚姻关系的判决中所涉财产分割问题，可以申请再审

裁判来源：沈某诉刘某某离婚纠纷抗诉案——青海省高级人民法院民事裁定书，(2008) 青民再字第31号

法院认为：原一、二审判决对夫妻双方共同财产部分中，青海汇源房地产开发有限公司、西宁安驰小汽车修理有限公司、西宁荣通置业有限公司、西宁在水一方洗浴有限公司四公司涉及的股权中沈某所占比例份额及沈某在青海汇源房地产开发有限公司的商铺出租收益等未进行界定，亦未进行判决，适用法律错误。根据《民事诉讼法》第153条第1款第4项之规定，经审判委员会讨论，于2009年5月5日作出（2008）青民再字第31号民事裁定：一、撤销本院（2005）青民一终字第97号民事判决。二、维持西宁市中级人民法院（2005）宁民一初字第107号民事判决第一、二、三项，即原告沈某与被告刘某某离婚，依法予以准许；原告沈某与被告刘某某的婚生次女沈某玲（1990年10月16日出生）由原告沈某抚养，抚养费自理；原告沈某与被告刘某某的婚后共同生活财产：切尔钢琴一架、电脑一台等归被告刘某某所有（已在被告处）；皮沙发一套、洗衣机一台、健舞组合音响一套等归原告沈某所有（已在原告处）。三、本案涉及沈某与刘某某夫妻关系存续期间尚未确认和分割的共同财产部分发回西宁市中级人民法院重审。

214. 再审申请材料

214.1　法律条文

第二百一十四条　当事人申请再审的，应当提交再审申请书等材料。人民法院应当自收到再审申请书之日起五日内将再审申请书副本发送对方当事人。对方当事人应当自收到再审申请书副本之日起十五日内提交书面意见；不提交书面意见的，不影响人民法院审查。人民法院可以要求申请人和对方当事人补充有关材料，询问有关事项。

214.2　条文阐释

当事人申请再审的，应当向管辖法院提交以下材料：（1）再审申请书；（2）申请再审人的身份证明；（3）申请再审的生效裁判文书原件及复印件；（4）法院出具的生效证明原件；（5）在原审诉讼过程中提交的主要证据复印件；（6）支持申请再审事由和再审诉讼请求的证据材料等。人民法院可以根据审查案件的需要，要求相关材料的补充，并且询问当事人有关事项。

214.3　相关规范性文件

最高人民法院《民事案件当事人申请再审指南》（自2021年1月1日起施行）

第十一条　再审申请书应当载明下列事项：

（一）再审申请人、被申请人及原审其他当事人的基本情况。当事人是自然人的，应列明姓名、性别、出生日期、民族、职业（或工作单位及职务）、住所及有效联系电话、邮寄地址；当事人是法人或者其他组织的，应列明名称、住所和法定代表人或者主要负责人的姓名、职务及有效联系电话、邮寄地址；

（二）作出判决、裁定、调解书的人民法院名称，判决、裁定、调解文书案号；

（三）具体的再审请求；

（四）申请再审所依据的法定情形（须列明所依据的民事诉讼法的具体条、款、项）及具体事实、理由。当事人不服最高人民法院生效判决、裁定申请再审的，再审申请书列明的再审事由应当是民事诉讼法第二百条规定的情形。当事人不服高级法院生效判决、裁定向本院申请再审的，再审申请书列明再审事由应当是民事诉讼法第二百条第六项规定的情形，并在再审申请书中声明对原判决、裁定认定的基本事实、认定事实的主要证据、适用的诉讼程序没有异议，同时载明案件所涉法律适用问题的争议焦点、生效裁判适用法律存在错误的论证理由和依据。再审申请书未列明再审事由的，应当补充；

（五）向最高人民法院申请再审的明确表述；

（六）再审申请人的签名或者盖章。

第十二条 再审申请人除应提交符合规定的再审申请书外，还应当提交以下材料：

（一）再审申请人是自然人的，应提交身份证明复印件；再审申请人是法人或其他组织的，应提交加盖公章的组织机构代码证复印件、营业执照复印件、法定代表人或主要负责人身份证明书；

（二）委托他人代为申请，除提交授权委托书外，委托代理人是律师的，应提交律师事务所函和律师执业证复印件；委托代理人是基层法律服务工作者的，应提交基层法律服务所函和法律服务工作者执业证，以及当事人一方位于本辖区内的证明材料。委托代理人是当事人的近亲属的，应提交代理人身份证明复印件以及与当事人有近亲属关系的证明材料；委托代理人是当事人的工作人员的，应提交代理人身份证明复印件和与当事人有合法劳动人事关系的证明材料；委托代理人是当事人所在社区、单位以及有关社会团体推荐的公民的，应提交代理人身份证明复印件、推荐材料和当事人隶属于该社区、单位的证明材料；

（三）申请再审的判决、裁定、调解书原件，或者经核对无误的复印件；判决、裁定、调解书系二审裁判的，应同时提交一审裁判文书原件，或者经核对无误的复印件；

（四）在原审诉讼过程中提交的主要证据复印件；

（五）支持申请再审所依据的法定情形和再审请求的证据材料；

（六）再审申请人有新证据的，应按照被申请人及原审其他当事人人数提交相应份数的新证据副本。

最高人民法院《关于适用〈中华人民共和国民事诉讼法〉的解释》（法释〔2022〕11号，自2022年4月10日起施行）

第三百七十五条　当事人申请再审，应当提交下列材料：

（一）再审申请书，并按照被申请人和原审其他当事人的人数提交副本；

（二）再审申请人是自然人的，应当提交身份证明；再审申请人是法人或者其他组织的，应当提交营业执照、组织机构代码证书、法定代表人或者主要负责人身份证明书。委托他人代为申请的，应当提交授权委托书和代理人身份证明；

（三）原审判决书、裁定书、调解书；

（四）反映案件基本事实的主要证据及其他材料。

前款第二项、第三项、第四项规定的材料可以是与原件核对无异的复印件。

第三百七十六条　再审申请书应当记明下列事项：

（一）再审申请人与被申请人及原审其他当事人的基本信息；

（二）原审人民法院的名称，原审裁判文书案号；

（三）具体的再审请求；

（四）申请再审的法定情形及具体事实、理由。

再审申请书应当明确申请再审的人民法院，并由再审申请人签名、捺印或者盖章。

第三百八十三条　人民法院应当自收到符合条件的再审申请书等材料之日起五日内向再审申请人发送受理通知书，并向被申请人及原审其他当事人发送应诉通知书、再审申请书副本等材料。

第三百九十五条　人民法院根据审查案件的需要决定是否询问当事人。新的证据可能推翻原判决、裁定的，人民法院应当询问当事人。

最高人民法院《关于适用〈中华人民共和国民事诉讼法〉审判监督程序若干问题的解释》（法释〔2020〕20号，自2021年1月1日起施行）

第三条　当事人申请再审，应当向人民法院提交再审申请书，并按照对方当事人人数提出副本。

人民法院应当审查再审申请书是否载明下列事项：

（一）申请再审人与对方当事人的姓名、住所及有效联系方式等基本情况；法人或其他组织的名称、住所和法定代表人或主要负责人的姓名、职务及有效联系方式等基本情况；

（二）原审人民法院的名称，原判决、裁定、调解文书案号；

（三）申请再审的法定情形及具体事实、理由；

（四）具体的再审请求。

第四条 当事人申请再审，应当向人民法院提交已经发生法律效力的判决书、裁定书、调解书，身份证明及相关证据材料。

第五条 申请再审人提交的再审申请书或者其他材料不符合本解释第三条、第四条的规定，或者有人身攻击等内容，可能引起矛盾激化的，人民法院应当要求申请再审人补充或改正。

第六条 人民法院应当自收到符合条件的再审申请书等材料后五日内完成向申请再审人发送受理通知书等受理登记手续，并向对方当事人发送受理通知书及再审申请书副本。

最高人民法院印发《关于受理审查民事申请再审案件的若干意见》的通知（法发〔2009〕26号，自2009年4月27日起施行）

第一条 当事人或案外人申请再审，应当提交再审申请书等材料，并按照被申请人及原审其他当事人人数提交再审申请书副本。

第二条 人民法院应当审查再审申请书是否载明下列事项：

（一）申请再审人、被申请人及原审其他当事人的基本情况。当事人是自然人的，应列明姓名、性别、年龄、民族、职业、工作单位、住所及有效联系电话、邮寄地址；当事人是法人或者其他组织的，应列明名称、住所和法定代表人或者主要负责人的姓名、职务及有效联系电话、邮寄地址；

（二）原审法院名称，原判决、裁定、调解文书案号；

（三）具体的再审请求；

（四）申请再审的法定事由及具体事实、理由；

（五）受理再审申请的法院名称；

（六）申请再审人的签名或者盖章。

第三条 申请再审人申请再审，除应提交符合前条规定的再审申请书外，还应当提交以下材料：

（一）申请再审人是自然人的，应提交身份证明复印件；申请再审人是法人或其他组织的，应提交营业执照复印件、法定代表人或主要负责人身份证明书。委托他人代为申请的，应提交授权委托书和代理人身份证明；

（二）申请再审的生效裁判文书原件，或者经核对无误的复印件；生效裁判系二审、再审裁判的，应同时提交一审、二审裁判文书原件，或者经核对无误的复印件；

（三）在原审诉讼过程中提交的主要证据复印件；

（四）支持申请再审事由和再审诉讼请求的证据材料。

第四条 申请再审人提交再审申请书等材料的同时，应提交材料清单一式两份，并可附申请再审材料的电子文本，同时填写送达地址确认书。

第五条 申请再审人提交的再审申请书等材料不符合上述要求，或者有人身攻击等内容，可能引起矛盾激化的，人民法院应将材料退回申请再审人并告知其补充或改正。

再审申请书等材料符合上述要求的，人民法院应在申请再审人提交的材料清单上注明收到日期，加盖收件章，并将其中一份清单返还申请再审人。

215. 审查申请和再审法庭

215.1 法律条文

第二百一十五条 人民法院应当自收到再审申请书之日起三个月内审查，符合本法规定的，裁定再审；不符合本法规定的，裁定驳回申请。有特殊情况需要延长的，由本院院长批准。

因当事人申请裁定再审的案件由中级人民法院以上的人民法院审理，但当事人依照本法第二百一十条的规定选择向基层人民法院申请再审的除外。最高人民法院、高级人民法院裁定再审的案件，由本院再审或者交其他人民法院再审，也可以交原审人民法院再审。

215.2　条文阐释

人民法院应当在收到再审申请书后，对再审事由进行审查是否符合本法规定，根据审查结果作出再审决定或者驳回申请。人民法院应当自受理再审申请之日起3个月内审查完毕，但鉴定期间等不计入审查期限。有特殊情况需要延长的，报经本院院长批准后可以延长。

由于当事人的再审申请而裁定再审的案件，由中级以上法院审理，但是当事人一方人数众多或者当事人双方为公民的案件，向原审人民法院申请再审的，也可以由原审人民法院审理。最高人民法院、高级人民法院裁定再审的案件，由本院再审或者交其他人民法院再审，有特殊情形的，也可以交原审人民法院再审。

215.3　司法适用

人民法院审查的内容应当包括：(1) 申请再审事由是否成立进行，且只限于申请再审人主张的事由范围，申请再审人未主张的事由不予审查。应对当事人提出的具体事实、理由和证据能否证明其主张的再审事由进行审查，而不能超范围审查。(2) 应当审查当事人诉讼主体资格的变化情况。

215.4　相关规范性文件

最高人民法院《关于适用〈中华人民共和国民事诉讼法〉审判监督程序若干问题的解释》(法释〔2020〕20号，自2021年1月1日起施行)

第七条　人民法院受理再审申请后，应当组成合议庭予以审查。

第八条　人民法院对再审申请的审查，应当围绕再审事由是否成立进行。

第九条　民事诉讼法第二百条第（五）项规定的“对审理案件需要的主要证据”，是指人民法院认定案件基本事实所必须的证据。

第十条　原判决、裁定对基本事实和案件性质的认定系根据其他法律文书作出，而上述其他法律文书被撤销或变更的，人民法院可以认定为民事诉讼法第二百条第（十二）项规定的情形。

第十一条　人民法院经审查再审申请书等材料，认为申请再审事由成立的，应当径行裁定再审。

当事人申请再审超过民事诉讼法第二百零五条规定的期限，或者超出民事诉讼法第二百条所列明的再审事由范围的，人民法院应当裁定驳回再审申请。

第十二条　人民法院认为仅审查再审申请书等材料难以作出裁定的，应当调阅原审卷宗予以审查。

第十三条　人民法院可以根据案情需要决定是否询问当事人。

以有新的证据足以推翻原判决、裁定为由申请再审的，人民法院应当询问当事人。

第十四条　在审查再审申请过程中，对方当事人也申请再审的，人民法院应当将其列为申请再审人，对其提出的再审申请一并审查。

第十五条　申请再审人在案件审查期间申请撤回再审申请的，是否准许，由人民法院裁定。

申请再审人经传票传唤，无正当理由拒不接受询问，可以裁定按撤回再审申请处理。

第十六条　人民法院经审查认为申请再审事由不成立的，应当裁定驳回再审申请。

驳回再审申请的裁定一经送达，即发生法律效力。

第十七条　人民法院审查再审申请期间，人民检察院对该案提出抗诉的，人民法院应依照民事诉讼法第二百一十一条的规定裁定再审。申请再审人提出的具体再审请求应纳入审理范围。

第十八条　上一级人民法院经审查认为申请再审事由成立的，一般由本院提审。最高人民法院、高级人民法院也可以指定与原审人民法院同级的其他人民法院再审，或者指令原审人民法院再审。

第十九条　上一级人民法院可以根据案件的影响程度以及案件参与人等情况，决定是否指定再审。需要指定再审的，应当考虑便利当事人行使诉讼权利以及便利人民法院审理等因素。

接受指定再审的人民法院，应当按照民事诉讼法第二百零七条第一款规定的程序审理。

第二十条 有下列情形之一的，不得指令原审人民法院再审：

（一）原审人民法院对该案无管辖权的；

（二）审判人员在审理该案件时有贪污受贿，徇私舞弊，枉法裁判行为的；

（三）原判决、裁定系经原审人民法院审判委员会讨论作出的；

（四）其他不宜指令原审人民法院再审的。

最高人民法院印发《关于受理审查民事申请再审案件的若干意见》的通知（法发〔2009〕26号，自2009年4月27日起施行）

第六条 申请再审人提出的再审申请符合以下条件的，人民法院应当在5日内受理并向申请再审人发送受理通知书，同时向被申请人及原审其他当事人发送受理通知书、再审申请书副本及送达地址确认书：

（一）申请再审人是生效裁判文书列明的当事人，或者符合法律和司法解释规定的案外人；

（二）受理再审申请的法院是作出生效裁判法院的上一级法院；

（三）申请再审的裁判属于法律和司法解释允许申请再审的生效裁判；

（四）申请再审的事由属于民事诉讼法第一百七十九条规定的情形。

再审申请不符合上述条件的，应当及时告知申请再审人。

第七条 申请再审人向原审法院申请再审的，原审法院应针对申请再审事由并结合原裁判理由作好释明工作。申请再审人坚持申请再审的，告知其可以向上一级法院提出。

第八条 申请再审人越级申请再审的，有关上级法院应告知其向原审法院的上一级法院提出。

第九条 人民法院认为再审申请不符合民事诉讼法第一百八十四条规定的期间要求的，应告知申请再审人。申请再审人认为未超过法定期间的，人民法院可以限期要求其提交生效裁判文书的送达回证复印件或其他能够证明裁判文书实际生效日期的相应证据材料。

第十条 人民法院受理申请再审案件后，应当组成合议庭进行审查。

第十一条 人民法院审查申请再审案件，应当围绕申请再审事由是否成立进行，申请再审人未主张的事由不予审查。

第十二条 人民法院审查申请再审案件，应当审查当事人诉讼主体资格的变化情况。

第十三条　人民法院审查申请再审案件，采取以下方式：

（一）审查当事人提交的再审申请书、书面意见等材料；

（二）审阅原审卷宗；

（三）询问当事人；

（四）组织当事人听证。

第十四条　人民法院经审查申请再审人提交的再审申请书、对方当事人提交的书面意见、原审裁判文书和证据等材料，足以确定申请再审事由不能成立的，可以径行裁定驳回再审申请。

第十五条　对于以下列事由申请再审，且根据当事人提交的申请材料足以确定再审事由成立的案件，人民法院可以径行裁定再审：

（一）违反法律规定，管辖错误的；

（二）审判组织的组成不合法或者依法应当回避的审判人员没有回避的；

（三）无诉讼行为能力人未经法定代理人代为诉讼，或者应当参加诉讼的当事人因不能归责于本人或者其诉讼代理人的事由未参加诉讼的；

（四）据以作出原判决、裁定的法律文书被撤销或者变更的；

（五）审判人员在审理该案件时有贪污受贿、徇私舞弊、枉法裁判行为，并经相关刑事法律文书或者纪律处分决定确认的。

第十六条　人民法院决定调卷审查的，原审法院应当在收到调卷函后15日内按要求报送卷宗。

调取原审卷宗的范围可根据审查工作需要决定。必要时，在保证真实的前提下，可要求原审法院以传真件、复印件、电子文档等方式及时报送相关卷宗材料。

第十七条　人民法院可根据审查工作需要询问一方或者双方当事人。

第十八条　人民法院对以下列事由申请再审的案件，可以组织当事人进行听证：

（一）有新的证据，足以推翻原判决、裁定的；

（二）原判决、裁定认定的基本事实缺乏证据证明的；

（三）原判决、裁定认定事实的主要证据是伪造的；

（四）原判决、裁定适用法律确有错误的。

第十九条 合议庭决定听证的案件，应在听证5日前通知当事人。

第二十条 听证由审判长主持，围绕申请再审事由是否成立进行。

第二十一条 申请再审人经传票传唤，无正当理由拒不参加询问、听证或未经许可中途退出的，裁定按撤回再审申请处理。被申请人及原审其他当事人不参加询问、听证或未经许可中途退出的，视为放弃在询问、听证过程中陈述意见的权利。

第二十二条 人民法院在审查申请再审案件过程中，被申请人或者原审其他当事人提出符合条件的再审申请的，应当将其列为申请再审人，对于其申请再审事由一并审查，审查期限重新计算。经审查，其中一方申请再审人主张的再审事由成立的，人民法院即应裁定再审。各方申请再审人主张的再审事由均不成立的，一并裁定驳回。

第二十三条 申请再审人在审查过程中撤回再审申请的，是否准许，由人民法院裁定。

第二十四条 审查过程中，申请再审人、被申请人及原审其他当事人自愿达成和解协议，当事人申请人民法院出具调解书且能够确定申请再审事由成立的，人民法院应当裁定再审并制作调解书。

第二十五条 审查过程中，申请再审人或者被申请人死亡或者终止的，按下列情形分别处理：

（一）申请再审人有权利义务继受人且该权利义务继受人申请参加审查程序的，变更其为申请再审人；

（二）被申请人有权利义务继受人的，变更其权利义务继受人为被申请人；

（三）申请再审人无权利义务继受人或其权利义务继受人未申请参加审查程序的，裁定终结审查程序；

（四）被申请人无权利义务继受人且无可供执行财产的，裁定终结审查程序。

第二十六条 人民法院经审查认为再审申请超过民事诉讼法第一百八十四条规定期间的，裁定驳回申请。

第二十七条 人民法院经审查认为申请再审事由成立的，一般应由本院提审。

第二十八条　最高人民法院、高级人民法院审查的下列案件，可以指令原审法院再审：

（一）依据民事诉讼法第一百七十九条第一款第（八）至第（十三）项事由提起再审的；

（二）因违反法定程序可能影响案件正确判决、裁定提起再审的；

（三）上一级法院认为其他应当指令原审法院再审的。

第二十九条　提审和指令再审的裁定书应当包括以下内容：

（一）申请再审人、被申请人及原审其他当事人基本情况；

（二）原审法院名称、申请再审的生效裁判文书名称、案号；

（三）裁定再审的法律依据；

（四）裁定结果。

裁定书由院长署名，加盖人民法院印章。

第三十条　驳回再审申请的裁定书，应当包括以下内容：

（一）申请再审人、被申请人及原审其他当事人基本情况；

（二）原审法院名称、申请再审的生效裁判文书名称、案号；

（三）申请再审人主张的再审事由、被申请人的意见；

（四）驳回再审申请的理由、法律依据；

（五）裁定结果。

裁定书由审判人员、书记员署名，加盖人民法院印章。

第三十一条　再审申请被裁定驳回后，申请再审人以相同理由再次申请再审的，不作为申请再审案件审查处理。

申请再审人不服驳回其再审申请的裁定，向作出驳回裁定法院的上一级法院申请再审的，不作为申请再审案件审查处理。

第三十二条　人民法院应当自受理再审申请之日起3个月内审查完毕，但鉴定期间等不计入审查期限。有特殊情况需要延长的，报经本院院长批准。

第三十三条　2008年4月1日之前受理，尚未审结的案件，符合申请再审条件的，由受理再审申请的人民法院继续审查处理并作出裁定。

216. 再审申请期限

216.1 法律条文

第二百一十六条 当事人申请再审，应当在判决、裁定发生法律效力后六个月内提出；有本法第二百一十一条第一项、第三项、第十二项、第十三项规定情形的，自知道或者应当知道之日起六个月内提出。

216.2 条文阐释

当事人申请再审，应当在判决、裁定发生法律效力后6个月内提出。有以下情形的，自知道或者应当知道之日起6个月内提出：（1）有新的证据，足以推翻原判决、裁定的；（2）原判决、裁定认定事实的主要证据是伪造的；（3）据以作出原判决、裁定的法律文书被撤销或者变更的；（4）审判人员审理该案件时有贪污受贿，徇私舞弊，枉法裁判行为的。

216.3 司法适用

如果当事人超过再审期限而想要申请再审，有以下两种途径：（1）向法院申诉；（2）向检察院申请抗诉。以上两种方法不受再审提起期限的限制。

216.4 相关规范性文件

最高人民法院《关于适用〈中华人民共和国民事诉讼法〉的解释》（法释〔2022〕11号，自2022年4月10日起施行）

第一百二十九条 对申请再审案件，人民法院应当自受理之日起三个月内审查完毕，但公告期间、当事人和解期间等不计入审查期限。有特殊情况需要延长的，由本院院长批准。

第五百三十七条 人民法院对涉外民事案件的当事人申请再审进行审

查的期间，不受民事诉讼法第二百一十一条规定的限制。

最高人民法院《关于适用〈中华人民共和国民事诉讼法〉审判监督程序若干问题的解释》（法释〔2020〕20号，自2021年1月1日起施行）

第二条 民事诉讼法第二百零五条规定的申请再审期间不适用中止、中断和延长的规定。

《人民检察院民事诉讼监督规则》（高检发释字〔2021〕1号，自2021年8月1日起施行）

第二十条 当事人依照本规则第十九条第一项规定向人民检察院申请监督，应当在人民法院作出驳回再审申请裁定或者再审判决、裁定发生法律效力之日起两年内提出。

本条规定的期间为不变期间，不适用中止、中断、延长的规定。

人民检察院依职权启动监督程序的案件，不受本条第一款规定期限的限制。

217. 原裁判和调解书执行中止

217.1 法律条文

第二百一十七条 按照审判监督程序决定再审的案件，裁定中止原判决、裁定、调解书的执行，但追索赡养费、扶养费、抚养费、抚恤金、医疗费用、劳动报酬等案件，可以不中止执行。

217.2 条文阐释

按照审判监督程序决定再审的案件，人民法院首先应当作出中止原判决、裁定执行的裁定。裁定由院长署名，加盖人民法院印章，送达双方当事人。中止执行的裁定作出之后，原判决、裁定的法律效力暂时中断，正在执行中的暂停执行，等待再审之后，根据再审结果决定是否撤销。

217.3 司法适用

注意在再审程序中，区分再审审查与再审审理两个不同阶段。再审审理案件是以中止执行为原则，以不中止执行为例外。

（1）再审审查不中止执行。依据《民事诉讼法》第210条“当事人申请再审的，不停止判决、裁定的执行”的规定，不中止原生效裁决的执行。当事人申请再审以及随后的再审审查阶段，还没有发现原生效裁决在事实、法律以及审判程序等方面存在问题，此时原生效裁决仍然是具有执行力的。为了维护申请执行人的合法利益，防止被执行人借再审审查程序拖延履行以转移财产逃避执行，在再审审查阶段，执行法院不应中止原生效裁决的执行。

（2）再审审理中止执行。依据《民事诉讼法》第217条，以及《最高人民法院关于人民法院执行工作若干问题的规定（试行）》第59条的规定，案件进入再审审理阶段后中止原生效裁判文书的执行。再审法院通过审查决定再审的，在作出决定再审民事裁定书的同时应加上一项，即“再审期间，中止原判决的执行”。

217.4 相关规范性文件

最高人民法院《关于适用〈中华人民共和国民事诉讼法〉的解释》（法释〔2022〕11号，自2022年4月10日起施行）

第三百九十四条 人民法院对已经发生法律效力的判决、裁定、调解书依法决定再审，依照民事诉讼法第二百一十三条规定，需要中止执行的，应当在再审裁定中同时写明中止原判决、裁定、调解书的执行；情况紧急的，可以将中止执行裁定口头通知负责执行的人民法院，并在通知后十日内发出裁定书。

最高人民法院《关于人民法院执行工作若干问题的规定（试行）》（法释〔2020〕21号，自2021年1月1日起施行）

59. 按照审判监督程序提审或再审的案件，执行机构根据上级法院或本院作出的中止执行裁定书中止执行。

217.5　典型案例

217.5.1　按照审判监督程序决定再审的案件，裁定中止原判决的执行

裁判来源：宋某与北京盛和发房地产开发有限公司、广东粤财投资控股有限公司、北京城乡建设集团有限责任公司商品房预售合同纠纷案——载《最高人民法院公报》2013年第3期，最高人民法院民事判决书，(2011) 民提字第331号

法院认为：申诉人宋某因与被申诉人盛和发公司、粤财公司、城乡建设公司商品房预售合同纠纷一案，不服北京市高级人民法院（2010）高民再终字第1715号民事判决，向本院申请再审。本院于2011年8月24日作出（2011）民监字第369号民事裁定，提审本案并中止原判决的执行。本院依法组成合议庭，于2011年11月11日进行了开庭审理。宋某的委托代理人刘某，盛和发公司的委托代理人钟某清，粤财公司的委托代理人张某明，城乡建设公司的委托代理人景某华、陈某华到庭参加诉讼。本案现已审理终结。

217.5.2　再审期间，中止原判决的执行

裁判来源：河南省偃师市鑫龙建安工程有限公司与洛阳理工学院、河南省第六建筑工程公司索赔及工程欠款纠纷案——载《最高人民法院公报》2013年第1期、最高人民法院民事判决书，(2011) 民提字第292号

法院认为：申诉人河南省偃师市鑫龙建安工程有限公司（以下简称鑫龙公司）因与被申诉人洛阳理工学院（以下简称理工学院，原名称为洛阳大学）、河南六建建筑集团有限公司（以下简称六建公司，原名称为河南省第六建筑工程公司）索赔及工程欠款纠纷一案。不服河南省高级人民法院（2006）豫法民再字第106号民事判决，向本院申诉。本院于2009年12月3日作出（2009）民监字第109号民事裁定，提审本案，再审期间，中止原判决的执行。本院提审后，依法组成合议庭，于2011年10月20日对本案进行了开庭审理。鑫龙公司的法定代表人杨某欣及委托代理人刘某、杨某龙，理工学院的委托代理人牛某伟、李某杰，六建公司的委托代理人李某立、商某泉到庭参加了诉讼。本案现已审理终结。

218. 再审适用程序

218.1 法律条文

第二百一十八条 人民法院按照审判监督程序再审的案件，发生法律效力的判决、裁定是由第一审法院作出的，按照第一审程序审理，所作的判决、裁定，当事人可以上诉；发生法律效力的判决、裁定是由第二审法院作出的，按照第二审程序审理，所作的判决、裁定，是发生法律效力的判决、裁定；上级人民法院按照审判监督程序提审的，按照第二审程序审理，所作的判决、裁定是发生法律效力的判决、裁定。

人民法院审理再审案件，应当另行组成合议庭。

218.2 条文阐释

审判监督程序作为一种救济性的特殊程序，本质上是对案件的再次审理。因此，人民法院对原审案件的再审，应当根据不同情况分别适用第一审程序或第二审程序。原生效判决、裁定是由第一审法院作出的，再审应当适用第一审程序审理。适用第一审程序审理后作出的判决，当事人不服的，可以上诉。原生效判决、裁定是第二审法院作出的以及上级人民法院按照审判监督程序提审的，应当适用第二审程序审理，作出的判决是终审判决，当事人不能上诉。

一个案件经过一次审理之后，依法再行审理时，须由另外的审判人员重新组成合议庭进行审理。

218.3 相关规范性文件

最高人民法院《关于适用〈中华人民共和国民事诉讼法〉的解释》（法释〔2022〕11号，自2022年4月10日起施行）

第四百零一条 人民法院审理再审案件应当组成合议庭开庭审理，但按照第二审程序审理，有特殊情况或者双方当事人已经通过其他方式充分表达意见，且书面同意不开庭审理的除外。

符合缺席判决条件的，可以缺席判决。

第四百零二条　人民法院开庭审理再审案件，应当按照下列情形分别进行：

（一）因当事人申请再审的，先由再审申请人陈述再审请求及理由，后由被申请人答辩、其他原审当事人发表意见；

（二）因抗诉再审的，先由抗诉机关宣读抗诉书，再由申请抗诉的当事人陈述，后由被申请人答辩、其他原审当事人发表意见；

（三）人民法院依职权再审，有申诉人的，先由申诉人陈述再审请求及理由，后由被申诉人答辩、其他原审当事人发表意见；

（四）人民法院依职权再审，没有申诉人的，先由原审原告或者原审上诉人陈述，后由原审其他当事人发表意见。

对前款第一项至第三项规定的情形，人民法院应当要求当事人明确其再审请求。

第四百零三条　人民法院审理再审案件应当围绕再审请求进行。当事人的再审请求超出原审诉讼请求的，不予审理；符合另案诉讼条件的，告知当事人可以另行起诉。

被申请人及原审其他当事人在庭审辩论结束前提出的再审请求，符合民事诉讼法第二百一十二条规定的，人民法院应当一并审理。

人民法院经再审，发现已经发生法律效力的判决、裁定损害国家利益、社会公共利益、他人合法权益的，应当一并审理。

第四百零四条　再审审理期间，有下列情形之一的，可以裁定终结再审程序：

（一）再审申请人在再审期间撤回再审请求，人民法院准许的；

（二）再审申请人经传票传唤，无正当理由拒不到庭的，或者未经法庭许可中途退庭，按撤回再审请求处理的；

（三）人民检察院撤回抗诉的；

（四）有本解释第四百条第一项至第四项规定情形的。

因人民检察院提出抗诉裁定再审的案件，申请抗诉的当事人有前款规定的情形，且不损害国家利益、社会公共利益或者他人合法权益的，人民法院应当裁定终结再审程序。

再审程序终结后，人民法院裁定中止执行的原生效判决自动恢复执行。

第四百零五条 人民法院经再审审理认为，原判决、裁定认定事实清楚、适用法律正确的，应予维持；原判决、裁定认定事实、适用法律虽有瑕疵，但裁判结果正确的，应当在再审判决、裁定中纠正瑕疵后予以维持。

原判决、裁定认定事实、适用法律错误，导致裁判结果错误的，应当依法改判、撤销或者变更。

第四百零六条 按照第二审程序再审的案件，人民法院经审理认为不符合民事诉讼法规定的起诉条件或者符合民事诉讼法第一百二十七条规定不予受理情形的，应当裁定撤销一、二审判决，驳回起诉。

第四百零七条 人民法院对调解书裁定再审后，按照下列情形分别处理：

（一）当事人提出的调解违反自愿原则的事由不成立，且调解书的内容不违反法律强制性规定的，裁定驳回再审申请；

（二）人民检察院抗诉或者再审检察建议所主张的损害国家利益、社会公共利益的理由不成立的，裁定终结再审程序。

前款规定情形，人民法院裁定中止执行的调解书需要继续执行的，自动恢复执行。

第四百零八条 一审原告在再审审理程序中申请撤回起诉，经其他当事人同意，且不损害国家利益、社会公共利益、他人合法权益的，人民法院可以准许。裁定准许撤诉的，应当一并撤销原判决。

一审原告在再审审理程序中撤回起诉后重复起诉的，人民法院不予受理。

第四百零九条 当事人提交新的证据致使再审改判，因再审申请人或者申请检察监督当事人的过错未能在原审程序中及时举证，被申请人等当事人请求补偿其增加的交通、住宿、就餐、误工等必要费用的，人民法院应予支持。

第四百一十条 部分当事人到庭并达成调解协议，其他当事人未作出书面表示的，人民法院应当在判决中对该事实作出表述；调解协议内容不违反法律规定，且不损害其他当事人合法权益的，可以在判决主文中予以确认。

最高人民法院《关于适用〈中华人民共和国民事诉讼法〉审判监督程序若干问题的解释》（法释〔2020〕20号，自2021年1月1日起施行）

第二十二条　人民法院应当依照民事诉讼法第二百零七条的规定，按照第一审程序或者第二审程序审理再审案件。

人民法院审理再审案件应当开庭审理。但按照第二审程序审理的，双方当事人已经其他方式充分表达意见，且书面同意不开庭审理的除外。

第二十三条　申请再审人在再审期间撤回再审申请的，是否准许由人民法院裁定。裁定准许的，应终结再审程序。申请再审人经传票传唤，无正当理由拒不到庭的，或者未经法庭许可中途退庭的，可以裁定按自动撤回再审申请处理。

人民检察院抗诉再审的案件，申请抗诉的当事人有前款规定的情形，且不损害国家利益、社会公共利益或第三人利益的，人民法院应当裁定终结再审程序；人民检察院撤回抗诉的，应当准予。

终结再审程序的，恢复原判决的执行。

第二十四条　按照第一审程序审理再审案件时，一审原告申请撤回起诉的，是否准许由人民法院裁定。裁定准许的，应当同时裁定撤销原判决、裁定、调解书。

第二十五条　当事人在再审审理中经调解达成协议的，人民法院应当制作调解书。调解书经各方当事人签收后，即具有法律效力，原判决、裁定视为被撤销。

第二十六条　人民法院经再审审理认为，原判决、裁定认定事实清楚、适用法律正确的，应予维持；原判决、裁定在认定事实、适用法律、阐述理由方面虽有瑕疵，但裁判结果正确的，人民法院应在再审判决、裁定中纠正上述瑕疵后予以维持。

第二十七条　人民法院按照第二审程序审理再审案件，发现原判决认定事实错误或者认定事实不清的，应当在查清事实后改判。但原审人民法院便于查清事实，化解纠纷的，可以裁定撤销原判决，发回重审；原审程序遗漏必须参加诉讼的当事人且无法达成调解协议，以及其他违反法定程序不宜在再审程序中直接作出实体处理的，应当裁定撤销原判决，发回重审。

第二十八条 人民法院以调解方式审结的案件裁定再审后，经审理发现申请再审人提出的调解违反自愿原则的事由不成立，且调解协议的内容不违反法律强制性规定的，应当裁定驳回再审申请，并恢复原调解书的执行。

第二十九条 民事再审案件的当事人应为原审案件的当事人。原审案件当事人死亡或者终止的，其权利义务承受人可以申请再审并参加再审诉讼。

219. 检察院抗诉

219.1 法律条文

第二百一十九条 最高人民检察院对各级人民法院已经发生法律效力的判决、裁定，上级人民检察院对下级人民法院已经发生法律效力的判决、裁定，发现有本法第二百一十一条规定情形之一的，或者发现调解书损害国家利益、社会公共利益的，应当提出抗诉。

地方各级人民检察院对同级人民法院已经发生法律效力的判决、裁定，发现有本法第二百一十一条规定情形之一的，或者发现调解书损害国家利益、社会公共利益的，可以向同级人民法院提出检察建议，并报上级人民检察院备案；也可以提请上级人民检察院向同级人民法院提出抗诉。

各级人民检察院对审判监督程序以外的其他审判程序中审判人员的违法行为，有权向同级人民法院提出检察建议。

219.2 条文阐释

民事抗诉，是指人民检察院对下级人民法院已经发生法律效力的民事判决、裁定，发现有符合法律规定的再审理由的，或者发现调解书损害国家利益、社会公共利益的，依法提请人民法院对案件重新审理的诉讼行为。凡是可以提起抗诉的情形，人民检察院都可以向同级人民法院提出再审检察建议。

219.3　司法适用

人民检察院抗诉应具备以下条件：

（1）抗诉的对象是已经发生法律效力的判决、裁定，以及损害国家利益、社会公共利益的调解书。即使尚未发生法律效力的判决、裁定，以及未损害国家利益、社会公共利益的调解书有错误，也不能提出抗诉而可由当事人提起上诉。

（2）必须具备法定的抗诉事由。《民事诉讼法》将检察机关提出抗诉的事由与当事人申请再审的事由统一起来，检察机关提起抗诉的事由就是当事人申请再审的事由，只要符合当事人申请再审的再审事由的，检察机关就可以提起抗诉。但由于检察机关在性质上是法律监督者，对于是否符合抗诉条件的认定是由检察机关自己决定的。因此，只要检察机关提起抗诉，法院就应当接受，启动再审，检察机关实际上成为直接启动再审的主体。

219.4　相关规范性文件

最高人民法院《关于适用〈中华人民共和国民事诉讼法〉的解释》（法释〔2022〕11号，自2022年4月10日起施行）

第四百一十一条　人民检察院依法对损害国家利益、社会公共利益的发生法律效力的判决、裁定、调解书提出抗诉，或者经人民检察院检察委员会讨论决定提出再审检察建议的，人民法院应予受理。

第四百一十二条　人民检察院对已经发生法律效力的判决以及不予受理、驳回起诉的裁定依法提出抗诉的，人民法院应予受理，但适用特别程序、督促程序、公示催告程序、破产程序以及解除婚姻关系的判决、裁定等不适用审判监督程序的判决、裁定除外。

第四百一十三条　人民检察院依照民事诉讼法第二百一十六条第一款第三项规定对有明显错误的再审判决、裁定提出抗诉或者再审检察建议的，人民法院应予受理。

第四百一十七条　人民法院收到再审检察建议后，应当组成合议庭，在三个月内进行审查，发现原判决、裁定、调解书确有错误，需要再审的，依照民事诉讼法第二百零五条规定裁定再审，并通知当事人；经审查，决定不予再审的，应当书面回复人民检察院。

第四百一十八条 人民法院审理因人民检察院抗诉或者检察建议裁定再审的案件，不受此前已经作出的驳回当事人再审申请裁定的影响。

第四百一十九条 人民法院开庭审理抗诉案件，应当在开庭三日前通知人民检察院、当事人和其他诉讼参与人。同级人民检察院或者提出抗诉的人民检察院应当派员出庭。

人民检察院因履行法律监督职责向当事人或者案外人调查核实的情况，应当向法庭提交并予以说明，由双方当事人进行质证。

《人民检察院民事诉讼监督规则》（高检发释字〔2021〕1号，自2021年8月1日起施行）

第七十四条 人民检察院发现人民法院已经发生法律效力的民事判决、裁定有《中华人民共和国民事诉讼法》第二百条规定情形之一的，依法向人民法院提出再审检察建议或者抗诉。

第七十五条 人民检察院发现民事调解书损害国家利益、社会公共利益的，依法向人民法院提出再审检察建议或者抗诉。

人民检察院对当事人通过虚假诉讼获得的民事调解书应当依照前款规定监督。

第七十六条 当事人因故意或者重大过失逾期提供的证据，人民检察院不予采纳。但该证据与案件基本事实有关并且能够证明原判决、裁定确有错误的，应当认定为《中华人民共和国民事诉讼法》第二百条第一项规定的情形。

人民检察院依照本规则第六十三条、第六十四条规定调查取得的证据，与案件基本事实有关并且能够证明原判决、裁定确有错误的，应当认定为《中华人民共和国民事诉讼法》第二百条第一项规定的情形。

第七十七条 有下列情形之一的，应当认定为《中华人民共和国民事诉讼法》第二百条第二项规定的“认定的基本事实缺乏证据证明”：

（一）认定的基本事实没有证据支持，或者认定的基本事实所依据的证据虚假、缺乏证明力的；

（二）认定的基本事实所依据的证据不合法的；

（三）对基本事实的认定违反逻辑推理或者日常生活法则的；

（四）认定的基本事实缺乏证据证明的其他情形。

第七十八条 有下列情形之一，导致原判决、裁定结果错误的，应当认定为《中华人民共和国民事诉讼法》第二百条第六项规定的“适用法律确有错误”：

（一）适用的法律与案件性质明显不符的；

（二）确定民事责任明显违背当事人约定或者法律规定的；

（三）适用已经失效或者尚未施行的法律的；

（四）违反法律溯及力规定的；

（五）违反法律适用规则的；

（六）明显违背立法原意的；

（七）适用法律错误的其他情形。

第七十九条 有下列情形之一的，应当认定为《中华人民共和国民事诉讼法》第二百条第七项规定的“审判组织的组成不合法”：

（一）应当组成合议庭审理的案件独任审判的；

（二）人民陪审员参与第二审案件审理的；

（三）再审、发回重审的案件没有另行组成合议庭的；

（四）审理案件的人员不具有审判资格的；

（五）审判组织或者人员不合法的其他情形。

第八十条 有下列情形之一的，应当认定为《中华人民共和国民事诉讼法》第二百条第九项规定的“违反法律规定，剥夺当事人辩论权利”：

（一）不允许或者严重限制当事人行使辩论权利的；

（二）应当开庭审理而未开庭审理的；

（三）违反法律规定送达起诉状副本或者上诉状副本，致使当事人无法行使辩论权利的；

（四）违法剥夺当事人辩论权利的其他情形。

第八十一条 地方各级人民检察院发现同级人民法院已经发生法律效力的民事判决、裁定有下列情形之一的，可以向同级人民法院提出再审检察建议：

（一）有新的证据，足以推翻原判决、裁定的；

（二）原判决、裁定认定的基本事实缺乏证据证明的；

（三）原判决、裁定认定事实的主要证据是伪造的；

（四）原判决、裁定认定事实的主要证据未经质证的；

（五）对审理案件需要的主要证据，当事人因客观原因不能自行收集，书面申请人民法院调查收集，人民法院未调查收集的；

（六）审判组织的组成不合法或者依法应当回避的审判人员没有回避的；

（七）无诉讼行为能力人未经法定代理人代为诉讼或者应当参加诉讼的当事人，因不能归责于本人或者其诉讼代理人的事由，未参加诉讼的；

（八）违反法律规定，剥夺当事人辩论权利的；

（九）未经传票传唤，缺席判决的；

（十）原判决、裁定遗漏或者超出诉讼请求的；

（十一）据以作出原判决、裁定的法律文书被撤销或者变更的。

第八十二条 符合本规则第八十一条规定的案件有下列情形之一的，地方各级人民检察院一般应当提请上一级人民检察院抗诉：

（一）判决、裁定是经同级人民法院再审后作出的；

（二）判决、裁定是经同级人民法院审判委员会讨论作出的。

第八十三条 地方各级人民检察院发现同级人民法院已经发生法律效力的民事判决、裁定有下列情形之一的，一般应当提请上一级人民检察院抗诉：

（一）原判决、裁定适用法律确有错误的；

（二）审判人员在审理该案件时有贪污受贿，徇私舞弊，枉法裁判行为的。

第八十四条 符合本规则第八十二条、第八十三条规定的案件，适宜由同级人民法院再审纠正的，地方各级人民检察院可以向同级人民法院提出再审检察建议。

第八十五条 地方各级人民检察院发现民事调解书损害国家利益、社会公共利益的，可以向同级人民法院提出再审检察建议，也可以提请上一级人民检察院抗诉。

第八十六条　对人民法院已经采纳再审检察建议进行再审的案件，提出再审检察建议的人民检察院一般不得再向上级人民检察院提请抗诉。

第八十七条　人民检察院提出再审检察建议，应当制作《再审检察建议书》，在决定提出再审检察建议之日起十五日内将《再审检察建议书》连同案件卷宗移送同级人民法院，并制作决定提出再审检察建议的《通知书》，发送当事人。

人民检察院提出再审检察建议，应当经本院检察委员会决定，并将《再审检察建议书》报上一级人民检察院备案。

第八十八条　人民检察院提请抗诉，应当制作《提请抗诉报告书》，在决定提请抗诉之日起十五日内将《提请抗诉报告书》连同案件卷宗报送上一级人民检察院，并制作决定提请抗诉的《通知书》，发送当事人。

第八十九条　人民检察院认为当事人的监督申请不符合提出再审检察建议或者提请抗诉条件的，应当作出不支持监督申请的决定，并在决定之日起十五日内制作《不支持监督申请决定书》，发送当事人。

第九十条　最高人民检察院对各级人民法院已经发生法律效力的民事判决、裁定、调解书，上级人民检察院对下级人民法院已经发生法律效力的民事判决、裁定、调解书，发现有《中华人民共和国民事诉讼法》第二百条、第二百零八条规定情形的，应当向同级人民法院提出抗诉。

第九十一条　人民检察院提出抗诉的案件，接受抗诉的人民法院将案件交下一级人民法院再审，下一级人民法院审理后作出的再审判决、裁定仍有明显错误的，原提出抗诉的人民检察院可以依职权再次提出抗诉。

第九十二条　人民检察院提出抗诉，应当制作《抗诉书》，在决定抗诉之日起十五日内将《抗诉书》连同案件卷宗移送同级人民法院，并由接受抗诉的人民法院向当事人送达再审裁定时一并送达《抗诉书》。

人民检察院应当制作决定抗诉的《通知书》，发送当事人。上级人民检察院可以委托提请抗诉的人民检察院将决定抗诉的《通知书》发送当事人。

第九十三条　人民检察院认为当事人的监督申请不符合抗诉条件的，应当作出不支持监督申请的决定，并在决定之日起十五日内制作《不支持监督申请决定书》，发送当事人。上级人民检察院可以委托提请抗诉的人民检察院将《不支持监督申请决定书》发送当事人。

220. 申请检察建议或抗诉

220.1 法律条文

第二百二十条 有下列情形之一的，当事人可以向人民检察院申请检察建议或者抗诉：

（一）人民法院驳回再审申请的；

（二）人民法院逾期未对再审申请作出裁定的；

（三）再审判决、裁定有明显错误的。

人民检察院对当事人的申请应当在三个月内进行审查，作出提出或者不予提出检察建议或者抗诉的决定。当事人不得再次向人民检察院申请检察建议或者抗诉。

220.2 条文阐释

本条赋予了当事人申请检察监督的权利，明确规定当事人有申请检察监督的诉讼权利。当事人申请检察建议或抗诉的权利由当事人自主支配、自由处分，是与起诉权、上诉权、申请再审权一样的诉讼权利。检察机关对于当事人的申请必须依法受理、依法审查、依法决定，以保障当事人的诉讼权利。

本条明确了对监督申请的审查期限。《民事诉讼法》规定，当事人向法院申请再审后，法院必须在法定期限内作出是否再审的裁定，之后再按照审限规定作出再审裁判。同样作为诉讼权利，申请检察监督权也应引起相同的法律后果，即检察机关应当在法定期限内针对当事人的申请作出相应的决定。因此，《民事诉讼法》明确规定检察机关受理当事人的监督申请后，应当在 3 个月内进行审查，并作出是否支持其监督申请的决定。这一规定既是对当事人诉讼权利的保障，也有利于检察机关进一步提高办案效率。

本条确立了一次申请的原则。本条将当事人申请检察监督的次数限定为一次，这有利于维护法院生效裁判的稳定性，并可以有效节约司法资源。但是，一次申请并不等同于一次监督。法院审理民事抗诉案件作出的判决、裁定、调解书仍符合抗诉条件，法院对检察院提出的检察建议未在规定期限内作出处理并书面回复或者处理结果错误的，检察院可以依职权继续进行法律监督。

220.3　司法适用

本条规定实现了检察监督的诉讼化，改变了申请监督案件的办案模式。与此相适应，检察机关办理申请监督案件的模式也有了较大的改变。办案程序中取消了之前的立案阶段，当事人的监督申请被受理后能够一律进入审查阶段。

对于当事人的监督申请，检察机关可以提出抗诉或者检察建议，这使检察建议的适用得到了法律保障。这改变了以往民事诉讼监督方式单一的状况，使得检察机关能够通过抗诉、检察建议等方式实现对民事诉讼全过程的多元化监督。

本条规定将申请再审规定为申请检察监督的前置程序，将检察监督与再审程序联系了起来。一般情况下，当事人对已经发生法律效力的判决、裁定，认为有错误的，向上一级法院申请再审，即再审上提一级。按照申请再审前置和再审上提一级的规定，检察机关抗诉案件层级分布上的“倒三角”现象会更加严重，案件将大量流向最高人民检察院和省级人民检察院。

220.4　相关规范性文件

最高人民法院《关于适用〈中华人民共和国民事诉讼法〉的解释》（法释〔2022〕11号，自2022年4月10日起施行）

第四百一十四条　地方各级人民检察院依当事人的申请对生效判决、裁定向同级人民法院提出再审检察建议，符合下列条件的，应予受理：

（一）再审检察建议书和原审当事人申请书及相关证据材料已经提交；

（二）建议再审的对象为依照民事诉讼法和本解释规定可以进行再审

的判决、裁定；

（三）再审检察建议书列明该判决、裁定有民事诉讼法第二百一十五条第二款规定情形；

（四）符合民事诉讼法第二百一十六条第一款第一项、第二项规定情形；

（五）再审检察建议经该人民检察院检察委员会讨论决定。

不符合前款规定的，人民法院可以建议人民检察院予以补正或者撤回；不予补正或者撤回的，应当函告人民检察院不予受理。

第四百一十五条 人民检察院依当事人的申请对生效判决、裁定提出抗诉，符合下列条件的，人民法院应当在三十日内裁定再审：

（一）抗诉书和原审当事人申请书及相关证据材料已经提交；

（二）抗诉对象为依照民事诉讼法和本解释规定可以进行再审的判决、裁定；

（三）抗诉书列明该判决、裁定有民事诉讼法第二百一十五条第一款规定情形；

（四）符合民事诉讼法第二百一十六条第一款第一项、第二项规定情形。

不符合前款规定的，人民法院可以建议人民检察院予以补正或者撤回；不予补正或者撤回的，人民法院可以裁定不予受理。

最高人民检察院《关于贯彻执行〈中华人民共和国民事诉讼法〉若干问题的通知》（高检发民字〔2013〕1号，自2013年1月9日起施行）

二、当事人在2013年1月1日后向人民检察院申请监督的，人民检察院应当依照修改后民事诉讼法第二百零八条、第二百零九条的规定进行审查，符合上述规定的，应当受理。当事人未向人民法院申请再审，直接向人民检察院申请监督的，人民检察院应当依照第二百零九条第一款的规定不予受理。

三、当事人申请对民事审判程序中审判人员违法行为、民事执行活动进行监督，法律规定当事人可以提出异议、申请复议、提起诉讼，当事人没有按照法律规定行使权利或者人民法院正在处理的，人民检察院不予受理。

四、当事人向人民检察院申请监督，由作出生效判决、裁定、调解书或者正在审理、执行案件的人民法院的同级人民检察院控告检察部门受理。人民检察院受理监督申请时，应当要求当事人提交申请书、相关法律文书、身份证明和相关证据材料。

人民检察院控告检察部门在接收材料后应进行审查，并作出是否受理的决定。符合受理条件的，控告检察部门应当在决定受理之日起三日内向申请人、被申请人送达《受理通知书》。

下级人民检察院向上级人民检察院提请抗诉的，由上级人民检察院案件管理部门受理。

221. 调查核实

221.1　法律条文

第二百二十一条　人民检察院因履行法律监督职责提出检察建议或者抗诉的需要，可以向当事人或者案外人调查核实有关情况。

221.2　条文阐释

本条规定检察院有权依法向当事人或者案外人调查核实有关情况。区别于其他民事诉讼活动参与方，检察院依法履行法律监督职责，行使国家法律监督权。因此检察院向当事人或者案外人调查核实有关情况时，相关当事人不得拒绝。由于检察院保护的利益是公共利益和国家利益，因而调查核实的对象可以扩大为案外人。

221.3　相关规范性文件

《中华人民共和国人民检察院组织法》（中华人民共和国主席令第12号，自2019年1月1日起施行）

第二十一条　人民检察院行使本法第二十条规定的法律监督职权，可以进行调查核实，并依法提出抗诉、纠正意见、检察建议。有关单位应当予以配合，并及时将采纳纠正意见、检察建议的情况书面回复人民检察院。

抗诉、纠正意见、检察建议的适用范围及其程序，依照法律有关规定。

《人民检察院民事诉讼监督规则》（高检发释字〔2021〕1号，自2021年8月1日起施行）

第六十二条 人民检察院因履行法律监督职责的需要，有下列情形之一的，可以向当事人或者案外人调查核实有关情况：

（一）民事判决、裁定、调解书可能存在法律规定需要监督的情形，仅通过阅卷及审查现有材料难以认定的；

（二）民事审判程序中审判人员可能存在违法行为的；

（三）民事执行活动可能存在违法情形的；

（四）其他需要调查核实的情形。

第六十三条 人民检察院可以采取以下调查核实措施：

（一）查询、调取、复制相关证据材料；

（二）询问当事人或者案外人；

（三）咨询专业人员、相关部门或者行业协会等对专门问题的意见；

（四）委托鉴定、评估、审计；

（五）勘验物证、现场；

（六）查明案件事实所需要采取的其他措施。

人民检察院调查核实，不得采取限制人身自由和查封、扣押、冻结财产等强制性措施。

第六十四条 有下列情形之一的，人民检察院可以向银行业金融机构查询、调取、复制相关证据材料：

（一）可能损害国家利益、社会公共利益的；

（二）审判、执行人员可能存在违法行为的；

（三）涉及《中华人民共和国民事诉讼法》第五十五条规定诉讼的；

（四）当事人有伪造证据、恶意串通损害他人合法权益可能的。

人民检察院可以依照有关规定指派具备相应资格的检察技术人员对民事诉讼监督案件中的鉴定意见等技术性证据进行专门审查，并出具审查意见。

第六十五条 人民检察院可以就专门性问题书面或者口头咨询有关专

业人员、相关部门或者行业协会的意见。口头咨询的，应当制作笔录，由接受咨询的专业人员签名或者盖章。拒绝签名盖章的，应当记明情况。

第六十六条　人民检察院对专门性问题认为需要鉴定、评估、审计的，可以委托具备资格的机构进行鉴定、评估、审计。

在诉讼过程中已经进行过鉴定、评估、审计的，一般不再委托鉴定、评估、审计。

第六十七条　人民检察院认为确有必要的，可以勘验物证或者现场。勘验人应当出示人民检察院的证件，并邀请当地基层组织或者当事人所在单位派人参加。当事人或者当事人的成年家属应当到场，拒不到场的，不影响勘验的进行。

勘验人应当将勘验情况和结果制作笔录，由勘验人、当事人和被邀参加人签名或者盖章。

第六十八条　需要调查核实的，由承办检察官在职权范围内决定，或者报检察长决定。

第六十九条　人民检察院调查核实，应当由二人以上共同进行。

调查笔录经被调查人校阅后，由调查人、被调查人签名或者盖章。被调查人拒绝签名盖章的，应当记明情况。

第七十条　人民检察院可以指令下级人民检察院或者委托外地人民检察院调查核实。

人民检察院指令调查或者委托调查的，应当发送《指令调查通知书》或者《委托调查函》，载明调查核实事项、证据线索及要求。受指令或者受委托人民检察院收到《指令调查通知书》或者《委托调查函》后，应当在十五日内完成调查核实工作并书面回复。因客观原因不能完成调查的，应当在上述期限内书面回复指令或者委托的人民检察院。

人民检察院到外地调查的，当地人民检察院应当配合。

第七十一条　人民检察院调查核实，有关单位和个人应当配合。拒绝或者妨碍人民检察院调查核实的，人民检察院可以向有关单位或者其上级主管部门提出检察建议，责令纠正；涉嫌违纪违法犯罪的，依照规定移送有关机关处理。

222. 抗诉案件指令再审

222.1 法律条文

第二百二十二条 人民检察院提出抗诉的案件，接受抗诉的人民法院应当自收到抗诉书之日起三十日内作出再审的裁定；有本法第二百一十一条第一项至第五项规定情形之一的，可以交下一级人民法院再审，但经该下一级人民法院再审的除外。

222.2 条文阐释

人民检察院提出抗诉的案件，符合以下再审理由的，可以交下一级人民法院再审，但经该下一级人民法院再审的除外：（1）有新的证据，足以推翻原判决、裁定的；（2）原判决、裁定认定的基本事实缺乏证据证明的；（3）原判决、裁定认定事实的主要证据是伪造的；（4）原判决、裁定认定事实的主要证据未经质证的；（5）对审理案件需要的主要证据，当事人因客观原因不能自行收集，书面申请人民法院调查收集，人民法院未调查收集的。

222.3 司法适用

法院依职权裁定再审的案件一律提审；因当事人申请裁定再审的案件，以提审为原则，最高人民法院、各高级人民法院在特定情形下可以指令再审；因抗诉裁定再审的案件，由接受抗诉的法院再审。对可能影响再审纠错效果的，尽量避免指令再审。

222.4 相关规范性文件

最高人民法院《关于适用〈中华人民共和国民事诉讼法〉的解释》（法释〔2022〕11号，自2022年4月10日起施行）

第四百一十六条 当事人的再审申请被上级人民法院裁定驳回后，人民检察院对原判决、裁定、调解书提出抗诉，抗诉事由符合民事诉讼法第二百零七条第一项至第五项规定情形之一的，受理抗诉的人民法院可以交由下一级人民法院再审。

222.5 典型案例

222.5.1 人民检察院提出抗诉的案件，有本案调解书认定的事实与案件真实情况明显不符的情形的，可以交下一级人民法院再审

裁判来源：武汉乙投资公司等骗取调解书虚假诉讼监督案——检例第53号

要旨：2016年10月21日，武汉市人民检察院就（2010）蔡民二初字第79号、第80号、第81号、第82号民事调解书，向武汉市中级人民法院提出抗诉，认为本案调解书认定的事实与案件真实情况明显不符，四起诉讼均系双方当事人恶意串通为逃避公司债务提起的虚假诉讼，应当依法纠正。2018年1月16日，武汉市中级人民法院对武汉市人民检察院抗诉的四起案件作出民事裁定，指令武汉市蔡甸区人民法院再审。2018年11月19日，武汉市蔡甸区人民法院分别作出再审判决：撤销武汉市蔡甸区人民法院（2010）蔡民二初字第79号、第80号、第81号、第82号四份民事调解书；驳回甲商贸公司全部诉讼请求。

223. 抗诉书

223.1 法律条文

第二百二十三条 人民检察院决定对人民法院的判决、裁定、调解书提出抗诉的，应当制作抗诉书。

223.2 条文阐释

本条对于民事诉讼中的抗诉书作出了规定。民事抗诉书是检察院在民事诉讼中依法进行法律监督、行使抗诉权的手段。检察院对于人民法院行使职权的行为有权予以监督，因此检察院对于人民法院的判决、裁定、调解书均有权提出抗诉。抗诉书针对的对象既包括其中的程序内容也包括实体权益分配内容。针对国家利益、公共利益受到侵害的情形，检察院有权依法提起抗诉。

223.3 司法适用

抗诉书是人民检察院对已生效的人民法院裁判提出抗诉的法律文书，也是引起人民法院对案件进行再审的法律依据。抗诉书应当包括以下内容：抗诉的检察院，抗诉案件的原审人民法院及案号，案件的来源和审查过程，人民法院审理情况，检察院的审查结论、抗诉的法律依据和抗诉要求，致送人民法院的名称等事项。抗诉书由检察长签发，加盖人民检察院印章。抗诉书副本应当送达当事人，并报送上一级人民检察院。

223.4 相关规范性文件

《人民检察院民事诉讼监督规则》（高检发释字〔2021〕1号，自2021年8月1日起施行）

第九十二条第一款 人民检察院提出抗诉，应当制作《抗诉书》，在决定抗诉之日起十五日内将《抗诉书》连同案件卷宗移送同级人民法院，并由接受抗诉的人民法院向当事人送达再审裁定时一并送达《抗诉书》。

最高人民检察院《关于贯彻执行〈中华人民共和国民事诉讼法〉若干问题的通知》（高检发民字〔2013〕1号，自2013年1月9日起施行）

七、人民检察院经审查决定提出检察建议或者抗诉，应当制作检察建议书或者抗诉书发送同级人民法院，并将提出检察建议或者抗诉的决定通知案件当事人。

224. 检察官出庭

224.1 法律条文

第二百二十四条 人民检察院提出抗诉的案件，人民法院再审时，应当通知人民检察院派员出席法庭。

224.2 条文阐释

本条规定了检察官出庭监督有民事诉讼抗诉情形的再审过程的情形。检察院提出抗诉的案件，检察院应当派员出席法庭，说明相关情况并依法参与抗诉的相关庭审过程。

224.3 相关规范性文件

《人民检察院民事诉讼监督规则》（高检发释字〔2021〕1号，自2021年8月1日起施行）

第九十四条 人民检察院提出抗诉的案件，人民法院再审时，人民检察院应当派员出席法庭。

必要时，人民检察院可以协调人民法院安排人民监督员旁听。

第九十五条 接受抗诉的人民法院将抗诉案件交下级人民法院再审的，提出抗诉的人民检察院可以指令再审人民法院的同级人民检察院派员出庭。

第九十六条 检察人员出席再审法庭的任务是：

（一）宣读抗诉书；

（二）对人民检察院调查取得的证据予以出示和说明；

（三）庭审结束时，经审判长许可，可以发表法律监督意见；

（四）对法庭审理中违反诉讼程序的情况予以记录。

检察人员发现庭审活动违法的，应当待休庭或者庭审结束之后，以人民检察院的名义提出检察建议。

出庭检察人员应当全程参加庭审。

第九十七条 当事人或者其他参加庭审人员在庭审中对检察机关或者出庭检察人员有侮辱、诽谤、威胁等不当言论或者行为的，出庭检察人员应当建议法庭即时予以制止；情节严重的，应当建议法庭依照规定予以处理，并在庭审结束后向检察长报告。

224.4 典型案例

224.4.1 人民检察院提出抗诉的案件，人民法院再审时，人民检察院派员出庭

裁判来源： 中国建设银行股份有限公司赤峰分行与赤峰市翁牛特旗鑫隆小额贷款有限公司、赤峰市紫晨房地产开发有限责任公司案外人执行异议之诉案——内蒙古自治区高级人民法院民事判决书，（2020）内民再266号

裁判要旨： 内蒙古自治区人民检察院作出内检民（行）监〔2020〕15000000056号民事抗诉书，向本院提出抗诉。本院作出（2020）内民抗62号民事裁定，提审本案。本院依法组成合议庭，开庭审理了本案。内蒙古自治区人民检察院指派检察官席静、检察官助理白国花出庭。申诉人建行赤峰分行的委托诉讼代理人王某柱、国某宇到庭参加诉讼。被申诉人鑫隆公司、紫晨公司经传票传唤无正当理由拒不到庭参加诉讼。

224.4.2 受理抗诉的人民法院指令下级人民法院再审的，提出抗诉的人民检察院可以指令再审人民法院的同级人民检察院派员出席再审法庭

裁判来源： 北京欧华福业科技有限公司与保定市三联纸业有限公司合同纠纷案——北京市第三中级人民法院民事裁定书，（2023）京03民再19号

裁判要旨： 申诉人北京欧华福业科技有限公司（以下简称欧华福业公司）因与被申诉人保定市三联纸业有限公司（以下简称三联纸业公司）合同纠纷一案，不服本院（2019）京03民终10352号民事判决，向检察机关申诉。北京市人民检察院作出京检民监〔2022〕3号民事抗诉书，向北京市高级人民法院提出抗诉。北京市高级人民法院于2022年10月20日作出（2022）京民抗72号民事裁定，指令本院再审本案。本院依法另行组成合议庭，开庭审理了本案。北京市人民检察院指派北京市人民检察院第三分院检察官程建玲、检察官助理王挺出庭。申诉人欧华福业公司之委托诉讼代理人田某来、马某月，被申诉人三联纸业公司之委托诉讼代理人蔡某明到庭参加诉讼。

第十七章 督促程序

225. 申请条件

225.1 法律条文

第二百二十五条 债权人请求债务人给付金钱、有价证券，符合下列条件的，可以向有管辖权的基层人民法院申请支付令：

（一）债权人与债务人没有其他债务纠纷的；

（二）支付令能够送达债务人的。

申请书应当写明请求给付金钱或者有价证券的数量和所根据的事实、证据。

225.2 条文阐释

督促程序又称支付令程序，是指基层人民法院根据债权人单方面提出的以给付金钱或者有价证券为标的的申请，不经过开庭审理，直接向债务人发出支付令，要求其在法定期间内履行偿还债务义务或者提出异议，否则该支付令就具有强制执行力的特别程序。

适用督促程序审理债权债务关系明确且双方均无争议而债务人因为各种原因长期没有还债的案件，不仅可以简化诉讼程序，方便当事人诉讼和法院审理案件，而且还可以加速纠纷的解决。这使人民法院处理民事主体间财产关系的效率得到显著提高，公民的合法权益能够在短时间内得到保障。

225.3 司法适用

债权人向法院申请支付令，应当同时具备以下条件：（1）必须由债权人本人提出申请。（2）请求标的限于金钱和有价证券。其中金钱是指可以作为流通手段和支付手段的货币，例如人民币。有价证券是指汇票、本票、支票、股票、债券、国库券、可转让的存款单等。(3) 请求给付的金钱或者有价证券已到期且数额确定，并写明了请求所根据的事实、证据。(4) 债权人没有对待给付义务，与债务人没有其他债务纠纷。(5) 债务人在我国境内且未下落不明且支付令能够送达债务人。支付令能够送达债务人是指按照法律规定的直接送达和留置送达方式，客观上能够实际到达债务人。(6) 申请向有管辖权的法院提出。即债务人住所地的基层人民法院，在级别上不会因为争议金额的大小而发生改变。(7) 债权人未向人民法院申请诉前保全。(8) 采用书面形式提出申请。支付令申请书应当具备以下内容：①当事人及其法定代理人的基本情况；②请求给付金钱或者有价证券的数量和所根据的事实、证据；③申请支付令的目的并陈述理由；④请求发出支付令的法院。

225.4 相关规范性文件

《中华人民共和国劳动合同法》（中华人民共和国主席令第73号，自2013年7月1日起施行）

第三十条 用人单位应当按照劳动合同约定和国家规定，向劳动者及时足额支付劳动报酬。

用人单位拖欠或者未足额支付劳动报酬的，劳动者可以依法向当地人民法院申请支付令，人民法院应当依法发出支付令。

《中华人民共和国海事诉讼特别程序法》（中华人民共和国主席令第28号，自2000年7月1日起施行）

第九十九条 债权人基于海事事由请求债务人给付金钱或者有价证券，符合《中华人民共和国民事诉讼法》有关规定的，可以向有管辖权的海事法院申请支付令。

债务人是外国人、无国籍人、外国企业或者组织，但在中华人民共和国领域内有住所、代表机构或者分支机构并能够送达支付令的，债权人可以向有管辖权的海事法院申请支付令。

最高人民法院《关于适用〈中华人民共和国民事诉讼法〉的解释》（法释〔2022〕11号，自2022年4月10日起施行）

第四百二十五条　两个以上人民法院都有管辖权的，债权人可以向其中一个基层人民法院申请支付令。

债权人向两个以上有管辖权的基层人民法院申请支付令的，由最先立案的人民法院管辖。

第四百二十七条　债权人申请支付令，符合下列条件的，基层人民法院应当受理，并在收到支付令申请书后五日内通知债权人：

（一）请求给付金钱或者汇票、本票、支票、股票、债券、国库券、可转让的存款单等有价证券；

（二）请求给付的金钱或者有价证券已到期且数额确定，并写明了请求所根据的事实、证据；

（三）债权人没有对待给付义务；

（四）债务人在我国境内且未下落不明；

（五）支付令能够送达债务人；

（六）收到申请书的人民法院有管辖权；

（七）债权人未向人民法院申请诉前保全。

不符合前款规定的，人民法院应当在收到支付令申请书后五日内通知债权人不予受理。

基层人民法院受理申请支付令案件，不受债权金额的限制。

225.5　典型案例

225.5.1　符合支付令申请条件的，由法院向被申请人发出支付令

裁判来源：陈某雄申请支付令案——上海市黄浦区人民法院民事判决书，（1993）黄民督字第9号

裁判要旨：本案申请人所请求的是要求被申请人履行给付金钱的义务，即偿还借款。申请人与被申请人间的借贷关系，有合法、有效的借据为证。申请人与被申请人之间也没有其他债务纠纷。又能向被申请人直接送达支付令。因此，申请人的支付令申请，符合发出支付令的条件。上海市黄浦区人民法院依法发出支付令，督促被申请人及时清偿债务。

226. 受理程序

226.1 法律条文

第二百二十六条 债权人提出申请后，人民法院应当在五日内通知债权人是否受理。

226.2 条文阐释

人民法院接到债权人的申请后，应当及时进行审查，并且只进行形式审查。不符合上一条文中阐述的申请条件规定的，人民法院应当在收到支付令申请书后 5 日内通知债权人不予受理。基层人民法院受理申请支付令案件，不受债权金额的限制。

226.3 司法适用

人民法院受理申请后，由审判员一人进行审查。经审查，有下列情形之一的，裁定驳回申请：(1) 申请人不具备当事人资格；(2) 给付金钱或者有价证券的证明文件没有约定逾期给付利息或者违约金、赔偿金，债权人坚持要求给付利息或者违约金、赔偿金；(3) 要求给付的金钱或者有价证券属于违法所得；(4) 要求给付的金钱或者有价证券尚未到期或者数额不确定。人民法院受理支付令申请后，发现不符合该解释规定的受理条件的，应当在受理之日起 15 日内裁定驳回申请。

226.4 相关规范性文件

最高人民法院《关于适用〈中华人民共和国民事诉讼法〉的解释》(法释〔2022〕11 号，自 2022 年 4 月 10 日起施行)

第四百二十六条 人民法院收到债权人的支付令申请书后，认为申请书不符合要求的，可以通知债权人限期补正。人民法院应当自收到补正材料之日起五日内通知债权人是否受理。

227. 支付令

227.1 法律条文

第二百二十七条 人民法院受理申请后，经审查债权人提供的事实、证据，对债权债务关系明确、合法的，应当在受理之日起十五日内向债务人发出支付令；申请不成立的，裁定予以驳回。

债务人应当自收到支付令之日起十五日内清偿债务，或者向人民法院提出书面异议。

债务人在前款规定的期间不提出异议又不履行支付令的，债权人可以向人民法院申请执行。

227.2 条文阐释

人民法院发布的支付令是具有执行效力的法律文书。债务人在收到支付令后，如果对债权债务关系没有异议，即应当在15日内清偿债务，从而有效地保护债权人的利益，如果债务人对债权债务关系有异议，则应当在15日内向人民法院提出书面异议。所以，支付令的发布，是为了更及时、更简便、更有效地督促债务人及时履行义务。

227.3 司法适用

人民法院受理支付令申请后，审查债权债务关系是否明确、合法以及有无相应的证据等。审查结果有两种，即裁定驳回申请或决定发出支付令。裁定驳回申请的，申请人不得上诉。决定发出支付令的，应当自受理之日起15日内，直接向债务人发出支付令。

如果债务人在收到支付令之日起15日内既不清偿债务又不向人民法院提出书面异议，那么支付令就具有同生效判决相同的法律效力。支付令生效后就具有同生效判决一样的强制执行力，债权人自支付令生效之日起有权请求人民法院予以强制执行。

227.4 相关规范性文件

最高人民法院《关于适用〈中华人民共和国民事诉讼法〉的解释》（法释〔2022〕11号，自2022年4月10日起施行）

第四百二十八条 人民法院受理申请后，由审判员一人进行审查。经审查，有下列情形之一的，裁定驳回申请：

（一）申请人不具备当事人资格的；

（二）给付金钱或者有价证券的证明文件没有约定逾期给付利息或者违约金、赔偿金，债权人坚持要求给付利息或者违约金、赔偿金的；

（三）要求给付的金钱或者有价证券属于违法所得的；

（四）要求给付的金钱或者有价证券尚未到期或者数额不确定的。

人民法院受理支付令申请后，发现不符合本解释规定的受理条件的，应当在受理之日起十五日内裁定驳回申请。

第四百二十九条 向债务人本人送达支付令，债务人拒绝接收的，人民法院可以留置送达。

第四百三十条 有下列情形之一的，人民法院应当裁定终结督促程序，已发出支付令的，支付令自行失效：

（一）人民法院受理支付令申请后，债权人就同一债权债务关系又提起诉讼的；

（二）人民法院发出支付令之日起三十日内无法送达债务人的；

（三）债务人收到支付令前，债权人撤回申请的。

第四百三十一条 债务人在收到支付令后，未在法定期间提出书面异议，而向其他人民法院起诉的，不影响支付令的效力。

债务人超过法定期间提出异议的，视为未提出异议。

第四百三十二条 债权人基于同一债权债务关系，在同一支付令申请中向债务人提出多项支付请求，债务人仅就其中一项或者几项请求提出异议的，不影响其他各项请求的效力。

第四百三十三条 债权人基于同一债权债务关系，就可分之债向多个债务人提出支付请求，多个债务人中的一人或者几人提出异议的，不影响其他请求的效力。

第四百三十四条　对设有担保的债务的主债务人发出的支付令，对担保人没有拘束力。

债权人就担保关系单独提起诉讼的，支付令自人民法院受理案件之日起失效。

第四百四十一条　人民法院院长发现本院已经发生法律效力的支付令确有错误，认为需要撤销的，应当提交本院审判委员会讨论决定后，裁定撤销支付令，驳回债权人的申请。

228. 终结督促程序

228.1　法律条文

第二百二十八条　人民法院收到债务人提出的书面异议后，经审查，异议成立的，应当裁定终结督促程序，支付令自行失效。

支付令失效的，转入诉讼程序，但申请支付令的一方当事人不同意提起诉讼的除外。

228.2　条文阐释

债务人异议，是指对于人民法院签发的支付令，债务人在法定期间内，向发出支付令的法院表明不服支付令所确认的给付义务的诉讼行为。

228.3　司法适用

债务人提出支付令异议应当具备以下条件：(1) 债务人的异议必须针对支付令所确定的债务本身。(2) 债务人的异议必须在法定期间内提出。(3) 支付令异议必须采用书面形式提出。

债务人的异议，只要符合以上三项条件，就能够成立并产生相应的法律效力，人民法院无须审查债务人的异议是否有理由，也不要求债务人提供相应的证据，就可以裁定终结督促程序。

228.4 相关规范性文件

最高人民法院《关于适用〈中华人民共和国民事诉讼法〉的解释》（法释〔2022〕11号，自2022年4月10日起施行）

第四百三十五条 经形式审查，债务人提出的书面异议有下列情形之一的，应当认定异议成立，裁定终结督促程序，支付令自行失效：

（一）本解释规定的不予受理申请情形的；

（二）本解释规定的裁定驳回申请情形的；

（三）本解释规定的应当裁定终结督促程序情形的；

（四）人民法院对是否符合发出支付令条件产生合理怀疑的。

第四百三十六条 债务人对债务本身没有异议，只是提出缺乏清偿能力、延缓债务清偿期限、变更债务清偿方式等异议的，不影响支付令的效力。

人民法院经审查认为异议不成立的，裁定驳回。

债务人的口头异议无效。

第四百三十七条 人民法院作出终结督促程序或者驳回异议裁定前，债务人请求撤回异议的，应当裁定准许。

债务人对撤回异议反悔的，人民法院不予支持。

第四百三十八条 支付令失效后，申请支付令的一方当事人不同意提起诉讼的，应当自收到终结督促程序裁定之日起七日内向受理申请的人民法院提出。

申请支付令的一方当事人不同意提起诉讼的，不影响其向其他有管辖权的人民法院提起诉讼。

第四百三十九条 支付令失效后，申请支付令的一方当事人自收到终结督促程序裁定之日起七日内未向受理申请的人民法院表明不同意提起诉讼的，视为向受理申请的人民法院起诉。

债权人提出支付令申请的时间，即为向人民法院起诉的时间。

第十八章　公示催告程序

229. 申请条件

229.1　法律条文

第二百二十九条　按照规定可以背书转让的票据持有人，因票据被盗、遗失或者灭失，可以向票据支付地的基层人民法院申请公示催告。依照法律规定可以申请公示催告的其他事项，适用本章规定。

申请人应当向人民法院递交申请书，写明票面金额、发票人、持票人、背书人等票据主要内容和申请的理由、事实。

229.2　条文阐释

公示催告程序，是指人民法院根据申请人的申请，以公示方式告知并催促不明的利害关系人在法定期间内申报权利，如果到期无人申报权利，或者申请被驳回将根据申请人的申请依法作出除权判决的程序。公示催告程序只适用于可以背书转让的票据被盗、遗失或者灭失的案件以及法律规定可以申请公示催告的其他案件。不能背书转让的票据被盗、遗失或者灭失的，不属于法律规定可以申请公示催告的事项，不能适用公示催告程序。

229.3　相关规范性文件

《中华人民共和国公司法》（中华人民共和国主席令第15号，自2018年10月26日起施行）

第一百四十三条　记名股票被盗、遗失或者灭失，股东可以依照《中华人民共和国民事诉讼法》规定的公示催告程序，请求人民法院宣告该股票失效。人民法院宣告该股票失效后，股东可以向公司申请补发股票。

《中华人民共和国海事诉讼特别程序法》（中华人民共和国主席令第28号，自2000年7月1日起施行）

第一百条 提单等提货凭证持有人，因提货凭证失控或者灭失，可以向货物所在地海事法院申请公示催告。

最高人民法院《关于适用〈中华人民共和国民事诉讼法〉的解释》（法释〔2022〕11号，自2022年4月10日起施行）

第四百四十二条 民事诉讼法第二百二十五条规定的票据持有人，是指票据被盗、遗失或者灭失前的最后持有人。

第四百四十三条 人民法院收到公示催告的申请后，应当立即审查，并决定是否受理。经审查认为符合受理条件的，通知予以受理，并同时通知支付人停止支付；认为不符合受理条件的，七日内裁定驳回申请。

第四百四十四条 因票据丧失，申请公示催告的，人民法院应结合票据存根、丧失票据的复印件、出票人关于签发票据的证明、申请人合法取得票据的证明、银行挂失止付通知书、报案证明等证据，决定是否受理。

最高人民法院《关于审理票据纠纷案件若干问题的规定》（法释〔2020〕18号，自2021年1月1日起施行）

第二十三条 票据丧失后，失票人直接向人民法院申请公示催告或者提起诉讼的，人民法院应当依法受理。

第二十四条 出票人已经签章的授权补记的支票丧失后，失票人依法向人民法院申请公示催告的，人民法院应当依法受理。

第二十五条 票据法第十五条第三款规定的可以申请公示催告的失票人，是指按照规定可以背书转让的票据在丧失票据占有以前的最后合法持票人。

第二十六条 出票人已经签章但未记载代理付款人的银行汇票丧失后，失票人依法向付款人即出票银行所在地人民法院申请公示催告的，人民法院应当依法受理。

第二十七条 超过付款提示期限的票据丧失以后，失票人申请公示催告的，人民法院应当依法受理。

229.4　典型案例

229.4.1　股票持有人的股票发生灭失的，可以向法院申请公示催告

裁判来源：黎某雄股票灭失申请公示催告案——载《最高人民法院公报》1993年第4期

上海市静安区人民法院根据上海市高级人民法院的指定，参照《民事诉讼法》第193条的规定，决定受理黎某雄的申请。经向上海证券交易所登记部查验，申请人黎某雄名下确有上海真空电子器件股份有限公司A股股票60股（每股面值人民币100元）。该院在案件受理后3日内，即1993年6月12日发出公告，并将公告内容刊登在6月15日的《上海证券报》上，催促利害关系人在60日内申报权利。公示催告期间，无人申报权利。期满后，黎某雄于同年8月18日向静安区人民法院申请判决。

根据申请人黎某雄的申请，上海市静安区人民法院参照《民事诉讼法》第197条之规定，于1993年9月22日作出判决：

一、宣告申请人黎某雄灭失的上海真空电子器件股份有限公司A股股票60股（每股面值人民币100元，股票号码9115至9174）无效。

二、自本判决公告之日起，申请人黎某雄有权向股票发行公司上海真空电子器件股份有限公司申请补发。

229.4.2　空白储蓄存单不能通过公示催告程序进行救济

裁判来源：中国工商银行陆丰市支行申请票据无效公示催告案——参见张金锁：《银行风险与规避法律实务应用全书》，中国法制出版社2012年版

法院认为：根据《民事诉讼法》第195条规定，可向人民法院申请公示催告的范围，一是“按照规定可以背书转让的票据”；二是“依照法律规定可以公示催告的其他事项”。我国《票据法》规定，票据是指汇票、本票和支票。汇票、本票和支票除出票人记载“不得转让”字样的，均可背书转让。可以依据《民事诉讼法》申请公示催告的，目前仅限于上述可以背书转让的票据。“依照法律规定可以申请公示催告的其他事项”，适用范围取决于实体法的规定。本案陆丰工行申请公示催告的存单既不属于法律规定的票据范畴，也不属于法律规定可以申请公示催告的事项，且本案

存单系空白存单，不具有权利凭证的特征，不符合《民事诉讼法》第195条规定的公示催告的受理范围，陆丰市人民法院受理陆丰工行关于宣告空白存单无效的申请，判决宣告存单无效，属适用法律错误。遂裁定撤销陆丰市人民法院（1998）陆民催字第1号民事判决；驳回陆丰工行的公示催告申请。

230. 公告及期限

230.1 法律条文

第二百三十条 人民法院决定受理申请，应当同时通知支付人停止支付，并在三日内发出公告，催促利害关系人申报权利。公示催告的期间，由人民法院根据情况决定，但不得少于六十日。

230.2 条文阐释

公示催告的公告，是指人民法院在决定受理申请人的申请后，向社会发出的催促利害关系人在法定期间内向人民法院申报权利的告示。公示催告的期间由人民法院依据案件实际情况决定，但不得少于60日。

230.3 相关规范性文件

最高人民法院《关于适用〈中华人民共和国民事诉讼法〉的解释》（法释〔2022〕11号，自2022年4月10日起施行）

第四百四十五条 人民法院依照民事诉讼法第二百二十六条规定发出的受理申请的公告，应当写明下列内容：

（一）公示催告申请人的姓名或者名称；

（二）票据的种类、号码、票面金额、出票人、背书人、持票人、付款期限等事项以及其他可以申请公示催告的权利凭证的种类、号码、权利范围、权利人、义务人、行权日期等事项；

（三）申报权利的期间；

（四）在公示催告期间转让票据等权利凭证，利害关系人不申报的法律后果。

第四百四十六条 公告应当在有关报纸或者其他媒体上刊登，并于同日公布于人民法院公告栏内。人民法院所在地有证券交易所的，还应当同日在该交易所公布。

第四百四十七条 公告期间不得少于六十日，且公示催告期间届满日不得早于票据付款日后十五日。

第四百五十二条 适用公示催告程序审理案件，可由审判员一人独任审理；判决宣告票据无效的，应当组成合议庭审理。

第四百五十三条 公示催告申请人撤回申请，应在公示催告前提出；公示催告期间申请撤回的，人民法院可以径行裁定终结公示催告程序。

231. 止付通知和效力

231.1 法律条文

第二百三十一条 支付人收到人民法院停止支付的通知，应当停止支付，至公示催告程序终结。

公示催告期间，转让票据权利的行为无效。

231.2 条文阐释

人民法院决定受理公示催告申请的，应当同时通知支付人停止支付，并发布公告，催促利害关系人申报权利。停止支付通知，又称止付通知，是指人民法院在决定受理公示催告申请后，向支付人发出的告知支付人停止向任何持票人支付票面金额的通知。人民法院发出止付通知是为了防止被盗、遗失票据的非法持有人向支付人申请支付从而使申请人在申请公示催告、宣告票据无效后，无法再请求支付人支付。

在公示催告期间，转让票据权利的行为无效。公示催告期间转让票据会导致相关纠纷复杂化，不利于保障受让人的基本权益，也会导致法院工作难以开展，因此本法特别规定了公示催告期间转让票据权利的行为无效。

231.3 司法适用

经过公示催告期间之后，若仍然无人申报权利，则可以推定本案所涉及的票据没有其他利害关系人存在，票据权利可以被认定由申请人享有。该规定体现了对于交易安全的保护。

231.4 相关规范性文件

最高人民法院《关于适用〈中华人民共和国民事诉讼法〉的解释》（法释〔2022〕11号，自2022年4月10日起施行）

第四百五十四条 人民法院依照民事诉讼法第二百二十七条规定通知支付人停止支付，应当符合有关财产保全的规定。支付人收到停止支付通知后拒不止付的，除可依照民事诉讼法第一百一十四条、第一百一十七条规定采取强制措施外，在判决后，支付人仍应承担付款义务。

232. 申报权利

232.1 法律条文

第二百三十二条 利害关系人应当在公示催告期间向人民法院申报。

人民法院收到利害关系人的申报后，应当裁定终结公示催告程序，并通知申请人和支付人。

申请人或者申报人可以向人民法院起诉。

232.2 条文阐释

申报权利，是指受公示催告的利害关系人，在公示催告期间向人民法院主张票据权利的行为。利害关系人，是指持有申请人认为已经被盗、遗失或者灭失的票据的人。申报权利的目的在于向人民法院提出对票据权利的主张，人民法院接到申报材料后，经过审查发现申请人与申报权利的利害关系人可能存在就票据权利的争议时，就会裁定终结公示催告程序，告知争议双方以民事诉讼程序解决争议。

232.3 司法适用

当公示催告期间没有利害关系人申报权利，那么后续处理路径是相对明晰的，即申报人在公示催告期间届满后向法院申请除权判决，并持除权判决向票据债务人请求付款，除权判决作为法定的票据权利与原票据相分离的一种表示，可以产生票据权利人不凭原票据而行使权利的法律效果。如果失票人确是因为票据被盗、遗失或者灭失失去对票据的占有，那么其申请不仅完全符合申请公示催告的法定事由，而且通常不会出现所谓的利害关系人申报权利。但现实中，许多公示催告申请并非因为所涉票据遗失或灭失，而往往是因申请人将涉案票据交付于后手未及时得到后手支付的票据款，试图通过公示催告程序来挽回损失。如在（2013）泰中商终字第0104号案中，法院即认定："申请人大地公司已将票据背书并给付给第三方，大地公司认为对方构成票据诈骗，在其明知所涉票据流向的情况下，虚构事实，申请公示催告，导致法院作出的除权判决破坏了票据的正常流通，大地公司的行为应认定为恶意申请除权判决的行为。"由此产生申报人与利害关系人谁是真实票据权利人的争议。由于法院在收到利害关系人的申报后，认定利害关系人的申报符合相应形式要件后，即应裁定终结公示催告程序，故上述争议需由双方另行向法院起诉解决。[①]

利害关系人在公示催告期间申报权利，法院裁定终结公示催告程序后，对于申报人与异议人之间争议的处理，正确的路径是应当由申报人向异议人提起票据返还之诉，即以票据占有人为被告，对其提起返还票据之诉。

对于利害关系人在除权判决作出后提出异议的，《民事诉讼法》第234条规定，在利害关系人知道或应当知道判决公告之日起1年内，其可以向

① 周成、张戎亚：《确权判决不能产生票据提示付教的法律效果》，载《人民司法》2022年第16期。

作出判决的法院起诉。最高人民法院于 2019 年 11 月 8 日颁布的《全国法院民商事审判工作会议纪要》第 106 条对此进一步明确，如果付款人尚未付款，利害关系人提起的诉讼应为撤销除权判决之诉；如果付款人已经付款，利害关系人以申请人为被告提起侵权损害赔偿之诉。

232.4 相关规范性文件

最高人民法院《关于适用〈中华人民共和国民事诉讼法〉的解释》（法释〔2022〕11 号，自 2022 年 4 月 10 日起施行）

第四百四十八条 在申报期届满后、判决作出之前，利害关系人申报权利的，应当适用民事诉讼法第二百二十八条第二款、第三款规定处理。

第四百四十九条 利害关系人申报权利，人民法院应当通知其向法院出示票据，并通知公示催告申请人在指定的期间查看该票据。公示催告申请人申请公示催告的票据与利害关系人出示的票据不一致的，应当裁定驳回利害关系人的申报。

232.5 典型案例

232.5.1 确权判决不能产生票据提示付款的法律效果

裁判来源：江苏沙钢三中国际贸易有限公司与交通银行股份有限公司南阳分行、张家港市联华纱业有限公司等票据追索权纠纷案——江苏省高级人民法院民事判决书，（2019）苏民再 131 号

裁判要旨：票据是提示证券，票据权利与票据紧密结合为一体。票据确权判决并非宣告失票无效的除权判决，不具有除权力及执行力，不能像除权判决一样在形式上替代丧失的票据。确权判决作出后，案涉票据仍系有效票据，确权判决的胜诉方要求付款人支付票款时的提示付款义务并不能免除。付款人作为专业的金融机构亦应当知道确权判决不同于除权判决，并未免除确权判决的胜诉方请求付款时的提示付款义务，其在未见票的情况下，仅依据确权判决文书对胜诉方进行付款，不符合票据法的规定，不能导致票据权利的消灭，付款人仍需承担相应的付款责任。

233. 除权判决

233.1　法律条文

第二百三十三条　没有人申报的，人民法院应当根据申请人的申请，作出判决，宣告票据无效。判决应当公告，并通知支付人。自判决公告之日起，申请人有权向支付人请求支付。

233.2　条文阐释

宣告票据无效的除权判决是公示催告程序的一个重要组成部分，是指人民法院在公示催告期间届满以后，无权利人进行申报或者虽有人申报但被法院驳回时，依公示催告申请人的申请，法院作出的宣告票据无效或者其他事项从此不再具有法律效力的判决。

233.3　司法适用

人民法院作出除权判决应当具备以下条件：(1) 公示催告期间届满无人申报权利，或者虽然有人申报权利但被驳回。(2) 申请人在申报权利期间届满的次日起1个月内提出申请。逾期不申请判决的会导致公示催告程序的终结。

人民法院宣告票据无效的除权判决，具有以下法律效力：(1) 票据失去效力。票据不再有法律效力，票据付款人可以拒绝向持票人支付。(2) 申请人恢复权利。丧失票据的权利人（申请人）可以根据除权判决，重新享有已经丧失的票据上的权利，从而有权请求支付人支付票面金额。(3) 公示催告程序终结。人民法院作出并公告除权判决后，公示催告程序终结，任何人不得对除权判决提起上诉。申请人已经实现票据除权的目的，因此没有上诉利益。利害关系人因为不是当事人自然没有上诉权，此后，利害关系人主张票据权利的，只能向人民法院起诉。

233.4 相关规范性文件

最高人民法院《关于适用〈中华人民共和国民事诉讼法〉的解释》(法释〔2022〕11号，自2022年4月10日起施行)

第四百五十条 在申报权利的期间无人申报权利，或者申报被驳回的，申请人应当自公示催告期间届满之日起一个月内申请作出判决。逾期不申请判决的，终结公示催告程序。

裁定终结公示催告程序的，应当通知申请人和支付人。

第四百五十一条 判决公告之日起，公示催告申请人有权依据判决向付款人请求付款。

付款人拒绝付款，申请人向人民法院起诉，符合民事诉讼法第一百二十二条规定的起诉条件的，人民法院应予受理。

第四百五十六条 依照民事诉讼法第二百二十八条规定制作的终结公示催告程序的裁定书，由审判员、书记员署名，加盖人民法院印章。

233.5 典型案例

233.5.1 票据权利时效届满且票据丧失的合法持有人可以通过公示催告程序向票据利益返还义务人请求支付款项

裁判来源：海某消防公司申请公示催告案——北京市西城区人民法院民事判决书，(2019) 京0102民催41号

裁判要旨：海某消防公司的公示催告申请符合受理条件，并向甲银行送达停止支付通知书。案涉汇票的票据信息与公示催告的申请于2019年10月23日在人民法院报刊登公告。公告期内无人申报异议，海某消防公司亦于公告期满后向北京市西城区人民法院申请除权判决。虽然案涉银行承兑汇票票据权利时效已经届满，但持票人所享有的权利并不必然随之消灭，而是转化为票据利益返还请求权。因后者仍有支付内容，可以继续适用公示催告程序。

234. 除权判决撤销之诉

234.1　法律条文

第二百三十四条　利害关系人因正当理由不能在判决前向人民法院申报的，自知道或者应当知道判决公告之日起一年内，可以向作出判决的人民法院起诉。

234.2　条文阐释

在公示催告期间内，利害关系人可能会因为某种正当理由不能及时申报权利。由于除权判决不能上诉，为了对公示催告期间内因为某种正当理由不能及时申报权利的利害关系人提供救济，利害关系人自知道或者应当知道判决公告之日起1年内，可以向作出判决的人民法院起诉，即可通过普通诉讼程序来解决票据权利义务纠纷，给利害关系人以必要的救济。

234.3　司法适用

公示催告制度，是在票据持有人的票据被盗、遗失或者灭失后而提供给票据持有人的一种救济途径，但在司法实践中这种制度却常常被滥用，即申请人虚构票据丧失事实申请公示催告。例如，当某公司因轻信而将票据移交给另一方，后者却未履行义务，甚至失踪时，该公司可能选择向法院提出公示催告请求。同样，由于某公司内部管理不善，导致票据被转让给第三方时，该公司也可能申请公示催告。在上述情形下，公司明知票据并非被盗、遗失或者灭失，其并不符合公示催告申请的条件，但仍然申请公示催告，其主要目的有两点：一是阻止票据的继续转让；二是查找票据的实际持有人。然而，由于票据并非真正被盗、遗失或者灭失，而是票据原持有人通过虚构票据丧失事实恶意启动了公示催告程序，这意味着只要票据继续在市场上流通，将不可避免地引发原持有人和新持有人之间的利益冲突。

对于虚构票据丧失事实恶意启动公示催告程序者，人民法院显然不能保护其所得利益。因此，本条赋予了合法持票人通过诉讼维护其实体利益的权利。

234.4 相关规范性文件

最高人民法院《关于适用〈中华人民共和国民事诉讼法〉的解释》（法释〔2022〕11号，自2022年4月10日起施行）

第四百五十五条 人民法院依照民事诉讼法第二百二十八条规定终结公示催告程序后，公示催告申请人或者申报人向人民法院提起诉讼，因票据权利纠纷提起的，由票据支付地或者被告住所地人民法院管辖；因非票据权利纠纷提起的，由被告住所地人民法院管辖。

第四百五十七条 依照民事诉讼法第二百三十条的规定，利害关系人向人民法院起诉的，人民法院可按票据纠纷适用普通程序审理。

第四百五十八条 民事诉讼法第二百三十条规定的正当理由，包括：

（一）因发生意外事件或者不可抗力致使利害关系人无法知道公告事实的；

（二）利害关系人因被限制人身自由而无法知道公告事实，或者虽然知道公告事实，但无法自己或者委托他人代为申报权利的；

（三）不属于法定申请公示催告情形的；

（四）未予公告或者未按法定方式公告的；

（五）其他导致利害关系人在判决作出前未能向人民法院申报权利的客观事由。

第四百五十九条 根据民事诉讼法第二百三十条的规定，利害关系人请求人民法院撤销除权判决的，应当将申请人列为被告。

利害关系人仅诉请确认其为合法持票人的，人民法院应当在裁判文书中写明，确认利害关系人为票据权利人的判决作出后，除权判决即被撤销。

最高人民法院关于印发《全国法院民商事审判工作会议纪要》的通知（法〔2019〕254号，自2019年11月8日起施行）

106. 【恶意申请公示催告的救济】公示催告程序本为对合法持票人进行失票救济所设，但实践中却沦为部分票据出卖方在未获得票款情形下，通过伪报票据丧失事实申请公示催告、阻止合法持票人行使票据权利的工具。对此，民事诉讼法司法解释已经作出了相应规定。适用时，应当区别付款人是否已经付款等情形，作出不同认定：

（1）在除权判决作出后，付款人尚未付款的情况下，最后合法持票人可以根据《民事诉讼法》第223条的规定，在法定期限内请求撤销除权判决，待票据恢复效力后再依法行使票据权利。最后合法持票人也可以基于基础法律关系向其直接前手退票并请求其直接前手另行给付基础法律关系项下的对价。

（2）除权判决作出后，付款人已经付款的，因恶意申请公示催告并持除权判决获得票款的行为损害了最后合法持票人的权利，最后合法持票人请求申请人承担侵权损害赔偿责任的，人民法院依法予以支持。

234.5　典型案例

234.5.1　人民法院作出除权判决之后，未在公示催告期间申报的票据合法持有人，可以向作出除权判决的人民法院提起诉讼，要求除权判决的申请人赔偿损失

裁判来源：江苏省常州可意空调销售有限公司与江苏省无锡市致力科技有限公司票据追索权纠纷上诉案——江苏省泰州市中级人民法院民事判决书，（2013）泰中商再终字第0004号

裁判要旨：票据经公示催告程序被人民法院作出除权判决之后，未在公示催告期间申报的票据合法持有人，可以按照《民事诉讼法》第223条的规定，向作出除权判决的人民法院提起诉讼，要求除权判决的申请人赔偿损失。

法院认为：靖江市人民法院再审认为，银行承兑汇票作为一种高度信用的无因性有价证券，持票人可以以背书的连续，证明其票据权利。本案中，从诉争票据的形式上看，背书前后均连续，常州可意公司既是该票据的背书人，又是票据的最后持有人。由于票据已经被无锡致力公司申请公示催告，并经法院除权判决，无锡致力公司的行为损害了常州可意公司应享有的票据权利，故常州可意公司要求无锡致力公司赔偿其被拒绝付款的汇票金额500,230元并支付利息的主张，于法有据，法院应予支持。

234.5.2 票据债务人以伪报遗失方式获取除权判决，阻碍票据债权人行使票据权利的，法院应当依法撤销除权判决

裁判来源：上海檀溪实业发展有限公司与中国民生银行股份有限公司上海分行撤销除权判决纠纷上诉案——上海市第一中级人民法院民事判决书，(2008) 沪一中民三（商）终字第292号

裁判要旨：票据债务人以伪报遗失方式获取除权判决，阻碍票据债权人行使票据权利的，法院应当依法撤销除权判决。在法律规定不够明确的情况下，法院对相关的争议应当依照立法意图作出处理。

法院认为：上海市金山区人民法院审理后认为，民生银行在取得系争汇票之前，曾向承兑行查询了有无挂止及冻结等情形，也审核了系争汇票背书的连续性，故民生银行取得系争汇票时已尽到适当的审查义务，可以认定其未能在公示催告期间申报权利具有正当理由；申请公示催告的主体应当为票据的最后持有人，而檀溪公司隐瞒了系争汇票已经背书的事实，并非系争汇票的最后持有人。檀溪公司关于京伟公司背书后又将系争汇票归还的陈述，既未提供证据加以证明，也与通常票据转让的商业惯例不符。同时，即使所述属实，檀溪公司也不属于系争汇票的最后持有人。因此，檀溪公司无权申请公示催告。民生银行要求撤销除权判决，恢复票据权利的诉讼请求，应予支持。2008 年 1 月 2 日，一审法院判决撤销除权判决，恢复系争汇票的票据权利。

第三编　执 行 程 序

第十九章　一 般 规 定

235. 执行管辖

235.1　法律条文

第二百三十五条　发生法律效力的民事判决、裁定，以及刑事判决、裁定中的财产部分，由第一审人民法院或者与第一审人民法院同级的被执行的财产所在地人民法院执行。

法律规定由人民法院执行的其他法律文书，由被执行人住所地或者被执行的财产所在地人民法院执行。

235.2　条文阐释

民事判决、裁定，以及刑事判决、裁定中的财产部分发生法律效力后，为了方便执行法院执行工作的开展，应当由第一审人民法院或者与第一审人民法院同级的被执行的财产所在地人民法院执行。除判决、裁定外，法律规定由人民法院执行的其他法律文书，由被执行人住所地或者被执行的财产所在地人民法院执行。

235.3　司法适用

法院适用执行管辖主要分以下几种情况处理：

（1）发生法律效力的民事判决、裁定，以及刑事判决、裁定中的财产部分，由第一审人民法院或者与第一审人民法院同级的被执行的财产所在地人民法院执行。

（2）发生法律效力的支付令，由制作支付令的人民法院负责执行。

（3）当事人申请执行仲裁裁决，由被执行人住所地或者被执行的财产所在地的中级人民法院管辖。

（4）人民法院制作的承认和执行外国法院判决、裁定或者外国仲裁机构裁决的裁定书和执行令，由作出该裁定书和执行令的中级人民法院执行。

235.4 相关规范性文件

最高人民法院《关于适用〈中华人民共和国民事诉讼法〉的解释》（法释〔2022〕11号，自2022年4月10日起施行）

第四百六十条 发生法律效力的实现担保物权裁定、确认调解协议裁定、支付令，由作出裁定、支付令的人民法院或者与其同级的被执行财产所在地的人民法院执行。

认定财产无主的判决，由作出判决的人民法院将无主财产收归国家或者集体所有。

第四百六十一条 当事人申请人民法院执行的生效法律文书应当具备下列条件：

（一）权利义务主体明确；

（二）给付内容明确。

法律文书确定继续履行合同的，应当明确继续履行的具体内容。

最高人民法院《关于适用〈中华人民共和国民事诉讼法〉执行程序若干问题的解释》（法释〔2020〕21号，自2021年1月1日起施行）

第一条 申请执行人向被执行的财产所在地人民法院申请执行的，应当提供该人民法院辖区有可供执行财产的证明材料。

第二条 对两个以上人民法院都有管辖权的执行案件，人民法院在立案前发现其他有管辖权的人民法院已经立案的，不得重复立案。

立案后发现其他有管辖权的人民法院已经立案的，应当撤销案件；已经采取执行措施的，应当将控制的财产交先立案的执行法院处理。

第三条 人民法院受理执行申请后，当事人对管辖权有异议的，应当自收到执行通知书之日起十日内提出。

人民法院对当事人提出的异议，应当审查。异议成立的，应当撤销执行案件，并告知当事人向有管辖权的人民法院申请执行；异议不成立的，裁定驳回。当事人对裁定不服的，可以向上一级人民法院申请复议。

管辖权异议审查和复议期间，不停止执行。

第四条　对人民法院采取财产保全措施的案件，申请执行人向采取保全措施的人民法院以外的其他有管辖权的人民法院申请执行的，采取保全措施的人民法院应当将保全的财产交执行法院处理。

最高人民法院《关于人民法院执行工作若干问题的规定（试行）》（法释〔2020〕21号，自2021年1月1日起施行）

9. 在国内仲裁过程中，当事人申请财产保全，经仲裁机构提交人民法院的，由被申请人住所地或被申请保全的财产所在地的基层人民法院裁定并执行；申请证据保全的，由证据所在地的基层人民法院裁定并执行。

10. 在涉外仲裁过程中，当事人申请财产保全，经仲裁机构提交人民法院的，由被申请人住所地或被申请保全的财产所在地的中级人民法院裁定并执行；申请证据保全的，由证据所在地的中级人民法院裁定并执行。

11. 专利管理机关依法作出的处理决定和处罚决定，由被执行人住所地或财产所在地的省、自治区、直辖市有权受理专利纠纷案件的中级人民法院执行。

12. 国务院各部门、各省、自治区、直辖市人民政府和海关依照法律、法规作出的处理决定和处罚决定，由被执行人住所地或财产所在地的中级人民法院执行。

13. 两个以上人民法院都有管辖权的，当事人可以向其中一个人民法院申请执行；当事人向两个以上人民法院申请执行的，由最先立案的人民法院管辖。

14. 人民法院之间因执行管辖权发生争议的，由双方协商解决；协商不成的，报请双方共同的上级人民法院指定管辖。

15. 基层人民法院和中级人民法院管辖的执行案件，因特殊情况需要由上级人民法院执行的，可以报请上级人民法院执行。

最高人民法院《关于适用〈中华人民共和国仲裁法〉若干问题的解释》（法释〔2006〕7号，自2006年9月8日起施行）

第二十九条 当事人申请执行仲裁裁决案件，由被执行人住所地或者被执行的财产所在地的中级人民法院管辖。

最高人民法院《关于刑事裁判涉财产部分执行的若干规定》（法释〔2014〕13号，自2014年11月6日起施行）

第二条 刑事裁判涉财产部分，由第一审人民法院执行。第一审人民法院可以委托财产所在地的同级人民法院执行。

236. 执行行为异议

236.1 法律条文

第二百三十六条 当事人、利害关系人认为执行行为违反法律规定的，可以向负责执行的人民法院提出书面异议。当事人、利害关系人提出书面异议的，人民法院应当自收到书面异议之日起十五日内审查，理由成立的，裁定撤销或者改正；理由不成立的，裁定驳回。当事人、利害关系人对裁定不服的，可以自裁定送达之日起十日内向上一级人民法院申请复议。

236.2 条文阐释

本条主要规定的是当事人、利害关系人对执行行为的异议。指在执行过程中当事人、利害关系人对人民法院的执行行为提出异议，而要求法院变更或停止执行的行为，异议的对象是执行行为，对执行行为的异议属于程序上的执行救济。执行行为异议旨在纠正执行程序和执行措施上的违法，其并不以排除执行行为为必要。人民法院应当对当事人、利害关系人提出的书面异议进行审查，根据异议理由是否成立作出撤销、改正或者驳回的裁定。该异议仅限于当事人、利害关系人提出，对于异议裁定不服的可以在裁定送达之日起10日内申请复议，不能提起执行异议之诉。

236.3　相关规范性文件

最高人民法院《关于人民法院办理执行异议和复议案件若干问题的规定》（法释〔2020〕21号，自2021年1月1日起施行）

第一条　异议人提出执行异议或者复议申请人申请复议，应当向人民法院提交申请书。申请书应当载明具体的异议或者复议请求、事实、理由等内容，并附下列材料：

（一）异议人或者复议申请人的身份证明；

（二）相关证据材料；

（三）送达地址和联系方式。

第二条　执行异议符合民事诉讼法第二百二十五条或者第二百二十七条规定条件的，人民法院应当在三日内立案，并在立案后三日内通知异议人和相关当事人。不符合受理条件的，裁定不予受理；立案后发现不符合受理条件的，裁定驳回申请。

执行异议申请材料不齐备的，人民法院应当一次性告知异议人在三日内补足，逾期未补足的，不予受理。

异议人对不予受理或者驳回申请裁定不服的，可以自裁定送达之日起十日内向上一级人民法院申请复议。上一级人民法院审查后认为符合受理条件的，应当裁定撤销原裁定，指令执行法院立案或者对执行异议进行审查。

第三条　执行法院收到执行异议后三日内既不立案又不作出不予受理裁定，或者受理后无正当理由超过法定期限不作出异议裁定的，异议人可以向上一级人民法院提出异议。上一级人民法院审查后认为理由成立的，应当指令执行法院在三日内立案或者在十五日内作出异议裁定。

第四条　执行案件被指定执行、提级执行、委托执行后，当事人、利害关系人对原执行法院的执行行为提出异议的，由提出异议时负责该案件执行的人民法院审查处理；受指定或者受委托的人民法院是原执行法院的下级人民法院的，仍由原执行法院审查处理。

执行案件被指定执行、提级执行、委托执行后，案外人对原执行法院的执行标的提出异议的，参照前款规定处理。

第五条 有下列情形之一的，当事人以外的自然人、法人和非法人组织，可以作为利害关系人提出执行行为异议：

（一）认为人民法院的执行行为违法，妨碍其轮候查封、扣押、冻结的债权受偿的；

（二）认为人民法院的拍卖措施违法，妨碍其参与公平竞价的；

（三）认为人民法院的拍卖、变卖或者以物抵债措施违法，侵害其对执行标的的优先购买权的；

（四）认为人民法院要求协助执行的事项超出其协助范围或者违反法律规定的；

（五）认为其他合法权益受到人民法院违法执行行为侵害的。

第六条 当事人、利害关系人依照民事诉讼法第二百二十五条规定提出异议的，应当在执行程序终结之前提出，但对终结执行措施提出异议的除外。

案外人依照民事诉讼法第二百二十七条规定提出异议的，应当在异议指向的执行标的执行终结之前提出；执行标的由当事人受让的，应当在执行程序终结之前提出。

第七条 当事人、利害关系人认为执行过程中或者执行保全、先予执行裁定过程中的下列行为违法提出异议的，人民法院应当依照民事诉讼法第二百二十五条规定进行审查：

（一）查封、扣押、冻结、拍卖、变卖、以物抵债、暂缓执行、中止执行、终结执行等执行措施；

（二）执行的期间、顺序等应当遵守的法定程序；

（三）人民法院作出的侵害当事人、利害关系人合法权益的其他行为。

被执行人以债权消灭、丧失强制执行效力等执行依据生效之后的实体事由提出排除执行异议的，人民法院应当参照民事诉讼法第二百二十五条规定进行审查。

除本规定第十九条规定的情形外，被执行人以执行依据生效之前的实体事由提出排除执行异议的，人民法院应当告知其依法申请再审或者通过其他程序解决。

第八条 案外人基于实体权利既对执行标的提出排除执行异议又作为

利害关系人提出执行行为异议的，人民法院应当依照民事诉讼法第二百二十七条规定进行审查。

案外人既基于实体权利对执行标的提出排除执行异议又作为利害关系人提出与实体权利无关的执行行为异议的，人民法院应当分别依照民事诉讼法第二百二十七条和第二百二十五条规定进行审查。

第九条 被限制出境的人认为对其限制出境错误的，可以自收到限制出境决定之日起十日内向上一级人民法院申请复议。上一级人民法院应当自收到复议申请之日起十五日内作出决定。复议期间，不停止原决定的执行。

第十条 当事人不服驳回不予执行公证债权文书申请的裁定的，可以自收到裁定之日起十日内向上一级人民法院申请复议。上一级人民法院应当自收到复议申请之日起三十日内审查，理由成立的，裁定撤销原裁定，不予执行该公证债权文书；理由不成立的，裁定驳回复议申请。复议期间，不停止执行。

第十一条 人民法院审查执行异议或者复议案件，应当依法组成合议庭。

指令重新审查的执行异议案件，应当另行组成合议庭。

办理执行实施案件的人员不得参与相关执行异议和复议案件的审查。

第十二条 人民法院对执行异议和复议案件实行书面审查。案情复杂、争议较大的，应当进行听证。

第十三条 执行异议、复议案件审查期间，异议人、复议申请人申请撤回异议、复议申请的，是否准许由人民法院裁定。

第十四条 异议人或者复议申请人经合法传唤，无正当理由拒不参加听证，或者未经法庭许可中途退出听证，致使人民法院无法查清相关事实的，由其自行承担不利后果。

第十五条 当事人、利害关系人对同一执行行为有多个异议事由，但未在异议审查过程中一并提出，撤回异议或者被裁定驳回异议后，再次就该执行行为提出异议的，人民法院不予受理。

案外人撤回异议或者被裁定驳回异议后，再次就同一执行标的提出异议的，人民法院不予受理。

第十六条 人民法院依照民事诉讼法第二百二十五条规定作出裁定时，应当告知相关权利人申请复议的权利和期限。

人民法院依照民事诉讼法第二百二十七条规定作出裁定时，应当告知相关权利人提起执行异议之诉的权利和期限。

人民法院作出其他裁定和决定时，法律、司法解释规定了相关权利人申请复议的权利和期限的，应当进行告知。

第十七条 人民法院对执行行为异议，应当按照下列情形，分别处理：

（一）异议不成立的，裁定驳回异议；

（二）异议成立的，裁定撤销相关执行行为；

（三）异议部分成立的，裁定变更相关执行行为；

（四）异议成立或者部分成立，但执行行为无撤销、变更内容的，裁定异议成立或者相应部分异议成立。

第十八条 执行过程中，第三人因书面承诺自愿代被执行人偿还债务而被追加为被执行人后，无正当理由反悔并提出异议的，人民法院不予支持。

第十九条 当事人互负到期债务，被执行人请求抵销，请求抵销的债务符合下列情形的，除依照法律规定或者按照债务性质不得抵销的以外，人民法院应予支持：

（一）已经生效法律文书确定或者经申请执行人认可；

（二）与被执行人所负债务的标的物种类、品质相同。

第二十条 金钱债权执行中，符合下列情形之一，被执行人以执行标的系本人及所扶养家属维持生活必需的居住房屋为由提出异议的，人民法院不予支持：

（一）对被执行人有扶养义务的人名下有其他能够维持生活必需的居住房屋的；

（二）执行依据生效后，被执行人为逃避债务转让其名下其他房屋的；

（三）申请执行人按照当地廉租住房保障面积标准为被执行人及所扶养家属提供居住房屋，或者同意参照当地房屋租赁市场平均租金标准从该房屋的变价款中扣除五至八年租金的。

执行依据确定被执行人交付居住的房屋，自执行通知送达之日起，已经给予三个月的宽限期，被执行人以该房屋系本人及所扶养家属维持生活的必需品为由提出异议的，人民法院不予支持。

第二十一条　当事人、利害关系人提出异议请求撤销拍卖，符合下列情形之一的，人民法院应予支持：

（一）竞买人之间、竞买人与拍卖机构之间恶意串通，损害当事人或者其他竞买人利益的；

（二）买受人不具备法律规定的竞买资格的；

（三）违法限制竞买人参加竞买或者对不同的竞买人规定不同竞买条件的；

（四）未按照法律、司法解释的规定对拍卖标的物进行公告的；

（五）其他严重违反拍卖程序且损害当事人或者竞买人利益的情形。

当事人、利害关系人请求撤销变卖的，参照前款规定处理。

第二十二条　公证债权文书对主债务和担保债务同时赋予强制执行效力的，人民法院应予执行；仅对主债务赋予强制执行效力未涉及担保债务的，对担保债务的执行申请不予受理；仅对担保债务赋予强制执行效力未涉及主债务的，对主债务的执行申请不予受理。

人民法院受理担保债务的执行申请后，被执行人仅以担保合同不属于赋予强制执行效力的公证债权文书范围为由申请不予执行的，不予支持。

第二十三条　上一级人民法院对不服异议裁定的复议申请审查后，应当按照下列情形，分别处理：

（一）异议裁定认定事实清楚，适用法律正确，结果应予维持的，裁定驳回复议申请，维持异议裁定；

（二）异议裁定认定事实错误，或者适用法律错误，结果应予纠正的，裁定撤销或者变更异议裁定；

（三）异议裁定认定基本事实不清、证据不足的，裁定撤销异议裁定，发回作出裁定的人民法院重新审查，或者查清事实后作出相应裁定；

（四）异议裁定遗漏异议请求或者存在其他严重违反法定程序的情形，裁定撤销异议裁定，发回作出裁定的人民法院重新审查；

（五）异议裁定对应当适用民事诉讼法第二百二十七条规定审查处理的异议，错误适用民事诉讼法第二百二十五条规定审查处理的，裁定撤销异议裁定，发回作出裁定的人民法院重新作出裁定。

除依照本条第一款第三、四、五项发回重新审查或者重新作出裁定的情形外，裁定撤销或者变更异议裁定且执行行为可撤销、变更的，应当同时撤销或者变更该裁定维持的执行行为。

人民法院对发回重新审查的案件作出裁定后，当事人、利害关系人申请复议的，上一级人民法院复议后不得再次发回重新审查。

第二十四条 对案外人提出的排除执行异议，人民法院应当审查下列内容：

（一）案外人是否系权利人；

（二）该权利的合法性与真实性；

（三）该权利能否排除执行。

第二十五条 对案外人的异议，人民法院应当按照下列标准判断其是否系权利人：

（一）已登记的不动产，按照不动产登记簿判断；未登记的建筑物、构筑物及其附属设施，按照土地使用权登记簿、建设工程规划许可、施工许可等相关证据判断；

（二）已登记的机动车、船舶、航空器等特定动产，按照相关管理部门的登记判断；未登记的特定动产和其他动产，按照实际占有情况判断；

（三）银行存款和存管在金融机构的有价证券，按照金融机构和登记结算机构登记的账户名称判断；有价证券由具备合法经营资质的托管机构名义持有的，按照该机构登记的实际出资人账户名称判断；

（四）股权按照工商行政管理机关的登记和企业信用信息公示系统公示的信息判断；

（五）其他财产和权利，有登记的，按照登记机构的登记判断；无登记的，按照合同等证明财产权属或者权利人的证据判断。

案外人依据另案生效法律文书提出排除执行异议，该法律文书认定的执行标的权利人与依照前款规定得出的判断不一致的，依照本规定第二十六条规定处理。

第二十六条 金钱债权执行中，案外人依据执行标的被查封、扣押、冻结前作出的另案生效法律文书提出排除执行异议，人民法院应当按照下列情形，分别处理：

（一）该法律文书系就案外人与被执行人之间的权属纠纷以及租赁、借用、保管等不以转移财产权属为目的的合同纠纷，判决、裁决执行标的归属于案外人或者向其返还执行标的且其权利能够排除执行的，应予支持；

（二）该法律文书系就案外人与被执行人之间除前项所列合同之外的债权纠纷，判决、裁决执行标的归属于案外人或者向其交付、返还执行标的的，不予支持；

（三）该法律文书系案外人受让执行标的的拍卖、变卖成交裁定或者以物抵债裁定且其权利能够排除执行的，应予支持。

金钱债权执行中，案外人依据执行标的被查封、扣押、冻结后作出的另案生效法律文书提出排除执行异议的，人民法院不予支持。

非金钱债权执行中，案外人依据另案生效法律文书提出排除执行异议，该法律文书对执行标的权属作出不同认定的，人民法院应当告知案外人依法申请再审或者通过其他程序解决。

申请执行人或者案外人不服人民法院依照本条第一、二款规定作出的裁定，可以依照民事诉讼法第二百二十七条规定提起执行异议之诉。

第二十七条　申请执行人对执行标的依法享有对抗案外人的担保物权等优先受偿权，人民法院对案外人提出的排除执行异议不予支持，但法律、司法解释另有规定的除外。

第二十八条　金钱债权执行中，买受人对登记在被执行人名下的不动产提出异议，符合下列情形且其权利能够排除执行的，人民法院应予支持：

（一）在人民法院查封之前已签订合法有效的书面买卖合同；

（二）在人民法院查封之前已合法占有该不动产；

（三）已支付全部价款，或者已按照合同约定支付部分价款且将剩余价款按照人民法院的要求交付执行；

（四）非因买受人自身原因未办理过户登记。

第二十九条　金钱债权执行中，买受人对登记在被执行的房地产开发企业名下的商品房提出异议，符合下列情形且其权利能够排除执行的，人民法院应予支持：

（一）在人民法院查封之前已签订合法有效的书面买卖合同；

（二）所购商品房系用于居住且买受人名下无其他用于居住的房屋；

（三）已支付的价款超过合同约定总价款的百分之五十。

第三十条 金钱债权执行中，对被查封的办理了受让物权预告登记的不动产，受让人提出停止处分异议的，人民法院应予支持；符合物权登记条件，受让人提出排除执行异议的，应予支持。

第三十一条 承租人请求在租赁期内阻止向受让人移交占有被执行的不动产，在人民法院查封之前已签订合法有效的书面租赁合同并占有使用该不动产的，人民法院应予支持。

承租人与被执行人恶意串通，以明显不合理的低价承租被执行的不动产或者伪造交付租金证据的，对其提出的阻止移交占有的请求，人民法院不予支持。

第三十二条 本规定施行后尚未审查终结的执行异议和复议案件，适用本规定。本规定施行前已经审查终结的执行异议和复议案件，人民法院依法提起执行监督程序的，不适用本规定。

最高人民法院《关于对人民法院终结执行行为提出执行异议期限问题的批复》（法释〔2016〕3号，自2016年2月15日起施行）

当事人、利害关系人依照民事诉讼法第二百二十五条规定对终结执行行为提出异议的，应当自收到终结执行法律文书之日起六十日内提出；未收到法律文书的，应当自知道或者应当知道人民法院终结执行之日起六十日内提出。批复发布前终结执行的，自批复发布之日起六十日内提出。超出该期限提出执行异议的，人民法院不予受理。

《人民法院办理执行案件规范》（自2017年起施行）

902.【执行行为异议的一般规定】

执行过程中，当事人、利害关系人认为执行法院的执行行为违反法律或司法解释规定的，可以向执行法院提出执行行为异议。

执行法院审查处理执行行为异议，应当自收到书面异议之日起十五日内作出裁定。

903.【执行行为异议的形式要件】

异议人提出执行行为异议，应当向人民法院提交申请书。申请书应当载明具体的异议请求、事实、理由等内容，并附下列材料：

（一）异议人的身份证明；

（二）相关证据材料；

（三）送达地址和联系方式。

904.【执行行为异议的提出时间】

当事人、利害关系人依照民事诉讼法第二百二十五条规定提出异议的，应当在执行程序终结之前提出，但对终结执行措施提出异议的除外。

当事人、利害关系人对终结执行行为提出异议的，应当自收到终结执行法律文书之日起六十日内提出；未收到法律文书的，应当自知道或者应当知道人民法院终结执行之日起六十日内提出。

905.【执行行为异议的立案】

执行行为异议符合民事诉讼法第二百二十五条规定条件的，人民法院应当在三日内立案。不符合受理条件的，裁定不予受理；立案后发现不符合受理条件的，裁定驳回申请。

执行行为异议申请材料不齐备的，人民法院应当一次性告知异议人在三日内补足，逾期未补足的，不予受理。

异议人对不予受理或者驳回申请裁定不服的，可以自裁定送达之日起十日内向上一级人民法院申请复议。

906.【消极立案、审查的救济】

执行法院收到执行行为异议后三日内既不立案又不作出不予受理裁定，或者受理后无正当理由超过法定期限不作出异议裁定的，异议人可以向上一级人民法院提出异议。上一级人民法院审查后认为理由成立的，应当指令执行法院在三日内立案或者在十五日内作出异议裁定。

907.【通知异议人和相关当事人】

人民法院应当在执行行为异议案件立案后三日内通知异议人和相关当事人。

908.【执行法院变更后的异议审查】

执行案件被指定执行、提级执行、委托执行后，当事人、利害关系人对原执行法院的执行行为提出异议的，由提出异议时负责该案件执行的人民法院审查处理；受指定或者受委托的人民法院是原执行法院的下级人民法院的，仍由原执行法院审查处理。

909. 【利害关系人的范围】

有下列情形之一的，当事人以外的公民、法人和其他组织，可以作为利害关系人提出执行行为异议：

（一）认为人民法院的执行行为违法，妨碍其轮候查封、扣押、冻结的债权受偿的；

（二）认为人民法院的拍卖措施违法，妨碍其参与公平竞价的；

（三）认为人民法院的拍卖、变卖或者以物抵债措施违法，侵害其对执行标的的优先购买权的；

（四）认为人民法院要求协助执行的事项超出其协助范围或者违反法律规定的；

（五）认为其他合法权益受到人民法院违法执行行为侵害的。

910. 【执行行为的范围】

当事人、利害关系人认为执行过程中或者执行保全、先予执行裁定过程中的下列行为违法提出异议的，人民法院应当依照民事诉讼法第二百二十五条规定进行审查：

（一）查封、扣押、冻结、拍卖、变卖、以物抵债、暂缓执行、中止执行、终结执行等执行措施；

（二）执行的期间、顺序等应当遵守的法定程序；

（三）人民法院作出的侵害当事人、利害关系人合法权益的其他行为。

911. 【2008 年 4 月 1 日前后的执行行为】

当事人、利害关系人根据民事诉讼法第二百二十五条的规定，提出异议或申请复议，只适用于发生在 2008 年 4 月 1 日后作出的执行行为；对于 2008 年 4 月 1 日前发生的执行行为，当事人、利害关系人可以依法提起申诉，按监督案件处理。

912. 【再次提出异议的处理】

当事人、利害关系人对同一执行行为有多个异议事由，但未在异议审查过程中一并提出，撤回异议或者被裁定驳回异议后，再次就该执行行为提出异议的，人民法院不予受理。

913. 【执行实施机构的配合】

执行审查机构在审查执行行为异议案件过程中，根据案情需要可以向执行实施机构了解案件情况或者调取卷宗。

914.【执行行为异议的审查处理】

人民法院对执行行为异议，经审查应当按照下列情形，分别处理：

（一）异议不成立的，裁定驳回异议；

（二）异议成立的，裁定撤销相关执行行为；

（三）异议部分成立的，裁定变更相关执行行为；

（四）异议成立或者部分成立，但执行行为无撤销、变更内容的，裁定异议成立或者相应部分异议成立。

915.【申请复议权及其载明】

当事人、利害关系人对执行行为异议裁定不服的，可以自裁定送达之日起十日内向上一级人民法院申请复议。

人民法院依照民事诉讼法第二百二十五条规定作出裁定时，应当告知相关权利人申请复议的权利和期限。

916.【执行行为异议审查期间的执行】

执行行为异议审查期间，不停止执行。

被执行人、利害关系人提供充分、有效的担保请求停止相应处分措施的，人民法院可以准许；申请执行人提供充分、有效的担保请求继续执行的，应当继续执行。

917.【执行行为异议与案外人异议同时提出的处理】

案外人基于实体权利既对执行标的提出排除执行异议又作为利害关系人提出执行行为异议的，人民法院应当依照民事诉讼法第二百二十七条规定进行审查。

案外人既基于实体权利对执行标的提出排除执行异议又作为利害关系人提出与实体权利无关的执行行为异议的，人民法院应当分别依照民事诉讼法第二百二十七条和第二百二十五条规定进行审查。

918.【执行行为异议与案外人异议相混淆的处理】

人民法院在审查过程中发现第三人对执行行为提出异议，但其主张的实质内容是对执行标的主张实体权利以对抗执行的，应当告知第三人变更其异议请求的内容和理由，第三人拒不变更的，依照民事诉讼法第二百二十七条的规定处理。

919.【案件受理异议的审查处理】

被执行人认为执行案件不符合受理条件而提出异议，或者虽针对执行通知、执行裁定书等提出异议，但实质是认为执行案件不符合受理条件的，执行审查机构应当参照执行行为异议的规定进行审查。理由成立的，裁定异议成立，并驳回申请执行人的执行申请，已经采取执行措施的，予以纠正；理由不成立的，裁定驳回异议。

异议审查和复议期间不停止执行。

920.【执行管辖异议的审查处理】

人民法院受理执行申请后，当事人对管辖权有异议的，应当自收到执行通知书之日起十日内提出。

对当事人提出的异议，执行审查机构应当参照执行行为异议的规定进行审查。异议成立的，应当撤销执行案件，并告知当事人向有管辖权的人民法院申请执行；异议不成立的，裁定驳回。当事人对裁定不服的，可以向上一级人民法院申请复议。人民法院作出裁定时，应当告知相关权利人申请复议的权利和期限。

管辖权异议审查和复议期间，不停止执行。

921.【债务人实体异议的审查处理】

被执行人以债权消灭、丧失强制执行效力等执行依据生效之后的实体事由提出排除执行异议的，人民法院应当参照民事诉讼法第二百二十五条规定进行审查。

除本规范第 922 条规定的抵销情形外，被执行人以执行依据生效之前的实体事由提出排除执行异议的，人民法院应当告知其依法申请再审或者通过其他程序解决。

发生法律效力的异议或复议裁定确认债务已经消灭或部分消灭的，执行实施机构应当依此确定应执行的标的额。已执行标的额超过应执行标的额的，应当责令申请执行人退回相应案款，拒不退回的，予以强制执行。

922.【债务抵销的审查处理】

当事人互负到期债务，被执行人请求抵销，请求抵销的债务符合下列情形的，除依照法律规定或者按照债务性质不得抵销的以外，人民法院应予支持：

（一）已经生效法律文书确定或者经申请执行人认可；

（二）与被执行人所负债务的标的物种类、品质相同。

236.4 典型案例

236.4.1 对人民法院错误裁定执行其财产的行为不服提出的异议是对执行行为的异议，对该异议裁定不服的救济途径为复议程序而非执行异议之诉

裁判来源：江苏某银行申请执行监督案——检例第108号，载《最高人民检察院公报》2021年第6期

裁判要旨：质权人为实现约定债权申请执行法院解除对质物的冻结措施，向法院承诺对申请解除冻结错误造成的损失承担责任，该承诺不是对出质人债务的保证，人民法院不应裁定执行其财产。对人民法院错误裁定执行其财产的行为不服提出的异议是对执行行为的异议，对该异议裁定不服的救济途径为复议程序而非执行异议之诉。

236.4.2 异议人的异议同时符合执行行为异议和案外人异议的条件，执行人民法院按照执行行为异议处理

裁判来源：庞某棉与李某志、佛山市同键投资有限公司民间借贷纠纷执行复议案——广东省高级人民法院执行裁定书，（2016）粤执复256号

裁判要旨：异议人的异议同时符合执行行为异议和案外人异议的条件，执行人民法院按照执行行为异议处理，当事人没有表示反对的，复议人民法院可以依法受理复议申请，围绕有关程序事项进行审查，而不得对实体权利义务关系进行审查。

236.4.3 在执行分配中，当事人因程序异议而对参与分配方案不服的，属于执行行为异议，不能提起执行分配方案异议之诉

裁判来源：张某成诉李某华等执行分配方案异议之诉案——江苏省阜宁县人民法院民事裁定书，（2014）阜民初字第00117号

法院认为：虽然原告张某成对本院制作的分配方案提出了书面异议，但该异议名为分配方案异议，实为执行行为异议，因为根据原告诉称，无论是被执行人并非资不抵债，尚有其他财产可供执行，还是执行款为原告独自保全，其当然享有优先受偿权，抑或两被告未付出劳动却要参与分配

有失公平，均意指本院不该适用参与分配程序，而决定是否适用参与分配程序属于执行实施权范畴，若当事人认为执行法院适用该程序违法或不当的，应当依照《民事诉讼法》第225条之规定，提出执行行为异议，由执行法院进行审查并作出裁定；当事人对裁定不服的，还可以向上一级人民法院申请复议，故原告诉讼不符合执行分配方案异议之诉的受理条件，应予以驳回。

236.4.4 被执行人将其所有的需要办理过户登记的财产出卖给第三人，该财产被法院查封，第三人对法院查封提出异议，是案外人异议，不是执行行为异议

裁判来源：王某勇与陈某查封房屋执行异议案——江苏省南通市港闸区人民法院执行裁定书，(2015) 港执异字第00004号

裁判要旨：被执行人将其所有的需要办理过户登记的财产出卖给第三人，该财产被法院查封，第三人对法院查封提出异议，是案外人异议，不是执行行为异议。法院对执行异议作出裁定时，应当适用《民事诉讼法》第227条，而非《民事诉讼法》第225条；当事人对裁定不服，应当提起异议之诉，而非复议。

237. 向上级法院申请执行

237.1 法律条文

第二百三十七条 人民法院自收到申请执行书之日起超过六个月未执行的，申请执行人可以向上一级人民法院申请执行。上一级人民法院经审查，可以责令原人民法院在一定期限内执行，也可以决定由本院执行或者指令其他人民法院执行。

237.2 条文阐释

当事人向法院申请强制执行后，法院超过6个月不执行的，申请人可以向上一级人民法院申请执行。上一级人民法院审查过后，可以责令原人

民法院在一定期限内完成执行，也可以决定由本院执行或者指令其他人民法院执行。

237.3 司法适用

结合执行实践，“未执行”可以分为三种情形：一是立案后未就如何执行进行程序性操作；二是未实质性采取强制措施；三是案件未执结。“执行难”的情形可以归纳为两点：其一是“执行不能”，即被执行人有履行义务的诚意，但确无履行能力，或被执行人经多方查找下落不明，执行程序无法推动；其二是“执行不力”，指被执行人有履行能力，因为执行人员怠于采取强制措施，致使案件无法执行或久执不结。本条规定的“未执行”，针对的是“执行不力”的情况。从司法实践来看，下列情形可以被认定为执行不力：

（1）执行通知发出后，执行人员怠于找被执行人谈话，不对可执行财产进行调查的。

（2）被执行人是企业，申请人已经按规定向法院提供被执行人实际账户、财产地点等信息，但执行人员怠于对被执行人的账户、财产采取查封、冻结、扣押、划拨、搜查、变卖、拍卖等强制措施的。

（3）申请人发现下落不明的被执行人，向法院举报后执行人员无动于衷或行动迟缓，致使被执行人再度失踪的。

（4）申请人发现被执行人隐匿或未申报的财产，举报后执行人员行动迟缓，致使该财产被转移的。

（5）被执行人进行高消费，却以无履行能力为由拒不履行生效裁判，而人民法院未依照《民事诉讼法》的规定予以罚款、拘留或追究刑事责任的。

（6）当事人双方达成执行和解协议，约定6个月内履行，但履行期满被执行人未履行或未完全履行，而执行人员经申请并未对其采取强制措施的。

（7）当事人双方达成执行和解协议，约定6个月内履行一期或数期，但被执行人未按约定履行，执行人员未采取强制措施的。

（8）被执行人是辖区内行政部门、镇政府、村委会或骨干企业，执行人员多次表态正在协调，但执行效果不明显的。

（9）申请人要求更换执行人员，而法院不予批准，但又长时间不能执结的。

（10）执行不力的其他情形。

凡符合上述情形之一，致使“人民法院自收到申请执行书之日起超过六个月”未执行完毕的，即使案件已经中止执行，申请执行人也可以向上一级人民法院申请执行，由上一级人民法院审查后，作出具体决定。

237.4 相关规范性文件

最高人民法院《关于适用〈中华人民共和国民事诉讼法〉执行程序若干问题的解释》（法释〔2020〕21号，自2021年1月1日起施行）

第十条 依照民事诉讼法第二百二十六条的规定，有下列情形之一的，上一级人民法院可以根据申请执行人的申请，责令执行法院限期执行或者变更执行法院：

（一）债权人申请执行时被执行人有可供执行的财产，执行法院自收到申请执行书之日起超过六个月对该财产未执行完结的；

（二）执行过程中发现被执行人可供执行的财产，执行法院自发现财产之日起超过六个月对该财产未执行完结的；

（三）对法律文书确定的行为义务的执行，执行法院自收到申请执行书之日起超过六个月未依法采取相应执行措施的；

（四）其他有条件执行超过六个月未执行的。

第十一条 上一级人民法院依照民事诉讼法第二百二十六条规定责令执行法院限期执行的，应当向其发出督促执行令，并将有关情况书面通知申请执行人。

上一级人民法院决定由本院执行或者指令本辖区其他人民法院执行的，应当作出裁定，送达当事人并通知有关人民法院。

第十二条 上一级人民法院责令执行法院限期执行，执行法院在指定期间内无正当理由仍未执行完结的，上一级人民法院应当裁定由本院执行或者指令本辖区其他人民法院执行。

第十三条 民事诉讼法第二百二十六条规定的六个月期间，不应当计算执行中的公告期间、鉴定评估期间、管辖争议处理期间、执行争议协调期间、暂缓执行期间以及中止执行期间。

最高人民法院《关于执行案件督办工作的规定（试行）》（法发〔2006〕11号，自2006年5月18日起施行）

第一条 最高人民法院对地方各级人民法院执行案件进行监督。高级人民法院、中级人民法院对本辖区内人民法院执行案件进行监督。

第二条 当事人反映下级法院有消极执行或者案件长期不能执结，上级法院认为情况属实的，应当督促下级法院及时采取执行措施，或者在指定期限内办结。

第三条 上级法院应当在受理反映下级法院执行问题的申诉后十日内，对符合督办条件的案件制作督办函，并附相关材料函转下级法院。遇有特殊情况，上级法院可要求下级法院立即进行汇报，或派员实地进行督办。

下级法院在接到上级法院的督办函后，应指定专人办理。

第四条 下级法院应当在上级法院指定的期限内，将案件办理情况或者处理意见向督办法院作出书面报告。

第五条 对于上级法院督办的执行案件，被督办法院应当按照上一级法院的要求，及时制作案件督办函，并附案件相关材料函转至执行法院。被督办法院负责在上一级法院限定的期限届满前，将督办案件办理情况书面报告上一级法院，并附相关材料。

第六条 下级法院逾期未报告工作情况或案件处理结果的，上级法院根据情况可以进行催报，也可以直接调卷审查，指定其他法院办理，或者提级执行。

第七条 上级法院收到下级法院的书面报告后，认为下级法院的处理意见不当的，应当提出书面意见函告下级法院。下级法院应当按照上级法院的意见办理。

第八条 下级法院认为上级法院的处理意见错误，可以按照有关规定提请上级法院复议。

对下级法院提请复议的案件，上级法院应当另行组成合议庭进行审查。经审查认为原处理意见错误的，应当纠正；认为原处理意见正确的，应当拟函督促下级法院按照原处理意见办理。

第九条 对于上级法院督办的执行案件，下级法院无正当理由逾期未报告工作情况或案件处理结果，或者拒不落实、消极落实上级法院的处理意见，经上级法院催办后仍未纠正的，上级法院可以在辖区内予以通报，并依据有关规定追究相关法院或者责任人的责任。

第十条 本规定自公布之日起施行。

238. 案外人异议

238.1 法律条文

第二百三十八条 执行过程中，案外人对执行标的提出书面异议的，人民法院应当自收到书面异议之日起十五日内审查，理由成立的，裁定中止对该标的的执行；理由不成立的，裁定驳回。案外人、当事人对裁定不服，认为原判决、裁定错误的，依照审判监督程序办理；与原判决、裁定无关的，可以自裁定送达之日起十五日内向人民法院提起诉讼。

238.2 条文阐释

案外人异议，指在执行过程中，案外人主张对执行标的享有足以排除强制执行的实体权利，提出书面的用以排除人民法院执行的异议，异议的对象是执行标的。执行异议之诉，是指案外人、当事人对执行异议的裁定不服，而向人民法院提起的诉讼，目的是请求法院排除或者继续对特定执行标的的执行行为，属于实体上的执行救济。

238.3 司法适用

在案外人执行异议之诉中，法院除在审理案外人主张的事实和理由能否排除执行之外，是否应当审理案外人主张的实体权利的性质和归属，从实践层面来看：

司法实践也逐步形成共识，法院的审理范围既包括实体审查，还包括异议审查。如果不审理实体权利的性质和归属，在受理案外人执行异议之诉以后就无法作出有效的处理，所以审理中无论案外人的诉讼请求是否包括确权的请求，法院在审理案外人执行异议之诉时均要查清实体权利的性质和归属，然后对该权利能否排除执行进行审查判断。

先进行实体审查，即确认案外人就执行标的物是否享有权利、享有什么样的权利。

然后进行异议审查，以判断案外人享有的实体权利是否足以排除强制执行。

238.4　相关规范性文件

最高人民法院《关于适用〈中华人民共和国民事诉讼法〉的解释》（法释〔2022〕11号，自2022年4月10日起施行）

第三百零二条　根据民事诉讼法第二百三十四条规定，案外人、当事人对执行异议裁定不服，自裁定送达之日起十五日内向人民法院提起执行异议之诉的，由执行法院管辖。

第三百零三条　案外人提起执行异议之诉，除符合民事诉讼法第一百二十二条规定外，还应当具备下列条件：

（一）案外人的执行异议申请已经被人民法院裁定驳回；

（二）有明确的排除对执行标的执行的诉讼请求，且诉讼请求与原判决、裁定无关；

（三）自执行异议裁定送达之日起十五日内提起。

人民法院应当在收到起诉状之日起十五日内决定是否立案。

第三百零四条　申请执行人提起执行异议之诉，除符合民事诉讼法第一百二十二条规定外，还应当具备下列条件：

（一）依案外人执行异议申请，人民法院裁定中止执行；

（二）有明确的对执行标的继续执行的诉讼请求，且诉讼请求与原判决、裁定无关；

（三）自执行异议裁定送达之日起十五日内提起。

人民法院应当在收到起诉状之日起十五日内决定是否立案。

第三百零五条　案外人提起执行异议之诉的，以申请执行人为被告。

被执行人反对案外人异议的，被执行人为共同被告；被执行人不反对案外人异议的，可以列被执行人为第三人。

第三百零六条 申请执行人提起执行异议之诉的，以案外人为被告。被执行人反对申请执行人主张的，以案外人和被执行人为共同被告；被执行人不反对申请执行人主张的，可以列被执行人为第三人。

第三百零七条 申请执行人对中止执行裁定未提起执行异议之诉，被执行人提起执行异议之诉的，人民法院告知其另行起诉。

第三百零八条 人民法院审理执行异议之诉案件，适用普通程序。

第三百零九条 案外人或者申请执行人提起执行异议之诉的，案外人应当就其对执行标的享有足以排除强制执行的民事权益承担举证证明责任。

第三百一十条 对案外人提起的执行异议之诉，人民法院经审理，按照下列情形分别处理：

（一）案外人就执行标的享有足以排除强制执行的民事权益的，判决不得执行该执行标的；

（二）案外人就执行标的不享有足以排除强制执行的民事权益的，判决驳回诉讼请求。

案外人同时提出确认其权利的诉讼请求的，人民法院可以在判决中一并作出裁判。

第三百一十一条 对申请执行人提起的执行异议之诉，人民法院经审理，按照下列情形分别处理：

（一）案外人就执行标的不享有足以排除强制执行的民事权益的，判决准许执行该执行标的；

（二）案外人就执行标的享有足以排除强制执行的民事权益的，判决驳回诉讼请求。

第三百一十二条 对案外人执行异议之诉，人民法院判决不得对执行标的执行的，执行异议裁定失效。

对申请执行人执行异议之诉，人民法院判决准许对该执行标的执行的，执行异议裁定失效，执行法院可以根据申请执行人的申请或者依职权恢复执行。

第三百一十三条 案外人执行异议之诉审理期间，人民法院不得对执行标的进行处分。申请执行人请求人民法院继续执行并提供相应担保的，人民法院可以准许。

被执行人与案外人恶意串通，通过执行异议、执行异议之诉妨害执行的，人民法院应当依照民事诉讼法第一百一十六条规定处理。申请执行人因此受到损害的，可以提起诉讼要求被执行人、案外人赔偿。

第三百一十四条　人民法院对执行标的裁定中止执行后，申请执行人在法律规定的期间内未提起执行异议之诉的，人民法院应当自起诉期限届满之日起七日内解除对该执行标的采取的执行措施。

第四百二十一条　根据民事诉讼法第二百三十四条规定，案外人对驳回其执行异议的裁定不服，认为原判决、裁定、调解书内容错误损害其民事权益的，可以自执行异议裁定送达之日起六个月内，向作出原判决、裁定、调解书的人民法院申请再审。

第四百二十二条　根据民事诉讼法第二百三十四条规定，人民法院裁定再审后，案外人属于必要的共同诉讼当事人的，依照本解释第四百二十条第二款规定处理。

案外人不是必要的共同诉讼当事人的，人民法院仅审理原判决、裁定、调解书对其民事权益造成损害的内容。经审理，再审请求成立的，撤销或者改变原判决、裁定、调解书；再审请求不成立的，维持原判决、裁定、调解书。

第四百六十二条　根据民事诉讼法第二百三十四条规定，案外人对执行标的提出异议的，应当在该执行标的执行程序终结前提出。

第四百六十三条　案外人对执行标的提出的异议，经审查，按照下列情形分别处理：

（一）案外人对执行标的不享有足以排除强制执行的权益的，裁定驳回其异议；

（二）案外人对执行标的享有足以排除强制执行的权益的，裁定中止执行。

驳回案外人执行异议裁定送达案外人之日起十五日内，人民法院不得对执行标的进行处分。

第四百九十九条　人民法院执行被执行人对他人的到期债权，可以作出冻结债权的裁定，并通知该他人向申请执行人履行。

该他人对到期债权有异议，申请执行人请求对异议部分强制执行的，人民法院不予支持。利害关系人对到期债权有异议的，人民法院应当按照民事诉讼法第二百三十四条规定处理。

对生效法律文书确定的到期债权，该他人予以否认的，人民法院不予支持。

最高人民法院《关于人民法院办理执行异议和复议案件若干问题的规定》（法释〔2020〕21号，自2021年1月1日起施行）

第六条 当事人、利害关系人依照民事诉讼法第二百二十五条规定提出异议的，应当在执行程序终结之前提出，但对终结执行措施提出异议的除外。

案外人依照民事诉讼法第二百二十七条规定提出异议的，应当在异议指向的执行标的执行终结之前提出；执行标的由当事人受让的，应当在执行程序终结之前提出。

第十五条 当事人、利害关系人对同一执行行为有多个异议事由，但未在异议审查过程中一并提出，撤回异议或者被裁定驳回异议后，再次就该执行行为提出异议的，人民法院不予受理。

案外人撤回异议或者被裁定驳回异议后，再次就同一执行标的提出异议的，人民法院不予受理。

第二十四条 对案外人提出的排除执行异议，人民法院应当审查下列内容：

（一）案外人是否系权利人；

（二）该权利的合法性与真实性；

（三）该权利能否排除执行。

第二十五条 对案外人的异议，人民法院应当按照下列标准判断其是否系权利人：

（一）已登记的不动产，按照不动产登记簿判断；未登记的建筑物、构筑物及其附属设施，按照土地使用权登记簿、建设工程规划许可、施工许可等相关证据判断；

（二）已登记的机动车、船舶、航空器等特定动产，按照相关管理部门的登记判断；未登记的特定动产和其他动产，按照实际占有情况判断；

（二）银行存款和存管在金融机构的有价证券，按照金融机构和登记结算机构登记的账户名称判断；有价证券由具备合法经营资质的托管机构名义持有的，按照该机构登记的实际出资人账户名称判断；

（四）股权按照工商行政管理机关的登记和企业信用信息公示系统公示的信息判断；

（五）其他财产和权利，有登记的，按照登记机构的登记判断；无登记的，按照合同等证明财产权属或者权利人的证据判断。

案外人依据另案生效法律文书提出排除执行异议，该法律文书认定的执行标的权利人与依照前款规定得出的判断不一致的，依照本规定第二十六条规定处理。

第二十六条 金钱债权执行中，案外人依据执行标的被查封、扣押、冻结前作出的另案生效法律文书提出排除执行异议，人民法院应当按照下列情形，分别处理：

（一）该法律文书系就案外人与被执行人之间的权属纠纷以及租赁、借用、保管等不以转移财产权属为目的的合同纠纷，判决、裁决执行标的归属于案外人或者向其返还执行标的且其权利能够排除执行的，应予支持；

（二）该法律文书系就案外人与被执行人之间除前项所列合同之外的债权纠纷，判决、裁决执行标的归属于案外人或者向其交付、返还执行标的的，不予支持；

（三）该法律文书系案外人受让执行标的的拍卖、变卖成交裁定或者以物抵债裁定且其权利能够排除执行的，应予支持。

金钱债权执行中，案外人依据执行标的被查封、扣押、冻结后作出的另案生效法律文书提出排除执行异议的，人民法院不予支持。

非金钱债权执行中，案外人依据另案生效法律文书提出排除执行异议，该法律文书对执行标的的权属作出不同认定的，人民法院应当告知案外人依法申请再审或者通过其他程序解决。

申请执行人或者案外人不服人民法院依照本条第一、二款规定作出的裁定，可以依照民事诉讼法第二百二十七条规定提起执行异议之诉。

第二十七条 申请执行人对执行标的依法享有对抗案外人的担保物权等优先受偿权，人民法院对案外人提出的排除执行异议不予支持，但法律、司法解释另有规定的除外。

《人民法院办理执行案件规范》（自2017年起施行）

923.【案外人异议的一般规定】

执行过程中，案外人对执行标的主张所有权或者有其他足以排除执行标的转让、交付的实体权利的，可以向执行法院提出案外人异议。

对案外人提出的异议，人民法院应当自收到书面异议之日起十五日内审查。

924.【案外人异议的形式要件】

异议人提出案外人异议，应当向人民法院提交申请书。申请书应当载明具体的异议请求、事实、理由等内容，并附下列材料：

（一）异议人的身份证明；

（二）相关证据材料；

（三）送达地址和联系方式。

925.【案外人异议的提出时间】

案外人依照民事诉讼法第二百二十七条规定提出异议的，应当在异议指向的执行标的执行终结之前提出；执行标的由当事人受让的，应当在执行程序终结之前提出。

238.5 典型案例

238.5.1 案外人请求确认其对案涉房屋享有可以排除强制执行的民事权益，但不否定原生效判决确认的债权人所享有的建设工程价款优先受偿权的，人民法院应予受理

裁判来源：王某某诉中天建设集团有限公司、白山和丰置业有限公司案外人执行异议之诉案——最高人民法院指导案例154号、最高人民法院民事裁定书，（2019）最高法民再39号

裁判要旨：在建设工程价款强制执行过程中，房屋买受人对强制执行的房屋提起案外人执行异议之诉，请求确认其对案涉房屋享有可以排除强

制执行的民事权益，但不否定原生效判决确认的债权人所享有的建设工程价款优先受偿权的，属于《民事诉讼法》第227条规定的“与原判决、裁定无关”的情形，人民法院应予依法受理。

238.5.2　案外人以其享有先于抵押权的权利为由提起执行异议之诉，主张排除强制执行，但不否认抵押权人的优先受偿权的，人民法院应予受理

裁判来源：中国建设银行股份有限公司怀化市分行诉中国华融资产管理股份有限公司湖南省分公司等案外人执行异议之诉案——最高人民法院指导案例155号、最高人民法院民事裁定书，(2019) 最高法民终603号

裁判要旨：在抵押权强制执行中，案外人以其在抵押登记之前购买了抵押房产，享有优先于抵押权的权利为由提起执行异议之诉，主张依据《最高人民法院关于人民法院办理执行异议和复议案件若干问题的规定》排除强制执行，但不否认抵押权人对抵押房产的优先受偿权的，属于《民事诉讼法》第227条规定的“与原判决、裁定无关”的情形，人民法院应予依法受理。

238.5.3　案外人对登记在被执行的房地产开发企业名下的商品房请求排除强制执行的，可以选择适用《最高人民法院关于人民法院办理执行异议和复议案件若干问题的规定》第28条或者第29条

裁判来源：王某某诉徐某某、北京市金陛房地产发展有限责任公司案外人执行异议之诉案——最高人民法院指导案例156号、最高人民法院民事裁定书，(2016) 最高法民申254号

裁判要旨：《最高人民法院关于人民法院办理执行异议和复议案件若干问题的规定》第28条规定了不动产买受人排除金钱债权执行的权利，第29条规定了消费者购房人排除金钱债权执行的权利。案外人对登记在被执行的房地产开发企业名下的商品房请求排除强制执行的，可以选择适用第28条或者第29条规定；案外人主张适用第28条规定的，人民法院应予审查。

239. 执行机构

239.1 法律条文

第二百三十九条 执行工作由执行员进行。

采取强制执行措施时，执行员应当出示证件。执行完毕后，应当将执行情况制作笔录，由在场的有关人员签名或者盖章。

人民法院根据需要可以设立执行机构。

239.2 条文阐释

本条规定了法院执行的负责机构与人员安排。人民法院内可以设置执行局，一般由执行局的执行员进行执行工作。进行执行工作需要留痕存档，同时将相应执行人员的证件材料放入卷宗中。在采取强制执行措施时，执行员应当出示证件，对于被执行人的询问要耐心回答，确保被执行人了解执行人职务与基本身份。执行完毕后，制作的笔录需要由在场的有关人员签名或者盖章，相关人员故意不签名或盖章的，在笔录上写明有关情况。

239.3 相关规范性文件

最高人民法院《关于人民法院执行工作若干问题的规定（试行）》（法释〔2020〕21号，自2021年1月1日起施行）

1. 人民法院根据需要，依据有关法律的规定，设立执行机构，专门负责执行工作。

2. 执行机构负责执行下列生效法律文书：

（1）人民法院民事、行政判决、裁定、调解书，民事制裁决定、支付令，以及刑事附带民事判决、裁定、调解书，刑事裁判涉财产部分；

（2）依法应由人民法院执行的行政处罚决定、行政处理决定；

（3）我国仲裁机构作出的仲裁裁决和调解书，人民法院依据《中华人民共和国仲裁法》有关规定作出的财产保全和证据保全裁定；

（4）公证机关依法赋予强制执行效力的债权文书；

（5）经人民法院裁定承认其效力的外国法院作出的判决、裁定，以及国外仲裁机构作出的仲裁裁决；

（6）法律规定由人民法院执行的其他法律文书。

3. 人民法院在审理民事、行政案件中作出的财产保全和先予执行裁定，一般应当移送执行机构实施。

4. 人民法庭审结的案件，由人民法庭负责执行。其中复杂、疑难或被执行人不在本法院辖区的案件，由执行机构负责执行。

5. 执行程序中重大事项的办理，应由三名以上执行员讨论，并报经院长批准。

6. 执行机构应配备必要的交通工具、通讯设备、音像设备和警械用具等，以保障及时有效地履行职责。

7. 执行人员执行公务时，应向有关人员出示工作证件，并按规定着装。必要时应由司法警察参加。

8. 上级人民法院执行机构负责本院对下级人民法院执行工作的监督、指导和协调。

240. 委托执行

240.1　法律条文

第二百四十条　被执行人或者被执行的财产在外地的，可以委托当地人民法院代为执行。受委托人民法院收到委托函件后，必须在十五日内开始执行，不得拒绝。执行完毕后，应当将执行结果及时函复委托人民法院；在三十日内如果还未执行完毕，也应当将执行情况函告委托人民法院。

受委托人民法院自收到委托函件之日起十五日内不执行的，委托人民法院可以请求受委托人民法院的上级人民法院指令受委托人民法院执行。

240.2 条文阐释

委托执行，是指受理执行案件的法院对于被执行人或者被执行财产在外地的案件，委托当地法院代为执行的一种制度。执行法院经调查发现被执行人在本辖区内已无财产可供执行，且在其他省、自治区、直辖市内有可供执行财产的，可以将案件委托异地的同级人民法院执行。在委托执行中，被委托代为执行的法院是受委托法院，受理执行案件并让当地法院代为执行的法院是委托法院。

240.3 司法适用

委托执行一般具备以下条件：（1）委托法院具有案件的执行管辖权；（2）被执行人或被执行的财产不在管辖法院辖区内；（3）受委托法院是被执行财产所在地的人民法院；（4）确有委托执行的必要。

240.4 相关规范性文件

最高人民法院《关于委托执行若干问题的规定》（法释〔2020〕21号，自2021年1月1日起施行）

第一条 执行法院经调查发现被执行人在本辖区内已无财产可供执行，且在其他省、自治区、直辖市内有可供执行财产的，可以将案件委托异地的同级人民法院执行。

执行法院确需赴异地执行案件的，应当经其所在辖区高级人民法院批准。

第二条 案件委托执行后，受托法院应当依法立案，委托法院应当在收到受托法院的立案通知书后作销案处理。

委托异地法院协助查询、冻结、查封、调查或者送达法律文书等有关事项的，受托法院不作为委托执行案件立案办理，但应当积极予以协助。

第三条 委托执行应当以执行标的物所在地或者执行行为实施地的同级人民法院为受托执行法院。有两处以上财产在异地的，可以委托主要财产所在地的人民法院执行。

被执行人是现役军人或者军事单位的，可以委托对其有管辖权的军事法院执行。

执行标的物是船舶的，可以委托有管辖权的海事法院执行。

第四条　委托执行案件应当由委托法院直接向受托法院办理委托手续，并层报各自所在的高级人民法院备案。

事项委托应当通过人民法院执行指挥中心综合管理平台办理委托事项的相关手续。

第五条　案件委托执行时，委托法院应当提供下列材料：

（一）委托执行函；

（二）申请执行书和委托执行案件审批表；

（三）据以执行的生效法律文书副本；

（四）有关案件情况的材料或者说明，包括本辖区无财产的调查材料、财产保全情况、被执行人财产状况、生效法律文书的履行情况等；

（五）申请执行人地址、联系电话；

（六）被执行人身份证件或者营业执照复印件、地址、联系电话；

（七）委托法院执行员和联系电话；

（八）其他必要的案件材料等。

第六条　委托执行时，委托法院应当将已经查封、扣押、冻结的被执行人的异地财产，一并移交受托法院处理，并在委托执行函中说明。

委托执行后，委托法院对被执行人财产已经采取查封、扣押、冻结等措施的，视为受托法院的查封、扣押、冻结措施。受托法院需要继续查封、扣押、冻结，持委托执行函和立案通知书办理相关手续。续封续冻时，仍为原委托法院的查封冻结顺序。

查封、扣押、冻结等措施的有效期限在移交受托法院时不足 1 个月的，委托法院应当先行续封或者续冻，再移交受托法院。

第七条　受托法院收到委托执行函后，应当在 7 日内予以立案，并及时将立案通知书通过委托法院送达申请执行人，同时将指定的承办人、联系电话等书面告知委托法院。

委托法院收到上述通知书后，应当在 7 日内书面通知申请执行人案件已经委托执行，并告知申请执行人可以直接与受托法院联系执行相关事宜。

第八条 受托法院如发现委托执行的手续、材料不全，可以要求委托法院补办。委托法院应当在30日内完成补办事项，在上述期限内未完成的，应当作出书面说明。委托法院既不补办又不说明原因的，视为撤回委托，受托法院可以将委托材料退回委托法院。

第九条 受托法院退回委托的，应当层报所在辖区高级人民法院审批。高级人民法院同意退回后，受托法院应当在15日内将有关委托手续和案卷材料退回委托法院，并作出书面说明。

委托执行案件退回后，受托法院已立案的，应当作销案处理。委托法院在案件退回原因消除之后可以再行委托。确因委托不当被退回的，委托法院应当决定撤销委托并恢复案件执行，报所在的高级人民法院备案。

第十条 委托法院在案件委托执行后又发现有可供执行财产的，应当及时告知受托法院。受托法院发现被执行人在受托法院辖区外另有可供执行财产的，可以直接异地执行，一般不再行委托执行。根据情况确需再行委托的，应当按照委托执行案件的程序办理，并通知案件当事人。

第十一条 受托法院未能在6个月内将受托案件执结的，申请执行人有权请求受托法院的上一级人民法院提级执行或者指定执行，上一级人民法院应当立案审查，发现受托法院无正当理由不予执行的，应当限期执行或者作出裁定提级执行或者指定执行。

第十二条 异地执行时，可以根据案件具体情况，请求当地法院协助执行，当地法院应当积极配合，保证执行人员的人身安全和执行装备、执行标的物不受侵害。

第十三条 高级人民法院应当对辖区内委托执行和异地执行工作实行统一管理和协调，履行以下职责：

（一）统一管理跨省、自治区、直辖市辖区的委托和受托执行案件；

（二）指导、检查、监督本辖区内的受托案件的执行情况；

（三）协调本辖区内跨省、自治区、直辖市辖区的委托和受托执行争议案件；

（四）承办需异地执行的有关案件的审批事项；

（五）对下级法院报送的有关委托和受托执行案件中的相关问题提出

指导性处理意见；

（六）办理其他涉及委托执行工作的事项。

第十四条　本规定所称的异地是指本省、自治区、直辖市以外的区域。各省、自治区、直辖市内的委托执行，由各高级人民法院参照本规定，结合实际情况，制定具体办法。

第十五条　本规定施行之后，其他有关委托执行的司法解释不再适用。

最高人民法院印发《关于严格规范执行事项委托工作的管理办法（试行）》的通知（法发〔2017〕27号，自2017年9月8日起施行）

第一条　人民法院在执行案件过程中遇有下列事项需赴异地办理的，可以委托相关异地法院代为办理。

（一）冻结、续冻、解冻、扣划银行存款、理财产品；

（二）公示冻结、续冻、解冻股权及其他投资权益；

（三）查封、续封、解封、过户不动产和需要登记的动产；

（四）调查被执行人财产情况；

（五）其他人民法院执行事项委托系统中列明的事项。

第二条　委托调查被执行人财产情况的，委托法院应当在委托函中明确具体调查内容、具体协助执行单位并附对应的协助执行通知书。调查内容应当为总对总查控系统尚不支持的财产类型及范围。

第三条　委托法院进行事项委托一律通过执行办案系统发起和办理，不再通过线下邮寄材料方式进行。受托法院收到线下邮寄材料的，联系委托法院线上补充提交事项委托后再予办理。

第四条　委托法院发起事项委托应当由承办人在办案系统事项委托模块中录入委托法院名称、受托法院名称、案号、委托事项、办理期限、承办人姓名、联系方式，并附相关法律文书。经审批后，该事项委托将推送至人民法院执行事项委托系统，委托法院执行指挥中心核查文书并加盖电子签章后推送给受托法院。

第五条　受托法院一般应当为委托事项办理地点的基层人民法院，委托同级人民法院更有利于事项委托办理的除外。

第六条　办理期限应当根据具体事项进行合理估算，一般应不少于十天，不超过二十天。需要紧急办理的，推送事项委托后，通过执行指挥中心联系受托法院，受托法院应当于24小时内办理完毕。

第七条 相关法律文书应当包括执行裁定书、协助执行通知书、委托执行函、送达回证（或回执），并附执行公务证件扫描件。委托扣划已冻结款项的，应当提供执行依据扫描件并加盖委托法院电子签章。

第八条 受托法院通过人民法院执行事项委托系统收到事项委托后，应当尽快核实材料并签收办理。

第九条 委托办理的事项超出本办法第一条所列范围且受托法院无法办理的，受托法院与委托法院沟通后可予以退回。

第十条 委托法院提供的法律文书不符合要求或缺少必要文书，受托法院无法办理的，应及时与委托法院沟通告知应当补充的材料。未经沟通，受托法院不得直接退回该委托。委托法院应于三日内通过系统补充材料，补充材料后仍无法办理的，受托法院可说明原因后退回。

第十一条 受托法院应当及时签收并办理事项委托，完成后及时将办理情况及送达回证、回执或其他材料通过系统反馈委托法院，委托法院应当及时确认办结。

第十二条 执行事项委托不作为委托执行案件立案办理，事项委托由受托法院根据本地的实际按一定比例折合为执行实施案件计入执行人员工作量并纳入考核范围。

第十三条 委托法院可在人民法院执行事项委托系统中对已经办结的事项委托进行评价，或向受托法院的上级法院进行投诉并说明具体投诉原因，被投诉的受托法院可通过事项委托系统说明情况。评价、投诉信息将作为考核事项委托工作的一项指标。

第十四条 各高级、中级人民法院应当认真履行督促职责，通过执行指挥管理平台就辖区法院未及时签收并办理、未及时确认办结情况进行督办。最高人民法院、高级人民法院定期对辖区法院事项委托办理情况进行统计、通报。

241. 执行和解

241.1 法律条文

第二百四十一条 在执行中，双方当事人自行和解达成协议的，执行员应当将协议内容记入笔录，由双方当事人签名或者盖章。

申请执行人因受欺诈、胁迫与被执行人达成和解协议，或者当事人不履行和解协议的，人民法院可以根据当事人的申请，恢复对原生效法律文书的执行。

241.2 条文阐释

执行和解，是指在法院执行过程中，权利人与义务人通过自愿协商，达成协议，变更执行根据中所确定的履行义务、履行期限以及履行方式的行为，结束执行程序的活动。执行当事人通过协议对权利义务的变更，是权利人对执行根据中确定的权利以及权利实现方式的自由处分。和解协议生效后，法院应当裁定中止原生效法律文书的执行，和解协议已经履行的，法院应终结执行。

执行和解必须具备以下条件：（1）在程序上执行和解只能在执行程序中适用；（2）执行和解的主体在通常情况下是申请执行人和被执行人，在和解协议变更履行义务主体的情况下还包括第三人；（3）执行和解必须出自双方当事人的自愿；（4）和解协议的内容必须符合法律规定；（5）参加和解协议的当事人必须具有诉讼行为能力，当事人如果没有诉讼行为能力应由其法定代理人或委托代理人参加。

241.3 司法适用

根据《民事诉讼法》第237条第1款规定，当事人自行达成和解协议，执行员将协议内容记入笔录，由双方签名或盖章的，成立执行和解。但法律、司法解释对于当事人私下达成的和解协议是否构成执行和解、产生何种法律效果没有明确规定，导致这一问题在司法实践中存在较大分歧，不同案件的认定结果可能截然相反。为统一司法尺度，最高人民法院《关于执行和解若干问题的规定》明确了执行和解与执行外和解的区分标准，并分别规定了不同的法律效果。具体而言，执行和解与执行外和解的区别在于，当事人是否有使和解协议直接对执行程序产生影响的意图。换言之，即便是当事人私下达成的和解协议，只要共同向人民法院提交或者一方提交另一方认可，就构成执行和解，人民法院可以据此中止执行。反之，如果双方没有将私下达成的和解协议提交给人民法院的意思，那么和解协议仅产生实体法效果，被执行人依据该协议要求中止执行的，需要另行提起执行异议。

241.4　相关规范性文件

最高人民法院《关于适用〈中华人民共和国民事诉讼法〉的解释》（法释〔2022〕11号，自2022年4月10日起施行）

第四百六十四条　申请执行人与被执行人达成和解协议后请求中止执行或者撤回执行申请的，人民法院可以裁定中止执行或者终结执行。

第四百六十五条　一方当事人不履行或者不完全履行在执行中双方自愿达成的和解协议，对方当事人申请执行原生效法律文书的，人民法院应当恢复执行，但和解协议已履行的部分应当扣除。和解协议已经履行完毕的，人民法院不予恢复执行。

第四百六十六条　申请恢复执行原生效法律文书，适用民事诉讼法第二百四十六条申请执行期间的规定。申请执行期间因达成执行中的和解协议而中断，其期间自和解协议约定履行期限的最后一日起重新计算。

最高人民法院《关于执行和解若干问题的规定》（法释〔2020〕21号，自2021年1月1日起施行）

第一条　当事人可以自愿协商达成和解协议，依法变更生效法律文书确定的权利义务主体、履行标的、期限、地点和方式等内容。

和解协议一般采用书面形式。

第二条　和解协议达成后，有下列情形之一的，人民法院可以裁定中止执行：

（一）各方当事人共同向人民法院提交书面和解协议的；

（二）一方当事人向人民法院提交书面和解协议，其他当事人予以认可的；

（三）当事人达成口头和解协议，执行人员将和解协议内容记入笔录，由各方当事人签名或者盖章的。

第三条　中止执行后，申请执行人申请解除查封、扣押、冻结的，人民法院可以准许。

第四条　委托代理人代为执行和解，应当有委托人的特别授权。

第五条　当事人协商一致，可以变更执行和解协议，并向人民法院提交变更后的协议，或者由执行人员将变更后的内容记入笔录，并由各方当事人签名或者盖章。

第六条　当事人达成以物抵债执行和解协议的，人民法院不得依据该协议作出以物抵债裁定。

第七条　执行和解协议履行过程中，符合民法典第五百七十条规定情形的，债务人可以依法向有关机构申请提存；执行和解协议约定给付金钱的，债务人也可以向执行法院申请提存。

第八条　执行和解协议履行完毕的，人民法院作执行结案处理。

第九条　被执行人一方不履行执行和解协议的，申请执行人可以申请恢复执行原生效法律文书，也可以就履行执行和解协议向执行法院提起诉讼。

第十条　申请恢复执行原生效法律文书，适用民事诉讼法第二百三十九条申请执行期间的规定。

当事人不履行执行和解协议的，申请恢复执行期间自执行和解协议约定履行期间的最后一日起计算。

第十一条　申请执行人以被执行人一方不履行执行和解协议为由申请恢复执行，人民法院经审查，理由成立的，裁定恢复执行；有下列情形之一的，裁定不予恢复执行：

（一）执行和解协议履行完毕后申请恢复执行的；

（二）执行和解协议约定的履行期限尚未届至或者履行条件尚未成就的，但符合民法典第五百七十八条规定情形的除外；

（三）被执行人一方正在按照执行和解协议约定履行义务的；

（四）其他不符合恢复执行条件的情形。

第十二条 当事人、利害关系人认为恢复执行或者不予恢复执行违反法律规定的，可以依照民事诉讼法第二百二十五条规定提出异议。

第十三条 恢复执行后，对申请执行人就履行执行和解协议提起的诉讼，人民法院不予受理。

第十四条 申请执行人就履行执行和解协议提起诉讼，执行法院受理后，可以裁定终结原生效法律文书的执行。执行中的查封、扣押、冻结措施，自动转为诉讼中的保全措施。

第十五条 执行和解协议履行完毕，申请执行人因被执行人迟延履行、瑕疵履行遭受损害的，可以向执行法院另行提起诉讼。

第十六条 当事人、利害关系人认为执行和解协议无效或者应予撤销的，可以向执行法院提起诉讼。执行和解协议被确认无效或者撤销后，申请执行人可以据此申请恢复执行。

被执行人以执行和解协议无效或者应予撤销为由提起诉讼的，不影响申请执行人申请恢复执行。

第十七条 恢复执行后，执行和解协议已经履行部分应当依法扣除。当事人、利害关系人认为人民法院的扣除行为违反法律规定的，可以依照民事诉讼法第二百二十五条规定提出异议。

第十八条 执行和解协议中约定担保条款，且担保人向人民法院承诺在被执行人不履行执行和解协议时自愿接受直接强制执行的，恢复执行原生效法律文书后，人民法院可以依申请执行人申请及担保条款的约定，直接裁定执行担保财产或者保证人的财产。

第十九条 执行过程中，被执行人根据当事人自行达成但未提交人民法院的和解协议，或者一方当事人提交人民法院但其他当事人不予认可的和解协议，依照民事诉讼法第二百二十五条规定提出异议的，人民法院按照下列情形，分别处理：

（一）和解协议履行完毕的，裁定终结原生效法律文书的执行；

（二）和解协议约定的履行期限尚未届至或者履行条件尚未成就的，裁定中止执行，但符合民法典第五百七十八条规定情形的除外；

（三）被执行人一方正在按照和解协议约定履行义务的，裁定中止执行；

（四）被执行人不履行和解协议的，裁定驳回异议；

（五）和解协议不成立、未生效或者无效的，裁定驳回异议。

第二十条 本规定自2018年3月1日起施行。

本规定施行前本院公布的司法解释与本规定不一致的，以本规定为准。

241.5 典型案例

241.5.1 民事案件二审期间，达成和解协议撤回上诉的，该和解协议未经人民法院依法制作调解书，属于诉讼外达成的协议。一方不履行和解协议，当事人申请执行一审判决的，人民法院应予支持

裁判来源：吴某诉四川省眉山西城纸业有限公司买卖合同纠纷案——最高人民法院指导案例2号，四川省眉山市中级人民法院，（2010）眉执督字第4号

法院认为：上诉当事人对于撤诉的法律后果应当明知，即一旦法院裁定准予其撤回上诉，则法院的一审判决即为生效判决，具有强制执行的效力。虽然二审期间诉讼双方在自愿基础上达成的和解协议对相关权利义务作出约定，上诉的一方当事人也因该协议的签订而放弃行使上诉权，另一方则放弃了利息，但是该和解协议属于双方当事人诉讼外达成的协议，未经人民法院依法确认制作调解书，不具有强制执行力。上诉的一方当事人未按和解协议履行还款义务，违背了双方约定和诚实信用原则，故对其以双方达成和解协议为由，主张不予执行原生效判决的请求不予支持。

241.5.2 与执行和解协议相比，执行外和解协议不能自动对人民法院的强制执行产生影响，当事人仍然有权向人民法院申请强制执行

裁判来源：安徽省滁州市建筑安装工程有限公司与湖北追日电气股份有限公司执行复议案——最高人民法院指导案例119号，最高人民法院执行裁定书，（2018）最高法执复88号

裁判要旨：执行程序开始前，双方当事人自行达成和解协议并履行，一方当事人申请强制执行原生效法律文书的，人民法院应予受理。被执行人以已履行和解协议为由提出执行异议的，可以参照《最高人民法院关于

执行和解若干问题的规定》第19条的规定审查处理。

241.5.3 申请执行人与被执行人对执行和解协议的内容产生争议，客观上已无法继续履行的，可以执行原生效法律文书

裁判来源：中国防卫科技学院与联合资源教育发展（燕郊）有限公司执行监督案——最高人民法院指导案例124号，最高人民法院执行裁定书，(2017) 最高法执监344号

裁判要旨：申请执行人与被执行人对执行和解协议的内容产生争议，客观上已无法继续履行的，可以执行原生效法律文书。对执行和解协议中原执行依据未涉及的内容，以及履行过程中产生的争议，当事人可以通过其他救济程序解决。

241.5.4 认定和解协议已经履行完毕的，不应恢复执行

裁判来源：江苏天宇建设集团有限公司与无锡时代盛业房地产开发有限公司执行监督案——最高人民法院指导案例126号，最高人民法院执行裁定书，(2018) 最高法执监34号

裁判要旨：在履行和解协议的过程中，申请执行人因被执行人迟延履行申请恢复执行的同时，又继续接受并积极配合被执行人的后续履行，直至和解协议全部履行完毕的，属于《民事诉讼法》及相关司法解释规定的和解协议已经履行完毕不再恢复执行原生效法律文书的情形。

242. 执行担保

242.1 法律条文

第二百四十二条 在执行中，被执行人向人民法院提供担保，并经申请执行人同意的，人民法院可以决定暂缓执行及暂缓执行的期限。被执行人逾期仍不履行的，人民法院有权执行被执行人的担保财产或者担保人的财产。

242.2 条文阐释

执行担保，是指在执行过程中，被执行人履行义务有困难时，被执行人经申请人同意向法院提供个人或第三人的担保，以达到暂缓执行的目的。担保的方式有被执行人提供的物保或他人提供的物保及人保。并且法院应当主动进行审核并征询申请人的意见，以决定是否接受并暂缓执行。担保人以自愿接受直接强制执行的书面承诺的方式放弃该次担保中的诉权，被执行人逾期不履行的，人民法院有权直接执行担保的财产，申请人不需要另行起诉主张担保权利，这极大的节约了司法资源，提高了执行效率。

242.3 司法适用

值得注意的是，执行担保与执行中的担保的区别。实践中，案外人提供的担保书未经法院严格审核，或双方私下协商担保，使得担保书中对一些关键信息没有记载或表述有歧义（担保的债权种类及数额、担保范围、担保方式，被执行人于暂缓执行期限届满后仍不履行时担保人自愿接受直接强制执行的承诺），此时该担保书就不能产生有效的执行担保效果，而仅仅是一份未经法院确认的担保合同，申请人如果要主张担保权利，需要另行起诉以确认该担保效力，法院不能直接裁定执行担保财产。另外，法院对执行担保的执行“对物不对人”，只能直接裁定执行担保财产或者保证人的财产，不得将担保人、保证人变更、追加为被执行人。执行保证人时，应按照保证人之前的承诺书中记载的偿还方式和财产线索进行执行，如保证方式是一般保证，保证人仍享有先诉抗辩权，实现方式是先执行被执行人本人的财产。即使保证人提供的是连带保证担保，也只能针对保证人名下财产进行执行，不能进行限制高消费和作出纳入失信被执行人名单等处罚措施。因为上述措施是针对被执行人的，担保人无此身份。

242.4 相关规范性文件

最高人民法院《关于适用〈中华人民共和国民事诉讼法〉的解释》（法释〔2022〕11号，自2022年4月10日起施行）

第四百六十七条 人民法院依照民事诉讼法第二百三十八条规定决定

暂缓执行的，如果担保是有期限的，暂缓执行的期限应当与担保期限一致，但最长不得超过一年。被执行人或者担保人对担保的财产在暂缓执行期间有转移、隐藏、变卖、毁损等行为的，人民法院可以恢复强制执行。

第四百六十八条 根据民事诉讼法第二百三十八条规定向人民法院提供执行担保的，可以由被执行人或者他人提供财产担保，也可以由他人提供保证。担保人应当具有代为履行或者代为承担赔偿责任的能力。

他人提供执行保证的，应当向执行法院出具保证书，并将保证书副本送交申请执行人。被执行人或者他人提供财产担保的，应当参照民法典的有关规定办理相应手续。

第四百六十九条 被执行人在人民法院决定暂缓执行的期限届满后仍不履行义务的，人民法院可以直接执行担保财产，或者裁定执行担保人的财产，但执行担保人的财产以担保人应当履行义务部分的财产为限。

最高人民法院《关于执行担保若干问题的规定》（法释〔2020〕21号，自2021年1月1日起施行）

第一条 本规定所称执行担保，是指担保人依照民事诉讼法第二百三十一条规定，为担保被执行人履行生效法律文书确定的全部或者部分义务，向人民法院提供的担保。

第二条 执行担保可以由被执行人提供财产担保，也可以由他人提供财产担保或者保证。

第三条 被执行人或者他人提供执行担保的，应当向人民法院提交担保书，并将担保书副本送交申请执行人。

第四条 担保书中应当载明担保人的基本信息、暂缓执行期限、担保期间、被担保的债权种类及数额、担保范围、担保方式、被执行人于暂缓执行期限届满后仍不履行时担保人自愿接受直接强制执行的承诺等内容。

提供财产担保的，担保书中还应当载明担保财产的名称、数量、质量、状况、所在地、所有权或者使用权归属等内容。

第五条 公司为被执行人提供执行担保的，应当提交符合公司法第十六条规定的公司章程、董事会或者股东会、股东大会决议。

第六条 被执行人或者他人提供执行担保，申请执行人同意的，应当向人民法院出具书面同意意见，也可以由执行人员将其同意的内容记入笔录，并由申请执行人签名或者盖章。

第七条 被执行人或者他人提供财产担保，可以依照民法典规定办理登记等担保物权公示手续；已经办理公示手续的，申请执行人可以依法主张优先受偿权。

申请执行人申请人民法院查封、扣押、冻结担保财产的，人民法院应当准许，但担保书另有约定的除外。

第八条 人民法院决定暂缓执行的，可以暂缓全部执行措施的实施，但担保书另有约定的除外。

第九条 担保书内容与事实不符，且对申请执行人合法权益产生实质影响的，人民法院可以依申请执行人的申请恢复执行。

第十条 暂缓执行的期限应当与担保书约定一致，但最长不得超过一年。

第十一条 暂缓执行期限届满后被执行人仍不履行义务，或者暂缓执行期间担保人有转移、隐藏、变卖、毁损担保财产等行为的，人民法院可以依申请执行人的申请恢复执行，并直接裁定执行担保财产或者保证人的财产，不得将担保人变更、追加为被执行人。

执行担保财产或者保证人的财产，以担保人应当履行义务部分的财产为限。被执行人有便于执行的现金、银行存款的，应当优先执行该现金、银行存款。

第十二条 担保期间自暂缓执行期限届满之日起计算。

担保书中没有记载担保期间或者记载不明的，担保期间为一年。

第十三条 担保期间届满后，申请执行人申请执行担保财产或者保证人财产的，人民法院不予支持。他人提供财产担保的，人民法院可以依其申请解除对担保财产的查封、扣押、冻结。

第十四条 担保人承担担保责任后，提起诉讼向被执行人追偿的，人民法院应予受理。

第十五条 被执行人申请变更、解除全部或者部分执行措施，并担保履行生效法律文书确定义务的，参照适用本规定。

第十六条 本规定自2018年3月1日起施行。

本规定施行前成立的执行担保，不适用本规定。

本规定施行前本院公布的司法解释与本规定不一致的，以本规定为准。

242.5 典型案例

242.5.1 执行程序中，执行担保人属于第三人，对其到期债权不能强制执行

裁判来源：北京北辰正方建设集团有限公司申请复议案——重庆市第五中级人民法院执行裁定书，(2010) 渝五中法执复字第164号

裁判要旨：到期债权与收入内涵不同，执行方法也不同。执行程序中，执行担保人属于第三人，对其到期债权不能强制执行。重庆市第五中级人民法院经听证后认为，依《最高人民法院关于人民法院执行工作若干问题的规定（试行）》第63条之规定，执行被执行人到期债权时，对第三人提出的异议不进行实质审查，不得对该第三人采取执行措施。且执行担保人属于第三人，依该执行规定第68条之规定，北辰公司复议的理由成立，执行法院不得就鸿发公司对北辰公司享有的到期债权进行强制执行。2010年9月13日，重庆市第五中级人民法院裁定：撤销执行法院对北辰公司作出的冻结、提取收入和驳回执行异议的三个裁定。

242.5.2 诉讼保全的执行担保中关于无财产可供执行或其财产不足清偿债务的规定，应当适用一般保证的执行规则

裁判来源：青海金泰融资担保有限公司与上海金桥工程建设发展有限公司、青海三工置业有限公司执行复议案——最高人民法院指导案例120号，最高人民法院执行裁定书，(2017) 最高法执复38号

裁判要旨：在案件审理期间保证人为被执行人提供保证，承诺在被执行人无财产可供执行或者财产不足清偿债务时承担保证责任的，执行法院对保证人应当适用一般保证的执行规则。在被执行人虽有财产但严重不方便执行时，可以执行保证人在保证责任范围内的财产。

243. 执行当事人变更

243.1 法律条文

第二百四十三条 作为被执行人的公民死亡的，以其遗产偿还债务。作为被执行人的法人或者其他组织终止的，由其权利义务承受人履行义务。

243.2 条文阐释

根据相关司法解释的规定，可变更、追加为被执行人的法定情形：

（1）因被执行人死亡，可申请变更其继承人、受遗赠人、遗嘱执行人、遗产管理人为被执行人。（2）因被执行人被宣告失踪，可申请追加或变更其财产代管人为被执行人。（3）因被执行人的企业法人合并，可申请变更合并后企业法人为被执行人。（4）因被执行人的企业法人分立，可申请追加或变更分立后企业法人为被执行人。（5）作为被执行人的个人独资企业，不能清偿债务，可申请直接追加投资人为被执行人。（6）作为被执行人的法人分支机构，可申请变更、追加该法人为被执行人。（7）作为被执行人的合伙企业，可申请变更、追加普通合伙人为被执行人，有限合伙人出资未到位的，可追加有限合伙人为被执行人。（8）作为被执行人的企业法人，可申请变更、追加抽逃出资、出资不实的股东、出资人为被执行人。（9）作为被执行人的企业法人，在原股东未履行出资义务的情况下，可申请追加原股东作为被执行人。（10）作为被执行人的一人有限公司，可申请追加股东为被执行人。（11）作为被执行人的公司，未经清算即办理注销登记，可申请变更、追加清算义务人为被执行人。（12）作为被执行人的法人或其他组织，在出现解散事由后，可申请追加无偿接受其财产的股东、出资人或主管部门作为被执行人。（13）作为被执行人的法人或其他组织，未经依法清算即办理注销登记，可申请追加在登记机关办理注销登记时，书面承诺对被执行人的债务承担清偿责任的第三人为被执行人。（14）在执行程序中，可直接追加在人民法院作出书面承诺代为履行的第三人为被执行人。（15）作为被执行人的法人或其他组织，财产被其上级机关或其他组织无偿调拨给其他企业或个人，可申请追加取得资产的企业或个人为被执行人。（16）因未成年人侵权引起的民事责任，而执行依据将该未成年人的监护人确定为被执行人的，在该未成年人成年后，申请追加其为被执行人。

243.3 司法适用

关于是否需要裁定变更申请执行主体：

变更申请执行主体是在根据原申请执行人的申请已经开始了的执行程序中，变更新的权利人为申请执行人。根据最高人民法院《关于人民法院执行工作若干问题的规定（试行）》第18条、第20条的规定，权利承受人有权以自己的名义申请执行，只要向人民法院提交承受权利的证明文件，证明自己是生效法律文书确定的权利承受人的，即符合受理执行案件的条件。这种情况不属于严格意义上的变更申请执行主体，但二者的法律基础相同，故也可以理解为广义上的申请执行主体变更，即通过立案阶段解决主体变更问题。最高人民法院（2009）执他字第1号《关于判决确定的金融不良债权多次转让人民法院能否裁定变更申请执行主体请求的答复》的意见是，前述规定第18条可以作为变更申请执行主体的法律依据，并且认为债权受让人可以视为该条规定中的权利承受人。在最高人民法院指导案例34号中，生效判决确定的原权利人在执行开始之前已经转让债权，并未作为申请执行人参加执行程序，而是权利受让人李某玲、李某裕依据最高人民法院《关于人民法院执行工作若干问题的规定（试行）》第18条的规定直接申请执行。因其申请已经法院立案受理，受理的方式不是通过裁定而是发出受理通知，债权受让人已经成为申请执行人，故并不需要执行法院再作出变更主体的裁定，然后发出执行通知，而应当直接发出执行通知。实践中有的法院在这种情况下先以原权利人作为申请执行人，待执行开始后再作出变更主体裁定，因其只是增加了工作量，而并无实质性影响，故并不被认为程序上存在问题。但不能由此反过来认为没有作出变更主体裁定是程序错误。

243.4　相关规范性文件

最高人民法院《关于适用〈中华人民共和国民事诉讼法〉的解释》（法释〔2022〕11号，自2022年4月10日起施行）

第四百七十条　依照民事诉讼法第二百三十九条规定，执行中作为被执行人的法人或者其他组织分立、合并的，人民法院可以裁定变更后的法人或者其他组织为被执行人；被注销的，如果依照有关实体法的规定有权利义务承受人的，可以裁定该权利义务承受人为被执行人。

第四百七十一条　其他组织在执行中不能履行法律文书确定的义务的，人民法院可以裁定执行对该其他组织依法承担义务的法人或者公民个人的财产。

第四百七十二条　在执行中，作为被执行人的法人或者其他组织名称变更的，人民法院可以裁定变更后的法人或者其他组织为被执行人。

第四百七十三条　作为被执行人的公民死亡，其遗产继承人没有放弃继承的，人民法院可以裁定变更被执行人，由该继承人在遗产的范围内偿还债务。继承人放弃继承的，人民法院可以直接执行被执行人的遗产。

最高人民法院《关于民事执行中变更、追加当事人若干问题的规定》（法释〔2020〕21号，自2021年1月1日起施行）

第一条　执行过程中，申请执行人或其继承人、权利承受人可以向人民法院申请变更、追加当事人。申请符合法定条件的，人民法院应予支持。

第二条　作为申请执行人的自然人死亡或被宣告死亡，该自然人的遗产管理人、继承人、受遗赠人或其他因该自然人死亡或被宣告死亡依法承受生效法律文书确定权利的主体，申请变更、追加其为申请执行人的，人民法院应予支持。

作为申请执行人的自然人被宣告失踪，该自然人的财产代管人申请变更、追加其为申请执行人的，人民法院应予支持。

第三条　作为申请执行人的自然人离婚时，生效法律文书确定的权利全部或部分分割给其配偶，该配偶申请变更、追加其为申请执行人的，人民法院应予支持。

第四条　作为申请执行人的法人或非法人组织终止，因该法人或非法人组织终止依法承受生效法律文书确定权利的主体，申请变更、追加其为申请执行人的，人民法院应予支持。

第五条 作为申请执行人的法人或非法人组织因合并而终止，合并后存续或新设的法人、非法人组织申请变更其为申请执行人的，人民法院应予支持。

第六条 作为申请执行人的法人或非法人组织分立，依分立协议约定承受生效法律文书确定权利的新设法人或非法人组织，申请变更、追加其为申请执行人的，人民法院应予支持。

第七条 作为申请执行人的法人或非法人组织清算或破产时，生效法律文书确定的权利依法分配给第三人，该第三人申请变更、追加其为申请执行人的，人民法院应予支持。

第八条 作为申请执行人的机关法人被撤销，继续履行其职能的主体申请变更、追加其为申请执行人的，人民法院应予支持，但生效法律文书确定的权利依法应由其他主体承受的除外；没有继续履行其职能的主体，且生效法律文书确定权利的承受主体不明确，作出撤销决定的主体申请变更、追加其为申请执行人的，人民法院应予支持。

第九条 申请执行人将生效法律文书确定的债权依法转让给第三人，且书面认可第三人取得该债权，该第三人申请变更、追加其为申请执行人的，人民法院应予支持。

第十条 作为被执行人的自然人死亡或被宣告死亡，申请执行人申请变更、追加该自然人的遗产管理人、继承人、受遗赠人或其他因该自然人死亡或被宣告死亡取得遗产的主体为被执行人，在遗产范围内承担责任的，人民法院应予支持。

作为被执行人的自然人被宣告失踪，申请执行人申请变更该自然人的财产代管人为被执行人，在代管的财产范围内承担责任的，人民法院应予支持。

第十一条 作为被执行人的法人或非法人组织因合并而终止，申请执行人申请变更合并后存续或新设的法人、非法人组织为被执行人的，人民法院应予支持。

第十二条 作为被执行人的法人或非法人组织分立，申请执行人申请变更、追加分立后新设的法人或非法人组织为被执行人，对生效法律文书确定的债务承担连带责任的，人民法院应予支持。但被执行人在分立前与申请执行人就债务清偿达成的书面协议另有约定的除外。

第十三条　作为被执行人的个人独资企业，不能清偿生效法律文书确定的债务，申请执行人申请变更、追加其出资人为被执行人的，人民法院应予支持。个人独资企业出资人作为被执行人的，人民法院可以直接执行该个人独资企业的财产。

个体工商户的字号为被执行人的，人民法院可以直接执行该字号经营者的财产。

第十四条　作为被执行人的合伙企业，不能清偿生效法律文书确定的债务，申请执行人申请变更、追加普通合伙人为被执行人的，人民法院应予支持。

作为被执行人的有限合伙企业，财产不足以清偿生效法律文书确定的债务，申请执行人申请变更、追加未按期足额缴纳出资的有限合伙人为被执行人，在未足额缴纳出资的范围内承担责任的，人民法院应予支持。

第十五条　作为被执行人的法人分支机构，不能清偿生效法律文书确定的债务，申请执行人申请变更、追加该法人为被执行人的，人民法院应予支持。法人直接管理的责任财产仍不能清偿债务的，人民法院可以直接执行该法人其他分支机构的财产。

作为被执行人的法人，直接管理的责任财产不能清偿生效法律文书确定债务的，人民法院可以直接执行该法人分支机构的财产。

第十六条　个人独资企业、合伙企业、法人分支机构以外的非法人组织作为被执行人，不能清偿生效法律文书确定的债务，申请执行人申请变更、追加依法对该非法人组织的债务承担责任的主体为被执行人的，人民法院应予支持。

第十七条　作为被执行人的营利法人，财产不足以清偿生效法律文书确定的债务，申请执行人申请变更、追加未缴纳或未足额缴纳出资的股东、出资人或依公司法规定对该出资承担连带责任的发起人为被执行人，在尚未缴纳出资的范围内依法承担责任的，人民法院应予支持。

第十八条　作为被执行人的营利法人，财产不足以清偿生效法律文书确定的债务，申请执行人申请变更、追加抽逃出资的股东、出资人为被执行人，在抽逃出资的范围内承担责任的，人民法院应予支持。

第十九条 作为被执行人的公司，财产不足以清偿生效法律文书确定的债务，其股东未依法履行出资义务即转让股权，申请执行人申请变更、追加该原股东或依公司法规定对该出资承担连带责任的发起人为被执行人，在未依法出资的范围内承担责任的，人民法院应予支持。

第二十条 作为被执行人的一人有限责任公司，财产不足以清偿生效法律文书确定的债务，股东不能证明公司财产独立于自己的财产，申请执行人申请变更、追加该股东为被执行人，对公司债务承担连带责任的，人民法院应予支持。

第二十一条 作为被执行人的公司，未经清算即办理注销登记，导致公司无法进行清算，申请执行人申请变更、追加有限责任公司的股东、股份有限公司的董事和控股股东为被执行人，对公司债务承担连带清偿责任的，人民法院应予支持。

第二十二条 作为被执行人的法人或非法人组织，被注销或出现被吊销营业执照、被撤销、被责令关闭、歇业等解散事由后，其股东、出资人或主管部门无偿接受其财产，致使该被执行人无遗留财产或遗留财产不足以清偿债务，申请执行人申请变更、追加该股东、出资人或主管部门为被执行人，在接受的财产范围内承担责任的，人民法院应予支持。

第二十三条 作为被执行人的法人或非法人组织，未经依法清算即办理注销登记，在登记机关办理注销登记时，第三人书面承诺对被执行人的债务承担清偿责任，申请执行人申请变更、追加该第三人为被执行人，在承诺范围内承担清偿责任的，人民法院应予支持。

第二十四条 执行过程中，第三人向执行法院书面承诺自愿代被执行人履行生效法律文书确定的债务，申请执行人申请变更、追加该第三人为被执行人，在承诺范围内承担责任的，人民法院应予支持。

第二十五条 作为被执行人的法人或非法人组织，财产依行政命令被无偿调拨、划转给第三人，致使该被执行人财产不足以清偿生效法律文书确定的债务，申请执行人申请变更、追加该第三人为被执行人，在接受的财产范围内承担责任的，人民法院应予支持。

第二十六条 被申请人在应承担责任范围内已承担相应责任的，人民法院不得责令其重复承担责任。

第二十七条　执行当事人的姓名或名称发生变更的，人民法院可以直接将姓名或名称变更后的主体作为执行当事人，并在法律文书中注明变更前的姓名或名称。

第二十八条　申请人申请变更、追加执行当事人，应当向执行法院提交书面申请及相关证据材料。

除事实清楚、权利义务关系明确、争议不大的案件外，执行法院应当组成合议庭审查并公开听证。经审查，理由成立的，裁定变更、追加；理由不成立的，裁定驳回。

执行法院应当自收到书面申请之日起六十日内作出裁定。有特殊情况需要延长的，由本院院长批准。

第二十九条　执行法院审查变更、追加被执行人申请期间，申请人申请对被申请人的财产采取查封、扣押、冻结措施的，执行法院应当参照民事诉讼法第一百条的规定办理。

申请执行人在申请变更、追加第三人前，向执行法院申请查封、扣押、冻结该第三人财产的，执行法院应当参照民事诉讼法第一百零一条的规定办理。

第三十条　被申请人、申请人或其他执行当事人对执行法院作出的变更、追加裁定或驳回申请裁定不服的，可以自裁定书送达之日起十日内向上一级人民法院申请复议，但依据本规定第三十二条的规定应当提起诉讼的除外。

第三十一条　上一级人民法院对复议申请应当组成合议庭审查，并自收到申请之日起六十日内作出复议裁定。有特殊情况需要延长的，由本院院长批准。

被裁定变更、追加的被申请人申请复议的，复议期间，人民法院不得对其争议范围内的财产进行处分。申请人请求人民法院继续执行并提供相应担保的，人民法院可以准许。

第三十二条　被申请人或申请人对执行法院依据本规定第十四条第二款、第十七条至第二十一条规定作出的变更、追加裁定或驳回申请裁定不服的，可以自裁定书送达之日起十五日内，向执行法院提起执行异议之诉。

被申请人提起执行异议之诉的，以申请人为被告。申请人提起执行异议之诉的，以被申请人为被告。

第三十三条 被申请人提起的执行异议之诉，人民法院经审理，按照下列情形分别处理：

（一）理由成立的，判决不得变更、追加被申请人为被执行人或者判决变更责任范围；

（二）理由不成立的，判决驳回诉讼请求。

诉讼期间，人民法院不得对被申请人争议范围内的财产进行处分。申请人请求人民法院继续执行并提供相应担保的，人民法院可以准许。

第三十四条 申请人提起的执行异议之诉，人民法院经审理，按照下列情形分别处理：

（一）理由成立的，判决变更、追加被申请人为被执行人并承担相应责任或者判决变更责任范围；

（二）理由不成立的，判决驳回诉讼请求。

第三十五条 本规定自2016年12月1日起施行。

本规定施行后，本院以前公布的司法解释与本规定不一致的，以本规定为准。

243.5 典型案例

243.5.1 进入执行程序前转让债权的，无须法院作出变更裁定，债权受让人可直接作为申请执行人申请执行

裁判来源：李某玲、李某裕申请执行厦门海洋实业（集团）股份有限公司、厦门海洋实业总公司执行复议案——最高人民法院指导案例34号，最高人民法院执行裁定书，（2012）执复字第26号

裁判要旨：生效法律文书确定的权利人在进入执行程序前合法转让债权的，债权受让人即权利承受人可以作为申请执行人直接申请执行，无须执行法院作出变更申请执行人的裁定。

243.5.2 申请执行人请求变更采矿权受让人的，由相关主管机关依法判断

裁判来源：于某岩与锡林郭勒盟隆兴矿业有限责任公司执行监督

案——最高人民法院指导案例123号，最高人民法院执行裁定书，（2017）最高法执监136号

裁判要旨： 生效判决认定采矿权转让合同依法成立但尚未生效，判令转让方按照合同约定办理采矿权转让手续，并非对采矿权归属的确定，执行法院依此向相关主管机关发出协助办理采矿权转让手续通知书，只具有启动主管机关审批采矿权转让手续的作用，采矿权能否转让应由相关主管机关依法决定。申请执行人请求变更采矿权受让人的，也应由相关主管机关依法判断。

244. 执行回转

244.1　法律条文

第二百四十四条　执行完毕后，据以执行的判决、裁定和其他法律文书确有错误，被人民法院撤销的，对已被执行的财产，人民法院应当作出裁定，责令取得财产的人返还；拒不返还的，强制执行。

244.2　条文阐释

执行回转，是指执行完毕后，原来的执行根据的判决等生效法律文书被撤销或变更以后，法院根据新的法律文书通过采取强制执行措施，将已经执行的财产返还给原被执行人，从而将当事人之间的财产法律关系恢复至民事执行前的状态的制度。

244.3　司法适用

在司法实践中，发生执行回转的原因有以下几种：

（1）人民法院制作的先予执行的裁定，在执行完毕后，被本院的生效判决或者二审法院的终审判决所撤销，因先予执行而取得财物的一方当事人应将执行所得返还给对方当事人。

（2）人民法院制作的判决、裁定，在执行完毕后，该判决、裁定又被

本院或者上级人民法院经审判监督程序进行再审后被依法撤销或变更，对因执行原判决、裁定而获得利益的一方当事人也应采取执行回转的措施。

（3）据以执行的法律文书确有错误，被人民法院撤销的。据以执行的法律文书，在执行完毕后，又因程序违法或违背法律有关规定，被人民法院撤销的，也应由人民法院采取执行回转措施，责令一方当事人将执行所得返还给对方当事人。

244.4 相关规范性文件

最高人民法院《关于适用〈中华人民共和国民事诉讼法〉的解释》（法释〔2022〕11号，自2022年4月10日起施行）

第一百七十三条 人民法院先予执行后，根据发生法律效力的判决，申请人应当返还因先予执行所取得的利益的，适用民事诉讼法第二百四十条的规定。

第四百七十四条 法律规定由人民法院执行的其他法律文书执行完毕后，该法律文书被有关机关或者组织依法撤销的，经当事人申请，适用民事诉讼法第二百四十条规定。

244.5 典型案例

244.5.1 原执行行为所依据的当事人执行和解协议侵犯案外人合法权益，对原执行行为裁定予以撤销，并将被执行财产回复到执行之前状态的，该撤销裁定及执行回转行为不属于执行错误

裁判来源：国泰君安证券股份有限公司海口滨海大道（天福酒店）证券营业部申请错误执行赔偿案——最高人民法院指导案例43号，最高人民法院国家赔偿决定书，（2011）法委赔字第3号

裁判要旨：人民法院审理执行异议案件，因原执行行为所依据的当事人执行和解协议侵犯案外人合法权益，对原执行行为裁定予以撤销，并将被执行财产回复到执行之前状态的，该撤销裁定及执行回转行为不属于《国家赔偿法》第38条规定的执行错误。即人民法院在民事诉讼、行政诉讼过程中，违法采取对妨害诉讼的强制措施、保全措施或者对判决、裁定及其他生效法律文书执行错误，造成损害的，赔偿请求人要求赔偿的程序

适用《国家赔偿法》刑事赔偿程序的规定。此外，赔偿请求人以人民法院具有《国家赔偿法》第 38 条规定的违法侵权情形为由申请国家赔偿的，人民法院应就赔偿请求人诉称的司法行为是否违法，以及是否应当承担国家赔偿责任一并予以审查。

244.5.2 人民检察院在履行民事执行法律监督职责时，发现人民法院执行活动存在违法情形的，应当依法提出检察建议。对于人民法院已错误划扣的财产应当建议法院进行执行回转

裁判来源：江苏某银行申请执行监督案——检例第 108 号，江苏省扬中市人民法院执行裁定书

要旨：2017 年 7 月 28 日，扬中市人民法院回函以某银行提起质权确认之诉为由，未采纳检察建议。扬中市人民检察院对该案持续跟进监督，发现在质押合同纠纷案件审理期间，法院根据某小额贷款公司的申请已强行划扣某银行 260 万元。在质押合同纠纷一案判决确认某银行对涉案存单享有质权，《承诺》不构成对毛某芹债务的担保后，法院亦未将划转的 260 万元执行回转。扬中市人民检察院遂于 2018 年 8 月 1 日，再次向扬中市人民法院发出检察建议，指出：某银行与毛某芹、某小额贷款公司质押合同纠纷一案已全部审理完毕，原复函中提出的"某银行正在提起质权确认之诉"的情形已不复存在，建议法院依法纠错并进行执行回转。

245. 调解书执行

245.1 法律条文

第二百四十五条 人民法院制作的调解书的执行，适用本编的规定。

245.2 条文阐释

本条规定了法院制作的调解书的执行所适用的规定。法院所制作的调解书对外具有强制执行力，体现了法院公权力的行使，因此同样应当适用本编的规定。对于不配合执行调解书的单位和个人，依法予以惩治，维护

法院基本权威。

245.3 相关规范性文件

最高人民法院印发《关于进一步贯彻“调解优先、调判结合”工作原则的若干意见》的通知（法发〔2010〕16号，自2010年6月7日起施行）

29. 进一步完善调解衔接机制。对经人民调解、行政调解、行业调解或者其他具有调解职能的组织调解达成的协议，需要确认效力的，有管辖权的人民法院应当依法及时审查确认；符合强制执行条件的，人民法院应当依法及时执行。具有债权内容的诉讼外调解协议，经公证机关依法赋予强制执行效力的，债权人可以向被执行人住所地或者被执行的财产所在地人民法院申请执行。

最高人民法院印发《关于建立健全诉讼与非诉讼相衔接的矛盾纠纷解决机制的若干意见》的通知（法发〔2009〕45号，自2009年7月24日起施行）

12. 经行政机关、人民调解组织、商事调解组织、行业调解组织或者其他具有调解职能的组织对民事纠纷调解后达成的具有给付内容的协议，当事人可以按照《中华人民共和国公证法》的规定申请公证机关依法赋予强制执行效力。债务人不履行或者不适当履行具有强制执行效力的公证文书的，债权人可以依法向有管辖权的人民法院申请执行。

23. 人民法院审理申请确认调解协议案件，参照适用《中华人民共和国民事诉讼法》有关简易程序的规定。案件由审判员一人独任审理，双方当事人应当同时到庭。人民法院应当面询问双方当事人是否理解所达成协议的内容，是否接受因此而产生的后果，是否愿意由人民法院通过司法确认程序赋予该协议强制执行的效力。

25. 人民法院依法审查后，决定是否确认调解协议的效力。确认调解协议效力的决定送达双方当事人后发生法律效力，一方当事人拒绝履行的，另一方当事人可以依法申请人民法院强制执行。

最高人民法院《关于进一步发挥诉讼调解在构建社会主义和谐社会中积极作用的若干意见》（法发〔2007〕9号，自2007年3月1日起施行）

16. 《最高人民法院关于民事调解工作若干问题的规定》第13条规定

的当事人、审判人员、书记员签名或者盖章后发生法律效力的调解协议，当事人未申请制作调解书，一方当事人不履行调解协议的，另一方持生效的调解协议申请强制执行的，人民法院应当受理。

再审案件经调解达成的调解协议并经当事人、法官、书记员签名或者盖章后生效的，当事人不申请制作调解书的，人民法院应当裁定终结再审程序。

20. 各高级人民法院可以根据法律以及司法解释的规定统一诉讼调解法律文书的格式，制作当事人答辩期满前调解同意书、继续调解申请书、委托调解书、诉讼费用决定书、调解书等诉讼调解文书模本。调解书的内容可以简化，简要记明案由和当事人诉讼请求，可以不写案件事实、审理过程和证据情况等。应当区分当事人签收生效的调解书和根据当事人签名或者盖章已经生效的调解协议制作的强制执行依据的调解书的格式。

246. 检察监督执行

246.1 法律条文

第二百四十六条 人民检察院有权对民事执行活动实行法律监督。

246.2 条文阐释

民事执行监督，是指在法院的民事执行过程中，检察机关有权依法对民事执行活动实行法律监督。从法律规定来看，民事执行监督属于事前监督，因此，采取的是向人民法院提出民事执行监督检察建议的方式，而没有采取抗诉的监督方式。具体以检察建议书的形式开展检察监督。

246.3 相关规范性文件

《人民检察院民事诉讼监督规则》（高检发释字〔2021〕1号，自2021年8月1日起施行）

第一百零四条 人民检察院对人民法院执行生效民事判决、裁定、调解书、支付令、仲裁裁决以及公证债权文书等法律文书的活动实行法律监督。

第一百零五条 人民检察院认为人民法院在执行活动中可能存在怠于履行职责情形的，可以依照有关规定向人民法院发出《说明案件执行情况通知书》，要求说明案件的执行情况及理由。

第一百零六条 人民检察院发现人民法院在执行活动中有下列情形之一的，应当向同级人民法院提出检察建议：

（一）决定是否受理、执行管辖权的移转以及审查和处理执行异议、复议、申诉等执行审查活动存在违法、错误情形的；

（二）实施财产调查、控制、处分、交付和分配以及罚款、拘留、信用惩戒措施等执行实施活动存在违法、错误情形的；

（三）存在消极执行、拖延执行等情形的；

（四）其他执行违法、错误情形。

第一百零七条 人民检察院依照本规则第三十条第二款规定受理后交办的案件，下级人民检察院经审查认为人民法院作出的执行复议裁定、决定等存在违法、错误情形的，应当提请上级人民检察院监督；认为人民法院作出的执行复议裁定、决定等正确的，应当作出不支持监督申请的决定。

第一百零八条 人民检察院对执行活动提出检察建议的，应当经检察长或者检察委员会决定，制作《检察建议书》，在决定之日起十五日内将《检察建议书》连同案件卷宗移送同级人民法院，并制作决定提出检察建议的《通知书》，发送当事人。

第一百零九条 人民检察院认为当事人申请监督的人民法院执行活动不存在违法情形的，应当作出不支持监督申请的决定，并在决定之日起十五日内制作《不支持监督申请决定书》，发送申请人。

第一百一十条 人民检察院发现同级人民法院执行活动中执行人员存在违法行为的，参照本规则第六章有关规定执行。

最高人民法院、最高人民检察院印发《关于民事执行活动法律监督若干问题的规定》的通知（法发〔2016〕30号，自2017年1月1日起施行）

第一条 人民检察院依法对民事执行活动实行法律监督。人民法院依法接受人民检察院的法律监督。

第二条 人民检察院办理民事执行监督案件，应当以事实为依据，以法律为准绳，坚持公开、公平、公正和诚实信用原则，尊重和保障当事人的诉讼权利，监督和支持人民法院依法行使执行权。

第三条 人民检察院对人民法院执行生效民事判决、裁定、调解书、支付令、仲裁裁决以及公证债权文书等法律文书的活动实施法律监督。

第四条 对民事执行活动的监督案件，由执行法院所在地同级人民检察院管辖。

上级人民检察院认为确有必要的，可以办理下级人民检察院管辖的民事执行监督案件。下级人民检察院对有管辖权的民事执行监督案件，认为需要上级人民检察院办理的，可以报请上级人民检察院办理。

第七条 具有下列情形之一的民事执行案件，人民检察院应当依职权进行监督：

（一）损害国家利益或者社会公共利益的；

（二）执行人员在执行该案时有贪污受贿、徇私舞弊、枉法执行等违法行为、司法机关已经立案的；

（三）造成重大社会影响的；

（四）需要跟进监督的。

第十一条 人民检察院向人民法院提出民事执行监督检察建议，应当经检察长批准或者检察委员会决定，制作检察建议书，在决定之日起十五日内将检察建议书连同案件卷宗移送同级人民法院。

检察建议书应当载明检察机关查明的事实、监督理由、依据以及建议内容等。

第十二条 人民检察院提出的民事执行监督检察建议，统一由同级人民法院立案受理。

第十六条 当事人、利害关系人、案外人申请监督的案件，人民检察院认为人民法院民事执行活动不存在违法情形的，应当作出不支持监督申请的决定，在决定之日起十五日内制作不支持监督申请决定书，发送申请人，并做好释法说理工作。

人民检察院办理依职权监督的案件，认为人民法院民事执行活动不存在违法情形的，应当作出终结审查决定。

《人民法院办理执行案件规范》（自 2017 年起施行）

992. 【同级法院的受理与回复】

人民检察院提出的民事执行监督检察建议，统一由同级人民法院立案受理。

人民法院收到人民检察院的检察建议书后，应当在三个月内将审查处理情况以回复意见函的形式回复人民检察院，并附裁定、决定等相关法律文书。有特殊情况需要延长的，经本院院长批准，可以延长一个月。

回复意见函应当载明人民法院查明的事实、回复意见和理由并加盖院章。不采纳检察建议的，应当说明理由。

993. 【上级法院的受理与回复】

人民法院收到检察建议后逾期未回复或者处理结果不当的，提出检察建议的人民检察院可以依职权提请上一级人民检察院向其同级人民法院提出检察建议。上一级人民检察院认为应当跟进监督的，应当向其同级人民法院提出检察建议。人民法院应当在三个月内提出审查处理意见并以回复意见函的形式回复人民检察院，认为人民检察院的意见正确的，应当监督下级人民法院及时纠正。

994. 【检察监督行为不当的处理】

人民法院认为检察监督行为违反法律规定的，可以向人民检察院提出书面建议。人民检察院应当在收到书面建议后三个月内作出处理并将处理情况书面回复人民法院；人民法院对于人民检察院的回复有异议的，可以通过上一级人民法院向上一级人民检察院提出。上一级人民检察院认为人民法院建议正确的，应当要求下级人民检察院及时纠正。

995. 【检察监督案件的审查】

检察机关提出民事执行监督检察建议的案件，可以参照执行申诉案件审查。

246. 4　典型案例

246. 4. 1　检察机关对于利用虚假公证申请法院强制执行的案件依法监督

裁判来源：陕西甲实业公司等公证执行虚假诉讼监督案——检例第 54

号，陕西省西安市雁塔区人民法院执行裁定书，(2017) 陕0113执异153号至159号

裁判要旨： 当事人恶意串通、捏造事实，骗取公证文书并申请法院强制执行，侵害他人合法权益，损害司法秩序和司法权威，构成虚假诉讼。检察机关对此类虚假诉讼应当依法监督，规范非诉执行行为，维护司法秩序和社会诚信。

246.4.2　查实执行活动存在违法情形的，应当予以监督纠正，对于相关人员可能存在的违纪违法和犯罪线索，应当按规定移送有关部门处理

裁判来源： 湖北某房地产公司申请执行监督案——检例第109号，湖北省武汉市中级人民法院执行裁定书，(2018) 鄂01执监9号

裁判要旨： 对于民事执行监督中当事人有证据证明执行标的物评估结果失实问题，人民检察院应当依法受理并围绕影响评估结果的关键性因素进行调查核实；经过调查核实查明违法情形属实的，人民检察院应当依法监督纠正；对于发现的执行人员和相关人员违纪、违法犯罪线索应当及时移送有关单位或部门处理。

246.4.3　对于执行程序中违法变更、追加被执行人的，人民检察院应当依法监督

裁判来源： 黑龙江何某申请执行监督案——检例第110号，黑龙江省伊春市中级人民法院执行裁定书，(2018) 黑07执监3号

裁判要旨： 执行程序应当按照生效判决等确定的执行依据进行，变更、追加被执行人应当遵循法定原则和程序，不得在法律和司法解释规定之外或者未经依法改判的情况下变更、追加被执行人。对于执行程序中违法变更、追加被执行人的，人民检察院应当依法监督。

第二十章　执行的申请和移送

247. 执行开始方式

247.1　法律条文

第二百四十七条　发生法律效力的民事判决、裁定，当事人必须履行。一方拒绝履行的，对方当事人可以向人民法院申请执行，也可以由审判员移送执行员执行。

调解书和其他应当由人民法院执行的法律文书，当事人必须履行。一方拒绝履行的，对方当事人可以向人民法院申请执行。

247.2　条文阐释

执行程序的开始方式分为申请执行和移送执行：

（1）申请执行，是指债权人在债务人拒绝履行执行根据所确定的义务时，请求法院强制债务人履行义务的行为。债权人向法院申请执行是执行程序开始的通常方式。

（2）移送执行，是指审判员依职权将一定范围内已经发生法律效力的法律文书直接交付执行机构执行的行为。法院可以依职权移送执行的案件，主要有以下三类：①发生法律效力的具有给付赡养费、扶养费、抚育费内容的法律文书；②民事制裁决定书；③刑事附带民事判决、裁定、调解书。

247.3　司法适用

在司法实践中，涉及执行案件的判决书会附有自动履行提示，内容如下：

根据《民事诉讼法》第247条的规定，当事人应根据生效法律文书指定的期间和方式积极自动履行义务。

（1）生效法律文书确定的义务为金钱给付义务的，可将应付款项直接汇入生效法律文书确认的债权人收款账户；生效法律文书确定双方互负金钱履行义务的，可对相应部分抵销后就剩余部分履行。

（2）生效法律文书确定的义务为交付特定标的物或不动产过户登记等非金钱履行义务，义务人可在履行期内通知受履行人在指定地点、时间接收标的物或办理相关手续，必要时可申请人民法院派员到场监督履行或将标的物向公证机关提存。

（3）逾期未履行生效法律文书确定的义务，依法将承担如下法律后果：①加倍支付迟延履行期间的债务利息；②进入执行程序后需承担执行费用，拒不履行可能被依法采取限制消费、纳入失信被执行人名单等；③符合法定情形的，将被采取拘留、罚款等司法强制措施，构成犯罪的将依法追究刑事责任。

247.4　相关规范性文件

最高人民法院《关于人民法院执行工作若干问题的规定（试行）》（法释〔2020〕21号，自2021年1月1日起施行）

三、执行的申请和移送

16. 人民法院受理执行案件应当符合下列条件：

（1）申请或移送执行的法律文书已经生效；

（2）申请执行人是生效法律文书确定的权利人或其继承人、权利承受人；

（3）申请执行的法律文书有给付内容，且执行标的和被执行人明确；

（4）义务人在生效法律文书确定的期限内未履行义务；

（5）属于受申请执行的人民法院管辖。

人民法院对符合上述条件的申请，应当在七日内予以立案；不符合上述条件之一的，应当在七日内裁定不予受理。

17. 生效法律文书的执行，一般应当由当事人依法提出申请。

发生法律效力的具有给付赡养费、扶养费、抚育费内容的法律文书、民事制裁决定书，以及刑事附带民事判决、裁定、调解书，由审判庭移送执行机构执行。

18. 申请执行，应向人民法院提交下列文件和证件：

（1）申请执行书。申请执行书中应当写明申请执行的理由、事项、执行标的，以及申请执行人所了解的被执行人的财产状况。

申请执行人书写申请执行书确有困难的，可以口头提出申请。人民法院接待人员对口头申请应当制作笔录，由申请执行人签字或盖章。

外国一方当事人申请执行的，应当提交中文申请执行书。当事人所在国与我国缔结或共同参加的司法协助条约有特别规定的，按照条约规定办理。

（2）生效法律文书副本。

（3）申请执行人的身份证明。自然人申请的，应当出示居民身份证；法人申请的，应当提交法人营业执照副本和法定代表人身份证明；非法人组织申请的，应当提交营业执照副本和主要负责人身份证明。

（4）继承人或权利承受人申请执行的，应当提交继承或承受权利的证明文件。

（5）其他应当提交的文件或证件。

19. 申请执行仲裁机构的仲裁裁决，应当向人民法院提交有仲裁条款的合同书或仲裁协议书。

申请执行国外仲裁机构的仲裁裁决的，应当提交经我国驻外使领馆认证或我国公证机关公证的仲裁裁决书中文本。

20. 申请执行人可以委托代理人代为申请执行。委托代理的，应当向人民法院提交经委托人签字或盖章的授权委托书，写明代理人的姓名或者名称、代理事项、权限和期限。

委托代理人代为放弃、变更民事权利，或代为进行执行和解，或代为收取执行款项的，应当有委托人的特别授权。

21. 执行申请费的收取按照《诉讼费用交纳办法》办理。

最高人民法院《关于审理环境民事公益诉讼案件适用法律若干问题的解释》（法释〔2020〕20号，自2021年1月1日起施行）

第三十二条 发生法律效力的环境民事公益诉讼案件的裁判，需要采取强制执行措施的，应当移送执行。

最高人民法院、最高人民检察院《关于检察公益诉讼案件适用法律若干问题的解释》（法释〔2020〕20号，自2021年1月1日起施行）

第十二条 人民检察院提起公益诉讼案件判决、裁定发生法律效力，被告不履行的，人民法院应当移送执行。

248. 仲裁裁决执行

248.1 法律条文

第二百四十八条 对依法设立的仲裁机构的裁决，一方当事人不履行的，对方当事人可以向有管辖权的人民法院申请执行。受申请的人民法院应当执行。

被申请人提出证据证明仲裁裁决有下列情形之一的，经人民法院组成合议庭审查核实，裁定不予执行：

（一）当事人在合同中没有订有仲裁条款或者事后没有达成书面仲裁协议的；

（二）裁决的事项不属于仲裁协议的范围或者仲裁机构无权仲裁的；

（三）仲裁庭的组成或者仲裁的程序违反法定程序的；

（四）裁决所根据的证据是伪造的；

（五）对方当事人向仲裁机构隐瞒了足以影响公正裁决的证据的；

（六）仲裁员在仲裁该案时有贪污受贿，徇私舞弊，枉法裁决行为的。

人民法院认定执行该裁决违背社会公共利益的，裁定不予执行。

裁定书应当送达双方当事人和仲裁机构。

仲裁裁决被人民法院裁定不予执行的，当事人可以根据双方达成的书面仲裁协议重新申请仲裁，也可以向人民法院起诉。

248.2 条文阐释

本条规定了仲裁裁决的执行与不予执行的情形。仲裁裁决经过法院审查核实，依法具有执行力。仲裁可以有效地处理纠纷，帮助法院缓解办案压力。仲裁对于当事人来说更为高效、私密，相关当事人可以在仲裁环境中充分协商，以达到最优的纠纷解决效果。

248.3 司法适用

在执行中，经常会遇到当事人以仲裁协议无效为由请求不予执行仲裁裁决的案件，而仲裁机构约定不明又是最为常见的情形之一。众所周知，一份有效的仲裁协议是仲裁裁决具备可执行力的核心要件，是仲裁裁决、仲裁程序的依据，直接决定仲裁裁决能否被执行。然而在实践中，由于各种原因，当事人所起草的仲裁协议往往存在含混不清、约定不明等瑕疵问题，若生效的仲裁裁决对瑕疵仲裁协议的效力认定有误，根据《民事诉讼法》第 244 条的规定，执行机构在执行中对仲裁协议的审查就成了当事人权利救济的最后一道防线。此时，如何认定瑕疵仲裁协议的效力，对处理此类不予执行仲裁裁决案件则起着至关重要的作用。

有缺陷的仲裁协议一般有以下几种表现形式：第一，相互矛盾。当事人在协议中约定，可以将争议提交仲裁解决，也可以通过法院诉讼解决。第二，约定不明。当事人在协议中约定，可将其发生的同一争议提交给两个或两个以上的仲裁机构仲裁。第三，约定不存在。仲裁协议中约定的仲裁机构不存在或名称不准确。

上述存在缺陷的仲裁协议的效力问题涉及一系列关键考量，需要在深刻认识仲裁的本质并作出正确评判的基础上解决。这个问题牵涉如何评价仲裁的核心价值，也涉及是否坚守私法自治原则、尊重当事人意愿的问题。在准确理解仲裁的本质和核心原则的基础上，我们应该积极推崇司法领域中的当事人意思自治原则。对那些与仲裁的本质和基本原则相悖的仲裁协议，我们应予以否定评价。而对于那些不与仲裁的本质相抵触，同时符合仲裁的核心价值目标的协议，我们应予以肯定评价。

248.4　相关规范性文件

最高人民法院《关于适用〈中华人民共和国民事诉讼法〉的解释》（法释〔2022〕11号，自2022年4月10日起施行）

第四百七十五条　仲裁机构裁决的事项，部分有民事诉讼法第二百四十四条第二款、第三款规定情形的，人民法院应当裁定对该部分不予执行。

应当不予执行部分与其他部分不可分的，人民法院应当裁定不予执行仲裁裁决。

第四百七十六条　依照民事诉讼法第二百四十四条第二款、第三款规定，人民法院裁定不予执行仲裁裁决后，当事人对该裁定提出执行异议或者复议的，人民法院不予受理。当事人可以就该民事纠纷重新达成书面仲裁协议申请仲裁，也可以向人民法院起诉。

第四百七十七条　在执行中，被执行人通过仲裁程序将人民法院查封、扣押、冻结的财产确权或者分割给案外人的，不影响人民法院执行程序的进行。

案外人不服的，可以根据民事诉讼法第二百三十四条规定提出异议。

最高人民法院《关于人民法院办理仲裁裁决执行案件若干问题的规定》（法释〔2018〕5号，自2018年3月1日起施行）

第一条　本规定所称的仲裁裁决执行案件，是指当事人申请人民法院执行仲裁机构依据仲裁法作出的仲裁裁决或者仲裁调解书的案件。

第二条　当事人对仲裁机构作出的仲裁裁决或者仲裁调解书申请执行的，由被执行人住所地或者被执行的财产所在地的中级人民法院管辖。

符合下列条件的，经上级人民法院批准，中级人民法院可以参照民事诉讼法第三十八条的规定指定基层人民法院管辖：

（一）执行标的额符合基层人民法院一审民商事案件级别管辖受理范围；

（二）被执行人住所地或者被执行的财产所在地在被指定的基层人民法院辖区内；

被执行人、案外人对仲裁裁决执行案件申请不予执行的，负责执行的中级人民法院应当另行立案审查处理；执行案件已指定基层人民法院管辖的，应当于收到不予执行申请后三日内移送原执行法院另行立案审查处理。

第三条 仲裁裁决或者仲裁调解书执行内容具有下列情形之一导致无法执行的，人民法院可以裁定驳回执行申请；导致部分无法执行的，可以裁定驳回该部分的执行申请；导致部分无法执行且该部分与其他部分不可分的，可以裁定驳回执行申请。

（一）权利义务主体不明确；

（二）金钱给付具体数额不明确或者计算方法不明确导致无法计算出具体数额；

（三）交付的特定物不明确或者无法确定；

（四）行为履行的标准、对象、范围不明确；

仲裁裁决或者仲裁调解书仅确定继续履行合同，但对继续履行的权利义务，以及履行的方式、期限等具体内容不明确，导致无法执行的，依照前款规定处理。

第四条 对仲裁裁决主文或者仲裁调解书中的文字、计算错误以及仲裁庭已经认定但在裁决主文中遗漏的事项，可以补正或说明的，人民法院应当书面告知仲裁庭补正或说明，或者向仲裁机构调阅仲裁案卷查明。仲裁庭不补正也不说明，且人民法院调阅仲裁案卷后执行内容仍然不明确具体无法执行的，可以裁定驳回执行申请。

第五条 申请执行人对人民法院依照本规定第三条、第四条作出的驳回执行申请裁定不服的，可以自裁定送达之日起十日内向上一级人民法院申请复议。

第六条 仲裁裁决或者仲裁调解书确定交付的特定物确已毁损或者灭失的，依照《最高人民法院关于适用〈中华人民共和国民事诉讼法〉的解释》第四百九十四条的规定处理。

第七条 被执行人申请撤销仲裁裁决并已由人民法院受理的，或者被执行人、案外人对仲裁裁决执行案件提出不予执行申请并提供适当担保的，执行法院应当裁定中止执行。中止执行期间，人民法院应当停止处分性措施，但申请执行人提供充分、有效的担保请求继续执行的除外；执行标的查封、扣押、冻结期限届满前，人民法院可以根据当事人申请或者依职权办理续行查封、扣押、冻结手续。

申请撤销仲裁裁决、不予执行仲裁裁决案件司法审查期间，当事人、案外人申请对已查封、扣押、冻结之外的财产采取保全措施的，负责审查的人民法院参照民事诉讼法第一百条的规定处理。司法审查后仍需继续执行的，保全措施自动转为执行中的查封、扣押、冻结措施；采取保全措施的人民法院与执行法院不一致的，应当将保全手续移送执行法院，保全裁定视为执行法院作出的裁定。

第八条 被执行人向人民法院申请不予执行仲裁裁决的，应当在执行通知书送达之日起十五日内提出书面申请；有民事诉讼法第二百三十七条第二款第四、六项规定情形且执行程序尚未终结的，应当自知道或者应当知道有关事实或案件之日起十五日内提出书面申请。

本条前款规定期限届满前，被执行人已向有管辖权的人民法院申请撤销仲裁裁决且已被受理的，自人民法院驳回撤销仲裁裁决申请的裁判文书生效之日起重新计算期限。

第九条 案外人向人民法院申请不予执行仲裁裁决或者仲裁调解书的，应当提交申请书以及证明其请求成立的证据材料，并符合下列条件：

（一）有证据证明仲裁案件当事人恶意申请仲裁或者虚假仲裁，损害其合法权益；

（二）案外人主张的合法权益所涉及的执行标的尚未执行终结；

（三）自知道或者应当知道人民法院对该标的采取执行措施之日起三十日内提出。

第十条 被执行人申请不予执行仲裁裁决，对同一仲裁裁决的多个不予执行事由应当一并提出。不予执行仲裁裁决申请被裁定驳回后，再次提出申请的，人民法院不予审查，但有新证据证明存在民事诉讼法第二百三十七条第二款第四、六项规定情形的除外。

第十一条 人民法院对不予执行仲裁裁决案件应当组成合议庭围绕被执行人申请的事由、案外人的申请进行审查；对被执行人没有申请的事由不予审查，但仲裁裁决可能违背社会公共利益的除外。

被执行人、案外人对仲裁裁决执行案件申请不予执行的，人民法院应当进行询问；被执行人在询问终结前提出其他不予执行事由的，应当一并审查。人民法院审查时，认为必要的，可以要求仲裁庭作出说明，或者向仲裁机构调阅仲裁案卷。

第十二条 人民法院对不予执行仲裁裁决案件的审查，应当在立案之日起两个月内审查完毕并作出裁定；有特殊情况需要延长的，经本院院长批准，可以延长一个月。

第十三条 下列情形经人民法院审查属实的，应当认定为民事诉讼法第二百三十七条第二款第二项规定的“裁决的事项不属于仲裁协议的范围或者仲裁机构无权仲裁的”情形：

（一）裁决的事项超出仲裁协议约定的范围；

（二）裁决的事项属于依照法律规定或者当事人选择的仲裁规则规定的不可仲裁事项；

（三）裁决内容超出当事人仲裁请求的范围；

（四）作出裁决的仲裁机构非仲裁协议所约定。

第十四条 违反仲裁法规定的仲裁程序、当事人选择的仲裁规则或者当事人对仲裁程序的特别约定，可能影响案件公正裁决，经人民法院审查属实的，应当认定为民事诉讼法第二百三十七条第二款第三项规定的“仲裁庭的组成或者仲裁的程序违反法定程序的”情形。

当事人主张未按照仲裁法或仲裁规则规定的方式送达法律文书导致其未能参与仲裁，或者仲裁员根据仲裁法或仲裁规则的规定应当回避而未回避，可能影响公正裁决，经审查属实的，人民法院应当支持；仲裁庭按照仲裁法或仲裁规则以及当事人约定的方式送达仲裁法律文书，当事人主张不符合民事诉讼法有关送达规定的，人民法院不予支持。

适用的仲裁程序或仲裁规则经特别提示，当事人知道或者应当知道法定仲裁程序或选择的仲裁规则未被遵守，但仍然参加或者继续参加仲裁程序且未提出异议，在仲裁裁决作出之后以违反法定程序为由申请不予执行仲裁裁决的，人民法院不予支持。

第十五条 符合下列条件的，人民法院应当认定为民事诉讼法第二百三十七条第二款第四项规定的“裁决所根据的证据是伪造的”情形：

（一）该证据已被仲裁裁决采信；

（二）该证据属于认定案件基本事实的主要证据；

（三）该证据经查明确属通过捏造、变造、提供虚假证明等非法方式形成或者获取，违反证据的客观性、关联性、合法性要求。

第十六条　符合下列条件的，人民法院应当认定为民事诉讼法第二百三十七条第二款第五项规定的“对方当事人向仲裁机构隐瞒了足以影响公正裁决的证据的”情形：

（一）该证据属于认定案件基本事实的主要证据；

（二）该证据仅为对方当事人掌握，但未向仲裁庭提交；

（三）仲裁过程中知悉存在该证据，且要求对方当事人出示或者请求仲裁庭责令其提交，但对方当事人无正当理由未予出示或者提交。

当事人一方在仲裁过程中隐瞒己方掌握的证据，仲裁裁决作出后以己方所隐瞒的证据足以影响公正裁决为由申请不予执行仲裁裁决的，人民法院不予支持。

第十七条　被执行人申请不予执行仲裁调解书或者根据当事人之间的和解协议、调解协议作出的仲裁裁决，人民法院不予支持，但该仲裁调解书或者仲裁裁决违背社会公共利益的除外。

第十八条　案外人根据本规定第九条申请不予执行仲裁裁决或者仲裁调解书，符合下列条件的，人民法院应当支持：

（一）案外人系权利或者利益的主体；

（二）案外人主张的权利或者利益合法、真实；

（三）仲裁案件当事人之间存在虚构法律关系，捏造案件事实的情形；

（四）仲裁裁决主文或者仲裁调解书处理当事人民事权利义务的结果部分或者全部错误，损害案外人合法权益。

第十九条　被执行人、案外人对仲裁裁决执行案件逾期申请不予执行的，人民法院应当裁定不予受理；已经受理的，应当裁定驳回不予执行申请。

被执行人、案外人对仲裁裁决执行案件申请不予执行，经审查理由成立的，人民法院应当裁定不予执行；理由不成立的，应当裁定驳回不予执行申请。

第二十条　当事人向人民法院申请撤销仲裁裁决被驳回后，又在执行程序中以相同事由提出不予执行申请的，人民法院不予支持；当事人向人民法院申请不予执行被驳回后，又以相同事由申请撤销仲裁裁决的，人民法院不予支持。

在不予执行仲裁裁决案件审查期间，当事人向有管辖权的人民法院提出撤销仲裁裁决申请并被受理的，人民法院应当裁定中止对不予执行申请的审查；仲裁裁决被撤销或者决定重新仲裁的，人民法院应当裁定终结执行，并终结对不予执行申请的审查；撤销仲裁裁决申请被驳回或者申请执行人撤回撤销仲裁裁决申请的，人民法院应当恢复对不予执行申请的审查；被执行人撤回撤销仲裁裁决申请的，人民法院应当裁定终结对不予执行申请的审查，但案外人申请不予执行仲裁裁决的除外。

第二十一条 人民法院裁定驳回撤销仲裁裁决申请或者驳回不予执行仲裁裁决、仲裁调解书申请的，执行法院应当恢复执行。

人民法院裁定撤销仲裁裁决或者基于被执行人申请裁定不予执行仲裁裁决，原被执行人申请执行回转或者解除强制执行措施的，人民法院应当支持。原申请执行人对已履行或者被人民法院强制执行的款物申请保全的，人民法院应当依法准许；原申请执行人在人民法院采取保全措施之日起三十日内，未根据双方达成的书面仲裁协议重新申请仲裁或者向人民法院起诉的，人民法院应当裁定解除保全。

人民法院基于案外人申请裁定不予执行仲裁裁决或者仲裁调解书，案外人申请执行回转或者解除强制执行措施的，人民法院应当支持。

第二十二条 人民法院裁定不予执行仲裁裁决、驳回或者不予受理不予执行仲裁裁决申请后，当事人对该裁定提出执行异议或者申请复议的，人民法院不予受理。

人民法院裁定不予执行仲裁裁决的，当事人可以根据双方达成的书面仲裁协议重新申请仲裁，也可以向人民法院起诉。

人民法院基于案外人申请裁定不予执行仲裁裁决或者仲裁调解书，当事人不服的，可以自裁定送达之日起十日内向上一级人民法院申请复议；人民法院裁定驳回或者不予受理案外人提出的不予执行仲裁裁决、仲裁调解书申请，案外人不服的，可以自裁定送达之日起十日内向上一级人民法院申请复议。

第二十三条 本规定第八条、第九条关于对仲裁裁决执行案件申请不予执行的期限自本规定施行之日起重新计算。

第二十四条　本规定自2018年3月1日起施行，最高人民法院以前发布的司法解释与本规定不一致的，以本规定为准。

本规定施行前已经执行终结的执行案件，不适用本规定；本规定施行后尚未执行终结的执行案件，适用本规定。

248.5　典型案例

248.5.1　在执行程序中，另案生效判决与本案生效仲裁裁决冲突的，应当继续执行。本案当事人或与本案有利害关系的另案当事人可以另行依法定程序申请撤销或不予执行本案仲裁裁决

裁判来源：广东省深圳市赣新装饰工程有限公司与深圳市原本投资管理有限公司执行异议纠纷案——广东省高级人民法院执行裁定书，(2019)粤执复256号

裁判要旨：互相冲突的生效判决或仲裁裁决，在未被依法撤销之前，均具有法律效力，且在法律效力上没有等级差别。在执行程序中，不能以另案生效判决直接否定本案生效仲裁裁决，本案应当继续执行，被执行人自动履行义务的，可以执行完毕方式结案。本案当事人或与本案有利害关系的另案当事人可以另行依法定程序申请撤销或不予执行本案仲裁裁决。

248.5.2　双方当事人之间并未就仲裁机构形成补充仲裁协议，故本案不存在有效的仲裁协议，仲裁裁决应当不予执行

裁判来源：内蒙古宏珠环保热电集团有限责任公司与北京城建三建设发展有限公司建设工程施工合同纠纷执行案——最高人民法院执行裁定书，(2010)执监字第137号

裁判要旨：仲裁条款对仲裁机构的约定不明，发生纠纷后，一方对另一方的书面答复以及其他行为并未表明其接受了关于仲裁机构的补充要约，则应认为双方当事人没有就仲裁机构重新达成补充协议，合同中的仲裁条款无效，仲裁委员会的仲裁裁决应当不予执行。

249. 公证债权文书执行

249.1 法律条文

第二百四十九条 对公证机关依法赋予强制执行效力的债权文书，一方当事人不履行的，对方当事人可以向有管辖权的人民法院申请执行，受申请的人民法院应当执行。

公证债权文书确有错误的，人民法院裁定不予执行，并将裁定书送达双方当事人和公证机关。

249.2 条文阐释

债权文书经过公证，并由公证机关依法赋予强制执行效力，它就可以成为申请执行的根据。但公证机关只是行使证明权的机关，无强制执行的权力。因此，当一方当事人不履行时，只能由对方当事人向有管辖权的人民法院申请执行。基于债权文书是经过公证机关按法律程序予以公证，并依法赋予强制执行效力的，为保护当事人的合法权益，维护国家公证制度，人民法院应当接受当事人的申请并予以执行。

人民法院据以执行的根据必须是正确的，如果公证过的债权文书确有错误，比如债权债务关系不能成立，债权债务不符合法律规定，或者双方当事人在申请公证时并非一致意思表示，以及公证时有其他错误致使公证证明不能成立的，人民法院可作出裁定不予执行，并将裁定书送达双方当事人和公证机关。

249.3 相关规范性文件

《中华人民共和国公证法》（中华人民共和国主席令第76号，自2018年1月1日起施行）

第三十七条 对经公证的以给付为内容并载明债务人愿意接受强制执行承诺的债权文书，债务人不履行或者履行不适当的，债权人可以依法向有管辖权的人民法院申请执行。

前款规定的债权文书确有错误的，人民法院裁定不予执行，并将裁定书送达双方当事人和公证机构。

最高人民法院《关于适用〈中华人民共和国民事诉讼法〉的解释》（法释〔2022〕11号，自2022年4月10日起施行）

第四百七十八条　有下列情形之一的，可以认定为民事诉讼法第二百四十五条第二款规定的公证债权文书确有错误：

（一）公证债权文书属于不得赋予强制执行效力的债权文书的；

（二）被执行人一方未亲自或者未委托代理人到场公证等严重违反法律规定的公证程序的；

（三）公证债权文书的内容与事实不符或者违反法律强制性规定的；

（四）公证债权文书未载明被执行人不履行义务或者不完全履行义务时同意接受强制执行的。

人民法院认定执行该公证债权文书违背社会公共利益的，裁定不予执行。

公证债权文书被裁定不予执行后，当事人、公证事项的利害关系人可以就债权争议提起诉讼。

第四百七十九条　当事人请求不予执行仲裁裁决或者公证债权文书的，应当在执行终结前向执行法院提出。

最高人民法院《关于公证债权文书执行若干问题的规定》（法释〔2018〕18号，自2018年10月1日起施行）

第一条　本规定所称公证债权文书，是指根据公证法第三十七条第一款规定经公证赋予强制执行效力的债权文书。

第二条　公证债权文书执行案件，由被执行人住所地或者被执行的财产所在地人民法院管辖。

前款规定案件的级别管辖，参照人民法院受理第一审民商事案件级别管辖的规定确定。

第三条　债权人申请执行公证债权文书，除应当提交作为执行依据的公证债权文书等申请执行所需的材料外，还应当提交证明履行情况等内容的执行证书。

第四条　债权人申请执行的公证债权文书应当包括公证证词、被证明的债权文书等内容。权利义务主体、给付内容应当在公证证词中列明。

第五条 债权人申请执行公证债权文书，有下列情形之一的，人民法院应当裁定不予受理；已经受理的，裁定驳回执行申请：

（一）债权文书属于不得经公证赋予强制执行效力的文书；

（二）公证债权文书未载明债务人接受强制执行的承诺；

（三）公证证词载明的权利义务主体或者给付内容不明确；

（四）债权人未提交执行证书；

（五）其他不符合受理条件的情形。

第六条 公证债权文书赋予强制执行效力的范围同时包含主债务和担保债务的，人民法院应当依法予以执行；仅包含主债务的，对担保债务部分的执行申请不予受理；仅包含担保债务的，对主债务部分的执行申请不予受理。

第七条 债权人对不予受理、驳回执行申请裁定不服的，可以自裁定送达之日起十日内向上一级人民法院申请复议。

申请复议期满未申请复议，或者复议申请被驳回的，当事人可以就公证债权文书涉及的民事权利义务争议向人民法院提起诉讼。

第八条 公证机构决定不予出具执行证书的，当事人可以就公证债权文书涉及的民事权利义务争议直接向人民法院提起诉讼。

第九条 申请执行公证债权文书的期间自公证债权文书确定的履行期间的最后一日起计算；分期履行的，自公证债权文书确定的每次履行期间的最后一日起计算。

债权人向公证机构申请出具执行证书的，申请执行时效自债权人提出申请之日起中断。

第十条 人民法院在执行实施中，根据公证债权文书并结合申请执行人的申请依法确定给付内容。

第十一条 因民间借贷形成的公证债权文书，文书中载明的利率超过人民法院依照法律、司法解释规定应予支持的上限的，对超过的利息部分不纳入执行范围；载明的利率未超过人民法院依照法律、司法解释规定应予支持的上限，被执行人主张实际超过的，可以依照本规定第二十二条第一款规定提起诉讼。

第十二条　有下列情形之一的，被执行人可以依照民事诉讼法第二百三十八条第二款规定申请不予执行公证债权文书：

（一）被执行人未到场且未委托代理人到场办理公证的；

（二）无民事行为能力人或者限制民事行为能力人没有监护人代为办理公证的；

（三）公证员为本人、近亲属办理公证，或者办理与本人、近亲属有利害关系的公证的；

（四）公证员办理该项公证有贪污受贿、徇私舞弊行为，已经由生效刑事法律文书等确认的；

（五）其他严重违反法定公证程序的情形。

被执行人以公证债权文书的内容与事实不符或者违反法律强制性规定等实体事由申请不予执行的，人民法院应当告知其依照本规定第二十二条第一款规定提起诉讼。

第十三条　被执行人申请不予执行公证债权文书，应当在执行通知书送达之日起十五日内向执行法院提出书面申请，并提交相关证据材料；有本规定第十二条第一款第三项、第四项规定情形且执行程序尚未终结的，应当自知道或者应当知道有关事实之日起十五日内提出。

公证债权文书执行案件被指定执行、提级执行、委托执行后，被执行人申请不予执行的，由提出申请时负责该案件执行的人民法院审查。

第十四条　被执行人认为公证债权文书存在本规定第十二条第一款规定的多个不予执行事由的，应当在不予执行案件审查期间一并提出。

不予执行申请被裁定驳回后，同一被执行人再次提出申请的，人民法院不予受理。但有证据证明不予执行事由在不予执行申请被裁定驳回后知道的，可以在执行程序终结前提出。

第十五条　人民法院审查不予执行公证债权文书案件，案情复杂、争议较大的，应当进行听证。必要时可以向公证机构调阅公证案卷，要求公证机构作出书面说明，或者通知公证员到庭说明情况。

第十六条　人民法院审查不予执行公证债权文书案件，应当在受理之日起六十日内审查完毕并作出裁定；有特殊情况需要延长的，经本院院长批准，可以延长三十日。

第十七条 人民法院审查不予执行公证债权文书案件期间，不停止执行。

被执行人提供充分、有效的担保，请求停止相应处分措施的，人民法院可以准许；申请执行人提供充分、有效的担保，请求继续执行的，应当继续执行。

第十八条 被执行人依照本规定第十二条第一款规定申请不予执行，人民法院经审查认为理由成立的，裁定不予执行；理由不成立的，裁定驳回不予执行申请。

公证债权文书部分内容具有本规定第十二条第一款规定情形的，人民法院应当裁定对该部分不予执行；应当不予执行部分与其他部分不可分的，裁定对该公证债权文书不予执行。

第十九条 人民法院认定执行公证债权文书违背公序良俗的，裁定不予执行。

第二十条 公证债权文书被裁定不予执行的，当事人可以就该公证债权文书涉及的民事权利义务争议向人民法院提起诉讼；公证债权文书被裁定部分不予执行的，当事人可以就该部分争议提起诉讼。

当事人对不予执行裁定提出执行异议或者申请复议的，人民法院不予受理。

第二十一条 当事人不服驳回不予执行申请裁定的，可以自裁定送达之日起十日内向上一级人民法院申请复议。上一级人民法院应当自收到复议申请之日起三十日内审查。经审查，理由成立的，裁定撤销原裁定，不予执行该公证债权文书；理由不成立的，裁定驳回复议申请。复议期间，不停止执行。

第二十二条 有下列情形之一的，债务人可以在执行程序终结前，以债权人为被告，向执行法院提起诉讼，请求不予执行公证债权文书：

（一）公证债权文书载明的民事权利义务关系与事实不符；

（二）经公证的债权文书具有法律规定的无效、可撤销等情形；

（三）公证债权文书载明的债权因清偿、提存、抵销、免除等原因全部或者部分消灭。

债务人提起诉讼，不影响人民法院对公证债权文书的执行。债务人提供充分、有效的担保，请求停止相应处分措施的，人民法院可以准许；债权人提供充分、有效的担保，请求继续执行的，应当继续执行。

第二十三条　对债务人依照本规定第二十二条第一款规定提起的诉讼，人民法院经审理认为理由成立的，判决不予执行或者部分不予执行；理由不成立的，判决驳回诉讼请求。

当事人同时就公证债权文书涉及的民事权利义务争议提出诉讼请求的，人民法院可以在判决中一并作出裁判。

第二十四条　有下列情形之一的，债权人、利害关系人可以就公证债权文书涉及的民事权利义务争议直接向有管辖权的人民法院提起诉讼：

（一）公证债权文书载明的民事权利义务关系与事实不符；

（二）经公证的债权文书具有法律规定的无效、可撤销等情形。

债权人提起诉讼，诉讼案件受理后又申请执行公证债权文书的，人民法院不予受理。进入执行程序后债权人又提起诉讼的，诉讼案件受理后，人民法院可以裁定终结公证债权文书的执行；债权人请求继续执行其未提出争议部分的，人民法院可以准许。

利害关系人提起诉讼，不影响人民法院对公证债权文书的执行。利害关系人提供充分、有效的担保，请求停止相应处分措施的，人民法院可以准许；债权人提供充分、有效的担保，请求继续执行的，应当继续执行。

第二十五条　本规定自 2018 年 10 月 1 日起施行。

本规定施行前最高人民法院公布的司法解释与本规定不一致的，以本规定为准。

最高人民法院、司法部、中国银监会《关于充分发挥公证书的强制执行效力服务银行金融债权风险防控的通知》（司发通〔2017〕76 号，自 2017 年 7 月 13 日起施行）

一、公证机构可以对银行业金融机构运营中所签署的符合《公证法》第 37 条规定的以下债权文书赋予强制执行效力：

（一）各类融资合同，包括各类授信合同，借款合同、委托贷款合同、信托贷款合同等各类贷款合同，票据承兑协议等各类票据融资合同，融资租赁合同，保理合同，开立信用证合同，信用卡融资合同（包括信用卡合约及各类分期付款合同）等；

（二）债务重组合同、还款合同、还款承诺等；

（三）各类担保合同、保函；

（四）符合本通知第二条规定条件的其他债权文书。

二、公证机构对银行业金融机构运营中所签署的合同赋予强制执行效力应当具备以下条件：

（一）债权文书具有给付货币、物品、有价证券的内容；

（二）债权债务关系明确，债权人和债务人对债权文书有关给付内容无疑义；

（三）债权文书中载明债务人不履行义务或不完全履行义务时，债务人愿意接受依法强制执行的承诺。该项承诺也可以通过承诺书或者补充协议等方式在债权文书的附件中载明。

五、银行业金融机构申请公证机构出具执行证书应当在《中华人民共和国民事诉讼法》第二百三十九条所规定的执行期间内提出申请，并应当向公证机构提交经公证的具有强制执行效力的债权文书、申请书、合同项下往来资金结算的明细表以及其他与债务履行相关的证据，并承诺所申请强制执行的债权金额或者相关计算公式准确无误。

249.4 典型案例

249.4.1 申请执行人在公证活动进行期间存在虚假行为，公证债权文书的内容与事实不符，应裁定对相关公证书及执行证书不予执行

裁判来源：陕西甲实业公司等公证执行虚假诉讼监督案——检例第54号，陕西省西安市雁塔区人民法院执行裁定书，(2017) 陕0113执异153号至159号

裁判要旨：2016年10月24日，雁塔区人民法院回函称，经调取刑事卷宗中郗某等人涉嫌虚假诉讼犯罪的相关证据材料，确认相关公证内容确系捏造，经合议庭合议决定，对相关执行证书裁定不予执行。2017年7月16日，雁塔区人民法院作出(2017)陕0113执异153号至159号七份执行裁定书，认定郗某等申请执行人在公证活动进行期间存在虚假行为，公证债权文书的内容与事实不符，裁定对相关公证书及执行证书不予执行。后高某等四人因构成虚假诉讼罪被追究刑事责任。

249.4.2　人民法院在审查处理不予执行公证债权文书的案件时，应当全面审查公证债权文书的内容是否确有错误，包括审查程序问题和实体问题；实体审查的对象原则上应限定于被赋予强制执行效力的公证债权文书本身，而不涉及公证债权文书形成的基础事实

裁判来源：重庆德艺房地产开发有限公司不服执行裁定复议案——最高人民法院执行裁定书，(2011) 执复字第2号

裁判要旨：依照《民事诉讼法》第214条以及最高人民法院《关于当事人对具有强制执行效力的公证债权文书的内容有争议提起诉讼人民法院是否受理问题的批复》精神，人民法院在执行程序中，因被执行人提出不予执行抗辩的，应当对公证债权文书的内容是否确有错误进行审查，该审查应当包括公证债权文书的程序和实体问题。重庆高院的裁定内容表明其实际上已对公证债权文书即《还款协议》的内容进行了实体审查，本院确认其审查意见是正确的。

250. 执行申请期限

250.1　法律条文

第二百五十条　申请执行的期间为二年。申请执行时效的中止、中断，适用法律有关诉讼时效中止、中断的规定。

前款规定的期间，从法律文书规定履行期间的最后一日起计算；法律文书规定分期履行的，从最后一期履行期限届满之日起计算；法律文书未规定履行期间的，从法律文书生效之日起计算。

250.2　条文阐释

本条规定了执行申请的期限。在民事诉讼中，对于法院出具的法律文书，当事人有权向法院申请执行该文书。当事人在规定的期间不申请执行的，则会丧失有关执行的权益。该条规定旨在节约司法资源，提高当事人维护自身权利意识。

250.3 司法适用

执行期间的中止与申请执行期间的中断的区别有以下三点：

(1) 发生的事由不同。中止的事由一般是客观原因，如不可抗力，导致权利人不能行使请求权；中断的事由是人为的主观原因，如同意履行义务。

(2) 事由发生的时间要求不同。中止的事由必须发生于或存在于申请执行期间的最后6个月内；而中断的事由只需要发生在申请执行期间内。

(3) 产生的法律后果不同。申请执行期间中止在中止事由消除之日继续计算；申请执行期间中断则是重新计算执行期间，已经进行的期间全部归于无效。

250.4 相关规范性文件

《中华人民共和国民法典》（中华人民共和国主席令第45号，自2021年1月1日起施行）

第一百九十四条 在诉讼时效期间的最后六个月内，因下列障碍，不能行使请求权的，诉讼时效中止：

（一）不可抗力；

（二）无民事行为能力人或者限制民事行为能力人没有法定代理人，或者法定代理人死亡、丧失民事行为能力、丧失代理权；

（三）继承开始后未确定继承人或者遗产管理人；

（四）权利人被义务人或者其他人控制；

（五）其他导致权利人不能行使请求权的障碍。

自中止时效的原因消除之日起满六个月，诉讼时效期间届满。

第一百九十五条 有下列情形之一的，诉讼时效中断，从中断、有关程序终结时起，诉讼时效期间重新计算：

（一）权利人向义务人提出履行请求；

（二）义务人同意履行义务；

（三）权利人提起诉讼或者申请仲裁；

（四）与提起诉讼或者申请仲裁具有同等效力的其他情形。

最高人民法院《关于适用〈中华人民共和国民事诉讼法〉的解释》（法释〔2022〕11号，自2022年4月10日起施行）

第四百四十条　债权人向人民法院申请执行支付令的期间，适用民事诉讼法第二百四十六条的规定。

第四百八十一条　申请执行人超过申请执行时效期间向人民法院申请强制执行的，人民法院应予受理。被执行人对申请执行时效期间提出异议，人民法院经审查异议成立的，裁定不予执行。

被执行人履行全部或者部分义务后，又以不知道申请执行时效期间届满为由请求执行回转的，人民法院不予支持。

最高人民法院《关于适用〈中华人民共和国民事诉讼法〉执行程序若干问题的解释》（法释〔2020〕21号，自2021年1月1日起施行）

第十九条　在申请执行时效期间的最后六个月内，因不可抗力或者其他障碍不能行使请求权的，申请执行时效中止。从中止时效的原因消除之日起，申请执行时效期间继续计算。

第二十条　申请执行时效因申请执行、当事人双方达成和解协议、当事人一方提出履行要求或者同意履行义务而中断。从中断时起，申请执行时效期间重新计算。

第二十一条　生效法律文书规定债务人负有不作为义务的，申请执行时效期间从债务人违反不作为义务之日起计算。

250.5　典型案例

250.5.1　对连带债务人中的一人发生诉讼时效中断效力的事由应当认定对其他连带债务人也发生诉讼时效中断的效力

裁判来源：林某平、防城港市区农村信用合作联社等借款合同纠纷执行监督案——最高人民法院执行裁定书，（2021）最高法执监557号

裁判要旨：申请人于2019年4月2日在被执行人碧海公司公告栏处粘贴了要求各被执行人于2019年4月20日前归还借款并如实披露抵押物现状的《公告》，按照法律规定符合申请执行时效中断的事由，申请执行时效应从2019年4月21日开始重新计算至2021年4月20日止。以此申请人

也多次通过向碧海公司员工林某发送微信信息的方式向被执行人碧海公司进行催收，该催收行为构成执行时效的中断。对连带债务人中的一人发生诉讼时效中断效力的事由应当认定对其他连带债务人也发生诉讼时效中断的效力。申请执行人已经对碧海公司进行了催收，对包括异议人林某平在内的其他债务人也发生诉讼时效中断的效力。

250.5.2　提起撤销仲裁裁决的申请、提出新的仲裁申请，这两个申请的内容并非对仲裁裁决所确认的债权主张权利，与申请执行不具有同等导致申请执行时效中断的效力

裁判来源：高士通中国投资有限公司与山东魅力四射文化娱乐管理有限公司执行异议案——山东省高级人民法院执行裁定书，(2018）鲁执复34号

法院认为：关于能否认定高士通公司在申请执行时效内提出了履行要求的问题。高士通公司向法院提起了撤销仲裁裁决的申请、向贸仲提出了新的仲裁申请，两申请的审查结果虽然与第0786号仲裁裁决能否申请执行有关联，但这两个申请的内容并非对第0786号仲裁裁决所确认的债权主张权利，与申请执行不具有同等导致申请执行时效中断的效力。因此，上述两行为并不能引起申请执行时效的中断。

251. 执行通知与强制执行

251.1　法律条文

第二百五十一条　执行员接到申请执行书或者移交执行书，应当向被执行人发出执行通知，并可以立即采取强制执行措施。

251.2　条文阐释

采取强制执行措施的时间，即执行员接到执行申请后应当发出执行通知，并可以立即采取强制执行措施。也就是说，发出执行通知与采取强制执行措施，可同步进行。

251.3　司法适用

法院代表国家公权力行使职权，执行行为具有强制性，任何单位或者个人不得违法阻止执行行为实现。相关单位或者个人对于执行行为或者执行标的有异议的，应当依法救济，不影响执行行为本身的完成与实现。法律另有规定的，应当严格依据相关法律规定处理。

251.4　相关规范性文件

最高人民法院《关于适用〈中华人民共和国民事诉讼法〉的解释》（法释〔2022〕11号，自2022年4月10日起施行）

第四百八十条　人民法院应当在收到申请执行书或者移交执行书后十日内发出执行通知。

执行通知中除应责令被执行人履行法律文书确定的义务外，还应通知其承担民事诉讼法第二百六十条规定的迟延履行利息或者迟延履行金。

最高人民法院《关于适用〈中华人民共和国民事诉讼法〉执行程序若干问题的解释》（法释〔2020〕21号，自2021年1月1日起施行）

第二十二条　执行员依照民事诉讼法第二百四十条规定立即采取强制执行措施的，可以同时或者自采取强制执行措施之日起三日内发送执行通知书。

251.5　典型案例

251.5.1　向被执行人发出执行通知之后可以立即采取强制执行措施

裁判来源：福建某公司与珠海某公司委托贷款合同纠纷执行复议案——最高人民法院执行裁定书，（2015）执复字第24号

法院认为：根据《民事诉讼法》第241条、第242条的规定，被执行人未按执行通知履行法律文书确定的义务，应当报告当前以及收到执行通知之日前1年的财产情况，人民法院有权根据不同情形扣押、冻结、划拨、变价被执行人的财产。此外，《最高人民法院关于人民法院执行工作若干问题的规定（试行）》第26条第2款明确规定，在执行通知书指定的期限内，被执行人转移、隐匿、变卖、毁损财产的，应当立即采取执行措施。

也即法律及司法解释并未将执行法院采取强制执行措施的时间限制在执行通知书指定的期限届满以及被执行人报告财产情况之后。因此，福建高院在发出执行通知后，裁定查封、冻结蓝海公司等被执行人的相应财产，不违反法律及司法解释的规定。蓝海公司主张执行行为违法，缺乏相应的法律依据，不能成立。

第二十一章　执行措施

252. 被执行人报告财产义务

252.1　法律条文

第二百五十二条　被执行人未按执行通知履行法律文书确定的义务，应当报告当前以及收到执行通知之日前一年的财产情况。被执行人拒绝报告或者虚假报告的，人民法院可以根据情节轻重对被执行人或者其法定代理人、有关单位的主要负责人或者直接责任人员予以罚款、拘留。

252.2　条文阐释

被执行人财产报告制度，是指被执行人在不能全部履行法律文书规定的财产给付义务时，必须按照人民法院的通知真实全面地报告自己的财产状况，以证明自己没有或者暂时没有履行能力，否则应当承担法律后果的制度。

252.3　相关规范性文件

最高人民法院《关于适用〈中华人民共和国民事诉讼法〉的解释》（法释〔2022〕11号，自2022年4月10日起施行）

第四百八十二条　对必须接受调查询问的被执行人、被执行人的法定代表人、负责人或者实际控制人，经依法传唤无正当理由拒不到场的，人民法院可以拘传其到场。

人民法院应当及时对被拘传人进行调查询问，调查询问的时间不得超过八小时；情况复杂，依法可能采取拘留措施的，调查询问的时间不得超过二十四小时。

人民法院在本辖区以外采取拘传措施时，可以将被拘传人拘传到当地人民法院，当地人民法院应予协助。

最高人民法院《关于民事执行中财产调查若干问题的规定》（法释〔2020〕21号，自2021年1月1日起施行）

第一条 执行过程中，申请执行人应当提供被执行人的财产线索；被执行人应当如实报告财产；人民法院应当通过网络执行查控系统进行调查，根据案件需要应当通过其他方式进行调查的，同时采取其他调查方式。

第二条 申请执行人提供被执行人财产线索，应当填写财产调查表。财产线索明确、具体的，人民法院应当在七日内调查核实；情况紧急的，应当在三日内调查核实。财产线索确实的，人民法院应当及时采取相应的执行措施。

申请执行人确因客观原因无法自行查明财产的，可以申请人民法院调查。

第三条 人民法院依申请执行人的申请或依职权责令被执行人报告财产情况的，应当向其发出报告财产令。金钱债权执行中，报告财产令应当与执行通知同时发出。

人民法院根据案件需要再次责令被执行人报告财产情况的，应当重新向其发出报告财产令。

第四条 报告财产令应当载明下列事项：

（一）提交财产报告的期限；

（二）报告财产的范围、期间；

（三）补充报告财产的条件及期间；

（四）违反报告财产义务应承担的法律责任；

（五）人民法院认为有必要载明的其他事项。

报告财产令应附财产调查表，被执行人必须按照要求逐项填写。

第五条 被执行人应当在报告财产令载明的期限内向人民法院书面报告下列财产情况：

（一）收入、银行存款、现金、理财产品、有价证券；

（二）土地使用权、房屋等不动产；

（三）交通运输工具、机器设备、产品、原材料等动产；

（四）债权、股权、投资权益、基金份额、信托受益权、知识产权等财产性权利；

（五）其他应当报告的财产。

被执行人的财产已出租、已设立担保物权等权利负担，或者存在共有、权属争议等情形的，应当一并报告；被执行人的动产由第三人占有，被执行人的不动产、特定动产、其他财产权等登记在第三人名下的，也应当一并报告。

被执行人在报告财产令载明的期限内提交书面报告确有困难的，可以向人民法院书面申请延长期限；申请有正当理由的，人民法院可以适当延长。

第六条　被执行人自收到执行通知之日前一年至提交书面财产报告之日，其财产情况发生下列变动的，应当将变动情况一并报告：

（一）转让、出租财产的；

（二）在财产上设立担保物权等权利负担的；

（三）放弃债权或延长债权清偿期的；

（四）支出大额资金的；

（五）其他影响生效法律文书确定债权实现的财产变动。

第七条　被执行人报告财产后，其财产情况发生变动，影响申请执行人债权实现的，应当自财产变动之日起十日内向人民法院补充报告。

第八条　对被执行人报告的财产情况，人民法院应当及时调查核实，必要时可以组织当事人进行听证。

申请执行人申请查询被执行人报告的财产情况的，人民法院应当准许。申请执行人及其代理人对查询过程中知悉的信息应当保密。

第九条　被执行人拒绝报告、虚假报告或者无正当理由逾期报告财产情况的，人民法院可以根据情节轻重对被执行人或者其法定代理人予以罚款、拘留；构成犯罪的，依法追究刑事责任。

人民法院对有前款规定行为之一的单位，可以对其主要负责人或者直接责任人员予以罚款、拘留；构成犯罪的，依法追究刑事责任。

第十条 被执行人拒绝报告、虚假报告或者无正当理由逾期报告财产情况的，人民法院应当依照相关规定将其纳入失信被执行人名单。

第十一条 有下列情形之一的，财产报告程序终结：

（一）被执行人履行完毕生效法律文书确定义务的；

（二）人民法院裁定终结执行的；

（三）人民法院裁定不予执行的；

（四）人民法院认为财产报告程序应当终结的其他情形。

发出报告财产令后，人民法院裁定终结本次执行程序的，被执行人仍应依照本规定第七条的规定履行补充报告义务。

最高人民法院印发《关于依法制裁规避执行行为的若干意见》的通知（法〔2011〕195号，自2011年5月27日起施行）

1. 严格落实财产报告制度。对于被执行人未按执行通知履行法律文书确定义务的，执行法院应当要求被执行人限期如实报告财产，并告知拒绝报告或者虚假报告的法律后果。对于被执行人暂时无财产可供执行的，可以要求被执行人定期报告。

252.4 典型案例

252.4.1 被执行人拒不报告财产、有履行能力而拒不履行生效法律文书确定的义务的，执行法院可以对被执行人予以司法拘留

裁判来源：郑彦某与郑庆某买卖合同纠纷执行案——载《最高人民法院公报》2014年第7期

裁判要旨：该案进入执行程序后，执行法院依法向被执行人送达了执行通知书、报告财产令，但被执行人既未履行调解书确定的义务，也未向执行法院报告财产，更不依传票传唤到庭接受调查。执行法院将被执行人在枣强县农村信用合作联社的存款2400元予以强制扣划，此外再未发现被执行人名下有可供执行的财产。后经执行法院查明，被执行人曾向某客户出售过一批兔皮。为此，执行法院决定以被执行人拒不报告财产、有履行能力而拒不履行生效法律文书确定的义务为由对被执行人予以司法拘留。

253. 法院采取执行措施和协助执行

253.1 法律条文

第二百五十三条 被执行人未按执行通知履行法律文书确定的义务，人民法院有权向有关单位查询被执行人的存款、债券、股票、基金份额等财产情况。人民法院有权根据不同情形扣押、冻结、划拨、变价被执行人的财产。人民法院查询、扣押、冻结、划拨、变价的财产不得超出被执行人应当履行义务的范围。

人民法院决定扣押、冻结、划拨、变价财产，应当作出裁定，并发出协助执行通知书，有关单位必须办理。

253.2 条文阐释

协助执行，是指实施执行措施的人民法院通知有关单位或者个人协助执行发生法律效力的法律文书所确定的内容的一种法律制度。法院执行与有关单位或者个人协助执行相结合是我国执行制度中不可缺少的组成部分。

253.3 相关规范性文件

最高人民法院《关于适用〈中华人民共和国民事诉讼法〉的解释》(法释〔2022〕11号，自2022年4月10日起施行)

第四百八十三条 人民法院有权查询被执行人的身份信息与财产信息，掌握相关信息的单位和个人必须按照协助执行通知书办理。

第四百八十四条 对被执行的财产，人民法院非经查封、扣押、冻结不得处分。对银行存款等各类可以直接扣划的财产，人民法院的扣划裁定同时具有冻结的法律效力。

第四百八十五条 人民法院冻结被执行人的银行存款的期限不得超过一年，查封、扣押动产的期限不得超过两年，查封不动产、冻结其他财产权的期限不得超过三年。

申请执行人申请延长期限的，人民法院应当在查封、扣押、冻结期限届满前办理续行查封、扣押、冻结手续，续行期限不得超过前款规定的期限。

人民法院也可以依职权办理续行查封、扣押、冻结手续。

第四百九十九条 人民法院执行被执行人对他人的到期债权，可以作出冻结债权的裁定，并通知该他人向申请执行人履行。

该他人对到期债权有异议，申请执行人请求对异议部分强制执行的，人民法院不予支持。利害关系人对到期债权有异议的，人民法院应当按照民事诉讼法第二百三十四条规定处理。

对生效法律文书确定的到期债权，该他人予以否认的，人民法院不予支持。

最高人民法院、最高人民检察院、公安部、中国证券监督管理委员会《关于查询、冻结、扣划证券和证券交易结算资金有关问题的通知》（法发〔2008〕4号，自2008年3月1日起施行）

一、人民法院、人民检察院、公安机关在办理案件过程中，按照法定权限需要通过证券登记结算机构或者证券公司查询、冻结、扣划证券和证券交易结算资金的，证券登记结算机构或者证券公司应当依法予以协助。

二、人民法院要求证券登记结算机构或者证券公司协助查询、冻结、扣划证券和证券交易结算资金，人民检察院、公安机关要求证券登记结算机构或者证券公司协助查询、冻结证券和证券交易结算资金时，有关执法人员应当依法出具相关证件和有效法律文书。

执法人员证件齐全、手续完备的，证券登记结算机构或者证券公司应当签收有关法律文书并协助办理有关事项。

拒绝签收人民法院生效法律文书的，可以留置送达。

四、人民法院、人民检察院、公安机关按照法定权限冻结、扣划相关证券、资金时，应当明确冻结、扣划证券、资金所在的账户名称、账户号码、冻结期限，所冻结、扣划证券的名称、数量或者资金的数额。扣划时，还应当明确拟划入的账户名称、账号。

冻结证券和交易结算资金时，应当明确冻结的范围是否及于孳息。

本通知规定的以证券登记结算机构名义建立的各类专门清算交收账户

不得整体冻结。

十、证券登记结算机构受理冻结、扣划要求后，应当在受理日对应的交收日交收程序完成后根据交收结果协助冻结、扣划。

证券公司受理冻结、扣划要求后，应当立即停止证券交易，冻结时已经下单但尚未撮合成功的应当采取撤单措施。冻结后，根据成交结果确定的用于交收的应付证券和应付资金可以进行正常交收。在交收程序完成后，对于剩余部分可以扣划。同时，证券公司应当根据成交结果计算出等额的应收资金或者应收证券交由执法机关冻结或者扣划。

十一、已被人民法院、人民检察院、公安机关冻结的证券或证券交易结算资金，其他人民法院、人民检察院、公安机关或者同一机关因不同案件可以进行轮候冻结。冻结解除的，登记在先的轮候冻结自动生效。

轮候冻结生效后，协助冻结的证券登记结算机构或者证券公司应当书面通知做出该轮候冻结的机关。

十二、冻结证券的期限不得超过二年，冻结交易结算资金的期限不得超过六个月。

需要延长冻结期限的，应当在冻结期限届满前办理续行冻结手续，每次续行冻结的期限不得超过前款规定的期限。

十三、不同的人民法院、人民检察院、公安机关对同一笔证券或者交易结算资金要求冻结、扣划或者轮候冻结时，证券登记结算机构或者证券公司应当按照送达协助冻结、扣划通知书的先后顺序办理协助事项。

十四、要求冻结、扣划的人民法院、人民检察院、公安机关之间，因冻结、扣划事项发生争议的，要求冻结、扣划的机关应当自行协商解决。协商不成的，由其共同上级机关决定；没有共同上级机关的，由其各自的上级机关协商解决。

在争议解决之前，协助冻结的证券登记结算机构或者证券公司应当按照争议机关所送达法律文书载明的最大标的范围对争议标的进行控制。

十五、依法应当予以协助而拒绝协助，或者向当事人通风报信，或者与当事人通谋转移、隐匿财产的，对有关的证券登记结算机构或者证券公司和直接责任人应当依法进行制裁。

最高人民法院、国土资源部、建设部《关于依法规范人民法院执行和国土资源房地产管理部门协助执行若干问题的通知》（法发〔2004〕5号，自2004年3月1日起施行）

一、人民法院在办理案件时，需要国土资源、房地产管理部门协助执行的，国土资源、房地产管理部门应当按照人民法院的生效法律文书和协助执行通知书办理协助执行事项。

国土资源、房地产管理部门依法协助人民法院执行时，除复制有关材料所必需的工本费外，不得向人民法院收取其他费用。登记过户的费用按照国家有关规定收取。

二、人民法院对土地使用权、房屋实施查封或者进行实体处理前，应当向国土资源、房地产管理部门查询该土地、房屋的权属。

人民法院执行人员到国土资源、房地产管理部门查询土地、房屋权属情况时，应当出示本人工作证和执行公务证，并出具协助查询通知书。

人民法院执行人员到国土资源、房地产管理部门办理土地使用权或者房屋查封、预查封登记手续时，应当出示本人工作证和执行公务证，并出具查封、预查封裁定书和协助执行通知书。

三、对人民法院查封或者预查封的土地使用权、房屋，国土资源、房地产管理部门应当及时办理查封或者预查封登记。

国土资源、房地产管理部门在协助人民法院执行土地使用权、房屋时，不对生效法律文书和协助执行通知书进行实体审查。国土资源、房地产管理部门认为人民法院查封、预查封或者处理的土地、房屋权属错误的，可以向人民法院提出审查建议，但不应当停止办理协助执行事项。

四、人民法院在国土资源、房地产管理部门查询并复制或者抄录的书面材料，由土地、房屋权属的登记机构或者其所属的档案室（馆）加盖印章。无法查询或者查询无结果的，国土资源、房地产管理部门应当书面告知人民法院。

五、人民法院查封时，土地、房屋权属的确认以国土资源、房地产管理部门的登记或者出具的权属证明为准。权属证明与权属登记不一致的，以权属登记为准。

在执行人民法院确认土地、房屋权属的生效法律文书时，应当按照人民法院生效法律文书所确认的权利人办理土地、房屋权属变更、转移登记手续。

最高人民法院、中国银行业监督管理委员会关于联合下发《人民法院、银行业金融机构网络执行查控工作规范》的通知（法〔2015〕321号，自2015年11月13日起施行）

1. 人民法院对被执行人的银行账户、银行卡、存款及其他金融资产采取查询、冻结、扣划等执行措施（以下简称查控措施），可以通过专线或金融网络等方式与金融机构进行网络连接，向金融机构发送采取查控措施的数据和电子法律文书，接收金融机构查询、冻结、扣划、处置等的结果数据和电子回执。

前款所述金融资产，指可以进行变价交易，并且交易价款及孳息可以存款的方式转入金融机构特定关联资金账户的各类财产。

2. 最高人民法院与金融机构总行建立“总对总”网络执行查控系统的，全国各级法院的查控数据和电子法律文书通过“总对总”网络执行查控系统实时向金融机构发送；金融机构完成协助查控事项后，查控结果数据及电子回执通过“总对总”网络执行查控系统实时向执行法院反馈。

各省（自治区、直辖市）高级人民法院与金融机构分行已经建立“点对点”网络执行查控系统的，金融机构总行应授权有关分行查询、冻结、扣划本行系统内全国账户及金融资产。

人民法院与金融机构的网络查控系统由最高人民法院和各省（自治区、直辖市）高级人民法院负责通过银行业监管机构金融专网通道分别与金融机构总行和省级分行建设，金融机构无需与各中、基层人民法院建立“点对点”网络执行查控系统。最高人民法院和银行业监管机构鼓励和支持各级人民法院与辖区内金融机构建立更加便捷、高效的纠纷处置协调机制。

金融机构与最高人民法院建成“总对总”网络执行查控系统后，由最高人民法院和金融机构共同下发通知，停止运行对应的“点对点”网络执行查控系统。金融机构已与最高人民法院建立“总对总”网络执行查控系统的，金融机构无需再与各中、基层人民法院建立“点对点”网络执行查控系统。

3. 各级人民法院应当将执行人员的公务证件在网络执行查控系统中进行登记备案和存储扫描件。

执行法院采取网络执行查控措施时，由网络执行查控系统通过技术手段确认执行人员的用户身份，并向金融机构发送该执行人员的姓名、联系电话及公务证件扫描件。

4. 各级人民法院应当将执行款专户在网络执行查控系统中进行登记备案。

新增或变更执行款专户时，应当按规定审批后，在系统中修改相关信息。

5. 执行人员对被执行人采取网络执行查控措施前，应当对案件当事人姓名或名称、身份证件号码、统一社会信用代码或组织机构代码等基本信息进行核对，确保信息全面、准确。

执行人员发现案件当事人基本信息数据存在错误、遗漏的，应当将修改项目、内容、原因等情况按规定审批后，在案件管理系统中进行修改。

财产已被采取查控措施的被执行人，除被执行人发生合并、分立、变更姓名或名称以外，执行人员不得修改或删除其基本信息，但可以增加其他基本信息。

人民法院应当在案件管理系统中实现本条第二款、第三款信息修改流程，并保留修改的记录。

6. 执行法院通过网络执行查控系统查询被执行人银行账户、银行卡、存款及其他金融资产信息的，应当向金融机构发送被执行人的基本信息数据（包括被执行人姓名或名称、证件类型、证件号码或统一社会信用代码、组织机构代码）。与金融机构联网的人民法院应当制作电子协助执行通知书，并附电子查询清单（包括案号、执行法院名称、被执行人基本信息），实时向金融机构发送。

执行法院要求金融机构协助查询被执行人账户交易流水明细、交易对手姓名或名称、账号、开户银行等账户交易信息的，应当列明具体查询时间、区间等信息。

9. 执行法院通过网络执行查控系统对被执行人采取冻结、续行冻结、解除冻结、扣划等执行措施的，应当向金融机构发送加盖电子印章的执行裁定书、协助执行通知书和执行人员的公务证件电子扫描件。

执行法院通过网络执行查控系统对被执行人采取冻结、续行冻结、解除冻结、扣划等执行措施的，应当有明确的银行账户及金额。

13. 执行法院通过网络执行查控系统对被执行人的存款采取扣划措施的，应当将款项扣划至本院执行款专户；被执行人的存款为外币的，应当将款项扣划至本院外币执行款专户。

14. 执行法院通过网络执行查控系统对被执行人的存款采取扣划措施的，应当在协助执行通知书中载明扣划的账号、扣划金额、执行款专户信息（包括开户行名称、账号、户名）。金融机构应当按照协助执行通知书的要求，将被执行人的存款扣划至执行法院的执行款专户。

执行法院扣划被执行人已经被冻结的存款，无需先行解除原冻结措施。

21. 人民法院办理先予执行案件，适用本规范的规定。

人民法院在保全执行中，可以遵照本规范的规定，通过网络执行查控系统实施查控措施。

254. 扣留提取收入

254.1 法律条文

第二百五十四条 被执行人未按执行通知履行法律文书确定的义务，人民法院有权扣留、提取被执行人应当履行义务部分的收入。但应当保留被执行人及其所扶养家属的生活必需费用。

人民法院扣留、提取收入时，应当作出裁定，并发出协助执行通知书，被执行人所在单位、银行、信用合作社和其他有储蓄业务的单位必须办理。

254.2 条文阐释

扣留、提取被执行人的收入主要是针对自然人采取的措施。收入，主要是指金钱收入，收入的形式可以是工资、奖金、劳务报酬、稿酬、咨询费、存款利息、房屋租金等。扣留被执行人的收入，主要是指被执行人所在单位按照人民法院的协助执行通知书扣留被执行人的工资、奖金等收入。例如，人民法院通知某甲所在单位按照法律文书的规定，按月扣留某甲的工资作为其母亲的赡养费。提取被执行人的收入，主要是指人民法院通过银行、信用合作社和其他有储蓄业务的单位或者被执行人所在单位将被执行人的收入支取出来，交给申请执行人。

254.3 司法适用

扣留、提取收入时，必须以被执行人应当履行义务部分的收入为限，不得扩大执行范围。扣留、提取收入时，还应当保留被执行人及其所扶养家属的生活必需费用。在生活必需费用的认定上，就执行实践来看，认定标准通常是被执行人所在地的中等生活水平或中下水平。必要时，为实现权利人的权利也可以被执行所在地区的下等生活水平作为认定生活必需费用的标准。如权利人在生活和经营上有急需时，即不必为了维持被执行人及其所扶养家属在本地区的中等或中下生活水平而不予执行或中止执行。这是符合保护当事人合法权益的原则的。对于应保留多长时间内的生活必需费用，应当根据被执行人的收入状况考虑。对每月有固定收入的，保留生活必需费用的时间以当月为准；对无固定收入但有工作或有劳动能力的，应根据具体情况而定。总之，时间确定上不应过长，也不宜过短。既要保护权利人的合法权益，也要避免造成被执行人及其所供养家属的生活困难。

扣留、提取收入时，应当作出裁定，并向有关单位或金融机构发出协助执行通知书，有关单位或金融机构应予办理。由于可扣留、提取的被执行的收入掌管于有关单位，实施扣留、提取措施必须由有关单位协助。对被执行人在有关单位尚未支取的收入，应作出裁定，向该单位发出协助执行通知书，由其扣留或提取。

254.4 相关规范性文件

最高人民法院《关于人民法院执行工作若干问题的规定（试行）》（法释〔2020〕21号，自2021年1月1日起施行）

28. 作为被执行人的自然人，其收入转为储蓄存款的，应当责令其交出存单。拒不交出的，人民法院应当作出提取其存款的裁定，向金融机构发出协助执行通知书，由金融机构提取被执行人的存款交人民法院或存入人民法院指定的账户。

29. 被执行人在有关单位的收入尚未支取的，人民法院应当作出裁定，向该单位发出协助执行通知书，由其协助扣留或提取。

30. 有关单位收到人民法院协助执行被执行人收入的通知后，擅自向被执行人或其他人支付的，人民法院有权责令其限期追回；逾期未追回的，应当裁定其在支付的数额内向申请执行人承担责任。

255. 法院执行措施

255.1　法律条文

第二百五十五条　被执行人未按执行通知履行法律文书确定的义务，人民法院有权查封、扣押、冻结、拍卖、变卖被执行人应当履行义务部分的财产。但应当保留被执行人及其所扶养家属的生活必需品。

采取前款措施，人民法院应当作出裁定。

255.2　条文阐释

本条规定了法院可以采用的执行措施。本条第1款规定，在被执行人未按执行通知履行法律文书确定的义务时，人民法院有权查封、扣押、冻结、拍卖、变卖被执行人应当履行义务部分的财产。查封是指把被执行人的财产清查封闭贴上封条，就地封存，不准任何人转移和处理。扣押是指把被执行人的财产就地或者运到另外的场所，加以扣留。冻结是指人民法院对被申请执行人在金融单位的存款所采取的不准其提取或转移的一种强制措施。存款被冻结后，非经人民法院通知，任何单位和个人不得提取和转移。拍卖是人民法院以公开、竞争的方式，按最高的价格成交，出售被申请执行人的财产。变卖是指强制出卖被申请执行人的财产，以所得价款清偿债务的措施。人民法院在执行中需要变卖被申请执行人财产的，可以交由有关单位变卖，也可以由人民法院直接变卖。由人民法院直接变卖的，变卖前，应就价格问题征求物价等有关部门的意见，变卖的价格应当合理。拍卖和变卖可以在查封、扣押的基础上进行也可以不经查封、扣押，而由执行员直接将被执行人的财产拍卖或者变卖。人民法院查封、扣押、冻结、拍卖、变卖被执行人的财产以其应当履行义务的部分为限而且应当保留被执行人及其所扶养家属的生活必需品。

本条第2款规定人民法院查封、扣押、冻结、拍卖、变卖被执行人应当履行义务部分的财产时，应当作出裁定。此外，最高人民法院《关于适用〈中华人民共和国民事诉讼法〉的解释》规定：对被执行的财产，人民法院非经查封、扣押、冻结不得处分。对银行存款等各类可以直接扣划的财产，人民法院的扣划裁定同时具有冻结的法律效力。人民法院冻结被执行人的银行存款的期限不得超过一年，查封、扣押动产的期限不得超过两年，查封不动产、冻结其他财产权的期限不得超过三年。申请执行人申请延长期限的，人民法院应当在查封、扣押、冻结期限届满前办理续行查封、扣押、冻结手续，续行期限不得超过前述规定的期限。人民法院也可以依职权办理续行查封、扣押、冻结手续。

255.3 司法适用

被执行人及其所抚养家属的生活必需品的界定：

生活必需品是指与人们日常生活密切相关的，维持家庭基本生活所必需的日常用品及生产资料，主要包括：(1) 被执行人及其共同生活的亲属生活所必需的房屋，当然对多余或闲置的房屋仍可以执行。(2) 被执行人及其所抚养家属的衣物、家具、炊具、餐具等家庭生活不可缺少的物品。(3) 被执行人及其所抚养家属在职业上或教育上所必需的物品。如从事农业生产的手扶拖拉机、电机、水泵，个体经营户的小型机械、设备等。(4) 被执行人及其家属用作治病的器具，以及因身体缺陷所需的假肢、眼镜等辅助工具。(5) 被执行人所获得的与其具有身份关系的纪念物品，如婚姻纪念品、荣誉证书、勋章等。

法院在执行时首先应了解被执行人及其所抚养的家属所从事的职业性质，结合其财产构成来合理判断哪些是被执行人及其所抚养家属的生活必需物品。当然，对被执行人生活所必需的房屋，从事生产所必需的手扶拖拉机、电机、水泵等小型机械设备，因价值较高，为防止被执行人转移、变卖，逃避执行，可对这些财产予以查封，并向被执行人交待只能使用，不得转移、变卖，并将经营所得的价款用来履行债务。

255.4 相关规范性文件

最高人民法院《关于人民法院民事执行中查封、扣押、冻结财产的规定》（法释〔2020〕21号，自2021年1月1日起施行）

第三条 人民法院对被执行人的下列财产不得查封、扣押、冻结：

（一）被执行人及其所扶养家属生活所必需的衣服、家具、炊具、餐具及其他家庭生活必需的物品；

（二）被执行人及其所扶养家属所必需的生活费用。当地有最低生活保障标准的，必需的生活费用依照该标准确定；

（三）被执行人及其所扶养家属完成义务教育所必需的物品；

（四）未公开的发明或者未发表的著作；

（五）被执行人及其所扶养家属用于身体缺陷所必需的辅助工具、医疗物品；

（六）被执行人所得的勋章及其他荣誉表彰的物品；

（七）根据《中华人民共和国缔结条约程序法》，以中华人民共和国、中华人民共和国政府或者中华人民共和国政府部门名义同外国、国际组织缔结的条约、协定和其他具有条约、协定性质的文件中规定免于查封、扣押、冻结的财产；

（八）法律或者司法解释规定的其他不得查封、扣押、冻结的财产。

第四条 对被执行人及其所扶养家属生活所必需的居住房屋，人民法院可以查封，但不得拍卖、变卖或者抵债。

第五条 对于超过被执行人及其所扶养家属生活所必需的房屋和生活用品，人民法院根据申请执行人的申请，在保障被执行人及其所扶养家属最低生活标准所必需的居住房屋和普通生活必需品后，可予以执行。

第十九条 查封、扣押、冻结被执行人的财产，以其价额足以清偿法律文书确定的债权额及执行费用为限，不得明显超标的额查封、扣押、冻结。

发现超标的额查封、扣押、冻结的，人民法院应当根据被执行人的申请或者依职权，及时解除对超标的额部分财产的查封、扣押、冻结，但该财产为不可分物且被执行人无其他可供执行的财产或者其他财产不足以清偿债务的除外。

256. 查扣程序

256.1 法律条文

第二百五十六条 人民法院查封、扣押财产时，被执行人是公民的，应当通知被执行人或者他的成年家属到场；被执行人是法人或者其他组织的，应当通知其法定代表人或者主要负责人到场。拒不到场的，不影响执行。被执行人是公民的，其工作单位或者财产所在地的基层组织应当派人参加。

对被查封、扣押的财产，执行员必须造具清单，由在场人签名或者盖章后，交被执行人一份。被执行人是公民的，也可以交他的成年家属一份。

256.2 条文阐释

本条规定了法院查封、扣押财产的相关程序。财产涉及公民、法人重大权益，因此法院在进行查封、扣押行为时必须严格执行相关规定，避免损害当事人或者第三人合法权益。进行查封、扣押财产时应当有当事人或者其代理人等到场见证，不得由无关人士到场代为见证或者签字。在场人不愿意签名的，依法写明有关情况。

256.3 相关规范性文件

最高人民法院《关于首先查封法院与优先债权执行法院处分查封财产有关问题的批复》（法释〔2016〕6号，自2016年4月14日起施行）

一、执行过程中，应当由首先查封、扣押、冻结（以下简称查封）法院负责处分查封财产。但已进入其他法院执行程序的债权对查封财产有顺位在先的担保物权、优先权（该债权以下简称优先债权），自首先查封之日起已超过 60 日，且首先查封法院就该查封财产尚未发布拍卖公告或者进入变卖程序的，优先债权执行法院可以要求将该查封财产移送执行。

二、优先债权执行法院要求首先查封法院将查封财产移送执行的，应当出具商请移送执行函，并附确认优先债权的生效法律文书及案件情况说明。

首先查封法院应当在收到优先债权执行法院商请移送执行函之日起 15 日内出具移送执行函，将查封财产移送优先债权执行法院执行，并告知当事人。

移送执行函应当载明将查封财产移送执行及首先查封债权的相关情况等内容。

三、财产移送执行后，优先债权执行法院在处分或继续查封该财产时，可以持首先查封法院移送执行函办理相关手续。

优先债权执行法院对移送的财产变价后，应当按照法律规定的清偿顺序分配，并将相关情况告知首先查封法院。

首先查封债权尚未经生效法律文书确认的，应当按照首先查封债权的清偿顺位，预留相应份额。

四、首先查封法院与优先债权执行法院就移送查封财产发生争议的，可以逐级报请双方共同的上级法院指定该财产的执行法院。

共同的上级法院根据首先查封债权所处的诉讼阶段、查封财产的种类及所在地、各债权数额与查封财产价值之间的关系等案件具体情况，认为由首先查封法院执行更为妥当的，也可以决定由首先查封法院继续执行，但应当督促其在指定期限内处分查封财产。

257. 查封财产保管

257.1　法律条文

第二百五十七条　被查封的财产，执行员可以指定被执行人负责保管。因被执行人的过错造成的损失，由被执行人承担。

257.2 条文阐释

本条对查封财产的保管作出了规定。为了节约执行成本，方便人民法院执行，避免执行财产损失，执行员可以指定被执行人负责保管被查封的财产。被执行人对于财产情况比较熟悉，因而能够较好地保护查封的财产。

257.3 相关规范性文件

最高人民法院《关于人民法院民事执行中查封、扣押、冻结财产的规定》（法释〔2020〕21号，自2021年1月1日起施行）

第十条 查封、扣押的财产不宜由人民法院保管的，人民法院可以指定被执行人负责保管；不宜由被执行人保管的，可以委托第三人或者申请执行人保管。

由人民法院指定被执行人保管的财产，如果继续使用对该财产的价值无重大影响，可以允许被执行人继续使用；由人民法院保管或者委托第三人、申请执行人保管的，保管人不得使用。

第十一条 查封、扣押、冻结担保物权人占有的担保财产，一般应当指定该担保物权人作为保管人；该财产由人民法院保管的，质权、留置权不因转移占有而消灭。

第十三条 对第三人为被执行人的利益占有的被执行人的财产，人民法院可以查封、扣押、冻结；该财产被指定给第三人继续保管的，第三人不得将其交付给被执行人。

对第三人为自己的利益依法占有的被执行人的财产，人民法院可以查封、扣押、冻结，第三人可以继续占有和使用该财产，但不得将其交付给被执行人。

第三人无偿借用被执行人的财产的，不受前款规定的限制。

第十八条 查封、扣押、冻结被执行人的财产时，执行人员应当制作笔录，载明下列内容：

（一）执行措施开始及完成的时间；

（二）财产的所在地、种类、数量；

（三）财产的保管人；

（四）其他应当记明的事项。

执行人员及保管人应当在笔录上签名，有民事诉讼法第二百四十五条规定的人员到场的，到场人员也应当在笔录上签名。

第十九条 查封、扣押、冻结被执行人的财产，以其价额足以清偿法律文书确定的债权额及执行费用为限，不得明显超标的额查封、扣押、冻结。

发现超标的额查封、扣押、冻结的，人民法院应当根据被执行人的申请或者依职权，及时解除对超标的额部分财产的查封、扣押、冻结，但该财产为不可分物且被执行人无其他可供执行的财产或者其他财产不足以清偿债务的除外。

258. 拍卖和变卖

258.1 法律条文

第二百五十八条 财产被查封、扣押后，执行员应当责令被执行人在指定期间履行法律文书确定的义务。被执行人逾期不履行的，人民法院应当拍卖被查封、扣押的财产；不适于拍卖或者当事人双方同意不进行拍卖的，人民法院可以委托有关单位变卖或者自行变卖。国家禁止自由买卖的物品，交有关单位按照国家规定的价格收购。

258.2 条文阐释

本条规定了被查封、扣押财产的拍卖、变卖情形与处理。对于本条规定可以从以下几个方面理解：

（1）查封、扣押。拍卖、变卖的前提是财产被查封、扣押。

（2）被执行人自觉履行。财产被查封、扣押后，执行员应当责令被执行人在指定期间履行法律文书确定的义务，被执行人应当自觉履行。

（3）拍卖。被执行人逾期不履行的，人民法院应当拍卖被查封、扣押的财产。人民法院可以自己组织拍卖，也可以委托拍卖。

（4）变卖。实践中有的财产不适于拍卖，如保质期较短，需及时处理的财产。有的当事人希望尽快变现财产，实现债权。因此，对于不适于拍卖或者当事人双方同意不进行拍卖的财产，人民法院可以委托有关单位变卖或者自行变卖。

（5）收购。国家禁止自由买卖的物品，交有关单位按照国家规定的价格收购。“国家禁止自由买卖的物品”主要是指金银（不包含金银制品）等物品。

258.3 相关规范性文件

最高人民法院《关于适用〈中华人民共和国民事诉讼法〉的解释》（法释〔2022〕11号，自2022年4月10日起施行）

第四百八十六条 依照民事诉讼法第二百五十四条规定，人民法院在执行中需要拍卖被执行人财产的，可以由人民法院自行组织拍卖，也可以交由具备相应资质的拍卖机构拍卖。

交拍卖机构拍卖的，人民法院应当对拍卖活动进行监督。

第四百八十七条 拍卖评估需要对现场进行检查、勘验的，人民法院应当责令被执行人、协助义务人予以配合。被执行人、协助义务人不予配合的，人民法院可以强制进行。

第四百八十八条 人民法院在执行中需要变卖被执行人财产的，可以交有关单位变卖，也可以由人民法院直接变卖。

对变卖的财产，人民法院或者其工作人员不得买受。

第四百八十九条 经申请执行人和被执行人同意，且不损害其他债权人合法权益和社会公共利益的，人民法院可以不经拍卖、变卖，直接将被执行人的财产作价交申请执行人抵偿债务。对剩余债务，被执行人应当继续清偿。

第四百九十条 被执行人的财产无法拍卖或者变卖的，经申请执行人同意，且不损害其他债权人合法权益和社会公共利益的，人民法院可以将该项财产作价后交付申请执行人抵偿债务，或者交付申请执行人管理；申请执行人拒绝接收或者管理的，退回被执行人。

第四百九十一条 拍卖成交或者依法定程序裁定以物抵债的，标的物所有权自拍卖成交裁定或者抵债裁定送达买受人或者接受抵债物的债权人时转移。

第四百九十二条 执行标的物为特定物的，应当执行原物。原物确已毁损或者灭失的，经双方当事人同意，可以折价赔偿。

双方当事人对折价赔偿不能协商一致的，人民法院应当终结执行程序。申请执行人可以另行起诉。

最高人民法院《关于人民法院民事执行中拍卖、变卖财产的规定》(法释〔2020〕21号，自2021年1月1日起施行)

第一条 在执行程序中，被执行人的财产被查封、扣押、冻结后，人民法院应当及时进行拍卖、变卖或者采取其他执行措施。

第二条 人民法院对查封、扣押、冻结的财产进行变价处理时，应当首先采取拍卖的方式，但法律、司法解释另有规定的除外。

第三条 人民法院拍卖被执行人财产，应当委托具有相应资质的拍卖机构进行，并对拍卖机构的拍卖进行监督，但法律、司法解释另有规定的除外。

第四条 对拟拍卖的财产，人民法院可以委托具有相应资质的评估机构进行价格评估。对于财产价值较低或者价格依照通常方法容易确定的，可以不进行评估。

当事人双方及其他执行债权人申请不进行评估的，人民法院应当准许。

对被执行人的股权进行评估时，人民法院可以责令有关企业提供会计报表等资料；有关企业拒不提供的，可以强制提取。

第五条 拍卖应当确定保留价。

拍卖财产经过评估的，评估价即为第一次拍卖的保留价；未作评估的，保留价由人民法院参照市价确定，并应当征询有关当事人的意见。

如果出现流拍，再行拍卖时，可以酌情降低保留价，但每次降低的数额不得超过前次保留价的百分之二十。

第六条 保留价确定后，依据本次拍卖保留价计算，拍卖所得价款在清偿优先债权和强制执行费用后无剩余可能的，应当在实施拍卖前将有关情况通知申请执行人。申请执行人于收到通知后五日内申请继续拍卖的，人民法院应当准许，但应当重新确定保留价；重新确定的保留价应当大于该优先债权及强制执行费用的总额。

依照前款规定流拍的，拍卖费用由申请执行人负担。

第七条 执行人员应当对拍卖财产的权属状况、占有使用情况等进行必要的调查，制作拍卖财产现状的调查笔录或者收集其他有关资料。

第八条 拍卖应当先期公告。

拍卖动产的，应当在拍卖七日前公告；拍卖不动产或者其他财产权的，应当在拍卖十五日前公告。

第九条 拍卖公告的范围及媒体由当事人双方协商确定；协商不成的，由人民法院确定。拍卖财产具有专业属性的，应当同时在专业性报纸上进行公告。

当事人申请在其他新闻媒体上公告或者要求扩大公告范围的，应当准许，但该部分的公告费用由其自行承担。

第十条 拍卖不动产、其他财产权或者价值较高的动产的，竞买人应当于拍卖前向人民法院预交保证金。申请执行人参加竞买的，可以不预交保证金。保证金的数额由人民法院确定，但不得低于评估价或者市价的百分之五。

应当预交保证金而未交纳的，不得参加竞买。拍卖成交后，买受人预交的保证金充抵价款，其他竞买人预交的保证金应当在三日内退还；拍卖未成交的，保证金应当于三日内退还竞买人。

第十一条 人民法院应当在拍卖五日前以书面或者其他能够确认收悉的适当方式，通知当事人和已知的担保物权人、优先购买权人或者其他优先权人于拍卖日到场。

优先购买权人经通知未到场的，视为放弃优先购买权。

第十二条 法律、行政法规对买受人的资格或者条件有特殊规定的，竞买人应当具备规定的资格或者条件。

申请执行人、被执行人可以参加竞买。

第十三条 拍卖过程中，有最高应价时，优先购买权人可以表示以该最高价买受，如无更高应价，则拍归优先购买权人；如有更高应价，而优先购买权人不作表示的，则拍归该应价最高的竞买人。

顺序相同的多个优先购买权人同时表示买受的，以抽签方式决定买受人。

第十四条 拍卖多项财产时，其中部分财产卖得的价款足以清偿债务和支付被执行人应当负担的费用的，对剩余的财产应当停止拍卖，但被执行人同意全部拍卖的除外。

第十五条 拍卖的多项财产在使用上不可分，或者分别拍卖可能严重减损其价值的，应当合并拍卖。

第十六条 拍卖时无人竞买或者竞买人的最高应价低于保留价，到场的申请执行人或者其他执行债权人申请或者同意以该次拍卖所定的保留价接受拍卖财产的，应当将该财产交其抵债。

有两个以上执行债权人申请以拍卖财产抵债的，由法定受偿顺位在先的债权人优先承受；受偿顺位相同的，以抽签方式决定承受人。承受人应受清偿的债权额低于抵债财产的价额的，人民法院应当责令其在指定的期间内补交差额。

第十七条 在拍卖开始前，有下列情形之一的，人民法院应当撤回拍卖委托：

（一）据以执行的生效法律文书被撤销的；

（二）申请执行人及其他执行债权人撤回执行申请的；

（三）被执行人全部履行了法律文书确定的金钱债务的；

（四）当事人达成了执行和解协议，不需要拍卖财产的；

（五）案外人对拍卖财产提出确有理由的异议的；

（六）拍卖机构与竞买人恶意串通的；

（七）其他应当撤回拍卖委托的情形。

第十八条 人民法院委托拍卖后，遇有依法应当暂缓执行或者中止执行的情形的，应当决定暂缓执行或者裁定中止执行，并及时通知拍卖机构和当事人。拍卖机构收到通知后，应当立即停止拍卖，并通知竞买人。

暂缓执行期限届满或者中止执行的事由消失后，需要继续拍卖的，人民法院应当在十五日内通知拍卖机构恢复拍卖。

第十九条 被执行人在拍卖日之前向人民法院提交足额金钱清偿债务，要求停止拍卖的，人民法院应当准许，但被执行人应当负担因拍卖支出的必要费用。

第二十条 拍卖成交或者以流拍的财产抵债的，人民法院应当作出裁定，并于价款或者需要补交的差价全额交付后十日内，送达买受人或者承受人。

第二十一条 拍卖成交后，买受人应当在拍卖公告确定的期限或者人民法院指定的期限内将价款交付到人民法院或者汇入人民法院指定的账户。

最高人民法院《关于人民法院委托评估、拍卖和变卖工作的若干规定》（法释〔2009〕16号，自2009年11月20日起施行）

第一条 人民法院司法技术管理部门负责本院的委托评估、拍卖和流拍财产的变卖工作，依法对委托评估、拍卖机构的评估、拍卖活动进行监督。

第二条 根据工作需要，下级人民法院可将评估、拍卖和变卖工作报请上级人民法院办理。

第三条 人民法院需要对异地的财产进行评估或拍卖时，可以委托财产所在地人民法院办理。

第四条 人民法院按照公开、公平、择优的原则编制人民法院委托评估、拍卖机构名册。

人民法院编制委托评估、拍卖机构名册，应当先期公告，明确入册机构的条件和评审程序等事项。

第五条 人民法院在编制委托评估、拍卖机构名册时，由司法技术管理部门、审判部门、执行部门组成评审委员会，必要时可邀请评估、拍卖行业的专家参加评审。

第六条 评审委员会对申请加入人民法院委托评估、拍卖名册的机构，应当从资质等级、职业信誉、经营业绩、执业人员情况等方面进行审查、打分，按分数高低经过初审、公示、复审后确定进入名册的机构，并对名册进行动态管理。

第七条 人民法院选择评估、拍卖机构，应当在人民法院委托评估、拍卖机构名册内采取公开随机的方式选定。

第八条 人民法院选择评估、拍卖机构，应当通知审判、执行人员到场，视情况可邀请社会有关人员到场监督。

第九条 人民法院选择评估、拍卖机构，应当提前通知各方当事人到场；当事人不到场的，人民法院可将选择机构的情况，以书面形式送达当事人。

第十条　评估、拍卖机构选定后，人民法院应当向选定的机构出具委托书，委托书中应当载明本次委托的要求和工作完成的期限等事项。

第十一条　评估、拍卖机构接受人民法院的委托后，在规定期限内无正当理由不能完成委托事项的，人民法院应当解除委托，重新选择机构，并对其暂停备选资格或从委托评估、拍卖机构名册内除名。

第十二条　评估机构在工作中需要对现场进行勘验的，人民法院应当提前通知审判、执行人员和当事人到场，当事人不到场的，不影响勘验的进行，但应当有见证人见证。评估机构勘验现场，应当制作现场勘验笔录。

勘验现场人员、当事人或见证人应当在勘验笔录上签字或盖章确认。

第十三条　拍卖财产经过评估的，评估价即为第一次拍卖的保留价；未作评估的，保留价由人民法院参照市价确定。并应当征询有关当事人的意见。

第十四条　审判、执行部门未经司法技术管理部门同意擅自委托评估、拍卖，或对流拍财产进行变卖的，按照有关纪律规定追究责任。

第十五条　人民法院司法技术管理部门，在组织评审委员会审查评估、拍卖入册机构，或选择评估、拍卖机构，或对流拍财产进行变卖时，应当通知本院纪检监察部门。纪检监察部门可视情况派员参加。

第十六条　施行前本院公布的司法解释与本规定不一致的，以本规定为准。

258.4　典型案例

258.4.1　拍卖行与买受人有关联关系，拍卖行为损害与标的物相关权利人合法权益的，人民法院可以视为拍卖行与买受人恶意串通，依法裁定该拍卖无效

裁判来源：广东龙正投资发展有限公司与广东景茂拍卖行有限公司委托拍卖执行复议案——最高人民法院指导案例35号，最高人民法院执行裁定书，(2012) 执复字第6号

裁判要旨：拍卖行与买受人有关联关系，拍卖行为存在以下情形，损

害与标的物相关权利人合法权益的，人民法院可以视为拍卖行与买受人恶意串通，依法裁定该拍卖无效：（1）拍卖过程中没有其他无关联关系的竞买人参与竞买，或者虽有其他竞买人参与竞买，但未进行充分竞价的；（2）拍卖标的物的评估价明显低于实际价格，仍以该评估价成交的。

258.4.2 网络司法拍卖是人民法院通过互联网拍卖平台进行的司法拍卖，属于强制执行措施

裁判来源：陈某果与刘某坤、广东省汕头渔业用品进出口公司等申请撤销拍卖执行监督案——最高人民法院指导案例125号，最高人民法院执行裁定书，（2017）最高法执监250号

裁判要旨：网络司法拍卖是人民法院通过互联网拍卖平台进行的司法拍卖，属于强制执行措施。人民法院对网络司法拍卖中产生的争议，应当适用《民事诉讼法》及相关司法解释的规定处理。

259. 搜查措施

259.1 法律条文

第二百五十九条 被执行人不履行法律文书确定的义务，并隐匿财产的，人民法院有权发出搜查令，对被执行人及其住所或者财产隐匿地进行搜查。

采取前款措施，由院长签发搜查令。

259.2 条文阐释

本条规定了搜查被执行人财产的法定条件和程序。人民法院搜查被执行人的财产应符合以下条件：（1）作为执行依据的生效法律文书确定的履行期限已经届满。（2）被申请执行人不履行法律文书确定的义务并有隐匿财产的行为。如果被申请执行人员不履行法律确定的义务，但并无隐匿财产行为的，或者被申请执行人虽隐匿财产，但还有其他可供执行财产的，则不适用搜查，只能适用其他强制措施。（3）搜查的范围仅限于被申请执

行人及其住所或者财产隐匿地。(4)进行民事搜查必须由院长签发搜查令，并由执行人员执行。

259.3 相关规范性文件

最高人民法院《关于适用〈中华人民共和国民事诉讼法〉的解释》(法释〔2022〕11号，自2022年4月10日起施行)

第四百九十四条 在执行中，被执行人隐匿财产、会计账簿等资料的，人民法院除可依照民事诉讼法第一百一十四条第一款第六项规定对其处理外，还应责令被执行人交出隐匿的财产、会计账簿等资料。被执行人拒不交出的，人民法院可以采取搜查措施。

第四百九十五条 搜查人员应当按规定着装并出示搜查令和工作证件。

第四百九十六条 人民法院搜查时禁止无关人员进入搜查现场；搜查对象是公民的，应当通知被执行人或者他的成年家属以及基层组织派员到场；搜查对象是法人或者其他组织的，应当通知法定代表人或者主要负责人到场。拒不到场的，不影响搜查。

搜查妇女身体，应当由女执行人员进行。

第四百九十七条 搜查中发现应当依法采取查封、扣押措施的财产，依照民事诉讼法第二百五十二条第二款和第二百五十四条规定办理。

第四百九十八条 搜查应当制作搜查笔录，由搜查人员、被搜查人及其他在场人签名、捺印或者盖章。拒绝签名、捺印或者盖章的，应当记入搜查笔录。

260. 交付财务或者票证

260.1 法律条文

第二百六十条 法律文书指定交付的财物或者票证，由执行员传唤双方当事人当面交付，或者由执行员转交，并由被交付人签收。

有关单位持有该项财物或者票证的，应当根据人民法院的协助执行通知书转交，并由被交付人签收。

有关公民持有该项财物或者票证的，人民法院通知其交出。拒不交出的，强制执行。

260.2 条文阐释

交付执行是以转移物的占有为目的。本条规定的交付执行是指将由债务人或第三人将占有的法律文书所指定的财物或票证转移为由债权人占有或支配，执行的标的应当是特定的财物或者票证。财物主要是指动产；票证是指具有财产内容的各项证明文书、执照和支付凭证等，如房产证、土地证、山林权属证、车辆证照、专利证书、商标证书及汇票、支票、本票等有关的票据。金钱以及种类物的交付不属本条规定的执行标的。

本条规定了两种交付特定标的物的具体办法和程序：一是由执行程序中的当事人当面交付。执行员指定交付的日期和地点，传唤双方当事人同时到达某一地点，被执行人将财物或者票证直接交给债权人，执行员制作执行笔录，由双方当事人签字。二是由执行员转交，即执行员将被执行人交来法律文书指定的财物或者票证，转交给债权人并由债权人签收。

对第三方占有法律文书所指定的财物或者票证的情况，本条也作了具体规定：如果被执行的财物或者票证由有关单位持有，人民法院应当发出协助执行通知书，由有关单位转交给应交付的人，并由被交付人签收；如果有关公民持有该财物或者票证，人民法院应当通知其交出，拒不交出的，强制执行。

260.3 相关规范性文件

最高人民法院《关于适用〈中华人民共和国民事诉讼法〉的解释》（法释〔2022〕11号，自2022年4月10日起施行）

第四百九十二条 执行标的物为特定物的，应当执行原物。原物确已毁损或者灭失的，经双方当事人同意，可以折价赔偿。

双方当事人对折价赔偿不能协商一致的，人民法院应当终结执行程序。申请执行人可以另行起诉。

第四百九十三条 他人持有法律文书指定交付的财物或者票证，人民法院依照民事诉讼法第二百五十六条第二款、第三款规定发出协助执行通知后，拒不转交的，可以强制执行，并可依照民事诉讼法第一百一十七条、第一百一十八条规定处理。

他人持有期间财物或者票证毁损、灭失的，参照本解释第四百九十二条规定处理。

他人主张合法持有财物或者票证的，可以根据民事诉讼法第二百三十四条规定提出执行异议。

261. 对不动产执行

261.1　法律条文

第二百六十一条　强制迁出房屋或者强制退出土地，由院长签发公告，责令被执行人在指定期间履行。被执行人逾期不履行的，由执行员强制执行。

强制执行时，被执行人是公民的，应当通知被执行人或者他的成年家属到场；被执行人是法人或者其他组织的，应当通知其法定代表人或者主要负责人到场。拒不到场的，不影响执行。被执行人是公民的，其工作单位或者房屋、土地所在地的基层组织应当派人参加。执行员应当将强制执行情况记入笔录，由在场人签名或者盖章。

强制迁出房屋被搬出的财物，由人民法院派人运至指定处所，交给被执行人。被执行人是公民的，也可以交给他的成年家属。因拒绝接收而造成的损失，由被执行人承担。

261.2　条文阐释

人民法院要求被执行人迁出房屋或退出土地的需由院长签发公告，被执行人拒绝履行或逾期履行的，可由执行人员强制执行。强制执行程序中法院应通知相关人员到场并在笔录中签字确认，而对于强制搬出房屋的财物，因被执行人拒绝接收而造成的损害应由被执行人承担。

261.3 司法适用

司法实践中房屋或土地腾退执行案件类型主要分为以下三类：

第一类案件是城市规划建设、棚户区改造等政策性原因，引起的房屋或土地腾退、拆迁的执行；第二类案件是被执行人与申请人之间是普通金钱债务关系，在执行中涉及房屋或土地的处置变现以及腾退；第三类案件是申请人与被执行人之间因房屋或土地确权或分割、房屋租赁或承包发生纠纷，权利人要求被执行人将房屋或土地腾空返还。

261.4 相关规范性文件

最高人民法院《关于人民法院办理执行异议和复议案件若干问题的规定》（法释〔2020〕21号，自2021年1月1日起施行）

第二十条 金钱债权执行中，符合下列情形之一，被执行人以执行标的系本人及所扶养家属维持生活必需的居住房屋为由提出异议的，人民法院不予支持：

（一）对被执行人有扶养义务的人名下有其他能够维持生活必需的居住房屋的；

（二）执行依据生效后，被执行人为逃避债务转让其名下其他房屋的；

（三）申请执行人按照当地廉租住房保障面积标准为被执行人及所扶养家属提供居住房屋，或者同意参照当地房屋租赁市场平均租金标准从该房屋的变价款中扣除五至八年租金的。

执行依据确定被执行人交付居住的房屋，自执行通知送达之日起，已经给予三个月的宽限期，被执行人以该房屋系本人及所扶养家属维持生活的必需品为由提出异议的，人民法院不予支持。

最高人民法院《关于人民法院民事执行中查封、扣押、冻结财产的规定》（法释〔2020〕21号，自2021年1月1日起施行）

第四条 对被执行人及其所扶养家属生活所必需的居住房屋，人民法院可以查封，但不得拍卖、变卖或者抵债。

第五条 对于超过被执行人及其所扶养家属生活所必需的房屋和生活用品，人民法院根据申请执行人的申请，在保障被执行人及其所扶养家属最低生活标准所必需的居住房屋和普通生活必需品后，可予以执行。

261.5　典型案例

261.5.1　对于强制迁出房屋被搬出的财物，因拒绝接收而造成的损失，由被执行人承担

裁判来源：申请确认申诉审查裁定书——最高人民法院审查裁定书，(2015) 确监字第5号

法院认为：在强制搬迁后，经贵州省遵义市中级人民法院召集红花岗区法院、明德房地产公司和禹某芬、陶某书进行协调，红花岗区法院曾通知禹某芬、陶某书，由法院协助前往领取被保管物品，但禹某芬、陶某书拒绝领取。后经贵州省高级人民法院通知，红花岗区法院再次做禹某芬、陶某书工作，表示由法院协助前往领取被保管物品，禹某芬、陶某书仍予以拒绝。根据《民事诉讼法》第229条第3款的规定，对于强制迁出房屋被搬出的财物，因拒绝接收而造成的损失，由被执行人承担。禹某芬、陶某书以被保管物品灭失为由要求赔偿财产损失和经营损失的主张，原审法院决定不予支持，并无不当。

261.5.2　强制迁出房屋公告，作为公示应依法由院长签发，执行法院仅在公告底稿上经主管院长签发明显不妥，属于文书制作不规范，但不必然导致被执行人财产损害也不必然需国家赔偿

裁判来源：咸阳利雅得电子有限公司申请咸阳市中级人民法院错误执行国家赔偿案——陕西省高级人民法院国家赔偿决定书，(2012) 陕法委赔字第00001号

法院认为：根据《民事诉讼法》第226条的规定，强制迁出房屋，由院长签发公告。强制执行时，被执行人是法人或者其他组织的，应当通知其法定代表人或者主要负责人到场。本案中，咸阳中院责令赔偿请求人利雅得公司的腾房公告，作为公示应依法由院长签发，咸阳中院仅在公告底稿上经主管院长签发明显不妥，文书制作不规范。因赔偿请求人利雅得公司法定代表人庄某不在咸阳，执行人员就强制执行通过电话向其进行了告知。至于赔偿请求人利雅得公司所称的代理人王某，经查，公司委托的代理权限仅限于领取法律文书和调解。故赔偿请求人利雅得公司认为，咸阳

中院强制执行时未通知其法定代表人和委托代理人违法的理由，依法不予采纳。

261.5.3 执行被执行人唯一住房时，若申请人同意参照当地房屋租赁市场平均租金标准及当地廉租住房保障面积标准从该房屋的变价款中扣除五至八年租金的，人民法院应予支持申请人继续执行拍卖该房屋的请求

裁判来源：许某靓、陈某等国家赔偿案——湖南省高级人民法院执行裁定书，(2015) 琼执复字第25号

法院认为：关于对当事人唯一住房能否采取强制执行措施的问题。最高人民法院《关于人民法院办理执行异议和复议案件若干问题的规定》第20条第1款明确规定："金钱债权执行中，符合下列情形之一，被执行人以执行标的系本人及所扶养家属维持生活必须的居住房屋为由，提出异议的，人民法院不予支持：……（三）申请人按照当地廉租住房保障面积标准为被执行人及所扶养家属提供居住房屋，或者同意参照当地房屋租赁市场平均租金标准从该房屋的变价款中扣除五至八年租金的。"本案已符合这一条件，人民法院依法可以处置其唯一房产用于偿债。这也是反制规避执行，解决"执行难"问题的重要举措。

261.5.4 对被执行人房产不得拍卖的条件是被执行人及其所扶养家属生活所必需的居住房屋，并非被执行人的唯一房产；即便房产为被执行人唯一住房，但只要房产设置了抵押，人民法院即可根据抵押权人的申请，依法采取拍卖措施

裁判来源：施某华与洪某平合伙协议纠纷执行复议案——福建省高级人民法院执行裁定书，(2014) 闽执复字第29号

法院认为：根据最高人民法院《关于人民法院民事执行中查封、扣押、冻结财产的规定》第6条规定："对被执行人及其所扶养家属生活所必需的居住房屋，人民法院可以查封，但不得拍卖、变卖或者抵债。"对被执行人房产不得拍卖的条件是被执行人及其所扶养家属生活所必需的居住房屋，并非被执行人的唯一房产。最高人民法院《关于人民法院执行设定抵押的房屋的规定》第1条规定："对于被执行人所有的已经依法设定抵押的房屋，人民法院可以查封，并可以根据抵押权人的申请，依法拍卖、变卖或者抵债。"由此可见，即便房产为被执行人唯一住房，只要房产设

置了抵押，人民法院即可根据抵押权人的申请，依法采取拍卖措施。上述执争房屋现仍抵押给福州市亭江农村信用合作社。根据最高人民法院《关于人民法院执行工作若干问题的规定（试行）》第40条规定：“人民法院对被执行人所有的其他人享有抵押权、质押权或留置权的财产，可以采取查封、扣押措施。财产拍卖、变卖后所得价款，应当在抵押权人、质押权人或留置权人优先受偿后，其余额部分用于清偿申请执行人的债权。”因此，对于被执行人所有的其他人享有抵押权的财产，人民法院在保障抵押权人的优先受偿情况下，可以采取拍卖措施。综上，被执行人施某华请求终止拍卖的理由缺乏事实和法律依据，本院不予支持。

261.5.5 对被执行人唯一住房，在申请执行人按照当地廉租住房保障面积为被执行人及所抚养家属提供居住房屋，或者同意参照当地房屋租赁市场平均租金标准从该房屋的变价款中扣除五到八年租金后，可对该唯一住房强制执行

裁判来源：徐某鹤与赵某淑民间借贷纠纷执行案——辽宁省沈阳市中级人民法院执行裁定书，（2017）辽01执复42号

法院认为：根据相关法律规定，对被执行人唯一住房，在申请执行人按照当地廉租住房保障面积为被执行人及所抚养家属提供居住房屋，或者同意参照当地房屋租赁市场平均租金标准从该房屋的变价款中扣除五到八年租金后可对该唯一住房强制执行。本案执行法院对被执行人赵某淑住房强制执行时，考虑其有两名子女，在拍卖时均系未成年人且与其共同生活，故执行法院综合考虑被执行人同住人口情况及当地租金标准，确定按每月1500元标准为执行人预留八年租金并无不当。

262. 证照转移

262.1 法律条文

第二百六十二条 在执行中，需要办理有关财产权证照转移手续的，人民法院可以向有关单位发出协助执行通知书，有关单位必须办理。

262.2 条文阐释

需要办理权利证照转移手续的财产包括：(1) 不动产，即房屋、土地及地上建筑物、树木、农作物等；(2) 特定动产，即车辆、船舶；(3) 知识产权，即专利权、商标权。

262.3 司法适用

在我国的司法程序中，公安和检察院均只有查封权，没有直接没收和处分涉案不动产的权利。无论是刑事案件还是民事案件，最终不动产的处分权都由人民法院来行使。对于法院送达的协助执行通知，有关单位必须执行，且不得拖延，更不能抗拒执行。协助执行的单位无实质审查的权力，但应当对法院执行文书进行形式审查，谨慎执行相关事宜。行政机关的协助执行行为不具有可诉性，也即当事人对协助执行行为丧失了胜诉权。只有在执行内容与执行文书内容不一致时，才承担法律责任。

262.4 相关规范性文件

最高人民法院《关于适用〈中华人民共和国民事诉讼法〉的解释》(法释〔2022〕11号，自2022年4月10日起施行)

第五百条 人民法院在执行中需要办理房产证、土地证、林权证、专利证书、商标证书、车船执照等有关财产权证照转移手续的，可以依照民事诉讼法第二百五十八条规定办理。

最高人民法院《关于人民法院办理财产保全案件若干问题的规定》(法释〔2020〕21号，自2021年1月1日起施行)

第十六条 人民法院在财产保全中采取查封、扣押、冻结措施，需要有关单位协助办理登记手续的，有关单位应当在裁定书和协助执行通知书送达后立即办理。针对同一财产有多个裁定书和协助执行通知书的，应当按照送达的时间先后办理登记手续。

最高人民法院《关于人民法院办理执行案件若干期限的规定》(法发〔2006〕35号，自2007年1月1日起施行)

第八条 执行中涉及不动产、特定动产及其它财产需办理过户登记手续的，承办人应当在5日内向有关登记机关送达协助执行通知书。

最高人民法院《关于行政机关不履行人民法院协助执行义务行为是否属于行政诉讼受案范围的答复》（〔2012〕行他字第17号，自2013年7月29日起施行）

辽宁省高级人民法院：

你院《关于宫起斌诉大连市道路客运管理处、大连市金州区交通局、大连市金州区公路运输管理所不履行法定职责及行政赔偿一案的请示报告》收悉，经研究，答复如下：

行政机关根据人民法院的协助执行通知书实施的行为，是行政机关必须履行的法定协助义务，公民、法人或者其他组织对该行为不服提起诉讼的，不属于人民法院行政诉讼受案范围。

行政机关据不履行协助义务的，人民法院应当依法采取执行措施督促其履行；当事人请求人民法院判决行政机关限期履行协助执行义务的，人民法院不予受理。但当事人认为行政机关不履行协助执行义务造成其损害，请求确认不履行协助执行义务行为违法并予以行政赔偿的，人民法院应当受理。

最高人民法院关于转发住房和城乡建设部《关于无证房产依据协助执行文书办理产权登记有关问题的函》的通知（法〔2012〕151号，自2012年6月15日起施行）

各省、自治区、直辖市高级人民法院，解放军军事法院，新疆维吾尔自治区高级人民法院生产建设兵团分院：

现将住房和城乡建设部《关于无证房产依据协助执行文书办理产权登记有关问题的函》（建法函〔2012〕102号）转发你们，请参照执行，并在执行中注意如下问题：

一、各级人民法院在执行程序中，既要依法履行强制执行职责，又要尊重房屋登记机构依法享有的行政权力；既要保证执行工作的顺利开展，也要防止"违法建筑"等不符合法律、行政法规规定的房屋通过协助执行行为合法化。

二、执行程序中处置未办理初始登记的房屋时，具备初始登记条件的，执行法院处置后可以依法向房屋登记机构发出《协助执行通知书》；暂时不具备初始登记条件的，执行法院处置后可以向房屋登记机构发出《协助执行通知书》，并载明待房屋买受人或承受人完善相关手续具备初始登记条件后，由房屋登记机构按照《协助执行通知书》予以登记；不具备初始登记条件的，原则上进行“现状处置”，即处置前披露房屋不具备初始登记条件的现状，买受人或承受人按照房屋的权利现状取得房屋，后续的产权登记事项由买受人或承受人自行负责。

三、执行法院向房屋登记机构发出《协助执行通知书》，房屋登记机构认为不具备初始登记条件并作出书面说明的，执行法院应在30日内依照法律和有关规定，参照行政规章，对其说明理由进行审查。理由成立的，撤销或变更《协助执行通知书》并书面通知房屋登记机构；理由不成立的，书面通知房屋登记机构限期按《协助执行通知书》办理。

国家土地管理局《关于人民法院裁定转移土地使用权问题对最高人民法院经〔1997〕18号函的复函》（〔1997〕国土函字第96号，自1997年8月18日起施行）

最高人民法院：

你院法经（1997）18号函收悉。经研究，现复函如下：

一、以出让、转让方式取得的国有土地使用权属当事人自有财产，人民法院对土地使用权（包括以土地为载体的各种权利、义务）转移的裁定，应作为土地权属转移的合法依据，土地管理部门应根据法院的裁定，及时进行变更土地登记。但人民法院在裁定中应明确告知当事人三十日内到人民政府土地管理部门申请办理变更土地登记。并将裁定或判决内容以有效法律文书形式及时通知土地管理部门。

二、土地管理部门在对裁定的土地办理变更登记手续时，其权利取得的时间，应以人民法院裁定的权利取得时间为依据。对不申请办理变更登记或逾期申请的，其土地权利不受法律保护，涉及的土地按违法用地处理。

三、为维护人民法院判决裁定和土地登记的严肃性，凡当事人在规定时间内申请办理变更登记手续的，土地管理部门应以法院裁定或判决时间先后为序确认土地权利。

四、对通过划拨方式取得的土地使用权，由于不属于当事人的自有财产，不能作为当事人财产进行裁定。但在裁定转移地上建筑物、附着物涉及有关土地使用权时，在与当地土地管理部门取得一致意见后，可裁定随地上物同时转移。

凡属于裁定中改变土地用途及使用条件的，需征得土地管理部门同意，补交出让金的，应在裁定中明确，经办理出让手续，方可取得土地使用权。

五、对尚未确定土地权属的土地，应先依据《土地管理法》第十三条规定处理后，人民法院再行裁定。

262.5 典型案例

262.5.1 被执行人未能主动配合履行股权转让和减资手续的情况下，执行法院有权下发裁定强制执行，执行的方式可以是发出协助执行通知书请相关登记机关直接办理登记，也可以由权利人依据裁定书自行向有关机关申请办理

裁判来源：珠海宝辉生物科技有限公司、桂林华润天和药业有限公司等与珠海宝辉生物科技有限公司、广西荔浦明胶药业有限公司企业借贷纠纷、申请承认与执行法院判决、仲裁裁决案——最高人民法院执行裁定书，(2014) 执监字第259号

法院认为：有关强制执行股权转让和减资的方式问题。本案在荔浦明胶公司未能主动配合履行股权转让和减资手续的情况下，执行法院有权下发相关裁定强制执行，执行的方式可以是发出协助执行通知书请相关登记机关直接办理登记，也可以由权利人依据裁定书自行向有关机关申请办理。本案强制执行股权转让和减资手续的方式完全合法。同时，依照调解书确定的履行顺序，应先履行股权转让及减资手续，其后返还房地产权证及合同。而桂林中院在2012年6月21日已经先行将房地产权证及合同退还荔浦明胶公司法定代表人唐某辉，同年7月19日才作出股权过户和减资的裁定，已经充分照顾了被执行人的利益。

262.5.2 行政登记机关根据人民法院的协助执行通知书实施房屋过户的行政行为不属于人民法院行政诉讼的受案范围

裁判来源：刘某斌等诉武汉市住房保障和房屋管理局城乡建设行政管理：房屋登记管理（房屋登记）案——湖北省高级人民法院行政裁定书，(2017) 鄂行申114号

法院认为：硚口区法院于2000年3月10日将刘某长位于武汉市硚口区板厂四巷55号房屋执行过户给汪某云、龙某，是否向硚口区房管局送达该院（2000）硚执裁字第1号《民事裁定书》和（2000）硚执字第1号《协助执行通知书》的事实不清，硚口区房管局据以办理涉案房屋过户转移登记手续的上述（2000）硚执裁字第1号《民事裁定书》和（2000）硚执字第1号《协助执行通知书》并非原件。原审裁定依据最高人民法院《关于行政机关根据法院的协助执行通知书实施的行政行为是否属于人民法院行政诉讼受案范围的批复》的规定，认定涉案房屋行政登记机关根据人民法院的协助执行通知书实施房屋过户的行政行为不属于人民法院行政诉讼的受案范围，缺乏事实根据。

262.5.3 协助执行人如有证据认为执行法院处理涉案土地使用权存有错误，可依法向执行法院提出审查建议，但不应停止办理协助执行事项

裁判来源：韩某堂与弘盛地产有限公司、山东中铁地产有限公司、王某年等借款合同纠纷案——山东省高级人民法院民事决定书，（2015）鲁执复字第94号

法院认为：本案中，泰安中院于2015年3月26日向申请复议人蒙阴国土局送达（2014）泰执字第87-13号、第88-12号、第89-11号执行裁定书及协助执行通知书，要求申请复议人协助将涉案土地使用权过户至申请执行人韩某堂名下。根据上述法律规定，申请复议人作为负有协助执行义务的土地管理部门，必须按生效法律文书的要求办理协助执行事项。申请复议人如有证据认为泰安中院处理涉案土地使用权存有错误，可依法向泰安中院提出审查建议，但不应停止办理协助执行事项。因申请复议人在收到上述法律文书后，未及时履行泰安中院所要求的协助义务，泰安中院再次责令申请复议人履行协助义务，但是申请复议人在并无蒙阴法院对涉案土地续封记录的情况下，仅以蒙阴法院的公函为由，仍不协助泰安中院办理涉案土地的过户登记手续，违反上述法律规定。故该复议请求及理由没有法律依据。泰安中院对申请复议人接到协助执行通知书后拒不履行协助义务的行为作出罚款决定符合法律规定，本院应予支持。

262.5.4 协助执行单位无权审查人民法院的法律文书，必须按照人民法院的协助执行通知书办理相关登记手续。要求协助执行的单位依法履行义务但未履行的，人民法院可以对其进行罚款

裁判来源：赣榆县国土资源局执行案——山东省高级人民法院民事决定书，(2014) 鲁执复议字第75号

法院认为：《民事诉讼法》第251条规定：“在执行中，需要办理有关财产权证照转移手续的，人民法院可以向有关单位发出协助执行通知书，有关单位必须办理。”依照上述规定，协助执行单位无权审查人民法院的法律文书，必须按照人民法院的协助执行通知书办理相关登记手续。而有义务协助执行的单位接到人民法院协助执行通知书后拒不协助办理有关财产权证照转移手续的，根据《民事诉讼法》第114条第1款第3项的规定，人民法院可以对其进行罚款。本案中，赣榆县国土资源局按照济南中院法律文书的要求办理土地使用权过户登记手续是其法定义务。济南中院分别于2013年6月20日、2013年7月22日、2014年1月21日先后三次发函赣榆县国土资源局，要求其依法履行协助义务，但其至今仍未履行，应认定其行为构成拒不协助办理有关财产证照转移手续，济南中院对其依法罚款符合法律规定。

263. 对行为执行

263.1 法律条文

第二百六十三条 对判决、裁定和其他法律文书指定的行为，被执行人未按执行通知履行的，人民法院可以强制执行或者委托有关单位或者其他人完成，费用由被执行人承担。

263.2 条文阐释

对行为的执行，是指执行义务人有义务实施执行根据所确定行为，但没有实施时，法院所采取的强制执行措施，以迫使其实施相应执行行为。

对行为的执行，主要是采取法定的方式迫使义务人实施特定的行为。

263.3 司法适用

对行为的执行措施，可以分为对可替代行为的执行和对不可替代行为的执行：

（1）对可替代行为的执行，可替代的行为是指执行根据所确定的行为可以由第三人代为完成。由于可替代履行行为与被执行人的人身无关或关联甚少，具备相应条件或资质的第三方可代为履行以满足申请人的权利。如果执行根据所确定的行为是可替代的行为，在被执行人拒不履行相关义务时，人民法院可以委托有关的单位或他人完成，因完成上述行为发生的费用由被执行人承担。

（2）对不可替代行为的执行，不可替代的行为是指执行根据所确定的行为只能由义务人完成，不能由第三人代为完成的行为。不可替代履行行为具有极强的人身专属性，即非由被执行人亲自履行则申请人依据判决文书确定的权利将无从实现。此处人身关联性的判定在形式上依据生效法律文书的判决内容而定，如判决由被执行人亲自向申请执行人致歉；在实质上则依据被执行人自身客观要素而定，如具备某种法定权限，与申请人存在姻亲、血亲等关系。

对不可替代执行行为，依据最高人民法院《关于人民法院执行工作若干问题的规定（试行）》第 44 条第 3 款的规定，仅有采取教育一种措施，即法院只能通过对被执行人进行教育，责令其自动履行。至于该款中规定的“被执行人仍拒不履行的，人民法院应当按照妨害执行行为的有关规定处理”，该规定与最高人民法院《关于适用〈中华人民共和国民事诉讼法〉若干问题的意见》第 188 条相吻合，即当事人不履行法律文书确定的行为义务，如果该项行为只能由被执行人完成的，人民法院可以依照《民事诉讼法》第 114 条第 1 款第 6 项的规定处理（诉讼参与人或者其他人拒不履行人民法院已经发生法律效力的判决、裁定的，人民法院可以根据情节轻重予以罚款、拘留；构成犯罪的，依法追究刑事责任）。据此可以看出，现行法律将被执行人不履行不可替代履行行为认定为构成妨害民事诉讼，对其可以采取罚款、拘留甚至追究刑事责任等强制措施。但强制措施毕竟不能等同于执行措施，因为强制措施的施行并不能确保申请人权利的实现。

不可替代履行行为具有极强的人身（或主体）属性，法院在执行中可以采取的执行措施较少，虽然可以依法实施强制措施，但实际执行效果可能不佳。

263.4　相关规范性文件

最高人民法院《关于适用〈中华人民共和国民事诉讼法〉的解释》（法释〔2022〕11号，自2022年4月10日起施行）

第五百零一条　被执行人不履行生效法律文书确定的行为义务，该义务可由他人完成的，人民法院可以选定代履行人；法律、行政法规对履行该行为义务有资格限制的，应当从有资格的人中选定。必要时，可以通过招标的方式确定代履行人。

申请执行人可以在符合条件的人中推荐代履行人，也可以申请自己代为履行，是否准许，由人民法院决定。

第五百零二条　代履行费用的数额由人民法院根据案件具体情况确定，并由被执行人在指定期限内预先支付。被执行人未预付的，人民法院可以对该费用强制执行。

代履行结束后，被执行人可以查阅、复制费用清单以及主要凭证。

第五百零三条　被执行人不履行法律文书指定的行为，且该项行为只能由被执行人完成的，人民法院可以依照民事诉讼法第一百一十四条第一款第六项规定处理。

被执行人在人民法院确定的履行期间内仍不履行的，人民法院可以依照民事诉讼法第一百一十四条第一款第六项规定再次处理。

最高人民法院《关于人民法院执行工作若干问题的规定（试行）》（法释〔2020〕21号，自2021年1月1日起施行）

44. 被执行人拒不履行生效法律文书中指定的行为的，人民法院可以强制其履行。

对于可以替代履行的行为，可以委托有关单位或他人完成，因完成上述行为发生的费用由被执行人承担。

对于只能由被执行人完成的行为，经教育，被执行人仍拒不履行的，人民法院应当按照妨害执行行为的有关规定处理。

263.5 典型案例

263.5.1 行政机关履行行政职责的行为属于不可替代执行行为

裁判来源：江苏省仪征市汉源电器制造有限公司与江苏省仪征市国土资源局土地登记纠纷案——江苏省扬州市中级人民法院执行裁定书，(2014) 扬执信字第020号

裁判要旨：如执行内容为行政机关作为被执行人依职权作出具体行政行为，则行政行为之内涵要素决定了该行为执行不可替代履行。申请执行人如果就该具体行政行为提出异议，则基于法律规定及执行审查权的有限性，执行部门对该异议不做实质审查。但应要求行政机关就有关履职行为作出书面解释或说明，为申请人在其他救济途径的主张提供依据。

263.5.2 生效法律文书指定履行的行为，具有可执行性，执行法院可以强制被执行人向特定人履行告知义务

裁判来源：湖北万发投资有限公司与湖北荣生房地产开发有限公司、湖北荣生房地产开发有限公司荣生东方龙城项目部合资、合作开发房地产合同纠纷案——最高人民法院执行裁定书，(2014) 执复字第20号

法院认为：关于湖北高院是否可以受理万发公司申请执行案问题。本案《民事调解书》第4条约定，万发公司有权知晓东方龙城项目开发过程中的有关情况。这是双方关于知情权的约定。因双方对于知情权的履行没有约定期限，应当理解为万发公司有权在合理的期限内随时要求荣生公司履行告知义务。后万发公司向荣生公司发函敦促其履行义务，荣生公司的告知义务应当理解为已届履行期限，而荣生公司回函明确表示拒不履行《民事调解书》第2条和第4条义务。在此情况下，万发公司有权就其知情权的实现向法院申请强制执行。这种执行属于对行为的强制执行。《民事诉讼法》第252条规定："对判决、裁定和其他法律文书指定的行为，被执行人未按执行通知履行的，人民法院可以强制执行或者委托有关单位或者其他人完成，费用由被执行人承担。"依此规定，生效法律文书指定履行的行为，具有可执行性，湖北高院可以强制荣生公司向万发公司履行告知义务。

264. 延迟履行

264.1 法律条文

第二百六十四条 被执行人未按判决、裁定和其他法律文书指定的期间履行给付金钱义务的，应当加倍支付迟延履行期间的债务利息。被执行人未按判决、裁定和其他法律文书指定的期间履行其他义务的，应当支付迟延履行金。

264.2 条文阐释

迟延履行利息，是指在执行程序中，被执行人因逾期履行判决、裁定等生效法律文书所确定的金钱给付义务，而向申请执行人加倍支付的迟延履行期间的债务利息。

264.3 司法适用

司法实践中，法院不仅会根据法律及司法解释的明确规定，判决支付利息，在法律没有明确规定可以主张利息的情况下，亦有判决支付利息的案例。例如，在房屋买卖合同纠纷中，对于逾期支付购房款的违约方，既有判决其根据合同约定支付违约金的案例，也有根据违约金条款判决支付利息的案例。这里的利息更应当理解为利息损失的简称。因此，对于一般债务利息的理解不能局限于狭义的利息范畴，而是包括资金占用利息损失在内的广义利息，对于一般债务利息的判断不应完全局限于是否有利息名称。

264.4 相关规范性文件

最高人民法院《关于适用〈中华人民共和国民事诉讼法〉的解释》（法释〔2022〕11号，自2022年4月10日起施行）

第五百零四条 被执行人迟延履行的，迟延履行期间的利息或者迟延履行金自判决、裁定和其他法律文书指定的履行期间届满之日起计算。

第五百零五条 被执行人未按判决、裁定和其他法律文书指定的期间履行非金钱给付义务的，无论是否已给申请执行人造成损失，都应当支付迟延履行金。已经造成损失的，双倍补偿申请执行人已经受到的损失；没有造成损失的，迟延履行金可以由人民法院根据具体案件情况决定。

《人民法院办理执行案件规范》（自 2017 年起施行）

149. 【迟延履行期间债务利息和迟延履行金的一般规定】

被执行人未按判决、裁定和其他法律文书指定的期间履行给付金钱义务的，应当加倍支付迟延履行期间的债务利息。被执行人未按判决、裁定和其他法律文书指定的期间履行其他义务的，应当支付迟延履行金。

150. 【2014 年 8 月 1 日前产生的迟延履行期间债务利息的计算方法】

《最高人民法院关于执行程序中计算迟延履行期间的债务利息适用法律若干问题的解释》施行时（2014 年 8 月 1 日）尚未执行完毕部分的金钱债务，解释施行前的迟延履行期间债务利息按照之前的规定计算。

151. 【2014 年 8 月 1 日前已清偿部分债务的本息的确定】

2014 年 8 月 1 日前已清偿部分债务的，应当根据并还原则按比例计算已清偿的法律文书确定的金钱债务金额与迟延履行期间的债务利息金额，但当事人在执行和解中对清偿顺序另有约定的除外。

152. 【2014 年 8 月 1 日前应付执行款的计算】

2014 年 8 月 1 日前的应付执行款，按照下列方法计算：

执行款 = 清偿的法律文书确定的金钱债务 + 清偿的迟延履行期间的债务利息。

清偿的迟延履行期间的债务利息 = 清偿的法律文书确定的金钱债务 × 同期贷款基准利率 ×2 × 迟延履行期间。

153. 【2014 年 8 月 1 日前迟延履行期间债务利息的计算基数】

2014 年 8 月 1 日前迟延履行期间的债务利息计算基数包括执行依据确定的债务本金、利息、罚息、滞纳金、违约金、评估费、鉴定费、公告费等因诉讼或仲裁所支出的费用，不包括案件受理费、保全申请费、其他申请费。

154. 【2014 年 8 月 1 日前迟延履行期间债务利息起算日等问题的法律适用】

2014 年 8 月 1 日前迟延履行期间债务利息的起算日、给付期间的扣除、外币给付的利息计算方法，参照本章关于加倍部分债务利息的相关规定。

155.【2014年8月1日后产生的迟延履行期间债务利息的计算方法】

《最高人民法院关于执行程序中计算迟延履行期间的债务利息适用法律若干问题的解释》施行后（2014年8月1日后）产生的迟延履行期间债务利息，包括迟延履行期间的一般债务利息和加倍部分债务利息。

迟延履行期间的一般债务利息，根据生效法律文书确定的方法计算；生效法律文书未确定给付该利息的，不予计算。

加倍部分债务利息的计算方法为：加倍部分债务利息＝债务人尚未清偿的生效法律文书确定的除一般债务利息之外的金钱债务×日万分之一点七五×迟延履行期间。

156.【加倍部分债务利息的起算日】

加倍部分债务利息自生效法律文书确定的履行期间届满之日起计算；生效法律文书确定分期履行的，自每次履行期间届满之日起计算；生效法律文书未确定履行期间的，自法律文书生效之日起计算。

157.【加倍部分债务利息的截止日及一般债务利息的参照适用】

加倍部分债务利息计算至被执行人履行完毕之日；被执行人分次履行的，相应部分的加倍部分债务利息计算至每次履行完毕之日。

人民法院划拨、提取被执行人的存款、收入、股息、红利等财产的，相应部分的加倍部分债务利息计算至划拨、提取之日；人民法院对被执行人财产拍卖、变卖或者以物抵债的，计算至成交裁定或者抵债裁定生效之日；人民法院对被执行人财产通过其他方式变价的，计算至财产变价完成之日。

生效法律文书确定一般债务利息计算至被执行人履行完毕之日的，截止日参照本条前两款关于加倍部分债务利息的截止日确定。

158.【加倍部分债务利息计付期间的扣除】

非因被执行人的申请，对生效法律文书审查而中止或者暂缓执行的期间及再审中止执行的期间，不计算加倍部分债务利息。

159.【本息清偿顺序】

被执行人的财产不足以清偿全部债务的，应当先清偿生效法律文书确定的金钱债务，再清偿加倍部分债务利息，但当事人对清偿顺序另有约定的除外。

160. 【给付外币的加倍部分债务利息的计算方法】

生效法律文书确定给付外币的，执行时以该种外币按日万分之一点七五计算加倍部分债务利息，但申请执行人主张以人民币计算的，人民法院应予准许。

以人民币计算加倍部分债务利息的，应当先将生效法律文书确定的外币折算或者套算为人民币后再进行计算。

外币折算或者套算为人民币的，按照加倍部分债务利息起算之日的中国外汇交易中心或者中国人民银行授权机构公布的人民币对该外币的中间价折合成人民币计算；中国外汇交易中心或者中国人民银行授权机构未公布汇率中间价的外币，按照该日境内银行人民币对该外币的中间价折算成人民币，或者该外币在境内银行、国际外汇市场对美元汇率，与人民币对美元汇率中间价进行套算。

161. 【同期贷款基准利率】

"同期贷款基准利率"的适用，具体把握如下：

（一）根据未履行期间的长短确定应当适用的中国人民银行公布的同档贷款基准利率：未履行期间不超过6个月的，适用中国人民银行公布的6个月以内（含6个月）档的贷款基准利率；未履行期间逾6个月、不超过1年的，适用中国人民银行公布的6个月至1年（含1年）档的贷款基准利率；未履行期间逾1年、不超过3年的，适用中国人民银行公布的1至3年（含3年）档的贷款基准利率；未履行期间逾3年、不超过5年的，适用中国人民银行公布的3至5年（含5年）档的贷款基准利率；未履行期间逾5年的，适用中国人民银行公布的5年以上档的贷款基准利率。

（二）中国人民银行公布的同期贷款基准利率发生变化的，根据该利率的变化分段计算。

（三）未履行期间逾1年的，每整年的利息按照同期贷款基准利率的年利率计算，剩余期间的利息按照同期贷款基准利率的日利率计算。日利率按照同期贷款基准利率的年利率除以365天计算。

162. 【迟延履行金的计算方法】

被执行人未按判决、裁定和其他法律文书指定的期间履行非金钱给付义务的，无论是否已给申请执行人造成损失，都应当支付迟延履行金。已经造成损失的，双倍补偿申请执行人已经受到的损失；没有造成损失的，迟延履行金可以由人民法院根据具体案件情况决定。

163.【未明示放弃迟延履行期间债务利息、迟延履行金的执行】

申请执行人在执行立案时或执行过程中未明确表示放弃迟延履行期间债务利息或迟延履行金的，执行标的额包括迟延履行期间债务利息或迟延履行金。

164.【迟延履行期间债务利息、迟延履行金的单独申请执行】

执行依据生效后申请执行前，债务人已自动履行完毕执行依据确定的其他债务，债权人以债务人未支付或未完全支付迟延履行期间债务利息或迟延履行金为由单独申请执行的，人民法院应予受理。但债权人已认可债务履行完毕的除外。

165.【调解书执行中迟延履行期间债务利息或迟延履行金的处理】

民事调解书确定了一方不履行调解协议应承担的民事责任，且不履行该协议的当事人已承担了该民事责任，对方当事人又要求其承担迟延履行责任的，人民法院不予支持。

最高人民法院《关于执行程序中计算迟延履行期间的债务利息适用法律若干问题的解释》（法释〔2014〕8号，自2014年8月1日起施行）

第一条　根据民事诉讼法第二百五十三条规定加倍计算之后的迟延履行期间的债务利息，包括迟延履行期间的一般债务利息和加倍部分债务利息。

迟延履行期间的一般债务利息，根据生效法律文书确定的方法计算；生效法律文书未确定给付该利息的，不予计算。

加倍部分债务利息的计算方法为：加倍部分债务利息＝债务人尚未清偿的生效法律文书确定的除一般债务利息之外的金钱债务×日万分之一点七五×迟延履行期间。

第二条　加倍部分债务利息自生效法律文书确定的履行期间届满之日起计算；生效法律文书确定分期履行的，自每次履行期间届满之日起计算；生效法律文书未确定履行期间的，自法律文书生效之日起计算。

第三条　加倍部分债务利息计算至被执行人履行完毕之日；被执行人分次履行的，相应部分的加倍部分债务利息计算至每次履行完毕之日。

人民法院划拨、提取被执行人的存款、收入、股息、红利等财产的，相应部分的加倍部分债务利息计算至划拨、提取之日；人民法院对被执行人财产拍卖、变卖或者以物抵债的，计算至成交裁定或者抵债裁定生效之日；人民法院对被执行人财产通过其他方式变价的，计算至财产变价完成之日。

非因被执行人的申请，对生效法律文书审查而中止或者暂缓执行的期间及再审中止执行的期间，不计算加倍部分债务利息。

第四条 被执行人的财产不足以清偿全部债务的，应当先清偿生效法律文书确定的金钱债务，再清偿加倍部分债务利息，但当事人对清偿顺序另有约定的除外。

第五条 生效法律文书确定给付外币的，执行时以该种外币按日万分之一点七五计算加倍部分债务利息，但申请执行人主张以人民币计算的，人民法院应予准许。

以人民币计算加倍部分债务利息的，应当先将生效法律文书确定的外币折算或者套算为人民币后再进行计算。

外币折算或者套算为人民币的，按照加倍部分债务利息起算之日的中国外汇交易中心或者中国人民银行授权机构公布的人民币对该外币的中间价折合成人民币计算；中国外汇交易中心或者中国人民银行授权机构未公布汇率中间价的外币，按照该日境内银行人民币对该外币的中间价折算成人民币，或者该外币在境内银行、国际外汇市场对美元汇率，与人民币对美元汇率中间价进行套算。

第六条 执行回转程序中，原申请执行人迟延履行金钱给付义务的，应当按照本解释的规定承担加倍部分债务利息。

第七条 本解释施行时尚未执行完毕部分的金钱债务，本解释施行前的迟延履行期间债务利息按照之前的规定计算；施行后的迟延履行期间债务利息按照本解释计算。

本解释施行前本院发布的司法解释与本解释不一致的，以本解释为准。

最高人民法院《关于在执行工作中如何计算迟延履行期间的债务利息等问题的批复》（法释〔2009〕6号，自2009年5月18日起施行）

四川省高级人民法院：

你院《关于执行工作几个适用法律问题的请示》（川高法〔2007〕390

号）收悉。经研究，批复如下：

一、人民法院根据《中华人民共和国民事诉讼法》第二百二十九条计算“迟延履行期间的债务利息”时，应当按照中国人民银行规定的同期贷款基准利率计算。

二、执行款不足以偿付全部债务的，应当根据并还原则按比例清偿法律文书确定的金钱债务与迟延履行期间的债务利息，但当事人在执行和解中对清偿顺序另有约定的除外。

此复。

附：具体计算方法

（1）执行款 = 清偿的法律文书确定的金钱债务 + 清偿的迟延履行期间的债务利息。

（2）清偿的迟延履行期间的债务利息 = 清偿的法律文书确定的金钱债务 × 同期贷款基准利率 × 2 × 迟延履行期间。

264.5　典型案例

264.5.1　迟延履行期间债务利息的起算时间，应当自生效法律文书制定的履行期间届满之日起计算，截止日期应计算至被执行人履行完毕之日，若被执行人分次履行的，相应部分的迟延履行利息应计算至每次履行完毕之日

裁判来源：成某祥、朱某法与刘某冠出资合同纠纷执行案——最高人民法院执行裁定书，(2014) 执申字第1号

法院认为：本案争议的焦点有三：一是迟延履行利息何时起算；二是迟延履行利息何时截止计算；三是如何适用法律确定迟延履行利息的计算标准。

关于焦点一，本案泰州中院一审判决作出后，当事人提出上诉，案件进入二审程序，此时一审判决并未生效。经二审审理后，江苏高院维持了一审判决，至此一审判决才发生法律效力。执行法院从一审判决作出后尚未生效时开始计算迟延履行利息错误，应予纠正。本案迟延履行利息应从二审判决生效之日起，结合一审判决确定的10天履行期间计算。二审判决于2006年7月1日送达双方当事人，本案迟延履行利息的起算日应为2006

年7月11日。江苏高院关于迟延履行利息起算日的认定符合法律规定，本院予以确认。

关于焦点二，迟延履行利息应计算至执行依据确定的债务全部履行完毕之日，刘某冠于2008年7月3日将执行依据确定的金钱债务履行完毕，故本案迟延履行利息应计算至该日截止。江苏高院将计算迟延履行利息的截止日确定为2008年7月3日，符合法律规定，本院予以确认。根据《民事诉讼法》第253条计算的迟延履行利息，不能再作为后续迟延履行利息的计算基础。执行法院在刘某冠将债务履行完毕后，又以2008年7月3日前的利息总额为基数重复计算迟延履行利息不当，应予纠正。

关于焦点三，刘某冠于2008年7月3日将执行依据确定的债务履行完毕，迟延履行利息应计算至该日截止。最高人民法院《关于在执行工作中如何计算迟延履行期间的债务利息等问题的批复》于2009年5月18日实施，该批复不具有溯及力，不能适用于批复生效前已经履行完毕债务迟延履行利息的计算，本案应当适用债务履行完毕时的法律规定。江苏高院根据最高人民法院《关于适用〈中华人民共和国民事诉讼法〉若干问题的意见》第294条计算迟延履行利息，适用法律正确。

264.5.2 再审案件中，后一判决对前一判决的给付内容进行了变更，故前一判决不应再作为执行依据，后一判决效力也已经最后确定且未被其他判决、裁定予以变更，应当作为执行依据，所以迟延履行利息应在后一判决生效时起算

裁判来源：施某与陶某离婚纠纷案——江苏省南京市中级人民法院执行裁定书，(2016) 苏01执复125号

法院认为：《民事诉讼法》第253条规定，被执行人未按判决、裁定和其他法律文书指定的期间履行给付金钱义务的，应当加倍支付迟延履行期间的债务利息。本案中，双方争议的焦点是，被执行人施某是否应当支付迟延履行利息，该迟延履行利息应当自何时起算。关于陶某与施某离婚财产分割的问题，鼓楼区法院（2011）鼓民初字第942号民事判决确定双方离婚并对财产进行分割，本院以（2011）宁民终字第3448号民事判决予以维持。后本院对该案提起再审，于2014年12月9日作出（2014）宁民再终字第4号民事判决，对（2011）宁民终字第3448号民事判决和

(2011）鼓民初字第942号判决进行了变更，故（2011）宁民终字第3448号民事判决和（2011）鼓民初字第942号民事判决不应再作为执行依据。且（2011）鼓民初字第942号民事判决和（2011）宁民终字第3448号民事判决均未指定履行期限，亦未明确迟延履行应当支付迟延履行债务的问题。(2014）宁民再终字第4号民事判决则明确："如果未按本判决指定的期限履行给付金钱义务，应当按照《民事诉讼法》第253条之规定，加倍支付迟延履行期间的债务利息"。另外，陶某与施某在玄武区法院提起的诉讼仅是针对卫巷公寓问题进行处理，双方除此之外的财产纠纷均已经由（2014）宁民再终字第4号民事判决处理完毕，（2014）宁民再终字第4号民事判决的效力也已经最后确定，未被其他判决、裁定予以变更，应当作为执行依据，故鼓楼区法院以（2014）宁民再终字第4号民事判决确定的履行期限确定迟延履行利息起算时间并无不当，陶某的复议请求和理由没有事实和法律依据，本院不予支持。

264.5.3　生效给付判决中明确债务人应于判决生效之日起10日内支付相应利息的，迟延履行利息应在该10日期限届满的次日起开始计算。此外，执行程序中执行案款分多次履行的，应按照前述分次的时间点分阶段计算债务人应承担的迟延履行利息

裁判来源：江门市金华投资有限公司与江门市江建建筑有限公司其他执行执行复议案件执行复议案——广东省高级人民法院执行裁定书，(2014）粤高法执复字第18号

法院认为：最高人民法院《关于执行程序中计算迟延履行期间的债务利息适用法律若干问题的解释》（法释〔2014〕8号）第2条规定，"加倍部分债务利息自生效法律文书确定的履行期间届满之日起计算"，第3条第2款规定："人民法院划拨、提取被执行人的存款、收入、股息、红利等财产的，相应部分的加倍部分债务利息计算至划拨、提取之日；人民法院对被执行人财产拍卖、变卖或者以物抵债的，计算至成交裁定或者抵债裁定生效之日；人民法院对被执行人财产通过其他方式变价的，计算至财产变价完成之日。"经审查，本案在执行过程中共收到三笔执行款，分别是：第一笔款项是2008年11月4日（2008）江某乙执字第201号中城建公司支付给金华公司执行款3,413,305元，该款项进入执行法院账户之日起已脱

离被执行人控制；第二笔款项是执行法院拍卖金华公司位于江门市东华一路63号301～305室房产得款993.0130万元，2011年4月22日执行法院送达拍卖成交裁定给买受人；第三笔款项是2014年7月18日金华公司主动支付4,675,928.07元到执行法院账户。参照上述法律规定，应自以上三个行为发生之日起停止计算相应债务的迟延履行利息。因此，执行法院在执行异议裁定中按上述三个时间点分阶段计算金华公司应承担的迟延履行利息，符合法律规定，本院予以维持。江某甲公司提出应按其实际收到执行款的时间点来计算迟延履行利息的复议理由不能成立，本院不予支持。此外，847号判决的生效日期为2008年3月31日，该判决明确金华公司应于判决生效之日起10日内支付相应利息。金华公司在847号判决明确的履行期限2008年4月10日之前没有履行义务，执行法院在履行期限届满的次日即2008年4月11日起开始计算迟延履行利息，程序得当，本院予以维持。因此，江某甲公司提出附表四中的起算日应为2007年4月28日而非2008年4月11日的复议理由不能成立，本院不予支持。

264.5.4　当判决书中并未明确迟延履行利息的起始计算日的，且双方争议较大，执行部门应该先征询本案原法院民事审判部门的意见，依据民事审判部门的解释，确定迟延履行利息的起始计算日期

裁判来源：朱某峰与如皋市民政局借款合同纠纷案——江苏省高级人民法院执行裁定书，（2016）苏06执复21号

法院认为：迟延履行利息的起始计算日期问题。迟延履行利息的起始计算日期应根据民事判决书确定，但（2002）皋民一初字第0061号民事判决书仅明确了民政局自判决发生法律效力之日起3个月内负责清算义务，并未明确迟延履行利息的起始计算日期。现双方当事人对迟延履行利息的起始计算日期存在不同理解，争议较大。对判决事项存在不同理解且有争议的情况下，执行部门应该先征询本案原如皋法院民事审判部门的意见，依据民事审判部门的解释，确定迟延履行利息的起始计算日期。

265. 继续执行

265.1　法律条文

第二百六十五条　人民法院采取本法第二百五十三条、第二百五十四条、第二百五十五条规定的执行措施后，被执行人仍不能偿还债务的，应当继续履行义务。债权人发现被执行人有其他财产的，可以随时请求人民法院执行。

265.2　条文阐释

本条规定了民事诉讼中继续执行有关判决的规定。民事诉讼中，法院执行后当事人不能偿还债务的，债务本身并未消失。债权人相比法院较为了解债务人情况，也有更多资源和能力去随时了解债务人的财产情况，因而本法规定债权人发现被执行人有其他财产的，可以随时请求人民法院执行。

265.3　司法适用

实践中，在人民法院采取扣押、冻结、划拨、变价，扣留、提取收入，查封、扣押、冻结、拍卖、变卖被执行人应当履行义务部分的财产之后，被执行人仍不能偿还债务的，应当继续履行义务。如果被执行人确实没有偿还能力，也没有其他第三人可以代为履行的，执行申请人可以在将来发现被执行人财产时随时申请执行，并且不受执行时效的限制。

265.4　相关规范性文件

最高人民法院《关于适用〈中华人民共和国民事诉讼法〉的解释》（法释〔2022〕11号，自2022年4月10日起施行）

第五百一十五条　债权人根据民事诉讼法第二百六十一条规定请求人民法院继续执行的，不受民事诉讼法第二百四十六条规定申请执行时效期间的限制。

最高人民法院《关于人民法院执行工作若干问题的规定（试行）》（法释〔2020〕21号，自2021年1月1日起施行）

45. 被执行人不能清偿债务，但对本案以外的第三人享有到期债权的，人民法院可以依申请执行人或被执行人的申请，向第三人发出履行到期债务的通知（以下简称履行通知）。履行通知必须直接送达第三人。

履行通知应当包含下列内容：

（1）第三人直接向申请执行人履行其对被执行人所负的债务，不得向被执行人清偿；

（2）第三人应当在收到履行通知后的十五日内向申请执行人履行债务；

（3）第三人对履行到期债权有异议的，应当在收到履行通知后的十五日内向执行法院提出；

（4）第三人违背上述义务的法律后果。

46. 第三人对履行通知的异议一般应当以书面形式提出，口头提出的，执行人员应记入笔录，并由第三人签字或盖章。

47. 第三人在履行通知指定的期间内提出异议的，人民法院不得对第三人强制执行，对提出的异议不进行审查。

48. 第三人提出自己无履行能力或其与申请执行人无直接法律关系，不属于本规定所指的异议。

第三人对债务部分承认、部分有异议的，可以对其承认的部分强制执行。

49. 第三人在履行通知指定的期限内没有提出异议，而又不履行的，执行法院有权裁定对其强制执行。此裁定同时送达第三人和被执行人。

50. 被执行人收到人民法院履行通知后，放弃其对第三人的债权或延缓第三人履行期限的行为无效，人民法院仍可在第三人无异议又不履行的情况下予以强制执行。

51. 第三人收到人民法院要求其履行到期债务的通知后，擅自向被执行人履行，造成已向被执行人履行的财产不能追回的，除在已履行的财产范围内与被执行人承担连带清偿责任外，可以追究其妨害执行的责任。

52. 在对第三人作出强制执行裁定后，第三人确无财产可供执行的，不得就第三人对他人享有的到期债权强制执行。

53. 第三人按照人民法院履行通知向申请执行人履行了债务或已被强制执行后，人民法院应当出具有关证明。

266. 执行威慑制度

266.1　法律条文

第二百六十六条　被执行人不履行法律文书确定的义务的，人民法院可以对其采取或者通知有关单位协助采取限制出境，在征信系统记录、通过媒体公布不履行义务信息以及法律规定的其他措施。

266.2　条文阐释

执行威慑制度，是指司法机关通过加大执行力度、增加被执行人责任、提高被执行人强制执行成本等途径，增强强制执行对尚未进行执行程序的债务人的威慑力，促使其自动履行债务。本条规定的目的在于使绝大多数生效裁判通过债务人主动履行而不是强制执行实现，以提高生效裁判履行率，节省司法资源，维护司法权威和社会稳定，最终在全社会解决执行难的法律机制。

266.3　司法适用

执行威慑制度在司法实践中的运用：其一是节省诉讼成本和司法资源的需要。行之有效的威慑机制，大部分的生效裁判能够通过债务人自动履行或和解实现，甚至在强制执行程序启动前就能完成，那么将出现节约执行成本、节省司法资源等多方面的效果。其二是提高生效裁判履行率、在全社会解决“执行难”的需要。当强制执行没有应有的权威时，执行难的问题不可能得到有效解决，因此要树立人民法院的司法权威、建立威慑机制。

266.4 相关规范性文件

最高人民法院《关于适用〈中华人民共和国民事诉讼法〉的解释》(法释〔2022〕11号，自2022年4月10日起施行)

第五百一十六条 被执行人不履行法律文书确定的义务的，人民法院除对被执行人予以处罚外，还可以根据情节将其纳入失信被执行人名单，将被执行人不履行或者不完全履行义务的信息向其所在单位、征信机构以及其他相关机构通报。

最高人民法院《关于适用〈中华人民共和国民事诉讼法〉执行程序若干问题的解释》(法释〔2020〕21号，自2021年1月1日起施行)

第二十三条 依照民事诉讼法第二百五十五条规定对被执行人限制出境的，应当由申请执行人向执行法院提出书面申请；必要时，执行法院可以依职权决定。

第二十四条 被执行人为单位的，可以对其法定代表人、主要负责人或者影响债务履行的直接责任人员限制出境。

被执行人为无民事行为能力人或者限制民事行为能力人的，可以对其法定代理人限制出境。

第二十五条 在限制出境期间，被执行人履行法律文书确定的全部债务的，执行法院应当及时解除限制出境措施；被执行人提供充分、有效的担保或者申请执行人同意的，可以解除限制出境措施。

第二十六条 依照民事诉讼法第二百五十五条的规定，执行法院可以依职权或者依申请执行人的申请，将被执行人不履行法律文书确定义务的信息，通过报纸、广播、电视、互联网等媒体公布。

媒体公布的有关费用，由被执行人负担；申请执行人申请在媒体公布的，应当垫付有关费用。

最高人民法院《关于限制被执行人高消费及有关消费的若干规定》(法释〔2015〕17号，自2015年7月22日起施行)

第一条 被执行人未按执行通知书指定的期间履行生效法律文书确定的给付义务的，人民法院可以采取限制消费措施，限制其高消费及非生活或者经营必需的有关消费。

纳入失信被执行人名单的被执行人，人民法院应当对其采取限制消费措施。

第二条 人民法院决定采取限制消费措施时，应当考虑被执行人是否有消极履行、规避执行或者抗拒执行的行为以及被执行人的履行能力等因素。

第三条 被执行人为自然人的，被采取限制消费措施后，不得有以下高消费及非生活和工作必需的消费行为：

（一）乘坐交通工具时，选择飞机、列车软卧、轮船二等以上舱位；

（二）在星级以上宾馆、酒店、夜总会、高尔夫球场等场所进行高消费；

（三）购买不动产或者新建、扩建、高档装修房屋；

（四）租赁高档写字楼、宾馆、公寓等场所办公；

（五）购买非经营必需车辆；

（六）旅游、度假；

（七）子女就读高收费私立学校；

（八）支付高额保费购买保险理财产品；

（九）乘坐G字头动车组列车全部座位、其他动车组列车一等以上座位等其他非生活和工作必需的消费行为。

被执行人为单位的，被采取限制消费措施后，被执行人及其法定代表人、主要负责人、影响债务履行的直接责任人员、实际控制人不得实施前款规定的行为。因私消费以个人财产实施前款规定行为的，可以向执行法院提出申请。执行法院审查属实的，应予准许。

第四条 限制消费措施一般由申请执行人提出书面申请，经人民法院审查决定；必要时人民法院可以依职权决定。

最高人民法院《关于公布失信被执行人名单信息的若干规定》（法释〔2017〕7号，自2017年5月1日起施行）

第一条 被执行人未履行生效法律文书确定的义务，并具有下列情形之一的，人民法院应当将其纳入失信被执行人名单，依法对其进行信用惩戒：

（一）有履行能力而拒不履行生效法律文书确定义务的；

（二）以伪造证据、暴力、威胁等方法妨碍、抗拒执行的；

（三）以虚假诉讼、虚假仲裁或者以隐匿、转移财产等方法规避执行的；

（四）违反财产报告制度的；

（五）违反限制消费令的；

（六）无正当理由拒不履行执行和解协议的。

第二条 被执行人具有本规定第一条第二项至第六项规定情形的，纳入失信被执行人名单的期限为二年。被执行人以暴力、威胁方法妨碍、抗拒执行情节严重或具有多项失信行为的，可以延长一至三年。

失信被执行人积极履行生效法律文书确定义务或主动纠正失信行为的，人民法院可以决定提前删除失信信息。

第三条 具有下列情形之一的，人民法院不得依据本规定第一条第一项的规定将被执行人纳入失信被执行人名单：

（一）提供了充分有效担保的；

（二）已被采取查封、扣押、冻结等措施的财产足以清偿生效法律文书确定债务的；

（三）被执行人履行顺序在后，对其依法不应强制执行的；

（四）其他不属于有履行能力而拒不履行生效法律文书确定义务的情形。

第四条 被执行人为未成年人的，人民法院不得将其纳入失信被执行人名单。

第十一条 被纳入失信被执行人名单的公民、法人或其他组织认为有下列情形之一的，可以向执行法院申请纠正：

（一）不应将其纳入失信被执行人名单的；

（二）记载和公布的失信信息不准确的；

（三）失信信息应予删除的。

第十二条 公民、法人或其他组织对被纳入失信被执行人名单申请纠正的，执行法院应当自收到书面纠正申请之日起十五日内审查，理由成立的，应当在三个工作日内纠正；理由不成立的，决定驳回。公民、法人或其他组织对驳回决定不服的，可以自决定书送达之日起十日内向上一级人民法院申请复议。上一级人民法院应当自收到复议申请之日起十五日内作出决定。

复议期间，不停止原决定的执行。

第十三条　人民法院工作人员违反本规定公布、撤销、更正、删除失信信息的，参照有关规定追究责任。

266.5　典型案例

266.5.1　查封、扣押、冻结的财产足以清偿生效法律文书确定的债务的，执行法院不应将被执行人纳入失信被执行人名单

裁判来源：某牧业公司被错列失信被执行人名单执行监督案——检例第78号

要旨：查封、扣押、冻结的财产足以清偿生效法律文书确定的债务的，执行法院不应将被执行人纳入失信被执行人名单。执行法院违法将被执行人纳入失信被执行人名单的，检察机关应当及时发出检察建议，监督法院纠正对被执行人违法采取的信用惩戒措施，以维护企业的正常经营秩序，优化营商环境。

266.5.2　限制出境措施适用对象既包括被执行人或被执行单位的法定代表人、主要负责人，也包括可能影响债务履行的直接责任人员

裁判来源：张某与高邮市振阳绝缘材料有限公司等民间借贷纠纷执行案——江苏省扬州市中级人民法院执行裁定书，（2012）扬执字第0004号

裁判要旨：《民事诉讼法》第231条对限制出境措施作了原则性规定，适用中应结合出入境管理法及相关司法解释的具体规定。限制出境措施的启动方式以当事人申请为主，法院依职权裁处为辅，采用合法性和效果性的审查标准。适用对象既包括被执行人或被执行单位的法定代表人、主要负责人，也包括可能影响债务履行的直接责任人员。限制出境措施法律性质上属于执行强制措施，被限制人可以通过执行复议程序进行法律救济。

第二十二章　执行中止和终结

267. 执行中止

267.1　法律条文

第二百六十七条　有下列情形之一的，人民法院应当裁定中止执行：

（一）申请人表示可以延期执行的；

（二）案外人对执行标的提出确有理由的异议的；

（三）作为一方当事人的公民死亡，需要等待继承人继承权利或者承担义务的；

（四）作为一方当事人的法人或者其他组织终止，尚未确定权利义务承受人的；

（五）人民法院认为应当中止执行的其他情形。

中止的情形消失后，恢复执行。

267.2　条文阐释

执行中止，是指在执行过程中，因为发生了法定的特殊情况而暂时中止执行程序，等特殊情况消失以后再恢复执行程序的制度。

中止执行后，产生以下法律效果：

（1）在决定中止执行后，执行法院应停止案件的执行，不得再采取进一步的执行措施，即不得决定采取新的执行措施；

（2）决定中止执行前采取的执行措施，仍然合法有效；

（3）中止执行裁定的效力持续至恢复执行。

中止执行的情形消失后，执行法院可以根据当事人的申请或依职权恢复执行。恢复执行应当书面通知当事人。

267.3 司法适用

申请人向法院申请执行财产共有人的财产，财产共有人中有一人死亡，但是不妨碍人民法院继续执行的，一般不作中止执行。涉及继承的，依据继承的相关法律法规办理。

267.4 相关规范性文件

最高人民法院《关于适用〈中华人民共和国民事诉讼法〉的解释》（法释〔2022〕11号，自2022年4月10日起施行）

第三百九十四条 人民法院对已经发生法律效力的判决、裁定、调解书依法决定再审，依照民事诉讼法第二百一十三条规定，需要中止执行的，应当在再审裁定中同时写明中止原判决、裁定、调解书的执行；情况紧急的，可以将中止执行裁定口头通知负责执行的人民法院，并在通知后十日内发出裁定书。

最高人民法院《关于人民法院执行工作若干问题的规定（试行）》（法释〔2020〕21号，自2021年1月1日起施行）

59. 按照审判监督程序提审或再审的案件，执行机构根据上级法院或本院作出的中止执行裁定书中止执行。

60. 中止执行的情形消失后，执行法院可以根据当事人的申请或依职权恢复执行。

恢复执行应当书面通知当事人。

《人民法院办理执行案件规范》（自2017年起施行）

100. 【应当中止执行的情形】

具有下列情形之一的，人民法院应当裁定中止执行：

（一）申请执行人表示可以延期执行的；

（二）案外人对执行标的提出确有理由的异议的；

（三）作为一方当事人的公民死亡，需要等待继承人继承权利或者承担义务的；

（四）作为一方当事人的法人或者其他组织终止，尚未确定权利义务承受人的；

（五）人民法院已受理以被执行人为债务人的破产申请的，或者依据《最高人民法院关于适用〈中华人民共和国民事诉讼法〉的解释》第五百一十三条规定，将案件移送破产审查的；

（六）执行的标的物是法院或者仲裁机构正在审理的案件所争议的标的物，需要等待该案件审理终结确定权属的；

（七）一方当事人申请执行仲裁裁决，另一方当事人申请撤销仲裁裁决的；

（八）仲裁裁决的被申请人向人民法院提出不予执行请求，并提供适当担保的；

（九）执行依据按审判监督程序决定再审的，但追索赡养费、扶养费、抚育费、抚恤金、医疗费用、劳动报酬等案件，可以不中止执行的除外；

（十）执行过程中发现有非法集资犯罪嫌疑的，或者执行标的物属于公安机关、人民检察院、人民法院侦查、起诉、审理非法集资刑事案件的涉案财物的；

（十一）人民法院认为应当中止执行的其他情形。

101.【可以中止执行的情形】

具有下列情形之一的，人民法院可以裁定中止执行：

（一）人民法院受理第三人撤销之诉案件后，该第三人提供相应担保，请求中止原生效判决、裁定、调解书执行的；

（二）申请执行人与被执行人达成和解协议后请求中止执行的。

102.【中止执行裁定】

中止执行应当依法制作裁定书，载明中止执行的事由和依据，并送达当事人。中止执行的裁定，送达当事人后立即生效。

103.【中止执行后的恢复执行】

中止执行的情形消失后，执行法院可以根据当事人的申请或依职权恢复执行。

恢复执行应当书面通知当事人。

104.【中止执行期间的续封】

中止执行期间，因查封、扣押、冻结期限届满需要对执行标的物办理续行查封、扣押、冻结手续的，执行法院应当根据申请执行人的申请办理续行查封、扣押、冻结手续，也可以依职权办理续行查封、扣押、冻结手续。

105.【中止执行期间异议的处理】

中止执行期间，当事人、利害关系人依据民事诉讼法第二百二十五条的规定提出异议，或者案外人依据民事诉讼法第二百二十七条的规定提出异议的，执行法院应当依法进行审查并作出裁定。

106.【中止执行期间当事人的变更、追加】

中止执行期间，申请执行人或其继承人、权利承受人申请变更、追加执行当事人的，执行法院应当依法审查并作出处理。

268. 执行终结

268.1　法律条文

第二百六十八条　有下列情形之一的，人民法院裁定终结执行：

（一）申请人撤销申请的；

（二）据以执行的法律文书被撤销的；

（三）作为被执行人的公民死亡，无遗产可供执行，又无义务承担人的；

（四）追索赡养费、扶养费、抚养费案件的权利人死亡的；

（五）作为被执行人的公民因生活困难无力偿还借款，无收入来源，又丧失劳动能力的；

（六）人民法院认为应当终结执行的其他情形。

268.2　条文阐释

终结执行又称终止执行，是指在执行过程中，因为出现了法律规定的特殊情况，被执行人主体资格消灭，又没有继受债务的主体，执行程序没有必要继续进行或者无法继续进行，从而依法结束执行程序，以后再也不恢复。

268.3 司法适用

终结执行是法定结案方式之一，是执行案件的一种彻底性退出方式。终结本次执行程序虽然是一种结案方式，但不是彻底的执行终结，是暂时性地退出。

现有终结本次执行与终结执行的情形在《民事诉讼法》、《民事诉讼法司法解释》以及执行办案系统中的表现均有差异，在实务适用中也存在混乱。终结本次执行与终结执行情形分类不科学、适用存在混乱。终结本次执行与终结执行的情形存在交叉，《民事诉讼法》第264条第5项关于终结执行的情形“作为被执行人的公民因生活困难无力偿还借款，无收入来源，又丧失劳动能力的”与最高人民法院《关于适用〈中华人民共和国民事诉讼法〉的解释》第517条终结本次执行的情形“经过财产调查未发现可供执行的财产”界限不清、存在混同，实务操作中亦难以界分。

268.4 相关规范性文件

最高人民法院印发《关于严格规范终结本次执行程序的规定（试行）》的通知（法〔2016〕373号，自2016年12月1日起施行）

第一条 人民法院终结本次执行程序，应当同时符合下列条件：

（一）已向被执行人发出执行通知、责令被执行人报告财产；

（二）已向被执行人发出限制消费令，并将符合条件的被执行人纳入失信被执行人名单；

（三）已穷尽财产调查措施，未发现被执行人有可供执行的财产或者发现的财产不能处置；

（四）自执行案件立案之日起已超过三个月；

（五）被执行人下落不明的，已依法予以查找；被执行人或者其他人妨害执行的，已依法采取罚款、拘留等强制措施，构成犯罪的，已依法启动刑事责任追究程序。

第二条 本规定第一条第一项中的“责令被执行人报告财产”，是指应当完成下列事项：

（一）向被执行人发出报告财产令；

（二）对被执行人报告的财产情况予以核查；

（三）对逾期报告、拒绝报告或者虚假报告的被执行人或者相关人员，依法采取罚款、拘留等强制措施，构成犯罪的，依法启动刑事责任追究程序。

人民法院应当将财产报告、核实及处罚的情况记录入卷。

第三条 本规定第一条第三项中的“已穷尽财产调查措施”，是指应当完成下列调查事项：

（一）对申请执行人或者其他人提供的财产线索进行核查；

（二）通过网络执行查控系统对被执行人的存款、车辆及其他交通运输工具、不动产、有价证券等财产情况进行查询；

（三）无法通过网络执行查控系统查询本款第二项规定的财产情况的，在被执行人住所地或者可能隐匿、转移财产所在地进行必要调查；

（四）被执行人隐匿财产、会计账簿等资料且拒不交出的，依法采取搜查措施；

（五）经申请执行人申请，根据案件实际情况，依法采取审计调查、公告悬赏等调查措施；

（六）法律、司法解释规定的其他财产调查措施。

人民法院应当将财产调查情况记录入卷。

第四条 本规定第一条第三项中的“发现的财产不能处置”，包括下列情形：

（一）被执行人的财产经法定程序拍卖、变卖未成交，申请执行人不接受抵债或者依法不能交付其抵债，又不能对该财产采取强制管理等其他执行措施的；

（二）人民法院在登记机关查封的被执行人车辆、船舶等财产，未能实际扣押的。

第五条 终结本次执行程序前，人民法院应当将案件执行情况、采取的财产调查措施、被执行人的财产情况、终结本次执行程序的依据及法律后果等信息告知申请执行人，并听取其对终结本次执行程序的意见。

人民法院应当将申请执行人的意见记录入卷。

第六条 终结本次执行程序应当制作裁定书，载明下列内容：

（一）申请执行的债权情况；

（二）执行经过及采取的执行措施、强制措施；

（三）查明的被执行人财产情况；

（四）实现的债权情况；

（五）申请执行人享有要求被执行人继续履行债务及依法向人民法院申请恢复执行的权利，被执行人负有继续向申请执行人履行债务的义务。

终结本次执行程序裁定书送达申请执行人后，执行案件可以作结案处理。人民法院进行相关统计时，应当对以终结本次执行程序方式结案的案件与其他方式结案的案件予以区分。

终结本次执行程序裁定书应当依法在互联网上公开。

第七条 当事人、利害关系人认为终结本次执行程序违反法律规定的，可以提出执行异议。人民法院应当依照民事诉讼法第二百二十五条的规定进行审查。

第八条 终结本次执行程序后，被执行人应当继续履行生效法律文书确定的义务。被执行人自动履行完毕的，当事人应当及时告知执行法院。

第九条 终结本次执行程序后，申请执行人发现被执行人有可供执行财产的，可以向执行法院申请恢复执行。申请恢复执行不受申请执行时效期间的限制。执行法院核查属实的，应当恢复执行。

终结本次执行程序后的五年内，执行法院应当每六个月通过网络执行查控系统查询一次被执行人的财产，并将查询结果告知申请执行人。符合恢复执行条件的，执行法院应当及时恢复执行。

第十条 终结本次执行程序后，发现被执行人有可供执行财产，不立即采取执行措施可能导致财产被转移、隐匿、出卖或者毁损的，执行法院可以依申请执行人申请或依职权立即采取查封、扣押、冻结等控制性措施。

《人民法院办理执行案件规范》（自2017年起施行）

107.【终结本次执行程序的条件】

执行法院终结本次执行程序，应当同时符合下列条件：

（一）已向被执行人发出执行通知、责令被执行人报告财产；

（二）已向被执行人发出限制消费令，并将符合条件的被执行人纳入失信被执行人名单；

（三）已穷尽财产调查措施，未发现被执行人有可供执行的财产或者发现的财产不能处置；

（四）自执行案件立案之日起已超过三个月；

（五）被执行人下落不明的，已依法予以查找；被执行人或者其他人妨害执行的，已依法采取罚款、拘留等强制措施，构成犯罪的，已依法启动刑事责任追究程序。

112.【终结本次执行程序的审批】

经过财产调查未发现可供执行的财产，在申请执行人签字确认或者执行法院组成合议庭审查核实并经院长批准后，可以裁定终结本次执行程序。

113.【终结本次执行程序裁定内容】

终结本次执行程序应当制作裁定书，载明下列内容：

（一）申请执行的债权情况；

（二）执行经过及采取的执行措施、强制措施；

（三）查明的被执行人财产情况；

（四）实现的债权情况；

（五）申请执行人享有要求被执行人继续履行债务及依法向人民法院申请恢复执行的权利，被执行人负有继续向申请执行人履行债务的义务。

终结本次执行程序裁定书送达申请执行人后，执行案件可以作结案处理。人民法院进行相关统计时，应当对以终结本次执行程序方式结案的案件与其他方式结案的案件予以区分。

终结本次执行程序裁定书应当依法在互联网上公开。

114.【终结本次执行程序的异议】

当事人、利害关系人认为终结本次执行程序违反法律规定的，可以提出执行异议。人民法院应当依照民事诉讼法第二百二十五条的规定进行审查。

115.【终结本次执行程序后的继续履行】

终结本次执行程序后，被执行人应当继续履行生效法律文书确定的义务。被执行人自动履行完毕的，当事人应当及时告知执行法院。

116.【恢复执行及财产的定期查询】

终结本次执行程序后，申请执行人发现被执行人有可供执行财产的，可以向执行法院申请恢复执行。申请恢复执行不受申请执行时效期间的限制。执行法院核查属实的，应当恢复执行。

终结本次执行程序后的五年内，执行法院应当每六个月通过网络执行查控系统查询一次被执行人的财产，并将查询结果告知申请执行人。符合恢复执行条件的，执行法院应当及时恢复执行。

117.【发现财产的立即控制】

终结本次执行程序后，发现被执行人有可供执行财产，不立即采取执行措施可能导致财产被转移、隐匿、出卖或者毁损的，执行法院可以依申请执行人申请或依职权立即采取查封、扣押、冻结等控制性措施。

118.【终结本次执行程序与移送破产】

案件符合终结本次执行程序条件，又符合移送破产审查相关规定的，执行法院应当在作出终结本次执行程序裁定的同时，将执行案件相关材料移送被执行人住所地人民法院进行破产审查。

119.【终结本次执行程序信息库及信息的公开】

终结本次执行程序裁定书送达申请执行人以后，执行法院应当在七日内将相关案件信息录入最高人民法院建立的终结本次执行程序案件信息库，并通过该信息库统一向社会公布。

终结本次执行程序案件信息库记载的信息应当包括下列内容：

（一）作为被执行人的法人或者其他组织的名称、住所地、组织机构代码及其法定代表人或者负责人的姓名，作为被执行人的自然人的姓名、性别、年龄、身份证件号码和住址；

（二）生效法律文书的制作单位和文号，执行案号、立案时间、执行法院；

（三）生效法律文书确定的义务和被执行人的履行情况；

（四）人民法院认为应当记载的其他事项。

123.【终结本次执行程序后妨害执行的处理】

终结本次执行程序后，被执行人或者其他人妨害执行的，人民法院可以依法予以罚款、拘留；构成犯罪的，依法追究刑事责任。

124.【终结本次执行程序信息的屏蔽】

有下列情形之一的，人民法院应当在三日内将案件信息从终结本次执行程序案件信息库中屏蔽：

（一）生效法律文书确定的义务执行完毕的；

（二）依法裁定终结执行的；

（三）依法应予屏蔽的其他情形。

最高人民法院《关于适用〈中华人民共和国民事诉讼法〉的解释》（法释〔2022〕11号，自2022年4月10日起施行）

第五百一十七条 经过财产调查未发现可供执行的财产，在申请执行人签字确认或者执行法院组成合议庭审查核实并经院长批准后，可以裁定终结本次执行程序。

依照前款规定终结执行后，申请执行人发现被执行人有可供执行财产的，可以再次申请执行。再次申请不受申请执行时效期间的限制。

第五百一十八条 因撤销申请而终结执行后，当事人在民事诉讼法第二百四十六条规定的申请执行时效期间内再次申请执行的，人民法院应当受理。

第五百一十九条 在执行终结六个月内，被执行人或者其他人对已执行的标的有妨害行为的，人民法院可以依申请排除妨害，并可以依照民事诉讼法第一百一十四条规定进行处罚。因妨害行为给执行债权人或者其他人造成损失的，受害人可以另行起诉。

最高人民法院《关于对人民法院终结执行行为提出执行异议期限问题的批复》（法释〔2016〕3号，自2016年2月15日起施行）

当事人、利害关系人依照民事诉讼法第二百二十五条规定对终结执行行为提出异议的，应当自收到终结执行法律文书之日起六十日内提出；未收到法律文书的，应当自知道或者应当知道人民法院终结执行之日起六十日内提出。批复发布前终结执行的，自批复发布之日起六十日内提出。超出该期限提出执行异议的，人民法院不予受理。

269. 中止和终结裁定的生效

269.1 法律条文

第二百六十九条 中止和终结执行的裁定，送达当事人后立即生效。

269.2 条文阐释

本条是中止执行裁定和终结执行裁定的生效的有关规定。执行涉及多方当事人合法权益，而中止执行裁定和终结执行裁定标志着执行过程中发生了重大事件，为了保护各方当事人合法权益和执行的稳定性，规定中止执行裁定和终结执行裁定送达当事人后立即生效。

269.3 相关规范性文件

最高人民法院《关于人民法院执行工作若干问题的规定（试行）》（法释〔2020〕21号，自2021年1月1日起施行）

62. 中止执行和终结执行的裁定书应当写明中止或终结执行的理由和法律依据。

最高人民法院印发《关于执行案件立案、结案若干问题的意见》的通知（法发〔2014〕26号，自2015年1月1日起施行）

第十六条 有下列情形之一的，可以以“终结本次执行程序”方式结案：

（一）被执行人确无财产可供执行，申请执行人书面同意人民法院终结本次执行程序的；

（二）因被执行人无财产而中止执行满两年，经查证被执行人确无财产可供执行的；

（三）申请执行人明确表示提供不出被执行人的财产或财产线索，并在人民法院穷尽财产调查措施之后，对人民法院认定被执行人无财产可供执行书面表示认可的；

（四）被执行人的财产无法拍卖变卖，或者动产经两次拍卖、不动产或其他财产权经三次拍卖仍然流拍，申请执行人拒绝接受或者依法不能交付其抵债，经人民法院穷尽财产调查措施，被执行人确无其他财产可供执行的；

（五）经人民法院穷尽财产调查措施，被执行人确无财产可供执行或虽有财产但不宜强制执行，当事人达成分期履行和解协议，且未履行完毕的；

（六）被执行人确无财产可供执行，申请执行人属于特困群体，执行法院已经给予其适当救助的。

人民法院应当依法组成合议庭，就案件是否终结本次执行程序进行合议。

终结本次执行程序应当制作裁定书，送达申请执行人。裁定应当载明案件的执行情况、申请执行人债权已受偿和未受偿的情况、终结本次执行程序的理由，以及发现被执行人有可供执行财产，可以申请恢复执行等内容。

依据本条第一款第（二）（四）（五）（六）项规定的情形裁定终结本次执行程序前，应当告知申请执行人可以在指定的期限内提出异议。申请执行人提出异议的，应当另行组成合议庭组织当事人就被执行人是否有财产可供执行进行听证；申请执行人提供被执行人财产线索的，人民法院应当就其提供的线索重新调查核实，发现被执行人有财产可供执行的，应当继续执行；经听证认定被执行人确无财产可供执行，申请执行人亦不能提供被执行人有可供执行财产的，可以裁定终结本次执行程序。

本条第一款第（三）（四）（五）项中规定的“人民法院穷尽财产调查措施”，是指至少完成下列调查事项：

（一）被执行人是法人或其他组织的，应当向银行业金融机构查询银行存款，向有关房地产管理部门查询房地产登记，向法人登记机关查询股权，向有关车管部门查询车辆等情况；

（二）被执行人是自然人的，应当向被执行人所在单位及居住地周边群众调查了解被执行人的财产状况或财产线索，包括被执行人的经济收入来源、被执行人到期债权等。如果根据财产线索判断被执行人有较高收入，应当按照对法人或其他组织的调查途径进行调查；

（三）通过最高人民法院的全国法院网络执行查控系统和执行法院所属高级人民法院的“点对点”网络执行查控系统能够完成的调查事项；

（四）法律、司法解释规定必须完成的调查事项。

人民法院裁定终结本次执行程序后，发现被执行人有财产的，可以依申请执行人的申请或依职权恢复执行。申请执行人申请恢复执行的，不受申请执行期限的限制。

第十七条 有下列情形之一的，可以以“终结执行”方式结案：

（一）申请人撤销申请或者是当事人双方达成执行和解协议，申请执行人撤回执行申请的；

（二）据以执行的法律文书被撤销的；

（三）作为被执行人的公民死亡，无遗产可供执行，又无义务承担人的；

（四）追索赡养费、扶养费、抚育费案件的权利人死亡的；

（五）作为被执行人的公民因生活困难无力偿还借款，无收入来源，又丧失劳动能力的；

（六）作为被执行人的企业法人或其他组织被撤销、注销、吊销营业执照或者歇业、终止后既无财产可供执行，又无义务承受人，也没有能够依法追加变更执行主体的；

（七）依照刑法第五十三条规定免除罚金的；

（八）被执行人被人民法院裁定宣告破产的；

（九）行政执行标的灭失的；

（十）案件被上级人民法院裁定提级执行的；

（十一）案件被上级人民法院裁定指定由其他法院执行的；

（十二）按照《最高人民法院关于委托执行若干问题的规定》，办理了委托执行手续，且收到受托法院立案通知书的；

（十三）人民法院认为应当终结执行的其他情形。

前款除第（十）项、第（十一）项、第（十二）项规定的情形外，终结执行的，应当制作裁定书，送达当事人。

《人民法院办理执行案件规范》（自2017年起施行）

125.【终结执行的情形】

具有下列情形之一的，人民法院应当裁定终结执行：

（一）申请人撤销申请的；

（二）当事人双方达成和解协议，申请执行人撤回执行申请的；

（三）据以执行的法律文书被撤销的；

（四）作为被执行人的公民死亡，无遗产可供执行，又无义务承担人的；

（五）追索赡养费、扶养费、抚育费案件的权利人死亡的；

（六）作为被执行人的公民因生活困难无力偿还借款，无收入来源，又丧失劳动能力的；

（七）被执行人被人民法院裁定宣告破产的；

（八）被执行人在破产程序中与全体债权人达成破产和解协议经破产法院确认并已履行完毕的；

（九）作为被执行人的企业法人或其他组织被撤销、注销、吊销营业执照或者歇业、终止后既无财产可供执行，又无义务承受人，也没有能够依法追加变更执行主体的；

（十）案件被上级人民法院裁定提级执行或者指定由其他法院执行的；

（十一）按照《最高人民法院关于委托执行若干问题的规定》，办理了委托执行手续，且收到受托法院立案通知书的；

（十二）特定物的执行中，特定物毁损、灭失，双方当事人对折价赔偿又不能协商一致的；

（十三）依照刑法第五十三条规定免除缴纳罚金的；

（十四）行政执行标的灭失的；

（十五）人民法院认为应当终结执行的其他情形。

126.【终结执行裁定】

除本规范第 125 条第十项、第十一项规定的情形外，终结执行应当依法制作裁定书，载明终结执行的事由和法律依据，并送达当事人。终结执行的裁定，送达当事人后立即生效。

执行法院在送达终结执行裁定书时应同时告知当事人、利害关系人自收到裁定之日起六十日内可以依照民事诉讼法第二百二十五条规定对终结执行行为提出异议。当事人、利害关系人未收到法律文书的，应当自知道或者应当知道人民法院终结执行之日起六十日内提出。超出期限提出执行异议的，人民法院不予受理。

127.【终结执行后的再次申请执行】

依照本规范第 125 条规定终结执行的案件，申请执行的条件具备时，申请执行人申请恢复执行的，人民法院应当恢复执行。

因撤销申请而终结执行后，当事人在本规范第 22 条第一款、第二款规定的申请执行时效期间内再次申请执行的，人民法院应当受理。

因达成和解协议而撤回执行申请的，申请执行人申请恢复原生效法律文书的执行，应符合本规范第六章执行和解部分的相关规定。

128.【执行程序终结后对已执行标的妨害行为的处理】

在执行终结六个月内，被执行人或者其他人对已执行的标的有妨害行为的，人民法院可以依申请排除妨害，并可以依照民事诉讼法第一百一十一条规定进行处罚。因妨害行为给执行债权人或者其他人造成损失的，受害人可以另行起诉。

第四编　涉外民事诉讼程序的特别规定

第二十三章　一般原则

270. 适用法院地法原则

270.1　法律条文

第二百七十条　在中华人民共和国领域内进行涉外民事诉讼，适用本编规定。本编没有规定的，适用本法其他有关规定。

270.2　条文阐释

本条规定了适用法院地法原则。随着全球化的发展，民事纠纷可能涉及跨国情形。民事纠纷的适用法律问题涉及国家主权和司法统一，为了更好地保护我国基本利益，对于有涉外情形的诉讼纠纷，我国《民事诉讼法》规定适用法院地法。同时，依据该条规定，只能依据《民事诉讼法》处理涉外民事诉讼中的适用法院地法问题，而排除了其他法律的适用，也排除了当事人的意思自治。

270.3　司法适用

审理涉外民事案件在适用程序方面，按照国际上公认的属地主义原则，应当适用法院所在地国家的程序法。根据我国《民事诉讼法》的规定，我国法院审理涉外民事案件，必须适用我国《民事诉讼法》。这一原则在具体的司法实践中，应当包括以下三项基本要求：

（1）外国人、无国籍人、外国企业和组织在我国起诉、应诉，适用我国《民事诉讼法》；

（2）依照我国《民事诉讼法》的规定，凡属我国人民法院管辖的案件，人民法院均享有司法管辖权；

（3）任何外国法院的裁判和外国仲裁机构的裁决，必须经我国人民法院审查并承认后，才能在我国发生法律效力。

对当事人申请或者外国法院请求我国人民法院承认和执行的外国法院判决或者仲裁裁决，我国人民法院应当依照我国法律，或者根据我国缔结或者参加的国际条约的规定进行审查，裁定予以承认后，才具有效力，需要执行的，可依照我国《民事诉讼法》的规定予以执行。

270.4 相关规范性文件

最高人民法院《关于适用〈中华人民共和国民事诉讼法〉的解释》（法释〔2022〕11号，自2022年4月10日起施行）

第五百二十条 有下列情形之一，人民法院可以认定为涉外民事案件：

（一）当事人一方或者双方是外国人、无国籍人、外国企业或者组织的；

（二）当事人一方或者双方的经常居所地在中华人民共和国领域外的；

（三）标的物在中华人民共和国领域外的；

（四）产生、变更或者消灭民事关系的法律事实发生在中华人民共和国领域外的；

（五）可以认定为涉外民事案件的其他情形。

第五百四十九条 人民法院审理涉及香港、澳门特别行政区和台湾地区的民事诉讼案件，可以参照适用涉外民事诉讼程序的特别规定。

最高人民法院《关于适用〈中华人民共和国涉外民事关系法律适用法〉若干问题的解释（一）》（法释〔2020〕18号，自2021年1月1日起施行）

第一条 民事关系具有下列情形之一的，人民法院可以认定为涉外民事关系：

（一）当事人一方或双方是外国公民、外国法人或者其他组织、无国籍人；

（二）当事人一方或双方的经常居所地在中华人民共和国领域外；

（三）标的物在中华人民共和国领域外；

（四）产生、变更或者消灭民事关系的法律事实发生在中华人民共和国领域外；

（五）可以认定为涉外民事关系的其他情形。

270.5　典型案例

270.5.1　对于我国人民法院和其他国家或者地区的法院都有管辖权的案件，一方当事人已向其他国家或者地区的法院起诉后，又向我国人民法院起诉的，如不违反《民事诉讼法》和我国参加的国际条约的管辖规定，人民法院可予受理

裁判来源：郭叶律师行诉厦门华洋彩印公司代理合同纠纷管辖权异议案——载《最高人民法院公报》2004 年第 7 期

裁判要旨：本案被告华洋彩印公司的住所地在厦门，原告郭叶律师行以华洋彩印公司为被告，在厦门市中级人民法院提起的代理合同纠纷诉讼，厦门市中级人民法院有权管辖。本案合同履行地在香港，双方当事人在合同上约定了适用我国香港特区法律并由香港特区法院行使非排他性的管辖权，香港特区法院当然也有权管辖。解决内地与香港特区法院的管辖权冲突与解决其他涉外案件一样，既要维护内地法院的司法管辖权，也要加强双方的互助与合作。本案是代理合同纠纷之诉，若由香港特区法院审理本案，一旦判决华洋彩印公司承担义务，由于华洋彩印公司的住所和财产均在内地，当事人只有在内地重新诉讼，才有可能使生效判决得到执行。为避免当事人重复诉讼，及时有效地保障当事人的合法权益，本案由厦门市中级人民法院审理最为合适，厦门市中级人民法院不能以自身是不方便法院为由拒绝行使管辖权。

271. 国际条约优先适用原则

271.1 法律条文

第二百七十一条 中华人民共和国缔结或者参加的国际条约同本法有不同规定的，适用该国际条约的规定，但中华人民共和国声明保留的条款除外。

271.2 条文阐释

适用国际条约原则，是国际上公认的一项基本原则。国际条约是缔结国和参加国之间关于国际事务的约定。有两种做法：（1）根据缔约或参加的国际条约，在国内制定相应的法律，以国内法的形式确定其在本国的效力；（2）在国内法中确定承认和适用国际条约的基本原则，然后遵照执行。

中国对缔结或参加的条约确认其效力，在处理涉外案件中，凡是中国参加或缔结的条约应当适用；如与国内法规定不一致的，适用国际条约规定，但对未曾缔结或参加的国际条约，以及声明保留的条款除外。

271.3 司法适用

由于我国的宪法性法律没有就国际条约在我国的法律位阶作出统一的明确规定，造成我国的司法实务部门在适用相关国际条约时没有确定的依据，对国际条约在国内的效力等问题经常存在争议，甚至出现很多相互矛盾的司法裁判，妨碍着国际条约在我国司法实践中的具体适用。因此，明确国际条约在国内法律体系上的位阶，可以使司法实务部门在司法实践中适用国际条约时有确定的依据，指导司法实务部门在司法实践中处理好国际条约与我国国内法之间的效力关系，弥合国际条约与我国国内法在适用上的冲突，维护司法裁判的相对一致性，满足我国司法实践对国际条约在国内适用的现实要求。

271.4　相关规范性文件

最高人民法院《关于适用〈中华人民共和国涉外民事关系法律适用法〉若干问题的解释（一）》（法释〔2020〕18号，自2021年1月1日起施行）

第三条　涉外民事关系法律适用法与其他法律对同一涉外民事关系法律适用规定不一致的，适用涉外民事关系法律适用法的规定，但《中华人民共和国票据法》《中华人民共和国海商法》《中华人民共和国民用航空法》等商事领域法律的特别规定以及知识产权领域法律的特别规定除外。

涉外民事关系法律适用法对涉外民事关系的法律适用没有规定而其他法律有规定的，适用其他法律的规定。

第七条　当事人在合同中援引尚未对中华人民共和国生效的国际条约的，人民法院可以根据该国际条约的内容确定当事人之间的权利义务，但违反中华人民共和国社会公共利益或中华人民共和国法律、行政法规强制性规定的除外。

271.5　典型案例

271.5.1　对于我国加入的国际条约，且不存在声明保留的条款，应优先予以适用

裁判来源：浙江省乐清市运鸿海运有限公司等诉达信风险管理及保险服务（香港）有限公司［Marsh（HongKong）Limited］等海上保赔合同纠纷案——厦门海事法院民事判决书，（2003）厦海法商初字第217号

法院认为：根据《民事诉讼法》第238条的规定，中华人民共和国缔结或者参加的国际条约同本法有不同规定的，适用该国际条约的规定，但中华人民共和国声明保留的条款除外。《联合国承认和执行外国仲裁裁决公约》第2条规定：（1）如果双方当事人书面协议把由于同某个可以通过仲裁方式解决的事项有关的特定的法律关系，不论是不是合同关系，所已产生或可能产生的全部或任何争执提交仲裁，每一个缔约国应该承认这种协议；（2）“书面协议”包括当事人所签署的或者来往书信、电报中所包含的合同中的仲裁条款和仲裁协议；（3）如果缔约国的法院受理一个案

件，而就这案件所涉及的事项，当事人已经达成本条意义内的协议时，除非该法院查明该项协议是无效的、未生效的或不可能实行的，应该依一方当事人的请求，令当事人把案件提交仲裁。我国是《纽约公约》的缔约国，加入该公约时并未对上述条款声明保留，因此该公约应优先予以适用。综合以上三点理由，本案仲裁条款合法有效，应予执行。

272. 外交特权与豁免

272.1 法律条文

第二百七十二条 对享有外交特权与豁免的外国人、外国组织或者国际组织提起的民事诉讼，应当依照中华人民共和国有关法律和中华人民共和国缔结或者参加的国际条约的规定办理。

272.2 条文阐释

本条规定了民事诉讼中的外交特权与豁免。我国《刑事诉讼法》第17条第2款规定："对于享有外交特权和豁免权的外国人犯罪应当追究刑事责任的，通过外交途径解决。"区别于刑事诉讼法中涉及特权与豁免的相关规定，民事诉讼由于涉及外国人与我国人之间的财产关系和人身关系，并不能通过外交途径解决。例如，涉及相关人员之间的婚姻和继承争议，需要依据有关法律和国际条约办理。

272.3 司法适用

实践中，享有司法豁免权的主体包括：（1）外交代表与其共同生活的配偶和未成年子女；（2）使馆行政技术人员、领事官员和领馆行政技术人员；（3）来中国访问的外国元首、政府首脑、外交部长及其他具有同等身份的官员；（4）其他依照我国参加或者缔结的国际条约享有司法豁免权的外国人、外国组织或者国际组织。

272.4　相关规范性文件

《中华人民共和国外交特权与豁免条例》（中华人民共和国主席令第 44 号，自 1986 年 9 月 5 日起施行）

第十四条　外交代表享有刑事管辖豁免。

外交代表享有民事管辖豁免和行政管辖豁免，但下列各项除外：

（一）外交代表以私人身份进行的遗产继承的诉讼；

（二）外交代表违反第二十五条第三项规定在中国境内从事公务范围以外的职业或者商业活动的诉讼。

外交代表免受强制执行，但对前款所列情况，强制执行对其人身和寓所不构成侵犯的，不在此限。

外交代表没有以证人身份作证的义务。

272.5　典型案例

272.5.1　涉司法豁免权外国人案件执行的法律适用

裁判来源：吴某与 K 先生房屋租赁合同纠纷执行案——上海市高级人民法院执行裁定书，（2013）闵执字第 1191 号

裁判要旨：领事官员及配偶的私人行为应归接受国法院的执行管辖。法院在依据诉讼法规采取执行措施时，应注意生活财产的豁免保护，保障当事人执行应讯的答辩权利，引导义务人预见执行后果，实现生效裁判的目的。

273. 语言文字

273.1　法律条文

第二百七十三条　人民法院审理涉外民事案件，应当使用中华人民共和国通用的语言、文字。当事人要求提供翻译的，可以提供，费用由当事人承担。

273.2 条文阐释

本条是关于民事诉讼中适用本国语言的条款。在涉外民事诉讼中，如果外国当事人提出诉讼文书或者外国法院委托我国法院代为送达、协助执行的诉讼文书，当事人的外文书面材料须同中文翻译件一起递交。当事人为诉讼目的而提供的所有外文资料，均需要附中文译本。

273.3 司法适用

一般而言，在一个司法管辖区域内的诉讼，法院都会要求使用本国语言进行，这既是司法主权的体现，也为确保审判人员能够客观和准确地查明案情。例如，根据我国《民事诉讼法》的规定，我国人民法院在审理涉外民事案件，应当使用中华人民共和国通用的语言、文字。在诉讼中当事人要求提供翻译的，可以提供，但费用由当事人承担。因此，在我国发生的涉外诉讼，即使诉讼的当事人主要来自第三国，证据主要以外文形成，也必须使用中文，因此所有的外文文书都必须进行翻译。这在其他国家也是通例。

对于诉讼审理中的外文文书和证明，我国法律要求必须提供中文译本。最高人民法院《关于适用〈中华人民共和国民事诉讼法〉的解释》规定，当事人向人民法院提交的书面材料是外文的，应当同时向人民法院提交中文翻译件。当事人对中文翻译件有异议的，应当共同委托翻译机构提供翻译文本；当事人对翻译机构的选择不能达成一致的，由人民法院确定。可见诉讼中首先必须对外文进行翻译，另外对于翻译机构的选择方式，类似对司法鉴定机构等诉讼辅助机构的选择，一方面遵守当事人自愿原则，另一方面保留了人民法院的司法主权和决定权。

我国的部分高级人民法院还有对于翻译的一些具体规定，例如，北京市高级人民法院《关于民商事国际司法协助工作的若干规定》，对于涉及民商事国际司法协助工作的司法文书的翻译，由高级人民法院建立了翻译机构名册，法院或当事人委托翻译的，应从翻译机构名册中选择。对于不属于民商事国际司法协助的其他普通诉讼，没有规定当事人必须选择人民法院指定或入库的翻译机构，一些诉讼中当事人也可以自行翻译并由翻译机构确认，例如，某些地区的翻译协会有这种处理方式，但当事人如果对翻译件有异议不能达成一致的，则只能回到共同委托或人民法院指定的程序，因此涉及外文文书和证据时，应提前征询审判庭的意见并进行庭前处理，以免发生理解上的不一致影响诉讼程序。

对于庭审使用的语言，我国《民事诉讼法》的规定是应当使用中华人民共和国通用的语言、文字，也就是中文，如果当事人要求提供翻译的，可以提供，费用由当事人承担。如果当事人不通晓中文的，则应当在庭审前提前安排翻译。对于这个程序，法律没有详细规定，一般实践中当事人需提前安排翻译人员并通知审判庭，翻译仅对聘请的一方当事人服务，但翻译的外文表述不记入庭审笔录。如果各方当事人合用一个翻译人员的，应当提前达成一致和共同选择，否则只能各自聘请己方的翻译人员。

273.4　相关规范性文件

最高人民法院《关于适用〈中华人民共和国民事诉讼法〉的解释》（法释〔2022〕11号，自2022年4月10日起施行）

第五百二十五条　当事人向人民法院提交的书面材料是外文的，应当同时向人民法院提交中文翻译件。

当事人对中文翻译件有异议的，应当共同委托翻译机构提供翻译文本；当事人对翻译机构的选择不能达成一致的，由人民法院确定。

274. 中国律师代理

274.1　法律条文

第二百七十四条　外国人、无国籍人、外国企业和组织在人民法院起诉、应诉，需要委托律师代理诉讼的，必须委托中华人民共和国的律师。

274.2 条文阐释

本条规定了我国民事诉讼中代理律师必须是中国律师的原则。民事诉讼涉及一国司法主权的个案行使，本国律师作为司法过程中的重要主体，了解本国情况，方便本国管理，因此本法规定民事诉讼中只能由本国律师代理。

274.3 司法适用

随着我国加入 WTO 和进一步深化改革开放，越来越多的纠纷涉及外国法律。虽然本法严格排除了外国律师在我国代理诉讼，但是外国法律工作者可以作为法律顾问参与到我国司法实践中。上海市司法局、上海市人力资源管理和社会保障局发出的《关于开展国内律师事务所聘请外籍律师担任外国法律顾问试点工作的实施办法（试行）》规定，外国法律顾问任职期，可以：（1）向受聘的国内律师事务所提供执业资格取得国的法律信息、法律环境等方面的咨询服务及有关国际条约、国际惯例的咨询；（2）以外国法律顾问身份向本所客户提供执业资格取得国除诉讼代理外的法律适用的咨询和代理服务；（3）以分工协作方式与本所国内律师合作办理跨境或国际法律服务。

274.4 相关规范性文件

最高人民法院《关于适用〈中华人民共和国民事诉讼法〉的解释》（法释〔2022〕11 号，自 2022 年 4 月 10 日起施行）

第五百二十六条 涉外民事诉讼中的外籍当事人，可以委托本国人为诉讼代理人，也可以委托本国律师以非律师身份担任诉讼代理人；外国驻华使领馆官员，受本国公民的委托，可以以个人名义担任诉讼代理人，但在诉讼中不享有外交或者领事特权和豁免。

第五百二十七条 涉外民事诉讼中，外国驻华使领馆授权其本馆官员，在作为当事人的本国国民不在中华人民共和国领域内的情况下，可以以外交代表身份为其本国国民在中华人民共和国聘请中华人民共和国律师或者中华人民共和国公民代理民事诉讼。

第五百二十八条 涉外民事诉讼中，经调解双方达成协议，应当制发调解书。当事人要求发给判决书的，可以依协议的内容制作判决书送达当事人。

《外国律师事务所驻华代表机构管理条例》（中华人民共和国国务院令第338号，自2002年1月1日起施行）

第十五条 代表机构及其代表，只能从事不包括中国法律事务的下列活动：

（一）向当事人提供该外国律师事务所律师已获准从事律师执业业务的国家法律的咨询，以及有关国际条约、国际惯例的咨询；

（二）接受当事人或者中国律师事务所的委托，办理在该外国律师事务所律师已获准从事律师执业业务的国家的法律事务；

（三）代表外国当事人，委托中国律师事务所办理中国法律事务；

（四）通过订立合同与中国律师事务所保持长期的委托关系办理法律事务；

（五）提供有关中国法律环境影响的信息。

代表机构按照与中国律师事务所达成的协议约定，可以直接向受委托的中国律师事务所的律师提出要求。

代表机构及其代表不得从事本条第一款、第二款规定以外的其他法律服务活动或者其他营利活动。

275. 公证和认证

275.1 法律条文

第二百七十五条 在中华人民共和国领域内没有住所的外国人、无国籍人、外国企业和组织委托中华人民共和国律师或者其他人代理诉讼，从中华人民共和国领域外寄交或者托交的授权委托书，应当经所在国公证机关证明，并经中华人民共和国驻该国使领馆认证，或者履行中华人民共和国与该所在国订立的有关条约中规定的证明手续后，才具有效力。

275.2 条文阐释

外国人、外国企业等要在中国法院提起诉讼，通常需要公证、认证下列材料：(1) 主体资格证明，比如外国自然人的护照，外国企业的营业执照或成立证明；(2) 法定代表人身份证明；(3) 授权委托书。

275.3 司法适用

在下列情况下，对来自域外的文书，不需要履行公证、认证手续：

(1) 涉外仲裁当中涉及的文件。在涉外仲裁程序当中，仲裁规则通常并不要求对主体资格证明、法定代表人身份证明和授权委托书进行公证、认证。对于来自域外的证据，也不要求进行公证、认证。

(2) 外国企业或外国人在中国有住所的情况。如果外国企业在中国境内有代表处或分公司，或外国人在中国国内有住所，其在中国境内签发的授权委托书就无须办理公证、认证手续。

(3) 在中国没有住所的外国人在中国境内出具的授权委托书。外国人如果在中国境内委托中国律师代理诉讼，其出具的授权委托书只需要在中国国内公证处公证即可。如果外国人本人亲自参加庭审，其可以在法庭向其委托的中国律师出具授权委托书，无须公证。

(4) 在中国没有住所的外国企业在中国境内出具的授权委托书。外国企业的主体资格证明办理了公证、认证手续以后，外国企业的法定代表人可以在中国境内向该企业委托的中国律师出具授权委托书，只需要在中国国内公证处公证即可。如果外国企业法定代表人本人亲自参加庭审，其可以代表该企业在法庭向该企业委托的中国律师出具授权委托书，无须公证。

(5) 外国驻华使领馆出具的证明。外国驻华使领馆出具的涉及该外国公民身份的证明，比如婚姻状况证明、护照号更换的证明等，无须办理公证、认证手续。如果该证明没有中文译文，只需要由境内有翻译资质的单位翻译成中文，即可以被国内婚姻登记处、房地产交易中心等单位接受。

(6) 域外形成的公文书证。除中华人民共和国领域外形成的涉及身份关系的证据，当事人提供的公文书证系在中华人民共和国领域外形成的，该证据应当经所在国公证机关证明，或者履行中华人民共和国与该所在国订立的有关条约中规定的证明手续，无须国内机关办理公证、认证手续。

275.4　相关规范性文件

最高人民法院《关于适用〈中华人民共和国民事诉讼法〉的解释》（法释〔2022〕11号，自2022年4月10日起施行）

第五百二十一条　外国人参加诉讼，应当向人民法院提交护照等用以证明自己身份的证件。

外国企业或者组织参加诉讼，向人民法院提交的身份证明文件，应当经所在国公证机关公证，并经中华人民共和国驻该国使领馆认证，或者履行中华人民共和国与该所在国订立的有关条约中规定的证明手续。

代表外国企业或者组织参加诉讼的人，应当向人民法院提交其有权作为代表人参加诉讼的证明，该证明应当经所在国公证机关公证，并经中华人民共和国驻该国使领馆认证，或者履行中华人民共和国与该所在国订立的有关条约中规定的证明手续。

本条所称的“所在国”，是指外国企业或者组织的设立登记地国，也可以是办理了营业登记手续的第三国。

第五百二十二条　依照民事诉讼法第二百七十一条以及本解释第五百二十一条规定，需要办理公证、认证手续，而外国当事人所在国与中华人民共和国没有建立外交关系的，可以经该国公证机关公证，经与中华人民共和国有外交关系的第三国驻该国使领馆认证，再转由中华人民共和国驻该第三国使领馆认证。

第五百二十三条　外国人、外国企业或者组织的代表人在人民法院法官的见证下签署授权委托书，委托代理人进行民事诉讼的，人民法院应予认可。

第五百二十四条　外国人、外国企业或者组织的代表人在中华人民共和国境内签署授权委托书，委托代理人进行民事诉讼，经中华人民共和国公证机构公证的，人民法院应予认可。

最高人民法院《关于民事诉讼证据的若干规定》（法释〔2019〕19号，自2020年5月1日起施行）

第十六条　当事人提供的公文书证系在中华人民共和国领域外形成的，

该证据应当经所在国公证机关证明，或者履行中华人民共和国与该所在国订立的有关条约中规定的证明手续。

中华人民共和国领域外形成的涉及身份关系的证据，应当经所在国公证机关证明并经中华人民共和国驻该国使领馆认证，或者履行中华人民共和国与该所在国订立的有关条约中规定的证明手续。

当事人向人民法院提供的证据是在香港、澳门、台湾地区形成的，应当履行相关的证明手续。

275.5 典型案例

275.5.1 境外企业在人民法院起诉，必须办理合法有效的授权委托手续

裁判来源：上诉人新思科技有限公司与被上诉人武汉芯动科技有限公司侵害计算机软件著作权纠纷案——最高人民法院民事判决书，（2020）最高法知民终 1138 号

法院认为：关于涉外诉讼代理，《民事诉讼法》第 263 条规定："外国人、无国籍人、外国企业和组织在人民法院起诉、应诉，需要委托律师代理诉讼的，必须委托中华人民共和国的律师。"第 264 条规定："在中华人民共和国领域内没有住所的外国人、无国籍人、外国企业和组织委托中华人民共和国律师或者其他人代理诉讼，从中华人民共和国领域外寄交或者托交的授权委托书，应当经所在国公证机关证明，并经中华人民共和国驻该国使领馆认证，或者履行中华人民共和国与该所在国订立的有关条约中规定的证明手续后，才具有效力。"上述法律规定说明境外企业在人民法院起诉，必须办理合法有效的授权委托手续。本案中，新思公司针对委托代理诉讼事项提交了两份授权委托书，其中，一份是新思公司法律总顾问助理 PeterNash 以公证方式签署的授权书，授权该公司高级法律顾问萧某国代表新思公司针对在中国境内有关知识产权的侵权违法行为采取包括起诉、收集证据、证据保全和公证等法律措施，该授权委托书同时明确了萧某国具有转委托的代理权限；另一份是新思公司的总法律顾问 RickRunkel 签署的授权书，确认了前述公证中 PeterNash 授权萧某国的行为属于职务行为，符合美国特拉华州法律规定以及新思公司章程。上述两份授权书均已办理

公证认证手续，证据形式合法，且前后授权内容具有一致性，可以作为新思公司关于本案诉讼代理人授权的认定依据。而萧某国接受该委托后亦签署授权委托书，再转授权中国律师代表新思公司参加包括本案在内的诉讼维权活动，并未超出新思公司的前述授权范围，也符合上述法律规定。虽然芯动公司根据新思公司网站所公开高管人员信息，质疑 PeterNash 的员工身份，但并未否认新思公司总法律顾问 RickRunkel 的身份，而 RickRunkel 作为新思公司对外公布的负责法律事务高管，在其职责范围内签署授权委托书，属于代表新思公司的授权行为。故本案可以认定新思公司提交委托代理手续合法有效。

因此，新思公司可以作为涉案 DesignCompiler 软件的著作权人委托中国律师，针对被诉侵权行为提起本案民事诉讼。

第二十四章 管 辖

276. 管辖的依据与类型

276.1 法律条文

第二百七十六条 因涉外民事纠纷，对在中华人民共和国领域内没有住所的被告提起除身份关系以外的诉讼，如果合同签订地、合同履行地、诉讼标的物所在地、可供扣押财产所在地、侵权行为地、代表机构住所地位于中华人民共和国领域内的，可以由合同签订地、合同履行地、诉讼标的物所在地、可供扣押财产所在地、侵权行为地、代表机构住所地人民法院管辖。

除前款规定外，涉外民事纠纷与中华人民共和国存在其他适当联系的，可以由人民法院管辖。

276.2 条文阐释

本条对民事诉讼中的特殊地域管辖作出了规定。部分合同纠纷或者其他财产权益纠纷虽然涉及在中华人民共和国领域内没有住所的民事主体，但是由于相关的合同签订或者财产标的在我国境内，涉及我国民事主体的合法权益并且我国法院能够管辖，所以本法规定了在特定情形下我国法院有权对该类纠纷予以管辖。此次修法合理增加了管辖涉外案件的类型，适度扩大了相关管辖依据。将管辖纠纷的类型拓展至财产权益纠纷和非财产权益纠纷，增设侵权结果发生地和其他适当联系作为管辖依据，更好平等保护中外当事人诉权，切实维护我国主权、安全、发展利益。

276.3 司法适用

根据本条相关司法解释的规定，涉外民事案件的当事人可以协议选择法院管辖。司法实践中应当注意以下事项：一是可以选择法院的案件范围，应当是涉外合同、其他财产权益纠纷以及非财产权益纠纷案件案件。二是选择法院的形式要求，应当是以书面协议的方式选择，该选择可以在争议发生前，也可以在争议发生后作出。三是协议选择的法院的范围是有限制的，实践中，在涉外民事诉讼中，我国法院有管辖权的情形主要有以下四种：(1) 合同在我国领域内签订或者履行，侵权行为或者损害结果发生在我国领域的，由合同签订地合同履行地、侵权行为发生地或者结果地人民法院管辖；(2) 当事人所争议的财产在我国领域内，由诉讼标的物所在地人民法院管辖；(3) 被告在我国领域内有可供扣押的财产，由可供扣押财产所在地人民法院管辖；(4) 被告在我国领域内设有代表机构的，由代表机构住所地人民法院管辖。

属于中华人民共和国法院专属管辖的案件，当事人不得协议选择外国法院管辖，但协议选择仲裁的除外。

276.4 相关规范性文件

最高人民法院《关于适用〈中华人民共和国民事诉讼法〉的解释》(法释〔2022〕11号，自2022年4月10日起施行)

第五百二十九条 涉外合同或者其他财产权益纠纷的当事人，可以书面协议选择被告住所地、合同履行地、合同签订地、原告住所地、标的物所在地、侵权行为地等与争议有实际联系地点的外国法院管辖。

根据民事诉讼法第三十四条和第二百七十三条规定，属于中华人民共和国法院专属管辖的案件，当事人不得协议选择外国法院管辖，但协议选择仲裁的除外。

第五百三十条 涉外民事案件同时符合下列情形的，人民法院可以裁定驳回原告的起诉，告知其向更方便的外国法院提起诉讼：

（一）被告提出案件应由更方便外国法院管辖的请求，或者提出管辖异议；

（二）当事人之间不存在选择中华人民共和国法院管辖的协议；

（三）案件不属于中华人民共和国法院专属管辖；

（四）案件不涉及中华人民共和国国家、公民、法人或者其他组织的利益；

（五）案件争议的主要事实不是发生在中华人民共和国境内，且案件不适用中华人民共和国法律，人民法院审理案件在认定事实和适用法律方面存在重大困难；

（六）外国法院对案件享有管辖权，且审理该案件更加方便。

第五百三十一条 中华人民共和国法院和外国法院都有管辖权的案件，一方当事人向外国法院起诉，而另一方当事人向中华人民共和国法院起诉的，人民法院可予受理。判决后，外国法院申请或者当事人请求人民法院承认和执行外国法院对本案作出的判决、裁定的，不予准许；但双方共同缔结或者参加的国际条约另有规定的除外。

外国法院判决、裁定已经被人民法院承认，当事人就同一争议向人民法院起诉的，人民法院不予受理。

276.5 典型案例

276.5.1 涉外公司有在中国内地的联系地点，可以将该地点理解为该公司在中国内地设有代表机构，则合同签订地和代表机构住所地人民法院均可管辖

裁判来源：广州梦爵网络科技有限公司与英卓游戏有限公司计算机软件著作权许可合同纠纷上诉案——最高人民法院民事裁定书，（2020）最高法知民辖终190号

裁判要旨：合同纠纷的当事人违反专属管辖规定订立的协议管辖条款无效。原告因与计算机软件相关的知识产权合同纠纷提起的诉讼，合同在内地签订或履行，作为涉港一方当事人的被告在内地设有代表机构的，具有专属管辖权的合同签订地、合同履行地、代表机构住所地人民法院均具有管辖权，原告可择其一提起诉讼。

276.5.2 如果我国台湾地区判决作出在先，且该判决并未经过我国大陆法院的承认，则对于同一争议，我国大陆法院可以再行使管辖权

裁判来源： 陈某斌等与陈桓某等股东出资纠纷上诉案——北京市第二中级人民法院民事裁定书，(2015)二中民（商）终字第6718号

裁判要旨： 涉港澳台民商事诉讼涉及的区际平行诉讼的管辖权问题，往往导致一国之内不同法域的积极冲突。就我国台湾地区而言，除我国台湾地区法院的判决、裁定被人民法院承认等阻却事由外，两岸之间就同一争议的民商事案件诉讼管辖权的行使并无限制性规定，因此不影响人民法院就同一争议行使管辖权。涉外民商事诉讼确定案件管辖法院时是否适用不方便法院原则，应从最大限度保护当事人合法权益的角度出发，着重审查受理法院在认定事实和适用法律方面是否存在重大困难。如不存在重大困难，则应谨慎适用该原则。

本案中，陈某斌、黄某真、陈某伟主张与本案有关的诉讼已在我国台湾地区法院审理，且陈某斌、陈某专已败诉，因此认为本案构成重复诉讼。根据相关司法解释的规定，重复诉讼的管辖阻却是另一国判决、裁定已被人民法院承认，否则我国法院对于重复诉讼可以行使本国管辖权。区际平行诉讼中亦可参照该规定，本案中陈某斌、黄某真、陈某伟所称的我国书并未经过人民法院的承认，且两岸之间就同一争议的民商事案件诉讼管辖权的行使并无其他限制性规定，因此本案不能适用有关涉外管辖权阻却事由的规定，我国相关人民法院对本案有司法管辖权。

277. 书面协议选择管辖

277.1 法律条文

第二百七十七条 涉外民事纠纷的当事人书面协议选择人民法院管辖的，可以由人民法院管辖。

277.2 条文阐释

本条规定了涉外纠纷中的协议管辖。

2017 年《民事诉讼法》第 35 条规定，当事人可以在争议发生后或在争议发生后达成选择法院的协议，但选择的法院必须与争议有实际联系。最高人民法院《关于适用〈中华人民共和国民事诉讼法〉的解释》第 531 条规定对实际联系地点略作了扩展，但仍然坚持实际联系为“客观上的实际联系”。我国民事诉讼法坚持实际联系原则，限缩了外国当事人协议选择包括最高人民法院国际商事法庭在内的我国法院管辖之可能性，此不利于协议管辖制度优势的发挥。当前越来越多的国家建立了专业性的国际商事法庭或法院。其中，对离岸案件行使管辖权成为一项对国际商事纠纷主体具有吸引力的制度。以新加坡国际商事法庭为例，其强调如果当事人书面协议选择提交新加坡国际商事法庭解决争议，则法庭不会因为国际商事争议与新加坡没有实际联系而拒绝受理案件。涉外协议管辖制度过于保守，将不利于我国法院在国际司法竞争中的发展。

本条规定拓展了我国法院的管辖范围，管辖法院仅凭当事人的协议选择而对与本国联系不大甚至无联系的案件行使管辖权。通过本条规定，我国法院可以依据当事人协议选择而向全球提供司法公共产品，从而开创了真正意义上的国际管辖，提升了我国对外开放水平。

278. 应诉管辖

278.1 法律条文

第二百七十八条 当事人未提出管辖异议，并应诉答辩或者提出反诉的，视为人民法院有管辖权。

278.2 条文阐释

本条规定了国际民商事争议中的应诉管辖权。当事人对我国法院管辖有权提出异议，异议成立的，相关法院对有关争议不具有管辖权。当事人对我国法院管辖未提出异议，并应诉答辩或者提出反诉，表明对方以行为表示接受我国法院管辖，我国法院对该争议具有应诉管辖权。

2007 年修改的《民事诉讼法》在第二章管辖权一章没有规定应诉管辖，但在涉外编第 243 条对应诉管辖有规定，具体内容为“涉外民事诉讼的被告对人民法院管辖不提出异议，并应诉答辩的，视为承认该人民法院为有管辖权的法院。”

2012 年修改的《民事诉讼法》把它规定在了第十二章第一审普通程序中，对内外诉讼都适用，但是限定在第一审的普通程序的范围。规定在第 127 条第 2 款，具体内容为“当事人未提出管辖异议，并应诉答辩的，视为受诉人民法院有管辖权，但违反级别管辖和专属管辖规定的除外。”

2023 年修改的《民事诉讼法》考虑到当事人对法院管辖未提出异议可能有各种理由，法院仅依据当事人未提出异议就视为有管辖权，则可能会出现错误判断管辖和当事人恶意利用应诉管辖制度的情形。本条规定应诉管辖需要同时满足“被告对中华人民共和国人民法院管辖未提出异议”和“应诉答辩或者提出反诉的”两个条件，有利于对法院未发现且当事人未提出管辖异议的隐性管辖错误案件加以遏制。应诉管辖权的不断发展是我国民事诉讼法制度与实践不断精细化和系统化的缩影。

278.3 相关规范性文件

最高人民法院《关于适用〈中华人民共和国民事诉讼法〉的解释》（法释〔2022〕11 号，自 2022 年 4 月 10 日起施行）

第三十九条 人民法院对管辖异议审查后确定有管辖权的，不因当事人提起反诉、增加或者变更诉讼请求等改变管辖，但违反级别管辖、专属管辖规定的除外。

人民法院发回重审或者按第一审程序再审的案件，当事人提出管辖异议的，人民法院不予审查。

第二百二十三条 当事人在提交答辩状期间提出管辖异议，又针对起诉状的内容进行答辩的，人民法院应当依照民事诉讼法第一百三十条第一款的规定，对管辖异议进行审查。

当事人未提出管辖异议，就案件实体内容进行答辩、陈述或者反诉的，可以认定为民事诉讼法第一百三十条第二款规定的应诉答辩。

第二百三十三条 反诉的当事人应当限于本诉的当事人的范围。

反诉与本诉的诉讼请求基于相同法律关系、诉讼请求之间具有因果关系，或者反诉与本诉的诉讼请求基于相同事实的，人民法院应当合并审理。

反诉应由其他人民法院专属管辖，或者与本诉的诉讼标的及诉讼请求所依据的事实、理由无关联的，裁定不予受理，告知另行起诉。

第二百三十九条 人民法院准许本诉原告撤诉的，应当对反诉继续审理；被告申请撤回反诉的，人民法院应予准许。

最高人民法院《关于涉外民商事案件管辖若干问题的规定》（法释〔2022〕18号，自2023年1月1日起施行）

为依法保护中外当事人合法权益，便利当事人诉讼，进一步提升涉外民商事审判质效，根据《中华人民共和国民事诉讼法》的规定，结合审判实践，制定本规定。

第一条 基层人民法院管辖第一审涉外民商事案件，法律、司法解释另有规定的除外。

第二条 中级人民法院管辖下列第一审涉外民商事案件：

（一）争议标的额大的涉外民商事案件。

北京、天津、上海、江苏、浙江、福建、山东、广东、重庆辖区中级人民法院，管辖诉讼标的额人民币4000万元以上（包含本数）的涉外民商事案件；

河北、山西、内蒙古、辽宁、吉林、黑龙江、安徽、江西、河南、湖北、湖南、广西、海南、四川、贵州、云南、西藏、陕西、甘肃、青海、宁夏、新疆辖区中级人民法院，解放军各战区、总直属军事法院，新疆维吾尔自治区高级人民法院生产建设兵团分院所辖各中级人民法院，管辖诉讼标的额人民币2000万元以上（包含本数）的涉外民商事案件。

（二）案情复杂或者一方当事人人数众多的涉外民商事案件。

（三）其他在本辖区有重大影响的涉外民商事案件。

法律、司法解释对中级人民法院管辖第一审涉外民商事案件另有规定的，依照相关规定办理。

第三条 高级人民法院管辖诉讼标的额人民币50亿元以上（包含本

数）或者其他在本辖区有重大影响的第一审涉外民商事案件。

第四条 高级人民法院根据本辖区的实际情况，认为确有必要的，经报最高人民法院批准，可以指定一个或数个基层人民法院、中级人民法院分别对本规定第一条、第二条规定的第一审涉外民商事案件实行跨区域集中管辖。

依据前款规定实行跨区域集中管辖的，高级人民法院应及时向社会公布该基层人民法院、中级人民法院相应的管辖区域。

第五条 涉外民商事案件由专门的审判庭或合议庭审理。

第六条 涉外海事海商纠纷案件、涉外知识产权纠纷案件、涉外生态环境损害赔偿纠纷案件以及涉外环境民事公益诉讼案件，不适用本规定。

第七条 涉及香港、澳门特别行政区和台湾地区的民商事案件参照适用本规定。

第八条 本规定自2023年1月1日起施行。本规定施行后受理的案件适用本规定。

第九条 本院以前发布的司法解释与本规定不一致的，以本规定为准。

279. 专属管辖

279.1 法律条文

第二百七十九条 下列民事案件，由人民法院专属管辖：

（一）因在中华人民共和国领域内设立的法人或者其他组织的设立、解散、清算，以及该法人或者其他组织作出的决议的效力等纠纷提起的诉讼；

（二）因与在中华人民共和国领域内审查授予的知识产权的有效性有关的纠纷提起的诉讼；

（三）因在中华人民共和国领域内履行中外合资经营企业合同、中外合作经营企业合同、中外合作勘探开发自然资源合同发生纠纷提起的诉讼。

279.2 条文阐释

本条规定了民事诉讼中的专属管辖。早期由于国内民营经济不发达，因此和国外民事主体进行民事行为的主体往往是国有企业，双方采用中外合资经营企业合同、中外合作经营企业合同、中外合作勘探开发自然资源合同等方式。这些合同涉及国有财产的使用，因而涉及我国的公共利益。为了更好地保护我国的国有财产安全。2019 年2 月25 日，习近平总书记在中央全面依法治国委员会第二次会议上发表重要讲话，明确指出要加快推进我国法域外适用的法律体系建设，保障和服务高水平对外开放。2019 年11 月5 日公布的《中共中央关于坚持和完善中国特色社会主义制度　推进国家治理体系和治理能力现代化若干重大问题的决定》提出，要加强重要领域立法，加快我国法域外适用的法律体系建设。在涉外民商事诉讼中，管辖权是一国法院受理案件的前提和基础，是一国司法主权的重要体现，是保障我国法域外适用的重要程序机制。2023 年《民事诉讼法》拓展了我国法院的管辖范围，我国法院有权对在我国领域内设立的法人、非法人组织的法定事项提起的诉讼和审查授予的知识产权的有效性提起的诉讼进行管辖。这表明随着改革开放的进一步深化，我国经济主体融入全球化进程进一步加快，有利于维护我国司法主权和国家利益。

279.3 司法适用

《民事诉讼法》中本条关于专属管辖的规定新增了两项，第 1 项“因在中华人民共和国领域内设立的法人或者非法人组织的设立、解散、清算，以及该机关作出的决议的效力等提起的诉讼”可以归入《外国国家豁免法》第 7 条商业活动不豁免管辖的情形，第 2 项“因在中华人民共和国领域内审查授予的知识产权的有效性等提起的诉讼”可以归入《外国国家豁免法》第 11 条知识产权事项的诉讼。不豁免管辖是专属管辖的前提，不豁免管辖的范围应当大于专属管辖的范围，《民事诉讼法》在此方面应当与《外国国家豁免法》保持协同。目前《民事诉讼法》第 279 条专属管辖，以及第 280 条专属管辖排除协议管辖、第 281 条专属管辖不中止诉讼的规定，均符合《外国国家豁免法》第 7 条、第 11 条的规定。

279.4　相关规范性文件

最高人民法院《关于涉外民商事案件诉讼管辖若干问题的规定》（法释〔2020〕20号，自2021年1月1日起施行）

第一条　第一审涉外民商事案件由下列人民法院管辖：

（一）国务院批准设立的经济技术开发区人民法院；

（二）省会、自治区首府、直辖市所在地的中级人民法院；

（三）经济特区、计划单列市中级人民法院；

（四）最高人民法院指定的其他中级人民法院；

（五）高级人民法院。

上述中级人民法院的区域管辖范围由所在地的高级人民法院确定。

第二条　对国务院批准设立的经济技术开发区人民法院所作的第一审判决、裁定不服的，其第二审由所在地中级人民法院管辖。

第三条　本规定适用于下列案件：

（一）涉外合同和侵权纠纷案件；

（二）信用证纠纷案件；

（三）申请撤销、承认与强制执行国际仲裁裁决的案件；

（四）审查有关涉外民商事仲裁条款效力的案件；

（五）申请承认和强制执行外国法院民商事判决、裁定的案件。

第四条　发生在与外国接壤的边境省份的边境贸易纠纷案件，涉外房地产案件和涉外知识产权案件，不适用本规定。

第五条　涉及香港、澳门特别行政区和台湾地区当事人的民商事纠纷案件的管辖，参照本规定处理。

第六条　高级人民法院应当对涉外民商事案件的管辖实施监督，凡越权受理涉外民商事案件的，应当通知或者裁定将案件移送有管辖权的人民法院审理。

第七条　本规定于2002年3月1日起施行。本规定施行前已经受理的案件由原受理人民法院继续审理。

本规定发布前的有关司法解释、规定与本规定不一致的，以本规定为准。

280. 排他性管辖及其协议效力

280.1 法律条文

第二百八十条 当事人之间的同一纠纷，一方当事人向外国法院起诉，另一方当事人向人民法院起诉，或者一方当事人既向外国法院起诉，又向人民法院起诉，人民法院依照本法有管辖权的，可以受理。当事人订立排他性管辖协议选择外国法院管辖且不违反本法对专属管辖的规定，不涉及中华人民共和国主权、安全或者社会公共利益的，人民法院可以裁定不予受理；已经受理的，裁定驳回起诉。

280.2 条文阐释

本条规定了排他性管辖及其协议效力条款。根据本规定，当事人就同一纠纷向我国法院和外国法院均起诉而我国法院依法具有管辖权的，我国法院可予受理。但是为了避免浪费司法资源和维护当事人的意思自治，对于当事人订立排他性管辖协议选择外国法院管辖，符合本条规定的条件而未受理的，我国法院可以裁定不予受理；已经受理的，裁定驳回起诉。

根据2015年7月1日起施行的《国家安全法》第2条的规定，国家安全是指国家政权、主权、统一和领土完整、人民福祉、经济社会可持续发展和国家其他重大利益相对处于没有危险和不受内外威胁的状态，以及保障持续安全状态的能力。随着我国对外开放和全球化的不断发展，涉外民事主体在经济活动中可能会参与涉及国家安全利益的相关事项，如果民事争议涉及该类事项的，由我国法院管辖更有利于维护我国的国家主权与安全利益。

280.3 相关规范性文件

最高人民法院《关于适用〈中华人民共和国民事诉讼法〉的解释》（法释〔2022〕11号，自2022年4月10日起施行）

第二百四十七条 当事人就已经提起诉讼的事项在诉讼过程中或者裁

判生效后再次起诉，同时符合下列条件的，构成重复起诉：

（一）后诉与前诉的当事人相同；

（二）后诉与前诉的诉讼标的相同；

（三）后诉与前诉的诉讼请求相同，或者后诉的诉讼请求实质上否定前诉裁判结果。

当事人重复起诉的，裁定不予受理；已经受理的，裁定驳回起诉，但法律、司法解释另有规定的除外。

第二百四十八条　裁判发生法律效力后，发生新的事实，当事人再次提起诉讼的，人民法院应当依法受理。

最高人民法院《全国法院涉外商事海事审判工作座谈会会议纪要》（自 2022 年 4 月 10 日起施行）

1.【排他性管辖协议的推定】涉外合同或者其他财产权益纠纷的当事人签订的管辖协议明确约定由一国法院管辖，但未约定该管辖协议为非排他性管辖协议的，应推定该管辖协议为排他性管辖协议。

281. 中止诉讼

281.1　法律条文

第二百八十一条　人民法院依据前条规定受理案件后，当事人以外国法院已经先于人民法院受理为由，书面申请人民法院中止诉讼的，人民法院可以裁定中止诉讼，但是存在下列情形之一的除外：

（一）当事人协议选择人民法院管辖，或者纠纷属于人民法院专属管辖；

（二）由人民法院审理明显更为方便。

外国法院未采取必要措施审理案件，或者未在合理期限内审结的，依当事人的书面申请，人民法院应当恢复诉讼。

外国法院作出的发生法律效力的判决、裁定，已经被人民法院全部或者部分承认，当事人对已经获得承认的部分又向人民法院起诉的，裁定不予受理；已经受理的，裁定驳回起诉。

281.2 条文阐释

本条对中止诉讼作出了相应规定。根据本条规定，我国法院对涉外纠纷中止诉讼需要满足三个条件：（1）外国法院先于中华人民共和国人民法院受理；（2）根据本法的规定外国法院判决可能被中华人民共和国人民法院承认；（3）经当事人书面申请。同时满足这三个条件的，法院可以中止诉讼。中止诉讼可以避免因为本国法院和外国法院重复判决而造成的司法资源浪费和当事人诉讼成本增加。通过中止诉讼有利于尊重双方当事人意思自治，有利于尊重他国司法主权，有利于推动“一带一路”国际司法建设。

当事人协议选择我国法院管辖而一方当事人向外国法院起诉并且起诉被相关法院受理的，虽然相关判决可能被我国法院承认且经过了一方当事人申请，但是相关管辖并非当事人双方共同的意思表示，为了平衡各方利益，法律规定当事人协议管辖选择我国法院管辖属于中止诉讼的例外情形。纠纷属于我国法院专属管辖的，表明相关纠纷涉及我国司法主权和国家利益，因此本法规定纠纷属于我国法院专属管辖的属于中止诉讼的例外情形。

由我国法院审理明显更为方便是指在案件的审理、执行等各方面，由我国法院处理更为经济和合理。当事人在我国法院审理明显更为方便的前提下仍然选择外国法院解决纠纷，会导致案件后期执行和承认等阶段我国司法资源不必要的浪费。因此，本条规定对于由我国法院审理明显更为方便的纠纷不能申请中止诉讼。

外国法院未采取必要措施审理案件，或者无法在合理期限内审结的，为了及时解决纠纷，本条规定当事人有权申请我国法院恢复诉讼。外国法院判决、裁定，已经被我国法院全部或部分承认，对已经获得承认的部分当事人又向我国法院起诉的，为了节约司法资源，本条规定法院不予受理，已经受理的裁定驳回起诉。

282. 不方便法院管辖原则

282.1 法律条文

第二百八十二条　人民法院受理的涉外民事案件，被告提出管辖异议，且同时有下列情形的，可以裁定驳回起诉，告知原告向更为方便的外国法院提起诉讼：

（一）案件争议的基本事实不是发生在中华人民共和国领域内，人民法院审理案件和当事人参加诉讼均明显不方便；

（二）当事人之间不存在选择人民法院管辖的协议；

（三）案件不属于人民法院专属管辖；

（四）案件不涉及中华人民共和国主权、安全或者社会公共利益；

（五）外国法院审理案件更为方便。

裁定驳回起诉后，外国法院对纠纷拒绝行使管辖权，或者未采取必要措施审理案件，或者未在合理期限内审结，当事人又向人民法院起诉的，人民法院应当受理。

282.2 条文阐释

本条规定了不方便法院管辖原则。不方便法院管辖原则，是指对于符合法定条件的案件，法院即使对民事案件拥有管辖权，也可以驳回诉讼，要求原告在其他合适的诉讼地另行起诉。根据本条规定，被告应用不方便法院管辖原则需要同时满足五个条件：（1）被告提出书面申请或者提出管辖异议；（2）案件争议的主要事实不是发生在中华人民共和国领域内，中华人民共和国人民法院审理案件和当事人参加诉讼均明显不方便；（3）当事人之间不存在选择中华人民共和国人民法院管辖的协议；（4）案件不涉及中华人民共和国主权、安全或者社会公共利益；（5）外国法院审理案件更为方便。

案件争议的主要事实区别于次要事实，案件的主要事实是指法院根据双方当事人所主张的事实依法进行判断，明确本案法律关系后，法院所确定的涵摄了民事实体法律规范所内含要件事实的事实部分，而案件的次要事实是指当事人在诉讼中提出的与本案相关的其他事实部分。法院管辖权的行使涉及我国主权、安全或者社会公共利益，因此本法规定对于可能涉及我国主权、安全或者社会公共利益的案件，不适用不方便法院管辖原则。

外国法院审理案件是否更为方便需要考虑：一是该地是否会受理该诉讼；二是该地是否会对原告提供有效的救济；三是综合分析私人利益因素和公共利益因素。在不方便法院的私人利益因素中，法院通常会分析获得证据的容易程度、获得证人证言的容易程度、判决的可执行性、被告在法院应诉的实际困难及其他使案件容易审理、缩短时间和减少成本的因素。私人利益因素中主要有三个关键点：一是原、被告的住所（公司的注册地和主要运营地），二是证据，三是判决的执行。对于中资公司来说，如果诉讼基于的事实主要发生在中国，诉讼关键争议点涉及的证人证据大部分存在于中国，诉讼标的位于中国，而中资公司在法院所在国又缺乏常设机构，那么在私人利益因素的分析中，往往会得到法院的支持，而认定原告在中国进行诉讼更为合适。在公共利益因素分析中，法院则重点关注法院所在的诉讼地和其他合适诉讼地间的利益比较。包括对法院资源的占有，本地法院对本地争议进行判决的利益，适用外国法的困难等。

282.3 典型案例

282.3.1 人民法院在审理涉外商事纠纷案件过程中，如发现案件存在不便管辖的因素，可以不方便法院原则裁定驳回原告的起诉

裁判来源：国际油污损害赔偿基金与三星重工业株式会社等船舶污染损害赔偿管辖权异议纠纷案——最高人民法院民事裁定书，（2011）民申字第400号

基本案情：河北精神船务有限公司所有的“河北精神”轮于2007年12月6日载运了26万余吨的原油，在韩国海域内与三星物产株式会社（以下简称三星物产）所有而由三星重工业株式会社（以下简称三星重工）租赁经营的“Samsung No. 1”轮发生碰撞，致原油大量泄漏，造成油污损害。“1992年基金”遂向宁波海事法院起诉，要求三星重工和三星物产予以赔偿。三星物产和三星重工在答辩中认为，宁波海事法院没有管辖权，

即便具有管辖权，亦属于不方便法院。

宁波海事法院一审认为：三星重工在宁波有可供扣押的财产，故宁波海事法院享有管辖权。相比国内案件，本案在审理中虽有一定难度，但尚未达到重大困难的程度，故本案不适用不方便法院原则。三星重工和三星物产不服，向浙江高院提起上诉。浙江高院审理认为：宁波作为可供扣押财产所在地之一，宁波海事法院依法享有管辖权。本案船舶碰撞和油污损害的主要事实发生在韩国，案件所涉的证据材料基本以韩语记载，并且韩国主管机关已对碰撞和油污事实进行了调查，有关事故的刑事案件和民事案件也已经在韩国当地法院进行审理或已经作出了判决，故本案符合不方便法院原则的各项条件，二审驳回了"1992 年基金"的起诉。

"1992 年基金"不服，向最高人民法院申请再审。最高人民法院认为：三星重工在宁波有可供扣押的财产，根据《民事诉讼法》相关规定，宁波海事法院对本案享有管辖权。对于是否适用不方便法院原则的问题，最高人民法院认为，船舶碰撞和油污损害的事实发生在韩国领域内，有关油污基金和海事赔偿责任限制基金已在韩国设立，且依照船舶碰撞损害赔偿纠纷法律适用之一般规则，本案应适用韩国法律，因此，在认定事实和适用法律方面，韩国法院比中国法院更为便利。就本案管辖权而言，本案各方当事人之间未就纠纷协议选择中国法院管辖，且案涉纠纷属于一般侵权案件，并非中国法院专属管辖案件。据此，虽然中国法院依法取得管辖权，但在三星重工、三星物产提出管辖权异议的情况下，中国法院综合各方面因素，放弃行使管辖权并不违反中华人民共和国民事诉讼法关于法院管辖权的规定。综上，"1992 年基金"关于本案不应适用不方便法院原则的再审申请理由并不充分，不予支持。

第二十五章　送达、调查取证、期间

283. 送达方式

283.1　法律条文

第二百八十三条　人民法院对在中华人民共和国领域内没有住所的当事人送达诉讼文书，可以采用下列方式：

（一）依照受送达人所在国与中华人民共和国缔结或者共同参加的国际条约中规定的方式送达；

（二）通过外交途径送达；

（三）对具有中华人民共和国国籍的受送达人，可以委托中华人民共和国驻受送达人所在国的使领馆代为送达；

（四）向受送达人在本案中委托的诉讼代理人送达；

（五）向受送达人在中华人民共和国领域内设立的独资企业、代表机构、分支机构或者有权接受送达的业务代办人送达；

（六）受送达人为外国人、无国籍人，其在中华人民共和国领域内设立的法人或者其他组织担任法定代表人或者主要负责人，且与该法人或者其他组织为共同被告的，向该法人或者其他组织送达；

（七）受送达人为外国法人或者其他组织，其法定代表人或者主要负责人在中华人民共和国领域内的，向其法定代表人或者主要负责人送达；

（八）受送达人所在国的法律允许邮寄送达的，可以邮寄送达，自邮寄之日起满三个月，送达回证没有退回，但根据各种情况足以认定已经送达的，期间届满之日视为送达；

（九）采用能够确认受送达人收悉的电子方式送达，但是受送达人所在国法律禁止的除外；

（十）以受送达人同意的其他方式送达，但是受送达人所在国法律禁止的除外。

不能用上述方式送达的，公告送达，自发出公告之日起，经过六十日，即视为送达。

283.2　条文阐释

本条规定了法院对于在中华人民共和国共和国没有住所的当事人的送达方式。由于送达涉及两个国家，因而相对本国送达来说构造较为复杂。

（1）国际公约或双边司法协助条约途径进行送达的情况比较少。采用国际条约送达或外交送达方式，需要原告对所有待送达的诉讼文件进行翻译（部分小语种国家的翻译费较高），涉及特定国家的（如美国、新加坡等），还需要原告交纳涉外送达费用。一旦涉外送达失败，还需要原告在《人民日报（海外版）》办理公告，费用较国内公告更高（平均 2000 元左右）。上述送达成本给原告带来较大经济负担。

（2）外交途径送达是指建立外交关系国家的法院之间通过外交途径相互委托向对方公民或在对方境内的第三国或无国籍当事人（包括个人和法人）送达民、商事司法文书或调查取证，一般是通过本国外交部指示驻被委托国使馆将有关文书送给该国的外交部转交该国的管辖法院执行送达。

（3）委托送达是指中国与已建立外交关系国家的法院向在对方境内的本国公民送达民、商事司法文书或调查取证，可以委托本国驻外国使、领馆以符合驻在国法律的方式代为直接送达或调查取证。对于受送达人在本案中委托了诉讼代理人的，也可以向该诉讼代理人送达。

（4）受送达人在我国境内设立了独资企业、代表机构、分支机构或者具有有权接受送达的业务代办人的，法院可以向相关主体送达。受送达人为外国法人或者非法人组织，其法定代表人或主要负责人在我国领域内的，可以向其送达。“业务代办人”概念多用于海运航运领域，在海事诉讼特别程序法中也有专门规定。由于业务代办人不是外国企业为进行联络或经营活动专门设立的组织，不具有代表机构、分公司或子公司的法律地位，其业务范围局限在与委托人之间约定的代办事项内。例如，不少境外船公司为开拓中国海运市场，依照我国交通部等有关主管部门的规定，在国内有业务代理人，代理其办理船舶进出港签证、联合检验等业务。对此，法院可将其认定为业务代办人。

（5）跨国邮寄送达的前提是相关国家同样允许中国的法院向该国进行送达。跨国送达难以避免国家之间信息沟通不畅的情况，因此本法规定对于自邮寄之日起满3个月，送达回证没有退回，但根据各种情况足以认定已经送达的，期间届满之日视为送达。

（6）随着现代技术的发展完善，法院对于跨国纠纷的送达可以采用多样化的方式。通过传真、电子邮件等方式送达需要注意送达的有效性，避免无效送达。

（7）除受送达人所在国法律禁止的除外，法院可以受送达人同意的其他送达方式送达，其他送达方式均无法送达的，公告送达，自发出公告之日起经过六十日，即视为送达。

283.3 相关规范性文件

最高人民法院《关于适用〈中华人民共和国民事诉讼法〉的解释》（法释〔2022〕11号，自2022年4月10日起施行）

第五百三十二条 对在中华人民共和国领域内没有住所的当事人，经用公告方式送达诉讼文书，公告期满不应诉，人民法院缺席判决后，仍应当将裁判文书依照民事诉讼法第二百七十四条第八项规定公告送达。自公告送达裁判文书满三个月之日起，经过三十日的上诉期当事人没有上诉的，一审判决即发生法律效力。

第五百三十三条 外国人或者外国企业、组织的代表人、主要负责人在中华人民共和国领域内的，人民法院可以向该自然人或者外国企业、组织的代表人、主要负责人送达。

外国企业、组织的主要负责人包括该企业、组织的董事、监事、高级管理人员等。

第五百三十四条 受送达人所在国允许邮寄送达的，人民法院可以邮寄送达。

邮寄送达时应当附有送达回证。受送达人未在送达回证上签收但在邮件回执上签收的，视为送达，签收日期为送达日期。

自邮寄之日起满三个月，如果未收到送达的证明文件，且根据各种情况不足以认定已经送达的，视为不能用邮寄方式送达。

第五百三十五条　人民法院一审时采取公告方式向当事人送达诉讼文书的，二审时可径行采取公告方式向其送达诉讼文书，但人民法院能够采取公告方式之外的其他方式送达的除外。

最高人民法院《关于涉外民事或商事案件司法文书送达问题若干规定》（法释〔2020〕20号，自2006年8月22日起施行）

第一条　人民法院审理涉外民事或商事案件时，向在中华人民共和国领域内没有住所的受送达人送达司法文书，适用本规定。

第二条　本规定所称司法文书，是指起诉状副本、上诉状副本、反诉状副本、答辩状副本、传票、判决书、调解书、裁定书、支付令、决定书、通知书、证明书、送达回证以及其他司法文书。

第三条　作为受送达人的自然人或者企业、其他组织的法定代表人、主要负责人在中华人民共和国领域内的，人民法院可以向该自然人或者法定代表人、主要负责人送达。

第四条　除受送达人在授权委托书中明确表明其诉讼代理人无权代为接收有关司法文书外，其委托的诉讼代理人为民事诉讼法第二百六十七条第（四）项规定的有权代其接受送达的诉讼代理人，人民法院可以向该诉讼代理人送达。

第五条　人民法院向受送达人送达司法文书，可以送达给其在中华人民共和国领域内设立的代表机构。

受送达人在中华人民共和国领域内有分支机构或者业务代办人的，经该受送达人授权，人民法院可以向其分支机构或者业务代办人送达。

第六条　人民法院向在中华人民共和国领域内没有住所的受送达人送达司法文书时，若该受送达人所在国与中华人民共和国签订有司法协助协定，可以依照司法协助协定规定的方式送达；若该受送达人所在国是《关于向国外送达民事或商事司法文书和司法外文书公约》的成员国，可以依照该公约规定的方式送达。

依照受送达人所在国与中华人民共和国缔结或者共同参加的国际条约中规定的方式送达的，根据《最高人民法院关于依据国际公约和双边司法协助条约办理民商事案件司法文书送达和调查取证司法协助请求的规定》办理。

第七条 按照司法协助协定、《关于向国外送达民事或商事司法文书和司法外文书公约》或者外交途径送达司法文书，自我国有关机关将司法文书转递受送达人所在国有关机关之日起满六个月，如果未能收到送达与否的证明文件，且根据各种情况不足以认定已经送达的，视为不能用该种方式送达。

第八条 受送达人所在国允许邮寄送达的，人民法院可以邮寄送达。

邮寄送达时应附有送达回证。受送达人未在送达回证上签收但在邮件回执上签收的，视为送达，签收日期为送达日期。

自邮寄之日起满三个月，如果未能收到送达与否的证明文件，且根据各种情况不足以认定已经送达的，视为不能用邮寄方式送达。

第九条 人民法院依照民事诉讼法第二百六十七条第（八）项规定的公告方式送达时，公告内容应在国内外公开发行的报刊上刊登。

第十条 除本规定上述送达方式外，人民法院可以通过传真、电子邮件等能够确认收悉的其他适当方式向受送达人送达。

第十一条 除公告送达方式外，人民法院可以同时采取多种方式向受送达人进行送达，但应根据最先实现送达的方式确定送达日期。

第十二条 人民法院向受送达人在中华人民共和国领域内的法定代表人、主要负责人、诉讼代理人、代表机构以及有权接受送达的分支机构、业务代办人送达司法文书，可以适用留置送达的方式。

第十三条 受送达人未对人民法院送达的司法文书履行签收手续，但存在以下情形之一的，视为送达：

（一）受送达人书面向人民法院提及了所送达司法文书的内容；

（二）受送达人已经按照所送达司法文书的内容履行；

（三）其他可以视为已经送达的情形。

第十四条 人民法院送达司法文书，根据有关规定需要通过上级人民法院转递的，应附申请转递函。

上级人民法院收到下级人民法院申请转递的司法文书，应在七个工作日内予以转递。

上级人民法院认为下级人民法院申请转递的司法文书不符合有关规定需要补正的，应在七个工作日内退回申请转递的人民法院。

第十五条　人民法院送达司法文书，根据有关规定需要提供翻译件的，应由受理案件的人民法院委托中华人民共和国领域内的翻译机构进行翻译。

翻译件不加盖人民法院印章，但应由翻译机构或翻译人员签名或盖章证明译文与原文一致。

第十六条　本规定自公布之日起施行。

全国人民代表大会常务委员会关于批准加入《关于向国外送达民事或商事司法文书和司法外文书公约》的决定（自1991年3月2日起施行）

第七届全国人民代表大会常务委员会第十八次会议决定：批准加入1965年11月15日订于海牙的《关于向国外送达民事或商事司法文书和司法外文书公约》，同时：

一、根据公约第二条和第九条规定，指定中华人民共和国司法部为中央机关和有权接收外国通过领事途径转递的文书的机关。

二、根据公约第八条第二款声明，只在文书须送达给文书发出国国民时，才能采用该条第一款所规定的方式在中华人民共和国境内进行送达。

三、反对采用公约第十条所规定的方式在中华人民共和国境内进行送达。

四、根据公约第十五条第二款声明，在符合该款规定的各项条件的情况下，即使未收到任何送达或交付的证明书，法官仍可不顾该条第一款的规定，作出判决。

五、根据第十六条第三款声明，被告要求免除丧失上诉权效果的申请只能在自判决之日起的一年内提出，否则不予受理。

最高人民法院、外交部、司法部关于执行《关于向国外送达民事或商事司法文书和司法外文书公约》有关程序的通知（外发〔1992〕8号，自1992年3月4日起施行）

一、凡公约成员国驻华使、领馆转送该国法院或其他机关请求我国送达的民事或商事司法文书，应直接送交司法部，由司法部转递给最高人民法院，再由最高人民法院交有关人民法院送达给当事人。送达证明由有关人民法院交最高人民法院退司法部，再由司法部送交该国驻华使、领馆。

二、凡公约成员国有权送交文书的主管当局或司法助理人员直接送交司法部请求我国送达的民事或商事司法文书，由司法部转递给最高人民法院，再由最高人民法院交有关人民法院送达给当事人。送达证明由有关人民法院交最高人民法院退司法部，再由司法部送交该国主管当局或司法助理人员。

五、我国法院欲向在公约成员国的中国公民送达民事或商事司法文书，可委托我国驻该国的使、领馆代为送达。委托书和所送司法文书应由有关中级人民法院或专门人民法院送有关高级人民法院转最高人民法院，由最高人民法院径送或经司法部转送我国驻该国使、领馆送达给当事人。送达证明按原途径退有关法院。

六、非公约成员国通过外交途径委托我国法院送达的司法文书按最高人民法院、外交部、司法部 1986 年 6 月 14 日联名颁发的外发〔1986〕47 号《关于我国法院和外国法院通过外交途径相互委托送达法律文书若干问题的通知》办理。公约成员国在特殊情况下通过外交途径请求我国法院送达的司法文书，也按上述文件办理。

七、我国与公约成员国签订有司法协助协定的，按协定的规定办理。

八、执行公约中需同公约成员国交涉的事项由外交部办理。

九、执行公约的其他事项由司法部商有关部门办理。

司法部、最高人民法院、外交部关于印发《关于执行海牙送达公约的实施办法》的通知（司发通〔1992〕093 号，自 1992 年 9 月 19 日起施行）

一、司法部收到国外的请求书后，对于有中文译本的文书，应于五日内转给最高人民法院；对于用英文或法文写成，或者附有英文或法文译本的文书，应于七日内转给最高人民法院；对于不符合《公约》规定的文书，司法部将予以退回或要求请求方补充、修正材料。

二、最高人民法院应于五日内将文书转给送达执行地高级人民法院；高级人民法院收文后，应于三日内转有关的中级人民法院或者专门人民法院；中级人民法院或者专门人民法院收文后，应于十日内完成送达，并将送达回证尽快交最高人民法院转司法部。

三、执行送达的法院不管文书中确定的出庭日期或期限是否已过，均应送达。如受送达人拒收，应在送达回证上注明。

四、对于国外按《公约》提交的未附中文译本而附英、法文译本的文书，法院仍应予以送达。除双边条约中规定英、法文译本为可接受文字者外，受送达人有权以未附中文译本为由拒收。凡当事人拒收的，送达法院应在送达回证上注明。

五、司法部接到送达回证后，按《公约》的要求填写证明书，并将其转回国外请求方。

六、司法部在转递国外文书时，应说明收到请求书的日期、被送达的文书是否附有中文译本、出庭日期是否已过等情况。

九、我国法院如果需要通过我驻公约成员国的使领馆向居住在该国的中国公民送达文书，应将被送达的文书、致使领馆的送达委托书及空白送达回证按《通知》规定的途径转最高人民法院，由最高人民法院径送或经司法部转送我驻该国使领馆送达当事人。

十、司法部将国内文书转往公约成员国中央机关两个半月后，如果未收到证明书，将发函催办；请求法院如果直接收到国外寄回的证明书，应尽快通报最高人民法院告知司法部。

十一、本办法中的“文书”兼指司法文书和司法外文书。

十二、本办法自下发之日起施行。

最高人民法院《关于向居住在外国的我国公民送达司法文书问题的复函》（法民字〔1993〕第34号，自1993年11月19日起施行）

外交部领事司：

你司转来的我国驻纽约总领事馆“关于向我国公民和华人送达司法文书事的请示”收悉。经研究，现答复如下：

一、关于我国人民法院向海牙送达公约成员国送达民、商事司法文书的程序问题，最高人民法院、外交部、司法部外发〔1992〕8号《关于执行〈关于向国外送达民事或商事司法文书和司法外文书公约〉有关程序的通知》和司发通〔1992〕093号《关于印发〈关于执行海牙送达公约〉的实施办法的通知》中已有明确规定，即我国法院若请求公约成员国向该国公民或第三国公民或无国籍人送达民事或商事司法文书，有关中级人民法院或专门人民法院应将请求书和所送司法文书送有关高级人民法院转最高人民法院，由最高人民法院送司法部转送给该国指定的中央机关；必要时也可由最高人民法院送我国驻该国使馆转送给该国指定的中央机关。我国法院向在公约成员国的中国公民送达民事或商事司法文书，可委托我国驻该国的使、领馆代为送达。委托书和所送司法文书应由有关中级人民法院或专门人民法院送有关高级人民法院转最高人民法院，由最高人民法院径送或经司法部转送我国驻该国使领馆送达给当事人。送达证明按原途径退委托法院。

二、接到我国法院委托送达司法文书的使、领馆发现委托法院有违反规定的送达程序或者司法文书的格式不规范、地址不详细等情况以致不能完成送达时，应备函说明原因，将司法文书及时退回原委托法院。

三、一方或双方居住在外国的中国公民就同一案件，不论其起诉案由如何，分别向我国法院和外国法院起诉，我国法院已经受理，或者正在审理，或者已经判决的案件，不发生人民法院承认和执行外国法院判决的问题。在我国领域内，我国法院发生法律效力的判决，或者我国法院裁定承认的外国法院判决，对当事人具有拘束力。

四、关于我驻纽约总领事馆请示函所提司法文书邮寄给当事人后，当事人未及时退回送达回证，应如何回复原委托法院问题，我们意见仍按外交部领事司领五函〔1991〕12 号《关于送达司法文书若干问题的说明》第三、四、五的规定办理。对使、领馆在驻在国通过邮寄方式送达的诉讼文书，经过一定时间（由使领馆根据具体情况掌握，如一个月内），送达回证、回执等没有退回，但根据各种情况足以认定已经送达的，可以将情况写明函复委托法院，由委托法院依法确定送达日期。

最高人民法院、外交部、司法部《关于我国法院和外国法院通过外交途径相互委托送达法律文书若干问题的通知》（外发〔1986〕47 号，自 1986 年 8 月 14 日起施行）

一、凡已同我国建交国家的法院，通过外交途径委托我国法院向我国公民或法人以及在华的第三国或无国籍当事人送达法律文书，除该国同我国已订有协议的按协议处理外，一般根据互惠原则按下列程序和要求办理：

1. 由该国驻华使馆将法律文书交外交部领事司转递给有关高级人民法

院，再由该高级人民法院指定有关中级人民法院送达给当事人。当事人在所附送达回证上签字后，中级人民法院将送达回证退高级人民法院，再通过外交部领事司转退给对方；如未附送达回证，则由有关中级人民法院出具送达证明交有关高级人民法院，再通过外交部领事司转给对方。

2. 委托送达法律文书须用委托书。委托书和所送法律文书须附有中文译本。

3. 法律文书的内容有损我国主权和安全的，予以驳回；如受送达人享有外交特权和豁免，一般不予送达；不属于我国法院职权范围或因地址不明或其他原因不能送达的，由有关高级人民法院提出处理意见或注明妨碍送达的原因，由外交部领事司向对方说明理由，予以退回。

二、外国驻华使、领馆可以直接向其在华的本国国民送达法律文书，但不得损害我国主权和安全，不得采取强制措施。如对方通过外交途径委托我方向其在华的该国国民送达法律文书，亦可按第一条的规定予以送达。

三、对拒绝转递我国法院通过外交途径委托送达法律文书的国家或有特殊限制的国家，我可据据情况采取相应措施。

四、我国法院通过外交途径向国外当事人送达法律文书，应按下列程序和要求办理：

1. 要求送达的法律文书须经省、自治区、直辖市高级人民法院审查，由外交部领事司负责转递。

2. 须准确注明受送达人姓名、性别、年龄、国籍及其在国外的详细外文地址，并将该案的基本情况函告外交部领事司，以便转递。

3. 须附有送达委托书。如对方法院名称不明，可委托当事人所在地区主管法院。委托书和所送法律文书还须附有该国文字或该国同意使用的第三国文字译本。如该国对委托书及法律文书有公证、认证等特殊要求，将由外交部领事司逐案通知。

五、我国法院向在外国领域内的中国籍当事人送达法律文书，如该国允许我使、领馆直接送达，可委托我驻该国使、领馆送达。此类法律文书可不必附有外文译本。

六、我国法院和外国法院通过外交途径相互委托送达法律文书的收费，一般按对等原则办理。外国法院支付我国法院代为送达法律文书的费用，由外交部领事司转交有关高级人民法院；我国法院支付外国法院代为送达法律文书的费用，由有关高级人民法院交外部领事司转递。但应委托一方要求用特殊方式送达法律文书引起的费用，由委托一方负担。

七、中、日（本）双方法院委托对方法院代为送达法律文书，除按上述有关原则办理外，还应依照最高人民法院一九八二年十日十二日《关于中、日两国之间委托送达法律文书使用送达回证问题的通知》办理。

八、我国法院和外国法院通过外交途径相互委托代为调查或取证，参照以上有关规定办理。

本通知自发出之日起实行。执行中有何问题，请报有关单位。

284. 法院调查收集证据方式

284.1 法律条文

第二百八十四条 当事人申请人民法院调查收集的证据位于中华人民共和国领域外，人民法院可以依照证据所在国与中华人民共和国缔结或者共同参加的国际条约中规定的方式，或者通过外交途径调查收集。

在所在国法律不禁止的情况下，人民法院可以采用下列方式调查收集：

（一）对具有中华人民共和国国籍的当事人、证人，可以委托中华人民共和国驻当事人、证人所在国的使领馆代为取证；

（二）经双方当事人同意，通过即时通讯工具取证；

（三）以双方当事人同意的其他方式取证。

284.2 条文阐释

本条对法院调查收集证据的方式作出了规定。本规定列举了五种法院调查收集证据的方式：（1）依照证据所在国与中华人民共和国缔结或者共同参加的国际条约中规定的方式调查收集。（2）通过外交途径调查收集。（3）经双方当事人同意，通过即时通讯工具取证；随着全球网络通讯的发达，法院可以采用即时通讯工具进行取证，从而更为方便高效地解决纠纷。（4）以双方当事人同意的其他方式取证。（5）对具有中华人民共和国国籍的证人，委托中华人民共和国驻证人所在国的使领馆代为取证。法院调查取证行为涉及国家司法主权，本国法院不能直接向外国公民调查取证，因此本条规定法院对于具有中华人民共和国国籍的证人有权调查取证。

284.3　司法适用

本条所规定的外交途径是指已建立外交关系国家的法院之间通过外交途径相互委托向对方公民或在对方境内的第三国或无国籍当事人（包括个人和法人）送达民、商事司法文书或调查取证，一般是通过本国外交部指示驻被委托国使馆将有关文书送给该国的外交部转交该国的管辖法院执行送达。通过外交途径转递司法文书或调查取证，一般根据互惠原则办理，通常分为中国法院委托外国法院和外国法院委托中国法院两种情况。

中国法院委托外国法院送达民、商事司法文书或调查取证，由省、自治区、直辖市高级人民法院将委托书和司法文书送外交部领事司转中国驻有关国家使馆，由使馆送驻在国外交部转有关法院向当事人送达。送达回证由原途径返回。委托书内容包括：被委托法院的名称；受送达人的姓名、性别、国籍、年龄以及受送达人详细的外文地址；诉讼的案由；委托送达的文件名称和数量；调查提纲；该国文字或该国同意使用的第三国文字译本等。

外国法院委托中国法院是指由有关国家驻华使馆将其本国法院的请求中国法院协助送达司法文书的委托书和司法文书或要求调查取证的文书送中国外交部领事司，外交部领事司转有关省、自治区、直辖市高级人民法院指定有管辖权的地方法院或专门法院执行送达；受送达人须在所附“送达回证”上签字（如未附“送达回证”，有关法院应出具“送达证明”）；如有关法院拒绝送达或送不达，应说明理由。送达回证由原途径返回。委托书内容应包括：（1）外国委托法院的名称和地址；（2）受委托的中国法院的名称和地址；（3）受送达人的姓名、性别、国籍、年龄、地址及其在诉讼中的地位；（4）委托送达的司法文书的名称和数量；（5）通过外交途径向中国公民或法人送达出庭传票，送至外交部时，距传票指定出庭日期应不少于2个月；（6）委托书及附送的司法文书应加盖外国委托法院的公章并均须附有中文译本（向中华人民共和国香港特别行政区送达司法文书须附有中文译本或英文译本），外国法院通过外交途径委托中国法院协助调查取证出具的委托书，除须符合上述规定外，还应载明向中国有关法院作出互惠协助的承诺并提供案情简介及调查取证询问提纲。

285. 答辩期间

285.1 法律条文

第二百八十五条 被告在中华人民共和国领域内没有住所的，人民法院应当将起诉状副本送达被告，并通知被告在收到起诉状副本后三十日内提出答辩状。被告申请延期的，是否准许，由人民法院决定。

285.2 条文阐释

本条对于涉外民事诉讼中的答辩期间作出了规定。由于相关当事人在我国没有住所，因而参与我国诉讼较为困难。为了更好地保护相关当事人的合法权益，我国《民事诉讼法》规定了相比国内诉讼更长的答辩期间。跨国诉讼涉及的情形较为复杂，此处无法全部列举，因而规定被告有权申请延期提出答辩状，法院审查后作出准许决定。

286. 上诉期间

286.1 法律条文

第二百八十六条 在中华人民共和国领域内没有住所的当事人，不服第一审人民法院判决、裁定的，有权在判决书、裁定书送达之日起三十日内提起上诉。被上诉人在收到上诉状副本后，应当在三十日内提出答辩状。当事人不能在法定期间提起上诉或者提出答辩状，申请延期的，是否准许，由人民法院决定。

286.2　条文阐释

本条对涉外民事诉讼中的上诉期间作出了规定。由于一方当事人在我国领域内没有住所，提起上诉具有客观困难。为了更好地保护相关当事人合法权益，本法规定相关当事人不能在法定期间提起上诉或者提出答辩状的，有权向法院申请延期。

286.3　司法适用

上诉期间涉及法院一审判决的生效和执行，法院应当严格把握涉外民事诉讼中的上诉期间延长的问题，从而更好地维护我国的司法主权和执行顺利。

286.4　相关规范性文件

最高人民法院《关于适用〈中华人民共和国民事诉讼法〉的解释》（法释〔2022〕11号，自2022年4月10日起施行）

第三条　公民的住所地是指公民的户籍所在地，法人或者其他组织的住所地是指法人或者其他组织的主要办事机构所在地。

法人或者其他组织的主要办事机构所在地不能确定的，法人或者其他组织的注册地或者登记地为住所地。

第四条　公民的经常居住地是指公民离开住所地至起诉时已连续居住一年以上的地方，但公民住院就医的地方除外。

第五百三十六条　不服第一审人民法院判决、裁定的上诉期，对在中华人民共和国领域内有住所的当事人，适用民事诉讼法第一百七十一条规定的期限；对在中华人民共和国领域内没有住所的当事人，适用民事诉讼法第二百七十六条规定的期限。当事人的上诉期均已届满没有上诉的，第一审人民法院的判决、裁定即发生法律效力。

287. 审限不受限制

287.1 法律条文

第二百八十七条 人民法院审理涉外民事案件的期间，不受本法第一百五十二条、第一百八十三条规定的限制。

287.2 条文阐释

由于审理涉外民事案件，在送达诉讼文书、调查取证等方面花的时间一般要比审理国内民事案件的时间长，难以依照审理国内民事案件的审限审结案件，因此，《民事诉讼法》规定，人民法院审理涉外民事案件的期间，不受《民事诉讼法》有关期限规定的限制。

287.3 司法适用

此项规定主要是从审判实际出发，并不意味着审理涉外案件可以无期限地拖延下去。人民法院审理涉外案件时，应当依照《民事诉讼法》对各程序阶段规定的期间进行，尽可能使案件及早审结。

287.4 相关规范性文件

最高人民法院《关于适用〈中华人民共和国民事诉讼法〉的解释》（法释〔2022〕11号，自2022年4月10日起施行）

第五百三十七条 人民法院对涉外民事案件的当事人申请再审进行审查的期间，不受民事诉讼法第二百一十一条规定的限制。

第二十六章　仲　　裁

288. 仲裁协议

288.1　法律条文

第二百八十八条　涉外经济贸易、运输和海事中发生的纠纷，当事人在合同中订有仲裁条款或者事后达成书面仲裁协议，提交中华人民共和国涉外仲裁机构或者其他仲裁机构仲裁的，当事人不得向人民法院起诉。

当事人在合同中没有订有仲裁条款或者事后没有达成书面仲裁协议的，可以向人民法院起诉。

288.2　条文阐释

该条规定明确了当事人负有不得违反仲裁协议向法院起诉的合同义务，同时明确了有效仲裁协议排除法院管辖权原则，人民法院对有效仲裁协议应予尊重并执行。

288.3　司法适用

当事人没有订有仲裁条款既指完全没有订立仲裁条款，也指没有订立有效的仲裁条款。例如，同一个行政区域内有多个仲裁机关，但是当事人仅约定由该行政区的仲裁机构进行仲裁而没有特定到具体且唯一仲裁机构的，属于约定的仲裁条款无效。即使一方当事人不顾另一方当事人异议，向有关外国仲裁庭申请仲裁并作出裁决的，我国人民法院也有权不予执行有关裁决。双方当事人可以事后书面达成仲裁协议，也可以依法向人民法院起诉。

288.4 典型案例

288.4.1 应当依照合同解释的一般原则进行仲裁条款解释，即按照仲裁条款所使用的措辞、上下文、目的、交易习惯以及诚实信用原则，确定条款的真实意思

裁判来源：广州飞机维修工程有限公司与泰国东方航空有限公司留置权纠纷案——最高人民法院民事裁定书，(2020) 最高法商初4号

法院认为：本案系具有涉外因素的留置权纠纷。争议在于依据《通用条款协议》第19.1条的约定，案涉纠纷是否应当提交仲裁解决。

本案中，广州飞机维修公司与泰国东方公司签订的《通用条款协议》第19.1条约定："凡因本协议引起的或与本协议有关的任何争议，均应提交中国国际经济贸易仲裁委员会仲裁。"当事人对该仲裁条款有效并无异议，有争议的是留置权纠纷是否属于仲裁条款约定的仲裁事项，故涉及对仲裁条款的解释问题。仲裁条款是当事人就纠纷解决方式订立的合同，应当依照合同解释的一般原则进行解释，即按照仲裁条款所使用的措辞、上下文、目的、交易习惯以及诚实信用原则，确定条款的真实意思。当事人在上述仲裁条款中没有区分合同争议或物权争议，也未将仲裁事项限定为合同纠纷，而是约定"凡因本协议引起的或与本协议有关的任何争议，均应提交中国国际经济贸易仲裁委员会仲裁"，系概括性地宽泛约定仲裁事项，依对措辞文义的通常理解，应当包括因《通用条款协议》即维修合同的成立、效力、变更、转让、履行、违约、解释、解除等引起的合同争议、侵权争议、物权争议或与维修合同有关的其他争议。广州飞机维修公司向广州中院提起本案诉讼，主张泰国东方公司拖欠维修合同项下维修费等费用，故请求确认其对该公司送修的四架飞机享有留置权，有权就该四架飞机拍卖、变卖的价款优先受偿。本案虽然是留置权纠纷，但所涉争议系因当事人履行维修合同所引起，属于仲裁条款约定的"因本协议引起的或与本协议有关的争议"。因此，该争议应提交中国国际经济贸易仲裁委员会仲裁解决。广州飞机维修公司主张仲裁条款约定的仲裁事项仅限于合同争议，不包括留置权争议，与双方约定的仲裁条款的文义不符，没有事实依据。

289. 财产保全

289.1 法律条文

第二百八十九条 当事人申请采取保全的，中华人民共和国的涉外仲裁机构应当将当事人的申请，提交被申请人住所地或者财产所在地的中级人民法院裁定。

289.2 条文阐释

本条对财产保全作出了有关规定。财产保全，是指人民法院在利害关系人起诉前或者当事人起诉后，为保障将来的生效判决能够得到执行或者避免财产遭受损失，对当事人的财产或者争议的标的物，采取限制当事人处分的强制措施。对于涉外案件的财产保全往往涉及我国的公共利益与国家经济安全，因而相关财产申请提交被申请人住所地或者财产所在地的人民法院裁定。

289.3 司法适用

如果中级人民法院裁定采取保全措施的，应当依照《民事诉讼法》有关保全措施的程序规定执行。仲裁机构将当事人请求保全的申请提交人民法院执行后，如果发生保全错误，应当由申请人赔偿被保全一方所遭受的损失，而不应由仲裁机构赔偿。因为保全是在紧急情况下采取的措施，仲裁机构收到当事人的申请后不可能像仲裁案件一样进行调查取证，全面审查申请是否正确，只能尽快地提交人民法院，因此，要其对因当事人申请造成的保全错误承担责任是不合理的；况且，因申请保全错误造成的损失，由申请人负担，符合《民事诉讼法》采取保全措施的有关规定。

289.4 相关规范性文件

最高人民法院《关于适用〈中华人民共和国民事诉讼法〉的解释》（法释〔2022〕11号，自2022年4月10日起施行）

第五百四十条 依照民事诉讼法第二百七十九条规定，中华人民共和国涉外仲裁机构将当事人的保全申请提交人民法院裁定的，人民法院可以进行审查，裁定是否进行保全。裁定保全的，应当责令申请人提供担保，申请人不提供担保的，裁定驳回申请。

当事人申请证据保全，人民法院经审查认为无需提供担保的，申请人可以不提供担保。

最高人民法院《关于人民法院执行工作若干问题的规定（试行）》（法释〔2020〕21号，自2021年1月1日起施行）

10. 在涉外仲裁过程中，当事人申请财产保全，经仲裁机构提交人民法院的，由被申请人住所地或被申请保全的财产所在地的中级人民法院裁定并执行；申请证据保全的，由证据所在地的中级人民法院裁定并执行。

最高人民法院《关于适用〈中华人民共和国海事诉讼特别程序法〉若干问题的解释》（法释〔2003〕3号，2008年12月16日调整，自2008年12月31日起施行）

第二条 涉外海事侵权纠纷案件和海上运输合同纠纷案件的管辖，适用民事诉讼法第二十四章的规定；民事诉讼法第二十四章没有规定的，适用海事诉讼特别程序法第六条第二款（一）、（二）项的规定和民事诉讼法的其他有关规定。

290. 涉外仲裁裁决执行

290.1 法律条文

第二百九十条 经中华人民共和国涉外仲裁机构裁决的，当事人不得向人民法院起诉。一方当事人不履行仲裁裁决的，对方当事人可以向被申请人住所地或者财产所在地的中级人民法院申请执行。

290.2　条文阐释

本条规定了涉外仲裁裁决的执行。有效的仲裁裁决对于双方当事人具有法律效力，当事人可以向我国法院申请执行仲裁裁决。相较于其他法院，被申请人住所地或者财产所在地的中级人民法院更便于裁决的执行，因而本法规定当事人可以向此类法院申请执行。

中国涉外仲裁机构作出的发生法律效力的仲裁裁决，如果败诉方当事人是中国公司或外国公司在中国境内有财产的，在其不能自动履行裁决确实的义务时，胜诉方当事人可以向被申请人住所地或财产所在地的中级人民法院申请强制执行。

290.3　相关规范性文件

最高人民法院《关于适用〈中华人民共和国民事诉讼法〉的解释》（法释〔2022〕11号，自2022年4月10日起施行）

第五百三十八条　申请人向人民法院申请执行中华人民共和国涉外仲裁机构的裁决，应当提出书面申请，并附裁决书正本。如申请人为外国当事人，其申请书应当用中文文本提出。

290.4　典型案例

290.4.1　被申请执行人有财产在中华人民共和国领域内的，我国法院即对该案具有执行管辖权，可以向被申请人财产所在地的中级人民法院申请执行

裁判来源： 上海金纬机械制造有限公司与瑞士瑞泰克公司仲裁裁决执行复议案——最高人民法院指导案例37号，上海市高级人民法院执行裁定书，（2009）沪高执复议字第2号

裁判要旨： 当事人向我国法院申请执行发生法律效力的涉外仲裁裁决，发现被申请执行人或者其财产在我国领域内的，我国法院即对该案具有执行管辖权。当事人申请法院强制执行的时效期间，应当自发现被申请执行人或者其财产在我国领域内之日起算。

291. 不予执行情形

291.1 法律条文

第二百九十一条 对中华人民共和国涉外仲裁机构作出的裁决，被申请人提出证据证明仲裁裁决有下列情形之一的，经人民法院组成合议庭审查核实，裁定不予执行：

（一）当事人在合同中没有订有仲裁条款或者事后没有达成书面仲裁协议的；

（二）被申请人没有得到指定仲裁员或者进行仲裁程序的通知，或者由于其他不属于被申请人负责的原因未能陈述意见的；

（三）仲裁庭的组成或者仲裁的程序与仲裁规则不符的；

（四）裁决的事项不属于仲裁协议的范围或者仲裁机构无权仲裁的。

人民法院认定执行该裁决违背社会公共利益的，裁定不予执行。

291.2 条文阐释

涉外仲裁机构作出的裁决，当事人应当履行。一方当事人不履行的，对方当事人可以向被申请人住所地或者财产所在地的中级人民法院申请执行。受申请的人民法院应当执行。但是，如果被申请人提出证据证明涉外仲裁裁决有《民事诉讼法》规定的不予执行的情形之一，经人民法院组成合议庭审查核实，人民法院应当裁定不予执行：

（1）当事人在合同中没有订有仲裁条款或者事后没有达成书面仲裁协议的。仲裁是根据当事人达成的仲裁协议进行的，如果当事人在合同中没有订有仲裁条款或者没有订有仲裁协议，那么仲裁就没有依据，仲裁裁决当然不能执行。

（2）被申请人没有得到指定仲裁员或者进行仲裁程序的通知，或者由于其他不属于被申请人负责的原因未能陈述意见的。根据仲裁法及我国涉外仲裁机构的仲裁规则规定，当事人有权在仲裁委员会中选定仲裁员或者委托仲裁委员会主席代为指定仲裁员，仲裁委员会应当将开庭日期通知双方当事人，如果被申请人没有得到指定的仲裁员或者进行仲裁程序的通知，或者由于其他不属于被申请人负责的原因（如遭到了不可抗力的事由、得了重病），没能到庭陈述意见，仲裁裁决不能执行。

（3）仲裁庭的组成或者仲裁的程序与仲裁规则不符的。例如，涉外仲裁规则规定，仲裁庭由当事人选定的或者仲裁委员会主席指定的仲裁员组成；裁决依多数仲裁员的意见作出，少数仲裁员的意见可以作成记录附卷。如果仲裁庭不是由当事人依法选定的仲裁员组成的，或者裁决是少数仲裁员的意见，这样的裁决就不能执行。

（4）裁决的事项不属于仲裁协议的范围或者仲裁机构无权仲裁的。仲裁取决当事人的意愿，当事人没协议交付仲裁的事项，仲裁机构就无权仲裁，即使作了裁决，法院也不能执行。仲裁法规定，婚姻、收养、监护、抚养、继承纠纷和依法应当由行政机关处理的行政争议不能仲裁，仲裁委员会也无权仲裁。否则是违法裁决，人民法院不予执行。

（5）人民法院认定执行该裁决违背社会公共利益的，裁定不予执行。违背社会公共利益既可以是违反我国法律规定和社会道德规范，也可以是损害我国政治、经济和社会利益。是否违背公共利益由人民法院认定。

291.3　相关规范性文件

最高人民法院《关于适用〈中华人民共和国民事诉讼法〉的解释》（法释〔2022〕11号，自2022年4月10日起施行）

第五百三十九条　人民法院强制执行涉外仲裁机构的仲裁裁决时，被执行人以有民事诉讼法第二百八十一条第一款规定的情形为由提出抗辩的，人民法院应当对被执行人的抗辩进行审查，并根据审查结果裁定执行或者不予执行。

最高人民法院《关于对诗董橡胶股份有限公司与三角轮胎股份有限公司涉外仲裁一案不予执行的请示的复函》（〔2013〕民四他字第12号，自2013年3月22日起施行）

山东省高级人民法院：

你院（2012）鲁执请字第2号《关于对诗董橡胶股份有限公司与三角轮胎股份有限公司涉外仲裁一案不予执行的请示报告》收悉。经研究，答复如下：

本案系当事人申请不予执行国内仲裁机构作出的涉外仲裁裁决案件。根据《最高人民法院关于修改后的民事诉讼法施行时未结案件适用法律若干问题的规定》第七条的规定，本案应当依据《中华人民共和国民事诉讼法》（2007 年修正）第二百五十八条的规定进行审查。

根据你院请示报告所述事实，诗董橡胶股份有限公司（以下简称诗董公司）仅提交了载有仲裁条款的合同复印件，三角轮胎股份有限公司（以下简称三角公司）对该复印件的真实性不予认可并否认双方之间存在有效的仲裁协议。诗董公司未能提交其他证据予以佐证，其不能证明与三角公司达成了有效的仲裁协议。且即使认可该合同复印件的真实性，从当事人确认的缔约过程来看，在三角公司将要约传真给诗董公司后，诗董公司对要约中载明的主体、货物数量以及价款等内容进行了实质性修改，构成新的要约。诗董公司亦未能提供证据证明三角公司对该新的要约进行了承诺，双方之间的合同并未成立。退一步讲，即使以当事人已实际履行合同的行为推定合同成立，但是根据我国法律对仲裁协议的书面性要求和仲裁协议的独立性原则，不能据此即认定当事人就纠纷的解决方式达成仲裁协议。况且根据一审法院查明的事实，当事人实际履行的合同不是诗董公司提交的载有仲裁条款的合同，是案外的其他现货买卖合同，而该现货买卖合同中并没有仲裁条款。因此，诗董公司与三角公司之间不存在有效的书面仲裁协议。

综上，案涉仲裁裁决存在《中华人民共和国民事诉讼法》第二百五十八条第一款第（一）项规定的情形，人民法院应不予执行。同意你院审判委员会的意见。

此复

292. 仲裁裁决不予执行后果

292.1 法律条文

第二百九十二条 仲裁裁决被人民法院裁定不予执行的，当事人可以根据双方达成的书面仲裁协议重新申请仲裁，也可以向人民法院起诉。

292.2 条文阐释

本条规定了不予执行的后果。申请仲裁是当事人的法定权利，因此当事人可以根据双方的书面仲裁协议申请重新仲裁，当事人可以重新达成书面有效的仲裁协议，重新仲裁解决纠纷。仲裁裁决不予执行后，相关争议并未进入法院解决，因此当事人也可以向人民法院起诉，该行为不会对司法资源的分配困难造成影响。

292.3 司法适用

1. 撤销仲裁裁决被驳回后不能以相同理由申请不予执行仲裁裁决

（1）《仲裁法》第 64 条规定：“一方当事人申请执行裁决，另一方当事人申请撤销裁决的，人民法院应当裁定中止执行。人民法院裁定撤销裁决的，应当裁定终结执行。撤销裁决的申请被裁定驳回的，人民法院应当裁定恢复执行。”

（2）最高人民法院《关于人民法院办理仲裁裁决执行案件若干问题的规定》第 20 条第 1 款规定：“当事人向人民法院申请撤销仲裁裁决被驳回后，又在执行程序中以相同事由提出不予执行申请的，人民法院不予支持；当事人向人民法院申请不予执行被驳回后，又以相同事由申请撤销仲裁裁决的，人民法院不予支持。”

（3）最高人民法院《关于适用〈中华人民共和国仲裁法〉若干问题的解释》第 26 条规定：“当事人向人民法院申请撤销仲裁裁决被驳回后，又在执行程序中以相同理由提出不予执行抗辩的，人民法院不予支持。”

2. 撤销仲裁裁决被驳回后，不能申请再审，检察院也不得抗诉

（1）最高人民法院《关于当事人对人民法院撤销仲裁裁决的裁定不服申请再审人民法院是否受理问题的批复》指出：“根据《中华人民共和国仲裁法》第九条规定的精神，当事人对人民法院撤销仲裁裁决的裁定不服申请再审的，人民法院不予受理。”

（2）最高人民法院《关于人民检察院对不撤销仲裁裁决的民事裁定提出抗诉人民法院应否受理问题的批复》指出：“人民检察院对发生法律效力的不撤销仲裁裁决的民事裁定提出抗诉，没有法律依据，人民法院不予

受理。”

3. 不予执行仲裁裁决审查期间提出撤销仲裁裁决的处理

最高人民法院《关于人民法院办理仲裁裁决执行案件若干问题的规定》第20条第2款规定：“在不予执行仲裁裁决案件审查期间，当事人向有管辖权的人民法院提出撤销仲裁裁决申请并被受理的，人民法院应当裁定中止对不予执行申请的审查；仲裁裁决被撤销或者决定重新仲裁的，人民法院应当裁定终结执行，并终结对不予执行申请的审查；撤销仲裁裁决申请被驳回或者申请执行人撤回撤销仲裁裁决申请的，人民法院应当恢复对不予执行申请的审查；被执行人撤回撤销仲裁裁决申请的，人民法院应当裁定终结对不予执行申请的审查，但案外人申请不予执行仲裁裁决的除外。”

292.4 相关规范性文件

最高人民法院《关于适用〈中华人民共和国民事诉讼法〉的解释》（法释〔2022〕11号，自2022年4月10日起施行）

第四百七十五条 仲裁机构裁决的事项，部分有民事诉讼法第二百四十四条第二款、第三款规定情形的，人民法院应当裁定对该部分不予执行。

应当不予执行部分与其他部分不可分的，人民法院应当裁定不予执行仲裁裁决。

第四百七十六条 依照民事诉讼法第二百四十四条第二款、第三款规定，人民法院裁定不予执行仲裁裁决后，当事人对该裁定提出执行异议或者复议的，人民法院不予受理。当事人可以就该民事纠纷重新达成书面仲裁协议申请仲裁，也可以向人民法院起诉。

第四百七十七条 在执行中，被执行人通过仲裁程序将人民法院查封、扣押、冻结的财产确权或者分割给案外人的，不影响人民法院执行程序的进行。

案外人不服的，可以根据民事诉讼法第二百三十四条规定提出异议。

第二十七章 司法协助

293. 司法协助的内容和原则

293.1 法律条文

第二百九十三条 根据中华人民共和国缔结或者参加的国际条约，或者按照互惠原则，人民法院和外国法院可以相互请求，代为送达文书、调查取证以及进行其他诉讼行为。

外国法院请求协助的事项有损于中华人民共和国的主权、安全或者社会公共利益的，人民法院不予执行。

293.2 条文阐释

司法协助，是指不同国家之间，根据自己国家缔结或者参加的国际条约或互惠原则，彼此之间相互协作，为对方代为一定的诉讼行为。

《民事诉讼法》规定，司法协助的根据有两个：一是中华人民共和国缔结或者参加的国际条约。与我国缔结或者参加同一司法协助的国际条约的国家和我国即具有司法协助关系。没有参加条约的国家不能要求别国法院接受其司法委托。二是互惠原则。互惠即相互之间给予对等的优惠待遇。如果某一国家协助我国为一定的司法行为，我国也应当协助该国为相对等的司法行为。

司法协助的内容包括以下三个方面：一是代为送达诉讼文书，如送达起诉状、答辩状、上诉状、传票、判决书等。二是代为调查取证，如代为询问证人、当事人，代为调取证据，代为现场勘验等。三是提供有关法律资料。

司法协助是国际间的一种必要的、有益的协作关系，它便于受诉法院对案件的审判及判决、裁定的执行，便于跨国当事人进行民事诉讼。

293.3 司法适用

国际司法协助涉及一国司法主权的行使，需要严格加以规定。因此实践中，我国进行司法协助的条件为：

（1）当事人依法提出申请或者外国法院提出请求；

（2）当事人或者外国法院请求协助的事项不得有损中华人民共和国的主权、安全或者社会公共利益；

（3）当事人或者外国法院请求协助的事项属于人民法院职权范围，否则人民法院应当说明理由，退回外国法院。

293.4 相关规范性文件

最高人民法院《关于依据国际公约和双边司法协助条约办理民商事案件司法文书送达和调查取证司法协助请求的规定》（法释〔2020〕20号，自2021年1月1日起施行）

第一条 人民法院应当根据便捷、高效的原则确定依据海牙送达公约、海牙取证公约，或者双边民事司法协助条约，对外提出民商事案件司法文书送达和调查取证请求。

第二条 人民法院协助外国办理民商事案件司法文书送达和调查取证请求，适用对等原则。

第三条 人民法院协助外国办理民商事案件司法文书送达和调查取证请求，应当进行审查。外国提出的司法协助请求，具有海牙送达公约、海牙取证公约或双边民事司法协助条约规定的拒绝提供协助的情形的，人民法院应当拒绝提供协助。

第四条 人民法院协助外国办理民商事案件司法文书送达和调查取证请求，应当按照民事诉讼法和相关司法解释规定的方式办理。

请求方要求按照请求书中列明的特殊方式办理的，如果该方式与我国法律不相抵触，且在实践中不存在无法办理或者办理困难的情形，应当按照该特殊方式办理。

第五条 人民法院委托外国送达民商事案件司法文书和进行民商事案件调查取证，需要提供译文的，应当委托中华人民共和国领域内的翻译机构进行翻译。

翻译件不加盖人民法院印章，但应由翻译机构或翻译人员签名或盖章证明译文与原文一致。

第六条　最高人民法院统一管理全国各级人民法院的国际司法协助工作。高级人民法院应当确定一个部门统一管理本辖区各级人民法院的国际司法协助工作并指定专人负责。中级人民法院、基层人民法院和有权受理涉外案件的专门法院，应当指定专人管理国际司法协助工作；有条件的，可以同时确定一个部门管理国际司法协助工作。

第七条　人民法院应当建立独立的国际司法协助登记制度。

第八条　人民法院应当建立国际司法协助档案制度。办理民商事案件司法文书送达的送达回证、送达证明在各个转递环节应当以适当方式保存。办理民商事案件调查取证的材料应当作为档案保存。

第九条　经最高人民法院授权的高级人民法院，可以依据海牙送达公约、海牙取证公约直接对外发出本辖区各级人民法院提出的民商事案件司法文书送达和调查取证请求。

第十条　通过外交途径办理民商事案件司法文书送达和调查取证，不适用本规定。

第十一条　最高人民法院国际司法协助统一管理部门根据本规定制定实施细则。

第十二条　最高人民法院以前所作的司法解释及规范性文件，凡与本规定不一致的，按本规定办理。

最高人民法院《关于依据国际公约和双边司法协助条约办理民商事案件司法文书送达和调查取证司法协助请求的规定》（法释〔2020〕20 号，自 2021 年 1 月 1 日起施行）

为正确适用有关国际公约和双边司法协助条约，依法办理民商事案件司法文书送达和调查取证请求，根据《中华人民共和国民事诉讼法》《关于向国外送达民事或商事司法文书和司法外文书的公约》（海牙送达公约）、《关于从国外调取民事或商事证据的公约》（海牙取证公约）和双边民事司法协助条约的规定，结合我国的司法实践，制定本规定。

第一条　人民法院应当根据便捷、高效的原则确定依据海牙送达公约、海牙取证公约，或者双边民事司法协助条约，对外提出民商事案件司法文书送达和调查取证请求。

第二条 人民法院协助外国办理民商事案件司法文书送达和调查取证请求，适用对等原则。

第三条 人民法院协助外国办理民商事案件司法文书送达和调查取证请求，应当进行审查。外国提出的司法协助请求，具有海牙送达公约、海牙取证公约或双边民事司法协助条约规定的拒绝提供协助的情形的，人民法院应当拒绝提供协助。

第四条 人民法院协助外国办理民商事案件司法文书送达和调查取证请求，应当按照民事诉讼法和相关司法解释规定的方式办理。

请求方要求按照请求书中列明的特殊方式办理的，如果该方式与我国法律不相抵触，且在实践中不存在无法办理或者办理困难的情形，应当按照该特殊方式办理。

第五条 人民法院委托外国送达民商事案件司法文书和进行民商事案件调查取证，需要提供译文的，应当委托中华人民共和国领域内的翻译机构进行翻译。

翻译件不加盖人民法院印章，但应由翻译机构或翻译人员签名或盖章证明译文与原文一致。

第六条 最高人民法院统一管理全国各级人民法院的国际司法协助工作。高级人民法院应当确定一个部门统一管理本辖区各级人民法院的国际司法协助工作并指定专人负责。中级人民法院、基层人民法院和有权受理涉外案件的专门法院，应当指定专人管理国际司法协助工作；有条件的，可以同时确定一个部门管理国际司法协助工作。

第七条 人民法院应当建立独立的国际司法协助登记制度。

第八条 人民法院应当建立国际司法协助档案制度。办理民商事案件司法文书送达的送达回证、送达证明在各个转递环节应当以适当方式保存。办理民商事案件调查取证的材料应当作为档案保存。

第九条 经最高人民法院授权的高级人民法院，可以依据海牙送达公约、海牙取证公约直接对外发出本辖区各级人民法院提出的民商事案件司法文书送达和调查取证请求。

第十条 通过外交途径办理民商事案件司法文书送达和调查取证，不适用本规定。

第十一条 最高人民法院国际司法协助统一管理部门根据本规定制定实施细则。

第十二条 最高人民法院以前所作的司法解释及规范性文件，凡与本规定不一致的，按本规定办理。

294. 协助途径

294.1 法律条文

第二百九十四条 请求和提供司法协助，应当依照中华人民共和国缔结或者参加的国际条约所规定的途径进行；没有条约关系的，通过外交途径进行。

外国驻中华人民共和国的使领馆可以向该国公民送达文书和调查取证，但不得违反中华人民共和国的法律，并不得采取强制措施。

除前款规定的情况外，未经中华人民共和国主管机关准许，任何外国机关或者个人不得在中华人民共和国领域内送达文书、调查取证。

294.2 条文阐释

本条规定了司法协助的途径。司法协助涉及两国的外交、法律、习惯，各国之间的司法协助规定各不相同。一般来说，两国之间对于司法协助订立相关条约。由于司法执行涉及一国司法主权行使，因此两国没有条约关系的，应当避免直接到本国领域外执行。外国驻华使领馆和其他机关未经过法定程序，不得在我国境内采取措施。本条规定的强制措施包括扣押、讯问等行为。

294.3 司法适用

根据《民事诉讼法》的规定，我国法院和外国法院之间进行司法协助，应当经过以下程序：

（1）根据我国缔结或者参加的国际条约所规定的途径或者通过外交途径请求提供司法协助。例如，我国参加的《关于向国外送达民事或商事司法文书和司法外文书公约》规定了几种送达文书的方式，我国和公约参加国互为请求提供司法协助时，就应当按公约的规定。但是，我国对公约声明保留的条款除外。通过外交途径提供司法协助，是在没有条约关系时采用的方式。

（2）提出请求司法协助的请求书，请求提供司法协助，涉及一国的主权和国与国之间的关系，也关系到司法协助的内容与事项，为此，不论是外国法院请求我国法院提供司法协助，还是我国法院请求外国法院提供司法协助，都应当用请求书。

（3）人民法院收到外国法院的请求书后，应当依照中华人民共和国法律规定的程序提供司法协助，外国法院请求采用特殊方式的，在不违反中华人民共和国法律的前提下，也可以按其请求的特殊方式进行。

294.4 相关规范性文件

最高人民法院《关于适用〈中华人民共和国民事诉讼法〉的解释》（法释〔2022〕11号，自2022年4月10日起施行）

第五百四十七条 与中华人民共和国没有司法协助条约又无互惠关系的国家的法院，未通过外交途径，直接请求人民法院提供司法协助的，人民法院应予退回，并说明理由。

295. 译本的提交

295.1 法律条文

第二百九十五条 外国法院请求人民法院提供司法协助的请求书及其所附文件，应当附有中文译本或者国际条约规定的其他文字文本。

人民法院请求外国法院提供司法协助的请求书及其所附文件，应当附有该国文字译本或者国际条约规定的其他文字文本。

295.2 条文阐释

为了尊重受托国主权，保证文书内容的确切性，《民事诉讼法》规定，外国法院请求人民法院提供司法协助的请求书及其所附文件，应当附有中文译本或者国际条约规定的其他文字文本。我国人民法院请求外国法院提供司法协助的请求书及其所附文件，应当附有该国文字译本或者国际条约规定的其他文字文本。例外的情况是，如果双方缔结或者共同参加的国际条约中允许使用第三国文字文本，则可以采用该第三国文字正式译本。例如，我国与蒙古国、波兰签订的司法协助条约中，就允许使用第三国文字的译本，即允许缔约双方使用英文文本。

296. 协助程序

296.1 法律条文

第二百九十六条 人民法院提供司法协助，依照中华人民共和国法律规定的程序进行。外国法院请求采用特殊方式的，也可以按照其请求的特殊方式进行，但请求采用的特殊方式不得违反中华人民共和国法律。

296.2 条文阐释

关于司法协助的法律适用，应当主要适用被请求国法律。在特殊情况下也可以适用请求国法律。

296.3 司法适用

例如，根据我国与阿根廷签订的《中华人民共和国和阿根廷共和国关于民事和商事司法协助的条约》，有关司法协助适用的法律和程序：双方执行司法协助请求时，适用各自的本国法；被请求方在不违背本国法律的范围内，可以按照请求方要求的特殊方式执行司法协助的请求。

297. 申请外国承认执行

297.1 法律条文

第二百九十七条 人民法院作出的发生法律效力的判决、裁定，如果被执行人或者其财产不在中华人民共和国领域内，当事人请求执行的，可以由当事人直接向有管辖权的外国法院申请承认和执行，也可以由人民法院依照中华人民共和国缔结或者参加的国际条约的规定，或者按照互惠原则，请求外国法院承认和执行。

在中华人民共和国领域内依法作出的发生法律效力的仲裁裁决，当事人请求执行的，如果被执行人或者其财产不在中华人民共和国领域内，当事人可以直接向有管辖权的外国法院申请承认和执行。

297.2 条文阐释

人民法院作出的发生法律效力的判决、裁定，以及仲裁机构的裁决，当事人应当自觉履行，一方拒绝履行的，对方当事人可以申请或由人民法院主动强制执行。但是，在涉外民事诉讼中，有时被执行人或者其财产不在我国领域内，我国人民法院又不能赴他国亲自执行我国的法律文书，对此，根据《民事诉讼法》的规定，可以通过以下途径执行我国作出的判决、裁定：

（1）由当事人直接向有管辖权的外国法院申请执行。接受申请的法院在本国法律允许的情况下，可以根据与我国缔结或者参加的国际条约，或者本着互惠的原则，依照本国的司法程序协助执行我国的法律文书。如果某个国家未与我国缔结或者共同参加国际条约，与我国也没有互惠关系，或该国法律不允许外国人直接向该国法院申请执行，我国当事人就不宜采用申请执行的办法。

（2）由人民法院依照我国缔结或者参加的国际公约的规定，或者按照互惠原则请求外国法院承认和执行。如果我国和被执行人所在国或其财产所在地国缔结或共同参加的国际条约有司法协助的内容，我国人民法院可以根据条约的规定，向该国法院提出承认和执行我国法律文书的请求。一般来说，该外国法院接到申请后，应当根据国际条约和其国内法的规定，承认并执行我国的法律文书。外国法院承认和执行我国的判决、裁定、仲裁裁决，以与我国有国际条约或互惠关系为前提，没有两国间缔结或者共同参加的国际条约或互惠关系，他们没有义务执行我国的法律文书。

法院判决的承认与执行可以依据双边民商事司法协助条约，通过中央机关途径，请求人民法院对本国法院判决予以承认与执行。仲裁裁决在外国的承认与执行依据《承认及执行外国仲裁裁决公约》，如双方都是公约成员国，则当事人直接向被执行人所在国法院申请承认和执行，无须通过中央机关。2023 年修改的《民事诉讼法》将可申请外国执行的仲裁裁决籍属的标准由中华人民共和国涉外仲裁机构作出的发生法律效力的仲裁裁决，修改为在中华人民共和国领域内作出的发生法律效力的仲裁裁决，即由仲裁机构标准修改为裁决地标准，扩大了可申请执行的范围促进了仲裁裁决的跨境执行。

297.3　司法适用

目前，在立法层面，我国还没有专门针对外国判决承认和执行的系统法律规范。

在双边条约方面，中国政府法制信息网、中华人民共和国条约数据库、中华人民共和国外交部官网显示，截至 2022 年 7 月，我国共计与 39 个国家签订了涉及民商事的双边司法协助协定或条约，其中已经生效的有 38 项。在这 38 项司法协助协定或条约中，有 4 项没有规定外国法院判决承认和执行的制度，涉及新加坡、韩国、泰国与比利时 4 个国家；除涉及塞浦路斯、老挝和匈牙利 3 个国家的协定或条约以直接列明承认和执行条件的方式作出规定外，其余均以列明拒绝承认和执行条件的方式就承认和执行作出了规定。通过签订具有约束力的双边条约，可以在一定程度上缓解承认和执行外国法院判决的困境，然而，由于我国对外签订的此类双边条约或协定数量较少，而且多数缔约国与我国的经贸往来并不频繁，因此双边条约的实际作用和优势尚未充分展现。在缺乏相关国际条约的情况下，我国法院只能根据《民事诉讼法》中规定的互惠原则来评定是否应当承认和执行外国法院的判决。

297.4 相关规范性文件

《中华人民共和国仲裁法》（中华人民共和国主席令第 76 号，自 2018 年 1 月 1 日起施行）

第七十二条 涉外仲裁委员会作出的发生法律效力的仲裁裁决，当事人请求执行的，如果被执行人或者其财产不在中华人民共和国领域内，应当由当事人直接向有管辖权的外国法院申请承认和执行。

最高人民法院《关于适用〈中华人民共和国民事诉讼法〉的解释》（法释〔2022〕11 号，自 2022 年 4 月 10 日起施行）

第五百四十八条 当事人在中华人民共和国领域外使用中华人民共和国法院的判决书、裁定书，要求中华人民共和国法院证明其法律效力的，或者外国法院要求中华人民共和国法院证明判决书、裁定书的法律效力的，作出判决、裁定的中华人民共和国法院，可以本法院的名义出具证明。

最高人民法院《关于人民法院进一步为"一带一路"建设提供司法服务和保障的意见》（法发〔2019〕29 号）

19. 采取积极举措，便利外国法院民商事判决的承认和执行。

24. 采取推定互惠的司法态度，以点带面不断推动国际商事法庭判决的相互承认与执行。

《全国法院涉外商事海事审判工作座谈会会议纪要》（最高人民法院 2021 年发布）

第四十四条 【互惠关系的认定】

人民法院在审理申请承认和执行外国法院判决、裁定案件时，有下列情形之一的，可以认定存在互惠关系：

（1）根据该法院所在国的法律，人民法院作出的民商事判决可以得到该国法院的承认和执行；

（2）我国与该法院所在国达成了互惠的谅解或者共识；

（3）该法院所在国通过外交途径对我国作出互惠承诺或者我国通过外交途径对该法院所在国作出互惠承诺，且没有证据证明该法院所在国曾以不存在互惠关系为由拒绝承认和执行人民法院作出的判决、裁定。

人民法院对于是否存在互惠关系应当逐案审查确定。

297.5　典型案例

297.5.1　被执行人在中国境内没有可供执行财产的，且与公司住所地所在国家没有缔结相应的国际条约，也未建立相应的互惠关系的，终结执行

裁判来源：江苏辛巴地板有限公司、阿斯马奇有限公司买卖合同纠纷案——江苏省无锡市中级人民法院执行裁定书，(2023) 苏02执7号

法院认为：《民事诉讼法》第287条第1款规定："人民法院作出的发生法律效力的判决、裁定，如果被执行人或者其财产不在中华人民共和国领域内，当事人请求执行的，可以由当事人直接向有管辖权的外国法院申请承认和执行，也可以由人民法院依照中华人民共和国缔结或者参加的国际条约的规定，或者按照互惠原则，请求外国法院承认和执行。"本案中，被执行人阿斯马奇公司住所地在美利坚合众国，执行中未发现被执行人阿斯马奇公司在我国领域内有财产，申请执行人也明确表示被执行人阿斯马奇公司在我国境内无财产。另经核查，我国与美利坚合众国没有缔结相应的国际条约，也未建立相应的互惠关系。本案符合终结执行的条件，应予终结。

298. 外国申请承认执行

298.1　法律条文

第二百九十八条　外国法院作出的发生法律效力的判决、裁定，需要人民法院承认和执行的，可以由当事人直接向有管辖权的中级人民法院申请承认和执行，也可以由外国法院依照该国与中华人民共和国缔结或者参加的国际条约的规定，或者按照互惠原则，请求人民法院承认和执行。

298.2　条文阐释

本条规定了对于外国法院作出的发生法律效力的判决、裁定申请执行的条件。随着中国加入WTO和对外开放的进一步扩大，我国涉外纠纷不

断增加，涉及的外国法院的判决在我国执行的案件也大量增加。部分国家没有和我国没有签订有关的法院之间的执行条约，但是双方之间的贸易与交往较为频繁，客观上存在跨国执行的大量需求。因此，针对这一情形，本法规定可以按照互惠原则处理。

如果中国与作出判决的外国法院所在国缔结或者参加了国际条约或者存在互惠原则的，承认和执行法院裁决的申请，可以由外国法院通过司法协助的方式请求中国法院承认和执行，也可以由当事人直接向被请求方的主管法院提出。

298.3 司法适用

在涉外民商事实务领域，对于如何承认和执行外国法院判决以及仲裁裁决的问题一直备受关注。我国早在1986年加入了《承认及执行外国仲裁裁决公约》，因此，相较于外国法院判决，对于外国仲裁裁决在国内司法实践中的承认和执行更加明确和规范。最高人民法院于2021年12月31日发布了《全国法院涉外商事海事审判工作座谈会会议纪要》（以下简称《会议纪要》），该纪要在外国法院判决在我国的承认和执行方面带来了重大突破。特别是，它明确了承认与执行外国法院民商事判决中关于互惠原则的实际操作指南。

2022年3月17日，在最高人民法院批准后，上海海事法院对（2018）沪72协外认1号SPAR航运有限公司诉大新华物流控股（集团）有限公司申请承认外国法院判决案作出裁定，首次承认了互惠原则的使用不以外国法院先于我国法院承认与执行我国判决为前提。这一案例典范地践行了《会议纪要》中提出的“互惠原则”的认定标准，可能成为今后我国承认和执行外国法院判决的示范案例。

互惠原则一直是国际私法的重要基本原则，强调受惠国和施惠国在利益和义务上应该相对等。根据《民事诉讼法》的规定，国内法院在承认和执行外国法院作出的判决时，通常采用两种途径，即依据国际条约或依据互惠原则。由于我国与各国并没有广泛签署双边或多边司法协助条约，因此，在实践中互惠原则的适用更为广泛。

过去，国内法院通常以外国法院是否首先承认和执行我国判决为依据来判断是否适用互惠原则。然而，在SPAR诉大新华案中带来了一项重要的变化，法院明确表示，《民事诉讼法》在规定互惠原则时，并没有将之限定为必须是相关外国法院对我国法院民商事判决的先行承认和执行。这一说法与《会议纪要》对互惠原则的认定相一致。《会议纪要》提到，在审理承认和执行外国法院判决、裁定案件时，如果我国法院作出的民商事判决可以在外国得到承认和执行，则可以认定存在互惠关系。从事实互惠到法律互惠的转变，这一转变意味着我国扩大了互惠原则的适用范围，也表明我国愿意在满足上述条件的情况下，主动与外国合作，承认和执行外国法院判决。这不仅有利于我国推进“一带一路”建设，也为未来的国际经济活动提供了有效的争议解决途径。

总之，涉外实务的过程中需要特别注意进行相关外国法的查明。首先，必须要查明是否根据该国法律，我国人民法院作出的民商事判决是可以得到该国法院的承认和执行的。如上所述，该查明并不需要以该国曾有过承认和执行我国判决的先例为前提。其次，必须查明外国法院是否以不存在互惠关系为由曾经拒绝承认和执行过我国法院的民商事判决。即从反面来证明该国没有拒绝承认和执行我国判决的先例。满足上述两个条件即可以构成互惠原则的适用。

298.4 相关规范性文件

最高人民法院《关于适用〈中华人民共和国民事诉讼法〉的解释》（法释〔2022〕11号，自2022年4月10日起施行）

第五百四十一条 申请人向人民法院申请承认和执行外国法院作出的发生法律效力的判决、裁定，应当提交申请书，并附外国法院作出的发生法律效力的判决、裁定正本或者经证明无误的副本以及中文译本。外国法院判决、裁定为缺席判决、裁定的，申请人应当同时提交该外国法院已经合法传唤的证明文件，但判决、裁定已经对此予以明确说明的除外。

中华人民共和国缔结或者参加的国际条约对提交文件有规定的，按照规定办理。

第五百四十二条 当事人向中华人民共和国有管辖权的中级人民法院申请承认和执行外国法院作出的发生法律效力的判决、裁定的，如果该法院所在国与中华人民共和国没有缔结或者共同参加国际条约，也没有互惠关系的，裁定驳回申请，但当事人向人民法院申请承认外国法院作出的发生法律效力的离婚判决的除外。

承认和执行申请被裁定驳回的，当事人可以向人民法院起诉。

第五百四十四条 对外国法院作出的发生法律效力的判决、裁定或者外国仲裁裁决，需要中华人民共和国法院执行的，当事人应当先向人民法院申请承认。人民法院经审查，裁定承认后，再根据民事诉讼法第三编的规定予以执行。

当事人仅申请承认而未同时申请执行的，人民法院仅对应否承认进行审查并作出裁定。

第五百四十五条 当事人申请承认和执行外国法院作出的发生法律效力的判决、裁定或者外国仲裁裁决的期间，适用民事诉讼法第二百四十六条的规定。

当事人仅申请承认而未同时申请执行的，申请执行的期间自人民法院对承认申请作出的裁定生效之日起重新计算。

第五百四十六条 承认和执行外国法院作出的发生法律效力的判决、裁定或者外国仲裁裁决的案件，人民法院应当组成合议庭进行审查。

人民法院应当将申请书送达被申请人。被申请人可以陈述意见。

人民法院经审查作出的裁定，一经送达即发生法律效力。

298.5 典型案例

298.5.1 互惠原则的使用不以外国法院先于我国法院承认与执行我国判决为前提

裁判来源：SPAR航运有限公司（SPARSHIPPINGAS）申请承认英国法院判决案——最高人民法院发布10件2022年全国海事审判典型案例，上海海事法院民事裁定书，（2018）沪72协外认1号

法院认为：我国与英国之间尚未缔结或者参加相互承认和执行法院民商事判决、裁定的国际条约，故应以互惠原则作为承认英国法院判决的审查依据。根据英国法律，其并不以存在相关条约作为承认和执行外国法院民商事判决的必要条件，我国法院作出的民商事判决可以得到英国法院的

承认和执行，且大新华控股公司也未证明英国法院曾以不存在互惠关系为由拒绝承认和执行我国法院判决。案涉判决不存在违反我国法律基本原则或者损害我国国家主权、安全、社会公共利益的情形，故在本案中可以根据互惠原则对案涉英国法院判决给予承认。

299. 承认和执行外国法院裁判

299.1 法律条文

第二百九十九条 人民法院对申请或者请求承认和执行的外国法院作出的发生法律效力的判决、裁定，依照中华人民共和国缔结或者参加的国际条约，或者按照互惠原则进行审查后，认为不违反中华人民共和国法律的基本原则且不损害国家主权、安全、社会公共利益的，裁定承认其效力；需要执行的，发出执行令，依照本法的有关规定执行。

299.2 条文阐释

在国际民事诉讼中，一国法院所作的判决或者裁定，在另一国境内发生效力或者强制执行，称为对外国法院的判决裁定的承认和执行。承认外国法院的判决和裁定，是一国法院确认外国法院判决在本国发生效力；执行外国法院的判决和裁定，是一国法院根据本国法律规定的程序执行外国法院的判决和裁定。承认外国法院的判决裁定，不一定发生执行问题。但承认是执行的前提，不先确认外国法院判决、裁定的效力，就无执行根据。承认和执行外国法院的判决和裁定是司法协助的重要内容，我国《民事诉讼法》对承认和执行外国法院的判决和裁定规定了以下条件：

（1）外国法院所在国与我国有缔结或者共同参加的国际条约，或者有互惠关系。

（2）当事人直接向我国有管辖权的中级人民法院提出了申请，或者外国法院依照该国与我国缔结或者共同参加的国际条约的规定或者互惠关系，向我国法院提出了请求，没有当事人的申请或者外国法院的请求，人民法院不能主动去承认和执行外国法院的判决。

（3）该判决、裁定的承认和执行不违反中华人民共和国法律的基本原则或者国家主权、安全、社会公共利益。人民法院对于承认或者执行外国法院判决和裁定的申请或者请求，经审查符合法律规定的原则，不违背国家主权、安全、社会公共利益的，就可以以裁定的形式承认其效力，并发出执行令，依照我国民事诉讼规定的执行程序执行。这样执行的内容虽是外国法院的判决、裁定，但由于用我国法律文书确认了它的效力，所以从一定意义上讲，人民法院执行的是自己法院的法律文书，而不是外国的法律文书。

299.3 司法适用

实践中，有的法院认为申请人应该先申请承认外国法院判决，得到承认后再申请执行该判决；有的法院认为应该同时申请承认和执行，理由是根据最高人民法院发布的《民事案件案由规定》，与本案相关的案由仅为“申请承认和执行外国法院民事判决、裁定”，而没有“申请承认外国法院民事判决”的案由。

299.4 典型案例

299.4.1 我国法院应否承认和执行未缔结又未共同参加相互承认和执行民事判决的国际条约国家法院的民事判决，应按照互惠原则进行审查

裁判来源：刘某与陶某等申请承认和执行外国法院民事判决纠纷案——湖北省武汉市中级人民法院民事裁定书，（2015）鄂武汉中民商外初字第00026号

裁判要旨：本案中，我国法院首次承认和执行美国法院民事判决。我国与美国既未缔结又未共同参加相互承认和执行民事判决的国际条约，应否承认和执行美国民事判决应依据互惠原则进行审查，即审查美国法院是否有承认和执行我国法院民事判决的先例以及承认该民事判决是否违反我国法律的基本原则或者国家主权、安全、社会公共利益。湖北省高级人民法院（2001）鄂民四初字第1号民事判决书已获美国法院承认与执行，由此可以认定我国与美国存在相互承认和执行民事判决的互惠关系，并且承

认该民事判决并不违反我国法律的基本原则或者国家主权、安全、社会公共利益。因此，按照互惠原则，我国法院应当承认和执行美国法院民事判决。

300. 裁定不予承认或执行

300.1　法律条文

第三百条　对申请或者请求承认和执行的外国法院作出的发生法律效力的判决、裁定，人民法院经审查，有下列情形之一的，裁定不予承认和执行：

（一）依据本法第三百零一条的规定，外国法院对案件无管辖权；

（二）被申请人未得到合法传唤或者虽经合法传唤但未获得合理的陈述、辩论机会，或者无诉讼行为能力的当事人未得到适当代理；

（三）判决、裁定是通过欺诈方式取得；

（四）人民法院已对同一纠纷作出判决、裁定，或者已经承认第三国法院对同一纠纷作出的判决、裁定；

（五）违反中华人民共和国法律的基本原则或者损害国家主权、安全、社会公共利益。

300.2　条文阐释

本条为2023年《民事诉讼法》修改新增条文。《全国法院涉外商事海事审判工作座谈会会议纪要》第46条对涉外司法中不予承认和执行的事由进行了规定。本次《民事诉讼法》修改将此相关内容正式以法律条款的形式确定下来，对于不予承认或执行外国法院判决、裁定的情形，采取了明确列举的方式，以便在处理承认或执行外国法院判决、裁定的申请时，能够更加明确地确定相关情况。当事人申请承认和执行外国法院判决的，除法定情形以外，应予以承认和执行，为司法审查提供了更为清晰的指引，强化了司法透明度和可预测性。同时，我国还强调了对于那些与我国法律的基本原则相悖，或者侵犯国家主权安全、社会公共利益的外国法院裁判，将不予承认和执行。这一规定确保了我国的法律体系和国家利益不受外国判决的侵犯，维护了我国的主权和社会公共秩序。

300.3 司法适用

对于申请承认和执行《承认及执行外国仲裁裁决公约》缔约国仲裁机构的裁决，我国法院将审查是否具有该公约第5条第1项和第2项所列的情形，如果认定具有所列情形之一的，则裁定驳回申请，拒绝承认及执行该项外国仲裁裁决。

300.4 相关规范性文件

《全国法院涉外商事海事审判工作座谈会会议纪要》（最高人民法院2021年发布）

第四十六条 【不予承认和执行的事由】

对外国法院作出的发生法律效力的判决、裁定，人民法院按照互惠原则进行审查后，认定有下列情形之一的，裁定不予承认和执行：

（一）根据中华人民共和国法律，判决作出国法院对案件无管辖权；

（二）被申请人未得到合法传唤或者虽经合法传唤但未获得合理的陈述、辩论机会，或者无诉讼能力的当事人未得到适当代理；

（三）判决通过欺诈方式取得；

（四）人民法院已对同一纠纷作出判决，或者已经承认和执行第三国就同一纠纷做出的判决或者仲裁裁决。

外国法院作出的发生法律效力的判决、裁定违反中华人民共和国法律的基本原则或者国家主权、安全、社会公共利益的，不予承认和执行。

300.5 典型案例

300.5.1 仲裁协议仅约定通过快速仲裁解决争议，未明确约定仲裁机构的，不属于不予承认和执行的情形

裁判来源：斯万斯克蜂蜜加工公司申请承认和执行外国仲裁裁决案——最高人民法院指导案例200号，江苏省南京市中级人民法院民事裁

定书，(2018) 苏01协外认8号

裁判要旨：仲裁协议仅约定通过快速仲裁解决争议，未明确约定仲裁机构的，由临时仲裁庭作出裁决，不属于《承认及执行外国仲裁裁决公约》第5条第1款规定的情形，被申请人以采用临时仲裁不符合仲裁协议约定为由，主张不予承认和执行该临时仲裁裁决的，人民法院不予支持。

300.5.2　在我国法院对当事人订立的仲裁条款的存在与效力已作出否定性判断的前提下，依法应裁定不予承认和执行

裁判来源：P海运公司与Z实业公司申请承认和执行英国伦敦仲裁裁决案——天津市高级人民法院发布第二批10起服务保障“一带一路”建设典型案例

法院认为：对本案仲裁裁决的审查应适用《承认及执行外国仲裁裁决公约》第5条第2款乙项的规定。在我国法院对当事人订立的仲裁条款的存在与效力已作出否定性判断的前提下，依法应裁定不予承认和执行。综上，天津海事法院裁定，不予承认及执行涉案仲裁裁决。

300.5.3　仲裁庭组成与仲裁协议约定不符，应当不予承认和执行外国仲裁裁决

裁判来源：美国某公司与浙江某公司申请承认和执行外国仲裁裁决案——浙江省杭州市中级人民法院发布涉外民商事审判十大典型案例(2012—2021)

法院认为：中国和新加坡均为《承认与执行外国仲裁裁决公约》（以下简称《纽约公约》）的缔约国，应按照《纽约公约》的规定审查涉案仲裁裁决是否可以得到承认和执行。根据双方签订的《许可协议》的约定，仲裁庭应根据国际商会仲裁规则组成，而本案仲裁庭的首席仲裁员系依据《新加坡国际仲裁中心仲裁规则（1997）》，由一名边裁提名，另一名边裁不予反对而产生，该组庭方式不符合仲裁协议的约定。浙江某公司在仲裁程序中明确提出反对意见，并未放弃异议权。本案仲裁庭的组成与仲裁协议的约定不符，根据《纽约公约》第5条第1款丁项关于“……（丁）仲裁机关之组成或仲裁程序与各造间之协议不符，或无协议而与仲裁地所在国法律不符者；……”的规定，案涉仲裁裁决不应当予以承认与执行。据此，经层报最高人民法院核准，杭州中院裁定驳回美国某公司的申请，对该仲裁裁决不予承认与执行。

301. 间接管辖权

301.1 法律条文

第三百零一条 有下列情形之一的，人民法院应当认定该外国法院对案件无管辖权：

（一）外国法院依照其法律对案件没有管辖权，或者虽然依照其法律有管辖权但与案件所涉纠纷无适当联系；

（二）违反本法对专属管辖的规定；

（三）违反当事人排他性选择法院管辖的协议。

301.2 条文阐释

本条为2023年《民事诉讼法》修改新增条文。

间接管辖权，是指在外国民商事判决的承认和执行程序中，被请求国法院对原审法院的管辖权进行审查的制度。间接管辖权作为外国民商事判决承认与执行的基本条件之一，更注重的是审查外国法院的民商事判决能否在内国承认与执行，应当符合内国在承认及执行外国判决时的政策目标，即尊重国际礼让、维护当事人合法权益与保障内国法律秩序并重的原则，从而解决申请人的与被申请人的纠纷。

对于间接管辖权的规定，首先要依据原审国家的法律去判断原审国法院是否有管辖权，同时直接规定了审查是否符合涉及我国专属管辖权以及当事人排他性选择法院管辖的协议的案件，最终以认定原审国法院是否有管辖权。

301.3 司法适用

在我国以往的司法实践中，承认与执行外国民商事案件主要集中在婚姻关系领域，对于外国法院因合同之债、侵权之债等原因作出的判决申请承认与执行的案件相对较少。在法官裁判过程中，实际上的审查标准也比较模糊，甚至直接忽略了对间接管辖权的审查。本新增条款则为审查申请承认与执行判决的缔约国法院的管辖权提供了明确的指引，除了要审查外国法院依据其法律对案件是否有管辖权，还要求符合我国法律有关专属管辖的规定以及当事人排他性选择法院管辖的协议。此次我国间接管辖权制度的确定，对于我国对外开放的深入发展以及“一带一路”倡议的落实以及逐步增多的民商事纠纷的解决，有着十分积极的影响。

301.4 典型案例

301.4.1 案件当事人是与中国签订了双边司法协助协定的国家，法院应以双边司法协助协定中的规定对间接管辖权进行审查认定

裁判来源：肖莱公司、特力股份有限公司、道明光学股份有限公司申请承认与执行法院判决、仲裁裁决案——浙江省金华市中级人民法院民事裁定书，(2016) 浙07协外认1号

法院认为：中华人民共和国和法兰西共和国已签订《中华人民共和国和法兰西共和国关于民事、商事司法协助的协定》，该协定第22条拒绝承认和执行规定，对有下列情形之一的裁决，不予承认和执行：(1) 按照被请求一方法律有关管辖权的原则，裁决是由无管辖权的法院作出的；(2) 在自然人的身份或能力方面，请求一方法院没有适用按照被请求一方国际私法规则应适用的法律，但其所适用的法律可以得到相同结果的除外；(3) 根据作出裁决一方的法律，该裁决尚未确定或不具有执行力；(4) 败诉一方当事人未经合法传唤，因而没有出庭参加诉讼；(5) 裁决的强制执行有损于请求一方的主权、安全或公共秩序；(6) 被请求一方法院对于相同的当事人之间就同一事实和要求的案件已经作出确定的裁决，或者被请求一方法院已经承认了第三国法院对于相同的当事人之间就同一事实和要求的案件所作的确定裁决……对于道明光学股份有限公司主张的本案纠纷的管辖权问题，《民事诉讼法》第34条规定，合同或者其他财产权益纠纷的当事人可以书面协议选择被告住所地、合同履行地、合同签订地、原告住所地、标的物所在地等与争议有实际联系的地点的人民法院管辖，但不得违反本法对级别管辖和专属管辖的规定。该法第127条规定，人民法院

受理案件后，当事人对管辖权有异议的，应当在提交答辩状期间提出。人民法院对当事人提出的异议，应当审查。异议成立的，裁定将案件移送有管辖权的人民法院；异议不成立的，裁定驳回。当事人未提出管辖异议，并应诉答辩的，视为受诉人民法院有管辖权，但违反级别管辖和专属管辖规定的除外。道明光学股份有限公司委托律师应诉，在诉讼过程中也未向波比尼商事法院提出管辖权异议，波比尼商事法院受理本案纠纷也不违背我国《民事诉讼法》有关级别关系和专属管辖的强制性规定，因此道明光学股份有限公司认为波比尼商事法院受理对本案无管辖权，我国法院不应承认和执行波比尼商事法院裁决的理由不能成立，本院不予支持。

301.4.2 在对外国法院所作判决是否予以承认与执行时，应对原判决管辖权是否适格进行分析

裁判来源：太阳能电力有限公司申请承认与执行新加坡高等法院判决案——上海市第一中级人民法院民事裁定书，(2019) 沪01协外认22号

法院认为：“一方面，我国最高人民法院与新加坡最高法院之间签署过《备忘录》，其中载明我国法院可以在互惠基础上承认与执行新加坡法院的判决，新加坡法院可以根据普通法的规定执行中国法院的判决。这表明我国与新加坡之间存在法律互惠，在同等情况下我国作出的民商事判决可以得到新加坡法院的承认和执行。另一方面，新加坡高等法院有承认和执行我国法院判决的先例，我国法院亦有承认和执行新加坡法院判决的案例，说明我国与新加坡之间存在事实互惠。据此，可以认定我国与新加坡之间存在互惠关系。”……被申请人尚德电力公司称新加坡法院对系争案件没有管辖权，法院经审查后认为，被申请人系注册在新加坡的公司，新加坡高等法院作为被告所在地法院依法享有对案件的管辖权，且被申请人在案件审理中到庭应诉答辩，并未对新加坡高等法院的管辖权提出异议。法院经审查认为新加坡高等法院对系争案件具有管辖权，理由在于，被申请人的公司注册地在新加坡，公司所在地为新加坡，同时，被申请人应诉答辩，并未对管辖区提出异议，因而新加坡法院对案件具有管辖权。因此，抗辩理由均不成立，最终裁定承认和执行案涉新加坡法院判决。

302. 中止审理

302.1 法律条文

第三百零二条 当事人向人民法院申请承认和执行外国法院作出的发生法律效力的判决、裁定，该判决、裁定涉及的纠纷与人民法院正在审理的纠纷属于同一纠纷的，人民法院可以裁定中止诉讼。

外国法院作出的发生法律效力的判决、裁定不符合本法规定的承认条件的，人民法院裁定不予承认和执行，并恢复已经中止的诉讼；符合本法规定的承认条件的，人民法院裁定承认其效力；需要执行的，发出执行令，依照本法的有关规定执行；对已经中止的诉讼，裁定驳回起诉。

302.2 条文阐释

本条为2023年《民事诉讼法》修改新增条文。

明确因同一纠纷向我国法院申请承认和执行程序与我国法院案件审理程序的关系。如果该外国法院判决所涉及的争议与正在我国人民法院审理的争议是同一争议，那么我国人民法院可以选择中止正在进行的诉讼程序。这是为了避免在不同法院间就同一争议重复进行诉讼，保持一致性，促进稳定相关法律关系和当事人预期。该条文对于避免在承认和执行外国法院判决时，内外案件之间的判决矛盾，体现我国法院判决的公正性和严肃性都具有现实意义。

裁定中止诉讼后，人民法院应该对外国法院作出的判决裁定进行审查，外国法院判决、裁定如果不符合中华人民共和国法律规定的承认条件，人民法院会裁定不予承认和执行。这意味着该外国判决在中国境内将不会生效，并且之前因此中止的诉讼会被恢复，继续审理。外国法院判决裁定符合承认条件的，中华人民共和国人民法院会裁定承认其效力，如果判决裁定需要执行，中华人民共和国人民法院会发出执行令，并按照国内法律的规定来执行判决或者裁定。

本条文明确了外国法院判决、裁定承认和执行的程序和结果。如果外国判决、裁定符合条件，将会被承认和执行，同时对于因此而中止的国内诉讼裁定驳回起诉；如果不符合条件，将会被拒绝承认和执行，之前中止的诉讼也会重新开始或终结。这一法律规定旨在确保外国判决、裁定在中国境内得到适当的法律处理，这有助于保障法律的一致性和有效性，同时维护了国内法律权益和诉讼程序的公平性。

303. 复议期间

303.1 法律条文

第三百零三条 当事人对承认和执行或者不予承认和执行的裁定不服的，可以自裁定送达之日起十日内向上一级人民法院申请复议。

303.2 条文阐释

本条为2023年《民事诉讼法》修改新增条文。

明确了承认和执行案件的相关裁定的复议期限。当事人对于人民法院作出的承认和执行或者不予承认和执行的裁定不服的，可以在法定复议期间，即裁定送达之日起10日内向上一级人民法院申请复议。

303.3 相关规范性文件

最高人民法院《关于适用〈中华人民共和国民事诉讼法〉的解释》（法释〔2022〕11号，自2022年4月10日起施行）

第五百三十六条 不服第一审人民法院判决、裁定的上诉期，对在中华人民共和国领域内有住所的当事人，适用民事诉讼法第一百七十一条规定的期限；对在中华人民共和国领域内没有住所的当事人，适用民事诉讼法第二百七十六条规定的期限。当事人的上诉期均已届满没有上诉的，第一审人民法院的判决、裁定即发生法律效力。

304. 承认和执行国外仲裁裁决

304.1　法律条文

第三百零四条　在中华人民共和国领域外作出的发生法律效力的仲裁裁决，需要人民法院承认和执行的，当事人可以直接向被执行人住所地或者其财产所在地的中级人民法院申请。被执行人住所地或者其财产不在中华人民共和国领域内的，当事人可以向申请人住所地或者与裁决的纠纷有适当联系的地点的中级人民法院申请。人民法院应当依照中华人民共和国缔结或者参加的国际条约，或者按照互惠原则办理。

304.2　条文阐释

我国始终在积极推进国际仲裁裁决的跨境执行，恪守国际条约义务。在这一进程中，我们提出了一系列重要的措施，旨在加强裁决的认定和执行。在对国外仲裁裁决的承认和执行上，2023 年《民事诉讼法》修改同样将仲裁裁决籍属的标准由仲裁机构标准修改为裁决地标准。此外，在仲裁裁决司法审查方面，增设了申请人住所地法院以及与裁决所涉纠纷有适当联系地法院为管辖法院。这将有助于确保仲裁当事人能够方便地行使他们的权利救济，无须长途跋涉或面临复杂的司法程序，最大限度地减少各类障碍，使当事人能够顺利获得应有的法律保障。

总之，我国旨在加强国际仲裁制度，使之更加高效、公正。通过改变仲裁裁决的认定标准、增设管辖法院，以及积极推动跨境执行，使国际仲裁裁决的效力将得到进一步提升，从而为全球范围内的商业和法律交流提供更可靠的支持。

304.3　司法适用

目前，国际上有承认和执行外国仲裁裁决的国际公约，即 1958 年在纽约召开的联合国国际商事仲裁会议上通过的《承认及执行外国仲裁裁决公约》，又称《纽约公约》。我国于 1986 年加入该公约，并作了“互惠保留”

和“商事保留”的声明，将我国承认和执行外国仲裁裁决的义务限定在缔约国之间商事范围之内：（1）只承认和执行在公约的另一缔约国领土内作出的仲裁裁决，而对任何缔约国以外的其他国家作出的仲裁裁决，则不能依照公约的规定予以承认和执行；（2）只承认和执行属于商事的仲裁裁决，即因合同或者侵权而产生的经济方面的争议所作出的仲裁裁决。

根据《纽约公约》的规定，各缔约国应当承认和执行对方国家的仲裁裁决，只有存在该公约第5条第1、2项所列情形的，才可以拒绝承认和执行。

我国有管辖权的人民法院，在接到一方当事人提出的承认和执行在另一缔约国领域内作出的仲裁裁决的申请后，应当根据《纽约公约》的规定，对申请承认和执行的裁决进行审查，对不具有该公约规定的拒绝的情形的，应当承认其效力，并依照《民事诉讼法》规定的执行程序予以执行，否则，应当不予承认和执行。

对于非缔约国领域内作出的仲裁裁决，当事人申请我国法院承认和执行的，人民法院应当按照互惠的原则办理。

304.4 相关规范性文件

最高人民法院《关于适用〈中华人民共和国民事诉讼法〉的解释》（法释〔2022〕11号，自2022年4月10日起施行）

第五百四十三条 对临时仲裁庭在中华人民共和国领域外作出的仲裁裁决，一方当事人向人民法院申请承认和执行的，人民法院应当依照民事诉讼法第二百九十条规定处理。

全国人民代表大会常务委员会《关于我国加入〈承认及执行外国仲裁裁决公约〉的决定》（自1986年12月2日起施行）

第六届全国人民代表大会常务委员会第十八次会议决定：

中华人民共和国加入《承认及执行外国仲裁裁决公约》，并同时声明：

（一）中华人民共和国只在互惠的基础上对在另一缔约国领土内作出的仲裁裁决的承认和执行适用该公约；

（二）中华人民共和国只对根据中华人民共和国法律认定为属于契约性和非契约性商事法律关系所引起的争议适用该公约。

最高人民法院《关于执行我国加入的〈承认及执行外国仲裁裁决公约〉的通知》［法（经）发〔1987〕5号，自1987年4月10日起施行］

全国地方各高、中级人民法院，各海事法院、铁路运输中级法院：

第六届全国人民代表大会常务委员会第十八次会议于1986年12月2日决定我国加入1958年在纽约通过的《承认及执行外国仲裁裁决公约》（以下简称《1958年纽约公约》），该公约将于1987年4月22日对我国生效。各高、中级人民法院都应立即组织经济、民事审判人员、执行人员以及其他有关人员认真学习这一重要的国际公约，并且切实依照执行。现就执行该公约的几个问题通知如下：

一、根据我国加入该公约时所作的互惠保留声明，我国对在另一缔约国领土内作出的仲裁裁决的承认和执行适用该公约。该公约与我国民事诉讼法（试行）有不同规定的，按该公约的规定办理。

对于在非缔约国领土内作出的仲裁裁决，需要我国法院承认和执行的，应按民事诉讼法（试行）第二百零四条的规定办理。

二、根据我国加入该公约时所作的商事保留声明，我国仅对按照我国法律属于契约性和非契约性商事法律关系所引起的争议适用该公约。所谓"契约性和非契约性商事法律关系"，具体的是指由于合同、侵权或者根据有关法律规定而产生的经济上的权利义务关系，例如货物买卖、财产租赁、工程承包、加工承揽、技术转让、合资经营、合作经营、勘探开发自然资源、保险、信贷、劳务、代理、咨询服务和海上、民用航空、铁路、公路的客货运输以及产品责任、环境污染、海上事故和所有权争议等，但不包括外国投资者与东道国政府之间的争端。

三、根据《1958年纽约公约》第四条的规定，申请我国法院承认和执行在另一缔约国领土内作出的仲裁裁决，是由仲裁裁决的一方当事人提出的。对于当事人的申请应由我国下列地点的中级人民法院受理：

1. 被执行人为自然人的，为其户籍所在地或者居所地；

2. 被执行人为法人的，为其主要办事机构所在地；

3. 被执行人在我国无住所、居所或者主要办事机构，但有财产在我国境内的，为其财产所在地。

四、我国有管辖权的人民法院接到一方当事人的申请后，应对申请承认及执行的仲裁裁决进行审查，如果认为不具有《1958 年纽约公约》第五条第一、二两项所列的情形，应当裁定承认其效力，并且依照民事诉讼法（试行）规定的程序执行；如果认定具有第五条第二项所列的情形之一的，或者根据被执行人提供的证据证明具有第五条第一项所列的情形之一的，应当裁定驳回申请，拒绝承认及执行。

五、申请我国法院承认及执行的仲裁裁决，仅限于《1958 年纽约公约》对我国生效后在另一缔约国领土内作出的仲裁裁决。该项申请应当在民事诉讼法（试行）第一百六十九条规定的申请执行期限内提出。

最高人民法院《关于仲裁司法审查案件报核问题的有关规定》（法释〔2021〕21 号，自 2022 年 1 月 1 日起施行）

第一条 本规定所称仲裁司法审查案件，包括下列案件：

（一）申请确认仲裁协议效力案件；

（二）申请撤销我国内地仲裁机构的仲裁裁决案件；

（三）申请执行我国内地仲裁机构的仲裁裁决案件；

（四）申请认可和执行香港特别行政区、澳门特别行政区、台湾地区仲裁裁决案件；

（五）申请承认和执行外国仲裁裁决案件；

（六）其他仲裁司法审查案件。

第二条 各中级人民法院或者专门人民法院办理涉外涉港澳台仲裁司法审查案件，经审查拟认定仲裁协议无效，不予执行或者撤销我国内地仲裁机构的仲裁裁决，不予认可和执行香港特别行政区、澳门特别行政区、台湾地区仲裁裁决，不予承认和执行外国仲裁裁决，应当向本辖区所属高级人民法院报核；高级人民法院经审查拟同意的，应当向最高人民法院报核。待最高人民法院审核后，方可依最高人民法院的审核意见作出裁定。

各中级人民法院或者专门人民法院办理非涉外涉港澳台仲裁司法审查案件，经审查拟认定仲裁协议无效，不予执行或者撤销我国内地仲裁机构的仲裁裁决，应当向本辖区所属高级人民法院报核；待高级人民法院审核后，方可依高级人民法院的审核意见作出裁定。

第三条 本规定第二条第二款规定的非涉外涉港澳台仲裁司法审查案件，高级人民法院经审查，拟同意中级人民法院或者专门人民法院以违背社会公共利益为由不予执行或者撤销我国内地仲裁机构的仲裁裁决的，应当向最高人民法院报核，待最高人民法院审核后，方可依最高人民法院的审核意见作出裁定。

第四条　依据本规定第二条第二款由高级人民法院审核的案件，高级人民法院应当在作出审核意见之日起十五日内向最高人民法院报备。

第五条　下级人民法院报请上级人民法院审核的案件，应当将书面报告和案件卷宗材料一并上报。书面报告应当写明审查意见及具体理由。

第六条　上级人民法院收到下级人民法院的报核申请后，认为案件相关事实不清的，可以询问当事人或者退回下级人民法院补充查明事实后再报。

第七条　上级人民法院应当以复函的形式将审核意见答复下级人民法院。

第八条　在民事诉讼案件中，对于人民法院因涉及仲裁协议效力而作出的不予受理、驳回起诉、管辖权异议的裁定，当事人不服提起上诉，第二审人民法院经审查拟认定仲裁协议不成立、无效、失效、内容不明确无法执行的，须按照本规定第二条的规定逐级报核，待上级人民法院审核后，方可依上级人民法院的审核意见作出裁定。

第九条　本规定自2018年1月1日起施行，本院以前发布的司法解释与本规定不一致的，以本规定为准。

最高人民法院《关于审理仲裁司法审查案件若干问题的规定》（法释〔2017〕22号，自2018年1月1日起施行）

第一条　本规定所称仲裁司法审查案件，包括下列案件：

（一）申请确认仲裁协议效力案件；

（二）申请执行我国内地仲裁机构的仲裁裁决案件；

（三）申请撤销我国内地仲裁机构的仲裁裁决案件；

（四）申请认可和执行香港特别行政区、澳门特别行政区、台湾地区仲裁裁决案件；

（五）申请承认和执行外国仲裁裁决案件；

（六）其他仲裁司法审查案件。

第二条　申请确认仲裁协议效力的案件，由仲裁协议约定的仲裁机构所在地、仲裁协议签订地、申请人住所地、被申请人住所地的中级人民法院或者专门人民法院管辖。

涉及海事海商纠纷仲裁协议效力的案件，由仲裁协议约定的仲裁机构所在地、仲裁协议签订地、申请人住所地、被申请人住所地的海事法院管辖；上述地点没有海事法院的，由就近的海事法院管辖。

第三条 外国仲裁裁决与人民法院审理的案件存在关联，被申请人住所地、被申请人财产所在地均不在我国内地，申请人申请承认外国仲裁裁决的，由受理关联案件的人民法院管辖。受理关联案件的人民法院为基层人民法院的，申请承认外国仲裁裁决的案件应当由该基层人民法院的上一级人民法院管辖。受理关联案件的人民法院是高级人民法院或者最高人民法院的，由上述法院决定自行审查或者指定中级人民法院审查。

外国仲裁裁决与我国内地仲裁机构审理的案件存在关联，被申请人住所地、被申请人财产所在地均不在我国内地，申请人申请承认外国仲裁裁决的，由受理关联案件的仲裁机构所在地的中级人民法院管辖。

第十七条 人民法院对申请执行我国内地仲裁机构作出的非涉外仲裁裁决案件的审查，适用《中华人民共和国民事诉讼法》第二百三十七条的规定。

人民法院对申请执行我国内地仲裁机构作出的涉外仲裁裁决案件的审查，适用《中华人民共和国民事诉讼法》第二百七十四条的规定。

第十八条 《中华人民共和国仲裁法》第五十八条第一款第六项和《中华人民共和国民事诉讼法》第二百三十七条第二款第六项规定的仲裁员在仲裁该案时有索贿受贿，徇私舞弊，枉法裁决行为，是指已经由生效刑事法律文书或者纪律处分决定所确认的行为。

第十九条 人民法院受理仲裁司法审查案件后，作出裁定前，申请人请求撤回申请的，裁定准许。

第二十条 人民法院在仲裁司法审查案件中作出的裁定，除不予受理、驳回申请、管辖权异议的裁定外，一经送达即发生法律效力。当事人申请复议、提出上诉或者申请再审的，人民法院不予受理，但法律和司法解释另有规定的除外。

第二十一条 人民法院受理的申请确认涉及香港特别行政区、澳门特别行政区、台湾地区仲裁协议效力的案件，申请执行或者撤销我国内地仲裁机构作出的涉及香港特别行政区、澳门特别行政区、台湾地区仲裁裁决的案件，参照适用涉外仲裁司法审查案件的规定审查。

第二十二条　本规定自2018年1月1日起施行，本院以前发布的司法解释与本规定不一致的，以本规定为准。

最高人民法院《关于人民法院处理与涉外仲裁及外国仲裁事项有关问题的通知》（法释〔2008〕18号，自2008年12月31日起施行）

各省、自治区、直辖市高级人民法院，解放军军事法院：

为严格执行《中华人民共和国民事诉讼法》以及我国参加的有关国际公约的规定，保障诉讼和仲裁活动依法进行，现决定对人民法院受理具有仲裁协议的涉外经济纠纷案、不予执行涉外仲裁裁决以及拒绝承认和执行外国仲裁裁决等问题建立报告制度。为此，特作如下通知：

一、凡起诉到人民法院的涉外、涉港澳和涉台经济、海事海商纠纷案件，如果当事人在合同中订有仲裁条款或者事后达成仲裁协议，人民法院认为该仲裁条款或者仲裁协议无效、失效或者内容不明确无法执行的，在决定受理一方当事人起诉之前，必须报请本辖区所属高级人民法院进行审查；如果高级人民法院同意受理，应将其审查意见报最高人民法院。在最高人民法院未作答复前，可暂不予受理。

二、凡一方当事人向人民法院申请执行我国涉外仲裁机构裁决，或者向人民法院申请承认和执行外国仲裁机构的裁决，如果人民法院认为我国涉外仲裁机构裁决具有民事诉讼法第二百五十八条情形之一的，或者申请承认和执行的外国仲裁裁决不符合我国参加的国际公约的规定或者不符合互惠原则的，在裁定不予执行或者拒绝承认和执行之前，必须报请本辖区所属高级人民法院进行审查；如果高级人民法院同意不予执行或者拒绝承认和执行，应将其审查意见报最高人民法院。待最高人民法院答复后，方可裁定不予执行或者拒绝承认和执行。

最高人民法院《关于人民法院撤销涉外仲裁裁决有关事项的通知》（法释〔2008〕18号，自2008年12月31日起施行）

各省、自治区、直辖市高级人民法院，解放军军事法院：

为严格执行《中华人民共和国仲裁法》（以下简称仲裁法）和《中华人民共和国民事诉讼法》（以下简称民事诉讼法），保障诉讼和仲裁活动依法进行，现决定对人民法院撤销我国涉外仲裁裁决建立报告制度，为此，特作如下通知：

一、凡一方当事人按照仲裁法的规定向人民法院申请撤销我国涉外仲裁裁决，如果人民法院经审查认为涉外仲裁裁决具有民事诉讼法第二百五十八条第一款规定的情形之一的，在裁定撤销裁决或通知仲裁庭重新仲裁之前，须报请本辖区所属高级人民法院进行审查。如果高级人民法院同意撤销裁决或通知仲裁庭重新仲裁，应将其审查意见报最高人民法院。待最高人民法院答复后，方可裁定撤销裁决或通知仲裁庭重新仲裁。

二、受理申请撤销裁决的人民法院如认为应予撤销裁决或通知仲裁庭重新仲裁的，应在受理申请后三十日内报其所属的高级人民法院，该高级人民法院如同意撤销裁决或通知仲裁庭重新仲裁的，应在十五日内报最高人民法院，以严格执行仲裁法第六十条的规定。

304.5 典型案例

304.5.1 境外仲裁机构在我国内地作出的仲裁裁决，将该类裁决视为我国涉外仲裁裁决，确认该类裁决能够在我国内地直接申请执行

裁判来源：美国布兰特伍德工业有限公司申请承认和执行外国仲裁裁决案——广州市中级人民法院民事裁定书，(2015) 穗中法民四初第62号

法院认为：案涉裁决系外国仲裁机构在我国作出的仲裁裁决，可以视为我国涉外仲裁裁决。被申请人不履行裁决的，布兰特伍德公司可以参照我国《民事诉讼法》关于执行涉外仲裁裁决的规定向被申请人住所地或财产所在地的中级人民法院申请执行。布兰特伍德公司依据《纽约公约》或《关于内地与香港特别行政区相互执行仲裁裁决的安排》申请承认和执行仲裁裁决，法律依据显属错误，故裁定终结审查。布兰特伍德公司可依法另行提起执行申请。

304.5.2 当外国离岸公司注册地、登记地与主要办事机构所在地不一致时，应以主要办事机构所在地作为住所地确定管辖权，为中外当事人提供平等的司法保护，并依据公约规定裁定承认和执行仲裁裁决

裁判来源：东盛航运有限公司与商行荣耀国际航运有限公司申请承认和执行外国仲裁裁决案——上海海事法院民事裁定书，(2020) 沪72 协外认1号

法院认为：根据《海事诉讼特别程序法》的规定，当事人申请承认和执行国外海事仲裁裁决的，可向被执行人住所地或者财产所在地海事法院提出。宏达公司系注册在马绍尔群岛的离岸公司，但案涉租船确认书、仲裁裁决均记载其经营地在中国上海，且在案涉业务往来邮件中亦称宏达公司与其关联公司为同一家公司，而该关联公司办公地址与案涉租船确认书记载的宏达公司地址一致。综合上述证据确认中国上海系宏达公司的主要办事机构所在地，上海海事法院依法对案件具有管辖权，裁定驳回宏达公司的管辖权异议。上海市高级人民法院二审维持一审裁定。因案涉仲裁裁决不存在《承认及执行外国仲裁裁决公约》规定的拒绝承认和执行的情形，故上海海事法院裁定承认和执行该仲裁裁决。裁定作出后，宏达公司主动履行了裁决确定的义务。

305. 国家豁免案件的法律衔接

305.1　法律条文

第三百零五条　涉及外国国家的民事诉讼，适用中华人民共和国有关外国国家豁免的法律规定；有关法律没有规定的，适用本法。

305.2　条文阐释

第十四届全国人民代表大会常务委员会第五次会议表决通过《外国国家豁免法》，将自2024年1月1日起施行。这部法律是我国历史上第一部全面规定外国国家豁免制度的法律，为我国法院管辖、审判以外国国家为被告的民事案件提供了法律依据。

《外国国家豁免法》共23条，主要规定包括六方面内容：（1）确立外国国家管辖豁免的原则与例外；（2）确立外国国家财产免于强制措施的原则和例外；（3）明确该法的适用范围和例外；（4）确认外交部在处理外国国家豁免案件中的作用；（5）规定对等原则；（6）明确了适用于外国国家豁免案件的特殊诉讼程序。

涉及外国国家的民事诉讼，有关法律没有规定的内容，适用《民事诉讼法》的规定。

306. 施行日期

306.1 法律条文

第三百零六条 本法自公布之日起施行，《中华人民共和国民事诉讼法（试行）》同时废止。

306.2 司法适用

在立法实践中，我国法律施行日期的确定往往是根据该法律的具体性质和实际需要决定的，主要有三种表示方法：一是法律公布后，并不立即开始生效，经过一定时期后才开始施行，目的为实施该法律和制定该法律的配套法规提供充足的时间准备。如《生物安全法》第88条规定："本法自2021年4月15日起施行。"二是法律自公布的当日起生效，即我们通常所说的"自公布之日起施行"，这种表示方法也有很多，如《监察法》《国家安全法》《香港特别行政区维护国家安全法》等。三是法律公布后到达一定期限开始生效。这种表示方法极为罕见，目前只有《企业破产法（试行）》第43条规定："本法自全民所有制工业企业法实施满三个月之日起试行，试行的具体部署和步骤由国务院规定。"

不但是新制定的法律如此，经过修改的法律也是如此。我国修改法律的方式主要有两种：一是以修订的方式对法律条文作出全面的修改，重新公布法律文本代替原来的法律文本。二是以修正的方式对法律进行部分修改，并以修改决定的形式公布，修改决定之后附上修正本，原来的法律根据这一决定作相应的修改重新公布。

从以往的立法实践看，通过修订方式修改的法律重新确定该法律施行日期，通过修正的法律只规定修改决定的施行日期。修改决定的施行日期对没有修改的部分不适用，而是仍然适用于原来法律规定的施行日期。

附录

《民事诉讼法》新旧条文序号对照表[①]

1991 年文本	2007 年 修正文本	2012/2017 年 修正文本	2021 年 修正文本	2023 年 修正文本
第 1 条	第 1 条	第 1 条	第 1 条	第 1 条
第 2 条	第 2 条	第 2 条	第 2 条	第 2 条
第 3 条	第 3 条	第 3 条	第 3 条	第 3 条
第 4 条	第 4 条	第 4 条	第 4 条	第 4 条
第 5 条	第 5 条	第 5 条	第 5 条	第 5 条
第 6 条	第 6 条	第 6 条	第 6 条	第 6 条
第 7 条	第 7 条	第 7 条	第 7 条	第 7 条
第 8 条	第 8 条	第 8 条	第 8 条	第 8 条
第 9 条	第 9 条	第 9 条	第 9 条	第 9 条
第 10 条	第 10 条	第 10 条	第 10 条	第 10 条
第 11 条	第 11 条	第 11 条	第 11 条	第 11 条
第 12 条	第 12 条	第 12 条	第 12 条	第 12 条
第 13 条	第 13 条	第 13 条	第 13 条	第 13 条
第 14 条	第 14 条	第 14 条	第 14 条	第 14 条
第 15 条	第 15 条	第 15 条	第 15 条	第 15 条

① 2017 年《民事诉讼法》修改时只有部分条文内容发生了变动，条文序号没有变化，同 2012 年修正文本一致。——编者注

续表

1991 年文本	2007 年修正文本	2012/2017 年修正文本	2021 年修正文本	2023 年修正文本
第 16 条	第 16 条			
			第 16 条	第 16 条
第 17 条	第 17 条	第 16 条	第 17 条	第 17 条
第 18 条	第 18 条	第 17 条	第 18 条	第 18 条
第 19 条	第 19 条	第 18 条	第 19 条	第 19 条
第 20 条	第 20 条	第 19 条	第 20 条	第 20 条
第 21 条	第 21 条	第 20 条	第 21 条	第 21 条
第 22 条	第 22 条	第 21 条	第 22 条	第 22 条
第 23 条	第 23 条	第 22 条	第 23 条	第 23 条
第 24 条	第 24 条	第 23 条	第 24 条	第 24 条
第 25 条	第 25 条	（第 34 条）		
第 26 条	第 26 条	第 24 条	第 25 条	第 25 条
第 27 条	第 27 条	第 25 条	第 26 条	第 26 条
		第 26 条	第 27 条	第 27 条
第 28 条	第 28 条	第 27 条	第 28 条	第 28 条
第 29 条	第 29 条	第 28 条	第 29 条	第 29 条
第 30 条	第 30 条	第 29 条	第 30 条	第 30 条
第 31 条	第 31 条	第 30 条	第 31 条	第 31 条
第 32 条	第 32 条	第 31 条	第 32 条	第 32 条
第 33 条	第 33 条	第 32 条	第 33 条	第 33 条
第 34 条	第 34 条	第 33 条	第 34 条	第 34 条
（第 25 条）	（第 25 条）	第 34 条	第 35 条	第 35 条
第 35 条	第 35 条	第 35 条	第 36 条	第 36 条
第 36 条	第 36 条	第 36 条	第 37 条	第 37 条
第 37 条	第 37 条	第 37 条	第 38 条	第 38 条

续表

1991 年文本	2007 年修正文本	2012/2017 年修正文本	2021 年修正文本	2023 年修正文本
第 38 条	第 38 条	（第 127 条）		
第 39 条	第 39 条	第 38 条	第 39 条	第 39 条
第 40 条	第 40 条	第 39 条	第 40 条	第 40 条
第 41 条	第 41 条	第 40 条	第 41 条	第 41 条
			第 42、43 条	第 42、43 条
第 42 条	第 42 条	第 41 条	第 44 条	第 44 条
第 43 条	第 43 条	第 42 条	第 45 条	第 45 条
第 44 条	第 44 条	第 43 条	第 46 条	第 46 条
第 45 条	第 45 条	第 44 条	第 47 条	第 47 条
第 46 条	第 46 条	第 45 条	第 48 条	第 48 条
第 47 条	第 47 条	第 46 条	第 49 条	第 49 条
第 48 条	第 48 条	第 47 条	第 50 条	第 50 条
第 49 条	第 49 条	第 48 条	第 51 条	第 51 条
第 50 条	第 50 条	第 49 条	第 52 条	第 52 条
第 51 条	第 51 条	第 50 条	第 53 条	第 53 条
第 52 条	第 52 条	第 51 条	第 54 条	第 54 条
第 53 条	第 53 条	第 52 条	第 55 条	第 55 条
第 54 条	第 54 条	第 53 条	第 56 条	第 56 条
第 55 条	第 55 条	第 54 条	第 57 条	第 57 条
		第 55 条	第 58 条	第 58 条
第 56 条	第 56 条	第 56 条	第 59 条	第 59 条
第 57 条	第 57 条	第 57 条	第 60 条	第 60 条
第 58 条	第 58 条	第 58 条	第 61 条	第 61 条
第 59 条	第 59 条	第 59 条	第 62 条	第 62 条
第 60 条	第 60 条	第 60 条	第 63 条	第 63 条

续表

1991 年文本	2007 年修正文本	2012/2017 年修正文本	2021 年修正文本	2023 年修正文本
第 61 条	第 61 条	第 61 条	第 64 条	第 64 条
第 62 条	第 62 条	第 62 条	第 65 条	第 65 条
第 63 条	第 63 条	第 63 条	第 66 条	第 66 条
第 64 条	第 64 条	第 64 条	第 67 条	第 67 条
		第 65 条	第 68 条	第 68 条
		第 66 条	第 69 条	第 69 条
第 65 条	第 65 条	第 67 条	第 70 条	第 70 条
第 66 条	第 66 条	第 68 条	第 71 条	第 71 条
第 67 条	第 67 条	第 69 条	第 72 条	第 72 条
第 68 条	第 68 条	第 70 条	第 73 条	第 73 条
第 69 条	第 69 条	第 71 条	第 74 条	第 74 条
第 70 条	第 70 条	第 72 ~ 74 条	第 75 ~ 77 条	第 75 ~ 77 条
第 71 条	第 71 条	第 75 条	第 78 条	第 78 条
第 72 条	第 72 条	第 76 ~ 78 条	第 79 ~ 81 条	第 79 ~ 81 条
		第 79 条	第 82 条	第 82 条
第 73 条	第 73 条	第 80 条	第 83 条	第 83 条
第 74 条	第 74 条	第 81 条	第 84 条	第 84 条
第 75 条	第 75 条	第 82 条	第 85 条	第 85 条
第 76 条	第 76 条	第 83 条	第 86 条	第 86 条
第 77 条	第 77 条	第 84 条	第 87 条	第 87 条
第 78 条	第 78 条	第 85 条	第 88 条	第 88 条
第 79 条	第 79 条	第 86 条	第 89 条	第 89 条
		第 87 条	第 90 条	第 90 条
第 80 条	第 80 条	第 88 条	第 91 条	第 91 条
第 81 条	第 81 条	第 89 条	第 92 条	第 92 条

续表

1991年文本	2007年 修正文本	2012/2017年 修正文本	2021年 修正文本	2023年 修正文本
第82条	第82条	第90条	第93条	第93条
第83条	第83条	第91条	第94条	第94条
第84条	第84条	第92条	第95条	第95条
第85条	第85条	第93条	第96条	第96条
第86条	第86条	第94条	第97条	第97条
第87条	第87条	第95条	第98条	第98条
第88条	第88条	第96条	第99条	第99条
第89条	第89条	第97条	第100条	第100条
第90条	第90条	第98条	第101条	第101条
第91条	第91条	第99条	第102条	第102条
第92条	第92条	第100条	第103条	第103条
第93条	第93条	第101条	第104条	第104条
第94条第1款	第94条第1款	第102条	第105条	第105条
第94条 第2、3、4款	第94条 第2、3、4款	第103条	第106条	第106条
第95条	第95条	第104条	第107条	第107条
第96条	第96条	第105条	第108条	第108条
第97条	第97条	第106条	第109条	第109条
第98条	第98条	第107条	第110条	第110条
第99条	第99条	第108条	第111条	第111条
第100条	第100条	第109条	第112条	第112条
第101条	第101条	第110条	第113条	第113条
第102条	第102条	第111条	第114条	第114条
		第112条	第115条	第115条
		第113条	第116条	第116条

续表

1991 年文本	2007 年修正文本	2012/2017 年修正文本	2021 年修正文本	2023 年修正文本
第 103 条	第 103 条	第 114 条	第 117 条	第 117 条
第 104 条	第 104 条	第 115 条	第 118 条	第 118 条
第 105 条	第 105 条	第 116 条	第 119 条	第 119 条
第 106 条	第 106 条	第 117 条	第 120 条	第 120 条
第 107 条	第 107 条	第 118 条	第 121 条	第 121 条
第 108 条	第 108 条	第 119 条	第 122 条	第 122 条
第 109 条	第 109 条	第 120 条	第 123 条	第 123 条
第 110 条	第 110 条	第 121 条	第 124 条	第 124 条
		第 122 条	第 125 条	第 125 条
第 112 条	第 112 条	第 123 条	第 126 条	第 126 条
第 111 条	第 111 条	第 124 条	第 127 条	第 127 条
第 113 条	第 113 条	第 125 条	第 128 条	第 128 条
第 114 条	第 114 条	第 126 条	第 129 条	第 129 条
（第 38 条）	（第 38 条）	第 127 条	第 130 条	第 130 条
第 115 条	第 115 条	第 128 条	第 131 条	第 131 条
第 116 条	第 116 条	第 129 条	第 132 条	第 132 条
第 117 条	第 117 条	第 130 条	第 133 条	第 133 条
第 118 条	第 118 条	第 131 条	第 134 条	第 134 条
第 119 条	第 119 条	第 132 条	第 135 条	第 135 条
		第 133 条	第 136 条	第 136 条
第 120 条	第 120 条	第 134 条	第 137 条	第 137 条
第 121 条	第 121 条	第 135 条	第 138 条	第 138 条
第 122 条	第 122 条	第 136 条	第 139 条	第 139 条
第 123 条	第 123 条	第 137 条	第 140 条	第 140 条
第 124 条	第 124 条	第 138 条	第 141 条	第 141 条

续表

1991 年文本	2007 年修正文本	2012/2017 年修正文本	2021 年修正文本	2023 年修正文本
第 125 条	第 125 条	第 139 条	第 142 条	第 142 条
第 126 条	第 126 条	第 140 条	第 143 条	第 143 条
第 127 条	第 127 条	第 141 条	第 144 条	第 144 条
第 128 条	第 128 条	第 142 条	第 145 条	第 145 条
第 129 条	第 129 条	第 143 条	第 146 条	第 146 条
第 130 条	第 130 条	第 144 条	第 147 条	第 147 条
第 131 条	第 131 条	第 145 条	第 148 条	第 148 条
第 132 条	第 132 条	第 146 条	第 149 条	第 149 条
第 133 条	第 133 条	第 147 条	第 150 条	第 150 条
第 134 条	第 134 条	第 148 条	第 151 条	第 151 条
第 135 条	第 135 条	第 149 条	第 152 条	第 152 条
第 136 条	第 136 条	第 150 条	第 153 条	第 153 条
第 137 条	第 137 条	第 151 条	第 154 条	第 154 条
第 138 条	第 138 条	第 152 条	第 155 条	第 155 条
第 139 条	第 139 条	第 153 条	第 156 条	第 156 条
第 140 条	第 140 条	第 154 条	第 157 条	第 157 条
第 141 条	第 141 条	第 155 条	第 158 条	第 158 条
		第 156 条	第 159 条	第 159 条
第 142 条	第 142 条	第 157 条	第 160 条	第 160 条
第 143 条	第 143 条	第 158 条	第 161 条	第 161 条
第 144 条	第 144 条	第 159 条	第 162 条	第 162 条
第 145 条	第 145 条	第 160 条	第 163 条	第 163 条
第 146 条	第 146 条	第 161 条	第 164 条	第 164 条
		第 162 条	第 165 条	第 165 条
			第 166 ~ 169 条	第 166 ~ 169 条

续表

1991 年文本	2007 年修正文本	2012/2017 年修正文本	2021 年修正文本	2023 年修正文本
		第 163 条	第 170 条	第 170 条
第 147 条	第 147 条	第 164 条	第 171 条	第 171 条
第 148 条	第 148 条	第 165 条	第 172 条	第 172 条
第 149 条	第 149 条	第 166 条	第 173 条	第 173 条
第 150 条	第 150 条	第 167 条	第 174 条	第 174 条
第 151 条	第 151 条	第 168 条	第 175 条	第 175 条
第 152 条	第 152 条	第 169 条	第 176 条	第 176 条
第 153 条	第 153 条	第 170 条	第 177 条	第 177 条
第 154 条	第 154 条	第 171 条	第 178 条	第 178 条
第 155 条	第 155 条	第 172 条	第 179 条	第 179 条
第 156 条	第 156 条	第 173 条	第 180 条	第 180 条
第 157 条	第 157 条	第 174 条	第 181 条	第 181 条
第 158 条	第 158 条	第 175 条	第 182 条	第 182 条
第 159 条	第 159 条	第 176 条	第 183 条	第 183 条
第 160 条	第 160 条	第 177 条	第 184 条	第 184 条
第 161 条	第 161 条	第 178 条	第 185 条	第 185 条
第 162 条	第 162 条	第 179 条	第 186 条	第 186 条
第 163 条	第 163 条	第 180 条	第 187 条	第 187 条
第 164 条	第 164 条	第 181 条	第 188 条	第 188 条
第 165 条	第 165 条	第 182 条	第 189 条	第 189 条
第 166 条	第 166 条	第 183 条	第 190 条	第 190 条
第 167 条	第 167 条	第 184 条	第 191 条	第 191 条
第 168 条	第 168 条	第 185 条	第 192 条	第 192 条
第 169 条	第 169 条	第 186 条	第 193 条	第 193 条
				第 194 ~ 197 条

续表

1991 年文本	2007 年修正文本	2012/2017 年修正文本	2021 年修正文本	2023 年修正文本
第 170 条	第 170 条	第 187 条	第 194 条	第 198 条
第 171 条	第 171 条	第 188 条	第 195 条	第 199 条
第 172 条	第 172 条	第 189 条	第 196 条	第 200 条
第 173 条	第 173 条	第 190 条	第 197 条	第 201 条
第 174 条	第 174 条	第 191 条	第 198 条	第 202 条
第 175 条	第 175 条	第 192 条	第 199 条	第 203 条
第 176 条	第 176 条	第 193 条	第 200 条	第 204 条
		第 194 条	第 201 条	第 205 条
		第 195 条	第 202 条	第 206 条
		第 196 条	第 203 条	第 207 条
		第 197 条	第 204 条	第 208 条
第 177 条	第 177 条	第 198 条	第 205 条	第 209 条
第 178 条	第 178 条	第 199 条	第 206 条	第 210 条
第 179 条第 1 款	第 179 条	第 200 条	第 207 条	第 211 条
第 180 条	第 182 条	第 201 条	第 208 条	第 212 条
第 181 条	第 183 条	第 202 条	第 209 条	第 213 条
	第 180 条	第 203 条	第 210 条	第 214 条
第 179 条第 2 款	第 181 条	第 204 条	第 211 条	第 215 条
第 182 条	第 184 条	第 205 条	第 212 条	第 216 条
第 183 条	第 185 条	第 206 条	第 213 条	第 217 条
第 184 条	第 186 条	第 207 条	第 214 条	第 218 条
第 185 条	第 187 条	第 208 条	第 215 条	第 219 条
		第 209 条	第 216 条	第 220 条
		第 210 条	第 217 条	第 221 条
第 186 条	第 188 条	第 211 条	第 218 条	第 222 条

续表

1991 年文本	2007 年修正文本	2012/2017 年修正文本	2021 年修正文本	2023 年修正文本
第 187 条	第 189 条	第 212 条	第 219 条	第 223 条
第 188 条	第 190 条	第 213 条	第 220 条	第 224 条
第 189 条	第 191 条	第 214 条	第 221 条	第 225 条
第 190 条	第 192 条	第 215 条	第 222 条	第 226 条
第 191 条	第 193 条	第 216 条	第 223 条	第 227 条
第 192 条	第 194 条	第 217 条	第 224 条	第 228 条
第 193 条	第 195 条	第 218 条	第 225 条	第 229 条
第 194 条	第 196 条	第 219 条	第 226 条	第 230 条
第 195 条	第 197 条	第 220 条	第 227 条	第 231 条
第 196 条	第 198 条	第 221 条	第 228 条	第 232 条
第 197 条	第 199 条	第 222 条	第 229 条	第 233 条
第 198 条	第 200 条	第 223 条	第 230 条	第 234 条
第 199 ~ 206 条				
第 207 条	第 201 条	第 224 条	第 231 条	第 235 条
	第 202 条	第 225 条	第 232 条	第 236 条
	第 203 条	第 226 条	第 233 条	第 237 条
第 208 条	第 204 条	第 227 条	第 234 条	第 238 条
第 209 条	第 205 条	第 228 条	第 235 条	第 239 条
第 210 条	第 206 条	第 229 条	第 236 条	第 240 条
第 211 条	第 207 条	第 230 条	第 237 条	第 241 条
第 212 条	第 208 条	第 231 条	第 238 条	第 242 条
第 213 条	第 209 条	第 232 条	第 239 条	第 243 条
第 214 条	第 210 条	第 233 条	第 240 条	第 244 条
第 215 条	第 211 条	第 234 条	第 241 条	第 245 条
		第 235 条	第 242 条	第 246 条

续表

1991年文本	2007年修正文本	2012/2017年修正文本	2021年修正文本	2023年修正文本
第216条	第212条	第236条	第243条	第247条
第217条	第213条	第237条	第244条	第248条
第218条	第214条	第238条	第245条	第249条
第219条	第215条	第239条	第246条	第250条
第220条	第216条	第240条	第247条	第251条
	第217条	第241条	第248条	第252条
第221条	第218条	第242条	第249条	第253条
第222条	第219条	第243条	第250条	第254条
第223条	第220条	第244条	第251条	第255条
第224条	第221条	第245条	第252条	第256条
第225条	第222条	第246条	第253条	第257条
第226条	第223条	第247条	第254条	第258条
第227条	第224条	第248条	第255条	第259条
第228条	第225条	第249条	第256条	第260条
第229条	第226条	第250条	第257条	第261条
第230条	第227条	第251条	第258条	第262条
第231条	第228条	第252条	第259条	第263条
第232条	第229条	第253条	第260条	第264条
第233条	第230条	第254条	第261条	第265条
	第231条	第255条	第262条	第266条
第234条	第232条	第256条	第263条	第267条
第235条	第233条	第257条	第264条	第268条
第236条	第234条	第258条	第265条	第269条
第237条	第235条	第259条	第266条	第270条
第238条	第236条	第260条	第267条	第271条

续表

1991 年文本	2007 年修正文本	2012/2017 年修正文本	2021 年修正文本	2023 年修正文本
第 239 条	第 237 条	第 261 条	第 268 条	第 272 条
第 240 条	第 238 条	第 262 条	第 269 条	第 273 条
第 241 条	第 239 条	第 263 条	第 270 条	第 274 条
第 242 条	第 240 条	第 264 条	第 271 条	第 275 条
第 243 条	第 241 条	第 265 条	第 272 条	第 276 条
				第 277、278 条
第 244 条	第 242 条			
第 245 条	第 243 条			
第 246 条	第 244 条	第 266 条	第 273 条	第 279 条
				第 280~282 条
第 247 条	第 245 条	第 267 条	第 274 条	第 283 条
				第 284 条
第 248 条	第 246 条	第 268 条	第 275 条	第 285 条
第 249 条	第 247 条	第 269 条	第 276 条	第 286 条
第 250 条	第 248 条	第 270 条	第 277 条	第 287 条
第 251 条	第 249 条			
第 252 条	第 250 条			
第 253 条	第 251 条			
第 254 条	第 252 条			
第 255 条	第 253 条			
第 256 条	第 254 条			
第 257 条	第 255 条	第 271 条	第 278 条	第 288 条
第 258 条	第 256 条	第 272 条	第 279 条	第 289 条
第 259 条	第 257 条	第 273 条	第 280 条	第 290 条
第 260 条	第 258 条	第 274 条	第 281 条	第 291 条

续表

1991 年文本	2007 年修正文本	2012/2017 年修正文本	2021 年修正文本	2023 年修正文本
第 261 条	第 259 条	第 275 条	第 282 条	第 292 条
第 262 条	第 260 条	第 276 条	第 283 条	第 293 条
第 263 条	第 261 条	第 277 条	第 284 条	第 294 条
第 264 条	第 262 条	第 278 条	第 285 条	第 295 条
第 265 条	第 263 条	第 279 条	第 286 条	第 296 条
第 266 条	第 264 条	第 280 条	第 287 条	第 297 条
第 267 条	第 265 条	第 281 条	第 288 条	第 298 条
第 268 条	第 266 条	第 282 条	第 289 条	第 299 条
				第 300 ~ 303 条
第 269 条	第 267 条	第 283 条	第 290 条	第 304 条
				第 305 条
第 270 条	第 268 条	第 284 条	第 291 条	第 306 条